国际经济贸易制度与法律

中国案例

INTERNATIONAL
ECONOMIC AND TRADE
SYSTEM AND LAW

CHINA CASES

黄东黎　著

社会科学文献出版社
SOCIAL SCIENCES ACADEMIC PRESS (CHINA)

序

    贸易使贸易各方受益，增进一国国民财富，是自经济学产生以来，经过人类社会实践检验、从未遭受过质疑的国际贸易经济理论。两次世界大战对经济的破坏及核战争对人类生存的威胁，促使国际社会唾弃武力，尝试通过国际贸易实现人类长久的和平与繁荣。在法治带给无数国家繁荣昌盛的人类实践之下，相信法治是人类社会最为公平和有效的组织形式，国际社会开始国际法治的各种尝试。其中，国际贸易从 GATT 势力导向型贸易模式到 WTO 规则导向型贸易模式的演进，是人类社会从国际政治走向国际法治的一个成功尝试。

    在国际法院、国际刑事法院、国际海洋法法庭等各种机构之中，国际法治最为成功的机构，当数 WTO 争端解决机构，而 WTO 国际法治的日常运行部门，是 WTO 上诉机构。从 1995 年 1 月 1 日 WTO 成立到 2018 年底，争端解决机构发布的 292 份专家组报告共有 197 份被上诉到上诉机构，上诉机构审理了其中的 170 个案件；[①] WTO 164 个成员中的 77 个参与了案件的上诉活动。[②] 这些数据，让其他所有国际法治执行机构望尘莫及。[③]

    回顾国际贸易的法治历程，1948 年 1 月 1 日生效的 GATT，其条款起草人皆为当时各缔约方的贸易外交官员。WTO 卸任总干事拉米（Pascal Lamy）曾经调侃，这些条约起草人虽然不至于像莎士比亚《亨利六世》中的迪克屠夫

[①] https://www.wto.org/english/tratop_e/dispu_e/ab_anrep_2018_e.pdf，2018 年上诉机构年度报告，第 156 页，最后访问时间：2019 年 10 月 1 日。

[②] https://www.wto.org/english/tratop_e/dispu_e/ab_anrep_2018_e.pdf，2018 年上诉机构年度报告，第 116 页，最后访问时间：2019 年 10 月 1 日。

[③] 相比而言，从 1947 年 5 月 22 日到 2019 年 7 月 1 日长达 72 年，联合国主要司法机构，一审终审、唯一具有一般性管辖权的全球性法院的国际法院审理案件总数仅为 177 个。参见 https://www.icj-cij.org/en/cases，最后访问时间：2019 年 10 月 1 日。

那样，唯愿"干掉所有律师"，但在起草相关国际条约时，却也极尽所能，将法律性从 GATT 条款中排除干净，以至于 1951 年美国时任参院财委会主席的米利金（Millikin）宣称，"凡读 GATT 之人神志多半受损"。①

GATT 条款起草的初衷，是只服务一小撮发起方国家。在起草者眼中，每一条款，其含义，都在谈判中精心考量，并在 22 个初始谈判缔约方之间达成一致。② 一旦争端出现，对于争议条款，参与该条款谈判和起草的外交官员，自然拿得出"权威意见"。③ 况且，负责争端解决的"工作组"（working parties）④ 更为在意的，并非 GATT 规则的违反与否，而是可行的政治解决方案是否存在。⑤ 此情此景之下，专业法律人自然派不上用场。事实上，起草者最不愿意看到，或者说最为担心的，就是律师们所谓的"条约解释"搞乱了条约的"真正"含义。⑥ 这些想法，反映在 GATT 争端报告"一致同意"的通过原则中。

从运作之初的 1948 年，到美国约翰·杰克逊教授 1969 年将其晦涩的条约，首次梳理成为一个法律体系的大作《世界贸易与 GATT 法律体系》问世，GATT 获得其普遍的法律性认知和系统的法律性研究，费时 21 年！

---

① https://www.wto.org/english/news_e/sppl_e/sppl240_e.htm，"Very Broad Confidence"，28 June，2012，最后访问时间：2019 年 10 月 1 日。

② 参见 WTO Secretariat，GATT 1994 and 1947，page 5，World Trade Organization，1999.

③ https://www.wto.org/english/news_e/sppl_e/sppl240_e.htm，"Very Broad Confidence"，28 June，2012，最后访问时间：2019 年 10 月 1 日。

④ 1951 年以前的 GATT 贸易争端是提交给一个叫"working parties"的临时小组解决的。这个临时小组的成员包括"原、被告"双方及争议兴趣方派出的代表。他们均代表派出缔约方利益。譬如在 Brazilian taxes case 中，"working parties"的成员即为原告巴西和被告法国，支持法国的美国和英国，以及 3 个中立方——中国、古巴和印度。参见 GATT/CP.3/SR10（26 APR.1949）。直至 20 世纪 50 年代中期，时任 GATT 总干事的怀特在偶然事件促发之下，提议成立专家组，独立对争端进行审理。参见 Robert E. Hudec，*Enforcing International Trade Law：The Evolution of the Modern GATT Legal System*，77–83，Butterworth Legal Publishers，1993。

⑤ 这个阶段的"工作组"并无权对争端作出裁决。其在一个争端中的角色，与中国的居民委员会类似，主要是澄清争议、讨论争议并尝试达成解决争议的一致意见。所以，这个阶段解决争端的方式，仍然是外交斡旋。如果一致意见无法达成，则"工作组"的任务仅仅在于向缔约方大会报告各方的分歧所在。参见 Robert E. Hudec，*Enforcing International Trade Law：The Evolution of the Modern GATT Legal System*，77–83，Butterworth Legal Publishers，1993。同样见"Lamy Cites 'Very Broad Confidence' in WTO Dispute Settlement"，28 June 2012，www.wto.org.，最后访问时间：2019 年 9 月 19 日。

⑥ 参见"Lamy Cites 'Very Broad Confidence' in WTO Dispute Settlement"，28 June 2012，www.wto.org.，最后访问时间：2019 年 9 月 19 日。

1995 年，历史机遇之下，GATT 演进成为 WTO，其争端解决报告的"反向一致"通过原则，令法律人士取代政治家，标志着国际贸易法治的开始，WTO 法成为古老的国际法领域的一个新成员。及至 2001 年，中国加入 WTO 使 WTO 法成为中国国际法教学的一个重要组成部分。此后，随着中国在世界贸易中扮演了越来越重要的角色，WTO 争端出现了越来越多涉及中国的案例。这些丰富的 WTO 争端解决中国案例，为我们的国际贸易法教学与研究提供了难得的机会，成为深入与全面理解 WTO 规则的一手资料，为弥补我国法学教育所欠缺的案例教学提供了最好的素材，从而因应了全球化下卓越法律人才教育培养的课堂教学模式的创新需求。

本书采用中国世贸组织涉案案例，诠释世贸组织法律体系的诸多内容，包括：DSU"申请书内容"、"专家组职权范围"、"专家组审议标准"和"举证责任"；GATT"最惠国待遇"、"关税减让"、"国民待遇"、"透明度"、"数量限制"、"一般例外"；SPS"措施定义"和"保护标准"；TRIPS"一般义务"、"边境措施"、"刑事处罚"和"版权保护"；GATS"减让承诺表"、"市场准入"和"国民待遇"。

贸易救济案例在中国世贸组织案例中占有很大比重，对贸易救济三大协定诸多条款的诠释全面而详细，内容十分丰富。由于本书篇幅所限，加上贸易救济法律体系较为独立，因此，作者只对该部分内容做简要介绍，将丰富的贸易救济法律体系及中国案例另行成书。

全书共 11 章，五大部分。第一部分阐述国际贸易的经济理论，包括贸易自由化理论、贸易保护主义理论以及国际贸易政策。第二部分阐述 WTO 的组织规则与 WTO 争端解决程序规则及案例。第三部分是传统的国际货物贸易部分内容及案例。第四部分是与贸易有关的知识产权规则与案例。第五部分是服务贸易规则与案例。

本书的出版，得到了中国社会科学院提供的出版资助，在此表示衷心感谢！

尤其需要感谢的，是社会科学文献出版社刘骁军编审和她的编辑团队。本书修改多年，骁军编审不离不弃，为本书的结构、基本内容以及写作节奏与作者频繁沟通，贡献良多。出版过程中，为了本书严谨、美观、易读，张娇编辑就本书文字表达的准确、完整与逻辑的严谨性，书中涉及各历史事件与史料的一致性，所引用法律文本内容的准确性，脚注的出处，前后表述的统一等细节，与作者一一核定。此中不易，非出版业同行，实难体会。这样的专业与敬业精神，令作者感动！社会科学文献出版社 15 楼精致小咖啡厅里的咖啡、柠檬水、法式点心与时令水果，不知被作者免费耗掉了多少！

是为序。

黄东黎

2019 年 12 月 1 日

目录
CONTENTS

第二部分　组织法与争端解决规则

第三部分　货物贸易规则

第一部分

国际贸易经济理论

第一章

贸易自由化理论

最早的西方人类社会对对外贸易，甚至贸易行为本身持否定态度。这体现在古希腊、古罗马哲学论著中。随着国家的兴起和发展，贸易行为因国家富强的需要，渐渐得到社会认可。随之出现的，还有重商主义支持出口、反对进口的对外贸易主张。为反对重商主义贸易主张，出现了自由贸易的观点。但是，在亚当·斯密之前，自由贸易尚未获得社会的完全认可。1776年，亚当·斯密发表《国民财富的性质和原因的研究》（*An Inquiry into the Nature and Cause of the Wealthy of Nation*），详细论证了建立在绝对优势理论基础之上的自由贸易理论，正式建立经济学体系。著名经济学家赛尼尔（Senior）将自由贸易决策比喻为"仅次于改革、仅次于宗教自由，一个人类里程碑性质的决定"。

之后，大卫·李嘉图等经济学家在绝对优势理论基础上，建立了相对优势经济理论。1936年，哈伯勒利用机会成本理论，解决了相对优势论的危机，至此，形成了一个完整的古典自由贸易经济理论体系。

但是，古典经济学只假设了相对优势的存在（找到了产生相对优势的原因），而没有论证它的存在（没有解释为什么这些原因产生相对优势）。此外，古典相对优势经济理论不能解释国际贸易中生产要素对贸易的影响。1933年，俄林提出赫克歇尔 - 俄林（Heckscher-Ohlin）理论对此进行了有效的解释，初步建立了现代国际贸易的相对优势静态理论。1951年，里昂惕夫利用经济数据对赫克歇尔 - 俄林理论进行了实验验证，并最终解决了被称为"里昂惕夫之谜"的疑问。

随着现代经济的飞速发展，经济现实越趋复杂，因而出现复杂的现代经济理论，如20世纪60年代佛农的产品周期理论；1933年由琼·罗宾逊和爱德华·张伯伦同时提出的规模经济、不完全竞争理论；最早由阿尔弗雷德·马歇尔提出，20世纪20年代由弗兰克·格雷汉姆以及其后的一些经济学家研究完善的外部经济理论；有关国际贸易与经济增长关系的理论；以及近期考虑现实经济生活的一些主要因素及其变化的动态内生性经济增长理论。

第一节　早期对外贸易思想及理论

一　早期对外贸易思想

最早对外贸易思想可以追溯到古希腊和古罗马时期。对外贸易正反两方面的观点，早在古希腊和古罗马的著作中就已出现。这些观点，反映了当时在权衡对外贸易利弊时，主要考虑非经济因素，反对观点占据上风。

公元 5 世纪前的古希腊哲学家反对对外贸易，蔑视贸易行为和从事贸易的商人，尤其是零售商。柏拉图在他的《共和国》（*Republic*）中告诫公民，店主和劳工这两个职业应留给那些劣等人，因为他们不适合任何其他职业。亚里士多德在《政治学》（*Politics*）中认为，在贸易中用钱交换牟取利益是一种违背自然规律的行为，理应被轻视。[①] 基于这样一种观点，古希腊人认为，公民不应从事商业活动，所有商业行为，应由那些被剥夺了政治权利，并与希腊城邦分离的外国人去做，以确保商业活动中没有国家成分，这样，国家的日常生活就可以完全与商业活动分离。

古罗马哲学家和政治家对商业和贸易的观点基本上与古希腊哲学家一致。他们认为，商人或中间商低价购进，高价售出，不改变商品本质而牟利，是一种低俗职业，有损一个优秀公民的尊严。基于这种观点，古罗马禁止参议员从事商业活动。

当然，包括柏拉图在内的古希腊和古罗马哲学家们也承认，国内专业分工和劳动分工可以带来国家利益，对外贸易必不可少。柏拉图在《共和国》中指出："分工后可生产出更多产品，而且个人根据自身条件从事专一生产会更好更容易"；"建立一个城邦而没有进口贸易是不可行的，因为城邦需要用过剩的产品换取进口商品"。[②]

尽管承认对外贸易对国家有益，古希腊哲学家仍然主张限制对外贸易，认为对外贸易使本国公民受外国野蛮风俗和不良行为的影响，从而影响本国正常生活和道德标准，破坏本国法律与社会秩序。亚里士多德在《政治学》中主张，最理想的城邦设立点，应该可以保证自给自足，最大限度地减少对

---

① 亚里士多德认为因为没有劳动投入等自然因素，所以违反自然规律。

② 〔古希腊〕柏拉图：《理想国》，顾寿观译，岳麓书社，2018。

外国贸易的需求，以利于国家安全与国防。

公元初的几个世纪里，哲学家和神学家根据早期一些作家，如希腊历史学家普拉泰奇（Plutarch）等关于"上帝制造海洋和陆地，创造资源的多样性，是为了让地球上不同人种之间通过贸易促进交流"的观点，提出"大同经济"（Universal Economy）学说，倡导对外贸易不受干预。在此之后，古希腊和古罗马对贸易，尤其是对对外贸易的歧视与限制渐渐淡化，代之而来的，是对贸易和对外贸易的宽容态度。到了中世纪，尽管经院主义思想中占统治地位的流派仍然对商业性活动和与陌生人进行接触表示怀疑和忧虑，更倾向于亚里士多德的国内贸易优先于国外贸易论，但已认可商业贸易行为的合法性。例如，中世纪神学家的代表人物圣·托马斯·阿奎那（St. Thomas Aquinas）在其著作 Summa Theologica 中，承认三种商业贸易对社会有益：对货物的囤积、对必需品的进口、将物品从产地运往该产品稀缺地区。"大同经济"学说一时成为对外贸易的理论支柱，尤其受到重商主义者和其他对外贸易者的拥护。

及至 17、18 世纪，自然法哲学家运用自然法原理解释国际关系，认为贸易是自然赋予每一个人的权利。自然法哲学家的代表人物格劳秀斯（Grotius）强烈谴责葡萄牙人阻止荷兰人与印度进行贸易。他在《战争与和平的法律》（The Law of War and Peace）中写道："任何人都无权利阻止一个国家与另一个遥远国家之间的商业贸易。这样的贸易，是为了人类社会的共同利益，它不会给任何人造成损失。"但是，格劳秀斯对贸易的支持只限于对外贸易，而不包括国内贸易。

无论是"大同经济"学说，还是自然法哲学家的观点，都不是基于经济考虑，而是建立在非经济因素的基础之上。因此，在这个阶段，对外贸易还没有经济理论的依据。但是，这些观点改变了人们对外贸的认识，使国与国之间的贸易得到广泛的认可。

二 重商主义经济哲学

17、18 世纪，一种被称为重商主义的经济哲学出现在英国、西班牙、法国、葡萄牙、荷兰等欧洲广泛开展对外贸易的国家。这种哲学基于对经济因素的考虑，有以下两个主要内容：第一，国家在贸易中应保持贸易顺差；第二，国家应控制就业与贸易商品组成。

重商主义用贵金属储量衡量国家财富，从而认为，出口大于进口可以使国家富强，因为出口使金银等贵金属流入本国。由于各国不可能同时进口，一国的出口总是以另一国的进口为前提，因此，重商主义认为，一个国家的获利，是以另一国的损失为代价的，主张民族经济，认为国家贸易利益根本上相互冲突。基于这些观点，重商主义一方面积极主张国际贸易，另一方面建议政府对国际贸易采取严格管制，用出口补贴鼓励和刺激出口，用关税限制进口，甚至禁止奢侈类消耗品的进口，认为这样，既可以促进国内原材料制造业，又可以限制进口成品对国内生产和就业的竞争，从而达到一个令人满意的贸易平衡状态。

积极主张对外贸易的同时，重商主义者[①]反对国内贸易，认为在国内从事商业活动只能使商人富裕，不能增加国家财富。

及至 17 世纪，广泛的世界贸易与海外开发，以及国家作为一种政治力量在世界舞台的崛起，赋予了贸易新的地位。商人四处推销对外贸易强国论，与此同时，作为一个阶层，他们渐渐得到社会广泛认同。例如，托马斯·曼称商人是一个"高贵的职业"；托马斯·米勒呼吁"商人在所有的国家都应受到欢迎、尊重和鼓励"。

重商主义的经济哲学深深影响了当时欧洲各国的国家政策。18、19 世纪，殖民地在这种经济理论引导下大量涌现，被当作确保殖民地国生产原料的来源地，以及母国工业制成品的销售市场。事实上，除 1815 年至 1914 年的英国，没有一个西方国家曾彻底摆脱重商主义观点影响。每当国家出现高失业率，政府就会大力干预经济，试图通过限制进口，来刺激国内生产和就业。

三 早期自由贸易理论

最早的自由贸易（free trade）萌芽，出现在 16 世纪末英国议会关于对外贸易垄断的讨论中。当时的概念更确切的表达应为"贸易自由"（freedom of trade）。赫克歇尔（Eli Heckscher）将当时重商主义者所谓的贸易自由定义为，"任何人可以自由从事自己选择的商业活动而不受政府的阻挠与强迫。但明智的政府当以物质奖励和惩罚为工具，将人们的活动引向正确的方向"。[②]

为回应重商主义的"贸易自由"，出现了"自由贸易"的主张。这种主张，反对歧视外来商品的保护主义政策，驳斥重商主义的出口强国论。以荷兰与爱尔兰两国贸易为例，在荷兰与爱尔兰的贸易中，荷兰进口一切需要进口

---

① 重商主义最有影响力的代表人物是英国的托马斯·曼（Thomas Munn）。他于 1581 年出版了重商主义的代表作《对外贸易给英格兰带来的财富》（*England's Treasure by Foreign Trade*）。

② 参见 Eli Heckscher, *Merchantilism*, translated by M. Shapiro, London: George Allen & Unwin, 1935。

的东西，爱尔兰的出口是其进口的 8 倍，但是，荷兰仍然比爱尔兰富裕得多。①
大卫·休谟（David Hume）在他的《贸易平衡》（*Of the Balance of Trade*）一书中，驳斥纯粹追求贸易顺差的做法，以及对丧失金银的恐惧。他认为，只要英国保有本土工业和劳力，就无须担忧贵金属的流失。

这些自由贸易主张，虽然动摇了重商主义的两个基本经济观点，却没能反驳进口限制可以保护国内贸易免受外来进口货物冲击的观点。

1690 年中期，被英国政府授予贸易特权的东印度公司（East India Company）将棉布从印度大量运回英国，严重冲击英国棉布工业，激发了对自由贸易政策的激烈争论。争论的焦点集中在是否应当对外国商品进口的自由贸易进行管制。反对管制的观点认为，既然特权贸易商的贸易自由不应受到管制，就不应当对外国商品的自由贸易进行管制，因为特权贸易商的进口同样影响本国市场。但是，保护主义的观点仍然认为，完全解除管制会冲击本国工业，甚至会摧毁本国工业，因此应当进行进口管制。

这个时期自由贸易的代表人物是亨利·马梯恩（Henry Martyn）。他在 1701 年《关于东印度贸易的思考》（*Considerations Upon East India Trade*）中首次将劳动分工原理运用到国际贸易中。马梯恩将英国从印度进口廉价棉布的行为，描述为一种劳力节省的创新，或者一种新的棉布制造技术，因为廉价棉布的进口，使得生产出口商品换取等量棉布的劳力减少。

马梯恩等自由贸易拥护者的经济分析，为自由贸易政策找到了理论依据。但当时，自由贸易仍未得到广泛认可。这当中，部分原因是马梯恩等主张自由贸易的目的，是保护进口商自由进口的权利，而没有着眼于全面推广国际贸易，部分原因是他们的论证不足以证明自由贸易是最有利于各国的贸易政策。因此，在亚当·斯密之前的自由贸易思想，仍只处于萌芽阶段。

四　亚当·斯密与自由贸易

对外贸易中，只有贸易各方都能获利，才会产生自由贸易。如果一国无利可言，甚至还会遭受损失，它就会拒绝贸易。自由贸易如何产生？自由贸易下贸易各方的利益又从何而来？

亚当·斯密之前存在许多反对重商主义、主张自由贸易的经济分析，但这些分析无一能从经济的角度，论证自由贸易是最有益于各国的贸易政策。1776 年 3 月 9 日，亚当·斯密发表《国民财富的性质和原因的研究》（又称

---

① 参见 Roger Coke, *A Discourse of Trade*, London: H. Brome, 1670。

《国富论》），系统严谨地分析了贸易政策的经济学，使经济学正式成为一门系统科学。[①]

亚当·斯密在《国富论》中论证，国家的财富和实力，取决于国家经济的增长。经济增长可以通过劳动分工来实现。而劳动分工，又与市场的开放程度密切相关。基于此，国家实行自由贸易政策，通过劳动分工，专门从事国家最有优势的行业，就可以变得富有而强大。一个建立在绝对优势基础之上的地区性劳动分工优势，是亚当·斯密贸易理论的基础。

亚当·斯密没有沿着重商主义批判的道路来发展自由贸易经济理论，他独辟蹊径，从18世纪道德哲学观点出发，对重商主义原理，特别是重商主义"就业与贸易商品组成"的观点，进行了深入抨击，论证了经济活动专业化可以产生经济效益的理论，同样对国际贸易专业化适用。他主张英国全面开放港口，取消所有关税，保障商品对外贸易不受政府干预。为论证自己的主张，亚当·斯密首先驳斥了通过限制进口保护国内工业不受外来产品竞争的行为。亚当·斯密认为，事实上，进口限制导致的独占经营提高商品价格并导致产业管理松懈。他认为，虽然进口限制可以扩大国内生产市场份额，但国内市场份额的扩大，并不一定增加被保护工业的优势和有益于整个社会。为论证贸易限制对社会实际收入的影响，他从个人与商业、个人与经济在市场中的关系着手，确定社会实际收入的含义。他认为，个人总是将自身劳力投入自己最有优势的领域。即在决定自己的资源投向时，总是倾向于将资源投入能产生最大回报的工业或商业行为中。在做出这些商业决定时，个人只考虑自己的优势而并不考虑社会需求。但是，这种根据自身条件而做出的决定，正是最有利于社会的决定。这个结论引出了亚当·斯密最著名的论断：

　　　　当每个人都以最理性的方式，将资本用于国内产业，努力管理好国

---

① 亚当·斯密（Adam Smith，1723—1790）出生于苏格兰，父亲在他出生前三个月去世。他终生未婚，与母亲共同生活58年。斯密14岁进入名气不大的格拉斯哥大学学习，因成绩优秀得以转入当时英国名气最大的贵族院校牛津大学，他却十分反感该校的教育方式及内容。1751年，他回到格拉斯哥大学担任逻辑学和道德哲学教授，1758年出版伦理学著作《道德情操论》。当时，英国处于由资本主义工场手工业向机械工业转变的时期。斯密所在的苏格兰制铁和纺织工业比英国其他地方发达。斯密观察所在工业区经济生活，与著名发明家瓦特成为朋友。1764年，斯密放下教鞭，作为比克勒公爵的私人教师与他一起游历欧洲。1767年，他回到故乡，潜心写作，于1776年出版《国富论》，建立经济学体系。斯密治学严谨，《国富论》这部具有划时代意义的经济论著的写作前后历经25年。亚当·斯密和其他古典经济学家主要奉行"自由放任"（laisses-faire）的政府经济政策，即一种政府对经济或规范经济活动干预最少的政策。

内产业，以使国内产业的生产价值实现最大化时，他们的行为，必然使社会收入最大化。通常，这些人既不打算促进公益，也不知道自己能在多大程度上起到促进公益的作用。他们选择支持国内产业而非外国产业，考虑的，只是自身安全。他们以产值最大化的方式管理自己投资的产业时，考虑的，只是自身利益。在这些活动中，个人就像在其他一些活动中一样，受着一只无形的手的支配，尽力去达到一个他本人并无愿望达到的目的。但是，这样的做法，不是出自本意，也无害于社会。在追求自身利益的过程中促进社会利益，往往比有意促进社会利益来得有效。我还从未见过为了公众利益的目的从事贸易，而给社会带来不少益处的人。①

亚当·斯密将自然力量推动经济，增加国民财富的观点，运用到贸易政策上，他说：

> 如果外国的某种商品比我们自己生产的便宜，我们最好就去生产别的有生产优势的产品，并用其中的一部分，换取国外那些便宜的商品。……如果将劳力用在那些进口比自己生产还便宜的商品生产上，这些劳力就一定没有得到最好的利用。如此，不将劳力用于最有价值的商品生产，则国家年产值或多或少就会受到损害。因为购买这些商品，所费比国内生产要少。顺乎自然规律，等量资本雇佣的劳工所生产出来的部分产品或这些产品价值的一部分就足以换回同量的商品。由此可见，一国放弃优势行业生产而从事劣势行业生产，其年产品交换价值，不仅没有按立法者的立法意愿增加，反而一定会因如此的管制而减少。②

根据亚当·斯密的理论，两国各自在不同产品生产上拥有的绝对优势或绝对劣势，是两国之间产生贸易的原因。贸易两国中的各国在某些商品的生产上效率更高，拥有绝对优势，在某些商品的生产上效率较低，处于绝对劣势。它们可以通过专业分工，生产各自拥有绝对优势的产品，并用其中的一部分进行互换。如此，两种商品的产量都会提高，而且资源也会得到最有效

① 〔英〕亚当·斯密：《国民财富的性质和原因的研究》，第四篇，第二章"论限制从外国进口国内能够生产的货物"。参见 Douglas A. Irwin, *Against the Tide*, 77 – 78, Princeton University Press, 1996。

② 〔英〕亚当·斯密：《国民财富的性质和原因的研究》，第四篇，第二章"论限制从外国进口国内能够生产的货物"。Douglas A. Irwin, *Against the Tide*, 79, Princeton University Press, 1996。

的利用。增加的商品产量，就是两国专业化生产的额外收益。这些收益通过两国贸易在两国间分配，产生的经济利益就是它们各自的贸易所得。因此，如果一个国家在某些产品的生产上拥有绝对优势，无论其他国家的贸易政策如何，采取贸易自由化的政策，都会有利于该国的国家利益。

亚当·斯密举了一个国内经济活动中普遍得到认同的事例来解释上述的结论。每个人都同意，在我们的日常生活中，如果自己去生产所有需要的日常用品，如食品、衣服、药物、住房等，是既愚蠢也不可能的，更是没有必要的。现实中的每一个人在做的，是选择专门从事自己能胜任的职业，然后购买自己的生活必需品。这些生活用品，是由其他人根据个人专长选择职业生产出来的。亚当·斯密举的这个人人皆知的简单事例，已经成为现代经济遵循的规律之一。在专业分工这一点上，亚当·斯密认为，国家犹如个人，如果只生产本国具有生产优势的产品，然后用这些产品的一部分去换取其他必需商品，国家的总产出和社会财富就会增大。

亚当·斯密的自由贸易绝对优势论彻底批驳了重商主义经济哲学，创立了新的商业贸易经济分析方法，从根本上改变了世界各国国际贸易政策的走向，使经济学从此成为一门独立学科。

但是，亚当·斯密的绝对优势论只能解释国际贸易中的一小部分。他所遗留下来的一个核心问题是，如果一个国家相对于它潜在的贸易伙伴当中的任何一个，在任何产品或服务方面都不具有绝对优势的话，那么这个国家该怎么办？国际贸易对这样一个国家是否还有价值？

这个问题由大卫·李嘉图的相对优势论给出了很好的答案。

第二节　古典自由贸易理论

一　自由贸易相对优势理论

19 世纪初期出现了许多研究和发展亚当·斯密经济理论的经济学家。他们在承认自由贸易有利于国家利益的前提下，发展出利用机会成本（opportunity cost）论证自由贸易的相对优势论。根据相对优势理论，即使一国在所有商品的生产上，较它潜在的贸易国处于劣势（不具有优势），它仍有可能在贸易中与贸易伙伴共同获利。这些处于劣势的国家，可以通过选择机会成本最小的工业分工，专门生产和出口本国劣势相对较小的产品，同时进口本国劣势相对较大的产品获取经济利益。根据这个理论，所有的国家都应当选择自由贸易作为本国贸易政策。

　　最早认识到相对优势论本质的经济学家，是英国的罗伯特·托伦斯（Robert Torrens）。他提出了相对成本，或者说相对优势理论的基本观点。该观点表明，在对外贸易中，即使一国在某些行业拥有绝对的生产优势，由于本国各行业中存在的相对优势，进口仍然是更好的选择。而詹姆斯·密尔（James Mill）在他 1821 年的《政治经济要素》中指出，所有的贸易所得，都来自进口商品，而非出口商品，因为出口商品的价值体现在进口商品价值之中。进口商品成本低于国内生产同样商品成本的那部分价值，就是进口国在该商品中的贸易所得。

　　由此可以看出，相对优势贸易理论观点，与重商主义贸易观点截然相反。

　　詹姆斯·密尔和托伦斯的论述虽然奠定了相对优势论的基础理论，却没能提供一个关于自由贸易是互惠贸易的科学实证，证明相对优势论可以使那些即便是在所有产品生产都处于绝对劣势的国家，也能从贸易中获得经济利益。这个任务是大卫·李嘉图完成的。

　　1817 年，大卫·李嘉图①发表《政治经济学及赋税原理》（*On the Principles of Political Economy and Taxation*），建立了第一个国际贸易经济模型，将相对优势的古典理论，完整呈现在世人面前。他的相对优势论为自由贸易理论提供了新的基础。尽管后来几经经济学家修改，以适应许多他当时无法预见的复杂情况，李嘉图的相对优势论仍一直是国际经济学的基本原理之一。

　　在他的相对优势论中，大卫·李嘉图论证，国家间贸易的流动是由生产某种货物的相对成本，而不是绝对成本决定的。国际劳动分工建立在相对成本之上，因此，一国只应生产那些本国相对生产成本最低的商品。即使相比于其他国家而言，一国在每种商品的生产上都拥有绝对的优势，它也只应当生产那些相对优势成本最低的商品。这样，各国就会在贸易中获得更大的利益。

　　被保罗·萨缪尔森称为"经济学领域最美丽的思想"的相对优势论，经

---

① 大卫·李嘉图（David Ricardo, 1772—1823），出生在伦敦一个富有的犹太人家庭。父亲幼年从荷兰移居英国，成年后做股票经纪人积累了巨额财富。李嘉图从小只受过两年商业教育，14 岁开始参与父亲的业务，后因婚姻与家庭决裂，从此自立门户，20 多岁时就在股票经纪人这个行业使自己成了大富翁，堪称交易所的"投机天才"。商业成功之后，李嘉图想在科学方面展现身手。在一次度假期间，他读了亚当·斯密的《国富论》，开始着迷于经济学研究，于 1809 年发表著名论文《黄金的价格》，1817 年发表《政治经济学及赋税原理》，达到经济学研究顶峰。由于没有受过严格的正规教育，他的这本著作，虽然处处闪现天才的火花，却也处处显得逻辑混乱。

过约翰·斯图亚特·密尔①在《政治经济学原理》（*Principles of Political Economy*）中的进一步论证，成为古典经济学理论。

1848 年，詹姆斯·密尔发表《政治经济学原理》，从经济分析及贸易政策两个方面全面论证了自由贸易的相对优势理论。他批驳了古罗马和古希腊关于对外贸易的道德观，认为：

> 商业活动所产生的经济利益，其重要性，远胜于智力和道德的重要性。促成不同的人之间的交流，相同的人之间不同思想和行为的交流的事件，对人类进步所产生的价值不容忽视……永远有必要将自身的思维和习俗，与处于不同状态下的群体的经验与实践不断进行对比……世界上没有哪一个国家不需要借鉴他国的经验。②

詹姆斯·密尔认为，自由贸易对世界经济的发展产生正面影响。贸易扩大了出口国国内市场，使出口国产品需求增加。增加的需求，引发出口国劳动生产率的提高和技术进步。国内这些劳动生产率的提高和技术进步，会渐渐通过贸易扩散到全世界，因此，产品产量的大幅增长，往往促进世界劳动生产率的提高。

根据这个推论，詹姆斯·密尔倡导自由贸易的国家政策，强烈反对国内贸易保护主义，认为贸易保护主义政策"无论对国家还是对消费者都是纯粹的浪费"，因为贸易保护降低劳力与资金的使用效率。

针对贸易保护的就业论，詹姆斯·密尔和其他大多数经济学家一样，赞成亚当·斯密的观点。他认为，自由贸易给一部分国内产业造成的损害，应当在完全的自由贸易中，通过生产要素的市场调节，渐渐转移到新的拥有相对优势的产业上。只有这样，才能彻底解决贸易保护主义所担心的问题。因此，"问题不是雇佣本国劳工还是外国劳工的问题，而是在本国雇佣哪一个行业的劳工的问题"，因为"直接或间接地，为进口商品所支付的现金，总是来自我们自己生产的产品"。

亚当·斯密的自由贸易绝对优势理论，以及在他的理论基础上发展起来的自由贸易经济理论，使自由贸易政策在 19 世纪的英国得到普遍的认可。经济学家认为，自由贸易理论至关重要。著名经济学家赛尼尔（Senior）甚至这

---

① 约翰·斯图亚特·密尔（John Stuart Mill, 1806—1873），经济学家詹姆斯·密尔（James Mill）的儿子，19 世纪英国最有影响的经济学家之一。他的著作《政治经济学原理》教育了几代的英国学子。国内著作大都将其姓译为穆勒（Mill）。

② Douglas A. Irwin, *Against the Tide*, 92, Princeton University Press, 1996.

样比喻自由贸易决策："自由贸易的决定，是仅次于改革、仅次于宗教自由，一个人类里程碑性质的决定。"

二　相对优势与机会成本理论

李嘉图的相对优势论，通过揭示一种商品在两个国家不同的价格，证明了相对优势的存在是两国互利贸易的基础。该理论的经济模型是国际经济学中最简单的一个。它假定：（1）劳动是各国唯一的生产要素，或在所有商品生产中，劳动均占一个固定的比例，即商品的价值或价格只取决于投入商品生产的劳动量；（2）劳动生产率的不同是各国不同产业之间唯一的不同，即劳动的性质相同。上述假定被称为劳动价值论（labor theory of value）。

但是，现实生产中，劳动既不是生产的唯一要素，也并非以固定的比例投入所有商品的生产。例如，相对而言，在计算机和葡萄酒的生产中，计算机生产要求更大的资本投入，而葡萄酒生产要求更多的土地和劳力投入。另外，在大多数商品的生产中，劳动、资本和一些其他生产要素之间是可以相互替换的。例如，在布匹和葡萄酒的生产中，劳动、资本等因素可以相互替换。此外，不同商品的生产所牵涉的劳动，其性质显然会有差异，譬如，不同商品的生产，对劳动技能、技巧和培训的要求有所不同。由此，建立在劳动价值论基础上的李嘉图相对优势理论面临严重的理论危机。

1936 年，著名经济学家古特弗莱德·哈伯勒（Gottfried Haberler）的机会成本理论（opportunity cost theory）解救了李嘉图的相对优势论危机。由于这个原因，相对优势原理也被称为相对成本原理。虽然在此之前，正如上文所述，詹姆斯·密尔等已经提出机会成本原理，但是，他们没能用科学实证论证机会成本在相对优势论中的运用。

根据哈伯勒的相对成本理论，某商品生产的成本，是再生产一个单位该商品所必须放弃的另一种商品生产的生产量。这里不假定劳动是唯一的生产要素，不假定所有劳动同质，也不假定劳动是决定商品价格的唯一因素。结论是：当一国生产某种商品生产成本较低时，该国在该商品生产上拥有相对优势，而在另一种商品生产上处于相对劣势。

由此可以看出，哈伯勒相对成本理论得出的结论，与李嘉图基于劳动价值论的相对优势理论结论相同。

1951～1952 年，麦克杜格尔（McDougall）使用 1937 年美、英两国 25 个产业的生产率和出口数据，对李嘉图的贸易模式和理论进行了第一次实践验证。当时，美国的工资率是英国的 2 倍。根据李嘉图的理论，如果美国的一些产业生产效率能达到英国的 2 倍以上，则美国这些产业的生产成本将低于英国。即与英国相比，美国在这些产业的生产上拥有相对优势。因此，出自这些产业的美国产品在销往第三国时，价格将低于英国的相似产品。同样，如果英国的一些产业生产率能达到美国的 1/2 以上，相比于美国，英国在这些产业的生产上拥有相对优势，出自这些产业的英国产品在销往第三国时，价格将低于美国的相似产品。

数据表明，用于对比的 25 个产业中，有 20 个产业美、英两国的劳动生产率与产业产品出口量成正比。这与李嘉图的相对优势原理的假设完全吻合，即相对优势建立在劳动生产率差异的基础上。劳动成本以外的其他因素，如生产成本、需求因素、政治因素及国际贸易中的种种障碍，不影响劳动生产率与出口量之间的内在联系。

此后，匈牙利经济学家巴拉沙（Balassa）用 1950 年的数据，斯特恩（Stern）用 1950 年和 1959 年的数据，同样证实了劳动生产率与出口量之间的正比关系。

那么，为什么有成本优势的美国产品没能占有全部的出口市场，英国仍然有一定量的出口？麦克杜格尔认为这是产品的差异造成的。比如，美国的玻璃器皿与英国的不同，即使美国产品再便宜，第三国消费者仍然喜欢英国的产品。因此，英国产品虽然价高，仍能出口。但当价格差增大时，英国的出口量将减少。反过来，美国也出于同样的原因，继续向第三国出口具有相对劣势的产品。

尽管麦克杜格尔的实践验证了李嘉图相对优势论贸易模型，但李嘉图、密尔等古典经济学家只是找到了产生相对优势的原因，即各国之间劳动生产率的差异，而没有解释产生相对优势的原因，即劳动生产率差异的原因。因此，我们说，古典经济理论假设了相对优势的存在，而没有论证它的存在。此外，相对优势论也不能解释国际贸易对下面将要讨论的生产要素的影响。这两个重要问题，赫克歇尔 – 俄林模型进行了有效的解释。

第三节　要素禀赋理论

由李嘉图和密尔提出的相对优势贸易模型假设劳动是唯一的生产要素，因此，产生相对优势的唯一原因是各国之间劳动生产率的不同。但在现实生活中，各国劳动生产率的不同，只能部分解释贸易产生的原因。各国进行贸易，还反映了各国间资源的差异。中国向世界各国出口纺织品，是因为中国的劳动力资源比大多数国家，尤其是英、美等国丰富。因此，现实中的贸易理论，不仅需要分析劳动要素，还要分析其他生产要素，如土地、资本、矿产资源等。

同时，李嘉图的相对优势理论，假设所有生产层面的成本费用恒定不变。这意味着一个国家将只从事其相对优势最大，或比较劣势最小的商品生产。这也与实际不符。现实中，葡萄牙既生产葡萄酒，也生产布匹。

此外，国家将其生产从一个产业转向另一个具有相对优势的产业时，机会成本有可能并不恒定，有时增长，有时减少。举例说明，如果布匹生产是劳动密集型产业，葡萄酒生产是土地密集型产业，从布匹转向葡萄酒的生产时，将生产布匹的劳力再投入同样大小产出相应数量葡萄酒的土地上，并不能保证相同的机会成本。因为，并非所有土地的葡萄产出量都相同。同时，同量的劳力，并不一定都能产出同量的葡萄。而在另外一些产业中，再投入所要求的资源和劳力，会因规模生产而大量减少。规模生产在这些行业中，正是导致彻底的国际专业化分工的内在原因。

为解决这些问题，瑞典经济学家赫克歇尔与俄林①发展了要素禀赋理论。

1919 年，瑞典经济学家赫克歇尔发表《国际贸易对收入分配的影响》，概括性地说明了现代国际贸易理论。但文章并没有引起人们的重视。10 年之后，赫克歇尔的学生，瑞典经济学家俄林对这篇文章进行了进一步的研究，于 1933 年出版了著名的《区域贸易与国际贸易》。由于俄林的理论核心首先是由赫克歇尔提出，并且俄林的研究包含了他所有的内容，为纪念赫克歇尔，人们将俄林《区域贸易与国际贸易》中的理论，称为赫克歇尔－俄林理论。俄林于 1977 年因其对国际贸易的贡献而荣获诺贝尔经济学奖。

赫克歇尔－俄林理论又称"要素比例理论"（factor-proportions theory）或"要素禀赋理论"（factor-endowment theory）。因为该理论认为，各国相对生产要素的丰裕程度，即要素禀赋（factor endowments），是各国在国际贸易中产生比较优势的原因和决定性因素。赫克歇尔－俄林理论非常恰当地解释了原

---

① 伯尔蒂尔·俄林（Ohlin, 1899—1979）出生于瑞典的一个富有家庭。他大学就读于斯德哥尔摩大学，于 1919 年获学士学位。由于数学成绩优异，他选择继续深造数学、统计学和经济学。1924 年，俄林的博士论文以《贸易理论》为名出版，1933 年经修改补充后以《区域贸易与国际贸易》为名出版，其中的要素禀赋论奠定了他在世界经济学中的地位。1925 年，俄林在老师赫克歇尔的推荐下被聘为哥本哈根大学经济学教授。5 年后他回到母校斯德哥尔摩大学任教授达 35 年。1977 年，俄林被授予诺贝尔经济学奖。俄林还是一位著名的政治活动家。从 1938 年开始，他担任瑞典国会议员长达 30 多年。1944～1967 年担任瑞典自由党领袖。1979 年 8 月，俄林安坐在书桌前去世。

材料、农产品、劳动密集型产品的贸易。

根据这个理论，产生国际贸易的原因，一是各国的资源差异，二是不同产品在生产过程中使用的生产要素比例不同。一国在以本国相对丰裕的资源为主要生产要素进行生产时，产品具有更大的相对优势。因此，国家应当生产那些本国资源丰裕的产品，进口那些本国资源稀缺的产品。换句话说，要素禀赋理论认为，各国在国际贸易中获得的利益，根源于贸易商品的生产技术与模式（如是土地密集型、劳动力密集型，还是资本密集型），与各国资源差异这二者之间的正确搭配。

资源差异，是指各国所拥有的劳力、资本、土地等自然资源情况的差异。例如，美国、英国、日本、德国等国家，在资本、技术以及生产工具等生产资料方面的资源较为丰富，相对地，这些资源的供给充裕，价格较低；而中国、印度、印尼等国劳动力资源较为丰富，供给相对充裕，价格较低。

不同产品的生产要素构成不同，有的需要较多的劳动力投入，为劳动密集型产品；有的需要较多的资本投入，为资本密集型产品。这些差异，使各国在以本国充裕的资源为生产要素，生产资源密集型产品时具有价格优势。如美、英等国生产资本密集型产品时，如电子、航空等产品，价格便宜；而中国、印度等国生产劳动密集型产品时，如纺织、轻工等产品，价格便宜。

根据该理论，如果美国比中国拥有更多的资本，中国比美国拥有更多的劳力，美国将向中国出口资本密集型产品，而中国将向美国出口劳动密集型产品。上述差异，促成国际分工和国际贸易。贸易各国均可获得因资源差异而产生的经济利益。

要素禀赋理论告诉我们，在所有可能导致贸易前相对商品价格差异的因素中，生产要素的差异是产生相对优势的根本原因。由于生产要素不能在各国之间自由流动，因而难以自行达到最优配置。国际贸易的重要性，正在于它成为国际要素流动的替代物，使各国更加有效地运用各种生产要素，弥补生产要素在各国不均衡分布的缺陷。贸易，因此提高各国相对丰裕因而价格便宜的生产要素的价格，降低各国相对稀缺因而价格昂贵的生产要素的价格，导致劳动昂贵而资本便宜的国家，劳动真实价格下降，资本真实价格上升，而资本昂贵劳动便宜的国家，资本真实价格下降，劳动真实价格上升，从而实现生产率和社会总产量的提高。

因此，在发达国家，如美、日、英、法、德、意、加等国，由于资本是相对丰裕的生产要素，国际贸易降低这些国家劳动的真实收入，提高资本的真实收入。相反，在发展中国家或不发达国家，如中国、阿根廷、印度、墨西哥等国，国际贸易增加劳动的真实收入，减少资本的真实收入。

这个结论解释了发达国家工会，如美国、德国等，一般都赞成并主张贸易保护的原因。那么，这是否说明发达国家应当限制贸易？根据要素禀赋论，贸易导致的劳动损失要小于贸易带来的资本收入。同时，使用合适的国家政策，可以在劳动收入和资本收入之间进行重新分配，使两种生产要素的拥有者都可以从贸易中获利。这些国家政策包括税收政策（包括低工资减税政策、服务业减税政策等）、培训政策（重新培训被进口产品替代的产业工人）、福利政策（对低收入者实行某些社会福利）等。因此，发达国家仍然应当实行国际自由贸易政策。

赫克歇尔 - 俄林理论的另一种表述方式，是要素价格均等定理（factor-price equalization theorem），即国际贸易会使各国同质要素最终实现绝对或相对收入均等。但是，现实生活中，我们不难发现大量与此不相吻合的事例。例如，美国的电脑工程师、德国的机械师、英国的律师与医生，他们的收入要远高于他们阿根廷、印度或墨西哥的同行。

出现这些不均等现象是因为赫克歇尔 - 俄林理论假设了许多现实中不存在的条件，如各国使用相同的技术、运输成本相同、规模报酬不变、产品和要素市场处于完全竞争状况，等等。因此，我们只能说贸易缩小了同质要素收益的国际差异，却达不到完全均等的状况。此外，各国同质要素的均等还受许多其他因素的影响。例如，虽然国际贸易缩小了发达国家和其他国家之间，如美国与墨西哥之间同质要素的差异，但美国的科技发展速度远远快于墨西哥，这又使两国间同质要素的差异增大。

要素禀赋论印证了工业化国家与欠发达国家之间发生的大多数贸易，解释了许多经济活动中国际专业化分工的模式，特别是在农业和自然资源方面的国际专业化分工模式。但是，它却难以圆满解释现代工业化经济中制造业活动的专业化模式，无法解释发生在工业化国家之间的大多数工业间贸易（在两个国家之间进行的相同商品的贸易）。自第二次世界大战以来，这种行业间贸易迅速扩展，如美国、日本之间相互出口汽车的现象等。[①]

---

① 对上述现象的解释，一个是消费者偏好，有的消费者偏好进口轿车，另一个是美国经济学家爱德华·张伯伦在 20 世纪早期提出的垄断竞争理论。新古典经济理论中的完全竞争理论，建立在"相互竞争的企业所生产的产品是可以相互完全替代的相同产品"假设之上。张伯伦观察到，在经济现实中，企业通过产品区分方式展开彼此之间的竞争。通过产品的区分，企业实现垄断或不完全竞争的结果。在现实中，产品区分的结果表现为美国进口的日本轿车与它出口日本的轿车是不同的。

另外，要素禀赋理论无法解释第二次世界大战之后的另外两个现象，即企业内部贸易与企业间贸易。前者是发生在同一跨国公司不同部门间的贸易，后者是发生在合资或转承包合作关系的若干企业间的贸易。[①]

此外，要素禀赋论假设各国在技术运用方面机会均等，贸易的商品品种组成不受经济活动的影响，而由与经济无关的其他因素，如资源优势等决定。然而，一国的专业化与相对优势与经济因素本身有着密切的联系，影响它们的经济因素包括储蓄利率、贷款利率、国家在专业人力资源方面的投资（反映一国对教育和研发的重视程度），以及国家在公共基础设施，如运输和通信设施等方面的投资（反映一国的投资模式），等等。

古典的经济理论和要素禀赋理论属于静态的相对优势理论。这些理论在假定要素禀赋、技术和偏好不变的情况下，确定一国的相对优势和贸易所得。现实中，虽然土地等生产要素不可流动，金融资本、工业技术、人力资源等的国际流动因通信和运输技术的发展越来越普遍。同时，技术和偏好也是不断变化的。此外，这些理论只关注货物在国家间的流动，忽视服务、资本和人口的国际流动。由于这些原因，静态的相对优势理论已不能解释当今国际贸易中的许多现象和问题，不能正确反映现实的经济活动以及这些经济活动对国际贸易的影响，因而必然要有新的理论来弥补这些缺陷。动态相对优势理论不仅解决了上述问题，同时也正确反映了政府通过贸易政策的实施对贸易进行干预和改变的现实。

第四节　产品周期理论

为了弥补赫克歇尔－俄林理论的不足，产生了解释某些现代经济现象的国际贸易理论——产品周期理论。该理论反映的是相对优势理论中的动态经济状况，而非赫克歇尔－俄林理论的因素比例假设的静态经济状况。20世纪60年代，哈佛商学院的雷蒙德·佛龙（Raymond Vernon）提出的这个理论，准确揭示了国际分工在制造业中的形成和变化。在经济活动中我们发现，当某些特定商品的生产达到标准化生产程度以后，美国以及其他发达国家，往往从这些商品的纯出口国转变为纯进口国。电视机、录音机等电器产品在这些国家中就经历了上述的变化。这个转变是如何发生的呢？

---

① 解释这些贸易现象，有必要对跨国寡头的兴起以及直接外国投资形成的生产全球化进行考察。但对这些现象的研究是政治经济学、商学的研究范畴，还是纯学术性经济学的研究范畴是一个需要首先明确的问题。关于这些问题将在下面的章节中进行讨论。

　　根据佛龙的产品周期理论，当一种新产品刚刚出现时，产品的生产往往需要高素质的劳工。当这种产品的生产技术成熟并被大众接受时，产品生产渐渐标准化，可以进行大规模生产并使用低素质劳工。此时，该产品的相对优势从最早的发明国（通常为发达国家），转移到劳动力相对便宜的国家，同时伴随着发达国家的直接投资。

　　产品周期理论认为，一个产品的周期分为四个阶段：研发推出新产品阶段，扩大生产及出口的产品成长阶段，标准化及国外生产的产品成熟阶段，以及国外大量生产及进口的产品衰退阶段。

　　第一阶段，是新产品阶段。由于美国等发达的工业化国家在人力和资本资源上拥有相对优势，因而享有新产品研发等初期开发的优势。这样，一些靠先进技术才能生产的产品首先在这些国家被研发出来，以满足研发国少数消费者的消费需求。在这个阶段，产品尚未定型，仅在研发国生产和消费。生产者从消费者处获取产品反馈信息，并根据信息对产品进行调整。此时，产品的消费者都是些高收入阶层，而生产商在这个阶段所关心的，不是利润、市场份额、出口机会等因素，而是产品的完善。

　　第二阶段，是产品成长阶段。产品开发稳定下来之后，生产技术得到改进。与此同时，产品得到更多消费者的认可。为满足国内外不断增长的需求，产量迅速提高，产品在研发国进入大量销售并部分出口阶段。在这个阶段，由于其他国家还没有掌握产品的生产技术，无法模仿生产，研发国在国内国际市场都处于完全垄断地位。

　　第三阶段，是产品成熟阶段。随着生产技术的提高及经验的积累，产品在研发国的生产渐渐标准化。标准化生产大大降低生产成本，使大量出口盈利成为可能。同时，由于生产国在宣传和销售等方面的努力，产品在其他非工业化和欠发达国家赢得消费者的青睐。于是，生产商开始大量出口产品，或授权本国或他国组织产品生产，以满足这些国家蓬勃发展的需求。

　　第四阶段，是产品衰退阶段。随着时间的推移，产品的生产和技术完全标准化，并渐渐过渡为劳动密集型产品。这时，利用劳动力优势国家的当地劳力可以生产出更为便宜的产品。同时，技术在这些国家扩散，并出现模仿品的批量生产。于是，生产商将产品生产从研发国转移到劳动力成本低廉的国家，在这些国家进行大规模生产，不仅供应当地市场，同时也出口到包括研发国在内的发达国家。于是，品牌竞争让位于价格竞争。最终，研发国完全放弃产品的生产，成了这些商品的纯进口国。

　　从纯出口国转变为纯进口国，常常伴随着生产技术从发达的产品研发国向非工业化、欠发达国家的转移。至此，这些产品完成了产品循环。发达国家又重新开发新的产品，或对这些成熟产品进行改进、更新换代，以保持竞争力。这个循环，揭示了美、英等发达国家对知识产权的保护如此关注的原因。

二战后发生在美国和日本两个国家之间的无线电产品竞争，就是一个典型的产品周期示例。二战后，真空管技术在美国的迅速发展，使美国垄断了全球无线电产品市场。几年后，日本掌握了同样的技术，并凭借廉价劳动力渐渐占据了很大一部分市场。之后，美国发明晶体管，并借新技术重新占领了市场。但是，日本同样在几年后掌握晶体管技术，又开始了与美国的竞争。美国随后通过集成电路的使用，再次在无线电产品的竞争中占据上风。在这个竞争中，无线电产品究竟是劳动密集型产品，还是资本密集型产品，取决于是美国占领市场，还是日本占领市场，以及美国、日本是否会被韩国、中国台湾等生产成本更低的厂商取代。

佛龙关于制造业工业制成品国际贸易的产品周期理论，十分合理地解释了 20 世纪五六十年代中许多国家的专业化模式。但之后，许多新兴工业化国家，如日本、新加坡、韩国等，在资本的国际流通越来越普遍的情况下，大量运用国内、国际资本，投资到人力资源这个获得产品进步与产品早期制造的相对优势必不可少的资源上，取得了佛龙产品周期理论中产品生产早期所必需的优势。这说明相对优势并非完全先天，而可以是政府产业政策干预的结果。这一结论，使工业化政策在各国得到广泛的关注。一方面，各国在国内政策的制定和实施上，考虑充分利用佛龙理论揭示的经济现象和规律，保证本国经济发展优势；另一方面，在考虑其他国家的产业政策时，判定其他国家是否通过对国内政策的操纵，达到扭曲相对优势的目的。

第五节　规模经济、不完全竞争理论

国际贸易分为行业间贸易（inter-industry exchange）和行业内贸易（intra-industry exchange）两种。相对优势经济理论解释的是行业间贸易，即发生在如纺织品与汽车之间的贸易。但是，它却无法解释行业内差别产品（differen-tiated products）的贸易现象，即发生在如美国和日本之间的汽车贸易，美国和德国之间的工业设备贸易等行业内贸易现象。因为这些贸易的产生，不是基于各国的资源（生产要素）差异。

事实上，世界各国进行贸易和专业化生产有两个原因：一是各国资源差异的存在，二是规模经济（economies of scale）效应的存在。相对优势理论认为国与国之间的差异是贸易的唯一原因。但是，使每个国家专业化生产的相对优势只能集中在有限的几个产业的规模经济效应，也是国际贸易的一个主要原因。本节讨论的就是规模经济，以及在规模经济下出现的不完全竞争与国际贸易的关系。

相对优势理论以规模效益恒定不变为前提，假设在一个行业中，投入和产出正比增加，即投入双倍的劳动，产生双倍的产出。但是，经济现实中的很多行业，生产规模越大，生产效率越高，呈现所谓的规模经济效应。即投入双倍的劳动，产生超过双倍的产出。同时，相对优势经济分析有一个潜在的假设，即市场是完全竞争的（perfect competition）。在一个完全竞争的市场里总有许多的买者和卖者，生产商是产品价格的接受者，产品价格由市场供需关系决定，没有人能操纵市场。因此，产品的市场价格呈现自由竞争下的均衡态势，超额利润为零。例如，一个家具生产商生产的椅子价格由市场供需决定，无论该厂商出售多少产品，都不会影响市场上椅子的价格。因为单一厂家所占的市场份额太小，不足以对整个市场价格造成影响。

但在经济现实中，规模经济下产生的规模效益递增（increasing returns to scale），使大厂家往往比小厂家更有竞争优势。渐渐地，规模经济导致市场被一个或几个厂家控制。当市场被一个厂家完全控制时出现垄断，被几个厂家控制时出现寡头垄断。市场因而呈现不完全竞争状况。这里，所谓的规模效益递增，是指产出水平增长比例大于要素投入增长比例的生产状况。

需要阐明的是，本书所说的"规模经济"，通常也被称为"内部规模经济"。之所以称为"内部规模经济"，是为了与"外部经济"区分开来。所谓"外部经济"，在有的经济学著作中，也被称为"外部规模经济"。这些著作将规模经济分为"内部规模经济"和"外部规模经济"两个部分。但"内、外部规模经济"的提法较容易使人产生混淆，因为本节规模经济理论与不完全竞争理论讨论的范畴不包括外部规模经济，即外部经济。更具体一些，本节的规模经济理论与不完全竞争理论讨论的，是内部规模经济状态下的行业间贸易。

所谓外部经济，是指单位产品成本取决于行业规模，而非单个厂家的生产规模。在外部经济产业中，当某些企业外部的原因致使整个产业的产量扩大时，各个企业的平均生产成本下降。在这样的经济状况下，大厂家通常没有成本优势，行业由许多小厂家构成，市场处于完全竞争状态。在外部经济状况下，不出现规模效益递增。有关外部经济的问题，将在外部经济理论部分进行更详细的讨论。

内部规模经济，是指单位产品成本取决于单个厂家的生产规模，而非产品行业的整体规模。在内部规模经济的行业中，大厂家比小厂家具有明显的成本优势，最终导致不完全竞争，出现市场失灵。当一个产品只有少数几个厂家生产，并且各厂家的产品不能相互替代时，厂家成为产品价格的制定者，整个市场呈现不完全竞争状态。经济现实中比较有代表性的内部规模经济行业是大型客机制造行业。

国际大型客机制造业基本上由美国波音、法国空中客车和麦道三家公司控制。其中，波音公司生产的许多机型不可替代。在这种情况下，波音公司的产品销售策略，影响国际大型客机市场的价格变化。如果波音公司希望扩大产品销售量，它可以通过降低产品价格轻易达到目的。在像大型客机这样一个不完全竞争的产品市场中，生产厂家控制着产品的市场价格。

当某个产品只有一个生产厂家时，形成垄断经营。垄断经营下产品价格完全由生产厂家决定，因而产生高额垄断利润。但在经济现实中，完全垄断的现象十分罕见，因为具有高额垄断利润的行业自然会吸引其他的竞争者，从而打破垄断的局面。因此，具有内部规模经济特征的行业市场，通常会呈现寡头垄断的情况。即一个行业由少数几个生产厂家控制，且每个厂家的规模都大到足以影响产品价格，却没有一家在市场中拥有绝对垄断地位。这种状况下的竞争，被称为不完全竞争或垄断竞争。

上面分析的，正是 1933 年英国经济学家琼·罗宾逊（Joan Robinson）[①]和美国经济学家爱德华·张伯伦（Edward Chamberlin）[②] 同时提出的不完全竞争理论。不完全竞争理论认为，现实经济活动既不是完全的自由竞争状态，

[①] 琼·罗宾逊（1903—1983）是经济学史上唯一的世界级女经济学家。除不完全竞争经济学以外，她在长期分析、历史分析、资本理论和经济增长理论、收入分配理论、国际贸易理论、通货膨胀理论等方面颇有建树，这使她成为新剑桥学派最有影响的代表人物之一。她 1925 年毕业于剑桥大学，1927 年获剑桥大学文学硕士，之后获伦敦大学和比利时列日大学荣誉法学博士学位。1929 年在剑桥大学任教，1973 年被授予剑桥大学名誉教授直至去世。琼·罗宾逊是一个坚决维护英国经济学正统地位的学者，早年属于以马歇尔为首的剑桥学派，后来成为最早和最为公开支持凯恩斯经济学说的经济学家之一，并坚持自己是正统的凯恩斯主义者，指责美国的凯恩斯主义为冒牌货。萨缪尔森评价她"将经济学引入一条对市场结构进行更为现实分析的道路"。

[②] 爱德华·张伯伦（1899—1967），美国经济学家。1922 年到哈佛大学任助教之前获得美国密歇根大学硕士学位，在哈佛大学任助教期间又获哈佛大学硕士学位。1927 年获博士学位。1933 年出版根据博士学位论文扩充的《垄断竞争理论》一举成名。1934 年被提升为教授。1937 年任哈佛大学经济学系主任直至退休。

也不是完全的垄断状态，而是处于两者之间的不完全竞争或垄断竞争状态。根据罗宾逊的《不完全竞争经济学》，市场因诸多因素而呈现不完全竞争状况。这些因素包括运输成本、消费者对不同产品如名牌产品提供的品质保证所产生的不同的信赖程度、消费者的消费偏好、不同的产品满足消费者消费便利的需要，以及广告对消费者的影响等。

张伯伦则从产品的差异出发论证垄断理论。在 1933 年出版的《垄断竞争理论》中，张伯伦提出，一切产品都存在差异，虽然有的差异非常细微，但在广泛的经济活动中，任何差异都是非常重要的。产品的差异可以是专利权、商标、企业名称、包装、质量、设计、颜色、式样等。

产品差异在理论经济学分析中之所以重要，原因有三。

第一，由于所有产品之间都存在差异，市场就不可能只有一种产品和一种价格，而关于完全自由竞争的均衡研究，却是在同一产品同一价格的假定条件下进行的。

第二，由于产品差异的普遍性，任何特定产品的生产者，都有可能是具备了一定垄断能力的垄断者。因此，垄断是一种普遍经济现象，不一定只发生在少数几家规模巨大的生产商对市场控制和操纵的情况下。

第三，因产品差异而产生的垄断不排斥竞争。作为竞争对手，各厂家同时并存，谁也不能将对方完全挤出市场。

规模经济理论能很好地解释现代经济活动中常见的行业内贸易现象。行业内贸易的产生，不是基于各国的相对优势，而是由于商品差别的存在。最主要的，是为了更好地利用生产的规模经济。

行业内贸易，是指发生在同一行业内部的贸易。它与行业间贸易不同。行业间贸易，指发生在不同行业之间的贸易，如汽车与纺织品之间的贸易，产生的原因是贸易国家在贸易产品上的相对优势。资本充裕的国家成为像飞机这样的资本密集型产品的纯出口国，和像纺织品这样的劳动密集型产品的纯进口国。劳动充裕的国家，则成为劳动密集型产品的纯出口国，和资本密集型产品的纯进口国。

现代贸易中，发达国家制造业的行业内贸易占了很大的比例，如美、日汽车贸易，美、德工业设备贸易等。上面我们说，行业内贸易的产生，完全是为了更好地利用生产的规模经济。这是因为当工业化国家的各个企业只专业生产某一产品的少数几个类型和款式时，就可以利用规模经济保持较低的生产成本，再通过行业内贸易，为消费者提供其他款式和类型的同类产品，同时保持总体的产品价格不会提高。这就是我们也将行业内贸易称作差别产品贸易的原因。由于国际贸易形成的一体化市场能够充分体现规模经济效益，因此，规模经济本身成为贸易产生的原因之一。

基于规模经济的行业内部贸易不反映贸易各国的相对优势。这是因为随着时间的变化，工业化国家在技术、劳动和资本等资源上的相对优势越来越接近。各国的许多行业中，原先基于这些要素而产生的产品专业化分工优势越来越不明显。贸易的原因不再是原先基于相对优势的专业化分工，而是基于规模经济产生的规模效益递增效应。

行业内贸易有不少行业特征。首先，行业内贸易的产品多为化工、医药、精密仪器、设备等由发达工业化国家生产的产品。这些产品都具有很强的规模经济特征。而行业间贸易大多发生在劳动密集型产品中，如服装、鞋类、儿童玩具、小五金等。在这些产品的生产中，相对优势特征十分明显。这些产品也正是由大多数发展中国家，如中国、印度、巴西等生产后，出口到发达国家，如美国、德国、英国等。其次，行业内贸易大多发生在资本/劳动比率以及技术水平等经济发展水平比较接近的国家，即发达国家。事实上，行业内贸易是这些国家之间主要的贸易形式。此外，规模经济效益越显著，产品差异越大，行业内贸易产生的贸易所得就越大。例如，复杂的精密仪器贸易，就比传统的纺织业贸易产生更大的经济效益。因此，在发达的工业化国家之间最可能产生那种对收入分配影响不大的行业内贸易。

这个结论得到二战后的经济实践，尤其是西欧的经济实践的证实。1957年，欧洲主要大陆国家建立了制造品自由贸易区，即贸易共同市场或欧洲经济共同体（EEC），结果贸易迅猛发展。到20世纪60年代，欧共体内部贸易的发展速度足足是世界整体贸易发展速度的2倍。由于几乎所有的贸易增长都来自行业内贸易，避免了经济和可能的政治冲突。例如，法国机电行业在德国同行业发展时遭受损失，但是，两国在欧洲一体化市场中通过提高生产效率各自都获得了利益。因此，欧洲市场一体化实现以后产生的政治和经济摩擦比预期的要小。

第六节　外部经济理论

并非所有的规模经济效应都只发生在单一厂家。很多时候，单一厂家规模不变的情况下，同行业的许多厂家因某些原因集中于某地生产而降低了该行业的生产成本，如美国硅谷的半导体行业，好莱坞的电影业，纽约、伦敦的金融服务业等。这种现象被称为外部经济现象，即指规模经济存在于整个行业的内部，而非某个或某几个厂家之间。

最早分析外部经济的，是剑桥著名经济学家阿尔弗雷德·马歇尔（Alfred Marshall）。[①] 他在 1890 年发表的《经济学原理》（*Principles of Economics*）中解释了"行业地区"现象——某些无法用自然资源来解释的行业地理集中现象，如当时聚集在英国谢菲尔德的刀具制造业和北安普顿的制衣业。

马歇尔认为，行业地区的形成基于下列三个条件的成熟：第一，专业供应商；第二，劳动力市场共享；第三，知识外溢。

20 世纪 20 年代，美国普林斯顿大学经济学教授弗兰克·格拉汉姆在试图论证长期保护有益于国家经济时发现，制造业经济呈现收益递增现象，而农业经济则呈现收益递减现象。因此他认为，专门从事农业并进口加工产品的国家，可能永远丧失建立制造业部门的可能性。虽然格拉汉姆在他的研究中并没有指出内、外部经济之分，但他的研究以及随之而来的经济争论，再次引起了人们外部经济效应对专业化和贸易模式潜在影响的关注。

在马歇尔的经济分析中，所谓专业供应商，是指那些为行业地区中的行业，如美国硅谷的信息产业、好莱坞的娱乐业，提供必需的专业配套服务的供应商。行业地区中的行业生产需要配套服务。这些配套服务不仅大大提高生产厂家的劳动生产率，有的配套服务更是单一生产厂家自身无法配备的。

行业地区的存在，解决了这个问题：各厂家聚集一处从事生产，为专业配套服务商提供了一个足够大的生存空间；这些服务商的存在，反过来使生产商能够专心从事他们擅长的专业生产。例如，在美国硅谷，有专门为地区提供高精密计算机芯片设计，以供地区厂家专门从事芯片生产的公司，还有专门为新兴公司提供设备租赁的公司，以帮助新公司在只有技术，没有巨额投资设备的情况下迅速发展起来。这些专业供应商的存在，分散了开发成本，

---

① 阿尔弗雷德·马歇尔（Alfred Marshall，1842—1924），1861 年入剑桥大学学习数学，1865 年毕业之后转修物理学，25 岁时开始研究经济学。1868～1877 年在剑桥大学任道德科学讲师，主讲政治经济学，同时讲授逻辑学和近代哲学。在此期间，他赴德国研究康德哲学和黑格尔历史哲学，赴美国研究保护政策。1877 年转任其他大学，直至 1885 年回到剑桥大学继续担任政治经济学教授。1890 年，马歇尔的堪称当代经济学杰作的《经济学原理》一经出版，立即受到西方经济学家的欢迎，被认为是一部可与亚当·斯密的《国富论》和大卫·李嘉图的《政治经济学及赋税原理》相提并论的划时代著作。马歇尔的这部《经济学原理》中虽然没有什么新的经济理论，却将当时分歧很大的各个流派理论整合成了一个完整精美的经济学体系，将微观经济学发展到了一个崭新的水平。这个体系替代了古典经济学体系，被后人称为新古典经济学。此后，由于他的领导才能和个人魅力，马歇尔很快主宰了英国经济学界，使几乎一整代的年轻学者成为他的学生和追随者。他所建立的经济学剑桥学派至今仍是经济学的一个主要流派，称新剑桥学派。

将单个厂商从自己开发产品所需的巨额投资中解放出来，促成了硅谷从半导体工业到信息行业的持续形成和发展，使硅谷在半导体和信息产业的研发生产上，比其他地区拥有更大的优势。任何一个新的半导体生产商和信息产业公司在选择生产场地时，都会将这些配套服务的存在作为重点考虑因素之一。因为选择其他没有如此配套服务的地方生产，意味着厂家不得不建立自己的专业服务队伍。

所谓劳动力共享，是指行业地区生产厂商的云集，为行业地区高度专业化的工人提供了一个选择范围更广的劳工就业市场，有利于吸引该行业更多更好的专业人员，使劳资双方可以同时有更多的选择。以好莱坞为例说明。

美国的娱乐业是美国最大的出口部门之一，2010 年出口额达到 900 亿美元，占据了全球文化市场 43% 的份额。[①] 事实上，海外市场一直是美国娱乐业收入的主要来源，如好莱坞生产的动作片，其海外市场收入往往超过本土。美国之所以能成为头号娱乐业出口大国，主要优势无疑来自它规模巨大的市场。这个市场使好莱坞可以投入巨资进行电影制作，以其宏大的场面、壮观的特技超越语言的障碍，占领全球市场。

好莱坞之所以能够制作出这样的影片，使美国娱乐业称霸全球，要大大归功于好莱坞电影制造业的外部经济效应。大批电影公司聚集好莱坞，在那里形成了一个外部经济的专业供应商和劳动力共享市场，使好莱坞成为一个电影行业地区。我们知道，虽然每部作品最终以制片公司的名义推出，但一部作品的实际制作，要牵涉诸多复杂的因素和成分，如制片人、导演、各种演员、摄影师、化妆师、音乐家、各种专业配音人员、各种代理公司、律师事务所及特效、特技专家和公司等。一部影片的制作，需要一支庞大的临时队伍，而这，只有在一个具备了外部经济特征的行业地区才能做到。可以说，好莱坞为电影制作提供了一个共享劳动力市场和各种专业供应商的场域。从这个完美的特殊市场中，诞生了一部又一部超越国界的电影作品，使美国电影占领了世界娱乐市场。

同样，在硅谷，巨大的专业市场的存在，使半导体和信息行业专业技术人员有放大的就业市场。由于行业地区公司普遍存在对专业技术工人的需求，各公司的技术人员不用担心自己所在公司的经营状况对自己就业的影响。同样，公司也不用担心找不到合适的技术工人从事专业的研究和生产。硅谷的外部经济对生产厂家和专业工人产生了极大的吸引力。

---

① http://www.foods1.com/content/1344968/，最后访问时间：2013 年 7 月 31 日。

　　最后来看看知识外溢的作用。马歇尔经济分析中所谓的知识外溢，是指公司在创造知识的活动中，没有充分利用它们投资的知识所产生的利益，一家公司的知识投资给其他公司带来免费的附带效益，同时，这种活动属于社会最佳状态的供给不足。[1] 马歇尔的学生 A. C. 庇古（A. C. Pigou）将这种知识所产生的社会边际效益超过其所产生的私人效益的现象称为外部性（externality）现象。

　　在现代经济尤其是高新技术行业的发展中，知识外溢起到了非常重要的作用。在这些行业，知识和其他生产要素，如劳动力、资本、原材料等同样重要。几个月缺乏知识更新就会技术落后，导致像计算机生产、软件设计这样的高科技行业生产厂家的经营陷入困境。在这些行业中，知识更新的实现，可以通过公司制订研发计划，也可以通过对竞争对手产品的分析。此外，还有一个非常重要的来源，就是通过所谓的知识外溢渠道——个人之间信息的非正式交流。当一个行业集中在一个很小的地理范围内时，行业的集中使各厂家员工混杂一处，并自然交流技术信息。正如马歇尔描述的那样，在这样的地区，业务中的秘密不再是秘密，而在人群中流传。"机器、生产工艺及流程、一般管理方式等方面的创新和提高，只要有益，人们就会立刻对它们进行探讨。如果某人提出一个新的构想，其他人将迅速采纳并将其糅入自己的思路。而这些都是新构思的源泉。"[2]这些非正式交流对使技术发展保持前沿非常重要。例如，许多跨国公司到硅谷建立分公司，就是为了最快了解最新的半导体技术动向。

　　然而，马歇尔对外部经济效应性质的描述十分模糊。他的支持者也没能提出令人信服的理论，证明外部经济现象属于某种类型的市场失灵。同时，外部经济现象极其不普遍，现有的实例本身又呈现无法统一的规律，[3] 使经济学界怀疑它有可能只是反映了一种在每个经济部门都可能产生的普遍性相互依赖，从而认为它对国家政策的影响难以捉摸，更不用说对自由贸易的影响。哈伯勒就曾指出，外部经济的性质是如此模糊和不可确定，并且评估其程度或价值是如此之难，以至于根据它们存在的可能性制定保护政策，实际上根本就不可行。[4]

　　在外部经济的实例中，因历史和偶然因素而形成的专业生产起着重要的

① 参见 Alfred Marshall, *Principles of Economics*, 225, London：MacMillan, 1920。
② Alfred Marshall, *Principles of Economics*, 225, London：MacMillan, 1920.
③ 如上述美国硅谷和好莱坞的外部经济现象特征就各不相同。
④ Gottfried Haberler, *The Theory of International Trade*, 207, Wm. Hodge & Co., London, 1936.

作用，并因此对国际贸易产生重要影响。但与内部规模经济不同，外部经济有可能将国家"锁定"在某些事实上该国并没有优势的行业上，导致该国在国际贸易中受损。

外部经济的存在，使大规模从事某一行业产品生产的国家具有较低的生产成本。较低的生产成本使该国倾向于大量生产这些产品。渐渐地，无论该国生产资源的情况如何变化，这些产品的生产模式被固定下来。即使随着时间的推移，其他国家已经可以更廉价地生产这些产品，原先的生产国也不会放弃这些产品的生产。例如，瑞士的手表行业。由于历史原因，在瑞士产生了手表的外部经济生产。假设随着时间的推移，日本已成为更有优势的手表生产国，瑞士将难以放弃手表生产而转向其他有生产优势的产品的生产。因为瑞士已经被外部经济"锁定"在手表生产行业上。

虽然外部经济可能造成上述"锁定"现象，影响有益的专业化生产在某些国家的形成，但外部经济通过产业集中给经济带来利益，使世界在整体上变得更有效率和更富裕。外部经济本身也是国际贸易产生的一个原因。

第七节　国际贸易与经济增长

以上讨论的贸易理论，除产品周期理论以外，都属于静态的贸易理论。静态贸易理论假定要素禀赋、技术和偏好不变，在此前提下确定一国的相对优势和贸易所得。在此基础上得出的相对优势是静态相对优势，暗示一国的相对优势固定不变。但是，由于各国要素禀赋、技术和偏好都是变化的，各国的相对优势也可以改变。那么，要素禀赋是如何改变的？技术和偏好的改变对贸易产生怎样的影响？

通常，随着人口增长和经济的发展，一个国家的劳力和资本会随时间而增长。这里，资本指所有由人创造的生产手段，如机械、厂房、劳力教育和培训等一切提高国家劳动生产率的手段。雷布津斯基（Rybczynski）研究一国劳力和资本随时间的变化发现，在商品价格不变的情况下，一种生产要素的增加，会导致密集使用这种要素产品的产量增加，与此同时，导致另一种产品的产量减少。[①] 同时，产量增长的比例大于生产要素增长的比例。因此，如果在某一特定国家，劳力比资本增长速度快，则这个国家的相对优势就向劳动密集型产业转移，反之，相对优势向资本密集型产业转移。

---

① 这个结论被称为雷布津斯基定律。

根据这个结论对发达国家和欠发达国家经济增长的实验研究发现，发达国家实际人均收入的增加主要是依靠技术进步，资本积累在经济发展过程中所起的作用十分有限。这解释了在人口增长较快的欠发达国家，经济增长速度远落后于技术进步较快的发达国家的原因。

研究技术进步的约翰·希克斯①进一步发现，在给定产量水平上，所有技术进步都同时减少劳力和资本的使用量，增加国家财富。技术进步有三种分类：中性、劳动扩大型和资本扩大型。中性技术进步状况下，劳力和资本同比例增长，生产过程不会出现劳力代替资本的情况。相似地，劳动扩大型技术进步使资本代替劳力，而资本扩大型技术进步使劳力代替资本。

不同技术进步下各国产量变化对贸易的影响，取决于一国可进出口商品量的增长情况，以及技术进步下增加的国民收入的消费状况。结合消费情况，如果出口商品产量增长大于进口商品产量的增长，则技术进步扩大国家贸易规模，反之，缩小国家的贸易规模，或是贸易规模保持不变（中性技术进步情况下）。

无论技术进步是何种类型，也无论技术进步在消费偏好的影响下导致贸易扩大还是贸易缩小，任何技术进步总是增加小国的社会财富。但是，在大国，技术进步加上消费偏好变化的共同影响，可能改善国家贸易条件，增加社会福利，也可能正好相反，使国家贸易条件恶化，减少国家福利。

当产品价格不变但贸易量增大时，国家的贸易条件恶化。如果此时劳动的生产量也同时增加，则社会福利减少。这就是美国经济学家巴格瓦迪（Bhagwati）所说的"不幸增长"（immiserizing growth）情况。经济学家认为，这种增长在发展中国家出现的可能性远大于发达国家。同时，即便发展中国家的贸易条件不是明显恶化，国内生产的增长也有可能弥补这一劣势给发展中国家造成的损失。发展中国家的经济状况之所以远不如发达国家，是因为这些国家的人口增长，减慢了真实人均收入的增长速度。

考虑国家贸易与经济增长之间的关系，对各国制定贸易政策十分重要。许多国家在制定贸易政策时，都会结合本国的技术进步和消费偏好的实际情况，考虑上述分析结果。

第八节　内生性经济增长理论

20 世纪 80 年代，美国经济学家保罗·罗莫（Paul Romer）②与英国经济

---

① 英国经济学家，1972 年荣获诺贝尔经济学奖。

② 保罗·罗莫（Paul Romer），美国芝加哥大学毕业。

学家詹姆斯·莫里斯（James Morris）提出国际经济的内生性增长理论（endogenous growth），为国际贸易与长期经济增长之间的关系，提供了一个更加令人信服和更加严格的理论基础。

1983 年，经济学家罗莫的博士毕业论文《外部因素、收益递增以及无限增长条件下的动态模型》，被公认为新经济增长理论的开端。该理论探索低贸易壁垒长期刺激经济增长的实际途径和方式，提出减少贸易壁垒将长期加快经济增长和经济发展效应的假说。该理论认为，低贸易壁垒：（1）使发展中国家以更快的速度吸收发达国家的先进技术；（2）提高研究和发展（R&D）所带来的利益；（3）促使更大经济规模效应的形成；（4）减少价格扭曲，更好地利用本国资源；（5）刺激专业化生产规模，提高中间投入品的生产效率。

古典的经济增长理论（生产函数理论）主要考虑资本和劳动两个要素。虽然该理论也同时考虑技术进步因素，但只将它作为一个偶然因素加以考虑，如考虑技术是否使一个人的劳动变成 1.02 个人的劳动等。在考虑技术进步对经济增长的作用时，该理论将技术进步分为资本扩大型、劳动扩大型和中性技术进步三种类型。① 由于技术是偶然的，所以其也是"外在"的。

罗莫在这个经济增长理论的基础上加入另一个要素——知识，从而使这个理论更趋合理。罗莫认为：（1）知识（如怎样生产物品）能提高投资效益（这解释了一定时期内投资收益率现象和各国增长率的非收敛性）；（2）知识像资本一样，必须放弃当前消费才能获得，因此，在经济活动中，必须像设备投入那样投入知识；（3）知识投资产生知识积累，使投资变得更有价值，即知识与投资存在一个良性的循环——投资促进知识积累，知识积累又刺激投资，因此知识投资的持续增长能永久性地提高一国的经济增长率。罗莫的最后一个推论一直是传统经济学所否认的观点。

1990 年，罗莫建立内生性技术进步模型（endogenous technical change models）。在这个模型中，他同时考虑了四个要素：资本、非熟练劳动、人力资本（以受教育的年限来衡量）和新知识（包括技术进步，如专利等）。同时，他将经济分为三个部门：最终产品生产部门、中间产品生产部门（如机械等工业设备的制造业）和研究部门。

在罗莫看来，资本增长和技术进步是同步的，后者的作用使生产投入（input）越来越专业化，表现为劳动社会分工的加强。三个经济部门中，最终

---

① 见本章第七节内容。

产品生产部门将用到人力资本、不熟练劳动和有形资本（物质资本）三个要素。中间产品生产部门除了需要上述三个要素之外，还需要第四个要素——新知识，或技术进步，表现为向研究部门购买生产计划和专利等。由于新知识，如购买专利的成本是固定的，而新知识产品，如专利产品的效益却是递增的，因此，中间产品生产部门的生产效益是不断增加的。三个经济部门中的研究部门负责新方法和中间产品的开发，以增加中间产品的数目，并将其用于最终产品的生产。因此，这个部门具有动态增长效益。研究部门中的人力资本（包括人力资源）越多，部门的劳动生产率增长就越快。

罗莫认为，在国民经济的这三个部门中，研究部门具有特殊的重要性，因为知识不仅可以用来提高最终产品生产部门的劳动生产率，还可以免费用来提高科研部门的劳动生产率。

根据上述划分，罗莫认为，在信息时代，知识是组成生产的一个重要元素。这个要素是"内生性的"（endogenous）。它并不需要以资本扩大型或劳动扩大型的方式发挥作用。它独立地与其他要素结合，一起对经济增长发挥作用。如果说传统理论下假设仅有劳动和资本两个要素而进行的生产在规模不变的情况下效益递减，那么劳动、资本和知识等多个要素相结合的生产效益则是递增的。[①]

提出新经济增长理论的另一个经济学家莫里斯·斯考特，是英国牛津大学的教授。他对新古典经济学增长理论的挑战，是要从根本上废弃长期以来为古典和新古典经济学家所崇奉的生产函数理论。

斯考特认为，新古典经济增长论所依赖的生产函数理论对资本衡量是错误的，因此这个理论是无用的。同时，他认为技术进步是理解经济增长的关键，因为技术进步是"内生性的"。在他看来，发明的动机和原因与投资相类似，都表现为预期获利的能力。他不同意罗莫把知识和技术当作独立生产要素的说法，认为技术进步或"知识"不是一个有别于资本的要素，也不是一个可以单独投入的要素。知识和投资必须结合在一起，因此，总投资与技术进步应当被视为同一个要素。

现代经济中，实用科技在产品和效益创造两方面，都比劳动和资本起的作用更大。它逐渐成为企业投资生产的对象，从而将过去人们自发研究、偶

---

① 罗莫以橘子种植和脱氧核糖核酸生产为例说明这种动态的经济增长原理：生产第一个传统商品，如橘子的开支与生产其他各个橘子的开支几乎没有差别，在脱氧核糖核酸技术（新技术）开发上，第一次开支可能很大，但后来的脱氧核糖核酸生产开支很少，几乎等于零。当今经济生活中这样的事例在高新技术产业，特别是电子产业中，十分普遍。

然突破的方式，改变为以生产为目的的有意识研究方式。知识和技术成为一种产品，像其他商品一样受市场机制的调节。新经济增长理论向人们表明：（1）支持教育的政策是有效的，因为它提高人力资本价值，而人力资本的增长将导致经济的无限制增长；（2）对研究开发给予资助同样是有效的，因为它增加知识的生产；（3）投资与知识生产形成良性循环，投资知识成为经济增长的源泉。

虽然内生性新经济增长理论详细解释了内生性经济增长的原因，但这个理论迄今尚未得到实验数据的验证。而要对这些动态经济情况下的数据进行验证将会非常得困难。

下面是1993年美国国际贸易委员会一篇关于贸易自由化动态经济效应的报告，其中涉及内生性经济增长理论的分析内容。从中我们可以看出，内生性经济增长理论并非对所有国家适用，它的实现是有前提条件的。[①]

自由贸易中的动态经济效应[②]

绪论

……动态经济模型（dynamic models）强调时间带来的变化，并反映经济的动态特征，如储蓄利率、投资、新技术和收入等因素之间的相互作用。自由贸易动态效应的实验性分析，对比某时间段内收入、价格和数量的计划价值与同时间段反映贸易领域变化所带来的价值。这种动态对比包括评估经济增长率的变化。相对而言，国际贸易的静态模型（static models）关注某一特定的基准时段上单一时间点上表现出来的变化，所以它们不考虑经济增长的变化。

---

① 进一步研究参见 Joseph F. Francois and Clinton R. Shiells, USITC Pub. 2608, Inv. No. 332 – 324, 1 – 7, 11, 12 (1993); Raj Bhala, *International Trade Law*, 36 – 44, Michie Law Publishers, 1996。根据美国国际贸易委员会对贸易经济理论的调查报告（Pub. 3069, October 1997），自由贸易的"动态效应"（dynamic effects）是相对于自由贸易的静态效应（static effects）而言的。它是指一个较长的时间段所体现出来的经济增长率变化。在自由贸易体系中，静态效应所得（static efficiency gains）是指自由贸易下的国家价格体系与国际价格体系接轨以后所产生的一次性收益所得，以及由此而产生的经济资源重新配置以适应价格体系的改变。计算静态效应所得的方法是通过对比两种经济在同一个单一年份中两种不同情形下（自由贸易状态和非自由贸易状态）的表现。这种对比方法被称为相对静态（comparative statics）。

② Joseph F. Francois and Clinton R. Shiells, USITC Pub. 2608, Inv. No. 332 – 324, 1 – 7, 11, 12 (1993); Raj Bhala, *International Trade Law*, 36 – 44, Michie Law Publishers, 1996。

经济增长的来源

古典的增长模型

经济增长的经典性文献强调持续性经济增长的两个来源：技术的不断进步和人口增长。人口增长要么提高资本的人均收入（intensive growth，"精增长"），要么扩大经济活动的范围（extensive growth，"泛增长"）。极端点说，人口增长长远来看可能加速有限不可再生资源的消耗，从而抑制资本人均收入的增长。在古典增长模式中，资本的原始积累同样也是增长的一个重要因素。通常，持续的资本积累对保持增长人口的收入水平非常必要。但是，在古典的增长模式中，资本积累不是保证经济持续增长的来源。

古典的经济增长理论将动态收入效应分为两种：水平效应（level effects）和增长效应（growth effects）。水平效应是指长期收入水平的增长，与增长率的持续增长无关。因此，尽管在收入增长时水平效应可能同时伴随增长率的短期增长，但这种增长随收入升高到一个新的水平点而开始下降。相对而言，增长效应是永久性的，它代表永久性的持续经济增长率变化。上述两者的区别对新近关于经济增长讨论论点的论述有关。

新经济增长理论

关于经济增长的近期研究强调技术进步是经济增长的一个来源。经济学家特别关注的是市场可以推动技术进步，技术进步反过来又促进经济的增长。这些经济理论提出一个内生性技术进步模式（endogenous technical change models）——认为技术进步是个人有因可循的理性行为的结果，而非经济决策影响之外个人无因可循的经济发展的结果。这种模式揭示个体如何回应市场导致的内在技术进步，从而促进经济的增长。由于自由贸易改变生产厂商的市场运作条件，包括可用技术以及它们资助教育和科研的动机，这些改变可能进一步导致经济增长率的变化。

内生性技术进步模式与描述静态外部规模效应模式（external scale effects）的数学结构非常相似（生产成本随工业生产量的增加而减少）。动态模式中这些成本的降低随时间而发生。这种规模效应被称作"外部效应"，是因为它给企业带来的效益是企业自身无法控制的。相对于效益产生于企业的内部规模效应而言，外部规模效应取决于行业内所有企业的经济活动。

有关的经济增长文献主要提出以下四种类型的内生性技术进步：（1）专业化分工带来的经济增长；（2）人力资源积累带来的经济增长；（3）实践经验积累带来的经济增长；（4）研究和发展带来的经济增长。生产中专业化程度的提高，以及新的、改进后的多种产品生产，是所有这些类型下动态经济增长共同的特征。

专业化分工投入（Specialized Inputs）

四种类型中的第一种论点，即专业化程度的提高可以提高效率、降低成本、提高收入水平的观点历史久远。18世纪后期的亚当·斯密注意到，专业化程度的提高降低生产成本，促成产业转型，鼓励专业技术的培养，刺激专业化资本设备的发展。同时，专业化分工为发明创新铺平了道路。最近，经济学家指出，在中间产品和最终产品两个层面上出现了另一个非常重要的现象：专业化分工导致的发明创新和消费商品的多样化。

在中间产品层面上，部件和机械专业化分工的不断加深可以带来更高的效率，如中间电子部件或数字化控制机器工具的使用等。此外，生产过程的高度专业化再分工还可以进一步提高效率。例如，一种特定型号的汽车生产可以被分解为发动机、内部装饰、主体设计与制造以及电子组件的生产组合。当专业化生产成为生产的主流时，规模经济得以实现。同时得以实现的，还可能有设备和人员的专业化分工，从而降低因人员和设备转换而产生的生产成本。随着生产被分解成不同的部分，更为专业化的汽车零件供应商就可能出现。我们将零件和设备的专业化过程称为"产品专业化"过程，将生产中的加工专业化过程称为"加工专业化"过程。

在最近有关贸易政策的公开讨论中，加工专业化和产品专业化受到高度的重视。很多在墨西哥的美国汽车产品生产厂和在美国的日本生产厂都涉及加工专业化和不同部件汽车产品的区域性划分。与此同时，半导体行业特定产品的发明创新高度体现了产品专业化的优势。在机械工具技术方面也是如此。虽具相似之处，这些专业化过程在许多方面各有一些潜在的重要不同。然而，目前有关内生性技术模式的文献还没有认真地将产品专业化与加工专业化加以区分。在各种专业论文中，同样的基本模式以同样的形式，被用于分析最终产品的发明创新以及中间产品和加工的专业化分工。

如果专业化分工产生回报，经济增长应随专业化投入，或生产专业化程度的加深而提高。假使专业化分工的资本商品（capital goods）（中间投入）与劳动相结合共同生产最终产品，则专业化分工下的回报意味着资本商品专业化分工程度的加深，这将使固定的劳动和固定的物质资本生产出更多数量的最终产品。这个结论意味着无限制地将专业分工细化下去，生产数量非常少的专业产品在经济上是可行的。但是，专业化分工所带来的效益必须与额外中间产品的生产成本，特别是固定生产成本相平衡。从这个意义上说，更大的市场意味着一个更大的基础来摊销这些生产成本，使更深层次的专业化分工在经济上可行。

随着专业化资本设备的增加，专业化投入的生产在经济资源许可的情况下，可以通过已知技术实现。最终，推动国家经济增长的动力是国家储备和国家投资（national savings and investment）。储备推动经济增长是因为经济资源对经济发展的限制在储备和资本的积累过程中被弱化。随着资本量的增大，专业化程度相应加深。从效果上看，专业化程度的加深反映了资本量增大所产生的溢出效应。

人力资源的积累（Human Capital Accumulation）

人力资源的积累同样可以导致持续性的经济增长。这里，人力资源指的是教育储备或劳动市场经验使工人的劳动生产率提高。譬如，一个工人所受的教育能够使他在多种产品的生产上提高劳动生产率。然而，培养人力资源将占用部分生产时间。因此，人力资源的培养对经济的价值有一个现在和将来利益的冲突问题。如果人力资源产出的社会效益，如广泛的劳动生产力的提高和技术发明创新，与反映在个人收入上的个人教育投资回报预期不相当的话，社会的教育投资就会不足。金融资本市场的不完善同样导致人力资源投资的不足。正如上面所说的那样，经济增长的动力是储备，体现在教育的资源投入上。在人力资源储备增长的溢出效应中，经济增长得以启动。

边干边学（Learning-by-Doing）

与人力资源通过教育累积而成相反，边干边学使生产率提高是生产经验累积的结果。如果在一个工业中发展起来的知识和经验在其他的工业中同样适用，边干边学将导致内生性经济增长。随着这类知识和经验的溢出，一个工业中的技术进步同样可以降低其他工业的生产成本。回到专业化的主题，当学习利益溢到技术复杂性相近的相似投入时，边干边学将使专业化中间产品的范围扩大。原则上，如果从旧产品生产中累积的知识可以部分用于新产品的发展，边干边学就可以促进经济的增长。

研究与发展（Research and Development）

最后，经济增长的第四种来源是通过研究和发展，开发和引进新的或更为复杂的产品。如果一个新的想法包含着对其他发明者有用的信息，这样的想法就扩大了常识性知识资本的储备。这些储备正是提高生产率必不可少的研究和开发资源。因此，在研究和发展上的资本投入将产生比一般资本投入更大的动态经济回报增长。同样，与不断加深的专业化分工带来的回报一起，通过研究和发展积累的知识，同样扩展了经济平衡点上产品的生产范围，由此带来持续的经济增长。

有证据表明，研究的知识溢出效应非常重要。例如，加拿大有一半以上的社会回报产生于由研究和发展活动所带来的社会外部效应，或产生于这种外部效应给相同或其他工业的其他厂商带来的效益。这些估算说明，当厂商做出关于研究和发展的投资决策时，他们一般不考虑决策的真实社会效益。此外，一半以上的专利产生自增加的研发经费的溢出效应。

相似性（Similarities）

以上四种不同来源的内生性技术进步具有很多相似之处。除人力资源的形成以外，这些内生性增长的根本原因往往不是生产专业化程度的加深带来的经济效益，就是专业化分工下的进一步专业化，或专业化下产品的多样化所带来的经济效益。即使在人力资源的形成过程中，专业化程度的加深也为发展专业化工作技能和专家经验（人力资源）以提高生产效率提供了更多的机会。这些过程中存在许多的相同之处。例如，边干边学或通过投资研发开发新产品（或质量改进）使生产专业化程度加深，促使经济的增长。同样，人力资源的积累可以通过学校的培训，也可以通过在职工作训练（边干边学）。也许，它们之间最显著的区别在于，工艺技术的改变究竟是新蓝图研发的结果，还是通过边干边学更有效地运用现有蓝图的结果。前一种情况下，专业化是对现有知识不同运用的结果；后一种情况下，专业化与知识储备的发展和扩张有关。

近期的经济增长新模式中还存在一个共同的因素。在上述讨论的几种增长模式中，发明创新中的正面溢出效应或外部化效应对持续的经济增长必不可少。例如，在现有产品的生产过程中，边干边学获得的经验至少部分地可用于新产品的生产。也就是说，至少有一组产品，可以在边干边学中产生溢出效应以保证经济的持续增长。在以研究和开发投资为基础的生产过程中，技术工人被用于新产品蓝图的设计。新产品的不断设计以及产品产量的不断增长，一定源于研究和开发活动所产生的外部效益。也就是说，随着一般知识的普及，开发一个新产品所需的技术工人数量必然在下降。当一种产品开发中的知识积累对其他产品的开发同样适用时，这个结论同样成立。因为公司不需要重新发明现有工艺技术（就像公司不必重新发明车轮制造技术一样），新产品的开发费用因此而下降。

贸易和经济增长

最近有关经济增长的文献所强调的动态专业化分工过程，与静态专业分工回报模式所强调的贸易的静态规模效应之间有着密切的联系。但是，外部规模经济和专业化分工的静态模式理论突出贸易与经济的结合导致产出的增加或减少的机制。这些理论对于经济的增长没有明确的分析。相对而言，新近的动态理论强调贸易与经济的整合将导致发明创新的不断变化和经济增长率的不断变化。

尽管将最新的经济增长理论运用到贸易上代表了一个新兴的方向，将贸易政策与静态和动态的外部规模效应联系在一起的经济学著作要更古老，一直可以追溯到支持"幼稚"工业保护的理论。过去，经济学家在对这些问题的探讨中，已非正式地强调边干边学、专业化程度加深带来的回报以及知识外溢等过程蕴含着潜在的国家工业化经济规模效益。新近的著作一个很重要的贡献就在于明确地将这些过程模型化。同时，新近著作对贸易与经济增长和发明创新之间的联系也作了更加明确的分析研究。

贸易自由化的静态分析往往将贸易所得的重点放在资源禀赋的作用上（即以资源为主的相对优势）。即使在动态模式中，随着内生性储蓄和资本的形成，贸易模式和贸易自由化承诺的福利是建立在没有规模效应的要素禀赋之上的。然而，动态的外部性效应引入了一些重要的复杂因素。这个效应所带来的利益远远超过基于资源禀赋差异而产生的贸易自由化所带来的利益。

将人力资源的形成作为模式一部分的贸易动态模式得出的结果，与古典的资本积累经济增长模式的结果相似，也与较为传统的动态贸易经济增长模式结果相似。例如，假设一个将人力资源的形成作为模型一部分的贸易模型，在这样一个模型中，以更加充裕的人力资源为起点的国家，即使在进行贸易的情况下，也永远比穷国富足。在这样一个世界中，贸易的首要目的是追求更快的经济增长。与此同时，人力资源积累下的经济增长的简单模型意味着世界的收入分配固定不变。

可以说，人力资源积累不能满意地解释 1945 年以后的经济增长现实。反而是边干边学模型能够更好地解释经济发展速度的不同。通过将资源配置在能够边干边学的生产行业，一个国家可以提高它的经济增长率。

根据边干边学模型，贸易自由化在发达国家和发展中国家之间的自由贸易可以产生很多种可能性。该模型下的贸易是基于单个的投入产出水平所决定的相对优势，而非广泛的工业行业群体所决定的相对优势。在贸易中，相对优势的组合不断变化。在快速边干边学的生产行业中，知识外溢提高了产品的转换率，新产品不断投入生产而旧产品不断停产。在接近一个国家工艺技术前沿的产品生产中，这种学习进程会更快。

在边干边学的模式中，贸易自由化加剧了发达国家与发展中国家的技术断层，发达国家的经济快速增长，而发展中国家的经济增长速度减慢。虽然这些结果是假设性的，但是它们都基于一个关键性的前提。具体来说，这些结果假定边干边学效应只在本国范围内存在，它只对本国相似产品产生溢出效应，而不对邻国产生这样的效应。这种效应在国际市场传播可以轻易改变贸易自由化的效果……

在基于研究和发展的知识积累模型中，贸易和经济增长之间的潜在联系有着不同的分类，同时，内生性增长模型和静态国际贸易理论也相互关联。分析研究和开发作用下的专业化分工发现，可以从四个方面强调世界经济的整合对收入和经济增长变化的影响。第一，即使在没有贸易流动的情况下，经济整合也可加强知识的国际性传播。知识的国际社会的传播使驱使经济增长的动力——知识——的范围得以有效扩展，也就是说，知识的范围从国家扩展到世界。第二，贸易可以消除重复的产品设计。第三，贸易可以扩大各国企业的市场。第四，贸易可导致由相关生产因素价格改变而带来的资源配置变化。经济增长可正可负，取决于资源配置的变化扩大决定增长的资源基础，还是缩减决定扩大的资源基础。特别是当动态领域缩减时，增长就可能下降。

促使世界经济从一种模型向另一种模型转换的机制与边干边学的结果极其相似。……一个在新技术上领先的国家随着时间的推移通常会改进其技术。长远来看，这种改进的速度会越来越快。价格要素不一定能够通过贸易达到均衡。如果价格要素不均等，随着发达国家工资的提高，一个新技术落后的国家可能因贸易而受损。

与边干边学的情况相似，通过知识的国际传播，外在规模效应的跨边境溢出效应十分重要。如果国际知识的溢出取决于贸易量（出口与进口之和）的大小，就会出现采用贸易政策改善经济福利的倾向。相比于严格的国家内部动态规模效应来说，在国际外部性（国际规模效应）情形下，出口补贴的运用更加有可能改善所有国家的福利。与此同时，进口关税即使可以刺激国内的研究和开发以及国内的生产，它仍可能使福利减少。

在受累积知识与技能驱使的贸易模式中，如果专业化分工的回报是建立在边干边学或研发的基础上的，历史原因则至关重要。特别是那些最初就具备某些优势的国家，很可能由于各种各样的原因而将贸易模式建立在这些优势之上。然而，即使贸易减缓了具有相对劣势的经济增长速度，这些国家的福利仍可能得以改善，因为即使增长速度减缓，贸易还是扩大了进入专业化产品和专业化投入的途径。随之而来的收入水平的提高可能超过未来增长速度的下降。换句话说，水平效应可以超过增长效应。同时，还可能有其他的静态收益。值得一提的是，即使贸易干预加快了一国长期的生产增长速度，这个国家的国家福利仍有可能减少。因为贸易干预所带来的近期国家收入减少，可能大于长期经济增长所带来的利益。

综述和理解

关于内生性增长和贸易的最新文献证明了很多贸易政策与收入、生产和总体经济活动动态变化之间动态相互作用非常重要的问题。本文提到研究和开发的动因、物质资本和人力资源投资的动因，以及市场的扩张与整合产生的利益几个问题。但是，这些新的增长理论在贸易中的正式实验性验证才刚刚开始。特定部门的积极政策意见还问题重重，并且还不适合现代动态贸易方式的运用。

即便如此，这篇经验性的文章为贸易政策变化的动态效应提供了一些重要的理解内容。早期对基础广泛的贸易自由化努力所带来的净福利效应的估算暗示动态效应能远远超过静态效应的效果。看起来通过这些动态过程，1945 年之后的贸易自由化努力已明显对经济增长有所贡献并似乎将继续对它有所贡献。与此同时，考虑到经济范围内资源的限制，证明单一部门的动态过程将会困难重重，更不用说通过选择性贸易方法拟订它们的目标。

在一般术语中，专业化和随之而来的动态利益部分地被市场范围所限制，因为生产专业化的加深常常伴随着固定的常项支出，以及研究和开发成本。更大的市场为摊销这些费用提供了更大的基础。从这个意义上来说，动态的贸易自由化意味着市场扩展下积极的动态效应。但是，这种效益真正的福利含义有赖于时间变化中规模变化和相对价格变化之间的相互作用。对具体的贸易行为而言，这是一个经验性问题。

决定动态贸易自由化意义的另一个重要因素是驱动内生性增长的外部性跨边境溢出效应。例如，知识普遍存储的扩大意味着全球范围，而不仅仅是在一个严格的国家范围内，研究生产率的提高。同样，全球和地区生产的整合意味着加工专业化的加深所带来的利益可能导致规模和增长效应，贸易自由化也同样促进小国的经济福利。对于大国来说，贸易自由化将是一个经验性问题。但是，至少这些跨边界外溢的动态效应将会十分得重要。当外溢效应存在时，多边贸易政策途径将比单边或双边努力更能促使这些利益的内部化，使合作获得更多的潜在动态利益更为容易。

＊　＊　＊

第九节　支持自由贸易的法学观点

了解了当代动态经济效应的一些基本观点之后，下面是一篇从法学的角度看待贸易保护主义的文章。

保护主义的经济分析[①]

罗伯特·麦克基尔

贸易保护主义已存在了几千年。18 世纪英、法的重商主义者基本上都是些贸易保护主义者。虽然反对贸易保护主义的证据十分确凿，但是，尽管这些政策一直不断地失败，政治领袖们还是不断地推行贸易保护主义政策。贸易保护主义以普通大众的利益为代价保护一个特殊利益集团的利益。

…………

贸易保护主义的支持者已存在了几千年。柏拉图认为允许外国贸易者进入波利斯（polis）将腐化灵魂。亚里士多德相信用产品交换金钱会导致腐化，并认为最好的国家是自给自足的国家。虽然，上个世纪倡导贸易保护主义的理由几经变化，但贸易保护主义者的哲学并没有消失。它只是进化得越来越复杂而已。

…………

贸易保护主义支持者采用各种论据来支持他们的观点。但是，分析这些论据却暴露了其中诸多的弱点。

（1）道德论据

显然，贸易保护主义带来更高的商品价格并以多数人（消费者）的利益为代价保护少数人（生产者）的利益，因此，所有反对贸易保护主义的论据中，最强有力的是道德论。罗伯特·罗依克（Robert Nozick）等一些人认为，当国家重新对财富进行分配，剥夺一些人手中的财富给予另一些人时，国家超越了其合法的职能。

40 年前，一个经济学家指出，有些人知道不创业却能赚到钱的途径，或者通过偷窃满足自己欲望的途径——他们要求政府"为他们去盗窃"。这些人

[①]　Robert W. McGee，乔治·华盛顿《国际法和经济学期刊》第 26 卷，第 539～542、551、552 页，1993；Raj Bhala, *International Trade Law*, 44–46, Michie Law Publishers, 44–46, 1996。原文的全名为"An Economic Analysis of Protectionism in the United States with Implications for International Trade in Europe"。

联合起来，要求政府从部分人（消费者）手中剥夺财富给予另一部分人（生产者）。如果他们自己亲自实施这种行为，将被认定为刑事犯罪。

面对这个最有力的道德论据，经济学文章却采用各种实用主义的论调，强调贸易保护主义不是好政策。他们指出贸易保护主义有害，因为它增加产品成本。但是，他们几乎从未从道德方面进行过探究，看看政府的合法职能是否允许政府为了某些特殊团体竞争的需要提供保护而可以使消费者为某些产品或服务支付更高的价格；他们也没有从侵权方面进行过探究，看看保护主义政策制止合法公民自由签订合约，在没有政府干预的情况下进行财产交换的行为是否属于侵权行为。

（2）个人权利的论据

绝大多数经济学家从实用主义的角度来观察自由贸易问题。但是，对自由贸易的观察同样可以从权利的角度进行。个人权利的观点认为个人拥有他们自己的身体。基于这个前提，个人拥有他们的劳动成果。作为所有者，他们有权将自己的劳动成果用来与他人的劳动成果进行交换。任何对上述行为的限制都是对他们权利的侵犯。这个观点与传统的自由论观点是一致的。传统的自由论限制政府干预个人对生命、自由和财产所拥有的权利。如果政府超越这个范围，政府的行为必然是从某些人手中索取而后给予另外一些人。

贸易中对生产者有利对消费者不利的政策是寄生性的贸易政策，因为它以牺牲消费者的利益为代价使生产者获利。由于生产者得到了他们本不应当得到的好处，消费者为此不得不支付更高的价格——否则他们会选择惠顾外国生产的产品。

阻止消费者按照自己的意愿选择产品的贸易政策侵犯了消费者的财产权和合同权。如果一个达到了法定年龄的人希望签订一个合同，除非合同当事方，否则任何人无权干涉他的行为。政府的角色是保护合同的神圣性，而不是独断地告诉人们是否应当签订某个特定的合同。

举例来说，如果某项法律或法规对可能进口到本国的外国汽车规定数量配额，某些消费者就有可能买不到自己想要的汽车，无论出多高的价钱——因为这些汽车没有供应。如果关税提高汽车的成本，消费者就不得不从自身的财产中额外拿出一部分来支付他们看中的汽车。贸易保护主义侵犯了公民的合同权，它阻止消费者与外国生产者签订合同。同时，贸易保护主义侵犯公民的财产权，它提高了消费者为他们选择的产品所必须支付的价格。

* * *

第二章

贸易保护主义理论

许多经济学家认为，贸易能够推动各国乃至世界经济的发展，提高全世界人民的生活水平。但是，不少人却支持一定的贸易保护主义国家贸易政策，早期如美国的汉密尔顿，德国的李斯特，英国的密尔、托伦斯等。

贸易保护主义的理论之一，为英国的托伦斯与密尔提出的互惠条件贸易理论。该理论认为，第一，在某些情况下，关税减让使国家的贸易条件恶化，反过来，征收关税将改善国家的贸易条件；第二，单独实行关税减让的国家将蒙受经济损失。

该理论提出以后，英国经济学和统计学家埃基沃斯（Edgeworth）利用供应曲线对理论的第二部分加以证实时发现，当贸易的其他国家供应曲线不完全弹性时，贸易条件将由世界贸易市场来决定。这种情况下，最优关税可以改善关税国贸易条件，从而最大限度地增加关税国的国家福利。同时，最优关税下实现的国家福利增长完全基于其他国家的损失，并且其他国家损失会远远大于关税国家的福利增长。基于上述理论，这些经济学家和他们的支持者主张实行互惠贸易，而不是像亚当·斯密等经济学家主张的那样实行完全的自由贸易。

贸易保护主义最有生命力，也得到最广泛支持的理论，是所谓的幼稚工业保护理论。

所谓幼稚工业，是指那些还不能在市场竞争中独自生存，但在适当政策保护下，随着时间的推移、经验的积累，将最终能在市场竞争中立足的新兴产业。

幼稚工业保护理论认为，一个国家在某种商品的工业生产上可能有潜在的相对优势，但由于缺乏专有技术，加上初期资金投入较少，相关产业无法得以建成。即使行业已成功新建，初期阶段，也还不能与发达国家成熟完善的工业竞争。为了使新兴制造业获得立足之地，政府应该暂时给予支持，直到它们足够强壮，形成比较优势，能够长期参与国际竞争。在过去的一个半世纪当中，幼稚工业理论对国际贸易政策产生了持久的影响。美国的汉密尔顿和德国的李斯特就积极主张实行这种贸易保护，而英国一些支持自由贸易理论的经济学家如密尔、托伦斯、马歇尔等，则对此贸易政策的实施持谨慎的支持态度。

互惠条件贸易理论与幼稚工业保护理论被认为是具有"潜在正确性的贸易保护主义理论"。①

除上述两种理论之外，还出现过许多基于错误的理论支持贸易保护的观点，如工资与就业、振兴国内工业等。此外，还有一些基于非经济因素的贸易保护观点，如财政收入、国家安全、国家主权以及文化多元化等。

第一节　互惠贸易理论

一　密尔、托伦斯的互惠贸易理论

英国部分古典经济学家认为，单边自由贸易政策可以使英国富强，因此，无论其他国家是否采取同样的贸易政策，英国都应当采取自由贸易政策。

英国的罗伯特·托伦斯是提出相对优势论的古典经济学家之一。但他在坚决支持自由贸易的同时，发展了"互惠条件贸易"（reciprocal terms of trade）理论，认为国家可以通过关税，改善本国与世界各国的贸易条件，使本国以同量出口换取更多的进口。基于此，他认为，只有在贸易伙伴实施同样的互惠自由贸易政策时，自由贸易政策才能使本国在贸易中获利。托伦斯将这种正常平等的国际贸易规则称为互惠原则（reciprocity rule），② 主张英国只与实行同等互惠贸易条件的国家进行自由贸易，而对其他进口关税国家实行关税报复。③

托伦斯的观点受到了当时大多数经济学家的批判，却得到了约翰·斯图亚特·密尔的支持。1844 年，密尔发表《国家间贸易交换的规律》④，提出

---

① 〔美〕保罗·萨缪尔森、威廉·诺德豪斯：《经济学》第十六版，萧琛等译，华夏出版社，1999。

② Robert Torrens, *The Budget: On Commercial and Colonial Policy*, 50, London: Smith, Elder, 1844.

③ Robert Torrens, *Letters on Commercial Policy*, 6, London, Longman, 1833.

④ Of the Laws of Interchange Between Nations.

"相互需求决定贸易条件的平衡点"① 理论，赞同关税可以改善国家贸易条件的假说。他认为，国家可以通过关税，使本国在国际贸易中获得比正常自由贸易条件下更大的经济利益。因为，当进口商品需求浮动时，进口关税同时减少消费国进口和产出国出口。产出国出口的减少使国际市场出口商品价格上涨，结果，消费国的同量出口商品换回更多的进口商品。

密尔将关税分为保护性关税和国民收入性关税两种。保护性关税的目的，是将资本和劳力吸引到国内某一产业，以促进该产业的发展。国民收入性关税，则是对没有国内生产的商品征收的关税。密尔认为，保护性关税不能使国家受益，但国民收入性关税可以。因此，对国民收入性关税来说，贸易互惠条件至关重要。

密尔的经济分析将托伦斯提出的贸易条件论归纳为两部分：第一，在某些情况下，关税减让使国家贸易条件恶化，反过来，征收关税将改善国家的贸易条件；第二，单独实行关税减让的国家将蒙受经济损失。

密尔与托伦斯分别论证了理论的第一部分，但理论第二部分的论证，直到 19 世纪后期，才由英国经济学和统计学家埃基沃斯，利用供应曲线加以证实。

根据埃基沃斯的论证，当贸易的其他国家供应曲线不完全弹性时，贸易条件将由世界贸易市场来决定。这种情况下，关税可能改善关税国的贸易条件，从而增加关税国的国家福利。能够在贸易中改变关税国的贸易条件，使贸易最大限度地实现关税国国家福利的关税被称为 "最优关税"。埃基沃斯的实验还同时证实了密尔、托伦斯的观点——最优关税下实现的国家福利增长完全基于其他国家的损失，并且其他国家的损失会远远大于关税国家的福利增长。

虽然互惠贸易条件论建议各国避免采取单方面的自由贸易政策，但是，互惠贸易条件论并非反对自由贸易的理论。它仅仅指出，在某些情况下，单方面的自由贸易政策是不可取的。为避免其他国家通过实行最优关税政策将本国利益建立在他国的损失之上，减少国际贸易的总收入，需要建立一个制约机制，使各国放弃这种操纵性的贸易策略。从这个角度来说，多边贸易体系下的自由贸易应当是一个理想的选择。

二　现代互惠贸易

古典经济学家像亚当·斯密、大卫·李嘉图等认为，国家应当采取无条

---

① theory of reciprocal demand as the determinant of the equilibrium terms of trade.

件的自由贸易政策。但是，密尔、托伦斯的互惠贸易理论却认为，单方面自由贸易政策在某些情况下不利于国家的经济利益。现代贸易理论将互惠贸易分为两种类型：消极互惠贸易和积极互惠贸易。

采取消极互惠贸易策略的国家，总是要求贸易伙伴首先削减其贸易限制。但是，从经济的角度考虑，贸易伙伴们担心一旦取消贸易限制，对方免费享受既得利益而拒绝给予同样的回报。从政治的角度考虑，第一个让步的国家难以得到国内出口型生产行业的支持，因为自由贸易政策使进口敏感型工业萎缩并影响出口工业的增长。基于上述两方面的考虑，没有一个国家愿意首先做出让步。但是，采取消极互惠贸易策略的国家之间可能相互制定自由贸易协定。

采取积极互惠贸易策略的国家首先做出让步。这种行为一方面可能基于贸易国事先达成的互惠贸易协议，另一方面对于贸易势力强大的国家而言，可能基于单边报复的单边主义思想。采取这个策略最著名的事例，是美国的《1988年贸易与竞争综合法案》中所谓的"超级301"自由裁量报复条款。该条款授权美国贸易代表一旦发现某项外国措施或政策"不合理或歧视"，损害美国的商业活动，或给美国的商业活动造成负担，可以采取单边报复措施。

对单边主义下的积极互惠贸易政策有许多不同的观点。支持者认为，在缺乏有效的强制性监管机制的国际贸易体系中，为确保国际协定的顺利执行和对协定义务的遵守，惩罚违反协定义务的欺骗行为，单边主义的做法是所有可能采取的措施中效果最好的一个。虽说它并非完美无缺，但至少可以防止世界贸易体系退化到完全的独裁或无政府状态。

反对者却认为，虽然惩罚违反协定义务的欺骗行为是单边主义下单方报复行为的一个正当理由，当威胁报复或利用报复手段迫使对方让步时，采取单方行动的国家也同样违反了自己的协定承诺。因此，单方报复行为与违约国家的欺骗行为无异。此外，有时，单边报复或威胁可能使问题得到顺利的解决，如违约方同意和解，有时却会出现僵局，甚至遭到反报复。双方以"合作"的方式解决争端的行为本身违反了非歧视的国际贸易秩序原则，极有可能导致"合作"双方合谋脱离自由贸易的正常管制。而僵局或反报复行为的出现则意味着问题没有得到解决。

虽然互惠贸易理论在古典经济学中只扮演了一个边缘性的角色，但它对理解当今国际贸易中的某些国内制度，以及某些超越国家范围的制度安排非常有用。同时，在反对自由贸易的理论中，互惠贸易理论成为生命力最持久的一个。

第二节 幼稚工业理论

一 早期的幼稚工业理论

作为 19 世纪中期最杰出的经济学家之一，约翰·密尔在他 1848 年著名的《政治经济学原理》中论及对幼稚工业（infant industry）的短期保护。所谓幼稚工业，是指那些还不能在市场竞争中独自生存，但在适当的政策保护下，随着时间的推移、经验的积累，将最终能在市场竞争中立足的新兴产业。

幼稚工业保护论至少在重商主义时代就十分流行，直到亚当·斯密彻底否认了它的保护作用。亚当·斯密认为，一个国家可以通过政策保护使幼稚工业成熟，并不意味着这个国家应该这样做，更不意味着这样对国家有益。保护使资源错误配置，减少国家收入和资本积累所需要的储蓄。此外，长期收益不一定与短期投入相抵。

并非所有古典经济学家都赞同亚当·斯密的观点。英国的密尔、美国的亚历山大·汉密尔顿（Alexander Hamilton）、德国的弗里德里希·李斯特（Friedrich List）等就都认同幼稚工业的保护理论。

美国第一任财务部部长汉密尔顿于 1791 年撰写了著名的《制造业的报告》，①反对亚当·斯密"自然秩序"②的观点。他认为，每一个新兴的产业都面临着许多固有的困难，如模仿思想和习惯的影响、经验的缺乏、来自成熟企业的竞争等，加上外国政府在竞争中给予本国企业的优惠政策、补贴以及其他鼓励措施等原因，新兴行业需要政府扶持。汉密尔顿承认进口限制会提高国内市场价格，但他认为进口限制是"每个新兴制造业统一的成功模式"，在免除了沉重的税负之后，国内产品作为进口产品的替代品可以比进口产品更便宜。③

汉密尔顿对如何运用政策措施对幼稚工业进行保护有着自己独到的见解。在对比了保护性关税、贸易禁止、原材料出口税和出口补贴这四种可以促进国内生产的政策对国家制造业的影响之后，他认为补贴的政府干预效果最好。因为，首先，补贴使新兴产业在最初的尝试中受到最直接的刺激和支持，因

---

① Alexander Hamilton, *In the Papers of Alexander Hamilton*: *Report on the Subject of Manufactures*, 266 – 267, Columbia University Press, 1966.

② 即任其发展，产业会自动走上最好的发展之路。

③ Alexander Hamilton, *In the Papers of Alexander Hamilton*: *Report on the Subject of Manufactures*, 268, Columbia University Press, 1966.

而提高产业实现利润的可能性并降低产生损失的风险。其次，与高额的保护性关税不同，补贴不会导致产品短缺，使国内产品价格提高。另外，补贴促进出口因而扩大国内产品市场。① 但是，由于汉密尔顿的幼稚工业论主要是针对当时美国国内的制造业现状，因此缺乏普遍的指导意义。

在所有幼稚工业理论学者中，最受新兴工业化国家欢迎的，是德国的弗里德里希·李斯特。② 他于 1841 年在德国出版《政治经济学的国民体系》，使自己在贸易保护理论方面的权威性，达到了亚当·斯密在自由贸易理论的地位。

李斯特赞同贸易自由化是贸易的终极目标，但认为真正意义上的全球自由贸易，只能建立在一个水平相当的经济基础之上。③ 因此，他强调在历史分析的基础上，建立国家特色的经济学。他反对传统经济理论关于自由贸易使所有参与国受益的观点，认为国家商业政策在不同的时期应当有所不同，而处于发展阶段的国家应当采取临时性保护措施，以确保国内制成品与发达国家具有同等竞争力，在人为保护使自身发展成熟之后，再与其他发达国家进行自由贸易。

对比古典经济学理论，李斯特认为自己的理论至少有两个方面的不同。其一，他反对亚当·斯密"政治经济全球化"（cosmopolitical economy）的理

① Alexander Hamilton, *In the Papers of Alexander Hamilton: Report on the Subject of Manufactures*, 299, Columbia University Press, 1966.

② 弗里德里希·李斯特（1789—1846），德国政治活动家、作家、大学教授。他曾因受德国政府迫害而流亡美国并加入美国国籍。1832 年以美国领事身份回到当时分邦而治的德国，因再受当局迫害于 1846 年被迫自杀。李斯特认为亚当·斯密的学说只考虑世界和个人而不考虑国家，但是，在经济学研究中必须引入国家这个中介。他在《政治经济学的国民体系》自序中指出："我的学说体系中一个主要的特征是国家。国家的性质是处于个人与整个人类之间的中介体，我的理论体系的整个结构都以这一点为基础。"参见 Friedrich List, *The National System of Political Economy*, translated by Sampson S. Lloyd, London: Longman, Green & Co., 1885。李斯特认为，国家之所以重要是因为"各个国家有它特有的语言和文字、传统和历史、风俗和习惯、法律和制度，它需要这一切来求得生存、独立、改进以及在未来的岁月中继续存在，它有它自己的疆土；它是一个团体，由千头万绪的精神关系和利害关系结合起来，把自己合并成一个独立整体。它承认自己和本身范围以内的权利法则，但与别的同类团体在国家自由上仍然处于对立地位，因此在目前世界形式下，只能依靠它自己的力量和资源生存和独立。个人主要依靠国家并在国家范围内获得文化、生产力、安全和繁荣。同样的，人类文明只有依靠各个国家的文明和发展才能设想，才有可能"。参见 Friedrich List, *The National System of Political Economy*, translated by Sampson S. Lloyd, 152 – 153, London: Longman, Green & Co., 1885。

③ Friedrich List, *The National System of Political Economy*, translated by Sampson S. Lloyd, 129, 131, London: Longman, Green & Co., 1885.

论，认为该理论完全忽视了在充满矛盾冲突、安全隐患以及民族认同等问题的世界中，特定国家会有其独特的、与他国不同的经济利益。其二，他强调"创造财富的能力比财富本身重要"，因为创造财富的能力"不仅能保证已有收益，还能保证弥补损失"，同时"生产使消费成为可能"。

对于国家贸易政策的制定，李斯特认为，不能仅从商业角度，依据"价值理论"（theory of values）单纯考虑某阶段的物质优势，而应"根据一贯的衡量标准，考虑现实和将来的发展、繁荣和国家实力的稳定来源"。他强调制造业是一国之本，它为国家带来经济和非经济的利益，带来更好的安全与独立，并在劳动技能的提高和资本积累的基础上，带来更专业的劳动分工。因此，国家最好的贸易政策应视国家不同经济发展阶段的情况而定：

> 第一阶段与发达国家进行自由贸易以脱离蒙昧，并促进农业的发展；第二阶段，通过商业限制措施促进制造业、渔业、航海业和对外贸易的发展；最后一个阶段，在累积了财富和具备了政治实力以后，逐步回到自由贸易与自由竞争的原则。①

基于这些原因，李斯特认为，政府扶持幼稚工业非常必要，因为建立国内制造业所带来的未来利益大于贸易保护的短期经济成本，而"制造业转变成生产资本、财富和国力增强的事实，总体上说明了为什么贸易保护对国家财富的增长有如此大的影响"。②但李斯特随即指出，并不是所有国家都适合这种政策。贸易保护是有条件的，他认为无论经济发展程度如何，所有国家在农产品和原材料贸易中都应当实行自由贸易政策。

另一个幼稚工业保护的拥护者，是在经济学历史上占据重要地位，当时最著名的英国经济学家约翰·斯图亚特·密尔。他在《政治经济学原理》中这样论证幼稚工业理论：

> 仅从政治经济学的原理来看，保护性关税的增收，只能以发展一个非常适合本国的新兴工业为目的。这种关税必须是临时性的（对一个正处于成长阶段的新兴国家尤其如此）。一个国家在某个生产行业较他国先进的原因，往往只是因为它先于他国进入了这个行业。先进性往往只体

---

① Friedrich List, *The National System of Political Economy*, translated by Sampson S. Lloyd, 115, London: Longman, Green & Co., 1885.

② Friedrich List, *The National System of Political Economy*, translated by Sampson S. Lloyd, 144–145, London: Longman, Green & Co., 1885.

现在技能和经验上，而非国家内在的优势，或他国内在的劣势。那些不具备行业技能和经验的国家，也许其他方面比早些进入这个行业的国家更适合这些产品的生产。此外，正如瑞尔先生指出，在新的条件下对某个行业进行新的试验，是促进这个行业进步的最好方式。但我们不能指望个人会承担起引进某个新的制造行业的风险甚至损失，在这种风险存在的情况下经营这个行业并对工人进行培训，使他们达到与传统制造业生产工人同等熟练水平。合理时间内的保护性关税，可能是一个国家为支持新兴工业所能采取的最为便利的方式。但贸易保护应当仅限于那些经过一段时间保护就能离开保护而独立生存的行业。国内产业不应当指望在必要的保护时间之后仍能继续得到这样的扶持。①

尽管 20 世纪前半叶，幼稚工业保护理论成为举世公认的贸易保护主义理论，但自该理论被提出以来，有两个关键性问题一直未能得到解决：第一，对导致政府必要干预的"市场失灵"的确定；第二，在市场失灵的情况下，政府干预的经济效益的确定。

保护幼稚工业的一般性原则是什么？一个幼稚工业最初的形成条件是什么？是国内缺乏熟练的技工，生产经验的不足，还是资本市场的失灵使一个新兴的"幼稚工业"需要政府的政策保护？考虑阻碍幼稚工业成长的不同因素，贸易政策的制定就会不同。同时，幼稚工业的保护是临时性的，而幼稚工业本身却是发展的。因此，找到最合适的政府干预方法的确是件非常困难的事情。

基于这些未解决的疑问，经济学家们从不同的角度对幼稚工业理论进行了批判。

詹姆斯·米德（James Meade）在他 1955 年的《贸易与福利》（*Trade and Welfare*）中这样指出，如果一个企业在进入一个市场初期会有亏损，但经过一段时间，经验带来必要的技能和专有技术后，该产业就能产生效益的话，这样的产业就不应该得到政府保护。因为一个能够最终产生适当回报的企业将会得到资本市场提供的资金。因此，如果资本市场处于有效状态，政府就没有干预的必要。如果资本市场已经失灵，政府为何不努力弥补资本市场的不足，反而采取贸易限制这种解决不了根本问题的方式？②

罗伯特·保德文（Robert Baldwin）则强调，即使确定了与幼稚工业现

①　John Stuart Mill, *Principles of Political Economy*, 922, London: Longman, Green, 1909.

②　James Meade, *Trade and Welfare*, 255 – 257, London: Oxford University Press, 1955.

象有关的市场失灵，贸易政策的救济也不一定能够确保幼稚工业走向成熟。他认为，进口保护措施本身，既不能增加资本投资幼稚工业所需必备技术的动力，也不一定能够提高企业从知识投资中获得回报的能力，反而使落后技术有利可图。因此，产业政策应当着力于解决根本问题——新技术的获得与新技术投资的问题。他总结道："既然支持关税保护的幼稚工业论担当着自由贸易理论主要例外的名声，就应当拿出大众熟知和公认的特定幼稚产业案例进行分析，以证明在这些新兴产业中实行保护性关税的必要性和有效性。"[①]

虽然自密尔提出幼稚工业理论以来，该理论就从未得到令人信服的证实，但它一直是贸易保护领域一个被经常使用的工具。

二 现代幼稚工业保护

在过去的一个半世纪当中，幼稚工业理论对国际贸易政策产生了持久的影响。幼稚工业理论认为，一个国家在某种商品的工业生产上可能有潜在的相对优势，但由于缺乏专有技术，加上初期资金投入较少，相关产业无法得以建成。即使行业已成功新建，初期阶段也还不能与发达国家成熟完善的工业竞争。为了使新兴制造业获得立足之地，政府应该暂时给予支持，直到它们足够强壮，形成相对优势，能够长期参与国际竞争为止。

上述理论之外，还有一些支持现代幼稚工业贸易政策的经济与非经济观点。这些观点认为，一个先进、成熟的经济，不能主要依靠农业或自然资源的出口，而必须具备坚实的制造业基础。只有这样，才能使经济活动和就业多样化，减少对狭窄的商品出口范围的过分依赖所带来的风险，[②] 获得工业化动态效益。[③]

在这些理论与观点的指导下，利用关税或进口配额作为工业化起步的临时措施是有现实意义的。历史上，世界三个最大的市场经济国家——美国、

---

① Robert E. Baldwin, "The Case Against Infant Industry Protection", *Journal of Political Economy*, (May/June 1969), 295 – 305, 303.

② 风险一方面体现为农产品固有的贸易条件恶化现象（参见贸易条件论的分析），另一方面体现为商品价格波动和收入波动（参见进口替代论的分析）。

③ 参见本书第三章第三节"发展中国家进口替代政策"。所谓工业化动态效益，是指训练有素的劳动力、更多的发明创造、更高和更稳定的出口产品价格以及最终反映出来的更高国民收入水平。有观点认为，由于欠发达国家长期从事初级产品专业化生产，而发达国家不断提高制造业专业生产水平，因此，几乎所有工业化动态效益，以及这种动态效益下产生的贸易利益，都被发达国家获得。

德国、日本，都是在贸易壁垒的保护下开始它们的工业化进程的。①

从上面的分析可以看出，现代经济下的幼稚工业理论，主要关注新兴企业技术或资本投资的障碍，因此，政府干预的范围，主要在于促进资本市场正常发挥其功能并在某些情况下进行必要的知识投资。而贸易干预并不直接适用。由于这样的原因，对幼稚工业论的支持已大不如从前。尽管如此，幼稚工业论仍难以被完全放弃，并且还在贸易政策中占有一席之地。

幼稚工业理论必须建立在一个前提之下，那就是在贸易政策保护下成熟起来的工业，其回报率必须高到足以抵消该产业在"幼稚"期间国内消费者为高价产品付出的代价。同时，上述幼稚工业的观点成立，还必须满足以下几个限制性条件：第一，这种观点在资本市场还不能适当发挥功能的欠发达国家更为适用；第二，必须准确确定需要保护的工业，即确定被保护工业拥有潜在的相对优势，并在被保护工业成熟以后，停止贸易政策保护；第三，采用更为直接并只扭曲国内价格的补贴方式，而非扭曲相对价格和国内消费的其他贸易政策，如关税等。三个条件中，第三个条件的实现尤为重要。

对上述前提和限制性条件的分析不难发现，满足这些条件非常困难，并且不见得正确。首先，提前进入一个将来才会具有相对优势的产业不见得是个好的选择。例如，当一个国家正处于资本积累阶段时，占用大量此时属于稀缺资源的资本而放弃对充裕劳动力的充分利用，就不如等到该国积累了足够资本，在资本密集型产业具有相对优势之后再发展这些行业。现实中，韩国在20世纪80年代资本和熟练工人非常缺乏的情况下发展汽车工业的举措就有失妥当。

其次，确定具有相对优势潜力的行业在当今的动态经济状况下并非易事。有时，往往出现一些经济学家警告的"假幼稚工业"现象，即最初受到保护的工业，最终由于与保护无关的原因产生了竞争力。这样的幼稚工业保护表面上获得成功，实际却让社会无端付出代价。例如，印度、巴基斯坦数十年来一直对制造业进行保护，但最后大量出口的是纺织品等轻工业产品，而非它们重点保护的重工业产品。这些轻工业产品，即便没有保护，也同样会最终获得竞争优势。同时，虽然幼稚工业论认为在扶持产业成熟以后就可以停止保护，但现实中，一旦保护开始，在决定停止保护时往往阻力重重。

此外，一般说来，除非确定了某种市场失灵的现象存在，这种为建立一

---

① 美、德在19世纪曾对制造业产品征收高额关税，而日本直到20世纪70年代还保持着大范围的进口控制。

个产业费财耗时的行为，是不应该成为政府干预的有效论据的。正如在市场失灵的分析中提到的，如果一个产业确实具有潜在的优势，而资本市场运作正常，就应当有资本流向这个产业。例如，美国的生物工程行业远在商业销售开始之前，就吸引了数以亿计的资本投入。

三 市场失灵的保护依据

基于上述分析，新产业的幼稚工业保护理论虽然在理论上可信，但在实施中存在许多问题。因此，必须从其他方面寻找依据，以证明幼稚工业论的合理性。上面的分析提到，当出现市场失灵时，幼稚工业保护是必要的，因为市场失灵使市场不能自行以其应有的速度发展这些产业。幼稚工业论的支持者认为，两种类型的市场失灵可以作为保护幼稚工业的依据：不完全的资本市场和无偿占用。

不完全资本市场的观点认为，如果一个欠发达国家没有一整套有效的股票市场和银行等金融机构，将农业等传统部门的储蓄用于当前赢利受限的新兴工业产业，即使这些工业的长期收益较高，最初的低利润也会成为投资的障碍。当然，这种情况下的最优政策，是建立更完善的资本市场。但是，对这些"幼稚工业"的保护可以提高利润，从而使它们更快地成长。因此，保护幼稚工业可以作为次优政策选择。

所谓无偿占用，是指新兴产业所产生的社会福利没有得到补偿的现象。通常，一个首先投资新兴产业的公司需要为适应新产业的具体环境而进行技术改造，或者为开辟新市场提供"起步"费用。这些投入是不会产生任何收益的。在产业的创建中，发起公司除了创造可以获得知识产权保护的有形发明以外，还可能创造不能获得知识产权保护的知识，甚至直接开辟出一个新的市场。这些新知识和市场，将免费被其他的后来者分享。有时，开创一个新的产业所带来的社会收益甚至会大于前期的开发成本。在这种情况下，无偿占用使私人企业不愿首先进入这些新领域的开发。同样，这种情况下的最优政策，是对这些"先驱公司"的无形贡献予以补偿。但当最优政策无法实现时，采用贸易保护政策不失为次优的选择。

第三节 现代贸易保护的其他论点

除了上述互惠贸易理论和幼稚工业保护理论这两个被认为具有潜在正确性的贸易保护主义理论以外，还存在一些得到广泛支持的贸易保护主义观点，如贸易保护振兴国内工业，为国家安全而实行贸易保护，为国家财政收入而采取的进口关税等。

此外，还有其他一些支持贸易保护主义的一般性观点，如自由贸易影响工资和就业，关税可以增加国内就业，自由贸易影响国家传统文化，造成文化的单一性，以及自由贸易侵犯国家主权等。这些观点中，基于工资差别理论①的工资与就业观点已经被证明在经济理论上是错误的。关税可以增加国内

---

① 工资差别理论最早是由曾任罗马尼亚政府工业和贸易部部长的米黑尔·曼诺伊莱斯柯（Mihail Manoilescu）于1929年提出的。之后，许多当时世界上最著名的经济学家，包括詹姆斯·米德、古特弗雷德·哈伯勒（Gottfried Haberler）、俄林等对其进行了研究。曼诺伊莱斯柯的分析主题——发展中国家的部门性工资差异反映了这些国家生产力的差异——成为20世纪40年代和50年代国际贸易和经济发展文献的主要部分，是当时一种令人相当信服的贸易保护主义理论，也是发展中国家为改变普遍存在的二元化经济现象而采取贸易保护政策的理论依据。根据工资差别理论，许多经济学家认为制造业和农业的工资差别，成为以牺牲农业为代价发展制造业的贸易保护主义的理论依据。在这个理论的指导下，大多数发展经济学家有一种普遍性认识：发展中国家要素和产品市场资源配置失灵，价格和成本、私人利益和社会利益之间实际或假设不适当的组合使市场机制失灵。这种失灵体现在相同的工人在制造业中可以获得比在传统农业部门更高的工资。因此，当制造业进行额外雇佣时，产生企业不能得到任何回报的边际社会收益。如果不存在这种不同产业的工资差别，边际工人无论在制造业还是在农业就业无关紧要，边际雇佣除了使雇佣企业获得利润以外，不会产生任何边际社会效益。在这种市场失灵的情况下，自由贸易遭到严重质疑，被认为是从前的"自由放任"时代的遗物，不能解决经济活动中各种各样的市场失灵。在工资差别理论的指导下，发展出发展中国家进口替代的贸易政策（见本书第三章第三节内容）。目前，工资差别论受到经济学家的冷落。部分原因是经济学家约翰·哈里斯与迈克·托达罗于1970年发表论文提出对欠发达国家劳动市场全新的解释完全推翻了这个理论，部分原因是世界上对发展中国家出口替代政策的普遍反对。许多经济学家甚至认为，发展中国家对二元经济现象所采取的贸易保护政策，如进口替代等使这些国家的二元经济现象更为严重。所谓二元化经济是指国家经济中现代高工资、资本密集的工业部门（通常为工业制成品部门）与传统非常贫穷的农业部门共存，整个经济分为两个发展水平差距显著的部门。二元化经济存在三个经济特征：第一，两极化经济现象；第二，工资差别现象；第三，劳动力无限供给现象。所谓劳动力无限供给，是指体现传统经济部门劳动力价格的工资仅够维持劳工的最低生活水平，如果市场按照这种价格提供的劳动力供给超过经济部门的劳动力需求，劳动力的供给就是无限的。这种无限供给的结果，使得经济即便是飞速发展，现代经济部门也不会缺少不熟练的劳动力。形成劳动力无限供给的原因是多方面的。一个原因是社会专业化分工和经济的社会化、规模化使劳动力从家庭向社会转移。另一个原因是人口的增加。在一个二元化经济的社会，现实的生活场景十分独特，社会所面临的是极端先进与极端落后共存，极其富裕与极其贫穷共存，现代与原始共存。专门研究欠发达国家经济问题的美国经济学家威廉·A. 刘易斯（William A. Louis）是这样描述这个场景的：社会面临的不是被如汪洋大海般维持生计的工人包围的一个资本雇佣的孤岛，而是许许多多这样的小岛。少数矿业和电力这样高度资本化的工业与最原始的技术共存，少数的高级商店处于大量老式商贩的包围之中，少数资本化种植园处于农民汪洋大海的包围之中。同时也有一两个建筑雄伟、拥有自来水和交通设施的现代化城市正在向外扩张。在二元化经济中，受贸易政策保护的生产工业制成品的现代化部门与经济中的其他传统 （转下页注）

就业的观点被认为是具有潜在正确性的贸易保护主义观点。①其他的观点则是基于非经济因素的考虑。但是，无论这些观点是否正确，是否属于经济学角度的考虑，各国基于非经济因素，如政治、社会和文化的考虑，时常以这些观点为理由实行贸易保护主义政策。

一 振兴国内工业

现代经济学认为，国家经济的发展必须走工业化的道路。在国家实行工业化经济的进程中，必然受到来自外国工业的竞争。有时，这些竞争严重破坏国内工业的发展，甚至威胁到一些工业的生存。这样的情况，不仅在欠发达国家时时发生，甚至在美国这样的发达国家也同样会发生。当这种情况发生时，出于各种各样政治和经济上的原因，政府总是给予这些企业一定的贸易政策支持，其目的是"振兴国内工业"。

二 财政收入和国家安全

关税可以说是最古老和最普遍的贸易保护形式。最早，进出口关税是作为国家重要财政收入来源而征收的。直到 21 世纪初，国内税收，如企业和个人所得税，才渐渐成为政府财政收入的主要来源。直至今日，出口关税，虽然不是主要来源，仍然是政府财政收入的来源之一。此外，在许多非市场经济的发展中国家，由于国内所得税的管理与征收十分困难，甚至有时根本就

（接上页注①）部门存在五个方面的显著差别。第一，现代经济部门的劳工产值比传统经济部门的高得多。大多数发展中国家制造业劳工生产的商品价格是农业劳工生产商品价格的好几倍，有时甚至高达 15 倍。第二，两个部门劳工的工资率悬殊，工业劳工的工资可能是农业劳工工资的 10 倍甚至更多。第三，虽然现代经济部门工资较高，但资本回报率不一定比传统部门高。实际上，工业部门的资本回报率往往比农业部门低。第四，现代经济部门较高的人均产值至少部分是由于工业生产的资本密集度较高。通常，欠发达国家工业资本密集度比农业的高很多，但是，发达国家则不然。发达国家的农业也是资本密集型。在发展中国家，农业劳工通常用原始的方式和工具进行生产，但这些国家的工业设施与发达国家没有太大的差别。第五，许多欠发达国家存在长期失业现象，特别是在城市，有许多人或者完全没有工作，或者只做一些临时的、收入极低的工作。在这些城市中，失业人口与报酬丰厚的工业工人同时存在。黑人经济学家威廉·A. 刘易斯 1915 年生于英属西印度群岛，从学经济学于英国伦敦经济学院，1948 年任英国曼彻斯特大学教授。刘易斯于 1954 年发表《劳动力供给无限条件下的经济发展》，1955 年出版《经济增长理论》，这使他在经济学界一举成名。之后，他还发表诸如《再论二元经济》等许多著作，进一步探讨他的二元经济理论和经济增长理论。1963 年以后，刘易斯在美国普林斯顿大学任教，1979 年荣获诺贝尔经济学奖。瑞典皇家科学院的颁奖公告将他称为"研究发展中国家经济的主要人物和先驱者"。

① 参见〔美〕保罗·萨缪尔森、威廉·诺德豪斯：《经济学》第十六版，萧琛等译，华夏出版社，1999，第 568 页。

不可能，因此，进出口关税仍然是政府财政收入的一个主要来源。在这样一些国家，保护国家财政收入，成为反对自由贸易十分充足的理由。但这些国家不是也不可能成为国际贸易的主流。

贸易有时会与国家安全联系在一起。因此，国家安全在某些情况下，成为贸易保护主义的理由。进口方面，国家安全理由的论据认为，即使是在和平时期，国家也必须给予像钢铁和造船工业这样的国家安全必不可少的工业以贸易保护，以防止国际冲突造成的贸易限制，影响国家的国防力量。由于国家安全是一个高度弹性的概念，同时又是一个非常充足和合理的理由，因此，它往往成为国内产业要求政府进行贸易保护的借口。出口方面，国家安全更是被用来禁止某些敏感的战略性技术和产品或军用物资的出口，以防止敌对、"不友好"国家用来发展军事武器与设备，或其他国家用于一般的军事目的。有的国家还专门针对不同的出口对象制定不同的出口限制政策。例如，美国就专门针对中国制定了一系列所谓尖端或敏感技术和设备的禁止出口名单。但是，由于出口涉及更多的国内主权和其他一些问题，因此，出口的贸易限制往往没有进口那样敏感，因而也没有得到像进口贸易限制那样的重视。

下面让我们来看一个发生在美国的真实案例，[①] 以进一步了解各工业是怎样利用国家安全要求保护的，以及政府部门对此是怎样的态度。

在美国，工业部门以国家安全为由争取政府的政策保护曾引起过激烈的争论。长期以来，美国认为某些工业和技术对国家军事力量十分关键，因此，美国贸易法授权总统在某些国家防卫所必需的关键性工业受进口威胁或损害的情况下对这些工业进行保护。基于这个法律，1983 年 3 月，美国国家机械工具制造者协会要求商务部对美国的机械工具制造业提供贸易保护，以防止该工业受到来自日本进口的冲击。在申请陈述中，协会提出美国这个工业的开工率仅为全部生产能力的40%，而日本进口占据了市场的30%以上，并在最复杂的数字控制工具市场占据了大约50%的份额。申请指出，在"珍珠港"事件采取禁止日本机械工具进口措施43年之后，美国再次依赖日本的进口，是否影响到美国的军事需求。美国国家机械工具制造者协会提出这个要求，是看准了国会不允许本国依赖外国工具进口的心思。

商务部随后发起一个为期 1 年的跨部门调查。调查主要着重于如果明天爆发战争，美国的机械工业能否供应美国国防部的需要。美国国家安全顾问委员会的经济学家、管理和预算部门、财务部和国家安全委员会都不希望对

---

① 案例内容参见 Raj Bhala, *International Trade Law*, 50 – 53, Michie Law Publishers, 1996。

机械工具工业提供任何保护，因此将调查基于这样一个假定：在欧洲将会爆发一场主要战争，在拉丁美洲或非洲爆发一场局部战争，但在亚洲没有战争。

调查开始后，调查机关假定所有美国五角大楼的机械工具订单都被投入生产，假定许多工业机械工具生产厂家可以投入战时工具的生产，且战时不发生额外的民用需求部分。即便是基于上述一系列的假定，报告结论仍然是美国机械工具工业没有足够的战时供应能力。

下一个关键问题是战争中的日本供应水平。这包括两个方面的判断：第一，日本是否在甚至遭到苏联胁迫时也值得信赖；第二，战时美国海军能否保证美、日海上航线的畅通。关于第一个问题，美国国务院的回答是肯定的。关于第二个问题，海军的回答也是肯定的。

尽管有以上的分析内容，国家安全委员会在商务部将报告提交总统之前仍然评价认为，总统应当对这个工业的若干部门，包括数字化控制机械工具的生产部门提供某种救济。这个报告充分暴露了美国各部门在对国家安全问题上的严重意见分歧。

国家安全委员会主要对政治与军事的关系感兴趣。对他们来说，航空母舰和苏联是大问题，贸易和工业经济学是小问题。至于对日本的尊重，关键是保持一个和谐的关系，以便美国在日本军事基地的使用和其他一些更为广泛的政治和军事问题上得到日本的支持。国家安全委员会愿意看到的，是日本增加国防预算以扩大其海上保护领域的范围、在联合国支持美方行动、对像菲律宾这样的国家提供财政援助并参与国际航天站的战略性主动防御计划。这些问题是国家安全委员会眼中的国家安全问题，比美国机械工具工业的现状重要得多。基于这样的态度，国家安全委员会不欢迎任何的日本贸易限制，由此导致报告拖延数月之久。在此过程中，日本的数字控制工具市场份额已上升到85%。与此同时，美国在机械工业的主要技术领域生产能力萎缩。

1985年秋，随着美国机械工具工业死亡的临近以及工人罢工产生的影响，机械工具讨论被重新提上议事日程。此时，五角大楼已将注意力转移到在完全依赖外国机械工具进口的情况下确保与日本的军事合作这一国防问题上，并由此开始认同商务部的观点，加入劝说国家安全委员会一起要求总统采取行动的行列。

美国很多经济学家一贯反对进行任何振兴国内工业的努力。他们认为，对自由市场的干预实际上将削弱美国工业的竞争力，建议驳回任何因国家安全而采取的贸易保护政策。但是，美国总统没有接受经济学家的观点。在国家安全委员会最终通过给总统提出的商业建议之后，总统指示与日本谈判达成自愿出口限制协定。最终，双方同意，日本将出口份额退回到 1983 年的水平，即大约 50% 的市场份额水平。

上述整个过程遭到了美国国内另外一些经济学家的强烈指责。这些经济学家认为，政府从一开始就应该采取措施，而不是到这个工业已经基本上完蛋时才开始作出重振的努力。况且，最后达成的所谓自愿出口限制协定，是日本在调查一开始的 1983 年就已经主动提出来的。这些经济学家认为，国内贸易政策不应干预自由市场的经济学，会给美国的国防造成威胁。

三 其他观点

1. 工资与就业

自工资差别理论出现以来，关于贸易与工资的关系问题不断引起争议。尽管经济学分析表明，工资差异是由各国之间劳动生产力的差异造成的，它并没有使自由贸易给各国带来的利益受到丝毫的减少，但仍有一些人认为，来自发展中国家的廉价劳动力竞争抢走了发达国家工人的高薪工作，并造成发达国家劳动密集型产业工人的大量失业。不可否认，自由贸易可能对国内容易遭受进口冲击的特定经济部门的就业和工资产生消极影响，但是，从国家整体经济范围的就业和工资来看，自由贸易的影响是非常积极的。对于国内受冲击经济部门的失业工人来说，直接针对造成他们失业原因的国家调整训练计划和新工作分配方案，才是解决他们失业问题最有效、成本最低的"最优选择"，而采取贸易保护政策最多是一个间接的次优选择。

2. 关税与就业

在各国的经济发展过程中，执行贸易保护一个强有力的动机，是利用关税保护本国就业。尤其是在经济衰退和通货膨胀时期，关税更是被用来提高进口产品价格，使消费市场向国内生产转移，从而增加国内就业机会，譬如美国在 20 世纪 30 年代制定的《斯穆特－赫利关税法案》。[①] 但是，利用提高关税增加国内就业是一项"以邻为壑"的贸易政策。它以其他国家产出和就业的下降为代价增加本国就业，本身并不能实现本国的高就业率、高经济增长率，并保持稳定的价格水平，因此，这只是一个短期的权宜之计。不过，普遍认为，基于上述关税与就业的考虑，关税是经济学上公认的具有潜在正确性的贸易保护方式。

3. 文化多元性

在对自由贸易的争论中，有一个观点强调，自由贸易中劳动力和资本的

---

① 该法案的通过使美国平均进口关税在 1932 年达到历史最高水平的 59%。

国际流动，产生引发民族文化同一性的可能。在最早的贸易限制理论中，我们已经看到过担心贸易带来的外来文化影响本土文化纯洁性的观点，如柏拉图、苏格拉底等反对贸易的道德观点。许多当代思想家，如罗素在对古典政治经济学19世纪的政治浪漫主义运动所作的批评中、杰弗逊在对商业共和国的选择替代中也表达了相似的观点。[①]

但是，反对这种观点的学者将这种担心当作一种"封闭社会"的概念，认为传统的封闭社会可能的确曾经保护了一些与众不同的风俗和信仰不受外部影响，但这只能是以种族、信仰和意识形态的不宽容，以及以个人自我发展限制为代价。他们认为，如果真的想要避免当代"世界大同主义"（cosmopolitanism）的结果，贸易壁垒远远不够，还必须要有严格的审查机构、出境签证和限制民族多样性并保持社会封闭的其他措施。[②]

当然，这些学者承认，对贸易和投资自由化在一个国家文化领域，如电影、电视、广播、报纸、杂志和图书出版等行业所产生的影响进行密切的关注，在国际经济关系中发挥着重要的作用。而这已体现在国内、国际政策工具在这些领域中的各种有争议的例外当中。[③]

4. 国家主权

所有的国际条约都通过承担对外义务限制国家的政治主权，这可以说是一个国际社会公认的事实。但是，有关贸易限制国家主权的观点对此的看法角度有所不同。这种观点认为，随着全球经济相互依赖性越来越强，经济正以某些不可接受的方式限制着国家的政治主权。在这样的经济关系中，国家，尤其是与大国拥有主要贸易关系的小国，将难以对它所依赖的大国采取独立的对外政策。在这种情况下，大国甚至可能故意"设计"某些增强大国依赖的经济政策，以对小国实行经济控制。也就是我们所说的经济霸权主义政治。现实国际事务中，产生这种风险的可能性是存在的。

对于上述观点，一方面，有观点认为，国际经济关系中的这些互惠义务给各国带来的经济利益，超过丧失政治主权所产生的成本。当然，这取决于具体情况下，各国对国家主权价值的衡量标准。另一方面，也有人主张通过建立有效的国际组织，如本书第二部分将要讨论的世界贸易组织等，采取包括利用法律体制取代传统的国际外交关系的手段，来减少这种经济对国家政治主权的影响，使之保持在正常的国际义务对国家主权的影响范围内。

---

① Michael J. Trebilcock, Robert Howes, *The Regulation of International Trade*, 13, Routledge, 2001.

② Michael J. Trebilcock, Robert Howes, *The Regulation of International Trade*, 13, Routledge, 2001.

③ Michael J. Trebilcock, Robert Howes, *The Regulation of International Trade*, 13, Routledge, 2001.

第三章

国际贸易政策

　　基于贸易保护主义理论和国家政治、文化需要，各国采取各种贸易政策保护本国经济发展。贸易保护政策的工具有关税、补贴和配额等。它们各有特点，对国家和国际贸易的影响也有所不同。

　　经济学理论既然告诉人们，满足一定条件下的贸易自由化，可以实现国家福利最大化，于是，研究满足这些条件的理论，成为经济学的一个方向。而经济一体化理论，为欧盟和北美自由贸易区等经济一体化形式提供了贸易政策依据。

　　进入20世纪80年代，世界上最穷与最富国家的差距越来越大。越来越多的经济学家认为，基于静态相对优势理论的国际贸易，与欠发达国家的经济发展毫无关系。在国际贸易中，贸易使这些欠发达国家的贸易条件长期衰退，实际上阻碍了这些国家的经济发展。这些经济学家主张通过进口替代（进口商品国产化）逐步实现国家工业化，真正提高国家经济水平。基于上述观点，产生了发展中国家的进口替代政策。

　　标准的贸易理论，将国际贸易定位为国家间的货物交换，而没有考虑到现实中公司之间存在的竞争关系。20世纪80年代早期，一些经济学家认为，某些产业只有为数不多的几家企业参与有效竞争。由于参与竞争的企业数目少，在这些市场中存在不完全竞争现象，给企业带来超额利润，因此，企业投资在这些行业将会获得比在其他行业更高的回报。在国际市场上，不同国家的相同行业为争夺这些超额利润而展开竞争。在这种情况下，政府可能通过变更博弈规则，将这些超额利润从国外企业转移到国内企业。也就是说，通过国家贸易政策，扶持这些存在超额利润的行业，以增强这些国内行业在国际市场的竞争能力。上述观点使得发达国家在国际贸易中采用所谓的战略性贸易政策——一种在寡头垄断市场上积极的贸易政策，以他国经济损失为代价，在延伸的外部经济条件下增加国家财富。

第一节 贸易政策工具

当今国际贸易中，贸易政策工具的主要形式有关税、补贴、进口配额、自愿出口限制、国产化程度要求、政府采购、烦琐的进出口程序、出口信贷补贴等。

一 关税

关税是一种最古老的贸易政策形式，不仅被当作贸易保护工具，也被当作国民收入的重要来源。随着越来越多的国家加入世界贸易组织，关税的贸易保护作用越来越弱。但是，了解关税对贸易的影响，仍然是了解其他贸易政策的重要基础。

1. 关税分析

从成本收益角度分析，在出口国，关税降低商品市场价格，使内消费者获益，生产者受损。[①] 在进口国，关税提高商品市场价格，使消费者受损，生产商获益。关税增加政府财政收入。

形象地比喻，关税好比在国内价格与国外价格之间"嵌入一片楔子"，只是这片楔子并没有完全反映国内和国外产品销售的价差。通常情况下，关税导致国内市场价格的增幅小于关税税率本身。但在一些小国，由于出口产品数量太少，出口关税对世界价格几乎不产生任何影响。在这样的国家，关税几乎全部反映到国内价格的提高上。[②]

美国经济学家克鲁格曼（Krugman）认为，综合考虑关税收益与损失发现，关税对社会福利产生两个方面的净影响：（1）效率损失，原因是关税扭曲本国生产与消费的激励机制；（2）贸易条件改善所得，原因是关税有迫使外国出口价格下降的倾向。在上个段落提到的小国中，关税不能影响外国价格，因此，关税在这些国家的贸易条件改善为零，只带来社会福利的净损失。

对关税的分析方法可以运用在对其他贸易政策的分析上，如出口补贴、进口配额和自愿出口限制等。例如，出口补贴导致关税类似的效率损失，即价格增幅不等于关税税率本身，而它引起的贸易条件恶化所造成的损失更加

---

① 这是因为关税阻碍了产品的出口，增大了国内市场商品供给，销售价格因此降低，导致生产商利润降低。

② 这正反映了供给与需求之间的变化，以及商品需求弹性在其中所起的作用。

严重。在政府收入方面，关税与进口配额和自愿出口限制的影响不同。实行配额管理时，政府收入转化为进口许可证持有者的"租值"。实施自愿出口限制政策时，政府收入转化为外国人的"租值"。

2. 赞成关税的贸易条件改善论

在第二章第一节的互惠贸易理论中，我们讨论了贸易保护理论的贸易条件改善论，同时触及最优关税理论。这个理论，是关税贸易政策的理论依据之一。它直接基于对"成本—收益"的分析，认为对于一个有能力影响出口国出口产品价格的大国来说，如果关税能够降低进口产品的净价格（去除关税管理成本），就可以改善本国的贸易条件，因为它扭曲了生产与消费的动因。但有时，贸易条件改善的成本可能大于其收益。

3. 赞成关税的国内市场失灵论

自由贸易的基本理论，是建立在消费者和生产者剩余这两个概念上的"成本—收益"分析。许多经济学家认为，消费者和生产者剩余，尤其是后者，不能正确衡量生产某种产品的成本与收益。生产者剩余之所以不能正确衡量生产某种产品的收益，可能有以下几个原因[1]：（1）某行业的劳动力在其他情况下可能会处于失业或半失业状况；（2）资本市场或劳动力市场的缺陷，使资源不能迅速流向高回报行业；（3）新兴或不断革新的行业可能出现知识外溢。

上述三种原因，均为国内市场没有发挥应有功能的市场失灵现象，即劳动力市场没有有效分配劳力、资本市场没有有效分配资源等。举例说明，假定某种产品生产积累的经验可以提高社会整体的技术水平，产品生产厂商却不能从中获取收益，因此，厂商在决定生产产量时，就不会把社会整体技术提高导致的产量增加考虑在内。在这种情况下，增加该产品的生产可能产生额外的社会收益，而用生产者剩余的衡量方法，却不能反映出这个额外收益的存在。关税及其他贸易政策，因而成为获取这一额外社会收益的合理依据。

现实经济生活中的市场失灵现象似乎十分普遍。例如，不发达和发展中国家的市场发育不完全，失业和城乡工资水平差异巨大。再例如，发达国家富有创造性的厂商无法充分获取革新回报。这些现象，在市场失灵理论之上，似乎为利用关税和其他贸易政策工具进行贸易干预以增进社会福利提供了实践验证。

---

[1] 〔美〕Paul R. Krugman、Maurice Obsfeld：《国际经济学》，海闻、刘伟、秦琦、梅晓群等译，中国人民大学出版社，2001，第 210 页。

4. 市场失灵下的自由贸易观点

反对上述所谓贸易保护实验验证的观点认为，国内直接、有针对性的政策，是调整具体市场失灵现象的最优工具，因此，不应当使用贸易保护这个间接的次优工具。同时，经济学家无法准确界定市场失灵，无法做到对症下药。

反对以市场失灵为借口采取贸易保护政策的观点大多认为，大部分贸易保护政策之所以得以采纳，究其原因，并非其收益超过成本，而是社会公众没有理解其真正的成本。针对这个观点，克鲁格曼举了一个例子。在美国，主张对汽车进口实行配额，是因为人们认为配额可以保护汽车工业工人的就业机会，原因是美国汽车工业劳动力市场太缺乏灵活性，以致为维持就业只能削减工资，或干脆另谋他就。假如针对同一问题采用对汽车厂商进行补贴的政策，想必会遭到强烈的反对。首先，所需大量补贴，必然导致联邦政府财政赤字的增加或税收上升。另外，所有制造业中，汽车工业工人的工资是最高的一类，因此，社会公众肯定会反对对他们进行补贴。然而，进口配额政策的代价，事实上比补贴高昂得多，因为在提供同样多就业机会的同时，配额还扭曲消费者选择。公众之所以认可配额而反对补贴，仅仅因为配额的成本表现为提高汽车价格而非政府的直接支出，因而不那么明显。[①]

反对使用贸易保护政策工具修正市场失灵的观点还认为，国内市场失灵很难准确界定，因此无法给出合适的对策。克鲁格曼再举一例。假定某一不发达国家存在城市失业现象。如果有人认为通过关税保护城市工业，使失业工人重新走上工作岗位是最恰当的政策，则有人就会反驳这个政策刺激人口大量流向城市，造成更多的失业。两种观点很难说哪一个更正确。事实上，经济学理论大多关注对完善市场的分析，而对不完善市场以及解决市场失灵的次优政策的分析相当有限。如果对采用什么样的贸易政策难以形成一个统一的认识，贸易政策就很容易被一些特殊利益集团操纵，而忽视社会的整体福利。因此，只要市场失灵没有坏到不可收拾的地步，与其打开各种不确定政策的"潘多拉魔盒"，倒不如选择自由贸易这个也许更好的选择。[②]

---

① 〔美〕Paul R. Krugman、Maurice Obsfeld：《国际经济学》，海闻、刘伟、秦琦、梅晓群等译，中国人民大学出版社，2001，第210~211页。

② 〔美〕Paul R. Krugman、Maurice Obsfeld：《国际经济学》，海闻、刘伟、秦琦、梅晓群等译，中国人民大学出版社，2001，第211页。

二　出口补贴与进口配额

出口补贴对价格的影响与关税对价格的影响正好相反。出口国国内产品价格上升，进口国价格下降；出口国消费者受害，生产者获益，政府因支付补贴而蒙受损失。

利用关税的"成本—收益"分析可以得知，出口补贴导致关税类似的效率损失，即价格增幅不等于关税税率本身，而它引起的贸易条件恶化造成的损失更加严重。

配额是最重要的非关税贸易壁垒，被用于控制进出口商品的数量。顾名思义，进口配额是直接针对可能进口的商品实行数量限制的贸易政策。它可以用来保护国家的工业、农业，并可用来调节国家国际收支平衡。这种限制，通常以颁发进口许可证的形式来实现。二战后不久，进口配额管理很快盛行于西欧。改革开放初期，我国也曾广泛实行配额贸易政策，对从矿产原材料到烟草、粮油等各个领域的商品、产品，实施广泛的进口配额许可证管理。现代经济中，进口配额多被工业国用于农业保护，被欠发达国家用于刺激制成品替代进口和平衡国际收支。

进口配额提高进口商品的国内价格。限制进口时，一旦国内需求超过国内供给加限制下的进口，商品市场价格就会不断上升，直到达到价格均衡点，或称供需平衡点。最终，进口配额对国内价格的影响，将达到同等限制水平的关税对价格的影响。

进口配额与关税的差别，在于政府没有了收入。同时，配额产生"配额租值"（quota rent）的分配问题。配额涉及许可证的发放。如果这些许可证不是通过市场公开竞拍的方式予以发放，则获得这些许可证的政府、公司或个人，就会以垄断的形式，获取相当于关税形式管理下的贸易所创造的财政收入。由于拥有了进口特权，这些人可以在外国低价买进进口商品后，在国内以高价出售这些进口商品，从而获取"配额租值"。分析这些配额租值的去处，是进口配额"成本—收益"分析的关键。

如果进口国将这些配额许可给予外国政府或个人，则意味着"租值"被转移到国外，使配额成本大大高于同等情况下的关税成本。此外，进口许可证丰厚的垄断利润，可能使进口商花费大量精力游说甚至贿赂政府官员，[①]造成巨大的经济浪费，并引发贪污腐败。下面是关于美国食糖进口配额的案例

---

① 这种现象即所谓的"寻租"。

分析。①

美国实行食糖进口配额，起因于美国联邦政府要保证国内市场的食糖价格高过世界市场价格。在实行配额的管理中，美国政府将出口权直接分给了外国政府，由它们再分配给各自的生产厂商。因此，美国食糖的进口配额"租值"被外国人获得。1990 年，美国食糖进口配额导致的国内净福利损失加上配额"租值"损失达到 5.8 亿美元。其中，大部分净损失为外国人获得的"租值"。美国的食糖进口配额为部分国内食糖生产者提供了保护，使他们获得了很大的利益。而配额造成的损失，却是由广大消费者承担。由于每个消费者只负担很小的一部分，本案例为人均 6 美元/年，一般民众根本就不知道食糖进口配额的存在，当然就不会提出反对意见。虽然对消费者而言损失几乎小到无法察觉，该配额对美国食糖生产者却生死攸关，约等于该行业工人按人头 9 万美元/年的生产补贴。难怪美国食糖生产者会极力维护进口配额。

三　其他贸易政策

1. 国产化程度政策

国产化程度的含义很好理解，指最终产品中包含的国产成分比例，有时表现为数量，有时表现为价值。国产化程度政策在不发达和发展中国家运用得十分广泛。这些国家希望通过国产化程度要求，促使国内组装生产向中间制造产品生产的转换。国产化程度要求既不产生财政收入，也不产生"租值"，而是以进口商品和国产商品价格平均值为最终售价，将损失转嫁给消费者。

在各种各样的国产化程度政策中，一个很有创意的政策是，允许生产商以出口代替国产化程度的要求。

2. 出口信贷补贴

这是一种与出口补贴类似的政府补贴形式，不同之处在于补贴对象不是产品生产者，而是产品的购买者，目的是鼓励出口。

3. 政府采购

这种贸易政策规定，政府或政府控制的公司必须购买国产商品。而政府采购的贸易量在每个国家都占很大的比例。

---

① 〔美〕Paul R. Krugman、Maurice Obsfeld：《国际经济学》，海闻、刘伟、秦琦、梅晓群等译，中国人民大学出版社，2001，第 186～187 页，配额案例部分。

4. 烦琐的程序

如卫生检疫和海关手续等。举一个典型的案例。1982 年，法国规定，所有从日本进口的录像机，必须经过鲍埃悌尔斯的一个海关，而该海关只有很小的一间办公室。这样，法国将从日本进口录像机的实际数量有效限制到屈指可数的地步。关于这部分贸易政策，也是 WTO 致力管制的部分。详细分析，见第七章的"《进口许可程序协定》"以及对 GATT 第 10 条透明度规定的分析。

第二节　经济一体化贸易政策

经济一体化涉及的内容十分广泛，从特惠贸易协定到自由贸易区、关税同盟、共同市场以及经济同盟都包含在内。其中，特惠贸易协定是经济一体化最松散的形式。它是指协定成员之间在进行贸易时，相互提供与非成员国进行贸易时更低的贸易壁垒，如英联邦及其成员国，以及大英帝国以前的成员国，于 1932 年建立的英联邦优惠计划。

在自由贸易区的一体化形式中，各成员之间相互解除所有贸易限制，却各自对非成员国或地区保留自己的贸易限制条件，如 1960 年英国、奥地利、丹麦、挪威、葡萄牙、瑞典、瑞士成立的欧洲自由贸易联盟（EFTA）[①]，以及 1994 年由美国、加拿大、墨西哥成立的北美自由贸易区。

关税同盟在成员之间消除所有的贸易限制。同时，同盟以一个整体对外统一实行关税或其他贸易限制，如 1957 年联邦德国、法国、意大利、比利时、荷兰和卢森堡组成的欧洲共同体。

共同市场比关税同盟更进一步，允许参加国之间资本和劳动力的自由流动。例如，上面说到的欧洲共同体于 1992 年实现了共同市场，现称欧盟（EU）。

经济同盟比共同市场又进一步。它协调甚至统一成员国之间的货币和财政政策。这是经济一体化的最高形式。

关税同盟中的贸易所得，产生于关税同盟中一个国家的某些产品被来自同盟国生产成本较低的进口产品所替代。如果假定关税同盟建立之前，各同盟国的全部经济资源都得到充分的利用，那么，贸易所得就增加了同盟国的

[①] 关于该组织的详细介绍见本书第六章"非歧视原则"第二节"GATT 最惠国待遇例外"的有关内容。

福利。同时，由于它还带来在比较优势基础之上更大程度的产品专业化生产，关税同盟的贸易所得同样增加了非同盟国以及整体世界经济的福利。经济学将这种现象称为"贸易创造"（trade creation）。

但是，由于关税同盟国对内实行自由贸易，对外实行条件贸易，使同盟国内的高价商品替代了非同盟国的低价进口商品，不仅可能减少同盟国的国家福利、进口替代产品的非同盟国福利，还可能减少整体的世界经济福利。[①]经济学将这种现象称为"贸易转移"（trade diversion）。

最早开始系统论述关税同盟理论的，是美国经济学家维纳（Jacob Viner）和利普西（Richard G. Lipsey）。维纳于1950年提出对关税同盟的经济分析。在此之前，人们普遍认为，任何使贸易更加自由的行为都能增加社会福利。而关税同盟，代表了贸易向更加自由化方向的发展，因此，人们认为它既能增加同盟国福利，也能增加非同盟国福利。

然而，维纳从静态和动态效应两个方面对关税同盟进行了分析，认为关税同盟的建立，既可能增加又可能减少同盟国和非同盟国的国家福利，而这取决于产生关税同盟的环境。[②]

静态效应方面，维纳认为，关税同盟的成立必然引起以下静态效应：（1）贸易创造效应（trade creation effect）；（2）贸易转移效应（trade diverting effect）；（3）减少行政开支；[③]（4）改善贸易条件；[④]（5）增强集团谈判力量。[⑤]

动态效应方面，维纳认为，关税同盟建立可以增强同盟国企业之间的竞争，为各同盟国带来规模经济效应，并有利于吸引非同盟国的投资。

[①] 贸易转移将生产从效率较高的非盟国转移到效率较低的盟国，因此，使国际资源错误配置，使生产背离了比较优势原则。

[②] 维纳的这个观点正是经济学上非常重要的次优理论的一个例子。次优理论认为，如果福利最大化或者帕累托最优（Pareto Optimality）所需要的条件不能全部满足，满足其他再多的条件可能也没有用处，并且这样做往往往导致次优情况（second best）的发生。因此，建立关税同盟并仅在同盟国之间消除贸易限制，并不必然产生次优福利状态。上述次优理论始于维纳著作中的论述，但他对理论的论述并不十分清晰。之后，1955年米德充分发展了这个理论，1957年利普西和兰卡斯特（Lancaster）将其进行了推广。所谓帕累托最优，是指一个均衡点，从这个点出发的任何移动，只增加某些人的福利而不会使其他任何人的境况变坏。参见皮特·纽曼主编《新帕尔格雷夫法经济学大辞典》第三卷，法律出版社，2003，第6页。

[③] 各同盟国海关、边界巡逻人员等减少而引起的行政费用减少。

[④] 关税同盟减少非同盟国进口需求和出口供给，有可能使同盟国共同的贸易条件得到改善。但这并不是绝对的。某同盟国贸易条件的改善与否取决于具体情况。有时，关税同盟导致的真实收入增加可能引发从非同盟国进口的需求，从而使同盟国的贸易条件恶化。

[⑤] 任何一个关税同盟在国际贸易谈判中以一个整体行动，较之先前任何一个独立行动的国家来说，都具有更强大的谈判实力。

第一，关税同盟的建立加剧成员间的市场竞争。专业化分工向广度和深度扩展，使生产要素和资源更加优化配置。在没有实行关税同盟之前，各成员国的生产者，尤其是垄断和寡头垄断生产者，在现有的贸易壁垒保护下满足于现状。关税同盟消除贸易壁垒，各国的生产者在这一个共同的大市场中展开新的竞争，以避免被兼并或被淘汰出局。在降低成本的竞争要求下，专业化分工向广度和深度发展，以使生产要素得到更合理的运用。第二，同盟国国内市场向统一的大市场转换，自由市场扩大使同盟国获得规模经济效益。建立关税同盟产生的第二个利益是市场的扩大使规模经济成为可能。当然，任何一个国家，甚至一些小国，都能通过向世界其他国家出口而实现规模经济所要求的市场规模。[1] 但是，关税同盟的建立，减少了同盟国各工厂制造的产品之间的差别，使这些工厂自动获得一个巨大的市场，并在这个市场中获得巨大的经济效益。[2] 第三，关税联盟的建立扩大市场，大大改善投资环境，吸引非同盟国资本向同盟国转移，促进联盟内部的研究和开发，进一步促进技术进步。关税同盟建立以后，扩大了的市场优势刺激外来投资，同时，为避免强加在非同盟国产品上的歧视性贸易壁垒，非同盟国可能进一步在关税同盟成员国内投资建立生产设施，即建立所谓的关税工厂（tariff factories）。[3] 第四，关税同盟内部本身就是一个共同市场。在这个市场范围内，劳动力和资本的自由流动可以使同盟的经济资源得到更好的利用。

那么，在什么条件下，关税同盟更有可能产生贸易创造，从而增加福利呢？

根据上述静态效应分析，维纳认为，下列条件下关税同盟更可能产生贸易创造，增加福利。（1）同盟国之间从前的贸易壁垒较高。这种情况下，同盟国之间进行贸易的可能性，要比将贸易从非同盟国向同盟国转移的可能性大。（2）同盟国与非同盟国之间的贸易壁垒较低。这种情况下，不太可能发生代价高昂的贸易转移现象。（3）同盟国数量较多，规模较大。这样的环境中，在同盟国范围内低成本生产的可能性较大。（4）同盟国间的经济竞争高于经济互补。这样，同盟国就有更多的机会实行生产专业化和贸易创造。（5）同盟国之间的地理位置较为靠近。这样，运输成本就不太可能成为各同盟国之间贸易创造的障碍。（6）同盟国与潜在同盟成员国之间的贸易和经济

---

① 见第一章第五节"规模经济、不完全竞争理论"中关于规模经济的条件的讨论。

② 见第一章第五节"规模经济、不完全竞争理论"中关于差别产品的讨论。

③ 基于上述考虑，美国公司曾第一次于1955年以后、第二次于1986年以后在欧洲进行巨额投资。

交往较多。这样，随着关税同盟的成立获得大量福利的机会就大。

经济一体化的实践完全印证了维纳的上述观点。EU 就比 EFTA（欧洲自由贸易联盟）更为成功，原因是 EU 成员更具有竞争性而不是互补性，地理位置上也更为接近，并且成立关税同盟之前，同盟国之间的贸易联系比 EFTA 的成员联系密切。

关税同盟建立所产生的动态效应要比静态效应大得多，而且比静态效应更为重要。1973 年，英国主要就是因为这些动态效应加入欧盟。近年来，以实践为根据的研究表明，关税同盟的动态效应比静态效应大 5～6 倍。目前，世界上最大的经济一体化组织有北美自由贸易区和欧洲联盟。关于这些经济一体化组织更详细的介绍，见第六章第一节"最惠国待遇"部分。

第三节　发展中国家进口替代政策

古典的相对优势经济理论认为，国际自由贸易促进国际经济的整体发展。与此同时，各贸易国的经济增长也会随贸易提高。基于相对优势的要素禀赋论，根据技术这个生产要素在发达国家与不发达国家的分布，不发达国家应当进行原材料、劳动密集型初级产品的专业化生产和出口，以换取发达国家的制造品。二战之后，在欧、美等当时本来就已经比较发达的国家的积极主张下，国际社会建立了一个自由经济体系——布雷顿森林体系①，希望能共同促进世界各国经济的发展。在这个体系下，国际社会各成员的经济发展水平如何？

按照经济学的划分，世界经济被分为发达经济与不发达经济两种。属于发达经济国家的，只有美国、加拿大、西欧和日本等少数国家，而世界上大多数国家都被划分为不发达经济国家。从乐观主义角度看，可以进一步将这些不发达国家划分为不发达国家和发展中国家，统称欠发达国家。这些国家存在一些共同的经济特征：（1）真实人均国民收入低；（2）人均国民收入增长率低；（3）农业和其他初级产品生产部门（采矿业）劳动力比例高。基于上述特征，在与发达国家的国际贸易中，不发达国家和发展中国家往往出口初级产品和原材料，以换取发达国家制成品。

进入 20 世纪 80 年代，世界上最穷与最富国家的差距越来越大。越来越

---

①　成立于 1944 年的布雷顿森林体系包括三个部分：GATT，国际复兴开发银行，又称世界银行（International Bank for Reconstruction and Development, or World Bank），以及国际货币基金组织（IMF）。

多的经济学家认为，基于静态相对优势理论的国际贸易，与欠发达国家的经济发展毫无关系。在国际贸易中，贸易使这些欠发达国家的贸易条件长期衰退，[1] 实际上阻碍了这些国家的经济发展。这些经济学家主张通过进口替代（进口商品国产化）逐步实现国家工业化，真正提高国家的经济水平。无论这些观点正确与否，进口替代的确被为数不少的发展中国家作为发展本国经济的国家贸易政策。

一　贸易对发展中国家经济的影响[2]

前面说到，一些经济学家认为，相对优势的静态经济理论使欠发达国家的经济发展落后于发达国家。他们认为，传统的相对优势贸易理论是静态的，只关注对现存条件的调整，因此，只可能在某一时期的某一点上实现福利的最大化，且不能保证长期稳定。但是，经济的发展却要求随时调整现存的经济条件。因此，传统贸易理论下的贸易，虽然在短期内使贸易国福利最大化，但这种基于本国生产要素优势的专业化生产，却使欠发达国家长期与工业化生产的动态效应，以及伴随而来的福利最大化无缘，成为发达国家的从属国。

所谓工业化动态效应，是指训练有素的劳动力、更多的发明创造、更高和更稳定的出口产品价格，以及最终反映出来的更高的国民收入水平。由于欠发达国家长期从事初级产品的专业化生产，而发达国家不断提高制造业的专业生产水平，几乎所有工业化动态效应，以及这种动态效应下产生的贸易利益，都被发达国家获得。因此，贸易留给欠发达国家的更多的是贫穷和落后。

这种观点得到经济现实的验证。世界上所有发达国家都是工业化国家，所有不发达国家和大部分发展中国家，则主要从事农业、矿业等本国优势资源的传统专业化生产。

经济理论告诉我们，一个国家的相对优势并非一成不变，而是可以通过调整供给、技术、偏好等要素而改变的。[3] 同时，相对优势并非贸易产生的唯

---

① 关于这个主张的理论依据，参见第二章第一节"互惠贸易理论"部分。

② 本部分内容及有关经济数据和资料参见〔美〕Dominick Salvatore《国际经济学》，朱宝宪、吴洪等译，清华大学出版社，1998，第 258～279 页。

③ 如第一章第四节的"产品周期理论"讨论的，利用资本的国际流通，大量运用国内、国际资本，投资人力资源这个获得产品革新与产品早期制造相对优势必不可少的资源，取得产品周期理论中产品生产早期所必需的优势。

一原因。① 这意味着欠发达国家不能永远根据传统贸易理论而生产和出口初级产品，进口国外制造品，之后再转型制造业，实现国家的工业化。它们可以尝试积累资本，改进技术，先将比较优势从初级品的生产转为简单制成品的生产，然后再转向复杂制成品的生产，最终实现工业化。现实中，被称为亚洲奇迹的韩国、中国台湾、新加坡等发展中国家和地区，正是采用了这种模式而获得经济的腾飞。

贸易曾经是发展中国家经济发展的推动力。19 世纪时，世界上大多数现代工业生产集中在英国，这种工业化生产使英国人口大幅增长。人口增长与工业化生产，使资源匮乏的英国大量进口生产原材料和食品等生活日用品。为英国提供这些产品的国家，当时主要是美国、加拿大、澳大利亚、新西兰、阿根廷、乌拉圭、南非。英国大量的进口需求，在这些国家形成了所谓的"新居民地"（regions of recent settlement）。这些"新居民地"地大物博，从人口过剩的欧洲吸引了大批技术工人和大量的资本。资本和工人的流入，使铁路、运河以及其他生产食品与原材料所需的基础工业设施得以建成，加上资本和技术的引进改善了海上运输条件，这些地区成为英国的资源供给地。可以说，当时的"新居民地"，具备了经济增长所需的各种因素：产品需求市场、未开发的资源以及资本和劳力。从 1815 年到 1913 年，英国人口增长 3 倍，真实国民生产总值增长 10 倍，而进口增长 20 倍。英国的经济增长，通过国际贸易，迅速传向这些为它提供进口产品的"新居民地"。因此，贸易成为推动这些地区经济迅速增长和发展的主动力。

进入现代经济，贸易对不发达和发展中国家的影响发生了巨大的改变。从需求方面来看，今天，发达国家对欠发达国家食品和原材料需求的增长，比 19 世纪慢得多，体现在五个方面。② 第一，发达国家对许多欠发达国家的食品及农业原材料的需求，小于发达国家的收入增加，即收入弹性小于 1。例如，发达国家对咖啡需求的收入弹性为 0.8，糖 0.4，茶叶 0.1。第二，人造产品的发展减少了对自然原料的需求。例如，合成橡胶减少了对天然橡胶的需求，尼龙减少了对棉花的需求，塑料制品减少了对兽皮毛皮的需求。第三，技术进步减少了许多产品的天然材料含量。例如，电镀技术减少了铜、锡等金属的含量，合金技术减少了对天然金属的需求等。第四，发达国家的服务产业增长速度快于工业产业的增长速度，而服务行业对原材料的需求远远小

① 根据规模经济理论，规模经济效应本身也是贸易的原因之一。
② 〔美〕Dominick Salvatore：《国际经济学》，朱宝宪、吴洪等译，清华大学出版社，1998，第 260 页。

于工业。第五，发达国家对欠发达国家的许多产品，如农产品、纺织品等实行贸易限制。

从供给方面来看，[1] 今天，欠发达国家的供给能力已远不如当时，体现在四个方面。第一，大多数欠发达国家的自然资源要比当时"新居民地"的少得多（石油输出国除外）。第二，大多数欠发达国家人口过剩，自身对食物和原材料的需求使它们难以顾及出口。第三，流入这些国家的资本相对于19世纪已经减少，而技术工人更是反向流动到发达国家。第四，欠发达国家追求工业化的进程，使它们在某种程度上忽视了农业和原材料的生产，因而影响了这些行业产品的出口。

当然，也有一些经济学家认为，国际贸易仍然会对欠发达国家经济发展起到促进作用，体现在六个方面。[2] 第一，贸易可以促使对未开发国家资源的充分利用——通过出口开发没有国内需求的国家资源，与发达国家进行剩余出口（vent for surplus）贸易，如对东南亚和南非地区的资源开发。第二，通过贸易扩大市场规模，产生劳动经济规模效应，如中国台湾和香港地区、新加坡的轻工业生产过程。第三，通过贸易获取新观念、新技术、新管理以及其他技能。第四，通过贸易，刺激国际资本和资本管理技能由发达国家向欠发达国家流动。第五，通过进口新兴工业产品刺激国内需求并带动国内这类产品的生产。第六，通过贸易刺激国内生产者提高效率迎接竞争。此外，这些经济学家还假设，欠发达国家与发达国家之间进行贸易必然为前者带来好处，否则它们就应当"拒绝贸易"。事实上，这些观点有意无意地将贸易所得与社会福利最大化与真正的公平贸易混为一谈。

二　进口替代的产生

一些经济学家认为，国际贸易使欠发达国家的贸易条件不断恶化，影响这些国家的经济发展。这个转变是如何发生的？经济学家们[3]的研究发现，不发达国家和发展中国家的贸易条件不断恶化，是因为发达国家将生产率提高的全部或大部分转化为工人的高工资，而不发达国家和发展中国家却将生产率提高的全部或大部分转化为更低的产品价格。这样，发达国家在贸易中

[1]　〔美〕Dominick Salvatore：《国际经济学》，朱宝宪、吴洪等译，清华大学出版社，1998，第260页。

[2]　〔美〕Dominick Salvatore：《国际经济学》，朱宝宪、吴洪等译，清华大学出版社，1998，第261页。

[3]　主要来自普雷维什（Prebish）、辛格、缪尔达尔（Myrdal）的经济理论。

"从两个世界都获得好处"，既提高了本国生活水平，又从不发达国家和发展中国家的低价进口产品中获得了很大的利益。

生产率的提高所产生的经济利益在两个不同经济中的不同分配，主要源于二者国内劳动力市场的巨大差别。由于劳动力在发达国家相对缺乏，工会组织力量强大，大多数生产率的提高转变为高工资，而生产成本和价格却几乎没有变化。研究发现，发达国家工人工资水平的提高，有时甚至快于生产率的提高，使发达国家出口商品的成本和价格提高。反过来看不发达国家和发展中国家，由于这些国家劳动力过剩，存在大量失业现象，工会组织力量弱小或者根本就没有工会，因此，所有或绝大部分生产率的提高，都反映到出口产品成本和价格的降低上。

两种经济下生产率的提高，一个用于降低农产品或原材料价格，而另一个却没有用于相应降低工业产品价格。当不发达国家和发展中国家用咖啡、矿产换取发达国家的飞机、精密仪器时，它们的贸易条件不断恶化。特别考虑到农业生产率的提高一般低于工业，即使两种产品价格等量同时降低，也都会影响不发达国家和发展中国家的贸易条件，更不用说一个用于降低产品价格，另一个用于增加收入。此外，还应当考虑到不发达国家和发展中国家的工业品进口需求增加，比发达国家农产品的进口需求增加快得多。因此，事实上，不发达国家和发展中国家的贸易条件，有可能恶化到比根本不进行贸易更糟。

除长期贸易条件的恶化，不发达国家和发展中国家还可能面临严重影响经济发展的初级出口产品价格和收入的短期波动。

价格的波动，是因为这些初级出口产品的需求和供给既缺乏弹性[1]又不稳定。需求方面，发达国家消费者仅花费收入中很小的一部分购买咖啡、茶等商品。当这些商品的价格变动时，他们很少改变对这些商品的需求量，因而导致价格缺乏弹性。而矿产品需求缺乏价格弹性，则是它们很少有替代品造成的。发展中国家初级出口产品需求不稳定，则是由发达国家商业循环波动造成。供给方面，不发达国家和发展中国家的初级出口产品同样缺乏价格供给弹性。原因是大多数这些国家的资源使用方式不科学、不灵活，又缺乏适当的管理，如矿产、林业资源的滥采等。

由于出口价格大幅波动，发展中国家的出口收入极不稳定。当出口收入增加时，出口商们的消费、投资和银行存款增长。这些效应成倍转移到经济的其

---

[1] 即价格发生变动后，需求和供给量不明显随之变动。

他部门。当出口收入下降时，同样的原因导致国民收入、储蓄、投资成倍缩小。这种激增与速减的交替变换，给经济发展计划的实施造成巨大的困难。①

基于上述原因，20 世纪 50～70 年代，大多数发展中国家经过深思熟虑以后，认识到只有走工业化的道路，才能实现经济增长的目标。② 实现工业化有两个途径：进口替代和出口导向。两种政策各有长短。③ 20 世纪 50～70 年代，不发达国家和发展中国家，尤其是其中的一些大国，大多选择进口替代政策来实现国家工业化。具体做法是，在高关税和其他如补贴等政策的保护下，在政策采用初期鼓励简单的外国零部件组装，随后向多品种、升级产品以及中间产品的生产发展。这种保护政策使关税保护区和保护区加工厂迅速发展。

进口替代的实践在一些国家取得了一定的成效，如资金的吸引。但总的

---

① 基于上述原因，不发达国家和发展中国家对国际商品协定很感兴趣。因为它们有可能提高出口价格。国际商品协定有三种基本类型：缓冲库存储备、出口管制和购货合约。缓冲库存储备（buffer stocks）包括当商品价格低于协定的低限时购买商品，当高于协定的高限时销售储藏的商品。出口管制的目的是以规范各国出口商品量的措施来稳定出口商品的价格。购货合约是长期多边协定，它约定进口国购买特定量商品的价格低限以及出口国销售特定量商品的价格高限。此类协定避免了两种协定的缺点，但导致了商品价格的双轨制。参见〔美〕Paul R. Krugman、Maurice Obsfeld《国际经济学》，海闻、刘伟、秦琦、梅晓群等译，中国人民大学出版社，2001，第 210 页。

② 根据萨瓦托的总结，实现工业化需要具备五个条件：第一，技术进步；第二，创造高薪工作岗位，摆脱严重失业和未充分就业的困境；第三，最大限度发挥关联生产过程前后的乘数加速数作用；第四，改善贸易条件，稳定出口价格和收入；第五，解决发展中国家对制造品需求的增长快于国家出口收入增长的问题，解除由此造成的收支不平衡。〔美〕Paul R. Krugman、Maurice Obsfeld：《国际经济学》，海闻、刘伟、秦琦、梅晓群等译，中国人民大学出版社，2001，第 268 页。

③ 根据萨瓦托的总结，进口替代工业化（import-substitution industrialization，ISI）有三个优点：（1）已存在的工业产品市场降低了建立工业取代进口的风险；（2）保护国内市场抵制外国竞争，比迫使发达国家降低贸易壁垒更容易；（3）避免国外公司建立所谓"关税工厂"对付发展中国家的关税壁垒。这种策略的缺点是：（1）国内工业习惯于无竞争环境，缺乏提高效率的动力；（2）许多不发达国家和发展中国家国内市场狭小不能利用规模经济优势，导致进口替代下的工业低效率；（3）在初级制造品被国内生产取代后，进口替代会因为要求的保护更高、效率更低，以及更多资本密集和技术先进的进口必须由国内替代生产而变得越来越困难。出口导向工业化（export-oriented industrialization）也有三个优点：（1）克服了国内市场规模小的缺陷，使规模经济成为可能，这对许多贫穷、弱小的不发达国家和发展中国家十分重要；（2）由于以出口为目的的工业品生产需要经济的高效率，这种需要刺激了整个经济效率的提高；（3）随着国内市场的成长，出口制成品的扩张是无限的，而进口替代下则是受限制的。这种策略有两个严重缺陷：（1）来自发达国家已建工业的高效竞争，新建出口工业可能会非常困难；（2）发达国家经常采取有效的保守措施保护自己的劳动密集型产业，而这些产业正是不发达国家和发展中国家已经或很快就可以拥有比较优势的产业。〔美〕Paul R. Krugman、Maurice Obsfeld：《国际经济学》，海闻、刘伟、秦琦、梅晓群等译，中国人民大学出版社，2001，第 268～269 页。

来说是失败多于成功，具体体现在以下几个方面：第一，进口替代使国内工业回到效率低下的状况，使国内商品价格提高并出现出口产品价值负增长现象；[1] 第二，进口替代吸引了过量的资本却只创造少量的劳动机会，加重了国内失业和资源未充分利用的状况，并且这些问题是不可能通过进口替代本身来解决的；第三，进口替代国将有限资本用于兴建工厂、购置设备、购买技术等，导致购买原材料和劳力支付资金缺乏，使大量新兴工厂停业待产；第四，进口替代导致对农业和其他初级产品的忽视，引起传统出口部门收入下降，一些国家（如巴西）甚至被迫进口以前出口的食物产品；第五，进口替代需要更多机器、原材料、燃料甚至食品的进口，使实施政策的国家国际收支平衡趋于恶化。

研究进口替代政策的萨瓦托（Salvatore）总结认为，实施进口替代策略的国家，如印度、巴基斯坦、阿根廷等，比起早在 50 年代就实行出口导向的国家和地区，如中国香港地区、韩国、新加坡等状况差得多，经济增长率也低得多。萨瓦托认为，进口替代可能会在发展阶段的早期给政策国家，特别是一些大国带来一定的好处，但在之后的发展过程中，必须采取出口导向政策，才能确保前期政策带来的经济发展。因此，不发达国家和发展中国家应当根据本国实际情况，轮流使用这两种策略，特别是发展中国家的大国应当采取这种做法。[2] 萨瓦托进一步观察 20 世纪 80 年代以后的情况，看到许多从前的进口替代国转向贸易自由化并实行外向型经济策略，包括大幅降低平均税率及进口配额等。在这些国家中，采用开放政策与反通货膨胀措施双管齐下贸易政策的国家，经济最为成功。

第四节　发达国家的战略性贸易政策

所谓战略性贸易政策，是指在寡头垄断市场上一种积极的贸易政策可以在延伸的外部经济条件下增加一国的财富。

和幼稚工业理论一样，战略性贸易政策也是一种限制性贸易政策。它是积极贸易政策和贸易保护政策的理论依据之一。根据战略性贸易政策的观点，一个国家可以通过暂时的贸易保护政策，如补贴、税收优惠、政府与工业部门的合作计划等方式，在一些寡头垄断市场，如大型客机制造、半导体、计

---

[1] 负增长是指出口产品在国际市场的价值高于在本国的价值。

[2] 参见〔美〕Paul R. Krugman、Maurice Obsfeld《国际经济学》，海闻、刘伟、秦琦、梅晓群等译，中国人民大学出版社，2001。

算机、远程通信，以及其他一些对国家至关重要的领域内创造出相对优势。由于这些高科技产业存在很高的风险，产业的成功要求大规模生产以实现规模经济效应。一旦产业开发成功，便可带来外部经济效益，在有益于其他部门的同时，增强自身未来的发展前景。战略性贸易政策的这些观点，与幼稚工业保护论原理十分相似，只不过采用这种政策的大多是发达国家，而采用的目的是帮助这些国家的高科技产业获得竞争的相对优势。

　　战略性贸易政策的产生，源于标准的贸易理论将国际贸易定位为国家间的货物交换，而没有考虑到现实中公司之间存在的竞争关系。20 世纪 80 年代早期，一些经济学家开始研究不完全竞争[①]市场状况下一定数量公司之间的贸易情况。这些研究中，由加拿大英属哥伦比亚大学经济学家詹姆斯·布朗德（James Brander）和巴巴拉·斯潘塞（Barbara Spencer）提出的一种产业定位新观点在理论界受到广泛重视。

　　这种观点认为，不完全竞争市场上的市场失灵是因为缺乏自由竞争，而政府干预可以更正缺乏自由竞争的市场失灵。具体到现实的经济生活中，他们指出，某些产业只有为数不多的几家企业参与有效竞争。由于参与竞争的企业数目少，在这些市场中存在不完全竞争现象，给企业带来超额利润。因此，企业投资在这些行业，将会获得比在其他行业中更高的回报。在国际市场上不同国家的相同行业为争夺这些超额利润而展开竞争，在这种情况下，政府可能通过变更博弈规则，将这些超额利润从国外企业转移到国内企业。也就是说，通过国家贸易政策，扶持这些存在着超额利润的行业，以增强这些国内行业在国际市场的竞争能力。这样做最简单和直接的方法，是对国内企业进行补贴，以阻止国外竞争对手的投资和生产。只要增加的国内企业利润超过补贴数额，在不考虑对消费者影响的情况下（如当企业产品完全销往国外市场），从国外竞争对手手中夺取的利润，就是补贴带来的国家福利净增长。不过，这样的福利净增长是建立在其他国家的损失之上的。

　　随着对战略性贸易政策研究的深入，战略性贸易政策在政府和经济部门得到越来越多的认同。[②] 拥护者认为，当一个市场出现某种失灵现象时，一定

---

　　① 见本书第一章第五节关于"规模经济、不完全竞争理论"的内容。

　　② 如 1992 年，美国经济学家莱斯特·瑟罗出版的畅销国内外的《碰撞即将到来的日、欧、美经济战》，公开宣称世界经济是一场"得失竞争"，在这场竞争中，任何一国的成功必定是以其他国家的牺牲为代价的。而早在他的著作发表之前，认为国家繁荣取决于产品的国际市场竞争力的观点，在"政治家、记者和其他有影响的经济事务评论家当中几乎成了公理"。参见〔美〕Paul R. Krugman、Maurice Obsfeld《国际经济学》，海闻、刘伟、秦琦、梅晓群等译，中国人民大学出版社，2001。

的产业政策干预是必要的，只要这些政策干预的目的，是消除它所针对的市场失灵现象。战略性贸易政策所要消除的市场失灵可能有两种：一种是高技术产业中的知识外溢现象，使企业不能获得外溢到其他企业的知识所产生的收益；另一种是寡头垄断行业中存在的垄断利润。基于此，政府应该对产生技术外溢和处于不完全竞争市场状况的行业，给予战略性贸易政策的扶持。这种积极的贸易政策，可以增加本国企业利润，而让国外竞争对手承担损失。

关于不完全竞争，在规模经济部分已有详细的分析。这里，我们分析一下高科技行业的知识外溢在战略性贸易政策中如何体现。

在外部经济效应以及幼稚工业论中，我们对知识外溢，即知识的无偿占有而导致的潜在市场失灵有过一些分析。如果某产业中企业生产的知识能够被其他企业无偿占用，这个产业实际上也在进行某种额外产品的生产——生产知识的额外社会收益。但这种收益不能给企业带来任何的激励。相反，它挫伤企业开发新产业的积极性。因此，只要知识外溢产生的外部性效益[1]十分显著，对这个产业进行补贴，就十分必要并合情合理。

上述观点无论对欠发达国家的幼稚产业，还是发达国家已经成熟的产业都同样适用。对发达国家而言，这种观点有特殊的适用性。因为在发达国家存在这样一些产业，无论从哪个角度考虑，生产知识或者说创新知识，是这些产业活动的核心内容。在这些高技术产业[2]中，企业投入比其他行业所需更多的资源改进技术，通过耗资巨大的研发活动以及对新产品、新流程的不断尝试获取经验。虽然企业也获得知识投资收益，[3]但这些收益往往不是收益的全部：其他企业可以通过技术和经验的模仿分享部分收益。例如，在电子工业中，企业常常"反向利用"竞争者的设计，把产品拆开，弄清其中的运行和制造原理，然后进行模仿生产。可以假定，传统的"自由放任"贸易政策不能为这样的高技术企业提供足够的创新激励。

和幼稚工业贸易保护理论一样，战略性贸易政策也基于某些前提条件[4]：第一，有可能识别理想的产业加以扶持；第二，国家有可能设计出合适的贸

---

[1] 被企业外部的其他各方所获得的收益。

[2] 克鲁格曼将高技术产业定义为这样的产业：产业内企业的成功主要取决于它们保持生产或生产过程迅速创新的能力。克鲁格曼认为，对高科技的统计分类主要依赖如研发支出占销售收入的比例、科学家和工程师在劳动力中的份额等指标。

[3] 否则企业将停止投资。

[4] 参见〔美〕Paul R. Krugman、Maurice Obsfeld《国际经济学》，海闻、刘伟、秦琦、梅晓群等译，中国人民大学出版社，2001。

易扶持政策。在判断理想的行业时，有三个流行的标准①：产业工人人均增加值高；支付高工资；使用高科技。

根据上述前提，我们首先分析一下战略性贸易政策的实际运用。

战略性贸易政策对国家福利的影响是积极的还是消极的，取决于上述前提条件是否得到满足。② 分析这些条件会发现，这种政策缺乏一个稳定的操作模式：任何前提条件中的参数发生变化，都可能导致不同甚至完全相反的政策策略。例如，在确定最佳贸易政策工具时，行业内企业的数量改变，可能大大影响政策的实行方式。只有一个公司时，出口补贴可能是最好的策略。有若干公司的情况下，出口税可能更好。因为对若干公司的补贴，会将市场引向更接近于传统自由贸易政策的完全竞争市场条件。在这样的市场条件下，最优关税可能是最好的选择。由此可见，适当的贸易政策选择，可能不是一件容易的事。再例如，在确定理想的战略行业时，应当按照以下的标准③：第一，行业面临或将面临强有力的国外竞争；第二，行业的集中程度至少不低于同行业的外国竞争者；第三，行业对所谓经济瓶颈生产要素的利用是有限的；第四，生产程序具备规模经济特征和学习效应；第五，满足上述条件的行业对资本的要求必须是非弹性的，同时，行业的准入条件非常高；第六，也是最重要的，行业产生的社会净福利超过保护产生的成本。

满足上述标准，需要首先确定行业特性，而确定行业特性需要大量的信息。这些信息的收集，以及分析这些信息所采用的标准，都可能影响正确的决策。这就是战略性贸易政策应用领域非常有限的原因。迄今为止，有关课题研究公认合适的部门只有三个④：商业客机、半导体工业和通信设备。

因此，战略性贸易政策的实施可能带来经济倒退，而不是经济发展，主要有几个方面的原因：（1）政策制定者的错误判断导致决策错误；（2）政策受害者可能采取的报复性措施；（3）政策可能破坏开放性的多边贸易体系规则。

---

① 参见〔美〕Paul R. Krugman、Maurice Obsfeld《国际经济学》，海闻、刘伟、秦琦、梅晓群等译，中国人民大学出版社，2001。

② 因此，战略性贸易政策只能是一个次优选择。

③ Peter A. G. Van Bergeijk & Dick L. Kabel, "Strategic Trade Theories and Trade Policies", 27 *Journals of World Trade*, 180 – 185, 1993.

④ Peter A. G. Van Bergeijk & Dick L. Kabel, "Strategic Trade Theories and Trade Policies", 27 *Journals of World Trade*, 180 – 185, 1993. 但莱斯特·瑟罗的《碰撞即将到来的日、欧、美经济战》一书列举了七个他认为可以实施战略性贸易政策的高科技部门：微电子、生物技术、新材料科学、电讯、民用客机制造、自动仪器和机械工业。

首先，决策者可能因信息不全面等而发生行业选择错误。这种错误导致资源错误配置，影响政策实施国以及世界经济福利，更有可能影响实施国的国际竞争力。其次，战略性贸易政策可能招致报复性措施。既然战略性贸易政策所依据的理论证明，政策实施获得的利润是以他国损失为代价的，就不能排除其他蒙受损失的国家采取报复性措施的可能。事实上，战略性贸易理论所讨论的这些高技术密集型产业中，报复性措施是完全可能的。因为在一个特定国家当中，这样的经济活动常常服务于某些政治甚至军事目的，大大增加了报复的可能性。如果由此引发贸易战，就将影响传统贸易理论下的自由贸易利益，给各方带来损失。另外，战略性贸易政策的实施，可能违反WTO规则，因此给WTO这个开放性多边贸易体系带来危害。

战略性贸易政策的实施，存在上面分析的这样一些负面因素。那么，在现实中，它的实施结果如何？实践结果证明，战略性贸易政策的实施，比理论描述更加变化多端和更加不确定。

世界各国实施战略性贸易政策的事例，有日本20世纪50年代的钢铁工业、70年代的半导体工业，欧洲20世纪70年代协和式超音速飞机研制、70年代空中客车的开发，美国的国防工业、农业政策等。上述实践中，日本的半导体工业是最成功的事例，① 而其他一些实践结果有好有坏。例如，欧洲的协和飞机是一个了不起的科技成果，却是一个商业灾难，而之后的空中客车离开大量政府补贴就将难以为继。但是，经过政府年130亿美元的补贴，空中客车毕竟取代了麦道，成为继波音之后世界上第二大客机生产厂商，并渐渐成为商业航空工业的一支主要力量。

再来看看美国战略性贸易政策的实施。美国战略性贸易政策实施最典型的行业是农业。美国以家庭农场为主的农业生产中，知识的无偿占用问题十分突出。一个农场主的改革，可能被成千上万其他农户免费效仿。基于此，美国政府采取了广泛和长期的行业政策，一方面致力于农业技术的研究，另一方面通过农业辅导服务局推广先进的农业技术。同时，政府在一些如灌溉设施等大型项目的实施中发挥了积极的主导作用。经济学家认为，美国政府

---

① 20世纪70年代中期，半导体行业被美国控制。日本负责稀缺资源配置的通产省瞄准了这个行业，大力提供研发资金、投资税收优惠、促进政府与企业间的合作以及保护本国市场不受美国同行的竞争威胁。及至80年代，日本从美国手中成功夺取了半导体市场的控制权。对于日本半导体行业的成功，有的经济学家认为不能完全归功于战略性贸易政策的实施。但一些经济学家认为，日本在该行业的优异表现，首先应当归功于它在科学和数学的重点教育、高投资率、重视长期效益等产业政策以外的因素。见本书第一章第四节"产品周期理论"中的分析。

的这一系列措施，正好解决了市场失灵造成的问题，因而取得了很好的效果。

　　国防工业方面，美国政府也发挥了积极的作用。美国的国防开支是世界之最，美国政府也是世界上最大的军备购买商。政府军事投资与购买，首先使企业容易产生规模效益，从而在民用市场上处于优势地位。其次，军事研究开发为企业提供了可供其他领域运用的知识。例如，美国波音公司最成功的产品，是公司于 1960 年推出的波音 707 客机。该产品的开发很大程度上归功于 B–52 军用飞机的开发。

　　和其他国家战略性贸易政策的实施一样，对美国的这些政策并没有令人信服的经济定量分析。事实上，经济学家认为，评价一项贸易政策，仅看市场份额的变化和产业的增长是不够的，而必须进行"成本—收益"分析。因此，尽管理论表明，广泛的外部经济现象的存在，使得提高寡头垄断产业的产出成为可能，并能因此加速国家的经济增长和提高社会福利，实践中却困难重重。被当作战略性贸易政策成功典范的日本，已经从 20 世纪 50、60 年代政府的广泛经济控制政策，转向目前程度低得多的政府管理政策。

第二部分

组织法与争端解决规则

第四章

世界贸易组织法

　　1995 年 1 月 1 日成立的世界贸易组织，是当今世界上调整各国、各地区贸易关系与贸易政策规模最大、范围最广的国际经济组织。它产生于 1948 年建立的"关税与贸易总协定"（General Agreement on Tariffs and Trade，GATT）第八轮多边贸易谈判——乌拉圭回合谈判。世界贸易组织的法律体系在国际贸易经济理论基础上发展而来，是现代国际法内容最新、发展最快、运用范围最为广泛的法律体系之一，不仅在传统国际法的基础上有不少创新和突破，[1] 并且法律规则从实体到程序独具特色。[2]

第一节　世界贸易组织的成立[3]

　　在乌拉圭回合谈判过程中，学术界和一些国家政府开始考虑成立一个国际组织，以取代"关税与贸易总协定"这一非正式国际组织，清理东京回合留下来的混乱局面，并将乌拉圭回合谈判结果全部纳入其中。众多学者中，美国的约翰·杰克逊（John Jackson）关于建立世界贸易组织的方案最为成熟。[4] 1990 年 2 月，意大利代表团对此倡议给予公开支持。4 月，加拿大代表团在墨西哥召开的部长级会议上正式提交议案，建议成立一个世界贸易组织，但该议案没有被采纳。同年 6 月的会议上，欧共体再次以 12 个成员国的名

---

① 如 WTO 争端解决机制中规定的强制约束力等。
② 如争端解决机制"反向一致"原则、上诉机构的设立以及《TRIPS 协定》的管辖范围等。
③ 本节内容参见 WTO 秘书处，John Croome, *Reshaping the World Trading System*, Kluwer Law International, 1999。
④ John Croome, *Reshaping the World Trading System*, 232 – 233, Kluwer Law International, 1999.

义，向"乌拉圭回合体制职能谈判小组"（FOGS）提出"建立多边贸易组织提案"。这个提案随即得到加拿大支持，却遭美国反对。[①] 由于美国坚决反对，加上许多代表团担心该议题冲淡对其他重要议题的讨论，代表团一致同意将建立新组织的想法推迟到谈判结束以后考虑。

1991 年 11 月，在体制职能谈判小组谈判中，加拿大、墨西哥和欧共体再次提议起草"多边贸易组织协定"。于是，该小组在 12 月最后一个谈判日起草了一个仅有 16 条的协定，[②] 放在所有谈判协定最后，提交贸易谈判委员会审议。美国与日本一直本着不同意成立新组织的原则参加谈判，但当未完成的协定草案提交给贸易谈判委员会时，两国却没有表示反对。

1993 年 11 月，乌拉圭回合谈判结束前，各方原则上形成了"建立多边贸易组织协定"的决议。在美国代表提议下，决定将"多边贸易组织"易名为"世界贸易组织"（WTO）。[③] 1993 年 12 月 15 日，乌拉圭回合谈判结束。1994 年 4 月 15 日，在摩洛哥马拉喀什召开的 GATT 部长级会议上，乌拉圭回合谈判各项议题协定均获通过，并以无保留例外的"一揽子"方式被各成员接受。104 个参加方政府代表签署了"马拉喀什建立世界贸易组织协定"，标志着 WTO 正式成立。1995 年 1 月 1 日，上述协定生效，WTO 正式取代 GATT 成为管理世界贸易的国际组织。截至 2019 年 1 月 31 日，WTO 成员为 164 个，占世界国家总数的 84%。[④]

第二节　世界贸易组织组织法

一　世界贸易组织协定

1994 年 4 月 15 日在马拉喀什签署的世界贸易组织最终文件，被称为"乌拉圭回合多边贸易谈判结果：法律文本"。它由《乌拉圭回合多边贸易谈判最

---

① John Croome, *Reshaping the World Trading System*, 234, Kluwer Law International, 1999.

② 该协定没有正式的名称，1994 年 4 月 15 日签署时被称为"马拉喀什建立世界贸易组织协定"。John Croome, *Reshaping the World Trading System*, 282, Kluwer Law International, 1999.

③ 美国的杰克逊教授最初建议成立取代 GATT 的国际组织时，正是建议将该组织称为"世界贸易组织"。参见 John Croome, *Reshaping the World Trading System*, 233, Kluwer Law International, 1999.

④ 根据联合国的统计，截至 2019 年 1 月 31 日，世界上共有 195 个独立国家，其中，193 个为联合国成员，2 个为非联合国成员。

后文本》（最后文本）、仅 16 个条款的《WTO 协定》①、"最后文件"附件以及与《WTO 协定》共同签署的部长级会议决定和宣言组成。全部文件约26000 页，重约 200 公斤。② 此后，新加入成员签订的入世议定书同样成为WTO 法律文件的一部分。

《WTO 协定》是 WTO 的宪章性协定。该协定创建了一个全新的国际组织，负责管理"一个包含《关税与贸易总协定》、以往贸易自由化努力的结果，以及乌拉圭回合多边贸易谈判全部结果的，完整、更为可行和持久的多边贸易体制"。③ 这个国际组织就是世界贸易组织。

《WTO 协定》同时规定了 WTO 的组织功能、法律适用范围④、成员资格、决策机制，以及 GATT 1947 和 GATT 1994 的关系。⑤ 但是，协定本身并不包含贸易政策义务的实体内容。这些内容包含在协定的四个附件中。

二 世界贸易组织的宗旨与职能

1. 宗旨

1994 年 4 月 15 日 GATT 马拉喀什部长级会议建立的世界贸易组织，是一个独立于联合国的永久性国际组织。正如《WTO 协定》前言指出的，WTO的基本宗旨，是通过建立一个开放、健全和持久的多边贸易体制，"提高生活水平，保证充分就业和有效需求的大幅稳定增长，以及扩大货物和服务的生产与贸易"，按照"可持续发展的目标，考虑对世界资源的最佳利用"，保护环境并提高和完善环境保护的手段；积极努力，确保"发展中国家特别是其中的最不发达国家，在国际贸易增长中获得与其经济发展需要相当的份额"。同 GATT 相比，WTO 的基本宗旨增加了发展服务贸易的目标，提出了可持续发展和环境保护的概念，并且针对不同国家的发展水平，提出了应当特别注

---

① 事实上建立 WTO 的基本条款只有 16 条。该条文在起草时没有被冠名，之后与其他文件一起被统称为"马拉喀什建立世界贸易组织协定"（Marrakesh Agreement Establishing the World Trade Organization）。为将这 16 条与"马拉喀什建立世界贸易组织协定"的全部条约文本内容区别开来，本书将这 16 条称为"《WTO 协定》"。

② 参见 John Croome, *Reshaping the World Trading System*, 232 - 235, Kluwer Law International, 1999.

③ 《WTO 协定》前言，第 4 段。

④ 第 2 条规定成员法律的适用范围。

⑤ 《WTO 协定》第 2.4 条确立 1947 关贸总协定和 1994 关贸总协定之间的关系。1947 关贸总协定和 1994 关贸总协定在法律和条文内容上都有所区分。法律上，1994 关贸总协定不是 1947关贸总协定的后继协定。所以，如果一个 1947 关贸总协定的缔约方退出后又加入了世界贸易组织，该缔约方对尚未加入世界贸易组织的国家不承担 1947 关贸总协定义务。

意发展中国家的贸易和发展问题。

2. 职能

《WTO 协定》第 3 条提出了 WTO 的五个职能。

第一个职能，便利协定的执行。这是 WTO 职能中范围最广的一个，目的是便利"本协定和多边贸易协定的实施、管理和运用，并促进其目标的实现"，同时为"诸边贸易协定提供实施、管理和运用的体制"。这些用语，反映了多边贸易协定和诸边贸易协定之间的区别：多边贸易协定是所有成员的承诺，而诸边贸易协定虽在世界贸易组织范围之内，却不会获得同样程度的支持。

第二个职能，提供谈判场所。谈判分为两个类别。第一类是成员间就多边贸易关系进行的谈判，即就 GATT 和乌拉圭回合涵盖的内容进行的谈判。第二类是诸边贸易协定的进一步谈判，该类谈判由 WTO 部长级会议决定。对于第一类谈判，WTO 有义务为谈判提供特定的论坛。对于第二类谈判，WTO 只提供非特定论坛，并提供实施此类谈判结果的体制。

第三个职能，解决争端。WTO 管理附件 2《关于争端解决规则与程序的谅解》（DSU）是为解决成员方之间可能出现的争端而制定的。

第四个职能，进行政策审议。WTO 管理附件 3《贸易政策审议机制》（TPRM）是针对 WTO 成员方贸易政策进行审查而制定的。

WTO 的最后一个职能，是通过合适的途径，同国际货币基金组织及世界银行进行合作，以"实现全球经济决策的更大一致性"。

三　WTO 基本原则

《WTO 协定》纷繁复杂，覆盖农业、纺织品和服装、银行、电信、政府采购、行业标准和产品安全、食品卫生管理、知识产权等领域。但是，所有条约都贯穿一些根本原则。这些原则并不是 WTO 的专门条款。它们体现在 WTO 实体规则与程序规则之中，是 WTO 体系的基础。这些原则是：非歧视、自由贸易、可预见性、公平竞争以及促进发展和经济改革。[①] 其中，非歧视是最重要的原则。

1. 非歧视原则

非歧视原则是 GATT 的基石之一，它包括最惠国待遇原则和国民待遇原则。

---

① 参见 Understanding the WTO，www. wto. org，最后访问时间：2020 年 3 月 31 日。

GATT 第 1 条最惠国待遇原则，指在任何一种关税和进出口有关的费用某方面，任何成员对任何另一成员方所给予的利益、优惠、特权或豁免，应无条件地给予来自或运往所有其他成员方领土的相似产品。因此，即使关税减让的谈判是在两国间进行，谈判减让的商品以谈判两国为主要贸易对象，一旦一国对另一国承诺减让，则承诺方必须将同样的承诺无条件给予所有其他 WTO 成员。例如，如果美国和韩国谈判降低彩色电视机关税，只要美国承诺降低韩国进口到美国的彩色电视机 10% 的关税，则美国必须对从中国、巴西、日本等所有 WTO 成员方进口到美国的彩色电视机无条件降低关税 10%。

GATT 第 3 条的国民待遇原则与最惠国待遇原则互补，要求任何 WTO 成员的国内税、费，法律、法规和规定，不得以为国内生产提供保护的目的，对进口产品或本国产品适用；同时，进口商品按关税表支付关税进入一成员境内后，在该成员境内享受的有关法律、法规和规定的待遇，不得低于本国相似产品所享受的待遇。例如，美国不得对韩国进口到美国的彩色电视机征收额外消费税，也不得制定法律单独规范从韩国进口的彩色电视机在美国的销售方式。

值得注意的是，国民待遇原则只要求提供"不低于"本国产品的待遇。只要一国愿意，又做到满足最惠国待遇的要求，尽可以对进口产品提供比本国产品更为优越的待遇。不低于，并不等于完全相同。很多时候，国产品与进口产品是不可能采取同样税收政策的。例如，对国产品征收的增值税就不可能用在进口产品上。

2. 自由贸易原则

自由贸易的实现，一方面是通过谈判降低关税，另一方面是限制贸易壁垒，使贸易变得更加自由。降低关税，是促进贸易最明确的手段。关税之外，贸易壁垒还包括诸如进口禁令或配额等有选择性的数量限制措施，有时也会出现行政程序和汇率政策等方式的贸易壁垒。

自《关税与贸易总协定》诞生到 WTO 成立，截至 2019 年 1 月 31 日，共发起 9 个回合的贸易谈判，其中，GATT 进行了 8 个回合。GATT 最初的谈判主要关注降低进口产品关税。其结果，到 20 世纪 90 年代中期，发达国家对工业产品的关税税率已经降到不足 4%。20 世纪 80 年代，谈判已经扩展到对货物的非关税措施，以及诸如服务贸易和知识产权这些新的领域。第 9 个回合的谈判，多哈回合谈判，于 WTO 成立以后的 2001 年 11 月在卡塔尔首都多哈启动。谈判历时 14 年毫无进展，于 2016 年陷入僵局，被认为实际上处于终止状态，虽然截至 2020 年 3 月 31 日 WTO 并未宣布终止该轮谈判。

自由贸易意味着进一步放开市场。但市场放开需要一个调适的过程。贸易自由化的经济理论表明，总体上，自由贸易带来的收益大于损失。但自由贸易一般也会给一些工业带来不利影响，甚至导致某些工业难以为继。享受自由贸易利益的大众群体没有组织，不会从政治上支持自由贸易政策，而受损的工业则多半有组织地在政治上对自由贸易政策施加压力，寻求贸易保护。因此，《WTO 协定》允许各成员采取"不断开放"的贸易政策，而发展中国家则被给予更多的时间来履行市场开放义务。

3. 可预见性原则

WTO 法律体系的可预见性通过约束与透明度两个方面实现。WTO 约束成员方承诺不提高贸易壁垒，这与成员方承诺降低贸易壁垒同等重要。这样的承诺，使商业活动更加稳定，更加有可预见性。而稳定性和可预见性可以鼓励投资、促进就业，使消费者可以充分享受竞争带来的好处，包括产品选择的多样化和更低的价格。

在世界贸易组织中，一旦各成员同意放开其货物和服务市场，就要"遵守"承诺。对于货物而言，约束性条款意味着对关税税率的最高限制。虽然发达国家成员实际关税税率往往就是其约束税率，但有不少发展中国家成员，对进口货物征收的税率甚至低于其约束税率。

改变约束税率必须与其他贸易伙伴成员协商，对贸易伙伴成员的损失进行补偿。乌拉圭回合多边贸易谈判的一个重要成果，就是增加了约束承诺下的贸易数额。所有农产品都受约束性关税规制，交易者和投资者得到更高程度的市场稳定性和可预测性。

约束税率之外，WTO 多边贸易体系通过透明度要求增强贸易的可预见性和稳定性。具体手段之一，是禁止配额及其他限制进口数量的措施。另一种具体手段，是要求各成员提高贸易规则透明度。诸多 WTO 协定要求成员政府在全国范围内公开披露其政策、法规，将其与贸易有关的政策通报 WTO。而WTO 贸易政策审议正是对成员贸易政策的一个常规性的监督机制。

4. 公平竞争原则

WTO 公平竞争原则反映在诸多协定之中，如《反倾销协定》①《补贴与反补贴措施协定》《政府采购协定》，以及 GATT 例外条款等。就概念而言，WTO 的公平竞争与经济学概念的公平竞争有所不同。WTO 意义上的公平竞争强调竞争条件的公平性，而非绝对的市场竞争。

---

① 即《关于实施 1994 年关税与贸易总协定第 6 条的协定》。

就反倾销规定而言，如果出口商倾销，以低于本国市场的价格将产品销售到外国市场，损害外国市场竞争企业的利益，进口成员政府可以向出口商增收反倾销税，以抵消这种"不公平竞争"造成的损害。

根据《补贴与反补贴措施协定》，WTO 禁止一国政府对本国出口产品进行补贴。但是，如果进口产品大量涌入，过度损害进口国工业，则《保障措施协定》允许进口成员政府对进口产品进行适当和短期的干预，以对本国工业进行适当保护。

同样，政府出于保障收支平衡，保护公共健康、国家安全等原因，对进口进行适当和短期的干预，也需得到 WTO 的许可。

WTO 的公平竞争原则，还体现在 WTO 对非市场经济成员方提出的经济发展和经济改革要求上。根据经济理论及实践，只有市场经济才能实现各种生产要素的自由流动，创造和维持一个公平有效的竞争环境，让价值规律在国际贸易中发挥作用，最终实现贸易自由化。非市场经济成员一旦承诺遵守WTO 规则，就意味着将对本国的经济制度进行改革，其中包括对法律制度进行广泛的修改和制定，以创造一个公平竞争的贸易环境。

5. 促进发展和经济改革原则

这个原则，主要体现在给予发展中国家或正向市场经济过渡国家成员的特殊待遇和贸易优惠上。虽然 WTO 体系倡导的自由贸易有助于经济发展，但是，发展中国家成员在执行各协定过程中需要一定的灵活性。因此，《WTO协定》继承了之前 GATT 对发展中国家给予特殊待遇和贸易优惠的条款。

乌拉圭回合给予发展中国家或正向市场经济过渡国家成员过渡期，以使这些国家，尤其是那些最贫穷、"最不发达"的国家成员，适应对其而言陌生甚至困难的 WTO 规则。该回合通过一项部长级决定，要求发达国家成员加快对最不发达国家成员出口商品的市场准入，并对它们提供技术援助。目前，发达国家成员对几乎所有来自最不发达国家成员的产品免除关税和配额。尽管如此，发达国家成员和发展中国家成员两个集团之间，仍在探索更为有利的合作方式。

四 WTO 的结构

WTO 的结构包括组织结构和法律结构，这些结构为 WTO 的运行提供了法律基础和组织保障。

1. WTO 的组织结构

根据《WTO 协定》，WTO 建立了相应的组织结构。WTO 各项职能都由其各类组织机构实现。WTO 的机构主要有：部长级会议、总理事会、委员会等（见图 4 - 1）。

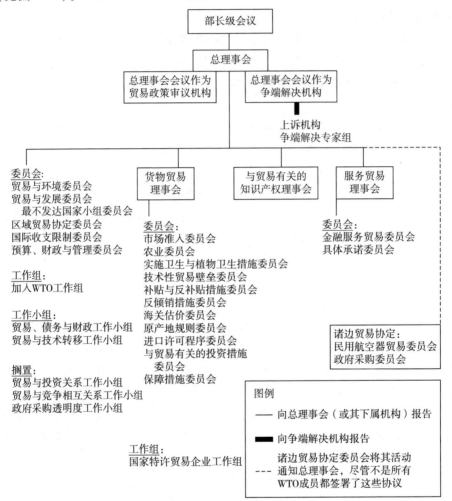

图 4 - 1　WTO 的组织结构①

（1）部长级会议和总理事会

部长级会议是 WTO 最高决策机构。根据《WTO 协定》第 4 条的规定，WTO 部长级会议应当包括所有成员代表，每两年召开一次会议。部长级会议全权履行 WTO 职能，并可以为此采取任何必要的行动。某种意义上，WTO 部长级会议是 WTO 的终极立法机构。

---

① www. wto. org，最后访问时间：2020 年 3 月 31 日。

WTO 部长级会议借鉴 GATT 经验设立。它的性质、组成、议事和职权与 GATT 缔约方大会相似。但 GATT 缔约方大会没有与 WTO 类似的实体机构，在政策方针上缺乏连续性。WTO 部长级会议除继承 GATT 缔约方大会的职权外，还对一系列新领域多边贸易协定所规定的事项享有最高决策权，可通过谈判创立、修改 WTO 项下各种法律规则，可对任何多边贸易协定涉及的任何问题做出决定。

总理事会是 WTO 的常设机构和执行机关，[①] 成员包括所有成员代表。总理事会在适当时候召开会议，通常每年召开六次左右，会议代表绝大多数是各成员在日内瓦永久性代表团的人员。总理事会负责 WTO 日常事务，在两次部长级会议期间，执行部长级会议各项职能，监督、指导 WTO 所有工作，处理 WTO 重要紧急事务。总理事会还有两项特定任务：召集争端解决机构和贸易政策审议机构会议。这两个机构分别负责 WTO 争端解决和贸易政策审议。目前，争端解决机构会议大约每月举行一次，而贸易政策审议机构会议更加频繁。

为充分、有效履行职责，总理事会下设三类分支机构。第一类分支机构负责 WTO 主要部分运作，分为三个理事会，监督所有成员方在货物贸易、服务贸易和与贸易有关的知识产权方面的承诺。第二类分支机构为负责处理 WTO 一些跨部门有关功能的委员会。第三类分支机构囊括诸边贸易协定下建立的有关机构，这些机构只管理签署诸边贸易协定成员。

（2）货物贸易、服务贸易和与贸易有关的知识产权理事会

属于第一类分支机构的理事会有"货物贸易理事会"、"服务贸易理事会"和"与贸易有关的知识产权理事会"。三个理事会在总理事会的指导下开展工作，行使《货物贸易多边协定》、《服务贸易总协定》或《与贸易有关的知识产权协定》规定的职能，以及总理事会赋予的其他职能。理事会对所有愿意参与的 WTO 成员开放，在必要时召开会议，并且可以成立下属机构。

货物贸易理事会负责监督实施《WTO 协定》附件 1A 中的协定。该理事会下设专门委员会，包括市场准入委员会、农业委员会、技术性贸易壁垒委员会、补贴与反补贴措施委员会、反倾销措施委员会、海关估价委员会、原产地规则委员会、进口许可程序委员会、与贸易有关的投资措施委员会、保障措施委员会、实施卫生与植物卫生措施委员会。此外，该理事会下设一个工作组：国家特许贸易（state trade）企业工作组。

---

① 总理事会根据《WTO 协定》第 4.5 条设立。

服务贸易理事会负责监督实施《服务贸易总协定》，下设两个委员会，分别是金融服务贸易委员会和具体承诺委员会。

与贸易有关的知识产权理事会负责监督实施《与贸易有关的知识产权协定》，尚无下设机构。上述委员会和工作组分别向相应理事会负责并做工作汇报。

（3）委员会

第二类分支机构是直接向总理事会负责的永久性委员会，包括贸易与发展委员会，国际收支限制委员会，预算、财政与管理委员会等。1996年2月6日，总理事会决议成立的区域贸易协定委员会也被归入这些委员会中。这些委员会负责履行《WTO协定》和多边贸易协定赋予的各项职能。贸易与发展委员会定期评审有关最不发达国家成员的特别优惠规定的执行情况，并为此成立了一个下属机构。① 上述委员会中，只有贸易与发展委员会成员数接近WTO成员数，但这些永久性委员会对所有WTO成员开放，其委员从所有成员代表中产生，在必要情况下，为履行某些职能可以设立其他委员会。

第三类分支机构包括根据《民用航空器贸易协定》和《政府采购协定》设立的民用航空器贸易委员会和政府采购委员会，负责监督实施相应的诸边协定。这两个委员会只对签署方开放，它们不是总理事会的附属机构，但在WTO内部运作，并定期向总理事会通报其活动。

（4）其他机构

《WTO协定》第4条并没有列举WTO的所有组织机构。货物贸易理事会、服务贸易理事会和（与贸易有关的知识产权）理事会都得到授权，成立它们各自的下属机构。其中，货物贸易理事会已经拥有不少下属机构。这些下属机构很多是根据相关乌拉圭回合协定成立的，如农业或补贴协定等。某种程度上，它们是原GATT机构的继续。新成立的市场准入委员会负责处理关税和非关税这两个方面的问题。当新问题出现，需要对它们进行研究，以便理事会最终做出处理决定时，会成立临时"工作组"来完成这些任务。

同样，服务贸易理事会也有大量下属机构。这些下属机构中的绝大部分，是为推进《服务贸易总协定》项下目标或马拉喀什相关部长级会议制定的有关服务贸易谈判的计划。WTO成立之初，由于《TRIPS协定》实质性条款要到1996年才能生效，因此没有成立下属机构，但规定根据需要可以成立其下属机构。

---

① 《WTO协定》第4.7条。

马拉喀什部长级会议决定①还创立了另一个重要机构——贸易与环境委员会。委员会初创的目的是在 1996 年 12 月举行的部长级会议第一次大会上汇报有关方面的工作。之后，这个委员会的职责范围被进一步扩展。此外，部长级会议还达成共识，允许类似现存的诸边贸易协定的谈判和签署，以及新的类似协定以同样的方式在 WTO 框架下运作。②

（5）行政机构和财政

《WTO 协定》第 6 条规定在 WTO 设立永久性工作组织。与原 GATT 一样，这个组织即为总干事领导下的秘书处。与 GATT 不同的是，《WTO 协定》规定了该组织成员的任命和职责。总干事由部长级会议任命。③ 之后，总干事根据部长级会议有关决定任命工作人员，并制定工作人员的职责和服务范围。④ 总干事和秘书处工作人员都以传统国际公务员身份开展工作，不服从"除 WTO 之外的任何政府或任何其他机构"的命令。⑤ 初创 WTO 秘书处的主要工作人员为前关贸总协定秘书处成员。此外，秘书处根据工作需要还录用了其他一些工作人员。

截至 2019 年 1 月 31 日，位于日内瓦的 WTO 秘书处有 625 名工作人员。⑥ 他们为 WTO 的各种机构提供日常服务，如为 WTO 的各种会议进行会务安排，出版秘书处各种文件等。此外，秘书处的经济学家们对各成员方的贸易实绩和贸易政策进行分析；法律专家们起草文件，协助组织会议和谈判，向代表团提供法律咨询，并在涉及 WTO 规则、程序和先例解释的贸易争端中提供帮助。

《WTO 协定》第 7、8 条同样是关于 WTO 的行政结构和管理的规定。第 7 条规定了一个三级年度预算程序：总干事向预算、财政与管理委员会提交 WTO 的年度预算报告，委员会向总理事会就此预算提出建议，年度财务预算最终由总理事会批准。⑦ 财政规章制度中，最重要的部分是 WTO 成员方的会费。WTO 成员方按份额分担 WTO 的财务预算，基本原则是每一成员按自己的进出口贸易量在 WTO 总贸易量中所占比例分担 WTO 的财务预算。原 GATT 贸易量基数仅为货物贸易总量。WTO 的贸易总量包括货物和服务总贸易量。

---

① Decision on Trade and Environment, 1994 年 4 月 15 日马拉喀什部长级会议采纳。

② 《WTO 协定》第 10.9 条。

③ 《WTO 协定》第 6.2 条。

④ 《WTO 协定》第 6.3 条。

⑤ 《WTO 协定》第 6.4 条。

⑥ https://www.wto.org/English/thewto_e/thewto_e.htm，最后访问时间：2019 年 4 月 1 日。

⑦ 《WTO 协定》第 7.1 条。

WTO 总贸易量的 0.03% 为各成员方会费的最低限额。[1]《WTO 协定》第 8 条赋予 WTO 法人资格，要求 WTO 成员给予 WTO 及其工作人员履行职责所必需的特权和豁免。这些特权和豁免与联合国大会规定给予其工作人员的特权和豁免相似。[2]

（6）贸易政策审议机构

《WTO 协定》要求建立专门的贸易政策审议机构，负责对各成员的贸易政策进行审议。它并非 WTO 的单独机构，它的人员为总理事会的人员，当总理事会行使贸易政策审议职能时，实际上就在行使贸易政策审议机构的功能。该委员会可设立自己的委员会主席，并制定履行职责所需的程序规则。

所有 WTO 成员的贸易政策和政策实施都要接受该委员会的定期审查。被审查的 WTO 成员若为几个国家联合形成的经济实体，则要对该经济实体及其实体各成员的贸易政策同时进行综合评审。审查范围不限于单纯外贸立法和实施，凡是影响贸易的经济措施都可能是被审议的对象。

贸易政策审议的周期，取决于各成员方在世界贸易中所占份额的大小。欧盟、中国、美国和日本每 2 年审议一次。在世界贸易中所占份额列第 5～16 位的成员每 4 年审议一次。其他成员每 6 年审议一次。最不发达国家成员的评审期限则可以更长。但如果某一成员的贸易政策和事件发生变化，对其他成员产生重大影响时，经与该成员磋商，贸易政策审议机构可以提前对其进行下一次审议。

根据《WTO 协定》，贸易政策审议机构的工作一般按以下程序进行：首先，贸易政策审议机构与被审议方磋商，确定审议方案，完成准备工作；其次，被审议方提供本国贸易政策和实践的报告，指出它在审议期间贸易政策的发展方向及有关的变化，秘书处也独立提交一份被审议方贸易政策和实践的报告；之后，贸易政策审议机构召开会议进行讨论，成员方可对被审议方的贸易政策和实践质疑、批准或赞成，被审议方的贸易代表应对此做出答辩；最后，秘书处应将被审议方提交的报告、秘书处的报告及审议机构的会议记录 3 份材料合订出版。

WTO 全体成员可以参加所有理事会和委员会，但上诉机构、争端解决专家组、纺织品监督机构及诸边贸易协定委员会除外。

---

① WTO 文件，WT/BF/A/13，1995 年 11 月 3 日。

② WTO 要求成员给予的特权和豁免与 1947 年 11 月 21 日联合国大会批准的《专门机构特权及豁免公约》规定的特权和豁免相似。参见《WTO 协定》第 8 条。

2. WTO 的法律结构

WTO 的法律结构是在 GATT 基础上，历经多次磋商谈判，修改、增补协定，特别是在乌拉圭回合所达成的一揽子协定基础上形成的。它集中体现在《乌拉圭回合多边贸易谈判最后文本》中。"最后文本"由《WTO 协定》统领，将乌拉圭回合所达成的各项独立协定均作为其附件，形成了一个完整的法律体系（见图 4 - 2）。

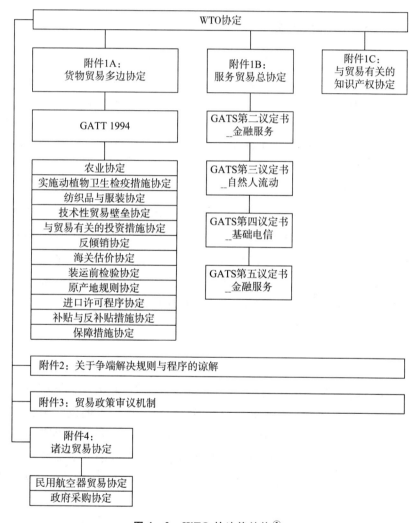

图 4 - 2 WTO 的法律结构①

---

① www.wto.org，最后访问时间：2019 年 8 月 1 日。

具体而言，《WTO 协定》包括 4 个附件。附件 1 包括：《货物贸易多边协定》（附件 1A）、《服务贸易总协定》（附件 1B）以及《与贸易有关的知识产权协定》（附件 1C）。附件 2 是《关于争端解决规则与程序的谅解》。附件 3 是《贸易政策审议机制》。附件 4 是诸边贸易协定，包括《政府采购协定》、《民用航空器贸易协定》、《国际奶制品协定》（1997 年 12 月 31 日终止）以及《国际牛肉协定》（1997 年 12 月 31 日终止）。

五 WTO 的决策机制

任何健全的组织都具备一套相对完整的决策机制。决策机制，是指对组织内有关事项做出决策时所应遵循的程序性规则。例如，新条约的通过、条文的解释与修改、新成员的加入等问题所应适用的决策模式或程序。决策程序非常重要，因为它涉及各成员方的权利义务，影响每个成员方的经济利益和政治利益。由于 WTO 是在其前身 GATT 基础上演变而来的，因此，WTO 之前的 GATT 决策机制对其产生了很大的影响。

1. GATT 的决策机制

WTO 之前的 GATT 并非一个组织，而是一个政府间协定，因此，在 GATT 协定内容中，有关制定决策的条文十分有限，仅为第 25 条。它是 GATT 在近 50 年的实行过程中制定几乎所有行动和政策的法律依据。从文字上看，这个条款的规定非常宽泛、模糊，缺乏对一些重要问题的详细规定和解释。如投票方授权权限范围的问题，是否任一缔约方都有权对协定做出对其他缔约方产生约束力的解释等。

2. WTO 的决策机制①

GATT 成立初期实行一方一票投票制。但由于每个缔约方经济实力不同，其贸易额占全球贸易额的比例不同，因此，一方一票制招致较大争议，其中尤以美、日、欧等贸易大国或组织异议最多。以美国为首的发达国家一直倡导采取"加权表决制"，或按国家大小、实力强弱分配表决权，甚至在东京回合中设计了自愿选择加入守则模式，但遭到中小国家强烈反对而没有付诸实践。但是，1960 年缔约代表理事会开始启用的"协商一致"的机制却一直沿袭下来。

WTO 在继承 GATT 决策机制（如一方一票的规定②）的基础上大大改变

---

① 《WTO 协定》第 9 条。
② 《WTO 协定》第 9.1 条。

了 GATT 决策现状，制定了一整套包括实体和程序的决策法律，并使之更有约束力。在实现了"投票表决与协商一致原则"制度化、成文化和法律化①的同时，WTO 创立了一套新的决策模式——反向一致模式，使 WTO 体系下几乎所有的国际贸易争端解决裁决都自动获得法律效力，强化了 WTO 争端解决机制的司法效力。②

归纳起来，《WTO 协定》规定的决策机制包括五个方面的内容：对一般事项的决定、条款的解释、义务的豁免、协定的修改、新协定的谈判。

（1）一般事项

部长级会议及总理事会会议决定的一般事项，仍按照 1947 年 GATT 奉行的协商一致模式。所谓"协商一致"，是指只要出席会议的成员中没有对决议的通过表示正式的反对，就认为有关决议已协商一致通过。协商一致并不等于意见一致或对一项决议各方均表示赞同。没有出席会议或虽然出席会议但保持沉默，或弃权，或发言只属于一般性评论的，都不构成正式反对意见。如果一项决议无法协商一致，则投票决定。投票为一方一票，另有规定的除外。除本协定及多边贸易协定另有规定外，决议以简单多数表决通过。③

（2）条文解释

《WTO 协定》及 WTO 多边贸易协定所有有关协定条款及文件内容的解释，由部长级会议及总理事会做出。附件 1 的解释由相关理事会提出解释意见后，经由全体 WTO 成员方 2/3 多数票决定。《WTO 协定》第 10 条关于修正的程序规定不受此限制。④

（3）义务豁免

部长级会议可以豁免基于《WTO 协定》及附件 1 多边贸易协定的义务。在不能达成协商一致时，这些义务的豁免需经 WTO 3/4 成员同意。关于附件

---

① 有学者认为，投票表决与协商一致规则的有效统一，为发展以合作代替对抗的国际贸易关系提供了条件，促进国际经济环境的和平与稳定。参见 John Jackson, William J. Davey, Alan O. Sykes, Jr., *Legal Problems of International Economic Relations*, Ch. 6, Sec. 4, West Group, 2002。

② 同样，有观点认为，WTO 多边贸易体制是一种适应市场经济的贸易大国或集团主导的面向全球的开放性、非歧视性的自由贸易体制，因此，其决策机制必须保证成员之间数量优势和贸易势力的均衡，保证成员具体的对等互惠的各自权益与 WTO 多边贸易体制全面、综合的整体利益的协调。因此，从某种意义上说，WTO 的决策机制是各成员利益与多边贸易体制的整体利益之间的平衡和协调机制。John Jackson, William J. Davey, Alan O. Sykes, Jr., *Legal Problems of International Economic Relations*, Ch. 6, Sec. 4, West Group, 2002.

③ 《WTO 协定》第 9.1 条。

④ 《WTO 协定》第 9.2 条。

1 的有关豁免，须由相关理事会先行向部长级会议提出报告。①

任何义务豁免必须包括：（1）要求豁免的合理的特殊情况；（2）适用于实施豁免的条款和条件；（3）豁免终止的日期。如果豁免超过 1 年，总理事会将对豁免进行年度审议，以判断要求豁免的特殊情况是否存在，以及被豁免成员是否遵守总理事会附加的期限和条件。基于对上述内容的审议，总理事会可以决定延长、调整或终止豁免。②

（4）协定修正③

WTO 任一成员或理事会，可以向部长级会议提出对《WTO 协定》及附件 1《货物贸易多边协定》的修改。如部长级会议不能就修正意见达成一致，则须经 2/3 全体 WTO 成员同意方可将修正议案提交成员供接受。④

通常，在修改内容不影响任何成员权利和义务的情况下，修改内容经全体 WTO 成员 2/3 同意即对全体成员生效。如果修改内容影响某个或某些成员的权利义务，则修改内容只对接受修改的成员生效。在这种情况下，由 3/4 以上成员决议，可以同意不接受修正内容的成员退出 WTO，或经部长级会议批准，同意这些成员不接受修正内容。⑤

协定对《服务贸易总协定》（General Agreement on Trade in Services，GATS）的部分内容规定了特殊修正程序，只需 2/3 意见同意即对全体成员生效。未列入特殊规定程序的部分，仍按上述规定的修正程序进行修正。⑥

此外，协定对一些特殊条款的修正规定了专门的程序。对《WTO 协定》第 9 条（决策机制）及第 10 条（修正）的修正，GATT 第 1、2 条的修正（最惠国待遇和关税减让），GATS 第 2.1 条（最惠国待遇）的修正，《TRIPS 协定》第 4 条（最惠国待遇）的修正须经全体成员通过。⑦

特别的修正程序规定还包括对附件 2《关于争端解决规则与程序的谅解》内容以及附件 3《贸易政策审议机制》内容的修正。协定规定，有关附件 2 的修正，由部长级会议单独决定，无须经成员同意，但是，部长级会议决定必须协商一致达成。有关附件 3 的修正，也由部长级会议单独决定，无须成员

---

① 《WTO 协定》第 9.3 条。
② 《WTO 协定》第 9.4 条。
③ 《WTO 协定》第 10 条。
④ 《WTO 协定》第 10.1 条。
⑤ 《WTO 协定》第 10.1、10.3、10.4 条。
⑥ 《WTO 协定》第 10.5 条。
⑦ 《WTO 协定》第 10.2 条。

同意，但不要求部长级会议对修正意见协商一致。①

这里，全体通过与"协商一致"有实质性不同。全体通过，是指在 WTO 决策时，不仅无任何成员表示正式反对，而且所有成员都明确表示同意。"协商一致"仅要求在会议上无正式反对意见。

协定规定，诸边贸易协定的修正按照诸边贸易协定本身的规定执行。②

（5）新协定谈判

协定规定，应协定成员要求，部长级会议可以决定将这些协定成员达成的某一新协定列入附件 4 作为诸边贸易协定的内容。但是，有关决定必须经协商一致做出。同样，应某一诸边贸易协定成员的请求，部长级会议也可决定将某一协定从附件 4 中删除。③

上述决策内容以外，WTO 还对以往 GATT"协商一致"的决策机制有所创新，增加了"反向一致"的决策模式，即"若无反对意见即表示赞同"。

六　WTO 成员与加入 WTO

1. 加入 GATT

GATT 不是一个组织，其成员被称为"缔约方"，而不是"成员方"。

成为 GATT 的缔约方有两种基本途径。一种途径，是按照 GATT 第 33 条规定的正常程序，由缔约方 2/3 多数同意加入，且加入方同意接受与 GATT 缔约方全体商定的条件。另一种途径，是 GATT 第 24.5（c）条规定的情况。根据条款内容，一个由 GATT 缔约方统治的国家或地区（殖民地）在宣布独立以后，可经由其原 GATT 缔约方，向 GATT 证明对其的统治后而获得缔约方地位，前提是其宗主国在申请加入 GATT 时，也将其作为统治领土的一部分申请加入。1950 年，印度尼西亚成为第一个通过该条款而获得承认的国家。之后，许多国家通过这种途径成为 GATT 缔约方。这种情况下加入的缔约方，适用其原宗主国入关的所有条款。

2. WTO 成员与加入 WTO

WTO 成立以后，加入 WTO 也有两条基本途径。一条是《WTO 协定》第 11 条规定的创始成员。所有 GATT 1947 缔约方，可在限定时间内加入 WTO。另一条为"接受入会"，即申请方通过与 WTO 成员谈判入会条件加入。入会

---

① 《WTO 协定》第 10.8 条。
② 《WTO 协定》第 10.10 条。
③ 《WTO 协定》第 10.9 条。

以后，无论入会方式如何，所有成员享受同样权利，承担同样义务。①

创始成员包括 1995 年 1 月 1 日前的 GATT 缔约方，"接受《WTO 协定》和多边贸易协定，并将减让和承诺表附在 GATT 1994 之后，将具体承诺减让表附在 GATS 之后"。② 这一条款与要求 WTO 成员方无保留接受 WTO 协定的规定，③ 构成 WTO 大大区别于原 GATT 的一体化特征。WTO 对创始成员中的最不发达国家规定了单独的基本要求："只须承担与其各自发展、财政和贸易需要，或其管理和机构能力相符的承诺和减让。"④ 部长级会议另有规定的除外，有资格成为创始会员的国家或地区，必须在 WTO 成立 2 年，即 1997 年 1 月 1 日前提出申请。⑤ 几乎所有有资格的国家或地区都在此期限之前加入了WTO。最后一个批准推迟加入的是刚果共和国，其于 1997 年 3 月 27 日成为WTO 第 137 个成员。至此，所有前缔约方都成为 WTO 成员。

成为 WTO 成员的另一个途径，是按《WTO 协定》第 12 条的规定谈判加入。第 12 条的规定含有某些 GATT 入关要求的印记，但 GATT 中有关殖民地的规定已被取消。

加入 WTO 大体分为四个步骤（见图 4 – 3）。第一，申请的提出与受理。一般申请方先申请成为 WTO 观察员。在决定加入 WTO 后，书面致函 WTO 总干事，表明加入 WTO 的愿望。秘书处负责将申请函散发给全体成员，并将对申请的审议列入总理事会会议议程。总理事会设立相应工作组审议加入申请，任何有兴趣的成员均可参加工作组。总理事会在与申请加入方和工作组成员磋商后，任命工作组主席。申请方随即在秘书处提供的技术协助下，准备入会备忘录，详细介绍申请方的外贸体制、法律、法规以及国际货物、服务贸易和知识产权方面的经济政策，汇合相关经济统计资料，交由秘书处发布各WTO 成员，作为各成员询问申请方有关其入会内容的依据，以及工作组对其入会申请进行详细审查的基础。

第二，审议申请方提交的备忘录并举行双边市场准入谈判。随后工作组与申请方就备忘录内容、各成员对入会申请的询问意见以及申请方在贸易领域应做的改进进行商讨。当工作组就上述内容在原则和政策上与申请方进展到一定的程度时，申请方开始与各成员进行双边市场的准入谈判，以达成货

---

① 《关于接受与加入〈建立世界贸易组织协定〉的决定》，前言。

② 《WTO 协定》第 11.1 条。

③ 《WTO 协定》第 16.5 条。

④ 《WTO 协定》第 11.2 条。

⑤ 《WTO 协定》第 14.1 条；《关于接受与加入〈建立世界贸易组织协定〉的决定》。

物贸易的减让和承诺及服务贸易承诺。谈判之所以双边进行，是因为不同的成员贸易利益不同，并且根据最惠国待遇原则，申请方的承诺将平等适用于所有成员。这一双边谈判过程，将决定成员要求申请方加入 WTO 后必须做出的承诺。一般情况下，谈判双方需要在申请方加入前达成双边的市场准入协定。

第三，启动多边谈判及起草加入文件。一旦工作组完成对申请方的贸易体制审议，平行的双边市场准入谈判也基本结束后，多边谈判开始进行。工作组在双边谈判结束时做出两个日程表（一个是关于申请方对 GATT 1994 的减让与承诺的日程表，另一个是申请方对 GATS 的特别承诺日程表），在多边谈判中供 WTO 各成员评审。多边谈判结束后，工作组便可以最终完成加入条件。这些条件列在"加入议定书""工作组报告"以及承诺清单（即减让表）中。在工作组的最后一次会议上，工作组成员协商一致通过上述文件，提交部长级会议或总理事会审议。

第四，表决及生效。部长级会议或总理事会在收到加入文件后，对其进行表决。如果得到 2/3 的多数票通过，申请方就可签署加入议定书，根据各国的国内立法，有的议定书必须经过申请方国内立法机构批准，方表示接受加入议定书。中国的国内立法要求有这个程序。

在 WTO 接到申请方表示接受的文件之日起第 30 天，有关加入文件生效，申请方正式加入 WTO。

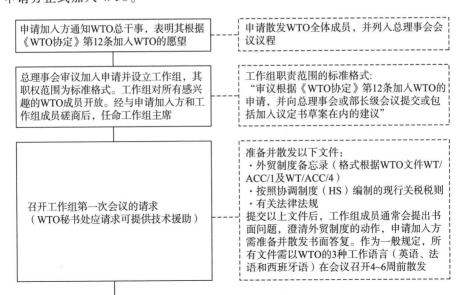

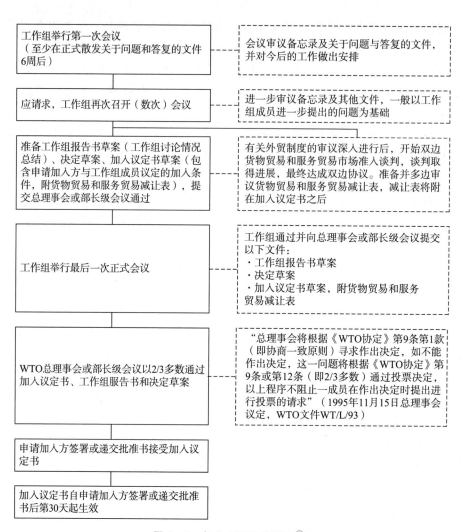

图 4 - 3 加入 WTO 的程序①

3. 中国加入 WTO

中国是 GATT 创始缔约方。1947 年 4～10 月，当时的中国政府参加了在瑞士日内瓦举行的联合国经社理事会召开的"国际贸易与就业会议"第二届筹委会。GATT 就是在这个会议上形成的。1947 年 4 月 21 日，中国签署了实施 GATT 的《临时适用议定书》，于 1947 年 5 月 21 日正式成为 GATT 创始缔

① 引自 WTO 秘书处主编的 *Guide to the Uruguay Round Agreements*，Kluwer Law International，1999；世界贸易组织秘书处编《乌拉圭回合协议导读》，索必成、胡盈之译，法律出版社，2000，第 22 页。

约方。① 此外，中国政府参加了会议期间举行的 GATT 第一轮"日内瓦回合"关税减让谈判，以及之后 1949 年 4 ~ 8 月在法国举行的第二轮"回合"关税减让谈判。

1949 年 10 月 1 日，中华人民共和国成立。美国认为，台湾国民党已无法履行 GATT 义务，便照会台湾当局，拟于 1950 年 2 月在日内瓦召开的第四届 GATT 缔约方大会上，提出停止对台湾实行 GATT 优惠税率的建议。国民党考虑，当时中国获得 GATT 关税减让的产品均来自大陆，台湾岛内出口极少，为防止中国大陆利用 GATT，经与美国国务院商定，1950 年 3 月 6 日，国民党通过其"常驻联合国代表"，以"中华民国"的名义照会联合国秘书长，决定退出 GATT。次日，联合国秘书长致函 GATT 执行秘书（1965 年改为总干事）其对此照会的答复。退出于 1950 年 5 月 5 日生效，并电报通报 GATT 各缔约方。当时，捷克斯洛伐克等国代表曾对台湾退出的合法性表示质疑。此后不久，与中国进行过关税减让谈判的部分国家②根据 GATT 第 27 条的规定，撤回了他们对中国所作的关税减让。③

国民党退出 GATT 后，中国因种种原因没有及时恢复在 GATT 的缔约方地位，从此与 GATT 中断联系达 30 余年。

1971 年 10 月，联合国大会第 2758 号决议恢复了中国在联合国的合法席位。1972 年 5 月，中国成为联合国贸发会议和 GATT 下属机构国际贸易中心的成员。随后，中国逐步与 GATT 恢复了联系。

1981 年，中国代表列席 GATT 纺织品委员会第三个多种纤维协议（MFA，又称国际纺织品贸易协定）谈判，并于当年 5 月获得纺织品委员会观察员资格。1984 年 1 月，中国正式参加第三个多种纤维协议，并成为 GATT 纺织品委员会的成员。1982 年 11 月，中国第一次派代表团以观察员身份列席 GATT 第三十八届缔约方大会。1984 年 11 月，作为观察员，中国获准出席 GATT 理事会及其附属机构的会议。1985 年 4 月，中国成为 GATT 发展中国家非正式磋商小组的成员。这个时候，由于中国计划经济体制尚处于改革初期，难以

---

① GATT 的创始缔约方共 23 个，为澳大利亚、比利时、巴西、缅甸、加拿大、锡兰（现为斯里兰卡）、智利、中国、巴西、捷克斯洛伐克、法国、印度、黎巴嫩、卢森堡、荷兰、新西兰、挪威、巴基斯坦、南罗得西亚、叙利亚、南非、英国和美国。https://www.wto.org/english/thewto_e/minist_e/min96_e/chrono.htm，最后访问时间：2019 年 4 月 30 日。

② 撤回减让的国家有澳大利亚、比利时、卢森堡、荷兰、加拿大、锡兰（现为斯里兰卡）、芬兰、法国、印度、瑞士、英国和美国等，另有 10 个国家没有撤回减让。

③ 杨国华：《世界贸易组织与中国》，清华大学出版社，2016，第 231 页。

全面遵循 GATT 规则，因此中国采取了渐进的接触方式。①

1986 年 7 月 10 日，中国照会 GATT 总干事，正式提出中国政府关于恢复 GATT 缔约方地位的申请，即"复关"申请。此后，1987 年 2 月 13 日，中国提交了"中国外贸制度备忘录"。备忘录共分四个部分。第一部分概况，介绍了中国的经济体制改革、对外开放政策和所参加的国际经济贸易和金融组织及有关的国际条约。第二部分"中国对外贸易政策和体制"，具体介绍了中国对外贸易政策、对外贸易体制改革、海关关税制度、商品检验制度、进出口许可证制度、进出口商品的作价、外汇管理制度、经济特区和沿海开放港口城市。第三部分是中国的组织机构和出版资料情况。第四部分附件，包括中国现行的主要法规目录。从这份"中国外贸制度备忘录"可以看出中国为申请"复关"而进行的诸多改革和制度建设。

1987 年 6 月 19 日，"中国缔约方地位工作组成立"，共 68 位成员参加工作组首次大会，是 GATT 历史上成员最多的一个工作组。② 随后，缔约方对备忘录提出大量问题，包括"《中共中央关于进一步治理整顿和深化改革的决定》与《中华人民共和国国民经济和社会发展十年规划和第八个五年规划纲要》之间的关系"这样关于政策和方针的大问题，③ 以及"给予大中型企业以优先权在经济上有什么合理性"、"实行原煤统配有什么效果"和"中央政府如何制定出口指标"等具体问题。④

1992 年 10 月，中国"复关"工作组结束对中国贸易制度的审查。审查和工作组会议的结果是形成了"中国工作组报告草案"和"中国议定书草案"。"中国工作组报告草案"记录了各成员对中国外贸制度有关问题的关注，并且记载了中国的部分承诺。"中国议定书草案"全面记载了中国的承诺，包括贸易制度管理（统一管理、对特殊经济区的管理、贸易制度透明度、贸易管理行为的司法审查）、对外国的非歧视待遇、特殊贸易安排、进出口经营权、国营贸易、非关税措施、进出口许可证、外汇管制、价格控制、补贴、国际收支平衡措施、对进出口货物征收的税费、农产品、标准和技术规定、卫生及动植物检疫措施、过渡审议机制、保障措施、反倾销等。

① 参见张向晨《发展中国家与世界贸易组织的政治经济关系》，法律出版社，2000，第 173 页。
② 工作组规模可能相差很大。在召开过首次大会的 20 个工作组中，最大的两个是中国（68 个成员）和俄罗斯联邦（54 个成员），最小的是塞舌尔（23 个成员）和瓦努阿图（25 个成员）。通常情况下工作组有 40 个成员。
③ 杜厚文：《世贸组织规则与中国战略全书》，新华出版社，1999，第 2165～2178 页。
④ 杜厚文：《世贸组织规则与中国战略全书》，新华出版社，1999，第 2178～2196 页。

在中国"复关"和加入世界贸易组织的过程中，共有 37 个成员提出与中国进行双边谈判。2001 年 9 月 13 日，中国结束与第 37 个成员墨西哥的双边谈判。之后，中国工作组召开会议，将多边和双边谈判结果进行汇总，形成了一个完整的《中华人民共和国加入议定书》，提交世界贸易组织总理事会。2001 年 11 月 10 日，在卡塔尔首都多哈举行的世界贸易组织第四届部长级会议上，世界贸易组织成员以全体一致方式，通过了中国加入的决定。中国政府代表随之于 11 日向世界贸易组织总干事递交了中国加入世界贸易组织批准书。这样，按照加入世界贸易组织的程序，中国于 2001 年 12 月 11 日正式成为世界贸易组织第 143 个成员。

4. 互不适用条款

最初起草的 GATT 草案要求以一致同意的方式接受新缔约方加入。1948 年哈瓦那会议将此改为 2/3 同意接受加入。为了不强迫缔约方接受其不愿接受的协定或条件，GATT 第 35 条规定了互不适用条款，在申请方完成入关程序后，仍可被引用。

在 GATT 历史上，本条大概被引用了 86 次，[①] 但是，大多数引用方最终撤销了这种不适用声明。引用互不适用条款多半基于政治原因，例如，印度与巴基斯坦在南非加入时引用了该条款。[②] 日本加入时不少缔约方对该条款的引用，是 GATT 历史上最大规模的"互不适用"声明。之后，这些缔约方中的绝大多数，分别同日本进行了双边谈判达成了特定承诺，撤销了它们根据第 35 条所作的"互不适用"声明。

WTO 协定第 13 条为类似条款，内容与 GATT 相似，但不涵盖未进行关税减让谈判的情形，同时规定了告知义务。

七　贸易政策审议

理论上，一国政府签署一个国际条约，意味着该国政府对遵守和执行本协议内容的承诺，并应因此遵照条约调整国内法与之冲突的有关内容。但实际上，签署国政府往往忽视对义务的遵守和执行，或在执行中按本国意愿解释条约内容。更有甚者，有的签约国政府根本就无意遵守签署的条约。

WTO 法规的首要目的是使国际贸易经济法律环境更自由，更具有可预测性。在进行投资之前，所有的企业和政府需要了解投资方的有关投资法律和

---

① 参见《GATT 法律与实践》，1995，分析索引，第 1034 页。

② John Jackson, William J. Davey, Alan O. Sykes, Jr., *Legal Problems of International Economic Relations*, 235, West Group, 2002.

政策，并要求 WTO 成员方的投资对象施行 WTO 规定。贸易政策审议机制和对各国法律、法规、政策透明度的要求，正是 WTO 为实现以上目标而制定的策略。前者对每个成员方的宏观贸易政策进行定期监督，后者对某一特定贸易政策作详细审查。①

1. 贸易政策审议机制

WTO 贸易政策审议机制是乌拉圭回合谈判的成果。不过，该审议机制在 WTO 正式成立以前的 1988 年的乌拉圭回合部长级会议中期评审会议上就得以通过，并于 1989 年正式开始实施。乌拉圭回合谈判结束时，贸易政策审议机制被纳入 WTO 文本成为 WTO 法规的一部分②而获得永久性效力。

贸易政策审议机制旨在对两种活动进行经常性的宏观评估③：（1）WTO 各成员贸易政策和贸易实践；（2）这些政策和实践对多边贸易体制的运作所产生的影响。评估的目的是帮助成员更好地遵守 WTO 的有关规定和承诺义务。

贸易政策审议机制不同于各成员履行特定协定（如《保障措施协定》）时 WTO 的相应机构对其进行的监督，也不同于 WTO 的争端解决机制。贸易政策审议机制不是强制性的，不能强迫成员新的政策承诺。④ 尽管审议的重点是被审查方的贸易政策，但在审议时，会对该成员的经济和发展需要、政策和目标以及外部环境进行广泛考察。⑤ 因此，对某一成员贸易政策进行审议的过程，有助于其他成员与该成员就其在贸易中造成的问题达成谅解，有助于该成员向其他成员解释其贸易政策与经济增长和发展的联系，也有助于其他成员及早了解与该成员进行贸易可能遇到的问题。

2. 国内政策、法规透明度要求

贸易政策审议机制 B 条鼓励各成员在国内贸易政策决策上增加透明度。原则上，增加制定贸易政策的透明度能将贸易保护减少到最低限度，进而促进各成员的经济发展，保障多边贸易体制的正常运作。各成员在签署贸易政策审议机制协定时也同意增加这种透明度。但是，也有成员认为，透明度问题纯属一国的国内事务，采取措施必须出于自愿并考虑本国政治法律体制上的差异。

---

① TPRM A（i）。
② 《WTO 协定》附件 3。
③ TPRM A（i）。
④ TPRM A（i）。
⑤ TPRM A（ii）。

GATT 的实践经验表明，促使各成员遵守 WTO 义务需要一个监督机制，否则，虽然像最惠国待遇和国民待遇这样的主要义务不会被忽略，在海关管理和反倾销税的征收等细节问题的实际操作中，某些 WTO 义务也有可能被忽略。因此，只有要求各成员将本国法律、法规，以及它们的适用情况向 WTO 进行通报，才有可能使其他成员发现问题。

GATT 生效之初，第 10 条的"贸易法规的公布和实施"就规定对这些信息进行公开披露。但是，该条款没有要求将这些信息送达各缔约方。随着非关税义务的复杂化和多样化，GATT 成立了专门的委员会监督透明度义务的履行。乌拉圭回合谈判几乎所有的协定文本中，都有对通知义务的明文规定，并设立专门机构监管通知内容的执行情况。有些协定甚至还规定了"反向通知"，即将引起其他成员关注的贸易措施告知这些成员。

乌拉圭回合谈判达成的一揽子部长级会议决议的其中一项，就是《关于通知程序的决定》。该决定确立了通知的一般义务，[①] 并规定审议制度对现存通知义务和程序进行调整，[②] 以减少现存义务中一些不必要的要求或重复。该决定将 20 多种措施、规则和安排列表作为附件，称为"应通知措施的指示性清单"。该清单所列内容不改变 WTO 某特定协定中要求的通知义务。[③] 根据该决定，WTO 秘书处设立了"通知登记中心"跟踪各种通知、敦促各成员方履行通知义务，并向各成员方提供通知的具体内容。[④]

最后，该决定规定在货物贸易理事会下建立一个工作组，来审议 WTO 附件 1A 的货物贸易协定中规定的通知义务，以便最大限度地简化、标准化和强化这些义务。[⑤] 同时，在工作组工作过程中，注意对发展中国家在履行通知义务时提供可能需要的帮助。[⑥]

---

① 《关于通知程序的决定》第 1 条。
② 《关于通知程序的决定》第 3 条。
③ 《关于通知程序的决定》附件脚注。
④ 《关于通知程序的决定》第 2 条。
⑤ 《关于通知程序的决定》第 3 条。
⑥ 《关于通知程序的决定》。

第五章

争端解决机制及规则

几乎所有法律体系，都会建立相应争端解决机制。世界贸易组织也不例外。WTO 解决成员争端的机制，被称为 WTO 皇冠上的明珠，是 WTO 最重要的成果之一。WTO 的职能之一，是管理争端解决的规则与程序,[①] 而争端解决机制，又是确保 WTO 体系稳定性和可预测性的一个关键环节。[②]

除 GATT、《WTO 协定》、多边贸易协定和诸边贸易协定有关条款以外，WTO 有关争端解决的规则集中体现在《WTO 协定》的附件 2《关于争端解决规则与程序的谅解》（简称"DSU"或"谅解书"）中。谅解书共 27 条，4 个附件，就 WTO 争端解决机制的适用范围、管理与运作、一般原则、基本程序、建议与裁决的实施和监督、补偿与减让的中止、涉及最不发达成员方的特殊程序、专家组的工作程序、专家复审等，分别作出了系统而"精致"[③]的规定。

第一节　国际争端解决机制方法论

传统国际贸易争端有两种解决途径：一是所谓的"势力导向型"（power-oriented approach）；另一种是所谓的"规则导向型"（rule-oriented approach）。前一种方式中，发生争端各方以谈判方式解决争端，谈判结果通常与各方政治和经济实力强弱有关。后一种方式，各方以事先制定的规则为依据，由独立

---

① 《WTO 协定》第 3.3 条。
② 《关于争端解决规则与程序的谅解书》第 3.2 条。
③ John Jackson, *The World Trading System*, The MIT Press, 1997.

第三方对争端进行裁决。①

　　用第一种方式解决政府间争端时，实力强大的国家明显占优势。而且，这些国家往往将经济强势通过外交手段，如威胁终止经济援助、限制对方重要进口产品等，转换成胁迫对手就范的力量。原 GATT 争端解决机制与这种方式接近。在拥护这种方式的国家看来，GATT 争端解决机制没有法定约束力，仅在于鼓励争端各方诚意协商，以谋求双方都能接受的解决途径。这种态度影响 GATT 效力，进而影响自由贸易进程。

　　以规则导向为基础的争端解决机制能更有效地防止各成员违反规则。任何争端都将由独立第三方根据事先约定的规则进行裁决，这十分有利于促使争端各方根据对结果的预测来决定谈判的方式和策略。因此，相比起势力导向型机制，规则导向的争端解决机制更能保障对国际贸易而言极为重要的稳定性和可预测性。同时，由于政治、经济势力所起的作用小得多，这种机制更可能带来公正的结果，备受小国尤其是不发达国家和发展中国家的拥护。WTO 争端解决机制正是这种规则导向型机制。

　　对规则导向型机制存在正反两方面意见。反对的观点认为，这种方式可能造成争端裁定结果不一致，动摇各成员对协定的信任，最终危害国际贸易体系。支持的观点认为，争端解决是经由各方协商同意，因此在执行上不应有太大的阻力，反过来，这种方式对维护争端解决机制的权威性十分有利。

　　反对规则导向型机制的观点认为，具有强迫性质的司法裁决给国际贸易带来一种不温和的气氛，反而增加冲突的可能性。首先，各国之间的贸易是基于友好协商、互利互惠。同时，国际贸易的性质使各国之间相互协助、相互尊重至关重要。因此，一种友好合作的国际气氛，对推进国际贸易自由化十分必要。规则导向的争端解决机制，使各方在最初的协商解决过程中轻易放弃协商解决的可能性，并在裁决过程中产生直接对抗，较易在争端各方产生对立现象，从而影响国际贸易的顺利进行。另外，裁决败诉方可能因国际司法体系的强制力不足而拒不遵守裁定，造成对体制权威性、威严性的破坏，甚至动摇各方对争端解决机构的信心。此外，如果裁决发生错误，则将从根本上影响争端解决机制的作用。如果按照错误的结果执行，则可能对国际贸易体系造成更为严重的危害。

　　然而，对实践经验的总结使国际贸易争端解决机制渐渐向规则导向型机

① 有关国际争端解决理论的论述，参见 John Jackson, *The World Trade System*, The MIT Press, 1997。

制靠拢：依靠条约对事件进行客观裁定，而不是通过外交斡旋来维护国际贸易体系稳定，并促进国际贸易体系发展。在近半个世纪的实践中，GATT 凭借第 22、23 条的简单规定，发展出一个"温和"的争端解决实践机制。WTO 正是在这两个条款的基础上，细化出"关于争端解决规则与程序的谅解"，明确将规则导向型作为选择模式。这意味着 WTO 的争端解决将完全基于对争端事实的条约分析，包括对条约来源、来源的合法性、条约的立法目的等的法律分析。与此同时，考虑到国际贸易争端的特殊性质，WTO 争端解决机制还仔细兼顾法律和政策的平衡，对执行机制进行监督。这些，无疑都是 WTO 对国际贸易争端解决的重大创新，并使 WTO 争端解决的法律成为当今最复杂、最有效率的国际法。①

第二节　GATT 争端解决机制②

在近半个世纪的实际运行中，GATT 采用了一套与 WTO 现行体制有很大不同的争端解决机制。现行 WTO 争端解决体系采用"反向协商一致"机制。在这种机制下，专家组报告基本自动生效。而原 GATT 采用"协商一致"机制，任何缔约方，只要不满 GATT 裁决，违反 GATT 义务却不愿停止违规行为，或不愿修改或废止本国违反 GATT 规定的法律、法规以及相关措施，都能轻易阻止裁定的生效。

GATT 的争端解决机制，是希望通过争议各方磋商，共同寻求解决争议的方式。如果磋商不成，再由缔约方大会进行裁定。需要时，由缔约方大会授权进行报复。GATT 争端解决机制的目的，不仅是补偿受损一方，更是保护所有缔约方利益不受侵犯。

GATT 第 22、23 条构成 GATT 争端解决机制的框架。第 22 条是关于磋商

---

① 截至 2019 年 1 月 31 日，WTO 共接收争端 577 件。其中，中国作为原告案件 20 件，被告案件 43 件，第三方案件 166 件；美国作为原告案件 123 件，被告案件 153 件，第三方案件 147 件；欧盟作为原告案件 100 件，被告案件 85 件，第三方案件 194 件；加拿大作为原告案件 39 件，被告案件 23 件，第三方案件 140 件；印度作为原告案件 24 件，被告案件 25 件，第三方案件 152 件；日本作为原告案件 25 件，被告案件 15 件，第三方案件 197 件；韩国作为原告案件 20 件，被告案件 18 件，第三方案件 122 件；墨西哥作为原告案件 25 件，被告案件 15 件，第三方案件 100 件。https://www.wto.org/english/tratop_e/dispu_e/dispu_by_country_e.htm，最后访问时间：2019 年 1 月 31 日。

② 以下内容参见 John Jackson，William Davey，Alan Sykes，Jr.，*Legal Problems of International Economic Relations*，257，West Group，2001。

的规定。第 23 条是关于诉因的规定。根据第 23 条内容，任何缔约方，只要认为其 GATT 赋予的利益，或应当享有的 GATT 利益，因其他缔约方的行为而丧失或受到损害，就可以根据第 23 条主张权利。

作为 GATT 最主要的争端解决条款，第 23 条缺乏程序性的规定。于是，GATT 各缔约方不得不在实践中发展出一套程序。最初，缔约方在例会上解决提起的争端。偶尔，缔约方大会任命工作组来解决某些纠纷。① 之后的 1950 年代，在当时 GATT 总干事怀特（Eric Wyndham-White）的推动下，使用专家组来解决争端渐渐成为被各缔约方接受的"标准手段"。② 1947 年至 1994 年，GATT 一共成立了 120 多个专家组。③

作为标准手段，GATT 形成了任命专家组解决争端的做法。通常，专家组由 3 人组成，有时为 5 人，分析争端事实与 GATT 规则，之后向总理事会提出建议。虽然各缔约方有资格派遣专家组成员，但是，无论由哪个缔约方政府派遣，专家组成员都以个人身份参加争端审理，而不代表派遣方政府。这反映了 GATT 强调独立决策的组织哲学。

但是，GATT 组织原则中的另一个原则——协商一致原则，却给 GATT 争端解决机制带来困难。由于专家组的成立须经总理事会"一致同意"，被诉方常常利用反对票阻止专家组成立。同样的问题也发生在专家组成员的选定和权限认定上。最后，败诉方如果不愿执行裁定，更是会利用专家组报告的通过程序阻止报告生效。虽然在 GATT 实践中很少发生这样的情况，但这个漏洞大大影响了各缔约方对 GATT 争端解决机制的信心。特别是在"东京回合"之后，情况变得更为严峻。"东京回合"出现了一系列只对接受方有效的协定（codes），其中的很多协定有自己的争端解决规定。这种情况使得出现争端结果不一致的概率大大增加，并为选择不同争端解决体系的投机行为（forum-shopping）提供了可能，对 GATT 整个体系构成了严重的威胁。

这些实践经验，加上新增的 GATS 和《TRIPS 协定》，促使 WTO 必须重新制定一个一体化机制来处理贸易争端。虽然 WTO 在很多方面有别于 GATT，典型的如上诉机构的设立等，但 GATT 中的许多经验和操作还是在 WTO 中保留下来，如采用专家组、磋商程序等。WTO 有关协定还特别强调与 GATT 第 22、23 条内容保持连贯。④

---

① 工作组类似于 GATT 的一个机构，每个缔约方都可以派遣自己的代表加入。
② WTO 秘书处主编 *Guide to the Uruguay Round Agreements*，18，Kluwer Law International，1999。
③ WTO 秘书处主编 *Guide to the Uruguay Round Agreements*，18，Kluwer Law International，1999。
④ DSU 第 3.1 条。

尽管"一致同意"原则存在严重问题，总体来说，GATT 争端解决机制比起其他国际组织来说还是成功的。很多争端在没有专家组的情况下得到了解决，只有大约 40% 的争端最终需要总理事会决定是否采纳专家组报告。根据哈德克（Robert Hudec）教授对截至 1989 年的 139 个争端的统计，60% 的申请方获得了满意的结果，29% 获得了部分满意的结果，成功率几乎达到 90%。这样的成功率，对于一个成立时间相对较短的国际组织来说是非常高的。[①]

第三节 WTO 争端解决机制

现行 WTO 争端解决"反向协商一致"机制是国际法的一个发展，在国际法中没有先例。它基本上使争端解决裁定自动生效，解决了国际法约束力不足的问题，迫使各成员保持国内法与 WTO 条约的一致，迫使产生争端各方政府接受争端裁定结果，并监督这些结果在生效方的执行。WTO 过去 22 年的实践证明，这样一个争端解决体系很有效率，绝大部分败诉方立即采取行动终止违规行为，或者废除或修改违规的法律、规章、措施等。

一 基本原则

"为多边贸易体系提供可靠性和可预测性"是 WTO 争端解决机制的中心任务。[②] DSU 的基本原则归纳起来有以下四点。

（1）保护各成员方权利，监督各成员履行义务。DSU 第 3.2 条指出，WTO 争端解决机制保护各成员适用协定项下的权利和义务，并根据公认的国际法条约解释惯例对 WTO 有关条款进行解释。DSU 要求争端解决机构（Dispute Settlement Body，DSB）在致力于"保护各成员适用协定项下权利和义务"时，不"增加或减少适用协定所规定的权利和义务"。

（2）权利义务的平衡。DSU 要求争端解决机构在解决争端过程中注意保持各成员权利、义务的平衡。[③] 此外还有一些基于 GATT 经验的总结，包括迅速解决争端；保证 WTO 有效运转；在保持各方权利义务平衡的基础上，根据这些权利和义务达成各方满意的争端解决方案；和向各成员方阐述运用磋商和争端解决机制并不意味着与争议方政治对抗的理念等。

---

① John Jackson, *The World Trade System*, 257, The MIT Press, 1997.
② DSU 第 3.2 条。
③ DSU 第 3.3 条。

（3）协商解决争端。WTO 的争端解决机制让各成员根据已定规则自行判断裁定结果。但关于解决争端的方式，WTO 鼓励争端各方最好采取协商解决的方式。最优选择为违规一方撤销违反 WTO 义务的措施，次之为各方协商赔偿数额。授权报复是 WTO 最不鼓励的解决方式。[①]

（4）禁止单边报复。WTO 在冠名为"加强多边体系"的第 23 条中特别强调成员不能采取单方报复行动原则，要求各成员方在争端解决体制下，运用有关规则解决争端。

二　法律渊源

WTO 条约的法源包括 GATT 体系下案件的裁定和决定，DSU、DSB 制定的有关规定以及国际法相关内容。

1. GATT 1947 案例与决定[②]

1966 年，GATT 采用"关于第 23 条的程序"解决发达国家与发展中国家缔约方之间的贸易纠纷，突破第 22、23 条作为 GATT 框架性争端解决条款的情形。之后，东京回合于 1979 年 11 月达成"关于通知、磋商、争端解决及监督的谅解书"及其附件，以及"有关 GATT 争端解决领域常规操作方法的一致意见"，进一步将 GATT 争端解决程序法制化。再后，又有三个决议分别对 1979 年 11 月生效的谅解书进行了补充和确认：1982 年部长级会议的"争端解决程序"；1984 年法案；1989 年"GATT 争端解决规定与程序的完善"。

上述内容，都是 GATT 争端解决的法律依据。但是，这些依据只能算是 GATT 体系中的"二级法律"（secondary law）。它们大多在 WTO 争端解决程序中被保留下来，成为 WTO 的正式条约。

WTO 争端解决与 GATT 体系争端解决关系密切。《WTO 协定》第 16.1 条规定："除本协定或多边贸易协定项下另有规定，WTO 应以 GATT 1947 缔约方全体和 GATT 1947 范围内设立的机构所遵循的决定、程序和惯例为指导。"同样，DSU 第 3.1 条规定："各成员方确定遵守迄今为止 GATT 1947 第 22 条和第 23 条实施的管理争端的原则，及在此进一步详述和修改的规则和程序。"

WTO 争端解决与 GATT 争端解决保持法律连贯性具有十分重要的意义。虽然在 GATT 体制下发展起来的案例的裁决内容对 WTO 争端解决没有强制约束力，但"日本—酒精饮料案"上诉机构在裁定中指出，已被采纳的专家组

[①]　DSU 第 3.7 条。
[②]　WTO 体系下的案件裁定和决定，在争端解决实践中起着与 GATT 体系下的案例和决定类似的作用。

报告"是 GATT 的一个重要组成部分，常常被之后的专家组借鉴。它们在 WTO 成员中起着预测法律在案件中的应用的作用，因此，任何与之相关的争议都应对其加以考虑"。①

2. 谅解书

WTO 最主要的法律渊源是《关于争端解决规则与程序的谅解》。该协定作为《WTO 协定》的一部分对全体 WTO 成员具有约束力。② 根据《WTO 协定》第 4.3 条，为了完成 WTO 有关协定赋予的任务，DSU 的执行机构——争端解决机构，有权制定任何完成其规定任务所必需的规定。同时，上诉机构经与 DSB 主席及总干事协商，在与各成员沟通以后，可以制定工作需要的程序。③ 例如，1996 年 DSB 采用了"专家组成员及其他成员行为规范条例"；1996 年 2 月，上诉机构发布了一系列上诉审议工作程序，随后在 1997 年 2 月又对其进行了修订。

3. 国际法

（1）国际法原则

国际公法是 WTO 争端解决的另一重要法律渊源。GATT 作为一个政府间协定，属于国际条约的范畴。国际惯例法要求对条约的遵守遵循"Pacta Sunt Servanda"（treaties must be followed in good faith）基本原则，即善意遵守条约基本原则。作为一个国际条约，GATT 最初的建立无疑是以国际法为依据的，而 GATT 的整个法律体系，也是在善意和互惠原则的基础上发挥作用的。虽然 DSU 中除对协定解释外，并没有关于以国际公法为依据的表述，事实上，专家组在争端裁定中往往采用国际公法中的很多基本原则。

（2）协定内容的解释

DSU 第 3.2 条直接引用国际法为法律渊源，规定对所有 WTO 协定条款内容的解释必须"依照解释国际公法的惯例"进行。这是 DSU 中唯一规定有关 WTO 协定解释原则的条款。在专家组及上诉机构裁定中，本条中的"国际公法"被解释为遵照 1969 年《维也纳条约法公约》（简称《维也纳公约》）中条约解释的相关规定。

从公约内容可以看出，《维也纳公约》规定的条约解释的方法有两种。一种是基于条约文字的"内容解释法"（the textual method），另一种是基于起草和签署条约相关情况的"历史解释法"（the historical method）。前一种方法要求解释条约时根据条约内容，对文意进行字面和系统的理解（第 31.1 条）。

---

① Japan-Taxes on Alcoholic Beverages，WT/DS8&10&11，1996.

② 《WTO 协定》第 2.2 条。

③ DSU 第 17.9 条。

如果条约中的某一具体条款已有实际运用的经验，《维也纳公约》明确规定相关实践经验应作为在条款解释中理解条款含义的参考（第31.3条）。后一种方法的运用，是当"内容解释法"不足以解释清楚条约含义时，参考条约产生的历史背景、起草过程、目标和宗旨等有关历史性内容，对条约及某一条款进行解释（第32条）。

（3）争端解决自由裁量权

贸易争端起于提起争端一方认定被告方对 WTO 某具体规定的违反。提交至争端解决机构的争端，在争议事实之外，往往涉及争端双方对所涉 WTO 具体条款条约解释的争议。专家组或上诉机构在对涉案条款含义进行条约解释的过程中，往往需要行使自由裁量权。而其自由裁量权行使的尺度问题，成为一些 WTO 成员极为关注的问题，并最终酿成 WTO 上诉机构成员任命危机，直接威胁 WTO 争端解决机构职能的行使。下面一篇文章是关于这个问题的一种观点。

WTO 上诉机构日薄西山。偶然？必然？

黄东黎

长期以来，美国因不满 WTO 上诉机构对 WTO 条约解释的"僭越"，利用条约规定，阻挠上诉机构新成员就任，意欲使 WTO "上诉法庭"最终瘫痪。2018 年 10 月 5 日，英国路透社发文指出："U. S. seen likely to win in effort to shut down WTO's appeals court."① 美国瘫痪 WTO 上诉机构的努力眼见大功告成。

本人以为，就 WTO 体制而言，上诉机构原本应该服从政治安排，在成员谈判达成的司法界限之内，行使其条约解释的自由裁量权。

然而，就上诉机构成员法的思维而言，不服从政治是司法独立的法思想惯性使然。

由于缺乏对上诉机构成员条约解释自由裁量权的有效制约机制，两者之间产生冲突似不可避免。在美国着手摧毁其运行之前，上诉机构在司法独立的路上走了很远。

这里，有这样一个问题：在 WTO 体制特定的国际法范围之内，是否存在超越政治所预设界限的法的独立性？

本人认为没有，也不应该有。

---

① https://www. reuters. com/article/us-usa-trade-wto/u-s-seen-likely-to-win-in-effort-to-shut-down-wtos-appeals-court-idUSKCN1MF1NE，最后访问时间：2019 年 1 月 31 日。

WTO 司法实践的界限是政治谈判达成的条约规定而不是法理。虽然，这是对国际法的限制，另一方面却也有助于避免国际法被政治利用。在这种情况下，如果国际法治僭越政治界限，最终将不可避免地导致采用政治手段对付国际法治。

就 WTO 目前的上诉机构危机而言，政治光谱之长，现任美国总统特朗普不幸处于其一个极端。然而，即使没有特朗普，其前任奥巴马的 TPP，同样架空 WTO。

美国把控国际法的意图，对美国而言，是情理之中；对其他成员而言，也不应该是意料之外。

WTO 这样一个与一国经济和人们日常生活紧密相关的国际组织，一个决定你我日常生活大小物品种类和价格的国际组织，从餐桌上的饭菜到高铁的钢材，必然涉及很多无法放在谈判桌上讨论的动机。道德正确的指责如果针对的是实际利益，多半得到的是诡辩的回应。或者更有甚者，直接撕开道德面纱，赤膊上阵，譬如眼下美国对付上诉机构的手段。

在这种现实情况之下，如果说"国际法治在 WTO 这里走得太快了一点，脱离了国际政治现实"，本人非常赞同。

国际法治需要的究竟是外交斡旋，还是"亮肌肉"的政治和高大上的道德指责？外交斡旋，从来都不单纯是政治正确和道德正确，或者说只有部分的政治正确和道德正确。而"斡旋"二字的玄机也正在于此。除却辨别是非对错，最关键的，还是要争取到国家的最大利益。

＊　＊　＊

三　争端解决机构

WTO 有 3 个负责争端解决的主要机构：争端解决机构、专家组（Panel）和上诉机构（Appellate Body）。

1. 争端解决机构（DSB）

DSB 是授权管理 WTO 争端解决的机构，有权成立专家组、采用专家组和上诉机构的报告，监督裁定和建议的执行，以及授权终止或减让其他协定中的义务。[①]

---

① DSU 第 2.1 条；《WTO 协定》第 II - 3 条和第 IV - 3 条。

2. 专家组

专家组是专门为某一贸易纠纷的解决而成立的临时小组，通常由 3 人组成，个别的由 5 人组成，在争端解决过程中享有充分的独立性。其职能是协助 DSB 履行职责。具体方式是对审议事项做出客观评估，包括对事实、适用协定及其一致性的客观评估，以供 DSB 提出建议或作出裁定。① 每个专家组的成员从专家组指示性名单中选出。这些专家必须在国际贸易法律和政策方面具有丰富的经验。

3. 上诉机构

上诉机构是一个常设机构，由 7 名成员组成。成员必须能够广泛代表各 WTO 成员。成员由 DSB 任命，任期 4 年，可连任 1 次。候选人必须是法律、国际贸易以及各 WTO 协定方面的专家，同时不得在行政上与任何政府有关联，以保证其独立性。解决争端采用轮换制，3 人一组。②

上诉机构的工作程序由 DSB 主席和 WTO 总干事协商拟定。这些程序是关于调整上诉机构的运作以及公布上诉案件及其审理的有关情况，具体规定在 WTO 网站上公布。

除上述有关人员外，WTO 总干事与秘书长肩负着争端解决的特别任务。总干事负责为争端各方提供斡旋、调解或调停，以协助各成员方解决争端。争端方自行决定是否参与总干事提供的这些程序，各方所做决定不影响之后各方在正式程序中的权利和义务。③

在争端解决中，秘书长的任务是协助专家组，尤其是在专家组议题中涉及法律、历史和程序的有关内容方面给予专家组协助。④

需要特别指出的是，由于美国自 2016 年 6 月以来一直阻挠上诉机构成员的任命，截至 2020 年 3 月 31 日，本应有 7 名成员的上诉机构，只有 1 人在任，上诉机构工作完全陷入瘫痪。⑤

四 诉因

任一成员要求 DSB 解决的贸易争端的诉因不是对 WTO 中某一具体条款的

---

① DSU 第 11 条。
② DSU 第 17 条。
③ DSU 第 5.6 条。
④ DSU 第 27 条。
⑤ www.wto.org/english/tratop_e/dispu_e/ab_members_descrp_e.htm，最后访问时间：2020 年 1 月 31 日。

违反，而是基于成员方利益的"丧失或损害"，即另一成员的行为导致申请方WTO 有关协定赋予的利益丧失或损害。这个诉因是 GATT 1947 中的第 23 条，被 WTO 继续采用。GATT 第 23 条的条文内容如下：

第 23 条　利益的丧失或减损

1. 如一缔约方认为，由于下列原因，它在本协定项下直接或间接获得的利益正在丧失或减损，或本协定任何目标的实现正在受到阻碍：

（a）另一缔约方未能履行其在本协定项下的义务，或

（b）另一缔约方实施任何措施，无论该措施是否与本协定的规定产生抵触，或

（c）存在任何其他情况。

则该缔约方为使该事项得到满意的调整，可向其认为有关的另一缔约方提出书面交涉或建议。任何被接洽的缔约方应积极考虑对其提出的交涉或建议。

2. 如在一合理时间内有关缔约方未能达成满意的调整，或如果困难属本条第 1 款（c）项所述类型，则该事项可提交缔约方全体。缔约方全体应迅速调查向其提交的任何事项，并应向其认为有关的缔约方提出适当建议，或酌情就该事项作出裁定。缔约方全体在认为必要的情况下，可与缔约方、联合国经济与社会理事会及任何适当的政府间组织进行磋商。如缔约方全体认为情况足够严重而有理由采取行动，则它们可授权一个或多个缔约方对任何其他一个或多个缔约方中止实施在本协定项下承担的、在这种情况下它们认为适当的减让或其他义务。如对缔约方的减让或其他义务事实上已中止，该缔约方有权在采取该行动后不迟于 60 天，向缔约方全体的执行秘书①提出退出本协定的书面通知，退出应在执行秘书收到该通知后的第 60 天生效。

根据以上内容，申请方的诉因可以有两个：一个是第 23.1 条"利益丧失或损害"之诉；另一个是第 23.2 条规定的"调整"或其他原因之诉。第二种情况下的举证非常困难，迄今为止，各成员都是基于第一种诉因提起争端解决的申请。

第一种诉因下的争端主要包括两种情况。第一种情况是第 23.1（a）条规

---

① 根据 1965 年 3 月 23 日的决定，缔约方全体将 GATT 秘书处负责人的头衔由"执行秘书"改为"总干事"。

定的违法之诉，即某成员对其 WTO 义务的违反导致申请方利益丧失或受到损害。另一种情况是第 23.1（b）条规定的非违法之诉，即虽然申请方的利益丧失或损害并非某缔约方违反其 WTO 义务的缘故，但其实施的某一措施造成了申请方利益丧失或损害的后果。

以第一种诉因为由提起争端解决申请时，申诉方首先必须证明利益丧失或受到损害。之后，再证明利益丧失或受到损害的原因是：（1）被申请方对其 WTO 义务的违反，或（2）被申请方采取的任何措施，不论措施是否与 GATT 相冲突。

1. **违法之诉**

根据第 23.1（a）条提起的违法之诉（violation claims），是迄今为止 GATT 及 WTO 争端中最多的争端。虽然第 23 条本身并没有强调违反 WTO 义务是以该条款为由进行申诉的前提，但在法律实践中，对 WTO 义务的违反，是使对方利益丧失或减免的直接证据。以下是"美国—禽肉案"关于违法之诉的裁定。

美国—某些影响中国禽肉进口产品的措施

WT/DS392/R

8.6　依照 DSU 第 3.8 条，如果某行为违背了某适用协定项下义务，则该行为构成导致该协定项下所规定利益丧失或减损的初步证据。据此，我们认定：美国所采取与《SPS 协定》及 GATT 1994 特定条款规定不一致的行动，使中国上述协定规定的利益丧失或减损。

* * *

GATT 第 23.1（a）条规定，争端提起方必须提出，其 WTO 协定项下利益因被诉方未履行 WTO 义务而丧失或减损。DSU 第 3.8 条规定，违反 WTO 协定项下义务，可以成为致使其他成员 WTO 协定项下利益丧失或减损的初步证据。因此，在"美国—禽肉案"中，只要举证证明美国违反了《SPS 协定》及 GATT 1994 特定条款所规定的义务，则中国证明美国措施使中国利益丧失或减损的举证责任即已完成。之后，按照举证责任规则，美国应当举证证明，其相关措施没有使《SPS 协定》及 GATT 1994 特定条款项下中国利益丧失或减损。若美国不能就此举证，则将承担败诉的后果。

2. 非违法之诉

WTO 绝大多数争端涉及对 WTO 有关义务的违反。但在少数情况下，成员可以不因任何其他方对其 WTO 义务的违反而要求 DSB 对其受到的贸易损失进行救济，这就是所谓的非违法之诉。非违法之诉的法律依据是 GATT 第23.1（b）条。自 1950 年以来唯一成功的非违法之诉，是 1962 年欧共体对油籽产品的"免税承诺"案件。

五　申请人资格及代理人资格

1. 申请人资格

关于谁有资格向 WTO 提起诉讼申请的问题，DSU 并没有严格的要求。在1997 年的"欧共体—香蕉进口、销售和分销制度案"[1] 中，欧共体认为，美国香蕉产量很少，且从未出口，因此，美国缺乏实际和潜在的经济利益，不应当具备申请争端解决的资格。上诉机构与专家组裁定一致，认为 DSU 没有明文规定申请成立专家组的成员必须具有法律认可的利益。作为香蕉生产国，至少美国有潜在的出口利益。同时，美国国内香蕉市场会因欧共体的香蕉体制对世界香蕉市场的供应和价格的影响而受到影响。随着世界经济越来越相互影响，各成员较从前更有必要维护 WTO 的有关规则，任何偏离通过谈判达成的权利和义务的平衡的行为，都将直接或间接地影响各方。

实际操作中，只存在潜在利益的成员方往往不会成为争端的发起方，却往往在争端提起之后，以第三方身份参与到争端解决过程中。截至 2019 年 1月 31 日，日本、欧盟和中国是以第三方身份参与争端最多的三个成员方，分别参与了 197 个、194 个和 166 个争端。[2]

2. 代理人资格

WTO 的法律体系庞大、复杂，要想在争端解决过程中作为一方代表参与诉讼，必须具备很好的法律训练及法律实践经验。关于 WTO 争端的代理人资格，DSU 没有明确规定。同样，在"欧共体—香蕉进口、销售和分销制度案"中，专家组裁定，只有政府成员和欧共体委员会成员才能作为争端代理人。原因是，如果允许政府以外的专业人士参与争端解决代表一方，则发达国家会比发展中国家有较大的优势。但是，本案上诉机构推翻了专家组的上述裁定，同意政府以外的法律人员参与案件，并裁定各 WTO 成员有权自行决定代

---

① EC-Regime for the Importation, Sale and Distribution of Bananas, WT/DS27, 1998.

② https://www.wto.org/english/tratop_e/dispu_e/dispu_by_country_e.htm，最后访问时间：2019 年1 月 31 日。

表团组成成员。

上诉机构的这一裁定符合国际公法的有关原则。谁有权代表政府的问题是国内法范畴的问题。事实上，要想控制政府以外的人员参与非常困难。即便控制了参与者的身份，起草者的身份还是难以控制。如果起草者是律师，为什么不能让他们直接参与？因此，允许非政府官员的律师参与争端解决代表一方更为合理。

第四节 WTO 争端解决程序

解决一个贸易争端主要分四个阶段：（1）争端各方通过磋商解决分歧；（2）磋商失败后，申诉方要求成立专家组裁定争端；（3）争端中任一方上诉到上诉机构；（4）争端解决机构负责监督由它提出的建议的执行。如果建议没有被执行，由谈判达成补偿或授权报复。

一 简介

WTO 争端解决的具体程序如下：

（1）磋商；

（2）成立专家组；

（3）专家组成员组成及职权范围的确定；

（4）专家组审查；

（5）专家意见；

（6）中期审议；

（7）专家组对争议各方及 DSB 的裁定报告；

（8）上诉；

（9）DSB 通过专家组或上诉机构报告；

（10）合理期限内执行裁定；

（11）对执行中的某些议题要求报告专家组进行裁定（可能发生）；

（12）赔偿谈判及暂停减让等待专家组建议；

（13）在不遵守裁定的情况下许可的报复；

（14）可能的仲裁。

图 5-1 为 WTO 争端解决的不同阶段。在所有阶段，争端各方均被鼓励进行磋商，以便"庭外"解决争端。在所在阶段，WTO 总干事均可进行斡旋、调解或调停。

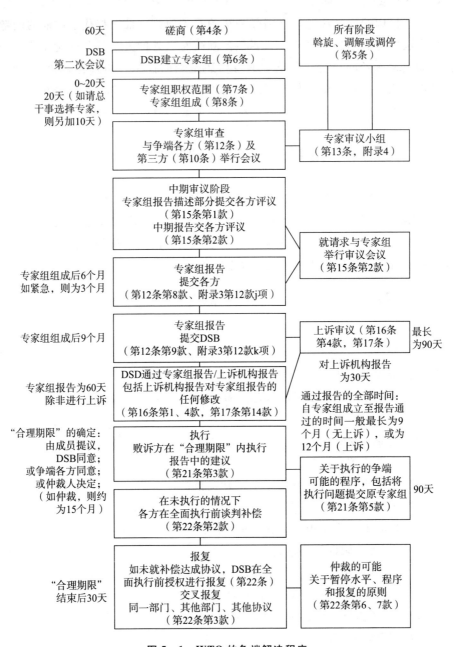

图 5 - 1 WTO 的争端解决程序

注：一些具体时间为最大值，一些为最小值，一些有约束力，一些无约束力。

资料来源：www.wto.org，最后访问时间：2019 年 8 月 1 日。

二　磋商

1. 磋商申请书的要求

GATT 第 23 条要求争端各方本着调整争端的态度进行磋商，力争在正式提起争端解决程序前解决问题。DSU 第 4.2 条同样要求各方进行充分磋商。DSU 第 4.4 条是对磋商的具体要求：

（1）以书面形式提交 DSB；

（2）说明提出请求的理由；

（3）明确造成争端的措施；

（4）指出造成要求磋商的争端的法律依据。

在提出磋商要求的申请书中，在申请方是否需要穷尽所有主张这个问题上，上诉机构在 1998 年"印度—对药品及农业化学产品的专利保护案"中给予否定的回答，裁定在磋商阶段仍可提出其他主张。上诉机构进一步要求争端各方无论在磋商初期，还是在之后的正式争端解决程序中，都必须就主张和与主张相关的事实进行全面披露和陈述。事实上，这种要求对正式启动争端程序时确定专家组职权范围很有帮助。

2. 磋商时间程序的规定

被要求进行磋商的一方必须在 10 日内回答申请方要求，并在 30 天内正式与对方进行真诚磋商。否则，在没有与申请方达成其他时间安排协议的情况下，申请磋商方有权直接要求成立专家组（DSU 第 4.3 条）。在磋商双方都认为磋商不能解决争端的情况下，申请方可在提出磋商 60 天内要求成立专家组，否则申请方只有在 60 天磋商期满之后才有权要求成立专家组（DSU 第 4.7 条）。

3. 有关利害关系第三方的规定

关于第三方的问题，DSU 第 4.11 条规定：一个认为磋商问题涉及其实质性利益的第三方，可以在磋商要求公告后的 10 天内，通告 DSB 及磋商各方要求参与磋商。如果的确存在其所称的实质性利益，则其要求应当被接受。从"欧共体—香蕉进口、销售和分销制度案"关于申请人资格"实质性利益"的裁定可以看出，事实上，任何希望成为第三方的成员都有资格申请以第三方的身份参与案件裁定。

三　成立专家组

磋商失败后，根据 DSU 第 6.1 条的规定，申请方即可申请成立专家组。

1. 申请书内容

DSU 第 6.2 条规定，成立专家组申请必须以书面形式提出，明确是否进行了磋商，确定引起争议的措施，并提供一份足以明确陈述所要求主张的法律依据概要。该条规定中较易引起争议的，是申请书是否确定了"引起争议的措施"并提供了"足以明确陈述所要求主张的法律依据概要"。

以下案例，是"中国—原材料案"上诉机构关于美国、欧盟与墨西哥对中国提起的成立专家组申请书是否"足以"明确陈述所要求主张的法律依据概要的裁定。本案案情参见附录相关部分。

中国—有关多种原材料出口的措施
WT/DS394，395，398/AB/R

213 2009 年 11 月 4 日，美国、欧盟和墨西哥提交构成本次争端基础的专家组请求。基于起诉方请求，在 2009 年 12 月 21 日的会议上，DSB 按照 DSU 第 9.1 条规定，设立单一专家组。在此会议上，中国表示，希望 DSB 就起诉方专家组请求的恰当性，以及该请求与 DSU 第 6.2 条的相符性，作出初步裁决。2010 年 3 月 31 日，即专家组成立次日，中国提交要求专家组作出初步裁决的请求。中国主张，起诉方专家组请求不符合 DSU 第 6.2 条的规定，因为该请求未能提供"一份足以清晰呈现起诉方所呈请问题的法律依据概要"。中国特别指出，专家组请求的第 Ⅲ 部分未能表明：（1）文字陈述与所列 37 项措施之间的"直接关联"；（2）所列 37 项措施与 13 项协定条款之间的"直接关联"；（3）所列 13 项协定条款与文字陈述之间的"直接关联"……
…………

215 专家组分两个阶段发布初步裁决回应中国主张。……第一阶段的初步裁决于 2010 年 5 月 7 日向争端各方发布。……专家组表示，"为全面评估应诉方抗辩能力是否受损，在裁定专家组请求是否足够充分这个问题时，需要考虑争端方的第一次书面陈述"。为此，在审查完争端各方的第一次书面陈述，且"能更全面考量中国是否有能力进行自我辩护"之前，专家组决定对起诉方关于专家组请求的第 Ⅲ 部分是否满足 DSU 第 6.2 条的规定这一问题"保留意见"。专家组指出，之所以如此，是因为起诉方的"一名代表保证"，"一旦中国和专家组收到起诉方的第一次书面陈述，所有关于诉讼范围不明确的顾虑都将得到解决"。专家组补充认为，这并不意味着"第一次书面陈述可以弥补专家组请求中的所有缺陷"。专家组进一步表示，"希望起诉方［能］

在其第一次书面陈述中澄清，具体哪些产品（或产品类别）涉及哪些具体措施（或措施类别），违背了其专家组请求第Ⅲ部分最后部分所列的哪些 WTO 具体义务"。

216 2010 年 9 月 6 日的第一次专家组会议之后，专家组要求起诉方列出所有其寻求专家组建议的措施，以及他们认为这些措施所违反的 WTO 条款。为此，起诉方于 2010 年 9 月 13 日提交了一份表格，分三栏，列出了涉案"出口限制"的类型、与之相应的"措施，即法律文件"，以及每项措施"所违反的 WTO 条款"。随后，专家组于 2010 年 10 月 1 日，发布第二阶段初步裁决，指出起诉方"未在其书面陈述和之后的口头陈述中直接回应"关于其专家组请求第Ⅲ部分是否符合 DSU 第 6.2 条规定的问题。尽管如此，专家组最终认定，"起诉方第一次书面陈述列明了指控措施范围，以及这些措施与所违反义务之间的充分关联"。专家组这一结论的依据，是起诉方为答复专家组在其第一次会议后所提出的一个问题而提交的表格中所包含的信息。在 2010 年 11 月 22 日第二次专家组会议上，为"澄清所有疑问"，美国在其开庭陈述中，附上一份经过修改的表格，列明了诉请专家组作出裁决的措施。

217 最终，专家组驳回了中国关于起诉方专家组请求第Ⅲ部分未能提供"一份足以清晰呈现起诉方所呈请问题的法律依据概要"的主张……

218 DSU 第 6.2 条相关部分规定：

> 设立专家组的请求应以书面形式提出。请求应指出是否已进行磋商，并确认具体争议措施，同时，提供一份足以清晰呈现起诉方所呈请问题的法律依据概要。

219 上诉机构曾经作出解释，DSU 第 6.2 条在 WTO 争端解决中发挥关键性作用，并规定了起诉方提交的专家组请求所必须满足的两个关键要求，即"确定具体涉案措施，以及提供一份所呈请问题（或主张）的法律依据概要"。这两个要求同属于"提交 DSB 的争议事项"。如果未适当确定其中任何一个，则争议事项不在专家组职权范围之内。因此，满足以上要求"不仅仅是一种形式"。正如上诉机构所述，根据 DSU 第 7.1 条，专家组请求是构成专家组职权范围的基础。此外，这也符合向应诉方和第三方通报起诉方案件性质的正当程序要求。因此，确认具体涉案措施，并提供"一份足以清晰呈现起诉方所呈请问题的法律依据概要"，是确定专家组所需处理争端范围的核心。

220 为判断所提交专家组请求是否满足了 DSU 第 6.2 条的要求，专家组必须仔细审查专家组请求的措辞。分析以个案为基础。争端一方所提交的陈述，可以被用于确认其专家组请求所用词语的含义，但陈述中所引用的内容，"不具有弥补有缺陷的专家组请求的作用"。例如，一份专家组请求是否已经列明"具体涉案措施"，可能取决于那些措施实施的特定背景，以及这些措施被明确列出的可能性。与此同时，一个基于多个措施违反多个 WTO 条款的专家组请求是否已经提供了"一份足以清晰呈现起诉方所呈请问题的法律依据概要"，还可能取决于请求是否明确了哪个"问题"是由哪一个或哪一组措施所造成。上诉机构曾经解释道，为"清晰呈现所呈请问题"，专家组请求必须"将被诉措施与其所违反的适用协定条款"进行明确关联。此外，如果一个条款涵盖多项而非一项单独义务，则专家组请求可能需要明确该条款中的哪一项义务是被诉义务。我们认为，一份有缺陷的专家组请求可能有碍于专家组在 DSU 严格规定的时间范围内履行其裁判职能，从而对按照 DSU 第 3.3 条迅速解决争端产生影响。因此，起诉方在准备专家组请求时应特别警惕，在根据多个不同条约条款起诉多项措施的时候尤其如此。

221 谨记上述考虑，我们转向本次争端的涉案专家组请求。我们注意到，起诉方的专家组请求均由三个单独部分构成。第 I 部分的标题为"出口配额"，该部分指控中国对矾土、焦炭、氟石、碳化硅和锌实施出口配额的行为，违反了 GATT 1994 第 XI - 1 条的规定，以及《中国加入工作组报告书》（"中国《工作组报告书》"）第 162 段和第 165 段的内容。第 II 部分标题为"出口关税"，其中，起诉方主张，中国对矾土、焦炭、氟石、镁、锰、金属硅、黄磷和锌征收的出口关税，违反了中国在《中华人民共和国加入议定书》（"中国《入世议定书》"）第 11.3 段所做的承诺。第 I 部分和第 II 部分分别涉及一种出口限制形式，而第 III 部分所涵盖的诉请范围更大，直接针对第 III 部分标题所称的"其他出口限制"。

222 第 III 部分介绍性段落泛泛提及，"中国对原材料的出口实施了其他限制，其管理措施的方式不统一、不公正且不合理，对出口设置了过多的规费和手续，且未公布某些与出口要求、出口限制和出口禁止相关的措施"。该段之后，在美国和墨西哥的专家组请求中有 5 个单独的段落，在欧盟的专家组请求中有 6 个单独的段落，列出了针对那些涉及不同情况下没有满足 WTO 协定项下义务的各种可能的违规指控。这些指控包括：出口配额管理、出口配额分配、出口配额数量和实施程序的公布、出口许可要求、最低出口限价要求以及费用和手续。

223 这些段落中的每一段，均简要描述了不同类别的限制措施所违反的不同义务。三份专家组请求的相关部分措辞几乎完全相同，其内容如下：

> 中国通过国务院下属部委和其他机构以及商会和行业协会，管理前文第一部分所述适用于矾土、焦炭、氟石、碳化硅和锌的出口配额。该管理方式限制了出口，且不统一、不公平、不合理。在管理这些原材料配额时，中国对国内外企业及个人的出口权利进行了限制。

> 中国通过招标制度来分配前文第一部分所述的适用于矾土、氟石和碳化硅的出口配额。中国通过国务院下属部委和其他机构以及商会和行业协会，管理此种招标制度下的要求和程序。该管理方式限制了出口，且不统一、不公平、不合理。在管理此种招标制度时，中国要求外商投资企业满足某些条件方可出口这些原材料，而中国的企业，则无须满足此类条件。［此外，中国要求这些原材料的出口企业支付过高规费，且对这些原材料的出口设置过多手续。］

> 中国没有公开锌的出口配额，也没有公开申请企业为获取锌出口资格所须满足的任何条件或所须履行的任何程序。

> 此外，中国通过非自动许可限制矾土、焦炭、氟石、锰、碳化硅和锌的出口。在管理第一部分所述出口配额的过程中，中国还对矾土、焦炭、氟石、碳化硅和锌设置非自动出口许可，作为这些原材料的额外出口限制。

> 中国还要求出口原材料价格达到或超过规定的最低价格，以此对这些原材料的出口实施数量限制。此外，中国通过国务院下属部委和其他机构以及商会和行业协会对价格要求进行管理。该管理方式限制出口，且不统一、不公平、不合理。此外，中国并未公开某些与上述要求相关的措施，使各国政府和贸易商无法知晓这些要求。

> ［中国还针对这些原材料的出口设置了过多规费和手续。］

224　陈述段落之后，三份专家组请求均以下措辞开头，列出了完全相同的 37 份法律文件："［起诉方］理解，中国的这些措施体现在如下及其他文件中：……"这些请求所列出的法律文件，其范围，从法律、法规全文或整章，如《中华人民共和国对外贸易法》（"中国《对外贸易法》"），到具体的管理措施，如《2009 年度氟石块（粉）出口配额第一次公开招标公告》（"《2009 年氟石第一次招标程序》"）。起诉方的专家组请求，并未指出所列任何一份文件的具体部分或条款。

225　专家组请求第Ⅲ部分最后一段列出 13 个条约条款。美国和墨西哥声称，"这些措施与 GATT 1994 第Ⅷ-1（a）条和第Ⅷ-4条、第Ⅹ-1条和第Ⅹ-3（a）条及第Ⅺ-1条，以及中国《入世议定书》第Ⅰ部分第2（A）2段、第5.1段、第5.2段和8.2段不符，也与中国《入世议定书》第Ⅰ部分第1.2段项下义务不符……欧盟专家组请求第Ⅲ部分最后一段，除了提及 GATT 1994 第Ⅷ-1条而非 GATT 1994 第Ⅷ-1（a）条外，其他内容完全相同。

226 在专家组请求第Ⅲ部分已明确列出符合 DSU 第6.2条要求的诉请措施这个问题上，中国没有反对意见。此处的争议在于，第Ⅲ部分是否提供了"一份足以清晰呈现起诉方所呈请问题的法律依据概要"。正如上诉机构在"欧共体—部分海关事项案"中的裁定，符合 DSU 第6.2条要求的所呈请问题的法律依据概要，应"简明阐释起诉成员方如何或为何认为涉案措施违反了争议 WTO 义务"。根据我们的解读，本案起诉方专家组请求没有清楚表明究竟过失所对应的是其所列措施中的哪一项或哪一组。此外，专家组请求没有清楚表明，所列每一项措施究竟是与其陈述性段落所述的某一具体主张相关，还是与一些甚至所有主张相关；每一项所列措施，究竟违反了适用协定的某一个具体条款，还是多个条款。

227 第一，例如，起诉方指出中国《对外贸易法》作为争议措施。但是，很难从专家组请求第Ⅲ部分的陈述段落措辞中分辨出，这些段落所列诸多违规指控中，究竟哪一个源于中国《对外贸易法》，也无法分辨中国《对外贸易法》究竟违反了陈述段落所列诸多 WTO 协定条款中的哪一条或哪几条。

228 第二，第Ⅲ部分所罗列 WTO 条款，内容宽泛且义务各异。更确切地说，起诉方声称，这些措施与 GATT 1994 第Ⅷ-1（a）条和第Ⅷ-4条，第Ⅹ-1条、第Ⅹ-3（a）条及第Ⅺ-1条，以及中国《入世议定书》第Ⅰ部分第2（A）2段、第5.1段、第5.2段和第8.2段不符，也与中国《入世议定书》第Ⅰ部分第1.2段项下义务不符。中国在这些不同条款项下的义务繁杂，因此，难以认定究竟与第Ⅲ部分所列法律文件相关的哪些问题，属于 DSU 第6.2条的管辖范围。

229 第三，对与不同限制措施相关的不同的过失指控，这些陈述段落只做了泛泛的描述，而没有明确表明究竟哪一些措施违反了哪一些条约义务，或哪一组措施共同违反了哪一些条约义务。例如，起诉方专家组请求第二陈述段声称，"中国通过国务院下属部委和其他机构以及商会和行业协会管理……出口配额，该管理方式限制出口且不统一、不公平、不合理"，同时，"在管理这些原材料配额时，中国对国内企业及外国企业和个人的出口权利进行限制"。将这些措辞与专家组请求所列法律文件，及第Ⅲ部分所列 WTO 条款一并解读，会发现不同条约条款项下所产生的不同问题，是被混杂在一起陈述的。

230　上诉机构曾经阐释，一项主张必须按照第 6.2 条所要求的方式，对问题进行明确的陈述。本案情况并非如此。本案中，起诉方的专家组请求第Ⅲ部分，泛泛提及"其他出口限制"，以及由 GATT 1994、中国《入世议定书》以及中国《工作组报告书》各条款下诸多不同义务衍生而来的多个问题。无论措施标题还是陈述段落，均未证实，究竟是不同组别的措施共同违反了被诉的每一项义务，还是某项特定措施单独违反了一项或多项义务。

231　与专家组一样，我们不认为起诉方专家组请求第Ⅲ部分拟就所有措施所涉所有条约条款提出所有的主张。相反，我们认为，起诉方仅指控某些（某类）措施与某些（某类）WTO 义务不符。本案中，范围广泛的一系列义务，与 37 份法律文件混列一处。这些法律文件，从中国《对外贸易法》，到对特定产品适用的具体管理措施不等。这样的专家组请求，使所诉请"问题"无法得到清晰的体现。起诉方未能就其起诉提供足够明确的法律依据，以满足 DSU 第 6.2 条的要求，因为，无论是在陈述段落中，还是在最后列举那些被其认为遭到僭越的适用协定条款时，起诉方均未提供一个依据，使专家组和中国能够据此明确认定，所指控的哪一个或多个"问题"由哪些措施造成。起诉方未能遵照 DSU 第 6.2 条的规定，就其诉求呈递足够清晰的法律依据。

232　如果与 DSU 第 6.2 条要求不符，其是否使得中国该条款项下的正当程序权利受损，争端各方对此意见各异。中国声称，在起诉方提交专家组请求时，中国无法就专家组请求第Ⅲ部分所列主张着手准备抗辩，"因为无法确定不同的陈述段落所指的涉案措施，以及基于该涉案措施所提出的主张"。欧盟回应称，中国在其提交专家组的第一次书面陈述中，"有效且全面"地对起诉方提出的所有主张进行了抗辩，说明中国的正当程序权利并未遭到削弱。美国和墨西哥指出，中国曾经提出的，起诉方"就影响部分子类产品的部分子类措施提出了部分子类主张"的陈述，表明中国了解"共同起诉方可能对其提起的所有可能的主张"。

233　上诉机构曾指出，正当程序"并不是用来确定适当的专家组管辖范围；相反，正确确立专家组管辖范围的过程"，是一个正当程序的过程。因此，我们认定，专家组的如下做法存在问题，即：在正确认定起诉方后续书面陈述不能弥补一份有缺陷的专家组请求以后，仍决定就专家组请求是否符合 DSU 第 6.2 条要求持"保留意见"，直至审查完毕争端各方第一次书面陈述，并"能够更全面地考量中国是否有能力为自己辩护"。中国或许有能力为自己辩护这一事实，并不代表本争端专家组请求第Ⅲ部分符合DSU第6.2条的要求。在任何情况下，对是否满足DSU第6.2条正当程序目标的判断，其依据不能是应诉方对起诉方第一次书面陈述中的论证和主张所作的回应。相反，我们认为，可以合理预期的是，抗辩陈述可能会涉及起诉方第一次书面陈述中的主张。我们进一步认定，专家组在程序阶段较晚的2010年10月1日才作出第二阶段初步裁决，这样的做法也是不妥当的。

234 鉴于起诉方未能就GATT 1994的第Ⅷ-1（a）条、第Ⅷ-4条、第Ⅹ-1条、第Ⅹ-3（a）条和第Ⅺ-1条，中国《入世议定书》第Ⅰ部分的第2（A）2段、第5.1段、第5.2段和第8.2段，以及中国《工作组报告书》第83段、第84段、第162段和第165段下涵盖的宽泛承诺，与所指控的37项措施，提出充分明确的关联，我们认定，起诉方专家组请求第Ⅲ部分，不符合DSU第6.2条关于"提供一份足以清晰呈现起诉方所呈请问题的法律依据概要"的要求。

235 因此，我们认定，专家组对起诉方专家组请求第Ⅲ部分所列主张作出裁决的做法，不符合DSU第6.2条。因此，我们宣布，专家组在专家组报告如下段落中的裁决没有意义且无法律效力：第8.4（a）~（d）段、第8.11（a）~（e）段和第8.18（a）~（d）段就有关出口配额的管理和分配的诉请所作的裁决；第8.5（a）~（b）段、第8.12（a）~（b）段和第8.19（a）~（b）段就有关出口许可证要求的诉请所作的裁决；第8.6（a）~（b）段、第8.13（a）~（b）段和第8.20（a）~（b）段就有关最低出口限价要求的诉请所作的裁决；以及第8.4（e）段、第8.18（e）段就有关出口费用和出口程序的诉请所作的裁决。基于此，我们没有理由进一步考虑中国在其上诉中就这些裁决提出的主张，也没有理由进一步考虑起诉方在其交叉上诉中就这些裁决提出的主张。

* * *

2. 专家组成员

专家组成员由秘书长指定。反对其指定人选的一方必须提出令人信服的理由，其反对意见才有可能被考虑（DSU第8.6条）。如果在专家组建立20天内，争端各方对专家组成员提出异议，且争端各方不能就专家组成员达成一致意见，总干事在任何一个争端方的要求下，经会商DSB主席与争端各方，自行决定专家组人选，10 天后人选选派生效（DSU 第 8.7 条）。在 WTO 实践中，总干事几乎在一半的案件中指定过专家组成员。

关于成员的资格问题，DSU 第 8.1 条规定，专家组应由"资深政府和/或非政府个人组成，包括曾在专家组任职，或曾向专家组陈述案件的人员，曾任一成员代表或一 GATT 1947 缔约方代表，或任何适用协会或其先前协会的理事会或委员会代表的人员、秘书处人员，曾讲授或出版国际贸易法或政策著作的人员，以及曾任一成员高级贸易政策官员的人员"。

总结起来，有三类人可以成为专家组成员：现任或前任政府官员，GATT 或 WTO 官员，贸易方面的学者或律师。事实上，专家组成员绝大多数是现职或前任政府官员。[①]

DSU 第 8.3 条规定，在没有当事各方协议情况下，专家组成员不应当是参与争端的当事方或第三方公民。在涉及发展中国家的案件中，如果发展中国家要求，专家组至少有一名成员必须来自发展中国家（第 8.10 条）。当专家组进行案件审理时，成员应以个人身份任职，既不作为政府代表，也不作为成员方代表，因此，DSU 禁止各成员方就专家组审议事项向专家组成员作出指示，或对他们施加影响（第 8.9 条）。

3. 专家组职权范围

专家组人选决定后的下一个议题，是决定专家组职权范围。DSU 第 7.1 条规定了专家组的标准职权范围："按照（争端各方引用的适用协定名称）的有关规定审查（争端方名称）在……文件中提交 DSB 的事项，并提出调查结果以协助 DSB 提出建议或作出该协定规定的裁决。"这个标准职权范围几乎成为专家组在所有案件裁定中统一的职权范围。该规定突破了国际仲裁中仲裁庭职权范围由当事各方自行协商确定的惯例。专家组的职权范围事关重大，常常引起争议。例如，专家组如何决定哪些其他条款与争议条款有关，因此应当被引用来决定最终裁定；或如果争议方提出某一其他条款与争议条款有关时，专家组应如何决定是否有关等。

专家组职权范围非常重要。正如上诉机构在"巴西—影响椰子干的措施案"中指出的，专家组职权范围的设定，满足了正当程序（due process）的要求。它为争端各方提供了有关争议的充分信息，使他们有机会对申请提出

---

① 截至 2019 年 1 月 31 日，商务部条法司原司长张玉卿，是中国唯一参加过 WTO 专家组的人员。他在 2008 年作为专家组成员，审理了 "European Communities-regime for the Importation, Sale and Distribution of Bananas, Second Recourse to Article 21.5 of the DSU by Ecuador, WT/DS27/RW2/ECU, 7 April 2008" 案件。

反驳意见，同时，通过准确界定有关争议的申请请求，确立了专家组的司法管辖权。

"欧共体—紧固件案"，就其职权范围的确定，专家组较为详细地总结了之前案例中的相关分析。本案案情参见本书附录相关部分。

欧共体—对某些中国钢铁紧固件的最终反倾销措施
WT/DS397/R

7.11 欧盟认为，中国第一次书面陈述中的某些诉请不属于专家组职权范围。原因是：（1）中国没有按照 DSU 第6.2条的要求在其专家组请求中列明这些诉请；或（2）这些诉请未经磋商。……

…………

7.13 欧盟提出的首个职权范围异议，主要涉及中国的专家组请求。我们注意到，DSU 第7.1条规定，决定 WTO 专家组职权范围的，是起诉方所做出的设立专家组的请求，亦即专家组请求。DSU 第6.2条相关规定如下：

> 设立专家组的请求应以书面形式提出。请求应指出是否已进行磋商，确认争论中的措施并提供一份足以清晰呈现起诉方所呈请问题的法律依据概要。①

因此，专家组请求必须说明具体争议措施，并提供一份足以清晰呈现起诉方所呈请问题的法律依据。二者共同构成"提请 DSB 的事项"，且根据 DSU 第7.1条，它们构成专家组职权范围的基础。专家组请求应当足够清晰。这一点非常重要，原因有二。首先，它决定专家组的管辖范围，只有专家组请求所提请事项才属于专家组的职权范围。其次，它告知争议双方及潜在第三方起诉方案件的性质，以此保障正当程序目标的实现。为保证这些目标的实现，专家组必须仔细审核专家组请求，"以确保其符合 DSU 第6.2条的行文与精神"。

7.14 关于一份专家组请求是否提供了 DSU 第6.2条意义上"一份足以明确陈述问题的起诉的法律根据概要"的问题，上诉机构在"韩国—奶制品案"中的分析为专家组审理提供了指导。首先，解决这个问题应以个案为基

---

① 条约引用以法律出版社 2000 年版的《乌拉圭回合多边贸易谈判结果：法律文本》为准。余同。——作者注

础。其次，专家组必须仔细审核专家组请求，以确保其符合 DSU 第 6.2 条的行文与精神。最后，专家组应当考虑诉争具体条款的性质。例如，在诉争条款设立了不止一项特定义务而是多项义务的情况下，仅列出条约条款或许不能满足第 6.2 条所确立的标准的内容。

7.15 由此，我们将按照上述准则，评判欧盟关于中国第一次书面陈述中的部分诉请，没有按照 DSU 第 6.2 条的要求，在其专家组请求中列明的主张。这要求我们的每一项审议都考虑中国专家组请求的文字表述，以确定其是否列明了具体措施，是否提供了一份起诉方所呈请问题的法律依据概要，并考虑专家组请求的这种形式是否潜在地损害了欧盟的利益。此外，正如上诉机构所述，专家组请求的文字表述，必须在整体上体现出与 DSU 第 6.2 条的一致性，且专家组请求的瑕疵是不能通过后续陈述予以弥补的。

7.16 欧盟就职权范围提出的第二个异议涉及磋商。欧盟主张，中国专家组请求中的某些诉请虽阐述充分，却未经磋商，故不属于专家组的职权范围。为支持该观点，欧盟指出，这些诉请，要么在中国磋商请求中的提法不当，要么在磋商请求中根本不曾提及。

7.17 欧盟关于职权范围的异议提出了起诉方磋商请求和专家组职权范围的关系问题。我们注意到，DSU 没有任何条文直接阐述这个问题。DSU 第 4 条标题为"磋商"的相关部分规定：

> 4. 任何磋商请求应以书面形式提交，并应说明提出请求的理由，包括确认所争论的措施，并指出起诉的法律根据。

> 7. 如在收到磋商请求之日起 60 天，磋商未能解决争端则起诉方可请求设立专家组。如磋商各方共同认为磋商已不能解决争端，则起诉方可在 60 天期限内请求设立专家组。

《反倾销协定》第 17 条也就该协定下 WTO 成员之间的磋商问题做出了规定。相关规定如下：

> 17.1 除本协定另有规定外，DSU 适用于本协定项下的磋商和争端解决。

> 17.3 如任何成员认为其在本协定项下直接或间接获得的利益正在因另一成员或其他成员而丧失或减损，或任何目标的实现正在受到阻碍，则该成员为就该事项达成双方满意的解决方案，可以书面形式请求与所涉一个或多个相关成员进行磋商。每一成员应对另一成员提出的磋商请

求进行积极考虑。

17.4 如请求磋商的成员认为按照第 3 款进行的磋商未能达成双方认可的解决办法，且进口成员的行政主管机关已经采取征收最终反倾销税或接受价格承诺的最终措施，则该成员可将此事项提交争端解决机构（"争端解决机构"）。

7.18 由此，DSU 第 4.4 条规定，磋商请求必须表明争议措施及起诉方的法律依据。DSU 第 4.7 条也做出相应的规定，如果双方未能在收到磋商请求后 60 日内解决争端，起诉方可以请求设立专家组。《反倾销协定》第 17.1 条规定 DSU 适用于《反倾销协定》下的磋商和争端解决。《反倾销协定》第 17.3 条规定，如任何成员认为，其在本协定下直接或间接获得的利益，正因其他一个或多个成员而丧失或减损，或认为任何目标的实现正受到阻碍，可请求与该相关成员进行磋商。《反倾销协定》第 17.4 条规定，如果双方磋商不成，起诉方可以将案件提交争端解决机构并请求设立专家组。最后，第 17.5 条规定，争端解决机构在这种情况下，应当设立专家组以解决争端。

7.19 在我们看来，以上任何一个法律条文都没有规定，在磋商请求中没有特别提出的诉请，起诉方是不能够在其专家组请求中提出的。DSU 第 6.2 条规定，专家组请求必须说明是否举行过磋商。但无论是该条还是 DSU 的任何其他条款，都没有规定磋商请求的范围将决定后续专家组请求的具体范围。

7.20 我们注意到，前述专家组和上诉机构报告已就起诉方磋商请求对专家组职权范围的影响这一问题展开过讨论。例如，"加拿大—航空器案"应诉方认为，起诉方磋商请求中未表明的措施，其相关诉请不在专家组职权范围内。专家组驳回了这种观点，并强调职权范围由起诉成员的专家组请求决定，且只要磋商请求和专家组请求都是关于同一"争端"，即使在磋商请求中没有提出的诉求，只要在设立专家组请求中提出，就应属于专家组职权范围。在专家组看来，"这既承认磋商请求的'事项'不必与专家组请求'事项'完全相同，也维护了正当程序的要求"。根据上述论证，磋商请求的范围不必与专家组请求范围完全相同。专家组的这一裁决未被上诉。

7.21 "巴西—航空器案"存在同样的争议。该案应诉方认为，起诉方磋商请求中未提及的某些补贴项目，尽管它们被列入了专家组请求，但不应该属于专家组的职权范围。专家组指出，根据 DSU 的规定，WTO 专家组的职权范围是由起诉方专家组请求而非磋商请求决定的。专家组承认磋商对澄清争端双方情况的重要性，但同时指出，将专家组庭审范围限定在与磋商完全一致的事项范围，将削弱专家组程序的效力。根据专家组意见：

> 如果一方能证明某项争端未经磋商，专家组可以对该"争端"是否经过磋商进行认定，并考虑初步异议是否可以得到支持。但我们不认为，DSU 第4.7条或者《SCM 协定》第4.4条要求经过磋商的事项，要与设立专家组请求的事项完全一致。

上诉阶段，上诉机构支持了专家组的论证：

> 然而，我们不认为，DSU 第4条和第6条或《SCM 协定》第4条1－4款要求磋商的具体措施，与设立专家组请求所列具体措施一模一样。正如专家组所述，"《SCM 协定》所规定的磋商目的之一，是'澄清事实情况'，而磋商过程所获信息，可使起诉方锁定设立专家组请求的事项范围"。我们确信，该案争议措施是巴西 PROEX 项下对区域航空器的出口补贴。双方对这些补贴进行了磋商，而请求争端解决机构设立专家组所针对的同样是这些补贴……

7.22　上诉机构在近期的"美国—高地棉案"中强调了不能以磋商请求对争端范围进行不恰当限制的重要性。上诉机构指出：

> 只要起诉方没有扩大争端范围，我们不愿对磋商范围与专家组请求范围设定"一模一样"这样一个过于严苛的标准，因为如果这样，磋商请求就替代了专家组请求。根据 DSU 第7条的规定，除非当事方另行达成一致，设立专家组的请求将决定专家组的职权范围。

7.23　在"墨西哥—大米反倾销措施案"中，应诉方提出，较磋商请求，起诉方的专家组请求扩大了法律依据的范围，遂要求专家组裁定，专家组请求中与这些新的法律规定相关的诉请不在专家组职权范围之内。专家组拒绝了该请求并指出：

> 我们认为，与磋商请求相比，设立请求补充了更多的违法指控，这是磋商的结果。因为磋商的目的，正在于澄清事实情况，使起诉方能够锁定请求成立专家组的事项范围。但这并不代表该事项未经磋商。事实上，磋商请求和设立专家组请求的唯一不同，仅在于后者增加了若干条相互之间紧密关联的法律条款内容，而起诉方认为被诉方违反了这些条款项下义务。措施保持不变，诉请的法律基础也没有变，设立请求的陈

述部分证明了这一点。在我们看来，设立专家组请求所涉及的事项已经过了磋商。我们因而拒绝墨西哥的请求。

上诉机构维持了专家组的上述裁定。忆及此前对此诉争的裁定，上诉机构指出，此前报告中关于某争议措施的磋商请求与其专家组请求范围不同的论证，对这两份起诉方文件法律依据不同的情形同样适用。上诉机构强调，磋商的功能在于双方交换必要的信息，以准确界定争端范围，而这可能导致起诉方在专家组请求中重新组织其诉请。根据上诉机构的意见：

> 磋商请求援引的法律条款，没有必要与专家组请求列出的法律条款完全相同，只要有理由认为，专家组请求中的"法律依据"源自磋商请求实体的"法律依据"即可。换言之，所增加的法律条款不会对诉请产生实质性的影响。

7.24　综上所述，我们认定，无论是关于诉争具体措施，还是诉请的法律依据，中国的磋商请求不必与其专家组请求完全相同。只要磋商请求和专家组请求都是关于"同一事项"，或者说，只要有理由认为，专家组请求中的"法律依据源自磋商请求明确提出的法律依据"，一项在专家组请求中以适当的方式提出，但没有在中国磋商请求中具体明确的诉请，将属于专家组的职权范围。

7.25　最后，关于磋商，我们忆及中国在证据第 CHN-65 号中提交了一份其声称在磋商前曾发给欧盟，并在磋商中讨论过的问题清单。欧盟提出，中国专家组请求中的若干诉请，在磋商中未曾讨论过。中国在对欧盟的这一事实主张作出回应时，提交了这份文件。由此引发了什么决定双方争端磋商范围这个问题：是磋商请求，还是在磋商中实际讨论的问题。我们注意到，同样的问题出现在"美国—高地棉案"中。"美国—高地棉案"的事实情况与本案非常相似。此案起诉方向专家组呈交了一份已经以书面形式在磋商时提交给应诉方的问题清单。在决定起诉方是否在专家组请求中扩大了争端范围时，专家组对此清单加以考虑，以确定各方究竟实际讨论了哪些问题。但是，上诉机构不同意专家组的这种做法，裁定专家组对磋商范围的分析应当限定在书面磋商请求范围内。上诉机构认为，审核磋商实际讨论的问题，将有违 DSU 第 4.6 条和第 4.4 条。这两条分别规定，磋商应该是保密的，磋商请求应该以书面形式作出，并通知争端解决机构。上诉机构进一步指出，通常，专家组很难了解磋商讨论的内容，因为这些讨论没有公开记录，而当事方对所讨论的事项往往意见各异。

7.26　考虑到上诉机构的论证，我们裁定，调查中国和欧盟磋商中实际讨论的内容并不恰当，因此，我们对磋商范围的分析，将仅限于中国磋商请求的文本。

…………

中国提出的所有与《反倾销基本条例》相关的诉请是否属于专家组职权范围？

7.43　我们注意到，欧盟对中国《反倾销协定》第6.10条、第9.3条和第9.4条项下诉请的初步反对意见，其依据如下：具体争议措施——《反倾销基本条例》第9（5）条——只涉及反倾销税的征收，而中国援引的《反倾销协定》三个条款，则是关于倾销幅度的认定，或反倾销税率水平的确定。根据欧盟的观点，具体争议措施与倾销幅度计算无关。因此，欧盟主张，《反倾销协定》项下关于倾销幅度计算的诉请，不属于专家组职权范围。

7.44　关于这点，我们同意中国的看法。欧盟将专家组请求中对诉请的说明，与此后在专家组程序中所要讨论的观点混为一谈。关于这三项诉请，欧盟用了很大篇幅，论证《反倾销基本条例》第9（5）条与倾销幅度计算无关，因而三项诉请不在这三个法律条款规定的义务范围之内。我们认为，这些观点既相关又重要。的确，我们清楚，《反倾销基本条例》第9（5）条是否仅限于反倾销税的实施，还是也涉及反倾销幅度的计算，及反倾销税级别的确定，是一个有争议的问题，应当在本案实体部分而非初步异议阶段解决。我们注意到，该主张是欧盟针对职权范围提出异议的唯一依据。因此，我们裁定，中国在《反倾销协定》第6.10条、第9.3条和第9.4条项下的诉请受我们管辖。

* * *

以下"美国—禽肉案"部分，讨论了专家组职权范围规则运用中出现的一种特殊情况。本案案情参见附录相关部分。

美国—影响自中国进口的禽肉产品的某些措施
WT/DS392/R

7.3　……美国辩称，磋商请求并非依据《SPS协定》提出。中国磋商请求的相关部分如下：

此外，尽管中国并不认为，美国限制从中国进口禽类制品的争议措施构成《SPS 协定》项下的"SPS 措施"，但是，如果该措施被证明属于 SPS 措施，中国亦根据《SPS 协定》第 11 条，请求与美国进行磋商。特别是，如果该措施被证实为 SPS 措施，中国认为该措施违反美国《SPS 协定》项下义务，包括但不限于其中的第 2.1~2.3 条、第 3.1 条、第 3.3 条、第 5.1~5.7 条及第 8 条。

总体而言，如果该措施被证实构成一项 SPS 措施，则中国担心美国所采取的措施可能违反《SPS 协定》第 2.1 条、第 2.2 条、第 5.1~5.4 条及第 5.6 条义务。因为该 SPS 措施并非基于对特定风险的适当评估，也未得到充分科学证据的支持。中国进而关注，如果该措施并未对来自其他成员的类似进口适用，则其可能违反《SPS 协定》第 2.3 条和第 5.5 条。另外，中国关注任何未能在控制、检验和批准程序方面遵守《SPS 协定》附录 C 各项要求的 SPS 措施，因为这样的措施可能违反《SPS 协定》第 8 条。此外，中国认为，不存在任何国际标准、指南或建议，可以证明美国措施的正当性，也没有任何理由可以认为，美国的措施与《SPS 协定》第 3.1 条和第 3.3 条相一致。最后，即使《SPS 协定》第 5.7 条适用，中国亦不认为存在任何可使美国措施因第 5.7 条而获得正当性的理由。……

…………

7.12 尽管中国的磋商请求的确提及《SPS 协定》第 11 条，但美国认为，中国所使用的条件句意味着中国实际上并没有要求进行磋商。美国解释称，最初，中国在其磋商请求中表明，不认为争议措施属于《SPS 协定》的范畴。随后，中国表明，如果有任何措施被证明属于 SPS 措施，则同样要求按照《SPS 协定》第 11 条与美国进行磋商。美国辩称，中国既然表示不认为相关措施是 SPS 措施，这样的态度同样表明，根据《SPS 协定》第 11 条提出磋商请求的条件尚未得到满足。因此，美国提出，唯一的结论是，因磋商条件尚未得到满足从而不存在任何按照《SPS 协定》第 11 条提出的磋商请求。

…………

7.25 在这种情况下，专家组需要判定，中国磋商请求使用的条件句是否意味着中国并未要求就《SPS 协定》进行磋商，并且，专家组是否因此无权听取中国《SPS 协定》项下的诉请。我们注意到，关于磋商请求及磋商内容与专家组职权范围之间关联的案例为数不少。然而，对于在磋商请求中使用条件句造成何种影响的问题，先前的专家组或上诉机构却不曾染指。

7.26　通常，DSU 第 7.1 条规定的专家组职权范围由专家组请求确定，而专家组请求必须符合 DSU 第 6.2 条的规定。此外，上诉机构曾经解释，"一般而言，磋商是专家组程序的前置条件"，并强调磋商的重要性及其益处。上诉机构尤其指出，磋商有助于帮助各方评估案件的优势与劣势，缩小相互之间的差异，以期达成一致的解决方案。另外，磋商为各方提供了界定争端范围的机会。

7.27　DSU 第 4 条规定了磋商机制。DSU 第 4.2 条规定，"每一成员承诺对另一成员提出的……影响任何适用协定运用的措施的交涉给予积极考虑，并提供充分的磋商机会"。

7.28　同样，上诉机构在"巴西—航空器案"中提及，按照 DSU 第 4 条和第 6 条……设定的程序，在将争端提交 DSB 设立专家组之前，起诉方必须提出磋商请求，并实际举行了磋商。同样在该案中，专家组认定，由于 DSU 实际上要求 DSB 根据一方申请自动设立专家组，因此，专家组不能依靠 DSB 来确定是否已经进行过必要的磋商，也不能仅在这种情况下才设立专家组。基于此，该案专家组裁定，"专家组可以认定，是否已就'争端'进行过磋商。如果一方可以证明未曾就该争端展开必要的磋商，则初步反对意见应当得到支持"。

7.29　DSU 第 4.4 条是关于磋商请求的规则。该条相关部分规定，"任何磋商请求应以书面形式提交，并应说明提出请求的理由，包括确认所争论的措施，并指出起诉的法律依据"。

7.30　我们注意到，DSU 第 4.4 条尚未对"起诉的法律依据"做出过解释。但是，上诉机构将 DSU 第 6.2 条采用的相同术语，解释为起诉方提出的诉请。上诉机构进一步澄清，一项诉请所表明的，是起诉方关于"被诉方违反某协定特定条款，或使起诉方在该协定特定条款项下利益丧失或减损"的观点。鉴于 DSU 第 4.4 条采用了基本相同的文字表述，我们认为，这种理解也同样对第 4.4 条"起诉的法律依据"适用。

7.31　然而，DSU 第 4.4 条要求磋商请求包括"起诉的法律依据"，而第 6.2 条则要求专家组请求"提供一份足以清晰呈现起诉方所呈请问题的法律依据概要"。

7.32　对此，中国辩称，第 4.4 条项下起诉方法律依据的"线索"要求，大大低于第 6.2 条项下"确定具体争议措施，同时，提供一份足以清晰呈现起诉方所呈请问题的法律依据概要"的要求。在中国看来，第 4.4 条的"线索"指的是"提示，或可能由此推断出更多信息的只言片语"，而第 6.2 条则要求此类描述必须"足以"实现特定目的，足以清晰呈现该问题。中国认为，这种差异，不但反映了 DSU 第 6.2 条对专家组请求施以更高的要求，也反映了对一项诉请的法律依据，往往在磋商过程中发生演变的理解。中国由此认为，自己已经满足了 DSU 第 4.4 条关于提供"线索"的要求。

7.33 美国同意，法律依据的"线索"，并不要求在磋商请求中详细说明所有的诉请。然而，美国认为，上述差异与本案中《SPS 协定》项下的诉请是否属于专家组职权范围这一问题无关。在美国看来，中国磋商请求直接表明了中国的观点，即美国措施不属于《SPS 协定》的范畴。

7.34 在阐述专家组应如何审查一份专家组请求是否符合 DSU 第 6.2 条要求的过程中，上诉机构提醒，必须对专家组请求进行整体审查，并考虑其他相关情况。考虑到磋商请求和专家组设立请求之间的关系，考虑到 DSU 第 4 条和第 6.2 条的一致表述，并考虑到两类请求相似的目的，即划定争端范围，以及以一种和谐的方式对两个条款进行解释的必要性，我们裁定，上诉机构的论证，同样适用于对磋商请求是否与 DSU 第 4.4 条保持一致的分析。

7.35 专家组清楚，在对磋商请求是否包含某项特定诉请进行分析时，不应探寻磋商过程中实际发生的情况。"韩国—酒精饮料案"专家组曾正确指出，"DSU 的唯一要求，是磋商实际发生……磋商中发生了什么，不是专家组所应关心的问题"。上诉机构在"美国—高地棉案"中阐释道，审查磋商过程实际发生的情况，看起来有悖于 DSU 第 4.6 条的规定。该条规定，"磋商应予保密，并且不得损害任一成员方在后续程序中的权益"。最后，上诉机构提到，磋商过程的具体内容没有公开记录，且各方对究竟讨论过哪些问题往往意见各异。

7.36 基于此，本专家组将探寻中国是否在其磋商请求中将《SPS 协定》作为其诉请的法律依据。为此目的，磋商请求将被视为一个整体，并考虑其他相关情况。但是，本专家组不会将任何一方关于磋商期间实际发生的情况的主张，作为我们裁决的依据。因此，虽然我们会考虑 2009 年 4 月的信函往来，这些信函正是关于中国磋商请求的范围，但我们不会考虑磋商过程中所提出的任何问题，或对问题的任何回复。

中国是否根据《SPS 协定》提出磋商请求

7.37 美国将其主张集中在两个方面：中国认为美国的措施不属于 SPS 措施；中国提出"如果任何措施被证明属于 SPS 措施"，则请求按照《SPS 协定》第 11 条与美国进行磋商。

7.38 按照美国的观点，根据《SPS 协定》第 11 条提出的有条件的磋商请求，不算是根据这一条款提出的"实际"磋商请求。最重要的是，美国抗辩认为，美国无法知道条件何时能够得到满足，中国的请求何时可以进入实施阶段。

7.39 尽管中国在磋商请求中的措辞，特别是关于"证明"争议措施构成 SPS 措施的表述并非最为巧妙，但沿用上述先例，专家组不应当孤立看待磋商请求中的个别语句，而应当对磋商请求进行整体性审查，并考虑其他相关情况。这就意味着，专家组应当将磋商请求中关于 SPS 协定的陈述部分，放在请求上下文中对请求进行整体性考察。此外，专家组还将考虑，是否将信函往来作为磋商请求"其他相关情况"的一部分。

7.40 关于磋商请求的其余部分，专家组注意到，中国的磋商请求涉及美国影响中国禽类制品进口美国的措施。此外，中国在磋商请求第 1 段表示，"担心第 727 节与美国管理禽类制品的整个体制，对来自中国的禽类制品施加了违背美国 WTO 项下义务的限制"。本专家组认为，可以合理推断，磋商请求提及的"禽类制品进口整体管理体制"，意指 PPIA《禽类制品检验法》及其实施细则，特别是考虑到中国在紧随其后的段落中提及的，CFR《联邦纪事》第 9 卷第 381.196 节正是一项由于第 727 节的存在而无法得到实施的几项法规之一。各方对 PPIA《禽类制品检验法》以及据此建立起来的管理体制属于 SPS 措施没有异议。

7.41 在简述了关于 GATT 1994 第 1 条和第 11 条项下诉请及其法律依据之后，中国磋商请求在第 6 段和第 7 段出现了本案关于《SPS 协定》争议的相关内容。

7.42 对本专家组来说，中国的意图是在 GATT 1994 和《农业协定》项下挑战第 727 节。作为备选方案，如果美国辩称第 727 节构成《SPS 协定》意义上的 SPS 措施，则中国也将根据《SPS 协定》挑战第 727 节。因此，在本专家组看来，中国希望确保在这种情况下，《SPS 协定》亦属于本案专家组的职权范围。这看起来非但不含糊，而且与专家组在"韩国—商用船舶案"中的论证相一致："如果起诉方希望就一项措施依据多项条款提出多项诉求，无论这些诉求相互补充，还是互为备选，DSU 第 6.2 条不仅允许要求成立专家组的请求提及所有这些条款，且要求这么做。"本专家组认为，这个逻辑同样应当对磋商请求适用。

7.43 考虑到这些情况，本专家组认为，尽管孤立地看，SPS 的法律依据受一些含糊的条件句限制，但中国的磋商请求的确"提出"了诉请以 SPS 为依据。这里需要重视的是，尽管 DSU 第 4.4 条和第 6.2 条之间存在众多类似之处，且在对其进行解释时应当考虑两条款的协调，但成员方磋商请求的义务是"提出"诉请的法律依据；专家组请求的义务是提供"足以清晰呈现起诉方所呈请问题的法律依据概要"。提出依据的要求在某种程度上要低于足以清晰呈现所呈请问题概要的要求。尽管本专家组不希望被理解为鼓励WTO成员在其磋商请求中含混不清地提出问题，但就清晰度要求而言，WTO成员在如何撰写磋商请求以陈述其诉请方面，的确要比其撰写专家组请求的自由度稍高一些，而后者才是关于争端范围的最终表述。

7.44 此外，如果我们跳出磋商请求本身来审查"其他相关情况"，并考虑中美双方的信函往来内容，则中国的意图及美国对此的理解会更加清晰。

7.45 我们注意到，中国在信函中告知美国其理解有误并继而指出：

> 中国在其磋商请求（WT/DS392/1）中，根据《SPS协定》第11条提出其磋商范围包括一种可能的情况，即所列措施被证明构成SPS措施。为此，中国将很快向美国提供书面问题，要求美国在磋商中，就磋商请求所提及措施的性质和状态给出答复。因此，中国实际上确已提出请求，且中美双方将进行磋商，并通过磋商全面讨论任何一个相关措施是否构成《SPS协定》项下措施的问题。按照中国的磋商请求，双方还将就《SPS协定》项下的各项诉请，对这些措施的适用问题进行磋商。

7.46 正如美国所称，上诉机构裁定，"磋商为双方提供划定争议范围的机会"。如此，若起诉方通过磋商更好地理解了诉请措施的运作情况，从而认为其他适用协定条款也与此案相关，那么，它可以重新组织诉请，以纳入这些其他条款，甚至磋商请求中并未提及的其他协定条款，只要专家组请求的法律依据是从构成磋商议题的法律依据合理演化而来。

7.47 我们又忆及专家组在"中国—音像制品案"中的论证，该论证源自上诉机构在"墨西哥—大米反倾销措施案"的结论：

> 某些情况下，尽管基于WTO适用协定条款的某项诉请未载于磋商请求，但它仍然可以被认为属于专家组的职权范围。如果起诉方通过磋商，更好地理解了诉请措施的运作情况，从而认为其他适用协定的条款也与此案相关，那么，它可以重新组织诉请，纳入该其他条款，只要专家组请求的法律依据是从构成磋商议题的法律依据合理演化而来。

7.48 在我们看来，本案所发生的情况，是中国在磋商请求阶段先行提出《SPS协定》可能相关，预先表示希望能够更好地理解诉请措施的运作情况，而不是一直等到在专家组请求中才揭示 SPS 诉请的可能性。如果那些在起诉方磋商请求中完全没有被提及有可能出现的诉请，可以最终被纳入专家组职权范围，而在磋商请求中已经提及的诉请却必须被排除在外，对 DSU 第4 条和第 6 条的这样一种解读方式，本专家组感到无法赞同。

7.49　综上所述，通过对磋商请求进行整体性审查，本专家组裁定，尽管采用的是条件句表述方式，但中国已在其磋商请求中表明，《SPS 协定》将作为其诉请依据。此外，对其他相关情况，特别是磋商进行前的交换信函进行的审查，支持《SPS 协定》构成中国诉请依据这一结论。由此，本专家组认定，中国确已按照《SPS 协定》第 11 条规定提出磋商请求，中国的 SPS 诉请属于本专家组的职权范围。

7.50　基于此，本专家组不同意美国关于"中国未根据《SPS 协定》提出磋商请求"的主张，裁定中国确已按照《SPS 协定》第 11 条的规定提出磋商请求，并表明该协定各项条款是其诉请依据。因此，中国的 SPS 诉请属于本专家组的职权范围。

* * *

4. 专家组的审议标准

DSU 第 11 条是关于专家组审议标准的一般规定，要求专家组对其审议的事项，包括案件事实和有关适用协定的可适用性，以及事项与可适用协定的一致性，"作出客观评估"。除此之外，WTO《反倾销协定》第 17.6 条规定以"客观"和"无偏见"作为专家组的审议标准。

具体而言，争议主要在于调查机构结论是否"合理和适当"（reasoned and adequate），以及调查机构的行为是否满足"合理和适当"的标准。

以下"欧共体—紧固件案"裁定，分析了反倾销案件中专家组的审议标准。"美国—汽车轮胎案"讨论了事实证据存在"其他允许的解释"（alternative explanation）的情况。

欧共体—对某些中国钢铁紧固件的最终反倾销措施
WT/DS397/R

7.2　DSU 第 11 条为 WTO 专家组提供了一个普遍适用的审议标准。第 11 条对专家组施以"对争端进行客观评估"的综合义务。该义务涵盖专家组所要审查"争端"的所有事实和法律。

7.3 《反倾销协定》第 17.6 条规定了对《反倾销协定》项下争议适用的特别审议标准：

（i）在评估该事项的事实时，专家组应确定主管机关对事实的确定是否适当，及它们对事实的评估是否无偏见和客观。如对事实的认定是适当的，且评估是无偏见和客观的，则即使专家组可能得出不同的结论，也不得推翻该评估；

（ii）专家组应依照关于解释国际公法的习惯规则，解释本协定的有关规定。在专家组认为本协定的有关规定可以有一种以上允许的解释时，如调查机关的措施符合其中一种允许的解释，则专家组应认定该措施符合本协定。

DSU 第 11 条与《反倾销协定》第 17.6 条共同确定了我们审理本案争端事实和法律的审议标准。

7.4 因此，如果我们认定欧盟调查机关的事实认定适当，对事实的评估客观公正，且争议反倾销裁决的作出是基于对相关条约的合理解释，则我们将认定，被指控的反倾销裁定符合《反倾销协定》的要求。我们对争端的评估，其审议范围，必须仅限于《反倾销协定》第 17.5（ii）条规定的"根据适当国内程序，进口国调查机关可获得的事实"。审查过程中，即使我们审查调查机关获证据后会作出的不同裁定，我们也不会对调查机关所审查的证据进行重新审查，更不会以我们的认定来代替欧盟调查机关的裁决。

7.5 根据上述 WTO 相关规则，上诉机构曾就专家组对事实的审议标准作出过如下澄清：

专家组既不能进行重新审查，也不能简单依从一国调查机关的结论。这个标准已成定论。专家组对这些结论的审查必须严谨透彻，且必须基于记录在案的信息和调查机关在其公开报告中的解释。专家组必须根据记录在案的证据，审查调查机关的结论是否合乎逻辑且论证充分。"适当"与否无疑取决于案件事实、案件的具体情况，以及具体的诉请。而是否进行过几轮一般性询问调查，应当被纳入考虑范围。专家组必须详细审查调查机关的论证是否条理清晰且内在逻辑连贯。专家组必须深入审查调查机关做出的解释是否揭示出其处理记录在案证据的方式，以及调查机关是否拥有确凿的证据支持其推理和结论。专家组必须审核调查机关所提供的解释是否能够证明它对所获数据的复杂性进行了适当考虑，且能够说明调查机关摒弃或未全部采纳在案证据其他可能的解释或解读的原因。专家组必须充分注意到这样一种可能性，较其他的合理解释，调查机关所给出的解释，并不合乎逻辑或论证并不充分；专家组还应注意，既不要充当事实的初始评断者，也不要消极行事，"单纯接受主管机关的结论"。

* * *

以下"美国—汽车轮胎案"的裁定分析了中国《入世议定书》第 16 条"市场扰乱"争端中的专家组审议标准。

美国—影响中国客车和轻型货车轮胎进口的措施
WT/DS399/R

7.11 《关于争端解决规则与程序的谅解》第 11 条，特别是该条关于"专家组应对所涉事项进行客观评估，包括对本案事实，以及相关涉案协定的适用性和一致性进行客观评估"的要求，规定了对各项 WTO 协定进行审议的相应标准。鉴于《议定书》并未记载相应的审议标准，专家组在调查美国实施轮胎特保措施是否与《议定书》第 16 条规定相符的过程中，适用《关于争端解决规则与程序的谅解》第 11 条的规定。

7.12 虽然对我们"客观评估"所作裁定的某些方面有意见分歧，但双方对我们所采用的大多数审查标准没有异议。

7.13 美国提出：

美国国际贸易委员会认定《议定书》第 16.4 条的规定已经得到遵守。要想对这个裁决做出客观评估，专家组必须对该贸易委员会所依据证据的合理性进行审查。专家组不具备案情初始检验者的职能，因此，不可实施重新评估。此外，我们建议，专家组不应完全接受主管机关的意见，而应当审查美国国际贸易委员会报告中的分析和解释，是否显示该委员会考虑了和如何考虑第 16.4 条规定的因素，是否合理解释了诸项事实支持市场扰乱的裁定。

7.14 对上述美国关于我们审议标准的观点，中国表示赞同。具体而言：

中国赞同专家组不可实施重新评估的观点。中国同意，专家组不应完全听从主管机关的意见。中国认为，"专家组应评估的内容，是美国国际贸易委员会如何考虑第16.4条规定的因素，美国国际贸易委员会是否合理解释了诸项事实支持市场扰乱的裁定"。考虑重点必须是美国国际贸易委员会的裁定，裁定依据必须是"合理和恰当的解释"。

7.15　我们赞同双方关于审议标准的上述意见。WTO关于贸易救济的案例充分表明，专家组不应进行重新审查，也不应完全听从调查机关的意见。专家组"必须依据特殊争议协定义务进行解释"的审议标准已得到普遍承认。考虑第16条规定之义务，我们认为，按照《议定书》第16条的规定对中国诉求进行的评估应该包括形式和实质两个方面。形式方面，考察美国国际贸易委员会是否按照第16.4条的规定对"客观因素"进行了评估；实质方面，考察美国国际贸易委员会是否按照第16.5条的规定对其裁定提供了合理和适当的解释。

7.16　双方的主要分歧在于，美国国际贸易委员会是否应当对所提交的证据和数据进行其他允许的解释。依据上诉机构在"美国动态随机存取存储器反补贴税调查案"报告中的裁定，中国提出："调查机关'应对证据进行其他允许的解读；同时，调查机关应当解释，为何其裁定完全将对证据进行其他允许的解读所产生的结论排除在外'。"美国否认国际贸易委员会应当在调查中对证据进行其他允许的解读。美国认为，在"美国动态随机存取存储器反补贴税调查案"中，"对证据进行其他允许的解读的要求出自《SCM协定》第22.3条和第22.5条的规定"，尤其是第22.5条要求在通知或报告中明确说明，"承认或驳回利益成员方和进口商及出口商所提相关诉求的原因"。美国指出，《议定书》第16条并不包含此类条款。

7.17　上诉机构对其在"美国动态随机存取存储器反补贴税调查案"中的裁定引注其"美国羔羊案"报告第106段的相关内容如下：

专家组尤其应当注意到，如果对事实存在其他允许的解释，且缺乏此种解释的调查机关结论将会是不适当的，那么，没有进行这种解释而得出的结论，就不是合理或适当的结论。因此，依据第4.2（a）条规定对一项主张进行"客观评估"时，专家组必须意识到，主管机关的解释存在没有达到合理或适当要求的可能性。

7.18　我们注意到，《议定书》第16条即没有要求美国国际贸易委员会在其裁定中对所提交证据或数据进行其他允许的解释，也无与《SCM 协定》第 22.5 条类似的规定。鉴于专家组的审议标准与调查机关义务存在实质性与程序性方面的不同，因此，我们的审议标准不能给美国国际贸易委员会施加这样的义务。有鉴于此，同时考虑上述"美国羔羊案"上诉机构的裁定，我们认为，验证美国国际贸易委员会裁定是否合理和适当，我们就必须审查，在对中国本案提交证据或数据进行其他允许的解释的情况下，美国国际贸易委员会裁定中的法律推理是否依然适当。

7.19 双方另一个意见分歧涉及我们对美国救济裁定的审查。中国提出，我们应当审查"美国必须……对所实施救济作出'合理解释'的要求是否得到满足。这个审查，既包括所征收关税水平的裁决，也包括连续三年征收关税的决定"。美国则认为，我们的审查，应当考虑"《议定书》并未规定成员必须考虑哪些特定因素，也未要求成员在实施措施时必须证明满足了第 16.3 条和第 16.6 条的规定"。

7.20 回顾我们的审议标准，"必须与特殊涉案争议协定义务相匹配"的要求，我们注意到，《议定书》第 16.5 条最后一句话要求成员"提供采取某项措施决定的书面通知，内容包括采取该项措施的理由、其范围和所持续时间"。该条款要求提供"采取此项措施的理由"，但未要求提供"采取此项措施的范围和持续时间的理由"。因此，我们认定，成员仅需提供关于此项措施的范围和持续时期的书面通知，而不必提供关于实施此项措施范围和持续时间理由的书面通知。

7.21 我们对第 16.5 条最后一句话的解释与上诉机构"美国条形管案"的裁定一致。总体上，第 5.1 条并未要求成员方证明，其在采取措施期间，争议保障措施"只在必要限度内实施"。因此，中国有责任证明，"轮胎"措施的实施超过了限度，而不能仅仅指责美国在其所公布裁定中声明所实施措施没有超过限度，但没有对其声明作出解释。相反，我们认为，我们对美国救济的审查，应基于双方在当下 WTO 争端解决程序中所提出的论据和证据。

* * *

四 专家组审议程序

关于专家组对争端申请的审议程序涉及以下几个问题：审议的时间程序、听证、专家组寻求信息的权利、专家组如何处理未索取的信息和证据以及专家组讨论与报告的起草等。

1. 时间程序

通常情况下，从专家组成立及其职权范围的确定起，专家组应在 6 个月内完成裁定。DSU 第 12.2 条规定，在有灵活性保证质量的前提下，专家组不应无故延长规定的程序时间。如果专家组认为 6 个月内无法完成裁定，则必须通知 DSB 其原因及估计完成裁定的时间。但最迟专家组在 9 个月内必须完成裁定。

2. 听证

争端各方在听证会上可以采用书面提交文件和口头论辩的方式。通常听证会举行两次。第一次提出法律和事实上的要点和主张，第二次解决第一次未解决的问题。第一次听证后，专家组成员就提出的问题与意见方交换看法，进行讨论，提出问题，以便就不能解决的问题在第二次听证中进行更为详细的论辩。

3. 专家组寻求信息的权利

DSU 第 13 条规定，专家组有权就专业和技术性问题听取有关专家意见，成立此类专家小组的程序在 DSU 附录 4 中有具体规定。同时，专家组可以自行向任何来源寻求其认为必要的信息。

利用技术专家来对案件进行分析，是专家组运用得比较成熟的经验。几乎在每个案件的审理中，专家组都要求争端各方提供有关方面专家的线索，并从相关国际科学机构寻求信息。

在"欧共体—有关肉类及肉类制品（荷尔蒙）的措施案"中，上诉机构裁定，DSU 第 13 条赋予专家组在特定案件中，在认为适当的情况下，主动寻求信息和技术建议的权利。上诉机构认为，DSU 也给予专家组充分权限，决定是否有必要设立专家审议小组。

在"阿根廷—影响鞋类、纺织品、服装和其他物品进口的措施案"中，上诉机构裁定，根据 DSU 第 13.2 条的规定，专家组可向任何有关来源寻求信息，并与专家进行磋商并获得有关争议事项某些方面的意见。这是一项自由裁量授权。按此规定，专家组自行决定是否就个案寻求信息，或与特定专家进行磋商。

4. 专家组对未索取信息的处理

在"美国—某些虾及虾类制品的进口禁令案"中，专家组认定，其无权接受非政府组织主动提出的信息，除非争端方将此信息作为其意见的一部分提出。上诉机构采纳了美国的主张，认为专家组裁定错误，因为 DSU 没有规定专家组不能接受不需要的信息。上诉机构认为，专家组对"寻求"一词的理解过于刻板。无论提交专家组的信息或建议是否为专家组需要的信息，专家组都有权决定是否予以接受、考虑或驳回。

5. 证据

（1）司法效率

司法效率是每一个司法机构都会考虑的问题。DSB 也不例外。经济效率方面的考虑体现在裁定的不同层面，如取证、证据认定范围、争议范围的确定等。

在"美国—影响羊毛编织衫和外套进口的措施案"中，上诉机构裁定，专家组只需审议与解决争端相关的争议。同时，专家组只需裁定申请方质疑的措施是否违反申请方指出的 WTO 相关协定中的某一具体条款。专家组无须进一步裁定，该措施是否也违反了该协定的其他条款。

此外，在"欧共体—影响某些家禽产品进口的措施案"中，上诉机构裁定，专家组只应考虑那些对解决争议焦点必不可少的论据。如果裁定结果表明，专家组已对某一特定申诉进行了合理裁定，则不能仅因裁定报告中未提及某个与此争议焦点有关的论据而认定专家组没有对争议进行客观评估。

（2）举证责任

在"美国—影响羊毛编织衫和外套进口的措施案"中，上诉机构肯定了谁主张谁举证的国际及国内法通用原则。上诉机构裁定，举证责任由对争议持肯定观点的一方承担，无论是对该观点进行主张还是进行反驳。当举证一方列举的证据足以使其所主张的假设成立时，举证责任转移到另一方。举证到什么程度举证责任转移，视具体案件、具体条款、具体协定而定。

在以下关于举证责任的裁定中，第一个"中国—出版物案"裁定，陈述了举证责任的规则；第二个"中国—知识产权案"裁定，讨论了法律规定本身违反 WTO 义务（"as such"）案件中的举证责任；第三个"中国—原材料案"裁定，分析了肯定性抗辩（"affirmative defense"）的举证责任。

中国—影响某些出版物和视听娱乐产品贸易权和分销服务的措施

WT/DS363/R

7.1　根据 WTO 争端解决举证责任的一般原则，认定另一成员违反 WTO 某协定的一方，必须提出请求，并证明其请求成立。同样，指认事实一方，无论原告还是被告，对该事实承担举证责任。这个规定，与大陆法系、普通法系和事实上绝大多数司法体系所普遍接受的证据准则相一致。无论原告还是被告，都应为自身所提出的请求或肯定性抗辩①承担举证责任。如果该方提出足够证据，证明自身请求为实，则举证责任转移到另一方。如果该另一方无法提出足够的反驳证据，则应被判败诉。

7.2　这些普遍性准则同样对 WTO 争端解决适用。一旦原告为其案件提供了初步证据，②则举证责任转移至被告。被告必须对指控的违约行为进行反驳或驳斥。在"加拿大—奶制品案"（新西兰、美国第 21.5 条第二次申诉案）中，上诉机构对此解释如下：

> 通常情况下，举证责任由原告成员承担。该成员必须提出足以支持其请求的证据，以表明其完成了初步证据的举证责任。原告成员成功履行上述举证责任之后，被告成员必须设法对其违法指控提出反驳。因此，根据通常的举证责任分担原则，应首先假定被告成员措施与 WTO 规则相一致，除非有足够的证据表明这些措施违反了 WTO 规则。

7.3　需要记住的是，"如果被告方无法提出有效的反驳，对于初步证据案件，从法律上讲，专家组应当作出有利于提出初步证据案件的原告的裁决"。

7.4　上诉机构同时指出，根据 WTO 争端解决机制，"初步证明案件必须由原告方提出，涵盖指控的所有方面，并且必须以'证据和法律意见'为基础。原告方不仅需要提交证据，且需要专家组认定，其所指控对象确属违反了 WTO 的协定。同时，原告方还需在指控事实与其法律意见之间建立联系"。

7.5　对于证明指控所需证据的数量和种类，应当根据措施的不同、条款的不同以及案件的不同划出清晰界限。

7.6　根据这个一般原则，首先，承担举证责任的原告方提出初步证据，证明被告方的某项措施违反了 WTO 协定的某特定条款，然后，举证责任转移到被告方，由被告方证明，该措施与 WTO 协定条款（如 GATT 1994 第 20 条）

---

① 原文为"the affirmative of a particular claim or defence"。所谓"affirmative defence"，即所谓的"肯定性抗辩"，在美国司法实践中，是指被告并不否认原告所主张事实的真实性，而是提出其他的理由，来说明自己为什么不应承担责任。因此，它并不反驳原告诉求的真实性，而只是否认原告在法律上有起诉的权利。参见《元照英美法词典》，薛波主编，法律出版社，2003。

② 即所谓的"prima facie case"。有两种含义。第一，原告提出的证据足以支持其诉讼请求，从而可以将案件交付陪审团裁断；第二，原告已提出足以支持其诉讼请求的证据，如被告不能提出足以反驳的证据，法庭必然判决原告胜诉。参见《元照英美法词典》，薛波主编，法律出版社，2003。

相符，或证明其对此提出了保留。

7.7　因此，本案中，美国应当首先承担举证责任，提出初步证据，证明中国的相关措施违反了其所列举的 WTO 条款，包括中国《入世议定书》、GATS 第 16 条和第 17 条，以及 GATT 1994 第 3.4 条。对于美国针对中国在中国《入世议定书》中所做的贸易权承诺所提出的指控，中国作为依据 GATT 1994 第 20（a）条提出抗辩的一方，应当首先承担举证责任。

* * *

中国—影响知识产权保护和实施的措施
WT/DS362/R

7.140　中国强调，对于"针对措施本身"的诉请，美国承担举证责任。中国主张，美国提供的唯一证据，是《著作权法》第 4（1）条条文本身。

7.141　专家组注意到，美国提供的证据不止法律规定条文本身。无论如何，专家组重申上诉机构报告在"美国—防腐钢日落复审案"中作出的如下阐述：

当诉请是"针对措施本身"提出时，分析的着手点，必然是措施行文。如果措施的含义和内容表面上已非常明确，则仅基于此即可对措施本身的一致性进行评估。但是，如果措施的含义或内容表面上并不明确，则需要进行进一步的审查。……

7.142　本案中，专家组对《著作权法》，尤其是第 4（1）条的审查情况表明，该措施从行文上看足够明晰，足以认定美国已初步证明该措施违反规定。《伯尔尼公约》（1971）第 5（1）条规定，成员应确保作者就其作品享有本公约特别授予的权利。虽然《著作权法》也规定了公约特别授予的权利，其第 4（1）条却规定，某些作品不能获得该法保护。尽管专家组没有完全接受美国关于第 4（1）条所涵盖作品范围的主张，但这不影响对不一致性的基本认定。

* * *

中国—有关多种原材料出口的措施

WT/DS394，395，398／R

7.209　起诉方主张，中国根据 2009 年措施对所述产品（矾土、焦炭、氟石、碳化硅和锌）实施配额，中国对此没有异议。但中国认为，起诉方关于中国违反 GATT 1994 第 11.1 条的主张不能成立，因为起诉方未能"证明中国对所有相关涉案产品实施的配额违反第 11.2（a）条的规定"。中国主张，第 11.2 条前言规定，第 11.1 条"不得对"第 11.2 条描述的出口限制类型适用，从而"将第 11.1 条义务的适用范围与第 11.2（a）～（c）条进一步的要求联系起来"。因此，中国要求专家组驳回起诉方请求，因为起诉方没有证明涉案配额"不属于第 11.2（a）、（b）或（c）条的范围"，从而未能证明违规行为的存在。中国声称，上诉机构在"印度—进口附加税案"中对类似条款，即《SCM 协定》第 27.2 条和 GATT 1994 第 2.1（a）条及第 2.1（b）条的裁定支持其主张。

7.210　起诉方反对这一观点，主张上诉机构在"美国—羊毛衬衫案"中已经明确，第 11.2 条项下条款属于"肯定性抗辩"条款，应由应诉方，而非起诉方，承担第 11.2 条适用的举证责任。中国将上诉机构的这一意见定性为"附带意见"（obiter），并认为随上诉机构对之后演变而来的"分类系统"（taxonomy）的采用，该意见已经不再适用。

7.211　专家组不认同中国关于上诉机构在"美国—羊毛衬衫案"中有关第 11.2 条的意见不对本案适用的观点。上诉机构在其关于第 11.2（c）（i）条的适用陈述中明确指出：

> 第 20 条和第 11.2（c）（i）条都是对 GATT 1994 某些其他条款所规定义务有限制的例外，其本身并非确立义务的肯定性规则。其性质为肯定性抗辩。只有由提出该主张的一方承担举证责任方为合理。

7.212　专家组认为，没有任何理由认定，对第 11.12（c）（i）条适用的逻辑，不能同样适用于与其位于同一前言所涵盖段落之下的另一款，即第 11.2（a）条。此外，欧盟同样指出，中国的解释将意味着起诉方可能需要证明其他 GATT 条款，如 GATT 第 12 条、第 18 条、第 20 条或第 21 条均不能适用。

7.213　基于此，专家组裁定，为了证明不存在与第 11.1 条不相符合的情形，被诉方（本案为中国）负有证明第 11.2（a）条适用条件已经得到满足的举证责任。

* * *

（3）证据认定

DUS 中没有关于证据列举、认定等方面的规定，只在附录 3 提及在专家组第一次会议前，双方应将各自的事实及论辩以书面形式提交。此外，DSU第 13.1 条提及，专家组有权向相关专家咨询意见，任何 WTO 成员方，有义务对专家组的询问给予及时答复。在"阿根廷—影响鞋类、纺织品、服装和其他物品进口的措施案"中，上诉机构裁定，对提供证据的时间没有限制，同时，专家组拥有对证据认可或拒绝的自由裁量权。在"印度尼西亚—某些影响汽车工业的措施案"中，上诉机构裁定，将对汽车型号的介绍与做计划时做出的计划介绍作为证据太过于一般化，必须以报刊报道为证据。在"欧共体—有关肉类及肉类制品（荷尔蒙）的措施案"中，上诉机构裁定，专家组可以拒绝那些未被拿来支持抗辩主张的证据。

6. 中期审议

DSU 第 15 条规定了一个中期审议阶段。内容如下：

> 在接受争端各方书面意见的设定期限截止后，专家组应向各方提交一份中期报告，既包括描述部分也包括专家组的调查结果与结论。在专家组设定的期限内，一方可提出书面请求，请专家组在最终报告散发各成员方之前，审议中期报告中的具体方面。应一方请求，专家组应就书面意见中所确认的问题，与各方再次召开会议。如在征求意见期间未收到任何一方的意见，中期报告应被视为最终报告，并迅速散发各成员。

7. 专家组报告的通过

原 GATT 的争端解决实践中，专家组作出裁定以后，上报 GATT 总理事会讨论通过。通过程序要求以"一致同意"的方式，意味着任何一方，包括败诉争端方，都能阻止总理事会采用专家组报告。实践中，有很多报告搁浅的案例。即使有的报告最终获得通过被采用，也往往有较长时间的延迟。

WTO 争端解决体系从根本上改变了这个状况。DSU 第 16 条规定：

> 在专家组报告散发各成员方之日起 60 天内，该报告应在 DSB 会议上通过，除非争端一方正式通知 DSB 其上诉决定，或 DSB 经协商一致决定

不通过该报告。

这个规定就是著名的"反向一致"原则，是 WTO 的一大创举。这个原则，保证了专家组或上诉机构报告的通过采用，非常有效地阻止了贸易强势国家采取单边行动阻挠争端解决进程。

五　上诉程序

专家报告被散发之后，一旦败诉方要求上诉，则 DSB 须在上诉程序结束后，再审议是否通过专家组报告。[①]

DSU 第 17.6 条将上诉机构的职权范围，限定在专家组报告所涉及的法律问题和专家组所作的法律解释之内。具体表现在上诉机构可"维持、修改或撤销专家组的法律调查结果和结论"（DSU 第 17.13 条）。上诉机构报告的内容在起草阶段必须对各方保密（DSU 第 17.10 条），在时间程序上，上诉机构报告的期限是 60 天，最多不超过 90 天（DSU 第 17.5 条）。

根据 DSU（第 17.14 条），上诉机构报告"由 DSB 通过，争端各方应无条件接受，除非在报告散发各成员方 30 天内，DSB 经协商一致决定不通过该报告"。但报告的通过"不损害各成员方就上诉机构报告发表意见的权利"。在上诉机构报告通过的同时，专家组报告同样通过，包括上诉机构修改过的专家组报告。[②]

六　DSB 对报告的通过和建议

上述程序表明，专家组报告的通过，或在上诉的情况下上诉机构报告的通过，几乎是自动的。因为，除非胜诉方也不同意报告通过，报告才有可能搁浅。如果裁定违反有关 WTO 协定，DSB 通常会建议违规方对违规措施或法规采取行动，以使其与 WTO 义务一致。至此，争端程序结束。

报告通过以后，DSB 通常对违规方做出停止违反义务的行动或修改与协定内容不符的规定等"建议"。虽然只是建议，但这个"建议"有隐含的法律效力。根据国际公法惯例，各条约方有义务善意遵守签订的条约并终止非法行为。同时，DSU 第 23 条要求成员方放弃单方报复行动而向 WTO 争端解决体系寻求救援，这本身就隐含 WTO 的 DSB 裁定应该具有强制约束力，以保证整个 WTO 体系的正常运作。

---

① DSU 第 16.4 条。
② DSU 第 16.4 条。

第五节　DSB 建议的执行

执行涉及的问题，有制裁体制和有效救济几个方面。其中，制裁体制包括合理执行期限、拒绝执行、报复、仲裁、制裁的临时性等问题。

一　制裁体制

GATT 体系的制裁，主要是暂停关税减让、终止关税减让、或暂停或终止 GATT 的其他义务等合同式的制裁方式。WTO 则采用基于报复的组织制裁体制，通过取消互惠承诺中的某些利益，迫使违规方放弃违规措施。经济补偿只有在"利益丧失或损害"的非违法之诉情况下才加以采用。作为一个政府间协定，GATT 按照合同规则实施制裁可以理解，而 WTO 采用的制裁体制，也与其作为一个互惠贸易组织的特征相符。这就是国际经济组织，如 WTO，比国际政治组织，如联合国，更有效率的原因。

1. 合理执行期限

DSU 第 21.3 条规定，在专家组或上诉机构报告通过后 30 天内，DSB 将举行会议，要求败诉方通知 DSB 其执行 DSB 建议的安排。如果立即执行不可行，DSB 将给予败诉方一个合理期限完成执行。确定这个期限有三种方式：一是获 DSB 批准的有关成员提出的期限；二是在裁决后 45 天内争端各方达成的期限；三是裁决后 90 天内仲裁决定。目前，15 个月内都被认为是合理期限。

执行将在 DSB 监督下进行。任何成员可就执行问题询问 DSB。除非 DSB 另行规定，在确定的合理期限到期 6 个月后，DSB 应将执行裁决或建议的情况列入 DSB 会议议程，直至问题解决（DSU 第 21.6 条）。

2. 拒绝执行

如果在规定的合理期限内败诉方拒不执行，DSU 第 22.2 条规定，在申请方要求下，败诉方应与申请方进行谈判，以达成双方均可接受的补偿。如在合理期限到期 20 天内不能达成补偿协议，则申请方可要求 DSB 授权终止对败诉方的有关减让或其他协定义务。

3. 报复与单方报复

在考虑终止哪些减让或其他义务时，起诉方必须遵循一定的程序和原则。总原则是，起诉方应首先确定由专家组或上诉机构认定违反 WTO 义务的部门，之后针对相同的部门终止减让或其他义务；如不可行，则寻求终止同一协定项下其他部门的减让或其他义务；如果仍不可行，且情况足够严重，则可寻求终止另一协定项下的减让或其他义务。总之，成员方没有采取单方报复的权利（DSU 第 22.3 条）。

如果 DSB 授权报复，则授权的范围是终止与利益丧失或减损程度相当的减让或其他义务（DSU 第 22.4 条）。如果被报复方认为不应在另一协定或本协定另一部门终止减让，或对减让的程度有异议，则可要求仲裁确定（DSU 第 22.6 条）。

4. 仲裁

WTO 认可仲裁作为解决争端的另一个手段。DSU 第 25 条规定，只要各方能就仲裁、仲裁程序和规则达成协议，争端可以通过仲裁解决。在决定仲裁和达成仲裁有关的协议后，争端方必须将仲裁的决定，在仲裁开始前一段时间内，通知 WTO 各成员。仲裁中，只有经协议仲裁各方同意，其他方方能加入。仲裁裁定后，其结果应通知 DSB 以及其他有关适用协定的理事会。

5. 制裁的性质

DSU 第 22 条明确指出，经济补偿、减让终止或其他义务终止等制裁的性质是临时性的，只在败诉方未能在规定的合理期限内完成裁定和建议要求的情况下适用。最终，WTO 要求违规方与 WTO 要求保持一致，正如《WTO 协定》第 16.4 条明确要求的，"每一成员方应保证其法律、法规和行政程序与所附各协定对其规定的义务一致"。同时，当 WTO 协定条款与任何多边贸易条款产生抵触时，以 WTO 协定条款为准（WTO 协定第 16.3 条）。

二　有效救济

GATT 及 WTO 争端解决裁定的法律救济表明，当专家组或上诉机构裁定，被诉方确有违反 GATT/WTO 义务，裁定的救济并非实际损失的弥补，而通常是要求被诉方撤销或修改违反义务的措施，以使其符合 GATT/WTO 义务的要求。这样一种救济制度，理论上，产生成员制定违反 WTO 义务贸易政策的故意，而实际上，这种行为时有发生。

专家组在"挪威—特隆赫姆城市收费设施的采购案"的裁定部分，解释了这种救济制度安排的原因，该案中，能够使挪威特隆赫姆市的采购措施符合政府采购协定义务的唯一方式，是重新开始采购程序。专家组指出，这样的建议是不适当的，因为它造成资源浪费，并可能损害第三方利益。

但是，在反倾销和反补贴案件中，胜诉方可以要求恢复原状。许多这类案件的专家组要求违反义务一方，既撤销违反规定的措施，又赔偿受损方的关税损失。

第三部分

货物贸易规则

第六章

非歧视原则

原 GATT 体系的中心目标，是消除国际贸易中的不公平待遇，实现全球贸易自由化。GATT 之后的 WTO 继承了这个目标，通过最惠国待遇和国民待遇这两个互有区别的非歧视性原则，来实现和保障国际贸易自由化。最惠国待遇和国民待遇非歧视原则体现在 GATT、GATS、《TRIPS 协定》以及其他一些 WTO 协定中。其中，最惠国待遇原则，禁止 WTO 成员在贸易中给予不同国家不同的待遇。国民待遇原则，则禁止 WTO 成员对进口产品采取与国内相似产品不同的歧视性待遇。

第一节　最惠国待遇

一　历史背景[①]

早在 1417 年，含有最惠国待遇（MFN）含义的条款就已出现。但"最惠国待遇"这个表述的出现，却是在稍后 17、18 世纪的国际商业活动中。当时，各国进行贸易谈判保护本国贸易利益，为方便起见，利用最惠国待遇，将先前签署协定中的特权部分，有效体现在之后的协定中。

最初的最惠国待遇大多是无条件的。18 世纪末出现了有条件的最惠国待遇。受惠国做出与第三国承诺相当的许诺，才能获得给惠国给予第三方的优惠。例如，美、法在 1778 年的一个条约中相互约定，对于通商航海方面的任何特定优惠，双方都不会立即给予其他国家。他国若想获得同样的优惠，必须做出相应的补偿或减让。这种做法背离了最惠国待遇的初衷，使最惠国待

---

① 本部分内容参见 John Jackson，*World Trade and the Law of GATT*，249，Lexis La Publisher，1969。

遇的作用大大降低。

19 世纪上半叶，有条件的最惠国待遇在欧洲十分普遍。19 世纪下半叶，由于贸易自由化浪潮的影响，欧洲又回归到无条件最惠国待遇的轨道上。这种回归，始于 1860 年英法两国签订旨在实行自由贸易的《科布登－利维利尔条约》（Cobden-Cheralier）。在该条约中，英、法两国许诺，"相互给予对方无条件的最惠国待遇"。这是现代最惠国待遇的雏形。

1948 年生效的 GATT 倡导无条件最惠国待遇原则，并在世界范围内第一次将最惠国待遇纳入多边贸易体制。

二 最惠国待遇的理论分析

最惠国待遇原则，是整个 WTO 体系的基础。它要求任一 WTO 成员给予另一成员进口产品的优惠待遇，必须无条件、立即给予其他所有 WTO 成员进口的相似产品。换句话说，所有 WTO 成员方之间，不得有歧视性待遇，各成员自动享有其他成员享有的所有优惠。

最惠国待遇原则成为国际贸易的基石，有经济和政治上的原因。GATT 经济学家、法律专家将这些原因归纳为以下五点。[①]

第一，从经济学角度考虑，最惠国待遇的实施使产品的生产可以基于相对优势的经济理论。这样，各成员所有的进口商品，都有可能出自最有生产竞争力的生产商。反过来，如果各成员对来自不同国家或地区的相同或相似产品征收不同关税，就会影响产品的正常竞争，最终影响世界整体经济效率。

第二，从贸易政策角度考虑，最惠国待遇保证双边关税减让的价值，使双边贸易减让成为多边贸易体系的基础，从而保障多边贸易机制的正常运行。事实上，最惠国待遇客观上起到了促进市场开放的作用，使各成员通过多边贸易体系分享自由贸易成果，成为贸易自由化强有力的推动力。

第三，从国际政治角度考虑，通过最惠国待遇原则，国际贸易中的弱势国家也可以得到平等待遇，从而改善它们由于经济地位在双边谈判中所处的不利地位。与此同时，贸易大国的强势被相应削弱，从而减少了国际贸易中的对抗情绪和报复行为，有利于贸易环境的稳定和进一步改善国际关系。可以说，最惠国待遇是保障国际贸易主权平等的途径。通过这个途径，任何新成员都可以直接进入国际市场。

---

① John Jackson, William Davey, Alan Sykes, *Legal Problems of International Economic Relations*, 416, West Group, 2001.

第四，从国内政治角度考虑，最惠国待遇使国内政策更加直接和透明，同时简化政府对保护性措施的管理。例如，最惠国待遇的适用可以减少原产地规则对贸易的障碍。

第五，无条件最惠国待遇具有重要的宪法意义。在有关国际贸易的事务中，它起到将行政部门的权利限制在安全范围内的作用。认真执行最惠国待遇政策的政府，就会减少对贸易的干预，因为最惠国待遇限制了国内某些特殊利益集团在执行贸易政策时的任意性，使它们难以采取特殊的歧视性贸易措施。

回顾历史，各国奉行怎样的最惠国待遇原则，由其在国际贸易中的地位决定，并基于对国家政策的考虑。在 18 世纪，建国之初的美国在国际贸易中还无法与老牌欧洲贸易国抗衡。为防止欧洲各国占领市场，冲击自身发展，美国采取了高关税及有条件的最惠国待遇，只有欧洲各国允许美国进入它们的市场，美国才相应地允许它们进入美国市场。第一次世界大战以后，美国实力迅速壮大，经济上不再依赖欧洲，反而向欧洲大量输出原材料、产品及资本。美国的贸易政策因此发生转变，采用无条件最惠国待遇，减少国际贸易中其他国家对它的歧视，这充分反映了美国扩大出口的经济利益需要。

三　GATT 第 1 条：最惠国待遇

最惠国待遇原则集中体现在 GATT 第 1 条中，也体现在 GATT 其他的许多条款中。例如，第 3.7 条关于国内数量法规的规定；第 4（b）条关于电影放映时间的安排；第 5.2、5.5、5.6 条过境路线、过境费用和待遇的有关规定；第 9 条原产地标记的规定；第 13 条数量限制非歧视管理的规定；第 17 条国家专控贸易政府措施的规定；第 18 条政府对经济发展援助的规定；第 20（j）条供应短缺情况下的措施规定。此外，最惠国待遇还体现在 WTO 的其他协定如 GATS 中。虽然非歧视和最惠国待遇的文字表述在以上条款中有所不同，但总的要求是一致的，那就是，给予任一成员的待遇，不低于其他各成员获得的待遇。

对最惠国待遇原则的修改，必须获得 WTO 全体成员的一致同意，① 这说明最惠国待遇的重要性。在最惠国待遇原则的具体适用中，条文涉及的每个要素几乎都存在解释问题。有关最惠国待遇的争议大多集中在对条文用词含义的条约解释上。

---

① 《WTO 协定》第 10 条。

1. 最惠国待遇条款要件

第1条 普遍最惠国待遇

1. 在对进口或出口、有关进口或出口或对进口或出口产品的国际支付转移所征收的关税和费用方面，在征收此类关税和费用的方法方面，在有关进口和出口的全部规章手续方面，以及在第3条第2款和第4款所指的所有事项方面，＊任何缔约方给予来自或运往任何其他国家任何产品的利益、优惠、特权或豁免应立即无条件地给予来自或运往所有其他缔约方领土的相似产品。

在1998年"印度尼西亚—某些影响汽车工业的措施案"中，专家组分析了违反GATT第1.1条最惠国待遇的三个要件：（1）一种利益、优惠、特权或豁免；（2）属于第1条涵盖的范围；（3）没有立即、无条件给予所有WTO成员的相似产品。

2. GATT最惠国待遇的适用范围

从上述GATT第1.1条约文可以看出，最惠国待遇的适用范围涉及以下几个问题：（1）GATT第1条的普遍适用范围；（2）对进口、出口以及进出口产品的国际支付征收的关税和费用；（3）征收上述税费的方法；（4）与进出口有关的法规和手续；（5）国内税费征收及制定国内法规的国民待遇问题；（6）上述内容是否涵盖货物以外的产品。

回答这些问题，又涉及诸多对条文内容的条约解释，如"利益、优惠、特权、豁免""费用""其他国家""产品""来自或运往""相似产品"等。

关于"费用"的解释，在"西班牙—未烘制咖啡的关税待遇案"中，专家组就关税减让表未涵盖的关税裁定，虽然在西班牙的关税减让表中没有生咖啡这个项目，但GATT第1条最惠国待遇既适用于关税减让表中的项目，也适用于减让表没有涵盖的项目。

在"美国—海关服务费案"中，针对"费用"专家组裁定，美国海关的商品检查费属于第1条范围内"对进口或……有关进口……所征收的……费用"，因此美国海关豁免这种收费的做法违反第1条的有关规定。

关于"有关进口和出口的全部规章手续"，在1992年"美国—拒绝给予来自巴西的非橡胶鞋类最惠国待遇案"中，专家组裁定，GATT第1.1条禁止在某些程序上给予有利待遇，而在某些程序上给予不利待遇。

关于"利益、优惠、特权、豁免"，就出口退税问题，1952年，印度实行的一种国内消费税退税政策被申诉到 GATT 缔约方大会。① 该政策规定，对出口到其他 GATT 缔约方的产品实行消费税退税，但出口到巴基斯坦的产品，不适用这个政策。GATT 缔约方大会主席裁定，该政策违反第 1 条的最惠国待遇。

就有条件的关税豁免问题，"欧盟—加拿大进口牛肉案"裁定，有条件的关税豁免也属于 GATT 第 1 条中的"优惠"。

就竞争机会问题，在"欧共体—香蕉进口、销售和分销制度案"中，欧共体对香蕉进口采取的一系列措施都被认为是第 1 条所指的"优惠"。如对某些国家采取相对简便的进口许可证发放程序、只给满足特定条件的出口商（如第一大或第二大经销商）颁发许可证等。该案确认了 GATT 第 1 条所指的优惠，不仅指实际贸易中直接获得的利益，也指竞争机会，即如果争议措施影响了原产地不同的产品的竞争关系，则这种措施就属于第 1 条所指的优惠。

关于"产品"，传统最惠国待遇针对的对象，有的是国家，有的是"人"或"物"。在 WTO 体系中，GATS 的最惠国待遇对象是"服务或提供服务的人"，《TRIPS 协定》是"成员方国民"，而 GATT 的最惠国待遇对象是"产品"，即通常所说的"货物"。换言之，GATT 的优惠待遇是针对有关货物的进出口、销售、使用、对其征收国内税方面的优惠。如果某种优惠只是和生产者或服务的提供者有关，而与相关产品没有直接或间接的联系，则不适用 GATT 第 1.1 条的最惠国待遇规定。

关于"来自"，与一般国际条约相同，GATT 权利义务的主体是缔约方政府，总协定的大多数条文直接用于约束缔约方政府。GATT 第 1.1 条却将"产品"作为优惠对象，规定任何缔约方给予"来自或运往"任何其他国家的产品的任何利益、优惠、特权或豁免，应当立即无条件地给予"来自或运往"所有其他缔约方境内的相似产品。"来自"正是连接"产品"和"缔约方"的法律纽带，最惠国待遇通过原产地规则与缔约方政府联系起来。在货物进口时，只有证明了出口产品原产于 GATT 某缔约方，才能享受最惠国待遇。凡是原产于缔约方境内的产品，即使转由非缔约方进入另一缔约方境内，仍享受 GATT 最惠国待遇。相反，即使经某缔约方进入另一缔约方境内，若产品的原产地为非缔约方，则不能享受最惠国待遇。例如，在我国入世前，原产于我国内地的产品，经由香港稍做加工或包装后进入美国市场，就不受最惠国待遇的保护，尽管美国和香港均为 GATT 缔约方。一般认为，在现有

---

① GATT, II B. I. S. D. 12 (1952).

WTO 体制下，成员有充分的自由实行各自的原产地规则，只要这些规则符合 WTO "原产地协定"的要求。

关于"相似产品"，原产于或运往某一成员境内的产品，只有与原产于或运往任何其他国家的产品是相似产品时，才能享受该其他国家产品享受的优惠。换言之，若以上两类产品不是相似产品，则最惠国待遇的规定就不适用。因此，"相似产品"的确定，对最惠国待遇的适用非常关键。有关相似产品的争议主要有两大类：第一类是相似产品的定义；第二类是相似产品的确定标准。

相似产品的定义方面，在 GATT 的很多条款中出现了"相似产品"的表述，如国民待遇的第 3 条，反倾销、反补贴税的第 6 条，取消数量限制的第 11.2（c）条以及第 19 条的保障条款等。在不同的条款中，相似产品的含义不同。如第 3.2 条国民待遇中的相似产品，不仅包括一般意义的相似产品，还包括直接竞争和可替代的产品，范围显然比第 1 条最惠国待遇中的相似产品要大。因此，其他条款中对相似产品的解释，是不能直接套用在第 1 条最惠国待遇的相似产品争议中的。即使同是第 1 条最惠国待遇的争议，对相似产品的解释也没有统一的标准，必须结合具体案情加以解释。不同案件中，相似产品的含义可能大不相同。

相似产品的确定标准方面，在有关最惠国待遇的案件中，完全属于不同种类的产品，如汽车与电脑，一般不会出现争议。① 争议多出现在相似产品项下细分的产品中，如普通汽车和高档汽车，伏特加和威士忌（同为烈性酒）等。对于确定此类产品的相似性标准，什么样的差别使得产品不被认为是 GATT 第 1.1 条中的相似产品，从而使成员方政府可以基于这样的差别，对这些产品实行差别待遇而不违反最惠国待遇义务——是按产品关税分类表还是产品物理特征或其他因素，这些，都将视个案分析确定。

四 GATT 第 1 条最惠国待遇案例

1. "美国—禽肉案"

本案案情介绍参见附录相关内容。以下是专家组在该案中关于 GATT 第 1.1 条的分析内容。以下节选部分，着重体现了专家组关于 GATT 第 1.1 条意义上相似产品的法律分析。具体而言，专家组根据中美双方抗辩，分析裁定

---

① 但在有关其他条款的案件中，如有关国民待遇的案件中，完全不同种类的产品也会出现"相似产品"争议，且被认定为相似产品。

在中国食品安全体系下生产出来的禽肉制品，是否与其他 WTO 成员食品安全体系下生产出来的禽肉制品，同属 GATT 第 1.1 条意义上的相似产品。本部分相似产品的法律分析，因市场上不存在可供比较的相似产品，专家组采用了假定相似产品的分析标准。

美国—影响自中国进口的禽肉产品的某些措施

WT/DS392/R

7.399　……本专家组审查第 727 节是否违反 GATT 1994 第 1.1 条的规定……

7.400　我们首先从 GATT 1994 第 1.1 条条文着手，审查专家组和上诉机构就该条已经作出的解释。在此基础上，我们继而审查第 727 节是否违反该条的规定。

7.401　我们注意到，GATT 1994 第 1.1 条包含最惠国待遇原则。该原则"长期以来是 GATT 的基石和 WTO 贸易体系的支柱之一"。第 1.1 条规定：……

7.402　上诉机构曾在"加拿大—汽车案"中解释，GATT 1994 第 1.1 条的宗旨与目的，是禁止在来自或运往不同国家的相似产品之间的歧视。该上诉机构进一步解释，"禁止第 1.1 条的歧视，还可促使成员在最惠国待遇的基础上，将经过互惠谈判达成的减让扩展至所有其他成员"。

7.403　"欧共体—香蕉案（三）"上诉机构确认，违反第 1 条的前提是必须存在第 1 条意义上的利益，且未将这种利益无条件地给予所有 WTO 成员全部的"相似产品"。

7.404　按照专家组在"欧共体—香蕉案（三）（第 21.5 条—美国）"中所遵循的分析方法，本专家组考虑以下几点展开分析：（1）第 727 节是否属于一项受 GATT 1994 第 1.1 条纪律约束的措施；（2）第 727 节是否给予了第 1 条规定的利益；如果是，（3）这种利益是否被立即无条件地给予了所有相似产品。以上分析方法得到了"欧共体—香蕉案（三）（第 21.5 条—美国）"上诉机构的认可。

7.405　我们分析的第一步，是决定第 727 节是否属于一项受 GATT 1994 第 1.1 条纪律约束的措施。对此，中国主张，第 727 节是一项第 1.1 条意义上与中国禽肉制品进口相关的规则。中国指出，这明显体现在第 727 节的措辞中，该节提到制定或实施允许中国禽肉制品进口到美国的规则。

···········

7. 407 我们注意到，以往专家组和上诉机构将"与进口有关的规则与手续"，解释为包含一系列宽泛的措施。正如中国所言，反补贴税、额外保税要求，以及活动功能规则，都曾被认定为第 1. 1 条意义上与进口有关的规则与形式。

7. 408 就 GATT 1994 第 11. 1 条而言，"印度—汽车案"专家组在解释"限制……进口"时指出，所谓限制，必须与产品的进口"相关"或"有关联"。该专家组进一步指出，这些名词不一定仅限于那些直接涉及进口"流程"的措施，同时，也包括关于产品进口其他方面的措施。

7. 409 专家组回顾第 727 节的规定，该规定禁止食品安检局使用拨款资金，制定或实施允许中国禽肉制品进口美国的规则。诚如上文所述，食品安检局制定并实施关于禽肉制品进口美国的规则，是这些禽肉制品进口美国的前提条件。同时，专家组已经裁定，第 727 节作为一项立法规定，其效力是禁止中国禽肉制品进口美国市场。

7. 410 本专家组认为，"印度—汽车案"专家组对"有关进口"的论证很有说服力。由此，我们认定，第 1 条的有关进口，不仅包括直接涉及进口流程的措施，也可以包括诸如第 727 节这样的与产品进口其他方面相关的，或对进口产生实际影响的措施。鉴于此，我们裁定，第 727 节是一项 GATT 1994 第 1. 1 条意义上有关进口的规则。

7. 411 下一步，本专家组审查美国是否给予了 GATT 1994 第 1. 1 条所涵盖的利益。

7. 412 我们注意到，中国提出，给予其他国家而未延及中国的利益，是"在初始或持续等效性认证，以及中国个体禽肉生产商认证取得成功以后，对美出口禽肉制品的机会"。中国主张，依照美国监管禽肉制品进口的法规和程序，一世贸组织成员，如其禽肉制品在一个食品安全体系等效于美国食品安全体系的情况下生产出来，就有机会进口美国（利益）。然而，中国指出，如无资金，食品安检局将无法安排人员和资源实施现有规则或制定相关规则，从而拒绝给予中国禽肉制品上述利益……

···········

7. 414 本专家组注意到，GATT 1994 第 1. 1 条中的"利益"一词已得到专家组和上诉机构的全面阐释。上诉机构在"加拿大—汽车案"中审查了第 1. 1 条关于"任何缔约方给予……任何产品的利益"的表述，并对其中的"利益"做出了十分宽泛的解释：

其后，我们注意到，第1.1条要求"任何缔约方给予来自或运往任何其他国家任何产品的任何利益、优惠、特权或豁免应立即无条件地给予来自或运往所有其他缔约方领土的相似产品"。第1.1条所规定的并非给予本条款项下对象以某些利益，而是"任何利益"；不是指给予某些产品，而是指给予"任何产品"；不是指给予来自某些其他成员的相似产品，而是指给予来自或运往"任何其他"成员的相似产品。

7.415　"欧共体—香蕉案（三）"专家组认定，第1.1条意义上的"利益"，应是能够创造"更为有利的竞争机会"或影响不同原产地产品之间商业关系的利益。

7.416　我们注意到，依照美国《禽肉制品检验法》和食品安检局的审批程序，任何国家都有资格向美国申请禽肉制品出口资格认证。一旦成功进行等效性认证，且认证规定得以在《联邦公报》公布，这些国家就可以开始向美国出口禽肉制品。因此，完成上述程序是禽肉制品进口商进入美国市场的唯一途径。在美国市场销售禽肉制品的机会，是一种非常有利的市场机会，没有这种机会，将意味着严重的竞争劣势，甚至等同于被排除在美国市场竞争之外。当其中一个国家的产品遭到《禽肉制品检验法》和食品安检局审批程序否定的时候，这种机会也将影响两个不同原产地产品之间的商业关系。

7.417　由此，本专家组认定，完成《禽肉制品检验法》和食品安检局审批程序后，向美国出口禽肉制品的机会，是一种GATT 1994第1.1条意义上的利益，因为它创造市场准入机会并影响不同原产地产品之间的商业关系。

7.418　本专家组业已裁定，完成食品安检局审批程序获得向美国出口禽肉制品的机会，是一种GATT 1994第1.1条意义上的利益。接下来，本专家组考虑其他成员相似产品是否被给予了这种利益。

7.419　本专家组注意到，中国主张，争议措施基于原产地对中国禽肉制品进行歧视。只要中国试图对本国宰杀的禽肉产品进行初始等效认证，或者对本国禽肉加工制品进行持续等效审核，则仅基于原产地，第727节的规定就会将中国禽肉制品排除在食品安检局的审批程序之外。中国指出，专家组和上诉机构曾在因原产地不同而实施差别待遇的案例中做过假定相似产品的分析。据此，中国认为，专家组应当进行假定相似产品分析，因此，那些被认定与美国等效的其他WTO成员禽肉生产体系下生产出来的禽肉制品，与中国禽肉制品属于相似产品

　　　………

7.421 美国主张，区别待遇并非基于原产地，而是基于不同国家拥有不同食品安全体系并提供不同水平保护的事实。美国辩称，专家组或上诉机构尚不曾在诸如本次争端的情况下适用假定相似产品分析法，中国所援引案例（"哥伦比亚—进口港案"和"加拿大—汽车案"）与本案无关，因为这些争端不涉及不同 WTO 成员产品之间的安全性差异。在美国看来，等效性体制所对应的，是健康与安全体系因国而异这一事实。美国认为，相比来自其他 WTO 成员的产品，中国禽肉制品存在特别的安全问题。就此，美国提出，诸如"欧共体—石棉案"专家组根据产品不同的安全等级进行"相似性"审查的争端不容忽视。综上，美国似乎主张，本争端的相似性认定应当依照传统标准进行。

…………

7.423 本专家组注意到，第 1.1 条要求对原产于一国的产品，与原产于另一 WTO 成员的相似产品进行对比。本争端需要进行对比的产品，为本案争议产品——《禽肉制品检验法》定义的中国禽肉制品和食品安检局认定的具有等效性的其他 WTO 成员禽肉制品。中国主张，本专家组应遵循诸专家组在应对基于原产地而产生的歧视问题时所采用的假定相似产品分析法。美国则主张，本专家组应按照"欧共体—石棉案"专家组采用的方法，因为该案是在产品不同的安全水平情况下处理"相似性"的争议。

7.424 过往专家组和上诉机构裁决对相似产品概念的阐释颇丰。上诉机构曾解释指出，无论争议条款为何，相似产品分析必须以个案为基础。

7.425 认定"相似性"的传统方法主要包含四项标准："（1）产品特性、本质和质量；（2）产品最终用途；（3）就争议产品而言，消费者喜好、与习惯——更全面的提法是消费者感知与行为；以及（4）产品关税分类。"

7.426 专家组和上诉机构认定产品"相似性"所采用的另一种方法，是当诉称歧视基于原产地或进口禁令规定这两种情况，导致不可能就市场存在的相似产品进行比较时，理论上假定市场上存在两种相似产品，而就其相似性进行比较。

7.427 专家组在"中国—出版物和音像制品案"中援引过支持假定相似产品分析的相关案例。在这些案例中，给予当地和进口产品的不同待遇纯粹是基于产品的原产地。在这种情况下，起诉方无须确定具体的国内与进口产品，也不需要依照传统标准提供有关相似性的初步证据。相反，当原产地是对产品进行区别对待的唯一标准时，起诉方只需证明，国内与进口产品可能或将会是"相似产品"。例如，"阿根廷—皮革案"与"加拿大—小麦出口与谷物进口案"专家组在 GATT 1994 第 3.2 条项下裁定，"当某成员在国内税方面实行原产地区分原则时，可以不对具体产品进行比较，从而无须对确定相似性的那几个标准进行审查"。我们还注意到，专家组裁定，外国原产地不能作为裁定进口产品与国内产品"不相似"的依据。

7.428　在"哥伦比亚—进口港案"中，专家组采用假定相似产品分析法，在第 1.1 条项下，就巴拿马原产地产品与其他 WTO 成员产品进行比较。无论这些产品是否原产于巴拿马，系争措施影响了这些产品从巴拿马进口至哥伦比亚。巴拿马似乎并不生产对哥伦比亚出口的这些产品，但专家组仍然受理了巴拿马的诉请。专家组假定巴拿马生产涉案产品，并将其出口哥伦比亚，由此引发基于原产地而给予的区别对待。基于该假设，依据上述有关 GATT 1994 第 3 条的案例，采用假定相似产品分析法，专家组认为，如果巴拿马生产纺织品、服装和鞋类产品，则原产于巴拿马的产品，和原产于其他国家的产品，可以被认定为"相似产品"。

7.429　我们注意到，美国主张，中国禽肉制品与其他 WTO 成员产品在安全水平方面的差异，将影响相似产品的分析。然而，美国并未提供中国禽肉制品与其他 WTO 成员产品存在安全水平差异的证据。因此，我们没有理由不采用"假定"相似产品分析法，也没有理由不依据被指称"相似"的产品是否单纯因其产地而受到区别对待而进行裁定。

7.430　我们援引第 727 节用语：

> 根据本法所提供的任何拨款，不得被用于制定或实施任何允许中华人民共和国的禽肉产品进口到美国的规章。

7.431　第 727 节对受其影响的产品所实施的资金限制以原产地为依据，即来自中国而非任何其他 WTO 成员的禽肉制品。通过仅针对中国，第 727 节施加了基于原产地的歧视。

7.432　鉴于本案的区别待遇仅基于原产地，本专家组相信，采用过往专家组的假定相似产品分析法甚为恰当。为确定一项利益是否被立即无条件给予其他 WTO 成员而未给予中国，专家组将假定原产于中国的禽肉制品，与原产于其他 WTO 成员的禽肉制品为相似产品。

7.433　在裁定一项利益，即禽肉制品生产商完成初始或持续等效性认证后向美国出口禽肉制品的机会，已被给予中国禽肉制品的"相似"产品之后，专家组将裁定该第 727 节衍生的"利益"，是否已按照 GATT 1994 第 1.1 条的要求，被无条件给予了中国的相似禽肉制品。

··········

7.436 专家组现在解释"立即无条件"的约文。过往 WTO 专家组对此已做过解释。"加拿大—汽车案"专家组认为，判断是否"无条件"给予 GATT 1994 第 1.1 条意义上的利益，不能仅仅审查是否涉及对不同国家相似产品的歧视性待遇。专家组澄清指出，GATT 1994 第 1.1 条上的"无条件"（"不附带任何条件"）本身，并不涉及利益的给予。"无条件"义务涉及的是将已给予原产于任何国家任何产品的利益，给予所有 WTO 成员的相似产品。专家组进一步解释指出，GATT 1994 第 1.1 条的目的，是要"确保无条件最惠国待遇"的贯彻。专家组认为，基于此，无条件将任何其他国家已经获得的利益给予 WTO 各成员的义务，指的是该利益的扩展，不附带任何有关这些国家情况或行为的条件。专家组解释称，这意味着给予任何一个国家产品的利益，必须毫无原产地歧视地给予所有 WTO 成员的相似产品。专家组继续指出：

> 在我们看来，区分以下两种情况十分重要。一方面，第 1.1 条意义上的利益是否被附加了条件；另一方面，一项利益一经给予任何一个国家的产品，该利益是否也被"无条件"给予所有其他成员的相似产品。在给予一种利益时附带条件，并不一定意味着该利益没有被"无条件"地给予其他成员的相似产品。具体而言，若对利益所附加的条件无关乎进口产品本身，则不必然意味着该条件在进口产品原产地方面存在歧视。日本主张，第 1.1 条的"无条件"应当的解释是，即使所施加的条件与进口产品本身利益无关，无论该条件是否与进口产品原产地相关以及如何相关，这项利益都违反第 1.1 条"无条件"的规定。我们认为并非如此。

7.437 "哥伦比亚—进口港案"专家组遵循"加拿大—汽车案"专家组的论证，认为评估一项利益的给予是否满足"立即无条件"的要求，可以"依据这项给予任何成员纺织品、服装或鞋类的利益，是否因有关产地或巴拿马行为方面的原因，而未同样给予来自巴拿马的该类产品"。哥伦比亚主张，在不违反 GATT 1994 第 1.1 条规定的前提下，为了对来自巴拿马的进口产品进行控制和监管，同时遏制其开低价发票、欺骗和走私以规避相关法律规则的行为，可以对该国海关程序设置附加条件。本专家组再次强调"加拿大—汽车案"专家组的观点：附加在所授予进口产品的利益之上的条件，只有在其基于产品的原产地对产品进行歧视时，方被视为违反 GATT 1994 第 1.1 条的相关规定。该专家组进一步裁定，GATT 1994 第 1.1 条禁止成员通过原产地运用下的关税规则来处理此类问题。

7.438　我们忆及中国的主张：第 727 节违反 GATT 1994 第 1.1 条，因为它对不同原产地的相似产品歧视对待。鉴于第 727 节仅对中国禽肉产品适用，因此不符合最惠国待遇原则。

7.439　第 727 节禁止食品安检局斥资制定或实施允许中国禽肉制品进口的规则，因此该规定单独针对中国。专家组回顾，若不制定或实施允许禽肉制品进口的规则，即使是被食品安检局审批程序认定具有等效食品安全标准的国家，也无法向美国出口其禽肉制品。这意味着，即使中国禽肉生产体系提供了与美国等效的食品安全标准，中国仍将因拨款禁令无法向美国出口其禽肉制品。此外，美国承认，第 727 节旨在阻止中国禽肉制品进口至美国。

7.440　没有任何其他国家受制于第 727 节对中国施加的拨款禁令。这意味着，中国是唯一履行完毕食品安检局审批程序后，仍被拒绝给予本专家组前述认定利益——向美国出口禽肉制品机会——的 WTO 成员。相比于其他 WTO 成员，第 727 节通过拒绝给予上述利益对中国进行歧视对待。这种歧视性待遇表明，美国没有"立即无条件"地给予利益。

7.441　基于上述论证，本专家组裁定，美国没有立即和无条件地将给予所有其他 WTO 成员的利益，同时给予来自中国的相似产品。由此，我们裁定，第 727 节违反 GATT 1994 第 1.1 条的规定。

* * *

2. "欧盟—鞋案"

以下是专家组在该案中关于 GATT 1994 第 1 条的分析内容。该案专家组着重分析欧盟反倾销条例的某些规定，对原产于中国的反倾销目标产品，是否基于中国的国家经济制度而给予差别对待，从而违反第 1.1 条的规定。该案裁决于 2012 年 2 月 22 日获得争端解决机构的通过。然后，围绕中国经济制度问题所产生的争议，对中国的国际贸易以及世界贸易组织的运行影响深远。

欧盟—对某些中国鞋类的反倾销措施

WT/DS405/R

7.64　中国"规则"之诉的对象，是《反倾销基本条例》第 9（5）条。该条款解释征收反倾销税的方式。其相关条文如下：

每个个案，都应根据非歧视原则，对所有被认定倾销并造成损害的进口产品征收适当的反倾销税，进口产品价格承诺已被接受的除外。征收反倾销税的规定应当明确表明对每个个体供应商所征收的具体税率。若此法不可行，以及一般在第 2（7）（a）条适用的情况下，确定相应供应国税率。

上述第 9（5）条规定了两种无法具体确定供货商税率的情形：（1）无法确定供货商；（2）在适用《反倾销基本条例》第 2（7）（a）条的情况下，亦即正常价值"根据第三国市场经济中的价格或结构价格、该第三国销往包括欧共体在内的其他国家的价格加以确定；在这些方法均不可行的情况下，根据任何其他合理依据——包括在欧共体内对相似产品的实际支付价格或应支付价格在内——加以确定，并在必要时对价格进行调整，以包含合理利润"。在这些情况下，条例针对"涉案供货国家"而非"每一个供货商"确定税率。换言之，为"整个国家"而非"每一个供货商"确定一个单一税率。

7.65 尽管如此，按照《反倾销基本条例》第 9（5）条的规定，在反倾销调查中，只有在第 2（7）（a）条对能够证明自己符合如下所有标准的生产商/出口商适用的情况下，欧委会才会确定单独税率：

（a）若企业属于出口商可自由抽调资产及汇出利润的外资全资或部分外资企业，或合资企业；

（b）出口价格、数量以及销售条件的制定不受任何约束；

（c）绝大多数股份为个人所有，董事会或在重要岗位任职的政府官员要么是少数，要么可以证明该公司仍然充分独立，不受国家干预；

（d）按照市场汇率进行货币兑换；

（e）某出口商被给予不同税率的情况并非国家对此种措施规避行为进行干预的结果。

这些标准即为所谓的"单独待遇"（IT）测试标准。在依据《反倾销基本条例》第 9（5）条对一项反倾销调查确定"全国"统一税率时，若该调查中的某一生产商/出口商能够证明其满足这些条件，则欧委会将针对该生产商/出口商确定单独税率。不能满足 IT 测试的生产商/出口商将接受全国统一税率。

7.66 简言之，对于受欧盟反倾销调查的中国生产商/出口商而言，确定正常价值和征收反倾销税存在如下可能。

● 若生产商/出口商满足市场经济条件，即能够证明公司在市场经济原则下运营，则根据第 2（7）（b）条的规定，其正常价值将依据第 2（1）~（6）条的规定，参照市场经济中生产商的计算方式确定。之后，再通过将该正常价值与生产商/出口商的出口价格进行比较，从而计算出倾销幅度，并对该生产商/出口商适用单独税率。

● 若生产商/出口商不能满足市场经济条件，则其正常价值将依据第 2（7）（a）条的规定，以另一种方式（通常为参照国价格）进行计算。在对生产商/出口商自身出口价格与所确定的正常价值进行对比的基础上，是否适用单独税率，将取决于生产商/出口商是否提出请求，及其是否被给予 IT 测试。

● 若生产商/出口商要求进行 IT 测试并证明其符合《反倾销基本条例》第 9（5）条规定的 5 个标准，则该生产商/出口商将获得基于其自身出口价格计算出来的单独税率。否则，该生产商/出口商将依据所确定的正常价值适用全国统一税率。

● 用于计算全国统一税率的出口价格的确定，将取决于非 IT 出口商全体的合作程度。如果合作程度高，譬如，所有合作的非 IT 出口商的出口量接近出口总量的 100%，则出口价格将依据所有这些出口商出口交易加权平均的实际价格确定。若合作程度低，譬如，非 IT 出口商出口比例远远小于出口总量的 100%，则欧委会将用可获得数据填补缺失信息。可获得数据的选择，取决于不予合作的严重性，并有可能会包括进口统计数据。

…………

7.98　中国主张，《反倾销基本条例》第 9（5）条违反 GATT 1994 第 1.1 条的规定，因为在出口生产商获得 IT 待遇问题上，该条款对某些 WTO 非市场经济成员包括中国，施以额外条件，而 WTO 市场经济成员却可以自动获得 IT 待遇。中国指出，自动获得 IT 待遇是一种没有给予非市场经济成员进口产品的"利益"，该做法违反 GATT 1994 第 1.1 条。

7.99　GATT 1994 第 1.1 条规定：……

第 1.1 条将最惠国待遇原则法律化，其"长期以来是 GATT 的基石和 WTO 贸易体系的支柱之一"。该条款措辞十分清晰。WTO 成员有义务对相似产品给予同等待遇，而不论其原产地。换言之，最惠国待遇原则禁止对原产于或出口到不同国家的相似产品进行歧视。第 1.1 条用语规定了起诉方必须证明违反第 1.1 条的三个要件：（1）一项第 1 条涵盖的利益、优惠、特权或豁免；（2）未立即并无条件给予；（3）所有 WTO 成员的所有相似产品。

7.100 论及本案事实，反倾销调查的法规和手续，包括《反倾销基本条例》第 9（5）条，明显属于第 1.1 条所指"与进口相关的法规和手续"。此外，根据我们上面得出的结论，《反倾销基本条例》第 9（5）条明显影响来自某些国家的进口产品，该条款为欧盟是否考虑发起反倾销调查的生产商或出口商，其出口价格的认定、所计算的单独倾销幅度、对进口欧盟的相关产品所征收的单独反倾销税等确定了标准。我们同意中国的观点，自动给予来自市场经济国家的进口产品 IT 待遇，是第 1.1 条意义上的"利益"。在我们看来，IT 待遇确保获得该待遇的生产商和出口商不会被征收高于其自身倾销幅度的税率，而对于那些适用基于加权平均出口价格计算出来的全国统一税率的生产商和出口商，这种现象却可能发生。此外，《反倾销基本条例》第 9（5）条列出了那些必须满足该条款条件才有权获得单独倾销幅度和反倾销税的生产商，包括中国在内的 WTO 成员生产商。因而，《反倾销基本条例》第 9（5）条的实施，在某些情况下，将导致来自不同 WTO 成员的同一进口产品在欧盟反倾销调查中受到区别对待。就我们而言，这相当于自动获得 IT 的利益是以产品原产地为条件的。因此，我们认定，《反倾销基本条例》第 9（5）条违反 GATT 1994 第 1.1 条规定的最惠国待遇原则。

7.101 欧盟主张，对非市场经济国家与市场经济国家供货商给予区别对待，不违反 GATT 1994 第 1.1 条，因为它们所处的境况不同。在这点上，欧盟主张，对获得利益附加条件可能不违反第 1.1 条，只要这些条件与出口国的"境况和行为"相关。欧盟注意到，《反倾销协定》中的不同条款，明确规定了对来自不同成员产品的差别待遇，而这并不违反第 1.1 条。在欧盟看来，反倾销调查可以对来自非市场经济国家和市场经济国家的进口产品进行区别对待而不会引发歧视，因为这些产品的性质不同。然而，在我们看来，只有在《反倾销协定》相关条款或 WTO 另一相关协定准许的情况下，方可对来自非市场经济国家和市场经济国家的进口产品加以区别对待。而欧盟没能证明，《反倾销协定》的任何条款，或 WTO 的任何其他协定，准许《反倾销基本条例》第 9（5）条，对来自非市场经济国家的进口产品给予区别对待。

7.102 欧盟也没能证明，来自非市场经济国家的进口产品，存在任何可以使区别待遇合法化的性质差异。虽然欧盟声称，本案恰巧属于这样的情况，但在我们看来，欧盟没有提供事实依据供我们裁定，来自非市场经济国家和市场经济国家的进口产品在性质上存在差异。的确，我们注意到，《反倾销基本条例》第 9 (5) 条本身，允许非市场经济国家的个体生产商，证明其按照市场经济原则运营，从而有资格获得 IT 待遇。在我们看来，这意味着非市场经济国家和市场经济国家进口产品性质上的差异，取决于生产商及涉案产品的具体事实和情势，而非另一 WTO 成员将出口国经济划归为非市场经济这一事实。

7.103 欧盟认为，中国第 1.1 条项下的诉请能否成立，取决于《反倾销基本条例》第 9 (5) 条是否违反《反倾销协定》。而中国却坚持认为，其第 1.1 条项下的诉请是独立于《反倾销协定》诉请的一个单独请求。关于该点我们注意到，在前文已裁定第 9 (5) 条与《反倾销协定》第 6.10 条和第 9.2 条不符的情况下，显然，即使假设欧盟的主张正确，这一条件也已得到满足。同时，虽然《反倾销协定》明显对 GATT 1994 第 6 条关于实施反倾销措施的要求做出进一步的阐述，但在我们看来，这并不意味着只有在证明违反《反倾销协定》以后，方可对是否违反 GATT 1994 尤其是第 1.1 条进行裁定。我们认为，一成员不仅有可能在违反第 1 条的同时，单独违反 GATT 1994 第 6 条的某项规定，而且，在某些情况下，一成员还可能在针对不同成员实施其反倾销法规时违反第 1.1 条，却并不违反《反倾销协定》的具体规定。

7.104   此外，欧盟抗辩认为，按照特别法原则和 GATT 1994 第 2.2 (b) 条的规定，由于《反倾销协定》准许 WTO 成员在涉及非市场经济国家调查中，对获得单独倾销幅度的权利规定某些附加条件，这种做法不违反 GATT 1994 第 1.1 条。我们不认为 GATT 1994 第 2.2 (b) 条限定了第 1.1 条的适用范围。第 2.2 (b) 条前言指出："本条款不禁止任何缔约方在任何时候就进口的任何产品征收……反倾销税……税的征收应与第 6 条的条款相符。"由此可以明显看出，第 2.2 (b) 条仅与 GATT 1994 第 2 条相关，该款为实施符合 GATT 1994 第 6 条的反倾销措施提供了一个"安全港"，以避免其与规制海关最高税额的第 2.2 (a) 条规定与第 2.2 (b) 条规定产生冲突。最后，需要指出的是，《WTO 协定》附件 1A 的通用注释规定，在《反倾销协定》和 GATT 1994 条款产生冲突的情况下，就冲突部分，前者优先适用。欧盟试图运用这一冲突条款抗辩，当一项《反倾销协定》准许的做法与 GATT 1994 第 1.1 条规定的禁止歧视条款产生冲突时，该做法将不受 GATT 1994 第 1.1 条禁止性规定的约束。我们不同意这一立场。在我们看来，本案不存在《反倾销协定》与 GATT 1994 之间的冲突。换言之，我们没有发现任何阻止成员同时遵守《反倾销协定》与 GATT 1994 第 1.1 条项下义务的障碍，因此，也就没有必要付诸特别法原则或通用注释以解决两者之间的冲突。

7.105 综上，我们裁定，《反倾销基本条例》第 9（5）条违反 GATT 1994 第 1.1 条规定的最惠国待遇原则。

* * *

第二节　GATT 最惠国待遇例外

作为 WTO 基石的 GATT 最惠国待遇也存在例外情况。最有影响的 GATT 例外有两个：一个是基于 GATT 第 24 条的关税同盟和自由贸易区例外；另一个是 GATT 第四部分针对发展中国家义务的豁免例外。

一　关税同盟和自由贸易区例外

GATT 第 24.8 条将关税同盟定义为以一个单一关税领土取代两个或两个以上关税领土，对内，关税同盟成员之间的一切贸易完全取消关税和其他限制性贸易法规；对外，同盟的每个成员实施完全相同的关税和其他贸易规章。由此可见，关税同盟的特征，就是对内取消关税，对外设置统一关税。在建立关税同盟的条件下，成员间原来用以保护各成员国内市场的关税壁垒和非关税壁垒被拆除，市场得到扩大。与此同时，每一个成员面对来自其他成员的竞争，参加关税同盟的国家一般生产力水平相近，因此关税同盟内成员之间的竞争，可以对经济发展产生一种正向推动力；对于来自关税同盟外部的竞争则通过关税予以排除，使成员之间的竞争处于一个有限的安全范围。

自由贸易区通常指签订有自由贸易区协定的国家所组成的经济贸易集团。成员之间废除关税与数量限制，使区域内各成员商品自由流动，但每个成员仍保持本国或地区对非成员的贸易壁垒。

显然，相对于内部成员而言，关税同盟和自由贸易区对其他 WTO 成员实行贸易歧视。但是，关税同盟和自由贸易区成员之间取消贸易壁垒的安排毕竟是朝着完全的贸易自由化方向迈进，因此，只要这种安排不妨害其他国家的贸易，就应允许其存在。

1. 关税同盟和自由贸易区历史

自由贸易区和关税同盟作为经济一体化的重要表现形式始于第二次世界大战后的西欧。1957 年 3 月，联邦德国、法国、意大利、比利时、荷兰、卢森堡 6 国签署《罗马条约》，以 1957 年 6 国的平均关税确立共同的对外关税，于 1958 年 1 月 1 日正式生效。

1968 年，欧共体实行工业品在成员国之间的自由贸易，并就农产品达成统一的价格。1970 年减少了对劳动力和资本自由流动的限制。1973 年，英国、丹麦、爱尔兰加入欧共体。1981 年希腊也成为欧共体成员。1986 年西班牙与葡萄牙加入后，成员国达到 12 个，成为当时世界上最大的贸易集团。

1960 年欧洲自由贸易联盟（EFTA）成立，创始国为英国、丹麦、奥地利、挪威、葡萄牙、瑞典和瑞士 7 个国家。1961 年，芬兰成为非正式成员国。1967 年，根据建立欧洲自由贸易联盟的《斯德哥尔摩公约》，联盟成员国之间实行工业品自由贸易，但在农产品贸易上只采取了几项减少贸易壁垒的措施，同时对第三国也不实行共同关税。因此，欧洲自由贸易联盟是一个采取自由贸易区形式的经济一体化集团。

1973 年，英国和丹麦离开欧洲自由贸易联盟，与爱尔兰一道加入欧共体。欧共体和欧洲自由贸易联盟两个经济一体化集团在相互竞争的同时，经济联系不断加深，最终就彼此间的贸易障碍进行磋商，于 1977 年达成协议，在两个贸易集团内实行工业品自由贸易。

20 世纪 80 年代中期，欧洲经济一体化又有新的发展。欧共体提出在 1992 年底前将欧共体建成一个没有国界，商品、人员、资本和劳务完全自由流通的统一大市场。在这次新的浪潮中，欧洲自由贸易联盟成员积极向欧共体靠拢，奥地利、瑞典、挪威、瑞士等国或直接要求加入欧共体，或表示了要求加入的愿望。1991 年 12 月 11 日，欧共体马斯特里赫特首脑会议通过了以建立欧洲经济货币联盟和欧洲政治联盟为目标的《欧洲联盟条约》（通称《马斯特里赫特条约》，"马约"）。1993 年 11 月 1 日"马约"生效后，欧共体未就其称谓的变更问题做出决定，但欧共体内和国际上越来越广泛地使用"欧洲联盟"（简称"欧盟"）的称谓。目前"欧共体"和"欧盟"两种称谓均可使用，但法律文件和对外签署协议时仍需用"欧共体"。

1993 年 1 月 1 日，欧共体统一大市场基本实现，除人员流动略有限制外，商品、资本、劳务实现自由流通。1993 年 2 月，扩大欧共体的谈判正式启动。到 1995 年，奥地利、瑞典、芬兰成为欧共体新成员。截至 2013 年 3 月底，欧共体共有 27 个成员国。

欧盟的宗旨在于促进欧洲的团结和发展；通过共同贸易政策，建立无内部边界的经济空间，加强经济、社会的协调发展和建立最终实行统一货币的经济货币联盟，促进各成员国经济和社会的均衡和进步；实行最终包括共同防务政策的共同外交和安全政策。

欧盟的决策机构"欧盟理事会"拥有欧盟绝大部分的立法权。欧盟理事会分为总务理事会和专务理事会，分别由各成员国的一名部长组成。前者由各国外长参加，讨论和决定欧盟的各项重要问题；后者由各国的其他部长参加，只讨论一些专门性问题。欧盟理事会是欧盟的中心，负责讨论欧共体、欧盟内部建设、重要对外关系及重大的国际问题。欧盟理事会由各成员国国家元首或政府首脑以及欧盟委员会主席组成，每年至少举行两次会议，主席由各成员国轮流担任，任期半年。

在欧盟发展的同时，以美国为首的北美自由贸易区正在形成。早在20世纪80年代初就有建立美、加、墨自由贸易区的设想，但由于种种原因，一直未能付诸实施。在欧洲一体化浪潮的冲击下，北美自由贸易区加快了启动步伐。1988年1月2日，美国和加拿大正式签署自由贸易协定，于1989年1月1日正式生效。该协定确定在10年内，逐步取消两国一切进出口产品关税，并有步骤地减少制造业、能源、农业等部门产品的贸易壁垒，扩大两国的贸易合作，实现商品、劳务、资本和人员的自由流动。1990年9月，美国国内提出和墨西哥进行自由贸易谈判的要求。同年11月，双方开始商谈签订自由贸易协定有关事宜。1991年2月，加拿大加入商谈，三国就建立北美自由贸易区问题开始进行谈判。1992年8月12日，美国、墨西哥、加拿大签署《北美自由贸易协定》，该协定于1994年1月1日生效。

《北美自由贸易协定》旨在取消贸易壁垒，制造公平竞争的条件，增加投资机会，保护知识产权，建立执行协定和解决贸易争端的有效机制，促进三边和多边合作。[①]该协定规定在15年内分阶段取消进口关税及其他贸易壁垒，实现商品劳务的自由流通。第一阶段，首先在所列的9000多种产品中立即取消约50%的关税；第二阶段，15%以上的产品关税将在5年内取消；第三阶段，剩余的关税在6~15年内取消。

亚洲地区出现的第一个区域性贸易集团是1967年8月8日成立的东南亚国家联盟（"东盟"），成立时的成员有新加坡、马来西亚、菲律宾、印度尼西亚和泰国。1984年1月7日文莱加入东盟。1991年10月召开的东盟各国经济部长会议，通过了在15年内建立东盟自由贸易区的决议。1992年2月28日，东盟6国首脑会议签署"新加坡宣言"确认了上述主张。1995年7月28日，越南加入；1997年7月23日，老挝和缅甸加入；1999年4月30日，柬埔寨加入。截至2013年6月30日，东盟共有10个成员。

---

① 《北美自由贸易协定》第 102 条。

在拉丁美洲和非洲，经济一体化也有发展。如拉丁美洲的拉丁美洲自由贸易协会，成员有阿根廷、玻利维亚、巴西、智利、哥伦比亚、厄瓜多尔、墨西哥、巴拉圭、秘鲁、乌拉圭和委内瑞拉。在非洲，经济一体化的组织有由刚果、加蓬、乍得、喀麦隆和中非共和国组成的中非关税和经济同盟，由肯尼亚、坦桑尼亚、乌干达等建立的东非经济共同体（1977 年解体），以及 1975 年建立的由尼日利亚、马里、利比里亚和塞拉利昂等 15 国组成的西非国家经济共同体等。

2. GATT 第 24 条：关税同盟与自由贸易区

GATT 第 24 条是有关关税同盟和自由贸易区的规定。第 24.4 条指出建立这样的经济一体化组织的目的是增进贸易自由。但是，这种一体化形式不得在便利成员之间贸易的同时，增加其他缔约方与此类一体化组织之间的贸易壁垒。在谈判 GATT 第 24 条内容时，谈判各方强调只接受真正的经济一体化安排，且两种形式中以关税同盟形式为上。然而，大部分一体化协定不能满足第 24 条的要求。WTO 秘书处 1995 年的一份报告指出，在共 19 个已审查完毕的此类协定中，只有 6 个符合第 24 条的规定。其中，1993 年捷克共和国与斯洛伐克共和国之间的关税同盟协定，是唯一完全符合第 24 条规定的关税同盟协定。1999 年，专家组在"土耳其—对纺织品和服装进口的限制案"中裁定，对某一关税同盟安排是否符合第 24 条规定没有确定的结论，则意味着这个安排不能被看作符合第 24 条规定的安排。

GATT 第 24.8 条规定了关税同盟及自由贸易区的定义：

（a）关税同盟应被理解为以一单一关税领土替代两个或两个以上关税领土，以便：

（i）对于同盟成员领土之间的实质上所有贸易或至少对于产于此类领土产品的实质上所有贸易，取消关税和其他限制性贸易法规；及

（ii）……同盟每一成员对同盟以外领土的贸易实施实质相同的关税或其他贸易法规；

（b）自由贸易区应被理解为在两个或两个以上的一组关税领土中，对成员领土之间实质上所有有关产自此类领土产品的贸易取消关税和其他限制性贸易法规。

上述规定中，取消成员领土间所有贸易的关税和其他限制性贸易法规，是建立一个自由贸易区或关税同盟的首要条件。除此之外，第 24.5 条还列举了建立自由贸易区和关税同盟的其他条件：关税同盟和自由贸易区，或旨在

建立关税同盟和自由贸易区的临时协定所实施的关税和其他限制性贸易法规，总体上不得高于或严于在形成此种同盟或通过此种贸易协定之前，各成员领土实施的关税和贸易法规的总体影响范围。

各成员应将有关第 24 条范围的安排通知区域贸易协定委员会，由该委员会审查此类通知。最终，对此类事项的决定由货物贸易理事会发出。自由贸易区和关税同盟成员每两年向货物贸易理事会进行汇报，并及时将协定的主要变更和发展报告货物贸易理事会。

发达国家可以因政治、经济或地理上的密切关系而通过与它们达成经济一体化的协定，给予发展中国家特殊优惠待遇。但是，这种为发展中国家利益而签订的非互惠经济一体化协定，不得对其他成员设置贸易壁垒。在 1985 年的"欧共体——来自某些地中海地区国家的柑橘产品进口关税待遇案"中，专家组认为，GATT 第 24 条与 GATT 第四部分所阐述的权利义务是有区别的，因此第四部分不能被当作不遵守第 24 条规定标准的依据。该案件的裁定没有获得缔约方大会的通过。

二 发展中国家例外

最惠国待遇的发展中国家例外主要是指普遍优惠制的实施。[1] 普惠制是发达国家对发展中国家出口的初级商品，给予普遍、非歧视和非互惠的优惠待遇。这种优惠是发达国家单方面给予发展中国家的，因此在一定程度上背离了最惠国待遇原则，属最惠国待遇例外。

应该说，在贸易自由化的进程中，发展中国家处于十分不利的地位。具体在 WTO 的协定中，得到更多保护的往往是发达国家利益。这主要是因为发展中国家经济、技术比较落后，甚至在不少领域，尤其是知识产权、服务贸易等领域，才刚刚起步，它们从协定中得到的实际优惠很少，却要对发达国家承担条约义务。同时，在发展中国家国内相关产业尚未发展成熟的情况下，对发达国家开放市场，用条约规定的较高标准保护发达国家相应产业，使发展中国家的相关产业面临很大的冲击。

最惠国待遇义务放大了这种不平等与冲击的影响。在最惠国义务下，发展中国家必须面临来自所有成员的竞争。1964 年联合国贸易和发展会议（UNCTAD）第一次会议的总则指出，最惠国待遇"只能达到形式上的平等，而实际上却意味着对国际社会中弱国的歧视"。

---

[1] GATT 第四部分贸易与发展。

在最初的 GATT 谈判中，在关于在非歧视基础上建立国际贸易体制对发展中国家是否公平这个问题上，缔约方观点各异。虽然，发展中国家无法与发达国家平等竞争是显而易见的事，一些发达国家仍然认为没有理由特别针对发展中国家利益规定例外。于是，许多发展中国家认为它们不应当加入 GATT，或其他类似于 GATT 的国际条约。虽然最后仍有一些发展中国家加入了 GATT，但它们对其在 GATT 中的地位一直不满。在这种情况下，1958 年，GATT 成立了一个专门工作小组，由著名经济学家哈伯勒担任主席，审查发展中国家在国际贸易中的地位问题。

在哈伯勒报告的建议和 1964 年成立的联合国贸易和发展会议的压力下，GATT 在 1965 年增加了第四部分 "贸易与发展"，专门解决发展中国家在 GATT 中的状况问题。新增的第四部分在呼吁发达国家减少对发展中国家贸易壁垒的同时，主要引入了对发展中国家有利的非互惠原则，作为互惠原则例外。

与此同时，UNCTAD 秘书长普瑞毕西（Raul Prebisch）做了一个专门针对发展中国家在世界贸易中特殊地位的报告，强调对发展中国家给予较低关税的重要性。由于这个报告内容明显与最惠国待遇（MFN）的要求不符，UNCTAD 认为 GATT 应解决报告提出的问题。于是，GATT 在 1971 年授权发达国家给予发展中国家关税优惠，这就是所谓的 "普惠制" 规定。最初的普惠制豁免权为 10 年。普惠制授权发达国家自行决定建立普惠制，对发展中国家实行关税优惠。至于优惠对象，完全由各国政府自行决定。可见，普惠制不是发展中国家可以要求的权利，而只是发达国家的恩惠。

1971 年的普惠制 10 年授权于 1981 年到期时，东京回合通过的著名的《有差别与更优惠待遇、对等与发展中国家充分分担协定》，被认为是对普惠制的永久延续。实践中，发达国家成员对普惠制制度的实施规则各不相同。通常，各成员要求享受普惠制待遇的发展中国家符合某些规定的条件。在制定这些条件时，施惠国首先考虑的是自己国家的经济利益，并往往将政治和文化上的考虑作为给予发展中国家普惠制待遇条件的一部分。

第三节　国民待遇

国民待遇原则与 WTO 最惠国待遇原则相互补充。在 WTO 通过最惠国待遇实现了成员平等待遇的基础上，有关国民待遇的规定，使得一成员的商品、服务、知识产权在进入另一成员领土后，受到与该成员领土内相似商品、服务、知识产权同等的待遇。

在 WTO 体系中，最惠国待遇和国民待遇的区别在于：前者处理进口产品之间的关系，要求进口国在外国相似产品进入该国边境时得到平等待遇；后者处理进口产品与本国产品之间的关系，要求外国产品在进入一国边境后，得到与本国相似产品同样的待遇。

GATT 国民待遇的基本目的，在于防止各成员方利用国内税收政策、措施、法规对本国产品施行贸易保护，为进口产品创造一个平等竞争的空间。为实现这个目标，GATT 要求各成员在对进口产品以及国内产品施行国内税、费、法规时，不能以为国内生产提供保护为目的，不能通过给进口产品较低的待遇实行歧视，抵销关税减让给进口产品带来的好处。譬如，如果进口国在国内税收方面，如营业税、使用税和流转税方面，对进口产品的征税高于本国产品，无异于对外国进口产品提高关税。但是，WTO 成员可以自行选择给予进口产品高于本国产品的待遇，只要与此同时遵守最惠国待遇的规定即可。事实上，某些对国内产品征收的税费是不能对进口产品征收的。

原 GATT 体系中的国民待遇适用范围较窄，仅限于货物贸易及由此产生的其他经济行为。WTO 体系将国民待遇拓宽到货物贸易中的原产地规则、技术法规和动植物卫生检疫、与贸易有关的投资措施、服务贸易和与贸易有关的知识产权保护等领域，主要体现在 GATT 1994、GATS、《TRIPS 协定》、《TRIMS 协定》及其他协定的相关条款中。GATT 第 3 条是关于国民待遇原则的条款。

标题为"国内税和国内法规的国民待遇"的 GATT 第 3 条，集中体现了国民待遇规则，共 10 个条款。其中，第 3.3、3.6 条是有关历史性的安排；第 3.5、3.7 条是关于混合产品国内含量及外国供应来源的关系问题；第 3.9 条是进口国限价；第 3.10 条是对电影片的特别规定。其他的，第 3.1 条（国民待遇的适用范围）、第 3.2 条（国内税、费）、第 3.4 条（国内法律、法规、规定）、第 3.8 条（国民待遇例外），构成 GATT 国民待遇的主要内容。

1. GATT 第 3.1 条：国民待遇的适用范围

GATT 第 3.1 条明文指出适用国民待遇的两种情况：（1）"国内税及其他国内费用"；（2）国内法律、法规、规定。

第 3 条　国内税和国内法规的国民待遇

1. 各缔约方认识到，国内税和其他国内费用、影响产品的国内销售、标价出售、购买、运输、分销或使用的法律、法规和规定以及要求产品的混合、加工或使用的特定数量或比例的国内数量法规，不得以为国内生产提供保护的目的对进口产品或国产品适用。

以上第 3.1 条表述的是国民待遇的宗旨，其用词"不得"（should not）通常解释为不包含法律强制力。因此，任何违反国民待遇原则的争端，其法律依据不能仅为 GATT 第 3.1 条，而必须根据第 3 条其他条款中禁止性的具体规定。GATT 第 3.1 条的重要意义在于，拓宽了国民待遇对国内税、费、法律、法规的管制范围：即使某成员方国民待遇的税、费、法律、法规，其实施或立法目的并不在于对进口产品进行歧视，只要最终造成了歧视性后果，就违反了国民待遇的规定。实践中，对该条款发生的争议主要集中为第 3 条的涵盖范围究竟多大。第 3 条规定义务的范围越大，对进口成员方的限制越大。

2. GATT 第 3.2 条：国内税、费的规定

第 3 条　国内税和国内法规的国民待遇

2. 任何缔约方领土的产品进口至任何其他缔约方领土时，不得对其直接或间接征收超过对相似国产品直接或间接征收的任何种类的国内税或其他国内费用。此外，缔约方不得以违反第 1 款所列原则的方式，对进口产品或国产品实施国内税和其他国内费用。

第 3.2 条涉及成员境内歧视性税收问题。其内容引发的争议多为以下两种方式中的一种：（1）进口产品与国内相似产品受到不同的歧视性税收待遇，违反国民待遇第 3.2 条第一句话；（2）即使受歧视产品与国内相关产品不是相似产品，只要进口国的相关税制对本国产品提供保护，就违反第 3.1 条和第 3.2 条第二句话。

1996 年，加拿大、欧盟、美国起诉日本酒类税法，称日本酒类税法对本国清酒（shochu）规定的税率，大大低于对一些相同或竞争进口产品（vodka, gin, whisky, brandy, rum and liqueurs）规定的税率，从而违反 GATT 第 3.2 条的规定。① 该案专家组裁定，对第 3.2 条第一句话的违反必须满足两个条件：（1）进口产品和本国产品是"相似产品"；（2）对外国产品征收的国内税"超过"对本国产品的征税。对第 3.2 条第二句话的违反必须满足三个条件：（1）进口产品和本国产品必须具有"直接竞争性或替代性"；（2）对它们所征

---

① 日本—酒精饮料案，WT/DS8，10，11/AB/R。

收的国内税不同等；（3）对进口产品采用不同等措施的目的是给国内产品提供保护。但当这些产品是"相似产品"而不是"可替代产品"时，则不需要满足第三个条件。

专家组认为，对相似产品征税，只要有差别，无论大小，都可确定其目的是对国内相似产品提供保护。但上诉机构认为，税收差异必须大于"微量"（de minimis）。对"微量"的确定视个案而定。因为只有超过"微量"的税收差别，才会将本国产品从与外国产品的竞争中保护起来，实现为国内可替代产品提供保护的目的。上诉机构认定此案税收差异超过"微量"。

关于 GATT 第 3 条的含义，上诉机构裁定：最恰当的解释方式是条文解释，根据上下文文义及其相互关联，结合 WTO 的整体目标与宗旨进行解释。在第 3 条中，包含一般原则的第 3.1 条，与规定国内税和国内费具体义务的第 3.2 条，两者之间存在区别。第 3.1 条确立了一个理解和解释第 3.2 条以及其他各条所规定具体义务的一般原则，即国内措施的适用不应对国内生产提供保护。这个一般原则的确定，目的在于规范第 3 条的其他条款，但又不削弱其他条款的实体内容。因此，第 3.1 条是第 3.2 条上下文的一部分，也是其他条款上下文的一部分。以任何一种别的方式理解第 3 条各款之间的关系，都会使第 3.1 条的内容丧失含义，从而违反条约解释中有效解释的根本原则。根据条约解释的有效原则，以及第 3.2 条上下两句话表达含义的不同，第 3.1 条在规范第 3.2 条第一句话与第二句话时，采用的方式应当不同。

以下"中国—汽车零部件案"相关部分是专家组对 GATT 第 3.2 条项下国内税、费的法律分析。该案案情参见附录相关内容。

中国一影响汽车零部件进口的措施

WT/DS339，340，342/R

7.102 各起诉方认为，涉案措施规定的国内费违反 GATT 1994 第 3.2 条第一句话的规定。……

7.103 GATT 1994 第 3.2 条第一句话规定：

> 任何缔约方领土的产品进口至任何其他缔约方领土时，不得对其直接或间接征收超过对相似国产品直接或间接征收的任何种类的国内税或其他国内费用。

7.104 上诉机构在"加拿大—期刊案"中阐述了分析一项措施是否违反

GATT 1994 第 3.2 条第一句话规定的两步测试法：

> 认定违反 GATT 1994 第 3.2 条需要回答两个问题：（1）进口产品和国产产品是否为相似产品；（2）对进口产品所征税赋是否高于国产产品。如果对两个问题的回答都是肯定的，则违反了第 3.2 条第一句话的规定。

7.105　然而，在就"加拿大—期刊案"分析方法对此案进行进一步审理之前，我们必须首先确定，措施项下的费用是否确实属于 GATT 1994 第 3.2 条的涵盖范围。这是因为争端伊始，各方就对该费用究竟属于起诉方主张的 GATT 1994 第 3.2 条项下的"国内费用"，还是中国坚持的 GATT 1994 第 2.1 条项下的"普通关税"各执己见。这是一个关键问题，因为一项费用不可能同时既属于 GATT 1994 第 2.1（b）条项下的"普通关税"，又属于 GATT 1994 第 3.2 条项下的"国内税费"。因此，正如过往专家组已作出的类似裁定，我们将首先决定两个条款中究竟哪一个对措施项下费用适用。

7.106　由此，我们将从措施项下费用的实施方式着手，开始我们的初步分析。

（1）措施项下费用

7.107　本专家组记得，中国在这些措施中规定，根据措施设定的衡量标准，如果汽车生产企业进口并用于机动车组装的汽车零部件为整车机动车组装所需零部件，则对其适用与机动车进口关税同等的税率（平均为 25%）。正如我们前面的解释，涉案措施规定，单次或多次装运进口的汽车零部件是否构成整车机动车，从而将被征收措施规定的费用，最终取决于这些部件是否将在中国境内被组装成整车。

7.108　我们同样记得，125 号令第 29 条规定，由第三方供应商进口，且随后被汽车生产企业购买，并在中国组装成整车机动车的汽车零部件，也应被认为符合措施设定的衡量标准。中国解释称，汽车生产企业从中国境内第三方供应商处购买的进口汽车零部件已经完成了必要的海关手续，不再受海关监管。中国进一步解释称，税款担保规定不对第三方供应商进口的汽车零部件适用。因此，根据 125 号令第 29 条，中国汽车生产企业应就从第三方供应商处购买的进口汽车零部件，补缴机动车进口与第三方供应商零部件进口已交关税之间的差额。

7.109　中国认为，对于从第三方供应商处购买的进口汽车零部件及汽车生产企业进口的汽车零部件，涉案措施采取了不同的费用征收方式，因此，就起诉方 GATT 1994 第 3.2 条项下的诉请而言，我们将首先审查是否有必要区分 125 号令第 29 条规定征收的费用与涉案措施规定征收的费用。

…………

7.115 本专家组认为，第 29 条规定征收的费用与涉案措施规定征收的费用并无二致：汽车生产企业采用相同的方式，使用第三方供应商进口的汽车零部件与自行直接进口的汽车零部件进行机动车组装；所有汽车零部件，无论是由汽车生产企业进口，还是第三方供应商进口，都遵循措施规定的衡量标准。本专家组认为，中国提出诸如上述第 7.108 段的论点，在于辩解第 29 条规定对汽车零部件征收的费用，在定义上不同于措施规定征收的费用。但这些论点不会改变我们的结论，那就是只存在一种费用，且其征收最终是基于进口部件在中国被组装成整车机动车的衡量标准。基于上述原因，我们认定，125 号令第 29 条规定征收的费用与该措施规定征收的费用没有区别，它们事实上属于同一种费用。

…………

（2）诉争费用是否同属 GATT 1994 第 3.2 条意义上的"国内费"

7.119 ……各起诉方在这个问题上的核心观点在于，它们认为，措施项下对进口汽车零部件征收的费用，属于 GATT 1994 第 3.2 条第一句话项下的"国内费"，因为这些费用产生在这些零部件被进口到中国之后，在中国境内被实际用于整车机动车组装过程之中。起诉方主张，如果这些费用确属"普通关税"，根据对 GATT 1994 第 2.1（b）条第一句的合理解释，就应只根据"产品进口中国"之时，其在入境处所呈现状态或情况予以计征，而不是它们在中国境内被用于整车组装时计征。起诉方认为，"普通关税"，即使是在进口之后，或过了边境关口征收，也必须只能根据产品进口时刻的状况进行计征。争议措施所体现的政策目的，对措施所规定费用的描述和性质认定，以及该费用是由海关部门征收，都与确定该费用是否为"普通关税"无关。

7.120 但是，中国认为，被质疑措施属于 GATT 1994 第 2.1（b）条第一句话项下的普通关税，并提出各种主张为此观点辩护。首先，费用的征收以产品进入中国境内为前提。另外，它们属于第 2.1（b）条第一句话意义上的"产品进口时"征收的费用，因为它们是产品进口所需履行或与履行相关的一项义务。此外，这些费用属于普通关税。其另一个原因在于，费用的征收不受任何时间、地点限制，是中国可以因产品进口或以产品进口为条件而征收的费用。最后，中国解释称，为贯彻执行中国减让表"机动车辆"条款项下的相关规定，中国制定了涉案措施，这是将这些费用视为普通关税的一个重要因素。当进口汽车零件及配件具备了上述关税条款项下整车的基本特征时，为履行上述义务，中国将这些零件及配件界定为整车。此种做法，不考虑进口商究竟是通过单次还是多次装运方式组织汽车零部件的进口，只要备案登记车型的进口零部件在组装之后具备整车基本特征，其费用的征收，就将基于进口而非国内使用。

7.121　针对各方该费用究竟属于 GATT 1994 第 3.2 条第一句话，还是 GATT 1994 第 2.1（b）条第一句话范畴的争论，本专家组认为，必须根据《维也纳公约》规定的条约解释习惯对这两个条款进行审查。审查中，我们将同样遵循专家组在"印度—汽车案"中所采用的解释方法：

> 本专家组认为，按照 DSU 第 3.2 条的要求，完全遵循国际公法中国际习惯法的条约解释规则对条约进行解释十分重要。解释不得假设两条款之间存在某种预设性或体系性的平衡。对此，习惯法规则提供了充分的机制，要求根据条约上下文及条约的目的及宗旨，来对条约的一般含义进行考量，以此确保解释适当。在此，对每一个条款进行解释时，须根据其上下文，包括那些具有潜在关联的条款，同时在必要时，需要对术语间的差异进行分析。此外，有效解释原则亦可用于防止出现解释致使任何条款无效的情况发生。

> 虽然《WTO 协定》的其他条款在确定某具体条款含义时可以作为相关上下文部分加以考虑，但不应由此假定，单纯因为存在其他与该条款内容或许相关的条款，该具体条款的适用范围就将因此改变：某条款的适用范围，应从其用语、上下文，及协定其他条款含义的解读中得以确定。本专家组还注意到，某具体措施不同的方面，有可能被合理纳入《WTO 协定》不同的条款。

GATT 1994 第 3.2 条意义上的国内税还是该条意义上的其他费用

…………

7.126　GATT 1994 第 3.2 条第一句话规定：……

7.127　无论是 GATT 1994 第 3.2 条，还是任何其他 WTO 协定，都没有关于国内税或费用的定义。《贸易政策术语词典》对"国内税"的定义如下：

> 在一关税区域范围内政府对货物销售或服务征收的费用。GATT 1994 第 3 条要求以同等税率对国内和进口产品征收此类费用。换言之，国民待遇原则是征收此类费用时的基本原则……

7.128　上述"国内税"定义表明，"国内"一词似乎表示，缴费义务的决定因素，如产品的销售，发生在该关税区域范围之内。

7.129　这似乎与 GATT 1994 第 3.2 条第一句话的用语一致。该条指的是，"从任何缔约方领土内进口到任何其他缔约方领土的产品"。换言之，不应对已经进入某一成员关税区域范围内的产品，征收高于对相似国内产品所征收的国内税和其他国内费用。因此，国内费用的征收并非源于产品进口至任何其他缔约方领土的行为。

7.130　以往 GATT 法律体系关于 GATT 1994 第 2 条和第 3 条项下费用认定的案例同样给予我们有益的指导。例如，GATT 专家组在"比利时—家庭津贴案"中认定，由于课税"仅对大众购买的自用产品，而非此类进口产品征收，且课税的征收并非发生在进口之时，而是在大众支付购买价格时"，这些理由足以认定，此种课税属于第 3.2 条项下的"国内费用"。在没有通过的"加拿大—金币案"GATT 专家组报告中，在对安大略省金币销售税征收措施究竟属于 GATT 第 2 条还是第 3 条规定的范围进行分析时，专家组指出，根据"比利时—家庭津贴案"，课税发生在安大略省范围内的货物零售之时，而非进口至加拿大领土之时，因此，它影响金币的国内零售，而非克鲁格金币的进口。由此，专家组认定，该税赋属于第 3 条规定的"国内税"，而非第 2 条规定的"进口税"。

7.131　再如，在"阿根廷—兽皮及皮革案"中，专家组认定，争议措施规定的增值税预付款，属于第 3.2 条第一句话规定的国内措施，因为该措施虽然只对"最终进口交易"课税，但课税的前提是"产品进口之后在阿根廷境内另行销售"。换言之，该措施对国内交易征收预付增值税。此外，该专家组根据 GATT 1994 第 3 条注释指出，在进口时或进口口岸收取该费用的事实，并不妨碍其属于"国内税措施"。

7.132　与那些 GATT 和 WTO 专家组意见一致，我们同样认定，一项费用是否构成 GATT 1994 第 3.2 条意义上的"国内税或其他国内费用"的一个重要因素，是这种缴费义务的产生，是否基于国内因素（如产品的国内再销售，或国内使用），而此种"国内因素"发生在一成员产品进口到另一成员领土之后。

7.133　我们在 GATT 1994 第 3 条注释中找到了支持此观点的相关依据。该内容阐释，任何适用于进口产品和相似国内产品，并在进口时或进口口岸对进口产品征收的国内税或其他国内费用，仍将被视为第 3 条规定的国内税或其他国内费用。因此，第 3 条注释证实，收取国内费用的时间或地点，并不必然是该费用属于 GATT 1994 第 3.2 条范畴的决定性标准。

7.134 但是，中国提出，争议措施项下征收的费用，属于中国的普通关税而非国内费用，因为此费用的征收，以产品（汽车零部件）进口到中国关税区域为条件，亦即收取费用的起因，是产品（汽车零部件）进口到中国关税区域，而该种费用客观上属于因产品进口而产生的关税义务。换言之，中国的看法是，在零部件组装成整车机动车基础上计征的费用，是此类汽车零部件得以进口的一个条件。

7.135 鉴于中方的此一主张，接下来，在分析涉案措施所征收费用究竟属于 GATT 1994 第 2.1（b）条第一句话还是 GATT 1994 第 3.2 条前，我们先对 GATT 1994 第 2.1（b）条第一句话中的"普通关税"的含义进行分析。

［专家组继续分析第 2.1（b）条项下的"普通关税"］①

…………

7.192 综上，根据其一般含义及上下文，我们认定，第 2.1（b）条第一句话意义上的"普通关税"，是指货物被"进口"至一成员边境时对其征收的关税，同时，对"普通关税"含义的解释，其范围，必须比第 2.1（b）条第二句话中对进口或与进口相关的货物所征收的"其他费用和关税"的解释窄。

7.193 现在，我们将依据《WTO 协定》与 GATT 1994，尤其是 GATT 1994 第 2 条与第 3 条的目的与宗旨，审查"国内费用"与"普通关税"的含义。

《WTO 协定》与 GATT 1994 的目标与宗旨

…………

7.198 现在，本专家组依据《WTO 协定》与 GATT 1994 总的目标与宗旨，审查"国内费用"与"普通关税"的含义。正如"欧共体—鸡肉案"上诉机构所述，《WTO 协定》与 GATT 1994 总的目标与宗旨之一，是确保"那些大幅降低关税和其他贸易壁垒的互惠互利协定的安全性和可预见性"。该上诉机构曾同样裁定，只要总体上有助于解释条约，《维也纳公约》第 31（1）条并不排除可能会考虑某特定条约的目的与宗旨。

7.199 在审查本案何为区分第 3.2 条"国内费用"与第 2.1（b）条"普通关税"的要素这个焦点问题上，我们认为，"欧共体—零部件案"GATT 专家组的如下认定颇有助益：

---

① 关于 GATT 第 2.1（b）条的分析，见本书第七章"关税法"该案例相关部分内容。

进口税和国内费之间具有根本性的区别，因为总协定以不同的方式对普通关税、其他进口费用及国内税进行规制：在不超过关税约束的情况下，出于保护性目的而征收的"普通关税"是允许的；就关税约束下的物品而言，原则上禁止在进口时或针对进口征收任何其他形式的关税和费用［第 2.1 （b）条］。相比之下，不论是否属于关税约束物品，对进口产品进行歧视的国内税均是被禁止的（第 3.2 条）。

7.200　该 GATT 专家组认定，第 2 条与第 3 条的一个基本目的，是保证对来自其他缔约方产品的差别对待，只能采取征收普通关税……而非国内税的形式……我们赞同"欧共体—零部件案"GATT 专家组的认定。

7.201　正如上诉机构所作阐释，GATT 1994 体现在 GATT 第 2 条中的一个基本宗旨与目的，是"保证成员与其贸易伙伴通过谈判达成的，对其具有关税约束作用的关税减让的价值"。与此同时，第 3 条旨在防止采取国内税和管理措施形式的贸易保护主义。在致力于各自目的与宗旨的同时，两条规定相互关联，都致力于保障"那些大幅降低关税和其他贸易壁垒的互惠互利协定的安全性和可预见性"。为实现《WTO 协定》这一整体性的目标与宗旨，各成员必须尊重 GATT 1994 第 3 条与第 2 条之间的界限。

7.202　基于此，本专家组将依据这一宗旨，采用我们先前认定的要素，区分"普通关税"与"国内费用"，以决定涉案措施项下所征收的费用究竟是"普通关税"还是"国内费用"。

涉案措施项下的费用究竟是第 2.1 （b）条项下的"普通关税"还是第 3.2 条第一句话意义上的"国内费"？

7.203　起诉方曾主张，根据措施对进口汽车零部件征收的费用，属于符合 GATT 1994 第 3.2 条第一句话的国内费用，因为费用的收取，是基于这些零部件进口后被实际用于中国境内的机动车组装。中国曾回应称，这种收费实际上是普通关税，因为它以产品（零部件）进口至中国海关境内为条件，且其征收额度为产品进口所需缴纳的实际关税金额。中国主张，这种费用为正当普通关税，因为它通过赋予有关"机动车"的中国减让表相关条款以效力而贯彻并落实中国减让表。

7.204　然而，我们已经在上文认定，如果缴费义务并非产生于进口之时，则该费用就不可能是 GATT 1994 第 2.1 （b）条第一句话意义上的普通关税。相反，它只能是 GATT 1994 第 3.2 条的"国内费用"，其支付义务源自某些国内因素。

7.205 根据涉案措施的规定，涉案缴费义务产生于汽车零部件进入中国海关边境并被组装或生产为机动车之后。关于此，125 号令第 5 条规定：

> 本办法所称构成整车特征和构成总成（系统）特征，是指汽车生产企业使用的进口汽车零部件在装车状态时已经构成整车特征，或在装机状态时已经构成总成（系统）特征。

7.206 此外，125 号令第 28 条规定：

> 进口汽车零部件生产组装成整车后，汽车生产企业向海关作纳税申报，海关按照……进行归类和征税。

7.207 与涉案争议相关的还有：（1）这种费用的收缴所针对的是汽车生产企业，而非通常意义上的进口商（无论其是生产企业还是供应商）；（2）该费用的确定，不是因为被收费汽车零部件进入中国海关边境内，而是因为来自其他国家和/或其他进口商的何种零件，连同有关货物一起，被用于组装某一机动车型号；（3）同船进口的相同零部件可以因其所组装的机动车型号的不同而享受不同的费率。

7.208 此外，中国曾自行解释称，125 号令第 29 条对进口自第三方供应商的零件所征收的费用与通常根据该措施征收的费用并无二致……中国曾解释，汽车生产企业从某中国第三方供应商那里购买的进口汽车零部件，必须已经完成了必要的海关手续，不再受海关管制，并可以在中国自由流通。中国还解释道，保税货物规则不对第三方供应商进口的汽车零部件适用。我们曾在前述裁定，"海关控制"与"自由流通"等因素，不是一项收费是否为普通关税的决定性特征。我们注意到，中国提出，第 29 条的收费仍不失为一种普通关税，因为它"与中国机动车关税条款的管理与实施存在客观联系"。但是，我们已经在前述认定，这并非判断一种收费是否属于 GATT 1994 第 2.1（b）条第一句话项下收费的正确标准。如前所述，就适用性而言，判断是否具备征收第 29 条项下费用的基本特征，其依据是 125 号令第 21、22 条确定的标准，这与根据措施征收的其他一般性费用遵循相同的规定。

7.209 最后，我们不认为，涉案措施要求汽车制造商就其进口中国的汽车零部件在入关时进行申报的规定，会影响我们关于收费国内因素的认定。原因在于，申报并非基于这些部件进口时的状态，而是根据它们将用于国内机动车组装的预测。此外，申报信息对于收费税率的计算不起决定性作用。税率的决定完全取决于国内的组装。在这一方面，中国自认，申报及税款担保要求都只是海关程序要素，而非判断费用是国内费还是普通关税的决定性因素。就整车特征汽车零部件税款担保的要求，中国表示，这些要求是为了确保汽车生产企业遵守所有相关的海关规定并履行海关规定的义务，使汽车零部件继续处于海关监控之下。然而，本专家组注意到，关税担保状态下汽车零部件在国内市场的使用是不受限制的，恰如起诉方所言，担保要求仅仅是一种经济担保。相反，正如欧盟和加拿大指出的，处于海关有效监管之下的汽车零部件，是那些 125 号令第 30 条（例如在保税区和出口加工区）规定范围内的汽车零部件，除非最终进入中国国内市场，这些零部件属于涉案措施的豁免产品。

7.210 综上，整体考量上述因素，尤其是涉案措施项下费用与汽车零部件的国内机动车整车组装相关这一实际情况，我们裁定，涉案费用属于一种 GATT 1994 第 3.2 条意义上的国内费。

7.211 此外，如果将一种货物已经进入中国海关边境并被组装成相应类型完整产品之后所产生的缴费义务视为普通关税义务，则会损害前述《WTO 协定》关于保障"大幅降低关税和其他贸易壁垒的互惠协定的安全性和可预见性"的目标与宗旨。因此，我们赞成起诉方的整体观点，如果产品进口到某成员海关边境之后的组装产品可以被视为关税分类的基础，则这样的关税分类体系将损害 GATT 1994 第 3 条项下作为世界贸易组织协定核心原则之一的国民待遇义务。这样一种解释将会混淆 GATT 1994 第 3.2 条与第 2.1（b）条第一句话范畴内不同措施之间的根本区别。

7.212 由此，我们裁定，起诉方已完成涉案措施项下费用属于 GATT 1994 第 3.2 条国内费的论证。

7.213 现在，我们转向起诉方关于涉案收费违反 GATT 1994 第 3.2 条的具体主张。关于这个问题，我们曾在前面指出，"加拿大—期刊案"上诉机构阐明了分析一种措施是否违反 GATT 该条款的两步测试法。第一，进口产品和国内产品是否属于相似产品；第二，对进口产品征收的税费是否超过国内产品。如果对上述两个问题的回答都是肯定的，则涉案措施违反 GATT 1994 第 3.2 条第一句话的规定。现在我们来分析这两个问题。

……………

（3）进口汽车零部件是否为国内汽车零部件的相似产品

7.216 我们曾在本报告关于涉案措施的描述部分认定，本案争议产品全部是涉案措施管制之下的汽车零部件。区分进口与国产零部件的唯一标准是其原产地。因此，这些产品可以被视为 GATT 1994 第 3.2 条意义上的相似产品。与"美国—FSC 案（第 21.5 条—ECII）"专家组观点一致，"我们不认为单纯货物原产于［中国］这一事实，会使其与进口产品'不相似'"。

7.217　本专家组由此裁定，起诉方已圆满完成其关于国产与外国产汽车零部件为 GATT 1994 第 3.2 条意义上相似产品的举证责任。

（4）对进口汽车零部件征收的国内税费是否超过国内产品

…………

7.220　上诉机构在"日本—酒精饮料案Ⅱ"中为第 3.2 条第一句话的"超过"一词确定了严格的认定标准。我们从这个标准着手分析。

　　第 3.2 条第一句话中唯一的遗留问题，是对进口产品所征之税是否超过国内相似产品。如果是，则征税成员就违反了第 3 条的规定，即使所"超过"的金额小到微不足道。第 3.2 条第一句话所禁止的征税歧视，其认定并不以"贸易影响测试法"为条件，也不会因微量标准而合法。

7.221　在此标准之下，我们曾在前文裁定，涉案措施规定了属于 GATT 1994 第 3.2 条范畴的国内费。我们认为，对进口零部件征收的国内费，其确切数额相当于 25% 的从价税，抑或仅仅比进口零部件高出 15%，都与本诉争项下的裁定关系不大。毫无疑问，这些数值中的任何一个，都"超过了对国内产品征收的费用"。事实上，国内产品并不受这些措施管制，所以，它们也根本无须缴纳措施所规定的任何费用。

7.222　专家组由此裁定，起诉方已圆满完成其关于对进口汽车零部件征收的 GATT 1994 第 3.2 条意义上的国内费超过国产产品的举证责任。

（5）结论

7.223　由此，我们裁定，涉案措施项下的收费违反了 GATT 1994 第 3.2 条第一句话的规定。

* * *

3. GATT 第 3.4 条：国内法律、法规和规定

第 3 条　国内税和国内法规的国民待遇

4. 任何缔约方领土的产品进口至任何其他缔约方领土时，在有关影响其国内销售、标价出售、购买、运输、分销或使用的所有法律、法规和规定方面，所享受的待遇不得低于相似国产品所享受的待遇。本款的规定不得阻止国内差别运输费的实施，此类运输费仅根据运输工具的经济营运，而不根据产品的国别。

本条款在以下三个方面容易发生争议："相似产品"的定义；"不得低于（本国相似产品享受的待遇）"的含义；"法律、法规和规定"中"规定"的含义与范围。

（1）相似产品

上诉机构在 2001 年的"欧共体—影响石棉和石棉制品的措施案"中，详细分析了第 3 条"相似产品"的定义与范围。本案涉及法国 1997 年 1 月 1 日生效的 96 - 1133 号条例。条例禁止各种不同类型石棉纤维的制造、加工、出售、进口、营销和转运，不论这些物质是否已经被合成进原材料、产品以及设备当中。只有在没有可替代产品的情况下，才允许有限的例外。加拿大认为，该条例违反 GATT 第 3 条。裁定中，上诉机构认为，"相似产品"一词出现在 WTO 不同的条款和协定中。它的正确含义，必须根据含有"相似产品"条款的上下文、条款本身内容以及条款的目标和宗旨综合考虑。

（2）不得低于本国相似产品待遇

2001 年的"韩国—影响新鲜、冷藏和冷冻牛肉进口的措施案"，涉及韩国牛肉双重零售制度是否给予进口牛肉不低于本地牛肉的待遇问题。引起争议的韩国牛肉双重零售制度规定：小商店不得同时经营进口牛肉和本地牛肉，大商店的同一部门不得同时经营这两种产品。澳大利亚和美国认为，这个体制违反 GATT 第 3.4 条规定，因为它使进口牛肉在韩国受到的待遇低于本国牛肉。上诉机构裁定，对进口产品和国内相似产品待遇形式上的区别，不是违反第 3.4 条的必要条件，也不是充分条件。在确定进口产品受到的待遇是否低于相似国产品时，应当审查该项措施是否改变了相关市场中的竞争条件，以及这种改变是否损害了进口产品的竞争力。虽然双重零售制度限制消费者对两种牛肉进行比较，容易给他们留下两种牛肉不同的印象，但这并不证明该体制减少了进口产品与本地产品直接或在同等基础上竞争的机会，也不意味着本地牛肉获得了竞争优势。牛肉双重零售制度颁布于 1990 年。该体制实行之后，大多数小零售商选择专卖本国牛肉，其结果，进口牛肉实际上被排除在零售渠道之外。1998 年本案开始时，经营本地牛肉与经营进口牛肉的零售商数量显示，该体制的实施明显减少了进口牛肉的商业机会。1998 年，经营进口牛肉的零售商约为 5000 家，而经营本地牛肉的零售商约为 45000 家。该体制下，更多个体零售商选择销售本地牛肉，导致进口牛肉零售渠道数量急剧减少。因此，韩国的牛肉双重零售制度降低了进口牛肉的市场竞争力。综上，该体制违反了 GATT 第 3.4 条的有关规定。

（3）法律、法规和规定

在 1998 年 "日本—影响胶卷和相纸的措施案" 中，美国主张，日本的经销措施导致了进口产品较差的待遇，违反第 3.4 条规定。专家组认为，日本对胶卷和相纸采取的八项措施，构成第 3.4 条意义上的 "法律、法规和规定"。专家组裁定，对 "法律、法规和规定" 的含义应做广义解释，政府措施以及和那些可被理解为政府措施的私人措施，同样应当包含在 "法律、法规和规定" 的范围内。

（4）"中国—出版物案"

在 "中国—出版物案" 中，上诉机构就中国关于 "读物" 和 "供影院放映电影" 的相关规则与 GATT 第 3.4 条合规性的问题进行了分析。关于中国 "录音制品" 相关规则与 GATT 第 3.4 条合规性的分析，参见该案专家组报告 7.1545 ~ 7.1653 段。本案案情参见附录相关内容。

中国—影响某些出版物和视听娱乐产品贸易权和分销服务的措施

WT/DS363/R

7.1441　GATT 1994 第 3.4 条规定如下：

> 任何缔约方领土的产品进口至任何其他缔约方领土时，在有关影响其国内销售、标价出售、购买、运输、分销或使用的所有法律、法规和规定方面，所享受的待遇不得低于相似国产品所享受的待遇。……

7.1442　上诉机构曾明确裁定，违反第 3.4 条必须同时满足三个法律要件：（1）争议进口产品和国内产品属于 "相似产品"；（2）争议措施是 "影响其国内销售、标价出售、购买、运输、分销或使用的所有法律、法规或规定"；（3）进口产品被给予 "低于" 国内相似产品的待遇。第 3.4 条的适用必须首先满足两个要求。第一，国内产品和进口产品必须 "相似"；第二，法律、法规或规定必须 "影响" 了相似产品的国内销售、标价出售、购买、运输、分销或使用。两个要素同时成立时，需承担给予不利待遇的责任。

7.1443 美国质疑涉及读物、电子分销录音制品以及供影院放映电影这三个部分的措施违反 GATT 1994 第 3.4 条的规定。为此，本专家组首先审查，美国是否已经证明了这些产品相似，是否已经证明了这些措施属于部分或全部影响国内销售、标价出售、购买、运输、分销或使用的所有法律、法规和规定。之后，本专家组分析这些措施是否给予了不利待遇。

（a）相似产品

7.1444 上诉机构曾认定，分析进口产品和国内产品是否"相似"应根据个案决定。

7.1445 确定"相似性"主要采用四个标准："（1）产品的特征、性质和质量；（2）产品的最终用途；（3）消费者对产品的品位与习惯——更全面些可以概括为消费者的认知与行为；以及（4）产品关税分类。"确定 GATT 1994 第 3.4 条项下的"相似性"，"本质上是确定产品之间竞争关系的本质及范围"。

7.1446 支持上述观点的 WTO 相关判例曾经认定，当国内产品和进口产品差别待遇的唯一依据是产品原产地时，起诉方不必按照传统标准认定具体国内产品和进口产品，以建立它们之间相似性的初步证据。相反，当原产地是区分产品的唯一标准时，起诉方仅需声明国内产品和进口产品将为"相似产品"就满足"相似产品"要件的要求。

7.1447 因此，美国既可以通过采用传统标准证明进口产品与国内产品"相似"，也可以通过证明涉案措施以原产地作为区分进口产品和国内产品的唯一标准，从而证明进口产品与国内产品将为"相似产品"。

（b）影响……分销的法律、法规或规定

（1）法律、法规或规定

7.1448 专家组曾经裁定，"法规"一词包括"所有的强制性规定"。但是，GATT 1994 第 3.4 条项下的措施不必是一个对什么都适用的强制性措施。GATT 1994 第 3.4 条也对"规定"适用。过往专家组曾将"规定"解释为包括公司为获取利益而自愿作出的承诺，或政府施加的命令、要求或条件。

（2）"影响"

7.1449 在"美国——外国销售公司案（第 21.5 条—欧盟）"中，上诉机构解释称，"影响"一词的含义非常重要，因为在确定 GATT 1994 第 3.4 条的适用范围时用得到它。此外，"影响"一词将诸如法律、法规或规定的这些义务涵盖的政府行为，和与市场产品相关的具体交易、活动和使用（国内销售、标价出售、购买、运输、分销或使用）联系起来。

7.1450　GATT 1994 第 3.4 条的"影响"一词曾被解释为具有比"管制"（regulating）或"管理"（governing）更为"广泛的适用范围"。"影响"一词不仅包含直接管制或管理国内和进口相似产品销售的措施，而且包含那些对销售、标价出售、购买和使用进口产品产生激励或反激励机制的措施。

（3）分销

7.1451　美国 GATT 1994 第 3.4 条项下全部的诉请都涉及中国措施影响进口产品分销这个问题。双方对何为 GATT 1994 第 3.4 条意义上的"分销"意见各异。

…………

7.1456　本专家组注意到，摆在我们面前的任务，是按照《维也纳公约》对"分销"一词的通常含义进行认定。在认定某词或词组通常含义可能的范围时，词典颇有助益。根据《维也纳公约》，认定某词的通常含义要根据上下文，同时对条款和条约的目的及宗旨进行整体性考虑。

7.1457　我们注意到，GATT 1994 第 3.4 条处理的是影响市场中产品分销的法律、法规和规定，因此，词典中与本专家组目的相关的"分销"的定义，是在市场运用中的"分销"的那些定义。我们注意到，"加拿大—小麦出口和谷物进口案"专家组中采用的《新简明牛津英语词典》的确是在商业层面上定义"分销"的。该专家组的理解与《美国传统词典》的"分销"定义一致，后者将分销定义为"货物的市场营销与供应的过程，特别是针对零售商"。《兰登书屋词典》则将其列入"经济学"定义部分，为"一个通过社区分散货物的系统"。此外，《牛津英语词典》把分销定义为"在消费者中分散生产出来的货物，是不同于生产的商业交易"。最后，《韦氏新百科全书词典》把分销定义为"商品的市场营销或买卖"。

7.1458　我们还注意到，《新简明牛津英语词典》给"分销商"下的定义为"分销某物之人；具体而言，一个营销货物的中介，特别是批发商"。此外，BNET 商务网络对"分销渠道"的定义如下：

> 产品或服务从生产者或供应者向消费者转移的路径。一个分销渠道通常由一系列中间媒介组成，包括批发商、零售商与分销商，这些媒介的作用是以最有效的方式将货物从生产点运输到消费点。

7.1459　根据上述词典的定义，我们认为，GATT 1994 第 3.4 条的"分销"一词可以被理解为在营销或供应中直接或间接通过中间媒介将货物从生产者传送到消费者的一个必要过程或一系列必要的交易。

7.1460 对"分销"的这种解读得到了 GATT 1994 第 3.4 条上下文的印证。该条处理影响市场中与产品具体交易或活动相关的法律、法规或规定，即国内销售、标价出售、购买、运输、分销或使用。

7.1461 我们还知道，上诉机构曾经指出，解释 GATT 1994 第 3 条所追求的目标在第 3.4 条语境下的具体表达，一定要与第 3.1 条"一般原则"中对该目标的阐述协调一致。因此，本专家组认定，第 3.1 条中的"一般原则"是解释第 3.4 条"分销"通常含义的上下文。正如上诉机构曾经的解释，第 3 条的"一般原则""寻求禁止成员方在相关国内和进口产品之间以影响市场竞争关系的方式实施国内税和国内法规，'以便为国内生产提供保护'"。第 3.1 条对市场上国内和进口产品竞争关系的重点关注表明，第 3.4 条"分销"的通常含义应该是一个考虑了"分销"被用在市场中的含义。

7.1462 第 3 条的目的与宗旨同样表明，重点关注市场竞争条件恰如其分。上诉机构曾解释称：

> 第 3 条广泛而根本的目的，是避免在国内税和国内管理措施的实施中产生保护主义。更具体而言，第 3 条的目的，是保证国内措施"不会以保护国内生产的方式对进口或国内产品实施"。为此，第 3 条要求 WTO 成员对进口产品与国内产品提供平等的竞争条件。"显然，协定起草人的目的是一经清关，进口产品将得到与相似国内产品同样的对待。否则，国内产品就有可能得到间接保护。"

7.1463 保证竞争机会的平等不仅是第 3 条的目标，也是国际贸易体制的总体目标。"韩国—酒精饮料案"专家组曾解释道：

> 通常，贸易法律，尤其是第 3 条，重点关注消除破坏公平国际贸易的歧视性政府措施以保障进口商的经济机会。为此，贸易法处理潜在的竞争性问题。

7.1464 考虑到 GATT 1994 第 3.4 条上下文及其目的与宗旨，在于管理成员影响进口与国内相似产品市场上的竞争关系的法律、法规和规定的实施方式，根据 GATT 1994 第 3.4 条上下文及其目的与宗旨，我们裁定，与 GATT 1994 第 3.4 条"分销"一词相关的通常含义是与市场活动相关的那一个。

7.1465 我们注意到，GATT 1994 第 3.4 条只管理一进口成员方国内影响产品国内分销的法律、法规和规定。正如上诉机构在"中国—汽车案"中提及的，GATT 1994 第 3 条意义上的"国内"指的是进口后发生在进口成员海关领土内的事。我们还注意到，过去，"进口"曾被理解为"将任何货物带入或使之进入一海关领土的行为"。因此，GATT 1994 第 3.4 条意义上的国内"分销"，是从货物进口的那一刻（即货物进入进口成员海关领土时）到消费者得到货物这样一个过程或一系列交易的一个部分。

（c）更为不利的待遇

7.1466　上诉机构在"韩国—牛肉案"中指出：

> 评估进口产品是否被给予了低于国内相似产品待遇的正确方法，应该是通过审查一项措施是否改变了相关市场的竞争条件从而损害到了进口产品。

7.1467　上诉机构曾经解释，审查一项措施是否涉及 GATT 1994 第 3.4 条意义上对进口产品"更为不利的待遇"：

> 必须着重细查"措施本身的根本要旨及影响"。审查不能仅仅基于主张，而必须对争议措施进行仔细的分析，并分析措施对市场的影响。但与此同时，审查不必基于争议措施对市场产生的实际影响。

7.1468　因此，本质上第 3.4 条呼吁"影响产品国内销售、标价出售、购买、运输、分销或使用的法律、法规和规定为进口产品提供实质性的均等机会。"

7.1469　并非所有形式的差别待遇都给竞争机会带来冲击。因此，美国承担借助支持性证据证明措施对进口货物分销方面的竞争机会带来负面影响的举证责任。仅仅提出主张是不够的。但同时需要注意的是，尽管美国必须证明对竞争机会带来了负面影响，却无须证明给贸易带来了负面影响。专家组在"加拿大—汽车案"中解释道：

> 只有在私人企业的决策将进口产品来源地作为一个考虑因素的情况下，一项给予进口和国产产品区别待遇的措施，才会被认为影响了进口产品的国内销售或使用。这个主张很难与针对政府提出的，目的在于确保进口产品和国内产品之间实质性竞争机会均等的第 3.4 条"更为不利的待遇"义务协调一致，也很难与证明违反第 3.4 条"更为不利的待遇"义务无须证明贸易影响的原则协调一致。

7.1470 此外，上诉机构在"美国—外国销售公司案（第21.5条—欧盟）"中认定，即便一项措施并非在其每一次实施中都给予歧视性待遇，该措施仍然可能违反第3.4条义务。

7.1471 因此，美国的举证责任，在于证明争议措施可能给竞争条件带来负面影响，至于这些措施是否每次或实际上造成不利影响则无须证明。

7.1472 由此可见，证明存在"更为不利的待遇"从而违反第3.4条需要进行比较分析。欲证明违规行为一方必须同时证明对进口产品和国内产品的待遇、对相似进口产品更为不利的待遇可能源自法律、法规或规定。它们或者为国内产品提供了比进口产品更为有利的待遇，或者对进口产品增加了不对国内产品适用的额外负担。

7.1473 无论诉请依据为何，起诉方必须明确指出进口产品与相似国内产品待遇上的区别，并表明对进口产品更为不利待遇的原因和方式。

读物

7.1474 美国主张，中国的两个措施，具体而言《订户订购进口出版物管理办法》和《外商投资图书、报纸、期刊分销企业管理办法》与 GATT 1994 第3.4条不一致，因为通过大幅限制进口读物的分销商、分销渠道及消费者，它们给予了进口产品比相似国内产品更为不利的待遇。

…………

（a）相似产品

7.1478 本专家组曾在前解释过，起诉方可以有两种方式证明进口产品与国内产品属于 GATT 1994 第3.4条意义上的"相似产品"。第一，他们可以通过上诉机构在"欧盟—石棉案"中解释的传统分析方法确定产品的相似性，他们也可以证明被质疑措施仅仅依据原产地区别进口产品与国内产品，因此相似产品是存在或将会存在的。

（1）传统分析

…………

7.1481 本专家组注意到，除了在第一次书面陈述中声称进口产品和国内产品存在同样的物理特征和商业用途之外，美国没有提供任何论证或证据，证明进口读物和国内读物"相似"。美国没有明确读物的物理特征和商业用途是什么，也没有提及其他标准。因此，我们认定，美国没能按照传统"相似产品"的标准确定进口读物和国内读物"相似"。

7.1482 我们注意到，美国还主张，进口产品和国内产品"相似"是因为被质疑措施按照原产地对它们进行了区分。因此，我们将来确定美国是否通过这另外一个途径满足了"相似产品"的要求。

（2）《订户订购进口出版物管理办法》

…………

7.1486 《订户订购进口出版物管理办法》第 1 条规定：

> 为了满足国内单位和个人、在华外国机构、外商投资企业外籍人士和港、澳、台人士对进口出版物的阅读需求，加强对进口出版物的管理，根据《出版管理条例》和有关法律、法规，制定本办法。

7.1487 本专家组注意到，根据第 1 条，《订户订购进口出版物管理办法》仅对进口读物适用。但是，第 1 条本身并不包含任何可以"区分"进口产品和国内产品的规定或要求。相反，它仅仅界定了后面条款的适用范围。《订户订购进口出版物管理办法》第 3 条包含了美国声称的仅根据非中国原产地而对进口读物适用不同标准的规定。具体而言，第 3 条解释称：

> 国家对进口出版物的发行实行分类管理，对进口报纸、期刊和限定发行范围的进口图书、电子出版物等实行订户订购、分类供应的发行方式；非限定发行范围的进口图书、电子出版物实行市场销售的发行方式。
>
> 进口报纸、期刊分为限定发行范围的和非限定发行范围的两类。
>
> 限定发行范围的进口报纸、期刊、图书、电子出版物的种类由新闻出版总署确定。

7.1488 根据中国的观点，这意味着进口读物有两个不同的订购系统（即一个系统对限定发行范围的读物适用，另一个系统对非限定发行范围的报纸、期刊适用）。

7.1489 美国进一步声称，中国没有对国内出版物采用这个体制。关于这个，中国在其第一次书面陈述中说明，报纸、期刊以及限定发行范围的图书，其订购规定"与对国内相似产品适用的规定不同"。

7.1490 本专家组明白，正如《订户订购进口出版物管理办法》第 3 条所规定的那样，在中国有两种类型的出版物：限定发行范围的出版物与非限定发行范围的出版物。按照第 3 条的规定，非限定发行范围的报纸、期刊要求通过订购销售给订户。限定发行范围的报纸、期刊和图书也要求通过订购销售给订户。因此，对于所有的进口报纸和期刊，无论其是"限定发行范围"类还是"非限定发行范围"类，《订户订购进口出版物管理办法》第 3 条中规定的订购要求都对其适用，但对于图书，这个要求只对"限定发行范围"类适用。中国承认没有对国内报纸和期刊作出类似规定。

7.1491　因此，《订户订购进口出版物管理办法》第 3 条仅依据原产地对进口报纸、期刊和国内报纸、期刊实行区分待遇。第 3 条所包含的根据原产地给予区别对待的规定致使国内报纸和期刊不受第 3 条要求的限制，即使它们除原产地外，其他所有方面都与进口报纸和期刊完全一致。我们注意到，除了原产地不同之外，国内报纸、期刊和进口报纸、期刊是相同的，对于这些产品的存在，中国没有异议。因此，我们认定，就报纸和期刊而言，GATT 1994 第 3.4 条规定的相似产品要求得到满足。

7.1492　但图书的情况有所不同。我们注意到，第 3 条的订购要求并不针对所有的进口图书。只有那些"限定发行范围"类的图书的销售被要求通过订购的方式。"非限定发行范围"类图书的销售则是通过同样对国内图书适用的市场销售体系进行。

7.1493　中国主张，"限定发行范围"类别的制定是针对含有禁止性内容的读物。鉴于"限定发行范围"类读物内容的本质，此类读物的订购只限于某些以研究为目的的政府和研究机构，所以不存在它们在中国境内的"分销"。中国告知本专家组，"限定发行范围"类进口出版物大约有 1000 种，而国内出版物不存在"限定发行范围"类，因为"所有包含禁止性内容的国内出版物都不能在中国出版和分销"。

7.1494　美国认为，"限定发行范围"类读物是不应该包含禁止性内容的，因为在中国境内分销带禁止性内容的读物非法。美国继而指出，不清楚究竟哪种读物属于"限定发行范围"类读物，也不清楚这些读物是否有可能从此类别中删除。

7.1495　本专家组记录在案，双方同意，进口图书和国内图书待遇不同。所有国内图书均可通过市场销售系统进行分销。但进口图书却被分为两类："限定发行范围"类受制于《订户订购进口出版物管理办法》第 3 条的订购要求；"非限定发行范围"类则有可能采用与国内图书同样的方式通过市场销售系统进行分销。对我们而言，这表明某些进口图书被给予了不同于国内图书的待遇，而另一些却没有。因此，除图书原产地外，还有一个因素是该措施给予差别待遇的依据。

7.1496　新闻出版总署是如何认定一本书属于"限定发行范围"类的，以及经新闻出版总署批准的有限订户群订购该图书是否构成在中国境内的"分销"，这是双方产生分歧的两个问题。中国解释称，"限定发行范围"类出版物是那些含有禁止性内容的出版物，对此专家组表示认可。美国没有提出中国法律区分"限定发行范围"类和"非限定发行范围"类出版物其他方面的依据。此外，美国就中国境内发行禁止性内容违法一事提出的观点似乎强化了而非背离了中国关于"限定发行范围"类的解释。恰如中国所解释的，正是由于全面禁止含禁止性内容出版物的发行，中国政府才通过《订户订购进口出版物管理办法》第3条规定了一个例外，以使那些经新闻出版总署批准的单位可以获得这些出版物。

7.1497　因此，在那些国内的以及不含禁止性内容的进口图书，和那些含禁止性内容的图书之间，美国已经指出了《订户订购进口出版物管理办法》第3条对它们所给予的不同待遇。例如，中国曾告知本专家组一本中国认为含有淫秽内容，属于"限定发行范围"类的图书，一本香港发行的《世界性风俗》。此书的订购就受《订户订购进口出版物管理办法》第3条规定的限制。相反，一本不含淫秽内容的进口图书——一本儿童或烹饪书——和一本不含禁止性内容的国内图书则都不受订购要求限制。由于不含禁止性内容的进口图书享受与国内图书同样的待遇，因此，《订户订购进口出版物管理办法》第3条给予"限定发行范围"类进口图书和国内图书的区别待遇不是仅以进口图书原产地，而且也以进口图书是否含有禁止性内容为依据的。

7.1498　鉴于美国未能证明被质疑措施仅仅依据原产地对进口和国内读物给予区别待遇，因此，我们认为，就图书而言，采用上述简化的"相似"分析方法代替传统的相似性分析是不合适的。专家组曾在前文认定，美国没有通过传统标准方法分析证明进口图书和国内图书的"相似性"，因此，美国没能证明进口图书是国内图书的"相似产品"。如此，美国未能证明《订户订购进口出版物管理办法》对图书的规定涉及中国在第3.4条项下的义务。

(3)《出版分销办法》

…………

7.1501　本专家组注意到，《出版分销办法》第2条规定：

> 本办法适用于在中华人民共和国境内设立的外商投资图书、报纸、期刊分销企业。
>
> 本办法所称图书、报纸、期刊是指经国务院出版行政部门批准的出版单位出版的图书、报纸、期刊。
>
> 本办法所称分销业务，是指图书、报纸、期刊的批发和零售。
>
> 本办法所称外商投资图书、报纸、期刊分销企业，是指外国企业、

其他经济组织或者个人（以下简称外国投资者）经中国政府有关部门依法批准，在中国境内与中国企业或者其他经济组织（以下简称中国投资者）按照平等互利的原则，共同投资设立的中外合资、中外合作图书、报纸、期刊分销企业，以及外国投资者在中国境内独资设立的图书、报纸、期刊分销企业。

外国投资者参股或并购内资图书、报纸、期刊分销企业，是设立外商投资图书、报纸、期刊分销企业的一种方式。外国投资者参股或并购内资图书、报纸、期刊分销企业的，该企业应按本办法办理变更为外商投资企业的相关手续。

7.1502　我们注意到《出版分销办法》第 2 条规定，该办法对在中国从事图书、报纸和期刊分销的外商投资企业适用，并规定该办法后续条款所称的任何图书、报纸和期刊是指在国内出版的图书、报纸和期刊。因此，与《订户订购进口出版物管理办法》第 1 条相似，第 2 条只是规定了《出版分销办法》其余条款的适用范围。

7.1503　美国认为，参照中国其他管理读物分销的措施解读该条款可以看出，中国仅允许外商投资企业从事图书、国内出版的报纸和期刊的分销。

7.1504　美国特别指出，对于进口报纸和期刊以及限定发行范围类图书及电子出版物，《订户订购进口出版物管理办法》仅允许采用订购的分销方式。该条例进一步规定，只有新闻出版总署指定经营进口读物的企业——《出版管理条例》第 42 条规定的全资中资国有企业——才可以从事这些产品的分销业务，包括批发和零售。

7.1505　美国援引《出版物市场管理规定》第 16 条的有关规定：《出版分销办法》对从事图书、报纸、期刊分销，即批发与零售的外商投资企业进行管理。根据美方观点，由于中国没有颁布其他措施，批准外商投资企业在中国从事出版物的分销，因此，《出版分销办法》反映了给予外商投资企业全部的权利。

7.1506　本专家组参照中国管理出版物分销的其他措施对《出版分销办法》进行解读后认定，任何希望从事图书、报纸、期刊分销的外商投资企业必须符合《出版分销办法》的规定。我们曾在上文中认定，第 2 条将《出版分销办法》的范围限制在国内出版的图书、报纸和期刊之内，因此，我们认定，从分销企业的种类来看，《出版分销办法》仅依据图书、报纸和期刊的原产地，在国内图书、报纸、期刊和进口图书、报纸、期刊之间实行区别对待。

由于《出版分销办法》第 2 条所具有的原产地专向性性质，即便进口的图书、报纸、期刊在除原产地外的所有方面都与国内的一样，其分销也不能由外商投资企业从事。我们还注意到，中国没有就可能或将会存在除原产地之外，其他方面均相同的国内图书、报纸、期刊和进口图书、报纸及期刊提出异议，因此，我们认定，美国就《出版分销办法》与 GATT 1994 第 3.4 条相符性的主张满足"相似产品"要求。

（b）影响……分销的法律、法规或规定

（1）法律、法规或规定

…………

7.1512　本专家组记得，"法律、法规或规定"一语包含了诸多政府措施，从对一切适用的强制性规则，到产生自动激励或抑制作用的政府行为。

7.1513　《订户订购进口出版物管理办法》相关条款规定，所有的进口报纸和期刊都只能通过一个特定的分销渠道进行分销。从这个意义上而言，这些条款属于强制性条款，对这些读物所有的进口商和分销商一体适用。因此，无论在中国的法律形式为何，《订户订购进口出版物管理办法》都在 GATT 1994 第 3.4 条所用"法规"一词的定义范围。

7.1514　《出版分销办法》制定了对希望从事国内出版读物分销业务外商投资企业适用的强制性制度。因此，与我们上述《订户订购进口出版物管理办法》的分析同理，《出版分销办法》是 GATT 1994 第 3.4 条意义上的"法规"。

（2）影响……分销

…………

7.1520　本专家组曾在前述认定，《订户订购进口出版物管理办法》第 3 条对所有进口报纸和期刊施加强制性订购要求。

7.1521　《订户订购进口出版物管理办法》第 4 条规定，订户订购进口报纸和期刊"须由新闻出版总署指定的出版物进口经营单位经营"。我们注意到，《订户订购进口出版物管理办法》第 2 条对"出版物进口经营单位"的定义依照《出版管理条例》的规定。对此，《出版管理条例》第 41 条规定，根据这些规章设立并由国务院出版行政部门（即新闻出版总署）指定的出版物进口单位可以经营报纸或期刊的进口业务。《出版管理条例》第 42（2）条规定，设立出版物进口单位，申请单位为国有独资企业。因此，《订户订购进口出版物管理办法》第 4 条把那些可以办理进口报纸、期刊订购的单位限定为国有独资企业。

7.1522 鉴于《订户订购进口出版物管理办法》第 3 条和第 4 条直接管理进口报纸和期刊可能的分销方式（即分销渠道）及分销单位（即国有独资企业），它们属于 GATT 1994 第 3.4 条意义上"影响"进口报纸、期刊分销的措施。

7.1523 针对《出版分销办法》，我们曾认定，任何希望在华分销图书、报纸、期刊的外商投资企业必须符合《出版分销办法》的规定。因此，《出版分销办法》直接确定哪些企业可以在华从事图书、报纸、期刊分销。我们还注意到，《出版分销办法》第 2 条将其适用，包括外商投资企业获得读物分销权的规定，限制在国内出版的图书、报纸和期刊范围内。鉴于《出版分销办法》对哪些企业可以获得进口图书、报纸和期刊分销权作出了规定，该办法"影响"了 GATT 1994 第 3.4 条意义上的进口图书、报纸和期刊的分销。

7.1524 鉴于本专家组已经认定，存在或可能存在 GATT 1994 第 3.4 条意义上的相似进口产品和国内产品（美国关于《订户订购进口出版物管理办法》诉请中的报纸和期刊以及《出版分销办法》中的图书、报纸和期刊），同时，被质疑措施为中国 GATT 1994 第 3.4 条项下有义务对进口产品给予不低于国内相似产品待遇、影响相似产品国内分销的"法律、法规和规定"，因此，本专家组将分析中国是否违反了其义务。

（c）更为不利的待遇

7.1525 GATT 1994 第 3.4 条要求中国提供"在影响产品国内销售、标价出售、购买、运输、分销或使用的法律、法规和规定方面，给予进口产品实质相等的机会"。

…………

7.1532 本专家组谨记上诉机构在"韩国—牛肉案"中的裁定："进口与国内相似产品待遇形式上的差异既非证明违反第 3.4 条的充分证据，也非为证明违反第 3.4 条义务所必需。"分析的焦点必须集中在被质疑措施是否改变了相关市场竞争条件以致损害到进口产品这个实质性问题上。

7.1533 按照上诉机构的意见，针对在华读物的分销，我们将审查涉案措施是否改变了中国市场的竞争条件以致给进口读物带来损害。

（1）《订户订购进口出版物管理办法》

7.1534 在《订户订购进口出版物管理办法》第 3、4 条的限制是否导致中国给予进口报纸和期刊更为不利的待遇这个问题上，各方一致同意，国内报纸和期刊可以通过多种渠道到达消费者手中，而进口报纸和期刊却仅限于一个渠道——订购。此外，进口报纸和期刊的流通只能通过中国国有独资企业这一单一渠道，而国内报纸和期刊则可通过各种分销商，包括外商投资企业、中国私营企业和中国国有独资企业到达消费者。这样，《订户订购进口出版物管理办法》第3、4条对进口报纸和期刊分销企业的资格和方式进行了国内相似产品所没有受到的限制。

7.1535　我们发现，《订户订购进口出版物管理办法》第3条的强制订购规定意味着国产报纸和期刊的分销商可以通过报刊亭、书店、其他种类的商店以及订购的方式将每份发行物分销到消费者手中，而进口报纸和期刊的分销商却只能通过出版物订购方式来分销其产品。尽管国内报纸、期刊和进口报纸、期刊均可订阅，但国内报纸、期刊分销商同时具备通过其他渠道分销其产品的机会，从而使其获得更多的消费者。此外，进口报纸、期刊分销商不能采用将其产品直接置于消费者面前这样一种与国内出版物直接竞争的方式分销其产品。例如，进口报纸、期刊分销企业是不可能将其进口的报纸、期刊放在报刊亭或书店与国内报纸、期刊同台销售的。

7.1536　鉴于前述分析，我们认为，对进口报纸、期刊发行方式的这种限制，不仅构成正式的差别待遇，而且可以合理认定该待遇改变了竞争条件从而对进口报纸、期刊不利。

7.1537　我们注意到，中国关于消费者可以通过订阅方式很容易购买到非限定发行类报纸、期刊，因此美国未能证明中国对进口报纸、期刊提供了更为不利待遇的主张。然而，我们不能同意中国关于没有"大幅"改变竞争条件就意味着中国已经履行了给予进口产品不低于相似国内产品待遇义务的主张。我们注意到，"更为不利的待遇"不受衡量标准限制。因此，任何通过影响进口产品国内销售、标价出售、购买、运输、分销或使用的法律、法规或规定产生的不利待遇，只要该待遇改变了竞争条件就违反了第3.4条义务。

7.1538　此外，《订户订购进口出版物管理办法》第2条规定的进口业务单位定义将该办法第4条可以办理进口报纸、期刊订购的企业限定为国有独资企业。通过这个条款，中国对拟从事进口报纸、期刊分销的企业实行限制，而对国内相似产品则没有设定这种限制。这意味着在中国境内从事报纸、期刊分销业务的企业因其产品原产地将只能选择不同的分销商。从事进口报纸或期刊分销业务的企业必须通过国有独资公司对其产品进行分销，不论在报纸或期刊的营销方面，一家私人企业是否因做出更多、更好的努力而成为更具竞争力的分销商。相反，选择从事国内报纸或期刊分销的企业则可依据分销企业是否将为其产品提供最好的竞争优势而选择任何其愿意选择的分销企业。

7.1539 因此，《订户订购进口出版物管理办法》第3条对分销渠道的限制与第4条对分销企业类型的限制可以被合理认定为改变了进口产品与国内相似产品之间的市场竞争条件，使其对进口产品更为不利。鉴于此，我们认定，《订户订购进口出版物管理办法》第3条和第4条违反了中国GATT 1994第3.4条项下不要给予相似进口产品不利待遇的义务。

（2）《出版分销办法》

…………

7.1541 如上所述，《出版分销办法》第2条本身并不禁止外商投资企业从事任何进口图书、报纸、期刊的批发。该条规定的是《出版分销办法》的适用范围，明确规定《出版分销办法》对在华从事图书、报纸、期刊分销的外商投资企业适用，而对外商投资企业是否可以从事进口图书、报纸、期刊的分销只字未提。因此，我们认定，第2条本身不会违反WTO义务。

7.1542 我们还注意到美国关于必须同时根据《出版管理条例》和《出版物市场管理规定》来确定《出版分销办法》进口条款含义的主张。美国认为，《出版管理条例》和《出版物市场管理规定》是中国管理图书、报纸、期刊分销的其他措施。

7.1543 在回答本专家组提问时，美国特别提到根据《出版管理条例》制定的《出版物市场管理规定》第16条。第16条规定：

> 设立从事图书、报纸、期刊分销业务的中外合资经营企业、中外合作经营企业和外资企业，按照新闻出版总署和对外经济贸易合作部制定的《外商投资图书、报纸、期刊分销企业管理办法》办理。

7.1544 在此问题上，我们注意到美国陈述认为，《出版分销办法》是赋予外商投资企业读物分销权的唯一措施。对此，中国没有提出抗辩意见。因此，可以认定，《出版分销办法》是为管理图书、报纸、期刊分销业务设立的唯一法规。《出版分销办法》第2条将本办法的适用范围限定为国内出版的图书、报纸和期刊。《出版物市场管理规定》第16条则规定，任何选择从事图书、报纸或期刊分销业务的外商投资企业必须遵守《出版分销办法》的规定。对两条款一起解读可以得出一个结论，那就是外商投资企业被排除在从事任何进口图书、报纸和期刊的分销业务之外。我们还注意到，中国承认，实际上，《出版分销办法》第2条禁止外商投资企业从事进口读物的批发业务。

7.1545 因此，结合《出版物市场管理规定》第16条对《出版分销办法》第2条加以解读，可以看出，两者共同将外商投资企业排除在可能的分销商队伍之外，从而限定了进口图书、报纸和期刊从业分销商的类型。这意味着国内出版物要比进口出版物拥有更多可供选择的分销商，而选择从事进口图书、报纸或期刊分销业务的企业是不能通过外商投资企业分销其产品的，不论该外商投资企业在相关图书、报纸或期刊分销业务上是否比可供选择的中国国有独资企业更具竞争力。相比之下，选择从事国内图书、报纸或期刊分销业务的企业则可根据分销商对其产品所能提供的竞争力优势在所有可供选择的分销商中进行挑选。由此可以合理认定，《出版分销办法》第2条与《出版物市场管理规定》第16条就进口图书、报纸和期刊分销企业类型所做的限制，对进口产品和国内相似产品在市场中的竞争条件造成了不利影响，违反了中国GATT 1994第3.4条项下为相似进口产品提供同等待遇的义务。

············

影院放映电影

7.1655 美国主张，《电影管理条例》、《电影企业经营资格准入暂行规定》（以下简称《电影企业规定》）和《关于改革电影发行放映机制的实施细则》（以下简称《电影发行放映实施细则》）是影响影院放映电影分销的法律、法规和规定。它们以违反GATT 1994第3.4条的方式对进口电影提供了更为不利的待遇。《电影发行放映实施细则》第3条规定，进口电影只能由两家国家控制企业发行。《电影管理条例》第5条、第30条与《电影企业规定》第16条则为中国影院电影放映的双重分销体制制定了法律框架。

7.1656 中国认为美国的诉请缺乏法律基础，因为这些诉请同样是建立在影院放映电影属于货物这样一个错误的前提之上的。中国进而指出，如果美国的诉请是以GATT 1994第3.4条为法律依据，则美国未能证明对外国电影给予了更为不利的待遇。

7.1657 此外，中国认为其所请呈的另一个抗辩证明了这些措施并未提供更为不利的待遇，而我们则认为这个抗辩涉及更深的是，措施本身是否"影响"进口硬拷贝电影分销这个实质性问题。具体而言，中国主张，这些措施并未以美国认定的方式运营，也没有造成美国所谓的"影响"措施分销并对进口硬拷贝电影提供更为不利待遇的"两寡头垄断"局面。

7.1658 本专家组认为，中国的观点引发这样一个问题：美国主张"两寡头垄断"局面改变了进口电影和国内电影的竞争条件从而对进口电影产生了不利影响，这个局面的形成是否应当归咎于中国，从而属于DSU第3.3条项下本专家组需要解决的措施。如前所述，一项争议措施是否属于本专家组管辖范围的"措施"，是一个涉及我们所获授权范围的核心问题，是一个无论争端方是否对此提出争议我们都必须作出裁定的问题。因此，我们将首先分析美国认定的争议"措施"是否属于DSU第3.3条意义上的措施。

（a）形成影院放映进口电影"两寡头垄断"局面的因素

7.1659　美国主张，中国电影发行存在"两寡头垄断"局面。该局面造成了影院放映进口电影的歧视性待遇。具体而言，美国坚持认为，《电影管理条例》《电影企业规定》《电影发行放映实施细则》只允许两家国有企业——中国电影发行公司（简称"中影公司"）和华夏电影发行公司（简称"华夏公司"）发行影院放映进口电影。相反，美国指出，国产电影则可由这两家发行公司以及国内其他电影发行公司，包括一个国内电影制作企业发行。美国进一步指出，制定于《电影管理条例》《电影企业规定》《电影发行放映实施细则》之后的《关于进一步完善国产影片发行放映的考核奖励办法（修订）》认定，中影公司和华夏公司是在华发行进口电影仅有的两个单位。

7.1660　中国承认，中国影院外国电影的发行由国家广播电影电视总局（SARFT）批准的公司进行，目前只有两家被批准的发行单位：中国电影发行公司和华夏电影发行公司。但中国坚称，"中国的法规并未如美国所称建立了'两寡头垄断'，也没有以任何方式限制国家广播电影电视总局可以批准的企业数量"。

7.1661　中国辩称，进口电影发行商数量少的原因在于GATS减让表关于在收入共享的基础上只可进口20部电影的限制。中国指出，美国认定的措施中根本就不存在任何可以形成"两寡头垄断"局面的规定。

7.1662　根据中方观点，《电影管理条例》确立了影院放映电影发行许可制度，但没有对可获批准的公司数量做出任何限制。在这一点上，进口影片发行商数量并不限于两家，无论是中国的法律还是国家广播电影电视总局的条例都没有这样的规定。中国指出，《关于进一步完善国产影片发行放映的考核奖励办法（修订）》（美国附件-40）这个被美国用来支持其论据的措施只反映了当前只有两家公司申请并被批准成为进口电影发行商的事实。中国坚称，中国没有任何措施规定只此两家公司可获批准。

7.1663　在回答本专家组关于如何成为电影院放映进口影片批准发行单位程序上的具体问题时，中国告知本专家组，中国禁止外商投资企业在华发行影片，但"私营全中资企业和其他国有企业可以申请成为进口影片发行商，国家广播电影电视总局应按照《电影管理条例》审查其申请并作出是否批准的决定"。

7.1664　中国回复本专家组的提问称，目前没有关于成为进口影片发行商的申请。中国认为，随之而来的成本与风险可能使发行商不敢尝试进入进口影片发行市场。

7.1665 美国认为，中国所谓没有形成强制性"两寡头垄断"局面的主张经不住仔细推敲。在美国看来，《电影发行放映实施细则》明确规定了这种"两寡头垄断"制度。美国进而主张，由于实际上仅有两家企业被指定发行这类电影，无论该"两寡头垄断"是否具有强制性，它至少具有歧视性。

7.1666 此外，美国在回复本专家组提问时主张，中国关于全中资企业或国有公司可以申请从事进口影片发行但对此不感兴趣的抗辩是基于一个有瑕疵的前提。美国认为，其他公司不申请从事进口影片发行是因为它们不能申请。

7.1667 在对美国对该问题的回应进行评论时，中国坚持《电影管理条例》是规定影片发行企业设立申请要求和程序的法规，其法律位阶高于《电影发行放映实施细则》和《电影企业规定》，其规定不限于国产影片。

7.1668 美国关于影院放映电影方面 GATT 1994 第 3.4 条项下诉请所质疑的"措施"是"两寡头垄断"分销的局面。美国认为该局面对影院放映进口电影给予了更为不利的待遇。美国提出，该"两寡头垄断"的局面是通过三项中国行政管理法规的实施形成的。这三项法规为其在专家组请求中指出的《电影管理条例》、《电影企业规定》以及《电影发行放映实施细则》。而中国则辩称该"两寡头垄断"局面的形成并非因其行政法规的实施，而仅仅是因为除目前被批准的两家公司之外，没有任何其他公司有兴趣获准成为一家影院放映进口电影的发行商。

7.1669 在回复专家组提问时美国坚称，无论"两寡头垄断"是否具有"强制性"，它至少具有歧视性。具体而言，美国提出，即便专家组没有发现法律上的"两寡头垄断"制度，但美国已经证明且中国已经确认，"两寡头垄断"局面事实上的存在给予了进口影片较国产影片更为不利的待遇。在这种情形下，中国的措施必然违反 GATT 1994 第 3.4 条的义务。

7.1670 就此，摆在本专家组面前的问题是，中国是否应对此"两寡头垄断"局面，无论是局面的形成本身，还是在该局面下措施的适用，承担 GATT 1994 第 3.4 条项下的义务。

7.1671 如前所述，WTO 争端解决机制之下，一成员只能就另一个成员的"措施"提出质疑。另一成员对"措施"的定义是，该成员制定一般或可实施规范或准则的政府的作为或不作为。该作为或不作为"在一般情况下属于国家部门，包括行政部门的作为或不作为"。

7.1672　本案中，美国控称，一份由国务院颁布的行政法规与"部门规章"和"其他规范性文件"一起实施，造成了法律上的"两寡头垄断"发行局面。换言之，美国指控中国的措施造成了事实上的"两寡头垄断"发行局面。中国不承认其法令造成了所谓歧视性的"两寡头垄断"发行局面。在这种情况下，我们首先必须确定的是，美国要求裁定的内容属于 DSU 第 3.3 条意义上的措施，从而属于本专家组的管辖范围。我们认为，美国就中国的"两寡头垄断"发行局面属于一项措施提出了两种可能的理解。第一，中国管理影院放映电影发行的条例、部门规章和其他规范性文件造成了法律上的"两寡头垄断"局面。第二，如果条例、部门规章、其他规范性文件没有造成法律上的"两寡头垄断"局面，则中国也应该对事实上的"两寡头垄断"局面负责。我们依次审理这两个主张。

（1）中国的规则和法规是否造成了法律上的"两寡头垄断"局面

7.1673　美国最初诉请的主要内容，是《电影管理条例》、《电影企业规定》和《电影发行放映实施细则》共同造成了只有两家公司被批准发行影院放映进口电影的"两寡头垄断"局面。中国则辩称不存在可被批准发行进口电影公司数量的法律上的限制。因此，我们必须对三措施共同实施是否将在华进口影片发行单位限定为两家，即中影公司和华夏公司，作出裁决。

7.1674　《电影管理条例》由中华人民共和国国务院 2001 年 12 月颁布，对"中华人民共和国境内的故事片、纪录片、科教片、美术片、专题片等电影片的制片、进口、出口、发行和放映等活动"适用。

7.1675　《电影管理条例》第五章规定了电影的发行和放映。《电影管理条例》第 36 条规定，设立电影发行单位、电影放映单位，应当具备：①有电影发行单位、电影放映单位的名称、章程；②有确定的业务范围；③有适应业务范围需要的组织机构和专业人员；④有适应业务范围需要的资金、场所和设备；⑤法律、行政法规规定的其他条件。

7.1676　该条例第 37 条规定：

设立电影发行单位，应当向所在地省、自治区、直辖市人民政府电影行政部门提出申请；设立跨省、自治区、直辖市的电影发行单位，应当向国务院广播电影电视行政部门提出申请。所在地省、自治区、直辖市人民政府电影行政部门或者国务院广播电影电视行政部门应当自收到申请书之日起 60 日内作出批准或者不批准的决定，并通知申请人。批准的，发给《电影发行经营许可证》，申请人应当持《电影发行经营许可证》到工商行政管理部门登记，依法领取营业执照；不批准的，应当说明理由。

7.1677 该条提及根据申请批准发放的电影发行经营许可证。没有迹象表明许可证仅限于特定类型的电影，即国内电影或进口电影。

7.1678 《电影发行放映实施细则》的颁布也在 2001 年 12 月，由国家广播电影电视总局和文化部一起颁布。制定该细则的目的，是要完成电影发行放映机制的改革。中、美两国都对我们做出解释，根据《立法法》，《电影发行放映实施细则》和《电影企业规定》贯彻执行《电影管理条例》，二者的法律位阶低于《电影管理条例》。

7.1679 《电影发行放映实施细则》第 3 条规定，拓展国有主渠道，建立两家进口影片发行公司。这条继而规定，后一个目标将通过保留中影公司原进口影片发行公司同时组建一个进口影片股份制发行公司实现。随后，第 3 条规定了进口影片发行公司的运行机制：

> 两家进口影片发行公司第一年分别发行各自通过分配与竞价相结合获得的进口影片（原则上各 50%），以后每年发行进口影片的节目数量取决于上一年度发行放映国产影片尤其是推荐国产影片的发行业绩。要认真贯彻执行进口影片与国产影片按比例发行的规定，积极支持国产影片的生产发行和放映。

7.1680 2004 年，国家广播电影电视总局和商务部颁布《电影企业规定》。正如中国所解释的，《电影企业规定》作为一个较晚颁布的规定，如果与先前颁布的《电影发行放映实施细则》相冲突，则该规定优先。《电影企业规定》第 1 条表明，其颁布是依据《电影管理条例》的授权。《电影企业规定》第三章的标题为"电影发行、放映"。第 10 条鼓励境内公司、企业和其他经济组织（不包括外商投资企业）设立专营国产影片发行公司。该条还规定了下列申报条件及程序：

（一）注册资本不少于 50 万元人民币；

（二）受电影出品单位委托代理发行过两部电影片或受电视剧出品单位委托发行过两部电视剧；

（三）提交申请书、工商行政管理部门颁发的营业执照复印件、公司名称预核准通知书、已代理发行影视片的委托证明等材料；

（四）符合（一）、（二）、（三）项并向广电总局申请设立专营国产影片发行公司的，由广电总局在 20 个工作日内颁发全国专营国产影片的《电影发行经营许可证》；向当地省级电影行政管理部门申请设立专营国产影片发行公司的，由当地省级电影行政管理部门在 20 个工作日内颁发本省（区、市）专营国产影片的《电影发行经营许可证》。申报单位持电影行政管理部门出具的批准文件到所在地工商行政管理部门办理相关手续。不批准的，书面回复理由。

7.1681　同时，《电影企业规定》第四章的标题为"电影进出口"。其中的第 16 条规定"电影进口经营业务由广电总局批准的电影进口经营企业专营。进口影片全国发行业务由广电总局批准的具有进口影片全国发行权的发行公司发行"。

7.1682　《电影企业规定》"附则"下的第 19 条规定，"本办法未作规定的，依照《电影管理条例》及有关规定执行"。

7.1683　我们了解，《电影发行放映实施细则》确定由两家企业发行影院放映进口影片，并暗示这两家公司分别对进口影片的全部市场负责。但我们同时也了解，在《电影发行放映实施细则》与三年后颁布的《电影企业规定》发生冲突的情况下，《电影企业规定》优先适用。本专家组注意到，美国声称《国内电影发行放映规定》证实了"两寡头垄断"局面的存在。然而，美国没有就《国内电影发行放映规定》如何证实所谓的"两寡头垄断"局面提供具体的材料。相反，美国一直在强调的是该措施给予影院放映进口电影的歧视性待遇。

7.1684　我们注意到，《关于进一步完善国产影片发行放映的考核奖励办法（修订）》的规定涉及促进国产影片的发行放映，以及国家广播电影电视总局为进一步实现这个目标所采取的考核奖励办法。在没有论证的情况下，美国引用《关于进一步完善国产影片发行放映的考核奖励办法（修订）》第 3.1 条和第 4.2.1 条以"证实""两寡头垄断"局面的存在。这些条款规定了中影公司和华夏公司的考核标准，具体到两家公司国产影片和推荐影片的发行数量，以及国产影片票房收入达到某水平后的奖励金额。我们还注意到，《关于进一步完善国产影片发行放映的考核奖励办法（修订）》第 5.1 条规定，对考核不合格的中影公司和"另一企业"给予减少一部进口分帐影片的处罚。

7.1685　这三个条款反映了中国采用激励和处罚机制鼓励中影公司和华夏公司发行国产电影，以及中国控制着中影公司和华夏公司影片发行数量的事实。但是，美国没有证明该措施如何"证实"中国不允许其他单位获得进口影片发行许可证。同时，在国家广播电影电视总局批准其他单位影院放映进口电影发行权的情况下，中国完全可以对《关于进一步完善国产影片发行放映的考核奖励办法（修订）》进行修改。正如下文将述，尽管该条例结构可能有别于其他体系，但这不足以证明中国通过其行为造成了进口影片发行的"两寡头垄断"局面。

7.1686　美国指出，《电影企业规定》第 10 条规定了申请成为国产电影发行商的程序。美国推论认为，不对进口电影发行商做出诸如此类具体的程序性规定，意味着《电影企业规定》第 16 条规定由 SARFT 批准有权在全国范围内从事进口电影分销业务的公司仅指中影公司和华夏公司两家。但本专家组注意到，美国忽略了《电影企业规定》第 19 条关于任何本规定未涉及事项遵照《电影管理条例》执行的规定。

7.1687　《电影管理条例》第 37 条规定了电影发行商审批程序，里面没有对进口电影和国产电影加以区分。根据《电影企业规定》第 19 条，该条款仍然有效，故而允许企业申请将进口电影发行业务包括进其经营范围。因此，与美国的主张相反，中国的措施并没有"在法律上"造成"两寡头垄断"发行局面，以阻碍除中影公司和华夏公司以外的企业申请并获得包括进口电影发行在内的电影发行许可证。

7.1688　我们注意到美国的另一个主张认为，"两寡头垄断"局面即使非强制性也具有歧视性，"事实上的'两寡头垄断'局面给予了进口电影比国产电影更为不利的待遇"。基于此，我们转而审查中国是否通过《电影管理条例》《电影发行放映实施细则》《电影企业规定》的实施造成了影院放映进口电影事实上的"两寡头垄断"发行局面。

（2）中国的规则和法规是否造成了事实上的两寡头垄断发行局面

7.1689　我们从争端解决项下受审查措施不必以书面形式存在开始分析。政府行为，无论是遵照具体立法还是其他授权进行，只要它们可被归因为该成员行为且规定了通用和预期的适用规则或范式，就属于"措施"之列。

7.1690　我们记得美方之诉求并非针对许可证体制，亦非针对禁止外商投资在华从事电影发行业务，而是针对中国的法规和规范对《电影发行放映实施细则》所指定两家公司之外的任何公司造成的阻碍。因此，为支持其诉请，美国必须证明中国通过其法规和规范形成了事实上的"两寡头垄断"局面，以阻止除中影公司和华夏公司以外的发行商进入市场。

7.1691　美国声称，中国对其法规和规范的运行方式所做的解释没有道理。美国认为它所提出的一些问题可以证明，中国关于任何全中资企业（不论是私营还是国有）都可以申请成为进口电影发行商的观点前后矛盾。第一，美国不明白，为什么中国没有对所有合格的国产电影发行商进行指定。第二，美国质疑，为何国产电影发行许可不能自动包括对进口电影的发行。美国认为中国没有对这些问题做出很好的回答。此外，美国提出，除中影公司和华夏公司以外，国内发行商无一申请发行利润丰厚的进口电影，其原因，正如中国所解释的（见中国对专家组首轮问题第 136 号的答复），是它们都知道中影公司和华夏公司是进口影片的独家发行商。

7.1692　尽管中国的规制结构在美国看来不合逻辑，尽管美国的问题可能指出了中国方法的低效，但美国没能证明，中国法规和规范的实施达到了阻止除中影公司和华夏公司以外的其他发行商进入进口影片发行市场的程度。美国没有提交任何证据证明，中国驳回过进口电影发行经营许可请求。事实上，美国甚至未能证明曾有任何企业试图申请这一许可。因此，我们裁定，美国没能提供初步证据，证明中国借助《电影管理条例》、《电影发行放映实施细则》及《电影企业规定》的实施，造成了其诉请的所谓"事实上的"歧视性"两寡头垄断"局面。

7.1693　美国未能证明中国的法规和规范造成了法律上或事实上的"两寡头垄断"发行局面。换言之，美国没有证明，中国应对"两寡头垄断"发行局面负责。既然"两寡头垄断"局面不能归责于中国，它就不属于另一成员可以在 WTO 争端解决机制中质疑的"措施"。

7.1694　由于我们仅对针对另一成员所采取措施提出的诉请作出裁决，因此，关于美国提出的中国歧视性两寡头垄断发行局面违反 GATT 1994 第 3.4 条义务这个诉请，我们倾向于不作出任何裁决。

裁定综述

（a）读物

7.1695　《订户订购进口出版物管理办法》第 3 条和第 4 条对报纸和期刊适用的规定，因其对相似产品适用，影响了报纸和期刊的国内发行，并给予进口报纸和期刊比国内相似产品更为不利的待遇，从而违反了中国 GATT 1994 第 3.4 条项下的义务。

7.1696　美国没能证明《订户订购进口出版物管理办法》第 3 条和第 4 条对限定发行范围类图书的适用违反中国 GATT 1994 第 3.4 条项下的义务，因为美国未能证明国内产品和进口产品"相似"。

7.1697　参照《出版物市场管理规定》第 16 条解读的《出版分销办法》

第 2 条因其对可供分销企业类型的限制，给予了进口图书、报纸和期刊比国内相似产品更为不利的待遇。

…………

（c）影院放映电影

7.1699　美国没能证明，中国所谓的歧视性电影"两寡头垄断"发行局面可归责于中国。由此，美国没能证明，"两寡头垄断"局面属于另一成员所采取的可以根据 DSU 进行质疑的措施。

* * *

（5）"中国—汽车零部件案"

以下是专家组在"中国—汽车零部件案"中关于 GATT 第 3.4 条的分析。本案案情介绍请参见附录相关部分。

中国—影响汽车零部件进口的措施
WT/DS339，340，342/R

7.239　我们注意到，中国没有就争议措施属于第 3.4 条项下的"法律、法规或规定"提出异议，但认为这些措施属于"边境措施"。此前专家组裁定，"法规"是"对全体适用的强制性规定"。

7.240　但是，第 3.4 条涵盖范围下的措施可以不具有强制性，也不必一定要对全体适用。第 3.4 条涵盖"规定"，此前专家组将其解释为包含个体公司以获得利益为条件而自愿做出的承诺。"印度—汽车案"中，专家组在根据 GATT 1994 第 3.4 条上下文对"规定"一词进行审查之后，裁定该用词包含两种不同情况：（1）企业必须遵守的法定义务；（2）企业为获取政府利益而自愿承担的义务。"加拿大—汽车案"专家组报告为此提供了进一步的佐证。报告中，该案专家组解释：

> 第 3.4 条不仅适用于强制性措施，而且适用于企业为获得利益而接受的条件，其中，利益获取的方式可以是产品的进口条件方面的优惠。

7.241　争议措施对所有使用进口汽车零部件的汽车制造商施加诸多行政管理程序方面的规定。这些行政管理尤其对受措施影响的汽车零部件在入境之前、之时和之后规定了多项义务，例如自测义务，带 CGA 汽车型号的注册义务，在组合过程或进口零部件与国内零部件价值发生变化的情况下，在组装和重新检测之后，税款的总担保和检测处理义务。因此，8 号令、125 号法令和 4 号公告，属于 GATT 1994 第 3.4 条意义上的"法律、法规"。

7.242　就此而言，尽管措施对使用进口零部件的汽车制造商具有强制性，但若汽车制造商选择不使用进口零部件，则可规避措施规定的这些行政管理程序。退一步，即使认定这些措施义务属于"自愿"接受的性质，仍可认定其属于 GATT 1994 第 3.4 条意义上的"规定"。

7.243　由此，专家组裁定，争议措施对所有使用进口零部件的汽车制造商具有强制性，属于"法律、法规"的范畴。如若认定接受措施义务属于"自愿"，措施仍类属 GATT 1994 第 3.4 条意义上的"规定"。

…………

7.249　GATT 1994 第 3.4 条涵盖的措施不仅必须属于"法律、法规和规定"这个范畴，涵盖的措施还必须影响进口产品的国内销售、标价出售、购买、运输或使用。

7.250　诚如上诉机构在"美国—外国销售公司案（第 21.5 条—欧共体）"中的阐释，"影响国内销售、标价出售、购买、运输、分销或使用"这一短语，界定并限制了 GATT 1994 第 3.4 条意义上的"法律、法规和规定"的类型。上诉机构指出：

> "在有关影响国内销售、标价出售、购买、运输、分销或使用的所有法律、法规和规定方面"，这个含有"影响"一词的短语有助于界定第 3.4 条的适用范围。该短语中的"影响"一词，连接所认定政府行为的类型（"法律、法规和规定"）与有关市场中产品的具体交易、活动和使用（"国内销售、标价出售、购买、运输、分销或使用"）。因此，并非所有"法律、法规和规定"都属于第 3.4 条所涵盖的范围，而只有那些该短语所言的"影响"了具体交易、活动和使用的法律、法规和规定属于第 3.4 条的涵盖范围。"影响"一词在判定一项措施是否类属第 3.4 条不给予相似进口产品"更低待遇"义务类型时发挥作用。

7.251　因此，只有那些影响"国内销售、标价出售、购买、运输、分销或使用"的"法律、法规和规定"受 GATT 1994 第 3.4 条的纪律约束。上诉机构进一步指出，"影响"一词的通常暗含措施具有"产生影响"的作用，由此明确其拥有较大的适用范围，其适用范围大于诸如"规制"或"约束"等用语。此外，GATT 1994 第 3.4 条"影响"一词还被解释为不仅包含直接约束销售或购买条件的法律和法规，而且包含任何可能对进口产品和国内产品竞争条件不利的法律或法规。

7.252 对此，我们赞同"印度—汽车案"的裁定：

> 措施仅仅适用于进口产品的事实本身，并不必然妨碍它属于第3条的范围。例如，国内税，或以进口产品而非国内相似产品的销售为条件的产品标准，依然可能"影响"市场中进口产品的条件，并成为更低待遇之源。同样，一项规定的实施以进口为条件这一事实本身，并不必然妨碍它属于第3.4条的范围。

7.253 因此，第3.4条涵盖所有影响"有关市场产品具体交易、活动及使用（'国内销售、标价出售、购买、运输、分销或使用'）"的法律、法规和规定，其中，也包括仅仅适用于进口产品的那些。在此方面，我们发现，上诉机构在"欧共体—香蕉案（三）"中的法律推理也与此相关。该案上诉机构驳回了关于该案涉诉措施不属于 GATT 1994 第3.4条的申诉。上诉机构在相关部分认为：

> 本争端中的争议并不在于任何进口许可规定本身是否属于第3.4条的范围，而在于欧共体对境内合格经营者分配进口香蕉进口许可证的程序和规定是否属于该条范围……这些规定远远超出单纯的进口许可规定。进口许可规定是管理第三国和非传统 ACP 香蕉关税配额或《洛美协定》关于香蕉进口的规定。这些规定意图在其他事项中，对欧共体（和 ACP）的分销商实行交叉补贴，并确保欧共体香蕉催熟剂获得一定的配额租值。这些规定本身，影响第3.4条含义下的"国内销售、标价出售、购买，……"，并因此属于该条管辖范畴。

7.254 中国的观点认为，上诉机构在"欧共体—香蕉案（三）"中的推理证明，审查的重点在于确定争议措施是属于实施有效边境措施的一部分从而属于第2条的管辖范围，还是产生了影响产品国内销售、分销或使用的效果。鉴于我们上述有关措施项下该费用属于 GATT 1994 第3.2条意义上的"国内费用"的裁定，争议措施项下的该手续并非中国所主张的那样，致力于实施有效的边境措施。鉴于我们裁定该费用对进口产品适用，因此，我们同样裁定，与费用实施有关的行政管理程序"影响"进口产品。

7.255 此外，申诉方主张，对汽车实质特征的认定标准鼓励购买国内汽车部件而非进口汽车部件，并因此影响"国内销售、标价出售、购买、运输、分销或使用"。中国则主张，鼓励汽车部件的进口而非汽车的进口（原因是对汽车施加较高的关税），是中国谈判达成的减让表的核心。

7.256　但是，在专家组看来，中国似乎错误理解了申诉方的主张。申诉方所质疑的，并非中国关税结构鼓励汽车零部件进口而非汽车进口的事实。相反，他们质疑的是措施项下的标准造成鼓励使用国内汽车零部件而非进口汽车零部件的效果。根据"美国—外国销售公司案（第21.5条—欧共体）"上诉机构的法律推理，任何试图规避争议费用的汽车制造商/进口商，必须确保组装既定汽车车型所使用的进口汽车零部件，不属于措施规定的任何一条标准。根据措施规定，进口汽车零部件是否符合措施所规定的任何一条标准的评估，其依据是中国境内汽车零部件的最终组装结果。而这就要求对"多轮货运"的进口汽车零部件进行检查。我们认为，措施的这些规定不可避免地影响了汽车制造商对国内汽车零部件和进口汽车零部件的选择，从而影响进口汽车零部件的国内使用。

7.257　专家组由此认定，对使用进口汽车零部件的汽车制造商实施的行政管理程序以及措施所规定的标准，连同对以国内总装成车为依据的费用评估，均达到鼓励汽车制造商使用国内汽车零部件而非进口汽车零部件的效果。因此，专家组裁定，这些措施影响进口汽车零部件 GATT 1994 第3.4条意义上的"国内销售、标价出售、购买、运输、分销或使用"。

7.258　综上所述，由于措施对与国内汽车零部件"相似的"进口汽车零部件适用，并属于影响国内销售、标价出售、购买、运输、分销或使用的法律、法规和规定，因此，我们裁定，GATT 1994 第3.4条对这些措施适用。

7.259　如上所述，我们裁定国内产品与进口产品"相似"，且措施属于"影响"相关产品国内销售、标价出售、购买、运输、分销或使用的法律、法规或规定。因此，根据该申诉需要回应的下一个问题是，措施给予进口产品的待遇是否"低于"国内相似产品。

…………

7.264　审查中国措施是否给予进口汽车零部件"更低"待遇之前，必须首先回顾构成 GATT 1994 第3.4条意义上"更低"待遇的标准。

7.265　就此，上诉机构在"韩国—对牛肉的诸项措施案"中阐述如下：

　　　　证明进口产品和国内相似产品之间存在明确的待遇差别，并非证明违反第3.4条的必要或充分条件。评估进口产品所受待遇是否"低于"

国内相似产品所需审查的，是一项措施是否改变了相关市场的竞争条件从而对进口产品不利。

7.266　根据上诉机构的意见，我们来审查争议措施是否改变了中国市场上的竞争条件从而对进口汽车零部件不利。

7.267　首先，……在进口汽车零部件入境之前、之中和之后，措施要求使用进口汽车零部件进行汽车组装的制造商遵守某些行政管理程序。申诉方主张，这些行政管理程序异常繁重并增加了汽车制造商组装业务的成本。

7.268　欧共体尤其认为，措施本身的异常烦琐性，将中国市场新车型的推出延迟了 2~3 年。此外，根据欧方观点，对于一个由 10~15 位高级技术专家组成的团队而言，出具 125 号法令第 7 条所要求的自测报告可能需要额外花费 6 个月的时间，并且再往后，在所有手续完成之前，可能需要花费 1 年时间。美国进一步解释，制造商欲完成自测，必须将其制造的每一车型的所有部件逐一列出，根据这些措施确定零部件来自国外还是国内，并计算每一组装体系的门槛，以及该车型中进口零部件的总体价格百分比。此外，正如美国所称，如果汽车制造商使用由第三方供应商进口的零部件，则要求该制造商对备案的实际进口商以及缴纳关税和增值税的所有证据进行备案。中国对欧共体和美国的这些具体观点没有做出任何回应。回顾我们所见，欧共体提交尚未获批的审查和检测申请报告样本表明，核定中心的审查和检测所持续的时间从 30 天到 2 年不等。

7.269　因此，我们认为，对进口汽车零部件适用的行政管理程序，从新车型发行，到核定中心检测，整个组装运作过程，可能产生大幅度的时间延缓，而这些行政管理程序，却不对国内相似产品适用。借此，措施改变了中国市场的竞争条件，从而对进口汽车零部件产生不利影响。

7.270　此外，我们在上文指出，进口汽车零部件是否符合措施项下实质特征认定的标准，其评定，依据的是汽车零部件最后的组装情况，这无疑会影响汽车制造商对国内汽车零部件和进口汽车零部件的选择，如果汽车制造商意图规避诉争行政管理程序的话。换言之，汽车制造商必须确保组装汽车过程中所使用的进口汽车零部件不属于措施项下的任何一条标准管辖，方能避免受制于根据措施所采取的行政管理程序。简言之，措施规定的实质特征认定标准，以及汽车总装成车之后的执行标准，不仅在进口汽车零部件和国内相似汽车零部件之间造成明确的差别，且该差别意义重大，因为它抑制了汽车制造商使用进口汽车零部件的愿望。

7.271 上述争议措施及其市场实施后果分析表明，中国根据总装成车加以界定的行政管理程序和实质特征认定标准的实施，给予了进口汽车零部件低于国内汽车零部件的待遇。

7.272 根据上文，专家组裁定，属于第 3.4 条涵盖范围的中国措施违反了中国 GATT 1994 第 3.4 条项下给予相似进口产品同等待遇的义务。

* * *

第四节　国民待遇例外

一　GATT 第 3 条国民待遇例外

1. 例外条款

GATT 第 3.8 条规定：

> （a）本条的规定不得适用于政府机构购买供政府使用、不以商业转售为目的或不以用以生产供商业销售为目的的产品采购的法律、法规或规定。
>
> （b）本条的规定不阻止仅给予国内生产者的补贴的支付，包括自以与本条规定相一致的方式实施的国内税费所得收入中产生的对国内生产者的支付和政府购买国产品所实行的补贴。

根据第 3.8（a）条的内容，政府采购行为不受国民待遇限制。但诸边贸易协定的《政府采购协定》第 3 条将最惠国待遇和国民待遇引入政府采购领域。关于《政府采购协定》的内容，我们将在下面第二部分进行专门介绍。

根据第 3.8（b）条的内容，国民待遇原则不对政府给予国内生产者的补贴适用。由此，虽然一国政府按照国民待遇原则对进口产品和国内产品征收同等税赋，但同时，又可以把税收所得的一部分，以补贴的形式，资助给国内生产者，如帮助工厂修建厂房、改善生产环境，或鼓励厂商向特定地区投资等。由于这些做法不是直接给予国内产品补贴，因此，不能视为违反国民待遇原则。

2. 一般例外与安全例外

GATT 第 20 条是国民待遇最重要的"一般例外"。成员方可依据该条，为维护公共道德和保障人类和动植物的生命或健康，对进口产品实施有别于本国产品的待遇。此外，第 21 条的"安全例外"也是国民待遇的例外条款。

二　《政府采购协定》①

政府采购，被定义为"政府机构购买供政府使用、不以商业转售为目的或不以用于生产供商业销售为目的的产品采购"。政府采购涉及数额巨大。为促进国民经济和保障就业，许多国家直接或间接将与政府采购相关的贸易留给本国企业。这一违背自由贸易原则的做法，作为 GATT 国民待遇最重要的例外，得到 WTO 规则的许可。乌拉圭回合为了对政府购买进行一定限制，以促进这个领域的自由化贸易进程，制定了《政府采购协定》。该协定主要强调政府采购的国民待遇和非歧视性原则，并制定了一系列规则保证采购招标的透明度。但协定只对签署方有效，且只包含签署方列在附表中的实体内容。《政府采购协定》是 WTO 四个诸边贸易协定中最重要的一个。②

---

① 截至 2019 年 4 月 30 日，中国尚未签署加入《政府采购协定》。

② WTO 秘书处主编 *Guide to the Uruguay Round Agreements*，247，Kluwer Law International，1999。

第七章

关税法

　　WTO 的关税法，是关于各成员影响进出口的相关法律所必须遵守的一系列规定，其中，既有直接规范关税的规定，也有规范国际贸易管理机制的规定。这些规定包括关税减让、国内税和其他费用、关税及海关收费、海关估价、原产地规则、装运前检验、数量限制以及进口许可。这些规定分散在 GATT 1994 和一些其他相关协定中：GATT 第 2 条是关税减让的规定，第 3 条含有进出口产品国内税和其他国内费用的规定，第 7 条是海关估价的规定，第 8 条是进出口规费和手续的规定，第 9 条是关于原产地标记的规定，第 10 条规定了贸易法规的公布和实施，第 11 条是取消数量限制的规定，第 13 条是进口许可的规定；《装运前检验协定》是有关装运前检验的规定；《原产地规则协定》是有关原产地规则的规定；《进口许可程序协定》是关于进口许可程序的规定。

　　海关法的主要内容为国内法内容。WTO 关税法部分只规定各成员相关国内法必须遵守的原则和要求。因此，本章对 WTO 关税法的介绍，着重于有关规定的含义和适用范围。此外，本章按照海关管理货物进出口的程序，对海关货物分类、估价以及确定原产地的 WTO 规则进行介绍。在日常海关管理中，海关官员在对进出口货物进行管理时，必须明确以下三个方面的问题：首先，确定货物的分类以便确定征收税率；其次，确定货物价值以便计算税率；最后，确定货物原产地以便确定适用的税收系统（如 WTO 成员或非成员，发展中国家或最不发达国家等）。

　　WTO 的关税法部分在前 GATT 有关规定的基础上，历经 8 个回合的 GATT 贸易谈判，最终包含在 1994 年 4 月 15 日签订的《WTO 协定》中，于 1995 年 1 月 1 日正式生效。因此，在对 WTO 关税法的具体内容进行分析之前，为更好地理解这部分内容，有必要了解一些关于 WTO 关税法的历史。

第一节 GATT 中的关税

通常，关税有三种类型：从价税（ad valorem），按照进口产品价值比例征收；从量税（specific tariff），按照进口产品数量征收；复合税（combined tariff），按照进口产品价值和数量综合征收。目前，WTO 成员普遍采用从价税。

关税是最常见的贸易壁垒，却是 WTO 允许各成员用以保护国内产业的一个重要政策工具。比起数量限制和补贴，WTO 主张各成员将关税作为唯一的保护手段是有其原因的。关税更具有透明度，一旦公布，其他成员可据此判断产品进入征税市场的难易程度，因此，其对贸易的影响是有限的。而进口数量透明度低，申请程序中可能导致贸易商采取不公正手段获取配额或许可证，从而降低贸易政策的有效性并助长贿赂、犯罪等。此外，关税不要求繁复的许可程序，也不涉及政府资金，对贸易的自由流通影响较小。同时，关税针对的是某一产品的所有进口商，而不是某一特定企业或产业群体。而进口数量限制则直接使某些企业或少数产业受惠，形成阻碍关税自由化改革的利益集团，增加国家间贸易摩擦。同样，补贴不仅牵涉政府资金，也存在上述利益集团等问题。最后，关税谈判较数量限制和补贴更加容易。

从 GATT 产生的历史可以看出，高关税虽然短期内给实施国带来利益，但最终会引发贸易战，进而激发本国乃至世界范围内的经济和社会矛盾，甚至导致战争。GATT 的成立正是为了削减关税和其他贸易壁垒，通过降低关税总体水平，尤其是降低高关税，促进国际贸易发展和国家间和平共处。为实现这个目的，GATT 在缔约方大会主持下经常进行关税减让谈判。[①]

一 关税减让原则

关税减让原则是 GATT 和 WTO 一直倡导的基本原则之一，并且是非歧视、自由贸易等原则的实际执行载体。尽管在不同时期，因贸易条件和情况的不同，GATT 在原则适用和法律制度管辖方面各有侧重，但关税减让始终是历届多边贸易谈判的主要议题。从 1947 年第一轮多边贸易谈判到 1967 年结束的第五轮"狄龙回合"，关税减让是唯一的谈判议题。各参加方就产品有选

---

① GATT 第 28 条之二第 1 款规定了 GATT 关税谈判的原则与目的："在互惠互利基础上进行谈判，以实质性削减关税和其他进出口费用的总体水平，特别是那些使少量进口都受到阻碍的高关税……为此，缔约方全体可时常发起此类谈判。"

择地、逐项地进行谈判。谈判在双边提交"要价单"（request list）及"出价单"（offer list）之后，列出减税产品项目表，在互惠基础上达成一致产生关税减让表，通过最惠国待遇无条件、自动适用于全体缔约方。

肯尼迪回合以后，关税减让主要通过公式减让的多边谈判和有选择、逐项产品双边谈判两种方式进行。公式减让的引入，用简易的公式和程序解决了关税减让谈判的主要矛盾，使多边关税谈判的重点从谈判本身转移到寻找关税减让谈判的产品，以及协商减让适用的公式上。

肯尼迪回合之后，因关税的大幅度削减，一些缔约方相继采用非关税措施替代关税，从而阻碍进口。鉴于此，缔约方开始考虑将关税减让谈判与减少或消除非关税壁垒谈判并列举行。这一趋势到"东京回合"更为明显。这样，关税谈判与非关税壁垒谈判以及所有相关议题谈判挂钩，以实现一揽子总体协定中权利与义务的平衡。

目前，虽然各成员方的普遍关税已大大降低，但关税仍将是国际贸易领域中最重要的课题之一，并将在相当长的时期内存在。这是因为：第一，各成员经济实力差异导致的巨大税差将长期存在；第二，高关税和关税升级作为发达国家阻挡发展中国家加工产品出口、保护本国市场的必要手段仍将长期存在；第三，发展中国家也将利用现行关税维护自身的利益；第四，新的成员加入 WTO 离不开关税减让。因此，关税减让原则仍有其旺盛的生命力和存在的客观条件。

二 关税减让谈判

WTO 体系中的关税谈判通常有四种情况：多边贸易谈判中的关税减让谈判、修改或撤回各成员方减让表项目的关税谈判、申请加入 WTO 国家的关税减让谈判以及发展中国家在根据 1979 年"授权条款"订立的优惠协定基础上进行的关税谈判。

传统的关税减让谈判方式是有选择的产品对产品谈判。① GATT 第一轮到第五轮的关税谈判都是采用这种以税目产品对产品的减税谈判方式。选择出的产品先由该产品主要供应方提出关税减让要求，与进口方谈判达成双边协定。双边关税减让谈判成果适用于所有 GATT 缔约方（最惠国待遇原则）。

GATT 各个回合的贸易谈判历程在前文中已做了介绍。这里着重介绍 GATT 历次关税谈判的程序与成果，并考察 GATT 基本规则在关税协定中的具

---

① GATT 第 28 条之二第 2 款（a）项。

体适用。

1. 早期的关税减让谈判（1947~1961 年）

第一轮关税谈判确立的原则指导着最初五个回合的谈判。其程序如下。首先，每个缔约方提交一份"要价单"（request list），详细列出希望其他谈判方提供的关税减让幅度和时间表（产品对产品）。之后，每个缔约方在分析"要价单"的基础上，拟定一份"出价单"（offer list），描述其将做出的关税减让。每份"要价单"和"出价单"都提供给参与谈判的其他各方。随后，相关各方举行双边减让谈判。一般而言，对某项特定的产品所做出的"出价"（offer）将适用于"主要供应方"（principle supplier）。[①] 例如，X 从 A、B、C 进口自行车，其中 A 供应 60%，B 供应 30%，C 供应 10%，则 X 向 A 做出关税减让出价，因为 A 国是自行车的最大供应者也是关税减让的最大获利者。一旦 X 与 A 达成初步协定，X 与希望获得同等关税减让的 B 进行谈判，以从 B 国获得一些互惠的关税减让。根据最惠国待遇原则，B 国将自动获得 X 国给予 A 国的关税减让优惠。当谈判即将结束时，关税减让结果渐渐明朗化。最后，所有谈判方完成出价，每个谈判方开始单独整体评估所获利益，如果认为未能获得对等优惠，就会撤回出价表中的一些开价。开价的撤回不可避免地导致新的开价，从而波及整个谈判进程和已取得的谈判成果。因此，这个阶段的谈判往往产生许多困难，有时需要秘书处介入调解。

到了狄龙回合（1960~1962 年），产品对产品关税谈判变得难以为继，关税谈判几乎不可能取得任何进展。第一，随着 20 世纪 60 年代以来 GATT 缔约方的增加，贸易发展速度加快，参加贸易的商品种类越来越多，这种谈判方式下的自由组对谈判很难迅速、顺利地实现，原因是这种谈判方式效率太低，难以应付越来越多的产品谈判。加之欧共体形成后作为一个主要谈判方，每次谈判前都先要在内部 6 国协调立场，使谈判进一步复杂化。第二，由于谈判范围由少数缔约方选定，这些国家或地区往往选择贸易中不重要、非敏感性的商品对其他国家或地区提出减让。同时，很多产品的主要供应方也不对该产品提出谈判要求，使谈判减让关税的产品越来越少。第三，时值很多国家国内贸易保护主义情绪日趋高涨，国内政治压力增大，行政部门在批准关税减让的过程中，受国会立法部门的限制太多，批准程序更为复杂。第四，关税税率水平较低的国家发现，在双边谈判中自己处于不利的谈判地位，各

---

① 在谈判前的一段合理期限内，一成员如果是另一成员进口某项产品的前三位供应者，则该成员对这项产品享有主要供应利益，被称为有主要供应利益方，通称主要供应方。传统谈判方式中，谈判方的选择遵循"主要供应者原则"（the rule of principle suppliers）。

缔约方之间关税减让幅度的矛盾日渐突出。第五，发展中国家所关心的产品，其关税减让，常常被发达国家以"敏感性""政治性"商品为由拒之于谈判门外，使发展中国家受益较少。

2. 肯尼迪回合关税谈判（1963～1967 年）

关税减让谈判在狄龙回合中遇到的困难，促使 GATT 缔约方大会考虑重新建立一套关税谈判程序。1964 年，GATT 部长级会议通过缔约方大会决议，规定了肯尼迪回合谈判的主要原则及目标。该决议明确表明了 GATT 谈判方式的变革，指出"贸易谈判将不限于关税，还将涉及非关税壁垒"。考虑到近几年产品对产品谈判取得的成果有限，关税谈判将在关税线性降低计划上进行，但允许有少量例外。线性降低幅度应该相同。

肯尼迪回合多边贸易谈判中的关税减让，以全面线性减让方式取代了以往传统的产品对产品谈判。"线性关税减让方式"（linear reduction of tariffs, or across-the-board reduction），是指各国按规定的减税幅度予以相同的减税。① 具体而言，就是对工业化国家除初级产品外的所有工业产品，从统统削减 50% 作起点"开价"，然后，允许各国提出"例外表"（exception lists），并在委员会上作解释，从而形成谈判焦点。

几个发达国家（澳大利亚、加拿大、南非和新西兰）以及所有发展中国家被允许在线外进行开价。之所以将上述四个发达国家排除在外，主要是因为四国发展严重依赖农产品和原材料出口。这些产品未包含在"线性程序"（linear procedure）内。如果要求这些国家将所有工业品关税统统削减 50%，则其显然会认为不能从其他发达国家获得互惠待遇。再来看看发展中国家。根据 GATT 1964 新增第四部分"贸易与发展"，在 GATT 多边贸易谈判中，发展中国家可以不提供与发达国家对等互惠的关税减让，因此，这些国家不应被要求在线内进行开价。但这些国家仍希望工业化国家线内开价的范围能包括对发展中国家有特殊利益的产品。

1967 年 6 月 30 日美国代表谈判权限到期之前，肯尼迪回合的参与方已经达成协定。各方达成的关税减让是实质性的。其中一些主要发达国家，如欧盟国家、日本、瑞典、瑞士、英联邦国家以及美国等，做出了价值约 320 亿美元的减让。这轮关税谈判促使工业品关税水平平均下降 35%，涉及关税减让商品项目合计 6 万余项，占这些国家涉税进口产品的 70%，影响了约 400 亿美元的贸易额。

---

① GATT, 12th Supp. BISD 47, para. A4, 1964；GATT, 13th Supp. BISD, 109－110, para. A, 1965.

3. 东京回合关税谈判（1973 ~ 1979 年）

虽然东京回合更多地将重点放在非关税壁垒谈判上，关税仍然是谈判的焦点之一。

东京回合一开始，谈判便存在激烈争议。各方在如何削减关税的问题上无法达成一致。当时，欧盟已实行"共同对外关税"。这种关税是按照欧盟成员的关税税率平均水平制定的。这样的关税没有美国关税的"波峰波谷"曲线，因此，不需要在削减中填平补齐。谈判中，欧盟认为，波峰关税与波谷关税同时削减 50% 所导致的结果是不一样的。例如，40% 的关税减半是 20%，依然具有禁止或排斥进口的效力，而 20% 的关税减半后，10% 的税率却可能不会阻止进口增长。最后，下面这个代数公式解决了这个争议：

$$Z = (A \times X)/(A + X)$$

公式中的 X 代表起点关税，因国家而异。A 代表一个系数。Z 代表经上述公式推算出来的关税税率。如果设定 A 为 16，则 10% 的起点关税就会降至 6.15%，降幅达 38.5%，20% 的起点关税降至 8.88%，降幅达 55.6%。这个公式的适用，使关税减让出现了相当大的变化。美、日、加、澳等国及欧盟同意按照这个公式将工业品既定关税从 7.4% 降至 4.7%。此外，公式还使各谈判方关税水平差距缩小了 1/4，使关税差异减少到平均偏差水平之内。

新的谈判方式大大提高了关税减让谈判效率。它采取全面减税原则，通过参加谈判方协商达成一个普遍接受的公式，对所有产品进行一揽子减税，仅允许极个别国家和产品例外，全面推动了贸易自由化。在这个全面减让公式中，"主要供应者原则"不再适用。此外，该方式下的谈判不要求参加谈判方是产品的"主要供应方"，更贴近各方经济发展状况。

4. 乌拉圭回合关税谈判（1986 ~ 1994 年）

与东京回合一样，乌拉圭回合主要侧重非关税壁垒谈判。但和所有其他 GATT 回合谈判一样，该回合在关税谈判上也取得了一些有意义的进展。

乌拉圭回合一开始便成立了一个关税谈判小组和一些处理特殊产品如热带产品和农产品市场准入问题的小组。1988 年，蒙特利尔中期评审会议就热带产品的关税减让以及发展中国家特殊优惠问题达成协议。1992 年，乌拉圭回合谈判一恢复就成立了一个包括关税在内的范围更广的市场准入谈判小组。由于美国坚持逐项产品关税谈判，而其他许多国家又不满东京回合采用的线性削减和协调公式办法，谈判遇到了很大困难。经协调，最终决定两种方法同时采用。数次谈判之后，乌拉圭回合秘书处 1994 年 4 月 12 日的报告显示，乌拉圭回合关税减让承诺使发达国家平均关税水平降低了38%，从6.3%降到3.9%，并使这些国家关税自由待遇的工业品数量占比由20%上升到43%。同时，乌拉圭回合扩大了约束关税范围，其中，发达国家从78%扩大到99%，发展中国家从22%扩大到72%，市场经济转型国家从73%扩大到98%。

5. WTO 多哈回合谈判（2001~）

2001年11月在卡塔尔多哈举行的第四届WTO部长级会议决定正式启动多哈回合谈判。与以往多边谈判相比，多哈回合包括的议题范围最广，参加成员最多。其议题包括农业、非农产品市场准入、服务贸易、规则谈判、贸易与发展、争端解决、知识产权、贸易与环境。但是，回合启动以来，谈判进程一波三折。

根据《多哈部长宣言》，该回合在关税谈判方向上涉及农业、服务、非农产品市场准入以及贸易与环境等。农业方面，谈判旨在削减并取消所有形式的出口补贴，实质性削减具有贸易扭曲作用的国内支持。宣言指出，对发展中国家的特殊和差别待遇，应成为谈判所有要素的组成部分，应该或酌情包含在具体减让和承诺表、有待谈判的规则和纪律中，以使发展中国家能够有效考虑包括粮食安全和农村发展在内的需要。服务贸易方面，宣言提出，参加方应不迟于2002年6月30日提交具体承诺的最初要价，并于2003年3月31日提交最初出价。非农产品市场准入方面的谈判，则应旨在削减或酌情取消关税，包括削减或取消关税高峰、高关税和关税升级以及非关税壁垒，特别是要削减或取消针对发展中国家的具有出口利益的产品关税，并在谈判过程中充分考虑发展中国家和最不发达国家参加方的特殊需要和利益，包括通过在削减承诺方面的非完全互惠。贸易与环境方面，宣言指出要减少并取消环境产品和服务的关税措施。

然而，2003年在墨西哥坎昆召开的WTO第五次部长级会议无果而终。此后，经广大成员共同努力，各方于2004年7月达成"多哈框架协议"。根据这一协议，发达成员方同意在具体时限内取消所有形式的农业出口补贴，对扭曲农业贸易的国内支持方面进行实质性的削减。作为补偿，发展中成员方同意削减工业品的进口关税和其他壁垒，进一步开放非农产品市场，降低市场准入门槛。对一些极度贫穷的成员方，协议允许它们继续在一些关键领域实行贸易保护政策。同时，框架协定还提高了对最不发达成员和新成员的待遇安排上的灵活度。但是，这一协议只设定了指导原则和基本内容，而不包含具体减让数字。

框架协议达成以后，多哈谈判恢复了势头。经过包括大连会议等一系列小型部长会议的政治推动，各主要谈判方均表示愿推动谈判，把 2006 年结束多哈谈判作为目标，力争在 2005 年底在香港举行的 WTO 第六届部长级会议上，就主要议题谈判模式达成一致。但是，由于对主要谈判议题，特别是农业议题分歧巨大，各方终究未能在 2005 年 7 月底之前就"协议初稿"达成协议，谈判再次陷入低潮。同年 10 月 10 日，美方在苏黎世小型部长会议上率先提出提案，愿在农业议题上，特别是削减"国内支持"方面，表现出一定的灵活性。随即，各方围绕着提案内容的取舍和平衡展开了激烈、密集的谈判。其他议题的谈判特别是非农谈判也随之进入实质阶段。10 月 19 日，FIPS（美国、欧盟、印度、巴西、澳大利亚组成的"5 个兴趣方"）的部长已重返日内瓦举行密集磋商。经过多轮焦灼的磋商，各方仍无法在农业补贴、农产品关税和工业品关税的削减幅度、削减公式和削减方法上达成一致，致使分歧最为集中也最重要的农业和非农业产品市场准入这两个议题得不到解决，连带其他议题的谈判也无从取得进展。最终，2006 年 7 月 22 日，因各方在农业自由化问题上无法协调的分歧，世界贸易组织总理事正式批准，终止了原定于 2005 年 1 月 1 日前全面结束的多哈回合谈判。

2007 年，谈判在多种不确定因素下全面恢复，希望就农产品补贴等问题达成共识。但是，巴西和印度方面与欧盟和美国方面对此仍然分歧巨大，最终谈判破裂。2008 年多哈回合日内瓦会议的主要目标，仍然是解决农业补贴、农业关税和工业品关税的削减方法和削减额度问题：欧洲和美洲应将平均农业关税下调 54%，发展中国家下调 36%，削减 3/4 的农业补贴；在制成品方面，发达国家应将关税调整至 9% 以内，而发展中国家则减到 26% 以下。

2010 年 6 月 11 日，WTO 总干事拉米在贸易谈判委员会上总结 WTO 多哈谈判状况，指出涉及关税方面，在农业领域，作为市场准入核心的"路线图"已经提出，有关国内支持和出口竞争的类似提案正在筹划中；在规则领域，谈判小组会议涉及反倾销、横向补贴准则和渔业补贴等议题。

2011 年，多哈回合谈判主要的遗留问题集中在工业品市场准入和农业谈判上，但分歧依然较大。

2013 年 4 月，达沃斯会议期间，部长们对多哈回合谈判作出积极表态，但日内瓦磋商未见实质性进展，成员仍没有对推动谈判显示出真正的政治意愿。

关于多哈回合，美国前贸易代表巴尔舍夫斯基评论认为，"事实上，多哈回合是一个没人想要的东西，也就是说，大家当初并不想启动多哈回合。多哈回合是在'9·11'事件结束之后启动的，各国当时启动它的目的是要展示大家的团结，而不是其他。我觉得，各成员方并没有准备好要开始新一轮全球谈判，尤其是发展中国家还需要继续消化乌拉圭回合中的内容。这也就是为什么从一开始多哈回合就在拖延"。①

2015年12月19日，有162个WTO成员方参加的肯尼亚内罗毕贸易部长会议在多哈回合启动以来，首次没有"重申"回归多哈回合谈判。此举被视为宣告"多哈回合的死亡"。美国、日本、印度等成员不愿在农产品出口竞争议题上让步，被认为是导致多哈回合死亡的主要原因。与此同时，美国首次公开呼吁放弃多哈回合全球贸易谈判。然而，很多发展中国家并不愿意放弃多哈回合谈判。在内罗毕会议上，巴西、中国和印度等国，以及WTO的很多非洲成员方坚称多哈回合应继续，因为多哈回合谈判包括了一些对较贫穷国家至关重要的问题，例如限制美国和欧盟等富裕经济体农业补贴的努力。截至2018年底，多哈回合仍然陷入僵局。由于在近20年时间里一直未能完成新一轮全球贸易自由化，有观点认为世界贸易组织无法很好解决新兴经济体快速增长所带来的问题，因此需要进行改革。

三 GATT第2条：关税及关税减让表

1. 基本义务

GATT第2条规定，缔约方谈判达成的实际关税减让列入关税减让表后，成为各缔约方GATT项下关税减让义务。关税减让也被称为关税约束。关税减让规定的关税水平，是各成员征收关税的最高水平。各成员可以自行征收低于该水平的关税。在贸易实践中，当成员国内市场需要时，这样的情形就会发生。

某项产品的关税税率，经谈判确定并纳入关税减让表后，即不得任意增加或变更。关税减让表随谈判方的增多、项目的增加而变得越来越复杂。1980年以来，减让表采用活页制形式，以便于增删。各成员在征收关税时，可以采取任何认为方便和合适的方式，只要征收的关税不超过减让约束。例如，在"阿根廷—影响鞋类、纺织品、服装和其他物品进口的措施案"中，上诉机构裁定，改变关税的征收方式，如将定向征收改为计量征收，只要征

---

① 参见吕晓杰、黄东黎、韩立余、史晓莉、杨国华《入世十年 法治中国》，人民出版社，2011年，巴尔舍夫斯基访谈部分。

收税率不超过减让约束，就不算违反 GATT 第 2 条的规定。

虽然成员有义务遵守第 2 条关税减让规定的税率，但成员也可以修改自己的承诺。修改承诺的方式有两种，一种是与所有相关国家进行谈判协定减让，另一种是单方改变。单方改变的情况下，GATT 第 28 条规定，受影响方有权按规定的程序要求补偿。①

2. GATT 第 2 条适用范围

GATT 第 2 条体现了 GATT 关税减让的基本原则。其内容是各成员对进口产品征收的关税、其他税费或最高限制水平的有关规定。

（1）第 2.1（a）条中"减让表中规定的待遇"

第 2.1（a）条规定，每一缔约方给予其他缔约方的贸易待遇，"不得低于减让表中规定的待遇"，即不得低于关税减让承诺的税率。

（2）第 2.1（b）条"减让表所列条款、条件或限制"的规定

第 2.1（b）条规定，一缔约方在进口另一缔约方产品时，只要产品遵守"减让表所列条款、条件或限制"，对该进口产品征收的关税就不得超过表中规定的关税税率。专家组在 1989 年的"美国—对进口食糖的限制案"中，对条文"减让表所列条款、条件或限制"的含义作出解释。

（3）第 2.1（b）条"对进口和有关进口征收的其他税费"

除上述（2）中的规定，第 2.1（b）条还规定不得对符合减让表"条款、条件或限制"的进口产品征收与"进口有关的任何其他税费"。专家组在 1990 年"欧洲经济共同体—零部件进口条例案"中裁定，"反规避税"不属于第 2.1（b）条中规定的"对进口和有关进口征收的其他税费"。

（4）第 2.1（b）条的"所有其他税费"

GATT 第 2 条不仅规定超过关税减让约束部分的关税不得征收，也规定不得征收任何"其他税费"。为明确第 2.1（b）条规定的权利、义务，乌拉圭回合《关于解释 1994 年 GATT 第 2.1（b）条的谅解》要求各成员方必须将任何属于"其他税费"的费用性质与程度列入减让表，同时规定遗漏的"其他税费"不得随后加入减让表中。专家组在 1979 年的"欧共体—某些加工水果及蔬菜的最低进口价格、许可和保证金提案"中裁定，在没有完成进口的情况下没收的保证金，不能算作第 2.1（b）条规定的"其他税费"。

---

① 引自 WTO 秘书处编的 *Guide to the Uruguay Round Agreements*，Kluwer Law International，1999；世界贸易组织秘书处编《乌拉圭回合协议导读》，索必成、胡盈之译，法律出版社，2000，第 76 页。

四 GATT 第 2 条关税减让案例

在"中国—汽车零部件案"中，专家组对如何确定 GATT 第 2.1（b）条意义上的"一般关税"作出裁定。本案案情参见附录相关内容。

中国—影响汽车零部件进口的措施

WT/DS339，340，342

7.102 各申诉方认为，争议措施规定的国内费用违反 GATT 1994 第 3.2 条第一句话的规定。对此中国表示反对，并主张这些措施规定的费用属于 GATT 1994 第 3.2 条第一句话项下的"普通关税"。

…………

7.120 中国提出各种主张辩称，系争措施所规定的费用属于 GATT 1994 第 2.1（b）条第一句话项下的普通关税。首先，该费用的征收以货物进入中国境内为条件。此外，费用的征收发生在第 2.1（b）条第一句话意义上的"货物进口之时"，因为它们与货物进口时所附加的征税义务相关，或者是为了履行该义务而征收。另外，这些费用属于普通关税还因为它们属于中国基于进口，或以进口为前提，而对进口商品合理征收的费用，不受其具体征收时间和地点限制。最后，中国解释称，确定这些费用属于普通关税性质的一个重要因素，是因为征收这些费用的措施，属于实施和执行中国减让表中"机动车辆"减让条款项下承诺的措施。具体做法是，中国将进口的汽车零部件和组装件，作为此关税税则项下具有整车基本特征的产品归类。这种做法，无论进口商在进口汽车零部件时，是作为单次船运而进口，或是作为多次船运而进口，所注册车型使用的进口零部件，譬如含有进口零部件并具有整车基本特征的组装车，而非该车的国内使用方式，成为费用征收的决定性因素。

…………

7.135 基于中国的主张，在分析争议措施项下征收费用究竟属于 GATT 1994 第 2.1（b）条第一句话还是第 3.2 条范围之前，我们先分析 GATT 1994 第 2.1（b）条第一句话"普通关税"的含义。

GATT 1994 第 2.1（b）条意义上的"普通关税"

7.136 GATT 1994 第 2.1（b）条规定：

一缔约方领土的产品如在另一缔约方减让表的第一部分内列名，当这种产品进口到这一减让表所适用的领土时，应依照减让表的规定、条件或限制，对它免征超过减让表所列的普通关税。对这种产品，也应免征超过本协定签订之日对进口或有关进口所征收的任何其他税费，或免征超过本协定签订之日进口领土内现行法律直接或强制规定后续征收的任何其他税费。

7.137 在分析争议措施项下征收费用究竟属于 GATT 1994 第 2.1（b）条还是第 3.2 条这个基本争议时，本专家组将遵循"印度—汽车案"的解释方法。该专家组指出，"在确定《WTO 协定》某具体条款含义时，将该协定其他条款视为该条款上下文的一部分给予考虑或有助益，但不能仅因为这些或许相关的其他条款的存在，而认为该具体条款的适用范围将有所变化。某条款适用范围的认定应只依其用语，结合协定其他条款为其上下文而定"。在此，我们着重重申对上述观点的认同。

7.138 谨记此观点，回顾前述我们裁定争议的首要问题，是争议措施项下征收的费用究竟属于 GATT 1994 第 2.1（b）条第一句项下的"普通关税"，还是第 3.2 条项下的"国内费用"。我们由此认定，解决征收费用究竟属于 GATT 1994 哪一个条款这个首要问题时，将第 2.1（b）条第一句话"普通关税"用语的普通含义，结合其上下文以及 GATT 1994 的宗旨和目的加以解读甚为重要。

"普通关税"的普通含义

7.139 "普通关税"在 WTO 相关协定中没有定义。至于"海关关税"的普通含义，我们可以在下面定义中找到一些指引：

产品在出入海关领土时应缴纳海关税则中规定的关税。①

2.（复数形式）对进出口货物征收的关税。3.（复数）收取该关税的机构或程序。②

商品在出入境时征收的费用。出境征收较少发生。③

…………

① 《国际海关术语辞典》，2006，第 8 页，《京都议定书修订版》，总附件，第二章和第四章。
② 《布莱克法律词典》，第七版，1999，第 390 页。
③ 《贸易政策术语词典》，W. 古德，WTO 第四版，2003，第 90 页。

7.140 上述"海关关税"定义似乎意指商品因其进口与出口，在出入海关领土时征收的"关税或费用"。"海关领土"可以定义如下：

> 主权国家实施进出口法规和关税的地理领域。某些所属领域和特殊经济区（如外贸保税区）通常被认为不属于一国海关领土。①

7.141 尽管 WTO/GATT 法律体系未对"普通关税"的准确定义给出指引，但我们仍认为"智利—价格幅度制度案"上诉机构对《农业协定》第 4.2 条脚注 1 意义上的"非固定进口税"这一术语的下述解释可资借鉴：

> 我们从"非固定进口税"的解释开始。在审查脚注 1 中出现的"非固定进口税"一词的普通含义时，我们注意到，"征收"意指一种通常经由法定命令或程序而施加或征收的关税、税收、收费或其他课税。"进口"征收当然是对进口商品征收的一种税。征收"义务可变"时，这种征收就是"可变征收"。然而，这个特性本身并非脚注 1 意义上的"非固定进口税"的全部特性。"普通关税"也正好符合这种描述。某成员方可以在完全遵守 GATT 1994 第 2 条规定的情况下，对进口商品征收关税，但应定期修改其应用税率（只要修改后的税率仍然低于成员减让表规定的关税约束）。

7.142 尽管上诉机构在"智利—价格幅度制度案"中并未涉及"普通关税"和"国内费用"之间的区别，但这一论证表明，在分析一种收费是否属于 GATT 1994 第 2.1（b）条第一句话管辖范围时，进口行为是一项很重要的因素。

7.143 现在，我们将在"普通关税"上下文语境下，特别是在 GATT 1994 第 2.1（b）条第一句话的语境下审查其适用范围。当一成员产品"进口进入"另一成员领土时，GATT 1994 第 2.1（b）条第一句话规定，对这些产品征收的关税，不得超过进口成员关税减让表所列和规定的普通关税。因此，我们将在下一部分分析"在它们进口进入"（on their importation）一词是否为"普通关税"的含义提供了进一步的指引。

第 2.1（b）条第一句话上下文语境下的
"普通关税""在它们进口进入"

…………

7.154 首先，本专家组注意到，中国主张，"进口"一词的含义自身足

---

① 《世界贸易共同体手册》，《国际贸易词典》，E. 辛克尔曼，第四版，2000，第 59 页。

以用来确定争议措施征收费用究竟属于 GATT 1994 第 2 条还是第 3 条。然而，GATT 1994 第 2.1（b）条第一句话中的"进口"一词前面加上了介词"on"和代词"their"，且后面紧接词组"进入领土"（into the territory）。因此，在审查"普通关税"的含义时，我们将同时考虑"在它们进口进入"（on their importation）的整体含义，以及"进入领土"（into the territory）的含义。

7.155　"进口"一词可以被定义为："将货物从一个国家运到另一个国家"[1]；"从一个国家进口或引进某物，尤指货物，到另一个国家的行为"[2]；以及"带进或致使任何货物被带进某海关领土的行为"[3]。因此，该单词的普通含义告诉我们，当"进口"意指"将货物从一个国家运到另一个国家"时，它是一个具有地点要素的行为。在第 2.1（b）条第一句话上下文语境下将"进口"（importation）与"进入领土"（into the territory）一同进行解读时，这种地点要素得到了加强。我们还注意到，词典的"进口"定义，是单数的"动作"或"行动"，而非复数的"动作"或"行动"。

7.156　介词"on"和代词"their"进一步对"进口"一词进行限定："their"限定"进口"究竟指哪些产品（即那些"在缔约方减让表第一部分中描述的，来自其他缔约方领土的产品……"）；而"on"则准确限定所修饰行为潜在的时间性或关联性。由此，我们认定介词"on"具有特殊的重要性。《简明牛津英语词典》对其定义如下：

> on／介词……II 关于时间，或隐含时间的动作。6 在一定期间，或在某些时间内的期间（特定的一天或一天中的部分时间）；同时（某个时机）。也用 in（现在主要在美国和澳大利亚）或 at（一段时间）；方言。在美国，与 tomorrow、yesterday 连用。b 在……期间；in（时间的长度）。c 严格或正好到达（特定时间），正好在时间前或后。7 在……情况下（一个行为）；之后立即（因为或根据反应），作为结果。[4]

7.157　但是，《韦伯斯特新百科词典》将"on"定义如下：

> on／介词……4：关于 < agree on price > 5a：关于，联结或与其交互或涉及 < on a committee > < on a tour > b：处在一种状态或过程 < on fire >

---

① 《布莱克法律词典》，第七版，1999，第 759 页。
② 《简明牛津英语词典》，第五版第一卷，2002，第 1331 页。
③ 《WCO 国际关税条术语表》，2006 年，第 16 页。
④ 《简明牛津英语词典》，第五版第二卷，2002，第 1996 页。

< on the increase > 6：期间或在一个特定时间 < every hour on the hour >
< cashon delivery > ……①

7.158　我们注意到，某些含义传递出一种与申诉人的主张一致、精确和严格的时间含义，另外一些含义则如中国所主张的，更具一种灵活性和相关性。我们知道，这些并非"on"一词所有的普通含义，但我们认为这些含义与 GATT 1994 第 2.1（b）条第一句话的语境关联最为密切。

　　……（专家组继续审查"on their importation"在法语和西班牙语中的含义，并得出相同结论）

7.165　根据《维也纳公约》第 33（3）条的规定，"条约用语推定在各作准约文内意义相同"。因此，在解释这些用语时，我们应当"找到同时赋予条约所有用语以效力的那一个含义，如同其在各作准语言中所使用的一样"。根据"欧盟—床用织物案（第 21.5 条—印度）"上诉机构提供的指导，我们注意到，我们的上述分析表明，正如 GATT 1994 第 2.1（b）条第一句话各作准语言版本中的使用一样，"on"唯一"同时有效的"通常含义是严格的时间含义。因此，我们认定这是"on"适当的通常含义。

7.166　谨记上述结论，我们认定，第 2.1（b）条第一句话中的"on their［products］importation"和"into the territory"表明，"普通关税"是当产品进入另一个成员方海关领土时产生的费用支付义务。尤其是单词"on"所具有的严格性时间含义指出了它所限定行为的精确时间刻度，表明"普通关税"必须根据货物进口一刻的状态进行评估。

7.167　我们继而分析 GATT 1994 第 2.1（b）条第二句话以审查其是否为"普通关税"含义的理解提供了任何进一步的帮助。

第 2.1（b）条第二句话上下文语境中的
"普通关税""在进口时或与进口有关"

　　…………

7.173　本专家组曾在前述认定，第 2.1（b）条第一句话中的"on their［products］importation"和"into the territory"表明，"普通关税"是当产品进入另一个成员方海关领土时产生的费用支付义务。我们还曾强调该句中"on"一词所具有的严格的时间性含义，表明"普通关税"必须根据货物进口一刻

_____

① 《韦伯斯特新百科词典》，2003，第 701 页。

的状态进行评估。

7.174 第 2.1（b）条第二句话规定：

> 对这种产品，也应免征超过本协定签订之日对进口或有关进口所征收的任何其他税费，或免征超过本协定签订之日进口领土内现行法律直接或强制规定后续征收的任何其他税费。

7.175 我们注意到，GATT 1994 第 2.1（b）条规定了两种收费类型：第一句话中的"普通关税"和第二句中的"任何其他税费"。这表明即使被规定在同一条的同一款，对这些费用的规制也将不同。对此，上诉机构持同样的观点，指出"普通关税由第 2.1（b）条第一句话规制，与第二句话没有关联"。同样，我们认为，第一句话"在它们进口进入"（on their importation）的措辞与第二句话"进口或有关进口"（on or in connection with the importation）的措辞，表明了"普通关税"与"其他税费"适用范围上的不同。因此，任何解释，只要赋予这两种措辞相同的含义，就有可能削弱 GATT 1994 起草人对"普通关税"和"任何其他税费"进行不同管制的意图。

7.176 中国指出，即使在 GATT 1994 第 11.1 条的语境中，过往的专家组也将第 11.1 条中的介词"on"解释为"关于"或"与……相关，关联，活动"。申诉人主张，过往专家组在 GATT 1994 第 11.1 条中对"进口之时"这一表述的通常含义、上下文含义以及目的含义所得出的结论，不能自动转化为 GATT 1994 第 2.1（b）条中对"在进口时"和"进口或有关进口"的解释。

7.177 我们赞同申诉人的观点。第 11.1 条不同于 GATT 1994 第 2.1（b）条。在第 2.1 条中，"普通关税"和"其他税费"分别在两句话中被提及——第 2.1（b）条第一句话和第二句话。而第 11.1 条在同一句话中规定了成员关于多种数量限制措施的义务。这证明有必要区别第 2.1（b）条"普通关税"和"其他税费"之间含义上的不同。在 GATT 1994 第 1.1 条和第 8.1（a）条中，我们进一步找到了有益于对这个问题进行理解的上下文。首先，我们注意到，这些规定涉及的同样是财政事务，采用的措辞是"进口或有关进口"（on or in connection with importation）① 而不是单独采用"进口之时"（on importation）。这似乎表明，这些条款宽泛的适用范围是有意而为，并因此

---

① 我们也注意到第 8 条第 4 款单独使用了措辞"涉及"，但这个规定是第 8 条第 1 款 a 项的必然结果。

而选择了宽泛用语。如果 GATT 制定者认为"进口之时"（on importation）的含义与"有关进口"（in connection with importation）相同，无论其上下文语境如何，他们完全可以只采用其中的任何一个词而不是两个同时采用。同理，我们认为，GATT 1994 第 2.1（b）条亦是如此。

7.178 事实上，GATT 1994 第 2.1（b）条第一句话的用语明确表明，该条含义下的"普通关税"仅在产品进口"之时"适用，而"其他税费"是对"进口或有关进口"收取的。在当前的语境下，将"on"解释为同时包含了"与……有关"之意（或任何类似的含义）将抹去这种差异。我们受制于《维也纳公约》"赋予所有条约语言以意义"这一一般原则，从而无法"接受一种可能导致条约整条或整款冗余或无效的解读"。因此，这一上下文分析证实了我们第 7.165 段的结论：GATT 1994 第 2.1（b）条第一句话中的"on"包含严格的时间含义。

嗣后实践

7.179 中国主张，WTO 各成员之间广泛一致的实践表明，如果费用与行政管理具有客观联系并属于对合理关税义务的执行，则属于产品"进口之时"的费用。

7.180 就此观点，中国指出，美国的做法表明，除非商品已经进入美国关税区一年以上，否则并不要求海关当局作出最终分类裁定并评定关税义务。中国进一步指出了其他 WTO 成员关于进口之后征收关税的程序性规定，尤其是澳大利亚、加拿大、欧共体、印度和新西兰。此外，中国指出，在其他成员实践中的许多具体情形下，关税是可以在进口之后（after the time or point of）予以确定的，包括：

> 过境但之后却自由流通的进口产品所缴付的关税、没有满足临时免税进口条件的进口商品所缴付的关税，以及未能遵守国内加工和再出口规定的进口产品所缴付的关税。以上是附条件进入关境之后的进口货物，通常支付了担保金，因未遵守相关规定而可能被给予不同关税待遇的示例。

7.181 然而，关于嗣后实践支持中国对 GATT 1994 第 2.1（b）条第一句话所做解释的主张并没有得到申诉方的赞同。欧盟主张，中国的示例是基于清关后海关债务偿还的现行规定，这与货物进口时边境所采用的一般关税分类无关。换言之，关税的征收和收集，通常是根据货物在进口时刻所呈现的状态，或换种说法，货物在边境时所呈现的状态来操作的。美国不同意中国对美方实践性质的认定，因为美国关税的征收发生在进入美国的货物进口之时。进口商品的关税缴付以及其缴付义务，产生于装载进口商品的船只或其他运输方式下的商品到达美国之时。货物进口美国之后的使用情况，将不会招致额外的关税。至于中国提供的其他示例，美国指出，这些成员允许货物在进口之后再最终认定其关税额，其做法与中国的措施具有根本性的不同。中国的做法是根据国内制造本地含量核定标准而改变收费金额。加拿大也对中国提出的特定示例做出了回应，指出所有例示海关机构，都遵循了根据产品在边境所呈现的状态而对货物进行检验的做法。尽管关税计算和支付可能是在这之后，但所需缴纳的关税金额都是基于这种估算。

7.182　本专家组回顾上诉机构的裁定符合《维也纳公约》第32（3）（b）条项下的"嗣后实践"必须具备的以下两个要素：（1）存在一种共同的、一致的和明显的行为或声明模式；且（2）这种行为或声明模式得到WTO各成员的一致赞同。运用这个标准，本专家组没有看到中国对GATT 1994第2.1（b）条第一句话所做解释获得各WTO成员一致赞成这一嗣后实践。中国对其他成员实践的描述有别于中国的措施，不支持中国关于GATT 1994第2.1（b）条第一句话所做的解释。我们审查了中国就这个问题提出的关于申诉方和其他成员关税实践的示例。我们认为，美国和加拿大的主张是正确的。这些实践实际上印证了这样一种做法，那就是WTO各成员根据产品在边境时所呈现的状况而对其征收普通关税，并时常在产品进入进口国海关边境后对其征收或估算其关税。而这支持我们前述关于GATT 1994第2.1（b）条第一句话"在它们进口进入"（on their importation）表示一种严格的时间性含义的裁定。

7.183　关于中国提及的"特殊情况"，它们一般适用于尚未进入且不打算进入任何成员国内市场的货物。但是，如若这些货物最终进入相关成员的国内市场，则将对其征收关税，而没有按照规定的条件的使用则不会对其征收关税。在这些情况中，一般不会重新对产品进行分类，也不会因在进口成员领土之内所发生的任何情形而对其采用新的关税税率。中国用以表述这些情形的词语颇具先见之明：中国提到"中转"货物，"临时"进口货物，以及"加工再出口"进口货物。所有这些概念，没有任何一个表示货物旨在销售或用于国内市场。因此，我们认为，中国描述的情形与中国措施项下征收的费用并不相似。与该措施其余部分相反，与中国所援引"具体情况"相似的125号令第30条更是证明了这一点。该条表明，125号令不对位于保税区、出口加工区，或海关监管的其他特殊区域内的汽车生产企业适用，除非它们使用进口汽车零部件组装整车向国内市场销售。

结论

7.184　我们由此得出结论，参照 GATT 1994 的目标及宗旨，结合上下文，GATT 1994 第 2.1（b）条第一句话中的"在它们进口进入"，其通常含义包含严格精准不可忽视的时间要素。这意味着，缴付普通关税的义务与产品进入另一成员领土的时间相关。如果征收普通关税的权利——以及进口商缴付的义务——产生于产品进口进入另一成员领土那一刻，则普通关税必然只与此时此刻的产品状况有关。缴付该费用的义务产生于此刻，且只产生于此刻。正如上诉机构在"欧共体—禽肉案"中所言，"关税缴纳义务产生于产品进入海关边境之时，进入国内市场之前……"，货物此时此刻的状况，正是进口国当下或后续执行、估算或重估算、实施或征收普通关税的基础。

7.185　上述结论与我们前述……关于 GATT 1994 第 3.2 条"国内税或国内费用"适用范围的裁定相吻合。与普通关税不同，支付国内费用的义务并非生成于产品进口至另一成员方国境一刻，而是源于产品进口进入另一成员方国境之后的国内因素（如产品在国内的重新销售或产品在国内的使用）。进口产品的状态应该成为估算这种国内费用相应的依据，尽管此时产品的状态可能与其进口一刻的状态不尽相同。如果普通关税的缴付义务可以是基于产品进口之后而非其进口一刻的状况，则普通关税与国内费用之间"至关重要"的区别将变得模糊不清。

7.186　在这一问题上，这种解释有助于保证"旨在大幅削减关税和其他贸易壁垒的互惠互利安排的安全性和可预见性"这一公认的《WTO 协定》目标与宗旨。事实上，如果普通关税的征收不是依据产品进口一刻而是国内因素，则关税减让的可预见性和安全性将遭受损害。

7.187　此外，"欧盟—切割鸡肉案"上诉机构的下述裁决支持我们的观点："以关税分类为目的对一种产品进行认定时，仅需考虑涉案产品呈现边境一刻的'客观特征'。"我们充分认识到，该陈述涉及关税分类而非"普通关税"适用范围本身。但我们认为，该陈述为摆在我们面前的问题提供了某种文意上的支持。申述方在讨论收费究竟属于 GATT 第 2 条还是第 3 条时援引过该上诉机构的裁定，而中国自己也在强调税则分类与本讨论之间的关联。

7.188　然而，这并不意味着我们接受了中国的主张：因汽车零部件最终在国内被组装成整车而对其征收所谓的"普通关税"，这种行为的合理性可以通过 HS 编码，包括其解释性条款得到证明。在我们看来，中国没有解释，另一国际协定——《协调商品名称和编码制度》（简称"HS"）——的解释性条款何以成为《WTO协定》项下争议条约条款适用范围的决定性因素。更为重要的是，尽管不会，但即便将HS项下所谓的权利作为本报告当下一节裁定的依据，我们也应遵循不"增加或减少适用协定所规定的权利和义务"的职责。

7.189　我们在"欧共体—零部件案"GATT专家组裁定中找到了支持和印证。该专家组驳回了欧洲共同体关于争议反规避关税属于第2.1（b）条项下关税而非第3.2条项下国内税或国内费用的观点。该GATT专家组指出：

> 专家组注意到，反规避税依第13.10（a）条对"组装或生产于欧共体境内，之后进入共同体商业的产品"征收。因此，正如欧洲共同体向专家组做出的解释，关税的征收并非针对进口零部件或材料，而是在欧洲共同体境内组装或生产的成品。反规避税的征收并非因为产品的进口或在产品进口那一刻征收……根据这些条款文本的规定，是否征收与政策目标无关，而与该费用究竟是需要在进口的时候或进口那一刻缴纳，还是在进入国内之后缴纳。

7.190　我们也同意"欧共体—零部件案"专家组的意见。一种费用或货物，仅仅因为其在国内法中被描述为"普通关税"，或不被进口国视为自由流通货物（因此受到海关的监管），甚至费用征收的政策目标，这些均非认定GATT 1994第2.1（b）条项下"边境费用"的决定性因素，否则的话，各成员将可以自行认定对它们所征收费用的适用条款。同理，我们认为，费用由海关机构管理亦非确定其性质的决定性因素。

7.191　此外，中国提出，认定一种费用是否为GATT 1994第2.1（b）条第一句话项下的普通关税，其征收、收讫或估价，既无须一定在边境之上，也无须在货物通过边境进入进口国领土一刻。对此，争端各方没有异议。事实上，我们注意到，虽然程度不同，但各申诉方都同意，实践中，WTO各成员的海关当局，经常在货物已经实际上通过了边境之后，才对其征收关税或对其进行关税估价。我们知道，一般而言，海关操作，具体到进口，往往是一个复杂的过程，"一个必须完成一系列步骤的过程"。仅每天跨过WTO成员边境货物数量的不断增加，无疑都在加剧着这种复杂性。各申诉方自身也了解，这种现实情况，可能使海关当局在某些案件中非常难以执行并完成所有的海关动作，包括在货物通过边境进入WTO成员领土一刻对其进行关税的最终估价、计算和收讫。但是，我们不能同意，仅仅因为在关税的最终估价、计算和/或收讫时存在拖延，就主张这些典型的海关操作意味着这些货物不能被视为"已经进口"，因而不能得到 GATT 1994 第 3.2 条国民待遇义务的保护。在我们看来，确定一种费用是否属于普通关税的决定性因素，是该费用的征收是否"在货物进入领土时"……

7.192　综上，根据其通常含义及上下文，我们认定第 2.1（b）条第一句话意义上的"普通关税"，是指货物"进口"到进口成员海关领土一刻对其征收的关税，且对其解释必须窄于第 2.1（b）条第二句话对"进口或有关进口"货物征收的"其他税费"。

…………

7.210　综上，通盘考虑以上各要素，尤其是措施项下费用涉及汽车零部件在国内被组装成整车的情况，我们裁定，该费用属于 GATT 1994 第 3.2 条意义上的国内费用。

＊　＊　＊

第二节　海关分类

几乎每一种关税体系都依赖于分类制度对产品的描述。[①] 在国际贸易中，如果对所有进口产品征收同样的关税，就不会需要分类制度。但如果税率变化很大，从零关税到 30% 或 40%，甚至更高，就有必要将进口产品分门别类，以便选择适合的关税。1988 年 1 月 1 日正式实施的《协调商品名称和编码制度》是当今国际贸易商品分类和编码制度的最新发展。HS 是一部科学、标准、多用途商品分类和编码体系。它已广泛应用于进出口贸易申报、海关关税管理、关税和贸易谈判、贸易统计、国际商品运输、进出口商品检验、产地证签证及管理、商情调研以及世界经济形势分析等各个领域。目前，HS 是国际贸易分类目录的"标准语言"。

1994 年成立的"世界海关组织"（World Customs Organization，WCO），是管理国际海关事务的一个独立的、政府间国际组织。它的另一个名称，是根据 1950 年 12 月 15 日比利时布鲁塞尔国际会议通过的《关于建立海关合作理事会公约》成立的"海关合作理事会"（Customs Cooperation Council，CCC）。1952 年 9 月 23 日，公约达到了生效的法定批准国数量要求。1953 年 1 月 26

---

① 〔美〕约翰·H. 杰克逊：《世界贸易体制：国际经济关系的法律与政策》，张乃根译，复旦大学出版社，2001，第 168 页。

日在布鲁塞尔召开的第一次海关合作理事会会议，17 个国家的代表团参会，并成为海关合作理事会的创始成员。海关合作理事会由此正式成立。

1994 年乌拉圭回合谈判成功，决定 1995 年 1 月 1 日成立世界贸易组织（WTO），趁此机会，海关合作理事会第 83/84 届理事会会议通过了一项议案，决定将海关合作理事会非正式的工作名称定为"世界海关组织"。尽管其更改了工作名称，但其机构组织、成员和人员的构成完全和以往一样。其国际法地位也没有任何变化，因为其正式名称仍然是"海关合作理事会"。其作为国际组织在联合国登记备案的仍然是"海关合作理事会"。其基本条约《关于建立海关合作理事会公约》的名称和内容也保留原样不变。事实上，海关合作理事会和世界海关组织两个名称可以相互通用。但是，在正式的法律文件上则采用"海关合作理事会"。目前，世界海关组织共有179 个成员（欧盟为团体会员）[①]，每一成员派一名代表参加并享有一票的投票权。

1. HS 的产生

商品目录最早是由于国家对进出本国的商品征收税金，需要对商品进行分类而产生的。现在，对进出口贸易的管理也需要借助商品目录来进行。因此，商品目录必须有系统、科学的分类。

全球第一个代表性的商品目录是二战后由"欧洲海关同盟研究小组"制定的《布鲁塞尔税则目录》。这个目录于 1959 年 11 月正式实施，共有 21 类、99 章、1011 个税目。1975 年，该目录更名为《海关合作理事会商品分类目录》。与此同时，联合国统计委员会研究制定了《国际贸易标准分类目录》，供各国政府进行对外贸易统计，它共有 10 类、63 章、233 组和 3041 个基本税目。两者虽然用途不一样，但均涉及国际贸易的商品名称和分类，而且两个目录经过修订后，各自的项目和编号范围都能一一对应。随着计算机技术被引入外贸信息处理，一个统一协调的商品名称和编码成为高效、准确的保障。因此，20 世纪 70 年代初，联合国欧洲委员会向海关合作理事会建议成立一个研究小组，负责研究建立一个既能满足海关税则和统计需要，又能满足运输和制造业需要的国际商品分类制度。1973 年 5 月，HS 定稿。海关合作理事会第 61/62 届会议通过 HS 国际公约及其附件。

自 1988 年 1 月 1 日正式实施以来，HS 已成为 WTO 成员和多个国际组织及其他国家进行国际贸易、进出口统计和实施关税和贸易管制措施的主要工

---

① www.wcoomd.org，最后访问时间：2019 年 8 月 1 日。

具。该制度是目前最完整、最系统、最科学、最通用的国际协调商品分类，能够满足海关征税、外贸管理、商品生产等多方面的要求，对简化工作、提高效率起到积极作用。

2. HS 的结构

HS 既是一个 6 位数的多用途分类目录，也是一个以 4 位数税目为基础的结构式分类目录。4 位数用于海关征税，6 位数主要用于贸易统计和分析。

HS 对所有的国际贸易商品尽可能详细地进行了分类。HS 将商品分为 21 大类，类下面再分三大层。第一层为章，共有 97 章。第二层为品目，共有 1242 个品目。第三层为子目，共有 5019 个子目。每个品目编一个 4 位数的品目号，前 2 位数字表示该品目所属的章，后 2 位数字表示该品目在这一章内的顺序号，中间用圆点隔开。例如，62.05 代表第 62 章（机织服装）05 顺序号下的商品，即机织男衬衫。

一个品目号可以代表一种商品，也可表示一组相关的商品。例如，品目号 04.09 仅代表蜂蜜一种商品，而品目号 08.04 却代表"鲜的或干的海枣、无花果、菠萝、油梨、艺果"等一组商品。

品目号下面还可细分为子目号，子目号由 6 位数组成，如上面提到的 62.05 还可细分为 62.05.20（全棉男衬衣）和 62.05.30（化纤男衬衣）。

3. HS 的商品分类方法

了解 HS 的商品分类方法，有助于迅速、准确地确定某一具体商品在 HS 中的位置。HS 的分类方法是用商品原料来源，结合加工程度、用途以及商品所属的工业部门来进行的。原料来源是分类的主线，加工程度及用途是辅线，"法定注释"最终确定商品归属。

HS 一般把同一工业部门或相关工业部门的商品归于一类。如第二类（第 6～14 章）为植物产品，第十一类（第 50～63 章）为纺织工业产品。有些章自立为一类，如第 15 章（第三类）是油脂工业产品，第 93 章（第十九类）是军工业品，第 97 章（第二十一类）为艺术品。

一般来说，不同原料的商品列入不同的章。例如，机织织物按其原料不同分别归入第 50 章（丝织物）、第 51 章（毛织物）等。相同原料制成的商品一般编排在同一章。例如，塑料及其制品在第 39 章，橡胶及其制品在第 40 章等。

同一章内，商品按照从原料到成品的加工程度依次排列，即原材料—坯件—半成品—制成品。加工程度越深，商品的品目号排得越后。章与章之间的编排也是这样。加工程度越复杂的商品越往后排。例如活动物排在第 1 章，鲜肉排在第 2 章等。

由于商品的种类和性质的复杂性，不可能刻板地把所有商品都按原料分类，尤其是那些由多种原料组成的商品或加工程度较高的工业品，如光学仪器、航天航空器、工艺品和艺术品等。因此，许多章按商品用途划分，而不考虑使用的材料。例如，羽绒衣、羽绒被、羽毛球及羽毛掸，就没有按使用的原料归入第 67 章（羽毛、羽绒制品），而是按各自的用途分别归入第 62 章（机织服装）、第 94 章（床上用品）、第 95 章（体育用品）以及第 96 章（杂项制品）。此外像第 57 章的地毯等，也不考虑其原料结构，而根据其用途单立一章。

为避免人们在商品归类上发生争议，HS 还为每个类、章，甚至有的品目和子目加了注释。这些注释和品目条文共同成为确定商品最终归属的法律依据，因而被称为"法定注释"。相对来说，各类、章的标题对商品的归类却没有法定约束力，仅为查阅方便而设。

由此，根据商品的原料来源、加工程度、用途、商品所属工业部门以及法定注释，人们能迅速从 HS 涉及的成千上万种商品中准确地确定某一商品的位置。

4. HS 的商品分类原则

上面介绍了关于 HS 的商品分类方法，以下是关于 HS 的商品分类原则。如果说，商品分类方法帮助我们迅速确定某一商品在 HS 中的位置，那么，商品分类原则则帮助我们将某一具体商品划归到正确的 HS 章节。因此，有关商品分类原则的规定对国际贸易十分重要。因为对某一具体的进口商品征收的关税，是根据该商品在 HS 中的分类确定的，错误的分类将直接导致错误的关税税率的使用。

根据 HS 的有关规定，某一具体商品在 HS 目录上的归类应遵循以下原则。

第一，类、章、分章的标题，仅为查找方便而设，而具有法律效力的归类应按品目条文和有关类注或章注确定（法定注释）。品目、类注或章注无其他规定的，按以下规则确定。

第二，（1）品目所列货品，应视为包括该项货品的不完整品或未制成品。只要在进口或出口时，该项不完整品或未制成品具有完整品或制成品的基本特征，就应被视为包括该项货品的完整品或制成品（或根据本款可作完整品或制成品归类的货品）在进口或出口时的未组装件或拆散件；（2）品目中所列材料或物质，应被视为包括该种材料或物质与其他材料或物质混合或组合的物品。品目所列某种材料或物质构成的货品，应被视为包括全部或部分由该种材料或物质构成的货品。由一种以上材料或物质构成的货品，应按规则三归类。

第三，当货品按规则二（2），或由于其他原因看起来可归入两个或两个以上品目时，应按以下规则归类。（1）列名比较具体的品目，优先于列名一般的品目。但是，如果两个或两个以上品目都仅涉及混合或组合货品所含的某部分材料或物质，或零售的成套货品中的某些货品，即使其中某个品目对该货品的描述更为全面、详细，这些货品在有关品目的列名也应被视为同样具体。（2）混合物、不同材料构成或不同部件组成的组合物以及零售的成套货品，如果不能按照规则三（1）归类时，在本款可适用的条件下，应按构成货品基本特征的材料或部件归类。（3）货品不能按照规则三（1）或（2）归类时，应按号列顺序归入其可归入的最末一个品目。

第四，根据上述规则无法归类的货品，应归入与其最相类似的货品的品目。

第五，除上述规则外，本规则适用于下列货品的归类。（1）制成特殊形状仅适用于盛装某个或某套物品并适合长期使用的照相机套、乐器盒、枪套、绘图仪器盒、项链盒及类似容器，如果与所装物品同时进口或出口，并通常与所装物品一同出售的，应与所装物品一并归类。但本款不适用于本身构成整个货品基本特征的容器。（2）除规则五（1）规定的以外，与所装货品同时进口或出口的包装材料或包装容器，如果通常是用来包装这类货品的，应与所装货品一并归类。但明显可重复使用的包装材料和包装容器可不受本款限制。

第六，货品在某一品目项下各子目的法定归类，应按子目条文或有关的子目注释以及以上各条规则来确定，但子目的比较只能在同一数级上进行。除本税则目录条文另有规定的以外，有关的类注、章注也适用于本规则。

HS 是国际上多个商品分类目录协调的产物。它的最大特点是通过协调适合国际贸易各个方面的需要，成为国际贸易商品分类的一种"标准语言"。它是一部完整、系统、通用、准确的国际贸易商品分类体系。

所谓"完整"是由于它将目前世界上国际贸易的主要品种都分类列出了。同时，为了适应各国征税、统计等商品目录全向型的要求和将来技术发展的需要，它还在各类、章列有起"兜底"作用的"其他"项目，使任何进出口商品，即使是目前无法预计的新产品，都能在这个体系中找到自己适当的位置。

"系统"，则是因为它的分类原则既遵循了一定的科学原理和规则，又参照了商业习惯和实际操作的可行性。它将商品按人们了解的生产部类、自然属性和用途分类排列的同时，把一些进出口量较大而又难以分类的商品，如灯具、活动房屋等，专门列出，因而容易理解、易于归类、方便查找，即使是门外汉也比较容易掌握。

至于"通用"，一方面，HS 在国际上有很大的影响，已被上百个国家采用，这些国家的海关税则及外贸统计商品目录的项目可以相互对应转换，具有可比性；另一方面，它既可作海关税则目录，又可作对外贸易统计目录，还可供国际运输、生产部门作为商品目录使用，其通用性超过以往任何一个商品分类目录。

"准确"，则是指它的各个项目范围清楚明了，绝不交叉重复。由于它的项目除了靠目录条文本身说明外，还有归类总规则、章注、类注和一系列的辅助刊物加以说明限定，其项目范围准确无误。

除了 HS 本身的优点外，它作为一个政府间公约的附件，在国际上有专门机构和人员进行维护和管理，技术上的问题可以利用世界各国的专家力量帮助解决。为适应技术进步、商品贸易量的改变以及国际贸易管制等需要，HS 委员会每 4~6 年对 HS 目录做一次修订和更新。各国可以充分利用这些机会，对 HS 制度施加影响，争取本国经济利益。这些都不是某一个国家的所能办到的，也是国际上采用的其他商品分类目录无法比拟的。

第三节　海关估价

海关估价（customs valuation），是指进口国海关对进口货物的货价进行估算，并以此价格作为计算应付关税的基础。海关估价确定的价格是该货物的完税价格，或"海关价格"（customs value）。如上文所述，关税的基本种类是从价税或从量税。对于某些货物，还征收复合或混合税，既按从价税又按从量税征收。

国际上，大多数国家采用从价税课征关税。这既有国内因素，也有国际方面的考虑。大致来说，原因有三个。第一，从价税是按照货物的价值计算，因此较易估算出应得财政收入。第二，从价税对低价产品课征的税额低于对高价产品课征的税额，因此比从量税更公平。例如，如果规定从量税为 20 元/斤，对于价值 20 元一瓶的廉价酒来说，税率为 100%；而对于价值 200 元一瓶的高价酒，税率只相当于 10%。第三，在国际关税减让谈判中，以从价税为基础容易比较各国的关税水平及谈判关税减让。

海关规则与约束关税同等重要。如果应付关税由于进口货物被海关高估价格而增加，那么，低关税保证的市场准入就失去了意义。从价税征收的关税，与确定完税价格方法的选择密切相关。例如，如果海关确定完税货物价值为 1000 元，按照 10% 的从价税征 100 元关税，而确定完税价格为 1200 元，则关税将会是 120 元。

同样，在确定完税价格时，如果海关不采用该进口货物的发票价格，而采取相同产品的进口平均价格，关税减让的好处就可能被抵消，甚至更糟。随着经济全球化的发展，国际贸易的经营对象、成交条件越来越复杂，众多跨国公司的各种价格，如调拨价格、倾销价、代销价、软硬件价格等，令海关估价更加困难。在这种情况下，为避免海关估价被当作一种非关税壁垒，确保进口商应纳关税不高于进口方关税减让表中确定的正常关税水平，建立货物估价规则至关重要。

GATT 最初有关海关估价的规定是 GATT 第 7 条。该条款是 GATT 成立多年以来，唯一指导海关官员对货物进行估价，以确定货物价格的依据，其核心原则是根据进口商品的实际价格（actual value）进行估价。这个规则下的海关估价五花八门，相关程序也带有很大的随意性和保护性，使贸易商难以事先确定货物实际需要支付的关税。

在东京回合中，为了建立一个可预测、尽量符合商业现实的海关估价体制，谈判各方达成了一套新的规则——《关于履行 GATT 1994 第 7 条的协定》，于 1979 年 4 月 12 日签署，1981 年 1 月 1 日正式生效。与该协定同时生效的还有 "《关于履行 GATT 1994 第 7 条的协定》的议定书"（"海关估价议定书"，Customs Valuation Protocol）。守则对海关估价作了详细的规定。大多数发达国家签署了这个守则，接受守则的发展中国家却只有十多个。

乌拉圭回合对守则进行了重新审议，主要希望在不改变原有原则的前提下进行适当修改，使发展中国家也能够接受。最后，谈判各方达成一个新的协定，即《关于实施 GATT 1994 第 7 条的协定》。协定对原守则修改不大，为此，在通过该协定的同时，又通过了两项部长宣言作为补充，以减少发展中国家的顾虑。协定作为《WTO 协定》的一部分，对所有 WTO 成员都具有约束力。

一　GATT 第 7 条的海关估价

GATT 第 7.2（a）条规定，对进口货物的海关估价应根据进行关税估价的进口商品或相似商品的实际价格，而不应根据国产品的价格或任意虚构的价格。

实际价格，是"在进口国立法确定的时间和地点，在正常贸易过程中和充分竞争条件下，此类或相似货物销售或标价出售的价格"。① 实际价格定义中的"正常贸易过程中和充分竞争条件下"，可以理解为排除了买卖双方非相互独立，且价格不是唯一交易考虑因素的交易情况。在某一特定交易中，如果货物价格与交易数量有关，则价格的确定必须考虑可比数量，或与在进口国和出口国的贸易中所销售的较大数量的商品相比，不使进口商处于不利地位的数量。② 如果这个方法不能用于确定实际价格，则货物价值应为可确定的最接近价值。③ 任何进口产品的完税价格不应包括原产国或出口国不适用于进口产品的国内税部分。④ 同时，为了使贸易商能够合理估计完税价格，确定产品价值的基础与方法，以及根据进出口管理而收取的任何费用或实施的任何限制的基础和方法应保持稳定，并完全公开。⑤

二 WTO《海关估价协定》的主要内容

《关于实施 1994 年关税与贸易总协定第 7 条的协定》，也称《海关估价协定》（Customs Valuation Agreement，CVA），对海关估价作了更详细的规定。协定附件 1 几乎与协定内容本身一样长，包含了海关估价方式的解释，以减小任意估价的可能性。协定列出了 6 种进口货物的海关估价方式，严格按照它们应当被采用的先后顺序排列，即如果第 1 条中规定的方式不能合理确定货物完税价格，则转用第 2 条规定的方式，依此类推。6 种方式中，优先采用的是根据"成交价格"（transaction value）确定的完税价格，即货物出口销售到进口国时实际支付的价格。其他估价方法分别为：相同货物成交价格，相似货物成交价格，推算价格，计算价格和合理价格。

严格地说，协定规定的 6 种方法只适用于对进口货物征收从价关税（ad valorem duty）的海关估价。⑥ 对于以从量税（specific duty）为基础征收的税率，不要求估价。虽然协定并没有规定这些估价方式可否运用于税收或外汇

---

① GATT 第 7.2（b）条。
② GATT 第 7.2（b）条。
③ GATT 第 7.2（c）条。
④ GATT 第 7.3 条。
⑤ GATT 第 7.5 条。
⑥ 《海关估价协定》第 15.1（a）条。

管制所涉及的估价，协定不限制各国政府诸如此类的运用。①

1. 成交价格

这是海关估价的基本方法。成交价格是指"货物出售给进口国，并按第8条规定进行调整后的实付或应付价格"。这个价格必须满足以下4个条件。①买方处置或使用该货物不受任何限制，除非对其限制为：进口国法律或政府主管机关强制执行或要求的限制；对货物转售地域的限制；或对货物价格没有实质性影响的限制。②货物的销售或价格不受影响货物价值估算的不确定条件或因素的影响。③除非对价格进行适当调整，卖方不得直接或间接受益于买方对该货物的转售、处置或使用。④买卖双方无特殊关系，或如买卖双方有特殊关系，完税价格应根据第1.2条确定。②

（1）实付或应付价格

实付或应付价格为买方为进口货物向卖方或为卖方利益而已付或应付的总额。支付未必采取资金转移的形式，可以是直接的，也可以是间接的。同时，注释明确指出，完税价格不得包括那些能够区别于实付或应付价格的费用或成本，包括：①工厂、机械或设备等货物进口后发生的建设、安装、装配、维修或技术援助费用；②进口后的交通费用；③进口国的关税和国内税。

通常，作为征税基础的成交价格为销售发票（sales invoice）价格，但对货物进口后发生的费用部分不得征税。

协定规定可以对"实付或应付价格"进行调整，增加不包含在"实付或应付价格"中的特许权费和许可费以及其他购买商需要支付而不包含在发票价格中的费用，如包装费等。一些WTO成员的征税基础为到岸价（CIF），一些为离岸价（FOB），两种方法都可以接受。③

（2）关联方

进出口贸易中，买卖双方存在连带关系的情况经常发生，因为有不少国际贸易发生在同一公司的不同部门。对此，该协定规定，只要不影响价格，买卖双方存在连带关系这一事实本身，不能构成该成交价格不能被接受的理由。④ 如果海关对买卖双方的关系是否影响价格产生疑问，必须给予进口商机会以证明价格是公平的。⑤ 如果进口商能够说明这种关系没有影响到销售价

---

① WTO 秘书处主编 Guide to the Uruguay Round Agreements, 111, Kluwer Law International, 1999。

② 《海关估价协定》第1条。

③ 《海关估价协定》关于第1条的注释。

④ 《海关估价协定》第1.2（a）条。

⑤ 《海关估价协定》第1.2（a）条。

格，或者能够证明销售价格与五种估价方法中其他任一方法估定的价格非常接近，则该销售价格应当被接受为成交价格。① 即使买卖双方存在某种关联，也只有在对成交价格产生疑问时，才能对与双方关联性有关的情形进行调查。如果进口商能够证明成交价格是公平的，如证明价格足以收回全部成本加一定利润，则该价格必须被接受。②

如果使用"测试价格"确定关联性的影响，则在确定是否"与另一价格非常接近"时，必须考虑诸如进口货物的性质、行业本身的性质、货物进口的季节以及价格的差异是否具有商业意义等因素。③

只有存在下列特殊关系的各方方可被视为关联方④：①他们互为商业上的高级职员或董事；②他们是法律承认的商业上的合伙人；③他们是雇主和雇员；④直接或间接拥有、控制或持有双方5%或以上有表决权的发行在外的股票的任何人；⑤其中一人直接或间接控制另一人；⑥双方直接或间接被一第三人控制；⑦双方直接或间接控制一第三人；⑧双方属同一家族成员。

2. 相同货物成交价格

协定规定："如果不能按第1条的规定确定货物的海关估价，与该货物同时或大约同时向同一进口国输出的相同货物的成交价格即为该货物的海关估价。"⑤

在使用此估价方法时，应选择相同商业水平下，数量大体相同的货物的成交价格。如不存在相同的商业水平和大体相同的数量，可使用不同商业水平下，相同或不同数量的货物的成交价格，但必须对不同商业水平和不同数量差异带来的影响进行调整。无论调整导致价格提高还是降低，只要调整是合理和准确的，就可以接受。⑥

所谓相同货物，是指在各方面相同，包括物理性能、质量和信誉。表面上的微小差别不妨碍对相同产品的认定。⑦ 如果具有两个以上相同产品的成交价格，则应采用其中最低的一个。⑧

---

① 《海关估价协定》第1.2（b）条。
② 《海关估价协定》关于第1条的注释第2款。
③ 《海关估价协定》关于第1条的注释第2款。
④ 《海关估价协定》第15.4条。
⑤ 《海关估价协定》第2.1条。
⑥ 《海关估价协定》第2.1（b）条。
⑦ 《海关估价协定》第15.2（a）条。
⑧ 《海关估价协定》第2.3条。

3. 相似货物成交价格①

如果"相同货物成交价格"不适用，则可以选择"相似货物成交价格"。"相似货物"是指"虽然不是在所有方面都相同，但具有相似的特性和相似的组成材料，从而使其具有相同功能，在商业上可以互换。在确定货物是否相似时，考虑的因素包括货物的质量、声誉和商标的存在等"。②

"相同货物"和"相似货物"不包括"包含或反映工程、开发、工艺、设计工作以及计划和规划，且未根据第 8.1（b）（iv）条进行调整的货物，因为此类因素都在出口国中进行"。③ 其次，除非"货物与被估价货物在相同国家生产，否则不应视其为'相同货物'或'相似货物'"。④ 再次，"只有生产被估价货物的人不生产相同货物或相似货物时，方可考虑由不同的人生产的货物"。⑤

4. 推定价格和计算价格

如果上述三种方法均不适用，则可以考虑使用推定价格或计算价格。这两种方法的顺序可以应进口商的请求而定。⑥

使用推定价格确定进口货物的完税价格时，选择推定的价格需要满足以下条件：①进口货物或相同或相似货物在进口国的销售与货物进口同时或大约同时发生；②该价格是进口货物或相同或相似货物在进口国的最大总量的销售单价；③销售是在非关联方之间进行。这样得出的推定价格还需要扣除以下费用：同等条件销售下需要支付的佣金、相关利润、关税和国内税、运输费和保险费以及在进口时产生的其他费用。⑦

计算价格是以制造该进口货物的材料、零部件、生产费、运输和保险费用等成本以及销售进口货物所产生的利润和一般费用为基础进行估算的完税价格。在确定计算价格时，各成员主管机关不得要求非居民提供他们的账目或任何其他记录，也不允许主管机关向非居民提出允许查阅上述文件的要求。但经生产者同意，提前通知所涉国家，且在所涉国家不反对调查的情况下，进口国主管机关可以在另一国对货物生产者提供的信息进行核实。⑧

---

① 《海关估价协定》第 3 条。
② 《海关估价协定》第 15.2（b）条。
③ 《海关估价协定》第 15.2（c）条。
④ 《海关估价协定》第 15.2（d）条。
⑤ 《海关估价协定》第 15.2（e）条。
⑥ 《海关估价协定》第 4 条。
⑦ 《海关估价协定》第 5 条。
⑧ 《海关估价协定》第 6 条。

5. 合理价格

当以上五种方法仍不能确定进口货物的完税价格时，则可运用与《海关估价协定》及 GATT 第 7 条原则相一致的合理方法，依据进口国可获得的数据确定完税价格。[①]

在这种情形下，协定规定了禁止使用的估价方法[②]：①进口国生产的货物在本国的销售价格；②采用两种备选价格中的较高价格的制度；③出口国国内市场的货物价格；④计算价格以外的生产成本；⑤出口到除进口国以外国家的货物价格；⑥海关最低限价；⑦虚构或任意的估价。

6. 其他规定

（1）机密性

对于所有机密性质的信息，或在保密基础上提供的信息，有关主管机关应严格按机密信息处理。司法程序要求予以披露的除外。[③]

（2）海关估价委员会[④]

WTO 设立海关估价委员会，负责监督协定的执行。它由 WTO 成员代表组成，每年审议一次协定的执行情况，并为 WTO 成员方提供机会，就各成员实施的海关估计制度对协定的执行所产生的影响进行磋商，以确保协定目标的实现。同时，WTO 体制外的世界海关组织成立了一个"海关技术估价委员会"。

WCO 的前身是"海关合作理事会"。技术委员会的主要职能是从技术角度确保《海关估价协定》适用与解释的统一，具体工作包括研究可能出现的问题，提出解决问题的建议，研究估价的法律、程序及实际做法，并提出咨询意见等。此外，它也为 WTO 成员或专家组提出的技术问题提供建议。

7. 发展中国家[⑤]

WTO《海关估价协定》的实体规则与东京回合的守则内容大致相同。两者之间一个主要的不同在于，乌拉圭回合一揽子协定中包括一项部长级会议决定——《关于海关有理由怀疑申报价格真实性和准确性的情况的决定》，专门解决当时发展中国家对协定内容产生的顾虑。

接受东京守则的发展中国家之所以很少，其中一个原因是发展中国家认为守则没有给予海关足够的权力对那些压低价格、逃避进口关税的贸易商提

---

① 《海关估价协定》第 7.1 条。

② 《海关估价协定》第 7.2 条。

③ 《海关估价协定》第 10 条。

④ 《海关估价协定》第 18 条，附件 2。

⑤ 《海关估价协定》第 20 条。

出质疑。根据这项决定，如果海关有理由怀疑申报价格的细节或文件的真实性和准确性，就可以要求进口商提供进一步的解释，或提供证据证明申报价格是实际成交价格。如果进口商不能提供令人信服的证据，海关可以不根据第一种方法估价。

同属协定内容的另一项部长级会议决定——《关于与最低限价及独家代理人、独家经销人和独家受让人进口有关的文本的决定》，旨在解决一些发展中国家对独家代理人、独家经销人和独家受让人的进口货物估价可能具有的问题。

协定还有几个专门针对发展中国家成员的特殊规定。根据这些规定，发展中国家有权在加入 WTO 后 5 年再实施这一协定，并可以要求延期。同时，发展中国家还可以在实施协定之后 3 年，再使用第五种估价方法（计算价格）。此外，一些以官方确定的最低限价进行估价的发展中国家，在一定的条件下，可以在"有限的过渡基础上"保留对这种估价方法的运用。另外，发展中国家可以在第四种和第五种估价方法之间进行选择。

8. 争端解决[①]

成员之间因海关估价引起的争端，适用 WTO 的争端解决程序。关于各成员的国内立法，协定规定在确定关税价格方面，保障进口商和本国公民上诉的权利，要求各成员立法保障关系人上诉的权利，并要求上诉案件决定以书面形式作出，阐明决定理由并明确进一步上诉的权利。

第四节　原产地规则

原产地规则，是用来决定货物或服务原产地的一系列标准，即确定货物或服务"经济国籍"的一系列标准。在国际贸易中，原产地规则涉及最惠国待遇、关税减让、国民待遇、数量限制、反倾销、反补贴、保障措施、自由贸易区与关税同盟以及发展中国家普惠制等 GATT 最重要的条款，尤其是WTO 又将它扩展到服务贸易领域，原产地规则变得更加重要。

一　原产地规则的一般运用

原先，作为确定货物来源的原产地规则，只是关税法中的一个技术性法规。如果 WTO 各成员在国际贸易中严格实行最惠国待遇，原产地规则似乎没

---

① 《海关估价协定》第 19 条。

有存在的必要。① 问题在于，全球真正的自由贸易还只是理想中的蓝图，WTO
的建立正是要消除国际贸易中的阻碍。而现实中，原产地被当作保护本国产
品、决定特惠待遇以及辅助其他贸易管理手段的工具。

作为保护本国产品的工具，原产地被用在政府采购中将外国产品排除在
外；被用在某些政府补贴的授予中以确定补贴对象；被用在自由贸易区及发
展中国家普惠制体系中作为决定特惠待遇的工具，区分本国产品和外国产品
以及不同来源的外国产品。此外，作为其他贸易管理手段的工具，原产地是
反倾销、反补贴、保障措施和配额管理不可缺少的工具。

上述合法用途之外，由于技术性强，执行中又存在不少不透明的环节，
原产地规则往往被用来当作贸易保护的工具。由此可见，原产地规则无论功
能如何，在实际运用中存在着很多的问题，而如何管理原产地规则成为国际
贸易中的一个重要问题。

根据运用范围的不同，原产地规则被分为两种："原产地特惠规则"
（preferential rules of origin）和"非特惠原产地规则"。② 原产地特惠规则用来
区分来源不同的产品，以便给予这些产品不同的待遇。也就是说，特惠规则
是用来决定某一进口产品是否有资格享受某种特惠待遇的"资格规则"，而非
特惠原产地规则是除特惠规则以外的原产地规则。

严格说来，原产地的定义并没有区分以上两种功能，而实际运用中也没
有必要做这样的区分。最初的原产地规则被用于统计数据的收集，以帮助有
关部门了解货物的流动情况，并借以分析供需关系。虽然随着经济的发展，
原产地规则的运用发生了变化，WTO 成立之前，各国在实际运用中都没有对
原产地规则进行特别的分类。但是，WTO 体系严格区分原产地的这两种功
能，而只有第二种功能下的"非特惠原产地规则"才属 WTO 协定的管辖范
围。③ 在这种情况下，有必要根据原产地的功能将其进行区分。

本书所称的原产地规则，除特别说明外，一般指"非特惠原产地规则"，
即 WTO 规范的原产地规则内容。

---

① Edwin A. Vermulst, Jacques Bourgeois, Paul Waer, *Rule of Origin in International Trade*, University
of Michigan Press, 1994.

② 《原产地规则协定》附件 2："Common Declaration with Regard to Preferential Rules of Origin"。赵
维田：《世贸组织（WTO）的法律制度》，吉林人民出版社，2000，第五章之三"协调税则与
原产地"。

③ 《原产地规则协定》第 1.1 条。

　　研究原产地规则的波尔格易斯（Bourgeois）指出，[1] 原产地的特惠规则运用存在很大问题，主要体现在如何确定给予特惠待遇的条件上。在制定特惠条件时，各国往往偏离最惠国待遇原则，使条件有利于它们希望给予特惠待遇的国家或地区，或制定苛刻的条件将大部分国家和地区排除在外。例如，欧盟与 ACP 国家[2]签订的第四洛美协定规定，获得欧盟特惠待遇的鱼类产品必须满足以下原产地规则：原产于 ACP 国家的鱼类必须是使用这些国家的船只从海中捕获的；符合"这些国家的船只"的要求是，船只必须在 ACP 国家或欧盟成员国登记注册；航行必须悬挂 ACP 或欧盟成员国国旗帜；至少50%的船只股份由 ACP 国家或欧盟成员国所有；必须有50%以上的船员、船长和管理人员是 ACP 国家或欧盟国家的国民。……可以想见，在这样的条件下，能有几个 ACP 国家的鱼类产品可以享受到欧盟的特惠待遇？

　　波尔格易斯一针见血地指出，如果原产地特惠规则的目的是帮助 ACP 国家发展渔业，大可不必规定当地资本含量等要求。上述事例表明，原产地特惠规则很可能被用作推销施惠国产品零部件的工具，其结果是导致更多的贸易扭曲而非贸易流动。[3]

　　同时，在当今这样一个"全球工厂"的时代，一国从原料到生产，单独完成一种产品的情况已不多见，同样，单独从一国进口产品的情况也很少见。这种现状使原产地规则的运用产生三个方面的问题。[4] 一是产业政策所产生的问题。在欧盟，为推动发展中国家的工业化进程而设计的普惠制（Generalized Preferential System，GPS）贸易政策规定了垂直一体化的要求。欧盟委员会承认，这个要求违背工业化发展的产业内部贸易规则，与其目的背道而驰。欧盟政策的这种矛盾，普遍存在于其他寻求相同贸易政策的原产地特惠规则中。二是法律运用上存在的问题。在跨国企业中，全球生产、营销的内部分工对企业的生存与发展至关重要，而这些分工又与各国原产地规则密切相关。如果各国原产地规则的制定给当地行政机关留下太多的自由裁量空间，原产地规则就可能被用来保护当地的产品和企业。三是规则越来越细、越来越复杂所带来的问题。面对"全球工厂"的现状，各国纷纷制定详细而复杂的原产

---

①　Edwin A. Vermulst, Jacques Bourgeois, Paul Waer, *Rule of Origin in International Trade*, University of Michigan Press, 1994.

②　非洲、加勒比和太平洋地区国家。

③　Edwin A. Vermulst, Jacques Bourgeois, Paul Waer, *Rule of Origin in International Trade*, University of Michigan Press, 1994.

④　Edwin A. Vermulst, Jacques Bourgeois, Paul Waer, *Rule of Origin in International Trade*, University of Michigan Press, 1994.

地规则。这些规则从标准到执行各不相同，甚至相互冲突，大大影响了自由贸易的顺利进行。

正是上述这些原产地规则运用存在的问题，促成了乌拉圭回合的《原产地规则协定》。协定旨在协调各成员的原产地规则，并建立一个统一的机制，使各成员在此机制内就原产地涉及的各种问题达成一致。

运用原产地规则确定产品的原产地有两个基本原则。一个是"肯定标准"原则。个别情况下，如为澄清肯定标准，或无须使用肯定标准确定原产地时，可以使用"否定标准"，即表明拒绝赋予原产地的原因。另一个是实质性改变原则。大多数海关根据产品最后一次发生实质性改变（substantial transformation）的地点来确定产品的原产地。根据这个原则，确定一个产品的原产地有三种方法[1]：技术测试法、经济测试法和海关分类测试法。运用技术测试法确定产品的原产地时，制造程序中的某个具体操作或工序，带给产品的某种独特的性质或构成是确定产品原产地的决定性因素。经济测试法则注重在产品生产过程中的经济价值的变化，通过产品在不同地区价值百分比的增加来体现，目前各国要求的百分比变化各不相同。海关分类测试法只关注在特定国家进行的制造或加工活动是否改变了该产品的关税税目，三种方法中，海关分类测试法运用得最为广泛。当然，这些方法也可以综合使用以确定产品的原产地。

与此相似，WTO 的《原产地规则协定》规定了三种确定产品原产地的标准：税则归类改变标准、百分比标准和制造或加工工序标准。[2]

二 原产地规则的经济分析[3]

国际贸易面临的问题之一是规则太多。当这些规则各不相同，甚至相互矛盾时，更是成为国际贸易的障碍。因此，减少规则，尤其是减少规则之间的差异，可以促进贸易的发展。

理论上，所有法律、法规都基于一定的经济理论，由此产生一定的经济影响。但原产地规则是个例外。原产地规则最初用于收集统计数据，帮助有关部门了解货物的流动情况，借以分析供需关系。如果原产地规则在现实世界中只扮演这个角色的话，就不会与经济有任何联系。这就是为什么我们说

---

① Edwin A. Vermulst, Jacques Bourgeois, Paul Waer, *Rule of Origin in International Trade*, University of Michigan Press, 1994.

② 《原产地规则协定》第 2 (a) 条。

③ 本部分内容参见 Ivan Kingston, *The Economics of Rules of Origin*。

原产地规则是个经济学例外。

但是，随着贸易的发展和世界经济的变化，原产地规则的用途也发生了变化。现在，原产地规则不仅是贸易管理的工具，还被越来越多地用于国内产业保护，尤其成为加强其他贸易管理手段的工具，在各种特惠贸易政策中扮演着重要的角色。由此，原产地规则对经济产生了影响。这些影响往往是对贸易的扭曲。

原产地规则在贸易中的作用有正反两个方面。在第一部分的自由贸易经济学理论中我们了解到，完全的自由贸易可以实现世界资源的最佳配置。为实现这种最佳配置，必须进行专业化分工，而专业化分工应当根据自然禀赋因素而定。因此，在自由贸易状态下，任何保护性措施都会使经济效益下降。当原产地规则被用来当作加强保护性措施的工具时，它增大了保护性措施的力度，进一步使经济效益下降。此外，当经济处于非完全竞争的规模经济状况时，限制性贸易措施可以被当作战略性贸易工具使用，以帮助产业获得规模经济效应。在这种情况下，原产地规则往往被用来确保贸易政策措施的实施。这是原产地规则在贸易中起到的反面作用。

但是，并非所有的保护性措施都使自由贸易状况下的经济效率下降。例如违反竞争优势和合理分工规律的倾销、补贴和规避等不公平贸易手段扭曲自由贸易市场，对这样的贸易方式必须采取保护性措施以防止它们扭曲自由贸易。原产地规则是在这些情况下实施保护性措施必不可少的工具，严格的原产地规则更可以增强这些保护性措施的效果。这是原产地规则在贸易中的正面作用。

即使作为纠正贸易扭曲的工具，原产地规则在反不公平竞争的保护性措施运用中仍然可能对贸易产生反面的影响。这些反面的影响源于对规则内容的错误解释。

一般来说，原产地规则对经济产生什么样的影响和多大的影响，取决于规则所采用的标准和规则运用的统一程度。造成原产地规则扭曲国际贸易的一个主要原因，是各国原产地规则标准不统一且运用方式各不相同。目前，关于原产地规则的国际协定只有 1974 年的《关于简化和协调海关业务制度的国际公约》，简称《京都公约》（Kyoto Convention）。该公约虽然就来自同一国家的产品标准达成了一致，并规定涉及两个或两个以上国家的产品应采用"实质性改变"标准来确定产品的原产地，但同时又允许确定原产地时考虑制造和工艺操作的因素，为针对单一产品采用不同规则大开方便之门。有的国家因此对相同产品因使用目的不同而采用不同的原产地标准。由于对产品适用国际标准没有明确的态度，公约之后仍然是过多的规则、过多的问题。仅举一例说明。关于美国、欧盟和日本生产的摩托车原产地，以及所谓"移植工厂"（transplant factory）的地位问题，一直是多次双边谈判的议题。不同的协定对此有不同的规定。《欧洲自由贸易协会公约》对汽车采用百分比原产地规则，规定所有非原产地的原材料的总价值不能超过出厂价的40%。《美加自由贸易协定》规定，确定汽车原产地，除关税名目变化之外，要求协定成员领土原产材料的价值加上在协定成员领土内加工的直接成本不少于货物出口时价值的50%。《东欧联合协定》规定，汽车非原产地原材料的价值不能超过出厂价的40%。而《洛美公约》规定，汽车所有非原产地材料总价不超过产品出厂价的40%。

总之，只要歧视性贸易政策存在，原产地规则就将对经济带来负面的影响。

三 《原产地规则协定》的产生

本节第一部分介绍了原产地规则的两种运用。在这两种运用中，特惠贸易安排中的原产地规则的运用问题最多。GATT之前的特惠贸易安排大致有三个类型[1]：单边，如英国和英属殖民地、法国和法属殖民地之间的特惠贸易安排；双边，如真正意义上的自由贸易区和关税同盟；多边，如援助发展中国家的GSP。这些导致关税差异和国家配额严重扭曲国际贸易的安排，都必须通过原产地规则来实现。

解决特惠贸易中存在的问题，成为美国提议建立GATT体系，重整世界贸易秩序的一个重要原因。GATT的初创者希望用GATT体系取代这些特惠贸易安排。首先将特惠贸易安排控制在现有状况之内，再通过关税减让削弱它们存在的价值，最终令其慢慢消失。然而，1947年建立的GATT体系本身又规定了特惠贸易例外，如GATT第24条的自由贸易区以及对发展中国家适用的GSP等。因此，原产地规则在GATT中有了存在的必要。同时，各国政府基于不同的贸易政策考虑制定了内容各异的原产地规则，使情况更为复杂。

协调原产地规则的努力始于早期的GATT会议，却遭到各国海关的强烈抵制。[2] 尽管没有取得实质性进展，GATT有关原产地规则的提议最终促成了1975年在共同关税理事会主持下，简化和协调海关程序的《京都公约》。公

---

① Ivan Kingston, *The Economics of Rules of Origin*，第8页。

② Ivan Kingston, *The Economics of Rules of Origin*，第9页。

约在附件 D1 中制定了一个关于原产地规则的松散框架，允许签署国①根据自身体系进行广泛的选择，目的是在一个较低的水平上协调各国的原产地规则。WTO 之前的原产地规则管理，都是在共同关税理事会组织下，以《京都公约》为基本框架展开的。最终，乌拉圭回合正式将原产地规则纳入 WTO 体系。

WTO 体系将服务贸易纳入其中，扩展了原产地规则的范围与含义。同时，"全球工厂"的形成使原产地规则更加复杂。通常，原产地规则较易在以下措施的实施中出现问题：纠正"不公平贸易"的措施，如反倾销措施等；保护当地产业的措施，如投资协定等；发展中国家、MFN 待遇和关税同盟中特惠措施的给予；政府采购措施等。在这些措施的实施过程中，原产地规则成为行政管理的一个重要组成部分，规则内容对经济的影响越来越大。

GATT 对原产地没有具体的规定，只对原产地标记进行了一定的规范。② 此外，《政府采购协定》提及原产地，但也没有具体的规定。③ 因此，在 WTO 之前的 GATT 体系中，各缔约方自行决定本国的原产地规则，相关国际条约主要是上文提到的《京都公约》。④

原产地问题在历史上就争议颇多，随着生产模式的变化，问题更为尖锐。当今国际贸易中，许多产品包括来自一个以上国家的材料或部件，并且还可能在几个国家进行加工。对进口国来说，这种原产地的混合本身就带来不少问题，如来自某国的产品可能受制于反倾销、反补贴或保障措施。此外，GATT 有关标记的要求，⑤ 需要确定产品的原产地；产品进口配额的使用，需要确定产品的原产地；海关贸易统计，需要了解产品的原产地；发展中国家以及区域贸易协定规定的特惠或免税待遇，必须根据原产地才能实行。尤其严重的是，某些国家或地区甚至专门针对某些产品而制定原产地规则内容，如欧共体关于复印机和集成电路产品原产地的特别规定。⑥ 基于这些变化和现

---

① 截至 WTO 成立时的 1995 年，24 个国家，其中包括欧盟，有限制保留地接受了该附件。

② GATT 第 9 条，主要功能是防止原产地标记的使用成为贸易的障碍，如对原产地标记的要求过高导致过高的成本，甚至对进口货物造成损害等。

③ 《政府采购协定》第 2.3 条：一参加方为本协定涵盖的政府采购目的而对其自其他参加方进口的产品或服务实行的原产地规则不得区别于在正常贸易过程中和在所涉交易时对相同参加方的相同产品或服务的进口或供应所实行的原产地规则。

④ John Jackson, *World Trade and the Law of GATT*, Ch. 17.8, Lexis Law Publisher, 1969.

⑤ GATT 第 9 条。

⑥ Commission Regulation (EEC) No. 2007l/89 on determining the origin of photocopying apparatus, O. J. L. 196/24, 1989; Commission Regulation (EEC) No. 288/89 on determining the origin of integrated circuit, O. J. L. 33/23, 1989.

状，美国和欧共体就原产地规则的协调展开了一系列政治层面上的国际讨论。美国担心欧共体的某些当地成分要求对美国产品不利。其他国家和地区，如中国香港，看到自己的产品在国外受到原产地规则的严重影响，也积极主张建立共同的国际原产地制度。①

在这种情况下，原产地问题作为非关税措施谈判小组谈判内容的一部分，被列入乌拉圭回合的议程中。1990 年，一个非正式、对所有参与方开放的起草小组成立，负责起草原产地规则协定草案。在协定的起草过程中，在适用范围上出现了两种意见。一种意见是包括美、日在内的一些国家建议将协定范围扩展至所有领域，包括发展中国家的普惠制（GPS）等。包括欧共体在内的国家则主张将协定范围限定在非特惠规定上。最后，后一种意见占了上风，《原产地规则协定》将超出最惠国待遇的关税特惠排除在外。

这样的规定是有道理的。首先，特惠原产地规则赋予的特惠，本身就是基于某种特殊的历史、地理或纯粹的政治原因（如对发展中国家的 GSP 特惠待遇和关税同盟内部的关税特惠等）。其次，施惠国有权自行决定给予受惠国的"特惠"程度（如美国在不同的特惠体制中有不同比例的附加值要求，对关系密切的国家要求较低的附加值）。因此，各方在确定原产地特惠的具体制度时，是不会愿意和不大可能接受其他干预的。

尽管有关原产地特惠的规则被排除在协定之外，最终生效的协定附件 2 还是包括了一个《关于特惠原产地规则的共同宣言》，同意将某些非特惠规则内容扩展至特惠规则的范围。

四 《原产地规则协定》的内容

WTO《原产地规则协定》包括四个方面的内容：有关制定统一适用原产地规则的协调计划规定，过渡期间及过渡期后各成员原产地规则普遍原则的规定，以及组织管理方面的规定。

1. 原产地规则协调计划

除了特定区域贸易协定②成员之间建立了统一的规则，目前还没有一个世界范围内认可的原产地规则。③《原产地规则协定》本身也没有具体的标准，只是制定了一些普遍的原则，协调各 WTO 成员的原产地规则。但是，协定制

---

① "The Impact of Rules of Origin on US Imports and Exports", USITC, Pub. 1695, ix, 102 – 107, 1985.

② 如自由贸易区和关税联盟等。

③ WTO 秘书处主编 *Guide to the Uruguay Round Agreements*, Kluwer Law International, 118, 1999。

定了一个建立一套被所有成员采用的原产地规则计划。这个计划由 WTO 和原产地规则的国际专门机构——世界海关组织原产地规则技术委员会共同完成。协定为工作计划规定了下列原则。① （a）货物原产地确定原则：当产品只涉及一个国家时，原产地应为完全获得（wholly obtained）该货物的国家；当货物的生产涉及一个以上的国家时，原产地应为最后一次发生实质性改变的国家。确定货物原产地应根据肯定标准。否定标准可用以澄清肯定标准。（b）原产地规则的制定原则：原产地规则必须具有一致性；必须客观、可理解并可预测；不得对贸易产生限制、扭曲或破坏作用；不得提出过分严格的要求或要求满足与制造或加工无关的条件作为确定原产地的先决条件。从价百分比可以包括与制作和加工无直接关系的成本。（c）原产地规则的实施原则：原产地规则不得用作实现贸易目标的工具。（d）原产地规则的管理原则：必须以一致、统一、公正和合理的方式进行管理。

工作计划将按照以下步骤进行。第一步，确定授予原产地的"完全获得"（wholly obtained），以及排除原产地的"最小工序或加工"的定义。第二步，针对特定产品或产品分类，确定产品税则的改变意味着"实质性改变"的具体要求。为此，技术委员会需要按产品审议关税协调制度的关税归类，向原产地规则委员会提出阶段性报告。委员会审议并接受技术委员会的结论，必要时，可改进技术委员会的工作或制定新的方法。第三步，制定补充标准，如百分比或加工标准，以确定那些不能根据税则改变确定原产地的产品。第四步，WTO 原产地规则委员会对工作计划结果进行整体审议，提交部长级会议批准，由部长级会议确定协调规则生效的时间，并考虑有关海关归类争端解决的安排问题。

以上内容规定在协定第四部分"原产地规则协调"中。这部分内容被认为是协定最重要的部分。② 目前，相关的工作仍在继续。在统一规则出台之前的过渡期内，协定要求各成员遵循协定规定的一些框架性原则。③

2. 过渡期间规则

（1）定义及适用范围④

正如前面提到的，协定的适用范围是非特惠产业政策工具的原产地规则，尤其是指 GATT 第 1、2、3、11、13 条下的最惠国待遇，第 6 条的反倾销和反

① 《原产地规则协定》第 9.1 条。
② WTO 秘书处主编 *Guide to the Uruguay Round Agreements*，119，1999。
③ 《原产地规则协定》第 9 条。
④ 《原产地规则协定》第 1 条。

补贴协定，第 19 条的保障措施，第 9 条的原产地标记以及任何歧视性数量限制或关税配额等。而原产地规则的定义是上述适用范围之内任何成员为确定货物原产地而实施的普遍适用的法律、规章和行政裁决。

（2）过渡期间的规定①

协定要求各成员在过渡期阶段，在起草和适用本国或本地区的原产地规则时，（a）明确产品原产地的确定方法和要求，尤其是在适用税则归类改变标准时，明确税则目录中规则所针对的子目或品目；在从价百分比标准中，明确技术百分比的方法；在制造或加工工序标准中，明确列出授予货物原产地的工序。（b）确定进出口货物的原产地规则不得严于确定国产货物的原产地规则，且不得在其他成员之间造成歧视。

3. 过渡期后的规定②

在开始实施协调工作计划后，各成员必须保证：平等适用原产地规则；确定进出口货物的原产地规则不得严于确定国产货物的原产地规则，且不得在其他成员之间造成歧视；接受为协调工作计划制定的原则，如确定原产地时，当产品只涉及一个国家时，原产地应为完全获得该货物的国家；当货物的生产涉及一个以上的国家时，原产地应为最后一次发生实质性改变的国家；确定货物原产地应根据肯定标准等。

4. 组织管理

协定建立原产地规则委员会，WTO 秘书处承担原产地规则委员会秘书处职责，WCO 秘书处承担技术委员会的秘书处职责。所有 WTO 成员都有权参加原产地规则委员会和世界海关组织的技术委员会。除协调工作计划外，原产地规则委员会还负责监督该协定的实施，并向货物贸易理事会报告。技术委员会可以处理任何与原产地规则有关的技术问题。③

各成员必须在《WTO 协定》对其生效后 90 天内向秘书处提交本国或本地区在该日期已实施的，与原产地规则有关的普遍适用的司法判决和行政裁定。过渡期期间，除微小修改，各成员应至少提前 60 天通知委员会秘书处任何对原产地规则的修改。④ 原产地规则委员会对协定关于过渡期间及过渡期后规定内容的执行和运用情况进行复议。⑤ 协定规定有关原产地规则的争端适用

---

① 《原产地规则协定》第 2 条。
② 《原产地规则协定》第 3 条。
③ 《原产地规则协定》第 4、6 条。
④ 《原产地规则协定》第 5 条。
⑤ 《原产地规则协定》第 6 条。

WTO 的争端解决机制。[①]

5. 原产地评估

原产地规则协定引入了一个新的也是十分重要的条款，要求各成员允许进出口商或任何申请人基于正当理由，请求主管机关评估申请产品的原产地，并规定各成员必须在 150 天内对货物原产地的评估申请提出认定意见。该评估意见的有效期为 3 年。[②] 这个规定使贸易前的原产地认定成为可能，为产品进口提供了保障。WTO 之前最先使用这种方法的是欧共体，之后美国也采用了这种做法。此外，协定要求各成员政府必须提供独立的审议机构，对原产地认定意见进行及时的审议。[③] 需要指出的是，协定规定的审议只是针对执行原产地规则的裁定，而原产地规则本身不受审议的管辖。

第五节　数量限制与数量限制例外

在 1947 年起草 GATT 文本时，数量限制是最严重的非关税贸易壁垒。[④] 数量限制比关税缺少透明度，因此更容易导致贸易扭曲。此外，数量限制在对国内产业进行保护时，缺乏公众监督，容易导致利益集团对它进行操纵，由此衍生出政治腐败和犯罪行为等。因此，原 GATT 缔约方一致同意，禁止在国际贸易中使用数量限制，制定了 GATT 第 11 条的"普遍取消数量限制"。此外，在 GATT 缔约方看来，各国影响进出口的贸易法律、法规，尤其是关于海关程序方面的法律、法规，如果缺乏透明度，也会形成各种各样的非关税贸易壁垒。为避免这种情况，各缔约方制定了 GATT 第 10 条。

一　数量限制适用范围

GATT 第 11 条是对数量限制的规定。

第 11 条　普遍取消数量限制

1. 任何缔约方不得对任何其他缔约方领土产品的进口或向任何其他缔约方领土出口或销售供出口的产品设立或维持除关税、国内税或其他

---

① 《原产地规则协定》第 9 条。

② 《原产地规则协定》第 2、3 条。

③ 《原产地规则协定》。

④ Kenneth W. Dam, *The GATT*, 20, University of Chicago Press, 1970.

费用外的禁止或限制，无论此类禁止或限制通过配额、进出口许可证或其他措施实施。

GATT 第 11 条数量限制规定最难的部分，是对该条款适用范围的确定。第 11.1 条中的"关税、国内税或其他费用外的禁止或限制"，正是确定数量限制适用范围的一个关键内容，因此，对它的解释至关重要。专家组在"印度—农业、纺织业和工业产品的进口数量限制案"①中裁定，对 GATT 第 11.1 条中的"限制"一词应做扩大解释。在另一个案件中（"美国—从尼加拉瓜进口的食糖案"②），专家组认为美国出于政治和军事的原因，减少对尼加拉瓜食糖进口配额 90%，违反了 GATT 第 13 条的进口数量非歧视管理。

二　数量限制例外

数量限制可用于一些有限的例外情况。一个是在某些具体的贸易环境中，一个是作为平衡国际收支的措施。这些例外规定分别在 GATT 第 11.2 条、第 12 条、第 18 条 B 节和第 19 条中。

第 11.2 条规定了三种方式的例外。

第 11 条　普遍取消数量限制

2. 本条第 1 款的规定不得适用于下列措施：

（a）为防止或缓解出口缔约方的粮食或其他必需品的严重短缺而临时实施的出口禁止或限制；

（b）为实施国际贸易中的商品归类、分级和销售标准或法规而必需实施的进出口禁止或限制；

（c）对以任何形式进口的农产品和鱼制品的进口限制，此类限制对执行下列政府措施是必要的：

（i）限制允许生产或销售的同类国产品的数量，或如果不存在同类国产品的大量生产，则限制可直接替代进口产品的可生产或销售的国产品的数量；或

（ii）消除同类国产品的暂时过剩，或如果不存在同类国产品的大量

---

① India-Quantitative Restrictions on Imports of Agricultural, Textile and Industrial Products, WT/DS90/R, 1999.

② US-Imports of Sugar from Nicaragua, L/5607-31S/67, 1984.

生产，则消除可直接替代进口产品的同类国产品的暂时过剩，使国内消费者的某些群体免费或以低于现行市场水平的价格获得此种过剩；或

（iii）限制允许生产的任何动物产品的数量，此种产品的生产全部或主要直接依赖进口商品，如该商品的国内生产相对可忽略不计。

根据本款（c）项对任何产品的进口实施限制的任何缔约方，应公布今后特定时期内允许进口产品的全部数量或价值及数量或价值的任何变化。此外，与在不存在限制的情况下国内总产量和总进口量的可合理预期的比例相比，根据以上（i）目实施的任何限制不得减少总进口量相对于国内总产量的比例，在确定此比例时，该缔约方应适当考虑前一代表期的比例及可能已经影响或正在影响有关产品贸易的任何特殊因素。

第12条规定了保障国际收支平衡的例外，而第18条B节规定了发展中国家国际收支困难的例外。GATT第12.2（a）条规定了允许采用数量限制的两种情况：一是采用进口限制不得超过为防止货币储备严重下降的迫切威胁，或制止货币储备严重下降的需要；二是为货币储备很低的缔约方实现其储备的合理增长的需要。同时，第12.2（b）条规定，为平衡国际收支而实施的数量限制，应随国际收支状况的改善而逐步放宽。

GATT第19条允许将数量限制作为保护措施，保护国内生产者免遭进口竞争产生的严重损害或严重损害威胁。

三 数量限制的非歧视性原则

GATT第13条规定，一成员方在对进出口贸易采取任何禁止或限制时，不得对进口自不同成员方，或出口到不同成员方的相同或相似产品采取歧视性待遇。

GATT第14条是关于第13条规定的例外。例外情况主要是第12条和第18条B节规定的国际收支平衡。

四 数量限制案例

1. GATT第11条的适用范围

在"美国—禽肉案"中，专家组就如何确定一项措施是否属于GATT第11条的适用范围作出以下裁定。

美国—影响自中国进口的禽肉产品的某些措施

WT/DS392/R

（a）GATT 1994 第 11.1 条

7.447　GATT 1994 第 11.1 条包含 GATT/WTO 法律体系的一个基本原则——普遍禁止数量限制。该条规定如下：

> 任何缔约方不得对任何其他缔约方领土产品的进口或向任何其他缔约方领土出口或销售供出口的产品设立或维持除关税、国内税或其他费用外的禁止或限制，无论此类禁止或限制通过配额、进出口许可证或其他措施实施。

7.448　因此，第 11.1 条寄望消除进出口限制，或禁止除关税、税收或其他费用之外的禁止措施。专家组将继续审查第 727 节是否属于违反 GATT 1994 第 11.1 条禁止或限制禽肉产品进口的措施。

（b）第 727 节作为"其他措施"

7.449　GATT 1994 第 11.1 条包含"通过配额、进出口许可证或其他措施实施"禁止或限制。中国认为，第 727 节构成对中国禽肉产品进口的限制，该限制不属于 GATT 1994 第 11.1 条含义下的关税、国内税或其他费用，它属于"其他措施"。我们赞同中国的观点。第 727 节既不属于关税、国内税或其他费用，也不属于配额或进出口许可证。

7.450　在"印度—数量限制案"中，专家组裁定，GATT 1994 第 11.1 条文本，其范围"宽泛"，对"除关税、国内税或其他费用之外的"进出口限制或禁止，规定了普遍性禁止。从这个意义上看，"其他措施"一词的含义，包括"广泛的剩余类型"。"日本—半导体案"GATT 专家组裁定，"第 11.1 条与总协定其他条款不同，其未提及法律或法规，而代之以更为宽泛的措施。该措辞清楚表明，一缔约方采取的限制产品出口或出口销售的任何措施，均涵盖于本条之中，不论其措施法律地位如何"。

7.451　恰如上述引用的 GATT 专家组在"日本—半导体案"中的阐述，法律和法规属于"其他措施"的概念范畴。鉴于第 727 节是由美国国会颁布的法律，专家组认为，其属"其他措施"的剩余类型范畴，从而可以根据第 11.1 条对其提出质疑。因此，专家组将继续审查第 727 节是否属于第 11.1 条意义上的对进口的禁止或限制。

（c）第 727 节是否属于第 11.1 条意义上的"禁止或限制"

7.452 为确定第 727 节是否违反 GATT 1994 第 11.1 条，专家组必须确定该措施是否实施了第 11.1 条意义上的"禁止"或"限制"。

7.453 中国认为，该措施构成一种禁止或限制，或者换一种说法，该措施产生了禁止中国禽肉产品进口的实际影响，措施构成第 11.1 条意义上的进口禁止。

7.454 专家组在"巴西—翻新轮胎案"中阐述，第 11.1 条的"禁止"一词，意味着"各成员不得禁止任何其他成员的任何产品进口其市场"。至于"限制"一词，在"哥伦比亚—入境港口案"中，专家组在审查部分 GATT 和 WTO 案例之后，认定"限制"在第 11.1 条意义上考虑到了那些造成不确定性，并影响投资计划，限制进口产品进入市场，或使进口成本令人望而生畏的措施。专家组进而分析认定，第 11.1 条的意义在于审视该措施的设计，及其对进口产生不利影响的可能性。根据这些考虑，专家组接下来继续审查第 727 节，以确定其是否构成第 11.1 条意义上的"限制"或"禁止"。

7.455 产品进口的前提条件，是 FSIS 在《联邦公报》上制定并实施的允许从既定国家进口禽肉产品的规则。若没有该规则的制定和实施，则禁止各国向美国进口禽肉产品。

7.456 第 727 节禁止 FSIS 使用拨款基金"制定"或"实施"允许中国禽肉产品进口的规则。对资金使用的这种限制，产生了禁止中国禽肉产品进口的效果，因为，若未制定/实施规则，中国的禽肉产品就被禁止进入美国市场。所以，第 727 节的运作禁止了中国禽肉产品进口到美国市场。

（d）结论

7.457 专家组由此裁定，在第 727 节生效期间，其对中国禽肉产品的进口实施限制，并因此违反 GATT 1994 第 11.1 条的规定。

* * *

2. 数量限制例外

在"中国—原材料案"中，专家组对 GATT 第 11.2 条数量限制例外规定的运用作出以下裁决。

中国—有关多种原材料出口的措施

WT/DS394，395，398/R

7.238 前述，本专家组已经认定，2009 年中国对矾土实行 930000 吨出口配额的行为与 GATT 第 11.1 条的规定不符。

7.239 中国主张，即使专家组认定起诉方已就矾土的出口配额提出了违反第 11.1 条的初步证据，受出口配额限制的矾土的下一个子类产品，其出口配额也是合法的。因为该配额是一个依据 GATT 1994 第 11.2（a）条"为防止或缓解"中国"其他必需品的严重短缺而临时实施"的措施。依据 GATT 1994 第 11.2（a）条提出抗辩，受出口配额限制的矾土子产品被中国称为"耐火矾土"或"耐火级矾土"，起诉方称其为"高铝粘土"。本专家组交替使用这些术语，来指代《海关商品编码》2508.3000.00 项下被用于生产耐火材料的相同的矾土子产品。

7.240 第 11.2（a）条规定：本条第 1 款的规定不得适用于……（a）为防止或缓解出口缔约方的粮食或其他必需品的严重短缺而临时实施的出口禁止或限制。WTO 专家组或上诉机构尚未对 GATT 1994 第 11.2（a）条做出过解释。

⋯⋯⋯⋯⋯

（a）GATT 1994 第 11.2（a）条的通常含义

（i）第 11.2（a）条项下"临时实施"的禁止或限制

7.251 中国辩称，"适用"是"临时"的直接上下文，意味着出口禁止或限制的实施必须有时间限制，且与防止或缓解出口成员必需品的严重短缺相关。中国提出，对其认定必须针对个案进行。在对措施进行定期审查的情况下，应当允许在一个延长的期限内实施限制或禁止。中国提出，这个期限将依据防止或缓解严重短缺所需的时间而定。

7.252 中国提供了一项支持其解读的禁令。1929 年至 2010 年 80 多年间，包括 GATT 1947 谈判之前的 18 年，该禁令禁止澳大利亚美利奴绵羊出口。中国辩称，澳大利亚对美利奴绵羊的禁令得到第 11.2（a）条的庇护，这对理解第 11.2（a）条的适用范围非常重要。

7.253 起诉方不接受第 11.2（a）条的出口限制对涉及特定产品或自然资源有限储备的情形适用的观点。它们认为，产品的有限可用性不足以构成严重短缺。鉴于这种商品的可用性会持续减少直到储备耗尽，它们主张，这种短缺并非临时，因为储备耗尽之后，商品的短缺将会是永久性的。它们认为，此种类型的短缺不易通过有时间限制的措施予以补救或防止。

7.254 第三方巴西和加拿大赞同起诉方的观点，认为临时性措施必须要有终止日期，或如同其目的，在于防止或缓解有一定时间限制的需求。巴西主张，"临时实施"一词的定义，为"仅持续或打算持续一段有限的时间；非永久性的；为了满足一种过渡性的需求而创造或安排"。巴西认为，对于产品短缺不能克服而只能通过长期管理的情形，最好根据第20（g）条进行处理。加拿大提出，第11.2（a）条不能对无期限措施的实施适用，而只能对一个固定的时间适用。加拿大指出，第11.2条必须遵从各条款规定的具体要求，而第20条则还需服从额外要求，具体为第20条前言部分列出的要求。

7.255 本专家组注意到，"临时"的通常含义是"（仅）持续一段时间"和"在有限的期限内"。词语"有限的期限"，意味着"指定的、固定的"以及"限制在固定的范围内，有界限的，受限制的"。这些定义表明，措施的实施是有一个固定的时间限制的。因此，从表面意思看，第11.2（a）条似乎能够为那些应对"出口缔约方的食品或其他必需品"的"严重短缺"而在某个有限期限内实施的措施提供正当性。

7.256 ……《维也纳公约》第31条要求条约应依其用语按其上下文并参照条约之目的及宗旨所具有之通常意义善意解释之。上诉机构曾经强调，"以向条约所有相关条款赋予协调统一含义的方式来理解所有可适用条款"的重要性。因此，在解释第11.2（a）条时应当对其他条款加以考虑。

7.257 在本专家组看来，将第11.2（a）条解释为允许有限制地在一段有限的时间内实施某项措施，与成员方在第20（g）条（该条款处理对可用竭自然资源的保护）项下可以获得的保护协调一致。如果不这么解释，成员在处理可用竭自然资源这个问题上，借助第11.2（a）条还是第20（g）条将不会有区别。

7.258 如上所述，第20（g）条的前言规定了附加条件，以保证某项措施的实施不会构成任意或不合理的歧视，或构成对国际贸易的变相限制。而第11.2（a）条则未对成员方的行动规定类似的限制。专家组认为，第11.2（a）条没有规定这种保护条件，恰恰支持我们的观点，依据第11.2（a）条采取的限制或禁止，仅能是有限时期而不能是无限期的。

7.259 中国认为，第11.2（a）条允许措施的实施是在一个延长的期限之内，并引用澳大利亚延长实施美利奴绵羊出口禁令期限的做法来支持其观点。正如中国所称，GATT 1947谈判对澳大利亚家畜禁令进行过讨论。根据《维也纳公约》第32条，条约解释人可使用包括条约之准备工作及缔约之情况在内的解释补充资料，来证实条文适用《维也纳公约》第 31 条时所产生的含义，或者在解释造成意义不明，或难解，或所获结果显属荒谬或不合理时，对条文的含义进行确定。

7.260 本专家组认为，根据第 31 条对词语"临时"进行解释性分析，其含义并非不明，亦非难解。因此，我们不认为需要借助第 32 条。由此，专家组初步认定，第 11.2（a）条允许在有限的一段时间内实施限制或禁止，来应对"必需品"的"严重短缺"。接下来，本专家组审查必需品中"必需"（essential）的含义，之后审查"严重短缺"的含义。

（ii）GATT 第 11.2（a）条下的必需品中的"必需"

7.261 中国主张，第 11.2（a）条允许出口成员方在为防止或减缓严重短缺而适用限制措施时，自行确定其"必需的"产品。中国提出，对于确定某产品是否属于"出口［成员方］必需品"，第 11.2（a）条既没有规定一个具体的认定标准，也没有规定成员方不得自行采取其认定标准，而是规定视具体情况而论。中国辩称，"出口［成员方］其他必需品"的规定，可以包括"矿产品、金属和其他基本商品及其经过初步加工的下游产品"。

7.262 中国提出，除了规定产品必须是出口成员方的"必需品"之外，第 11.2（a）条并未限定受限制"其他产品"的类别。中国指出，对"食品"与"其他产品"所作的区分说明，第 11.2 条意义上的必需品，不必须属于确保食品安全一类的产品。中国进一步辩称，加上"对出口［成员方］而言"这个限定语，意味着产品是否重要，应由具体的那个相关成员来予以判断，其重要性无须关乎所有成员。中国认为，属于必需品的产品，必须是"出口成员方必需的、重要的或必不可少的产品"。

7.263 中国主张，一方可通过评估某产品在其成员整个价值链中所占的比重，例如评估产品对成员国内总产值或对教育、医疗保健、基础设施、技术进步或科研的作用，来评估该产品对该特定成员的"必需性"。中国还主张，《WTO 协定》前言对解释必需品的"必需"一词提供了相关上下文依据，进一步证实，某产品可以因其对出口成员改善其教育、医疗保健、技术进步或科研所起的作用而构成该方的必需品。

7.264 此外，中国还在《BOP 谅解》和 GATT 1994 第 36.5 条及其附注中，找到了其关于"必需品"释义的支持。中国认为，《BOP 谅解》第 4 条对"必需品"一词的使用，证实了有相当数量的产品可以被视为"必需品"，无论这些产品是用于"基本消费"需求，或是满足经济需求，譬如"生产所需投入物"。

7.265 中国主张，在判断某产品是否对国内加工行业具有重要意义这个问题时，第 11.2（a）条适用，而第 36.5 条及其附注支持这种观点。中国指出，第 36.5 条表明，"初级产品"是发展中国家的必需产品，这可以从该产品在该国发展国内加工行业过程中对保障经济多样性所起的作用予以认定。根据中国的观点，自然资源主权这一国际习惯法准则，是在承认自然资源在国家的进步和发展过程中具有"重要"作用的基础上发展而来的。中国认为，第 36.5 条以对其他成员适用同样的方式对中国适用，中国既没有在中国《入世议定书》中，也没有在中国《工作组报告书》中，放弃其作为发展中国家依据本条应当享有的任何特殊待遇。

7.266 最后，中国提出，谈判人员对澳大利亚限制出口美利奴绵羊所采取的立场表明，包括对下游产品所产生的价值等，均可以作为认定某"其他产品"是否为必需品的一个正当的特征。中国指出，谈判之时，《澳大利亚联邦年鉴（1946—1947）》证实了绵羊带给澳大利亚国内下游用户的价值。中国辩称，如果不能确保在遭遇干旱时可以对绵羊的出口予以限制，澳大利亚就不会对第 11.2（a）条的草案文本投赞成票。

7.267 起诉方主张，中国对"产品"一词做出广义解释，将原材料包括在内，忽略了"必需"一词是用来限制"产品"范围的这个事实。起诉方指出，看"出口成员的……其他必需品"这句话可以知道，第 11.2（a）条涵盖的产品范围，包括"食品之外，出口成员方不可缺少的或必需的产品"。起诉方认为，将"食品"包括在该条款范围之内，与该条款意欲传达的"产品重要程度"相关。

7.268 欧盟指出，对第 11.2（a）条中的"必需品"一词做出广义解释，会使 GATT 的其他条款变得多余，尤其是第 20（i）条。欧盟主张，该条款允许对国内原料的出口加以限制，以便能将该等原料的价格，在执行政府物价稳定计划期间，保持在国际价格水平之下，确保国内加工行业对该原料数量的基本需求。对第 11.2（a）条做出广义解释，将导致成员对即使未被第 20（i）条涵盖的出口进行限制。

7.269 起诉方指责中国以澳大利亚对美利奴绵羊的出口限制为依据而对"必需品"做出解释的做法。它们认为，该磋商期间的谈判人员并未对"必需"一词进行认定，也未陈述美利奴绵羊是否因其对下游行业的价值而成为必需品，或特定情形是否符合"必需"一词的含义这个问题。美国指出，中国以 2009 年行业协会文件关于美利奴绵羊的"必需性"取决于其对下游行业的价值为依据得出其结论，这种超出 GATT 框架范围的陈述与本案无关。

7.270 起诉方主张，《BOP 谅解》第 4 条使用"必需品"一词，并不简单地意味着任何"生产所需的投入物"均能够满足"必需品"的含义。欧盟指出，结合 GATT 1994 第 12.3（b）条和第 18.10 条解读《BOP 谅解》，可使成员有权取消限制措施，以便优先自由进口更为必需的产品，从而允许那些原本可能被限制的货物的进口。欧盟指出，与此恰好相反，第 11.2（a）条是普遍禁止数量限制的一个例外，因此，其允许对出口进行限制。该条与其他 WTO 成员最惠国待遇问题无关。因此，欧盟认为，《BOP 谅解》与第 11.2（a）条适用范围的区别表明，对必需品做出相同的释义，"将导致 GATT 适用的不一致性"。

7.271 最后，起诉方主张，GATT 1994 第 36.5 条不支持中国对"必需品"一词的解释，也不支持中国关于在适用上，该词对发展中国家成员和其他 WTO 成员具有不同含义的观点。美国和墨西哥指出，基于中国《工作组报告书》，GATT 1994 第 36.5 条与评估诉争中国措施是否违反 WTO 无关。无论怎样，起诉方坚称，第 36.5 条无任何内容表明，应针对发展中国家对第 11 条做出不同的解释。此种做法将造成第 11 条解释的不一致，从而导致发展中国家依据该条行使不同的权利和承担不同的义务。欧盟指出，第 36.5 条着重规定了货物在优惠条件下的市场准入，这与施加数量限制正好相反。欧盟进一步指出，1989 年乌拉圭回合谈判期间 GATT 秘书处提供的背景说明资料，不支持中国关于第 36.5 条可被视为第 11 条解释的上下文的观点。美国指出，中国对第 36.5 条的引用，证实了中国对耐火级矾土实行出口配额与其着力扶植国内行业发展有关，而与资源保护无关。

············

7.273 下面，本专家组转而分析第 11.2（a）条的含义。第 11.2（a）条规定，产品可以是"食品"或"其他产品"。"其他产品"一词受"出口成员方必需"一语限定。

7.274 "产品"的定义，是"由或仿佛由自然或自然过程产生或生产的东西"，"因某个原因造成的结果，或一系列特定情形的产物"，"由某个特定行为或过程产生的物体"，和"为出售而制造或提炼的物品或物质"。

7.275 "对……是必需"的定义，是"影响任何事情重要性的；'必要的'，重要的"，"构成或形成任何事情重要性的组成部分的"，和"绝对必要的，必不可少的"。"对于出口"成员这一表述，似乎是后来加在第 11.2（a）条初始文本之中的，用来阐明"任何产品的重要性应针对与产品相关的特定国家予以确定"。因此，当产品对特定成员方而言是"重要的"或"必需的"

或"必不可少的"时，则该产品符合第11.2（a）条的含义。

7.276 本专家组不认为，第11.2条的措辞，或在磋商第11.2条文本时所做的陈述，即产品的重要性，"应针对相关国家予以确定"，意指WTO成员可以自行确定某产品对其而言是否必需。如果是这样的话，第11.2条的措辞就应该被起草成GATT 1994第21（b）条那样。第21（b）条规定："本协定的任何规定不得解释为……阻止任何缔约方采取其认为对保护其基本国家安全利益所必需的任何行动。"本专家组认为，确定某产品是否一成员所"必需"，应考虑该成员在依据第11.2（a）条的规定实施限制或禁止措施时所面临的特定情形。

7.277 产品的必需性是否如中国所述取决于产品对成员国内生产总值、就业、福利或任何其他变量的重要性，第11.2（a）条没有明确规定。从条文本身也无法看出，第11.2（a）条是否排除可能构成重要产品或行业"投入物"的产品。

7.278 各争端方已在《关于1994年关贸总协定国际收支条款的谅解》（简称《国际收支谅解》）下对"必需品"一词的使用作出了辩论。该谅解所针对的是一组特殊情形，即在解决"收支平衡问题"时，采用"必要"的进口限制措施，以控制总体进口水平。《国际收支谅解》第4条规定："'必需品'一词应理解为满足基本消费需要或有助于该成员改善其国际收支状况努力的产品，如资本货物或生产所需投入物。"《国际收支谅解》允许成员方实施限制措施，优先自由进口满足基本需求和有助于成员解决收支平衡问题的产品。这对我们确定第11.2（a）条的含义几乎毫无帮助。

7.279 本专家组承认，确保进口以满足消费需求或保护国内行业处于收支平衡状态，暂时限制某些产品的出口以防止或缓解食品或国内行业其他必需品的严重短缺，两种需求可能共存。尽管如此，第11.2（a）条规定本身并不局限于解决收支平衡问题。其适用范围包括实施一个正当的限制性措施的很多种情形。在本专家组看来，评估某产品是否为第11.2（a）条意义上的"必需品"，应依据个案分析而定。因此，本专家组认为，用《国际收支谅解》"必需品"一词的概念来对第11.2（a）条"必需"一词作出解释并不恰当。

7.280 基于同样的理由，本专家组认为，GATT第36.5条及其附注对帮助本专家组解释第11.2（a）条中"必需品"的含义没有助益。不论中国处于何种发展状况，正如起诉方所称，第11条和第36.5条均未规定应针对发展中国家对第11条做出不同的解释或区别适用。换言之，专家组是否应当考虑特定 WTO 成员方的发展状况以判定食品或其他产品是更加"必需"或不够"必需",这个问题还不甚明了。

7.281 本专家组也没有能够在谈判人员就第 11.2（a）条对澳大利亚禁止出口活美利奴绵羊适用所达成的协议中找到多少帮助。中国断定,这证明了产品可因其对国内加工行业的重要性而成为一成员之必需品。即使同意起草人起草的协议作为"全体当事国间因缔结条约所订与条约有关之任何协定"可构成《维也纳公约》第 31（2）（a）条意义上的上下文,本专家组也不认为中国指出澳大利亚实施美利奴绵羊出口限制一事将对我们解释第 11.2 条有多大的助益。在提交给专家组的文件中,澳大利亚请求澄清在干旱对羊群造成威胁时其可否援引第 11.2（a）条颁布羊的出口禁令。在这类情形下适用第 11.2（a）条好像并不存在任何的反对意见。毫无疑问的是,当时,澳大利亚认定（至今仍然认定）美利奴绵羊为其"必需"产品。但是,本专家组找不到任何证据可以证明,起草者们在处理澳大利亚是否可以禁止美利奴绵羊出口的事件上,明确讨论过用于下游行业的产品这个概念,或者"必需"产品的含义。

7.282 综上,本专家组裁定,当某产品对某特定成员是"重要的"或"必要的"或"必不可少的"时候,该产品有可能是第 11.2（a）条意义上的"必需品",这可以包括属于重要产品或行业"投入物"的产品。但是,确定某产品是否为一成员"必需品"时,必须考虑该成员实施该限制措施时的具体情况。

（iii）为"防止或缓解"必需品的"严重短缺"而实施的出口禁止或限制

7.283 中国主张,第 11.2（a）条涵盖"为避免或防止发生必需品严重短缺"而采取的措施,以及"一旦发生必需品严重短缺时,为缓解和减轻严重短缺造成的不良后果"而采取的措施。中国提出,在对是否"存在严重短缺"进行认定时,对于成员所采用的标准,第 11.2（a）条既没有规定任何不限制,也没有作出任何规定,而取决于面前的具体情况。

7.284 中国辩称,"严重的"一词表明了对"短缺"程度的要求。中国认为,短缺意指数量不足。严重,意味着"决定性的"、"至关重要的"或"严峻的",这个概念与"不确定性"、"风险"或"危机"相关。由此,中国认定,"严重短缺",意指"数量的不足达到了决定性的重要程度或足以形成危机,或使不确定性或风险达到了同等的水平"。此外,中国指出,第 11.2（a）条的法语文本采用了"une situation critique due a une penurie"这一表述,其译文为"因短缺而导致的重大或严重情形"，表明翻译人员考虑了"必需品短缺所导致的后果，其强度是否达到了决定性的重要程度或足以形成危机"。

7.285 中国辩称，动词"防止"和"缓解"进一步表达了这一释义。中国指出，"防止"和"缓解"二词表明了"短缺的出现或其程度是不确定的，和/或会引发严重风险的"，证实第 11.2（a）条意在提供"防范措施以尽力减少或避免风险的出现"。因此，中国认为，在严重短缺可以预见，且不仅仅是由外生冲击而导致的情形下，第 11.2 条可以适用。据此观点，短缺无须达到极端的程度，以致只可通过出口禁止缓解。

7.286 中国认为，在面临短缺或可能的短缺时，一成员的风险承受能力，是评估是否存在第 11.2 条意义上"严重短缺"一项的相关标准。中国认为，在遭受相同水平的风险时，各成员的反应可能有所不同，而第 11.2（a）条的用语允许这种不同风险水平的存在。在这一点上，中国主张，第 11.2（a）条与《SPS 协定》功能相似，都给成员留有"自主确定本国适当的保护水平和风险承受能力的余地"。

7.287 中国指出，"出口［成员］的必需品"与"严重短缺"之间的文本提供了相关上下文，意指在解决高度必需的必需品类似的严重短缺之前，可以通过实施预防或救济措施解决一般性必需品的严重短缺问题。

7.288 中国辩称，谈判历史记录支持如下推定，即第 11.2（a）条预见到预防措施，并允许 WTO 成员即使在严重短缺尚未发生之前，就可对进口予以限制或禁止。在这一点上，中国主张，起草者是在较晚才决定加上"防止"一词的，以允许成员为避免严重短缺的发生而采取预防措施。

7.289 起诉方主张，中国把"必需性"与"严重短缺"混为一谈，以至于将"严重短缺"解读于第 11.2（a）条之外。起诉方同意中国的"短缺"为"数量不足"的定义，但补充认为"严重的"一词意指"蕴含危机或构成危机，或具有决定性的重要程度"。两个词一起解读意指"数量不足蕴含危机或构成危机，或达到决定性的重要性程度"。因此，它们认为，短缺必须达到"超过'相对不足'的水平"，方可成为"严重的"短缺，而"限制供应"的实施或资源具有可用竭性并不足以构成第 11.2（a）条规定的"严重短缺"。

7.290 欧盟主张，"严重短缺"必须结合第 11.2（a）条的全部内容加以解读，因此，一项限制措施必须是"暂时性实施的"，且必须被用于"缓解"严重短缺或"防止"其发生。换言之，"短缺"包括但不限于必须是暂时的，即有时间限制，方可构成第 11.2（a）条所指的"严重短缺"。在这个意义上，欧盟认为，应当存在一个严重短缺结束、货物供应恢复正常的时间点。欧盟指出，如果短缺情况永远没有结束的可能性，那么，该短缺是不可能仅通过在有限的时间内实施出口限制而得到"缓解或防止"的。

7.291　欧盟举例说明其认为可能导致严重短缺的情形，如导致某国粮食或谷类产量大幅减少的长期干旱、森林火灾或矿山事故。欧盟将这些例子与澳大利亚对活美利奴绵羊实施的出口限制进行比较，指出澳大利亚所谓的短缺是"干旱对澳大利亚美利奴羊数量造成的毁灭性影响"。

7.292　起诉方认为，谈判人员的陈述支持如下观点，即出口限制可以是"暂时实施的措施，用于解决自然灾害造成的不良后果，或用于保持每年的国内储备充足，以避免那些隔年就容易出现短缺或过剩的产品……出现严重短缺"。起诉方引用了英国一位代表的陈述，"如果将'严重的'一词拿掉，则几乎任何一种必需品都有可能被认为存有一定程度的短缺，而用这个方式可以将几乎任何一种必需品包含在第11.2（a）条的适用范围之内"。

7.293　最后，欧盟指出，中国的解释使第20（g）条的保护变得多余。在欧盟看来，第20（g）条规定了更为严格的条件（例如国内生产或消费的上限），在满足这些条件之后，方可克减GATT义务，包括第11.1条项下的义务。义务的克减在为保护有限储量的可用竭自然资源储备时是得到允许的。欧盟认为，如果接受中国对"严重短缺"的解释，则即使没有国内生产或消费上限，第11.2（a）条也允许成员对出口实行限制，而这一结果，将会化解第20（g）条在出口限制领域中的适用，有悖于国际公法的解释习惯法。

7.294　本专家组注意到，第11.2（a）条包括为"防止"或"缓解"出口成员必需品严重短缺而实施的出口禁止或限制。动词"防止"，意指"预先行动；在……之前行动""根据预期或为准备……而行动"，也指"防止发生……；通过预期行动使……不可行或不可能"。动词"缓解"，意指"减轻或减缓（疼痛、苦难或困境）；使（某情形）繁重程度降低"，也指"走出困境、困难或危险；给予或提供帮助或协助；从困境或压抑中解救出来"。

7.295　名词"短缺"，意指"数量不足；钱财金额、货物供应或类似事物的数量不足"。形容词"严重"的定义为"具有危机性质的，或构成危机的"，"涉及对某问题的不安或极度畏惧；具有不确定性或风险的"，"对某问题具有决定重要性的"，和"倾向决定或确定的；决定性的，至关紧要的"。而"危机"一词，则被定义为"转折点，极为重要或决定性的阶段；在政治、商业等方面处于困难、危险或不安的时刻"。

7.296　将"短缺"定义为货物数量不足似乎已取得各方共识，本专家组亦认为该解释是第11.2（a）条所指的含义。在本专家组看来，"严重的"一词表明，短缺必须是具有"决定性的重要程度"或"严峻的"，甚至是达到了"危机"或灾难的程度。第11.2（a）条规定，限制或禁止措施只可临时实施，用于立即"防止"或"缓解"短缺。

7.297 起诉方主张，条款规定的措施应当是"临时"实施的，这项要求为"严重短缺"含义的说明提供了上下文，本专家组对此表示赞同。在这个意义上，正如欧盟所述，如果当前的短缺永远没有结束的可能，则通过临时实施出口限制不可能"防止或缓解"短缺。如果实施某措施的目的，是解决可用竭自然资源的有限储备问题，则该措施将持续实施，直至资源完全耗尽。这种对时间临时性的强调，似乎与"严重的"概念相吻合，为"具有危机性质的或构成危机的"。

7.298 在本专家组看来，中国的解释不可能正确，因为该解释将使第11.2（a）条与第20（g）条重合，用这种解释方法解释这两个条款是不被允许的。正如我们前文所述，必须用一种和谐的方式对WTO协定进行解释。如果将第11.2（a）条解释为允许中国长期对耐火级矾土实施出口限制性质的措施，则即便没有达到使第20（g）条变得多余的地步，也必将严重削弱该条的含义。因此，对第11.2（a）条与第20（g）条进行区分十分重要。

7.299 显然，第11.2（a）条所针对的问题与第20（g）条不同。GATT 1994第20条列出了GATT 1994其他条款（包括第11.1条）项下义务的若干"一般例外"。其中的一个例外规定在第（g）款中。该例外允许成员以违反其他GATT义务的方式，实施与保护可用竭自然资源相关的措施。但是，这项权利并非不受限制。措施必须"与限制国内生产或消费一同实施"。此外，第20条的前言部分规定，这些措施的实施方式不得在情形相同的国家之间构成任意或不合理歧视的手段，或构成对国际贸易的变相限制。

7.300 第11.2（a）条规定，实施措施成员可以因为防止或缓解必需品短缺的目的，不履行第11.1条进出口限制的禁止性规定。由此，与第20（g）条相同，第11.2（a）条提供了一个例外，但该例外只与第11.1条项下的义务相关，与更广泛意义上的GATT义务无关。这说明，第11.2（a）条与第20（g）条的含义不同，它们针对的情形有别，因此，其所指也必然不同。

7.301 与第20（g）条相同，引用第11.2（a）条的权利也是受限制的，但受限方式大不相同。专家组认为，这一不同在解释第11.2（a）条适用范围时也很重要。第11.2（a）条并非仅限于保护措施，并且任何例外措施必须是为了解决"严重"短缺而"临时实施的"。第20条通过首部对实施措施的成员方境外情形的考虑，以及规定保护措施应与国内限制措施一同实施，使得保护措施受到限制，必然使其与用于解决实施措施的成员方之国内危机或涉及"不安或极度恐惧"之事件的临时措施不同。

7.302 在专家组看来，中国看似将第11.2（a）条与第20（g）条混合适用，这会损害成员方在这两条规定下的权利和义务。第20（g）条规定的利益和限制不得转移到第11.2（a）条中，反之亦然。

7.303 但是，我们注意到这两个条款都是例外规定，因此我们认为，上诉机构在描述、解释和适用第20条首部的限制任务时提到的表述具有指导意义。上诉机构认为该任务：

> ……棘手，要定位和画出某成员方引用第20条例外的权利与其他成员方依据 GATT 1994 其他条款（例如第11条）所享有的权利之间的平衡线，以使得任何一方的权利不会削弱另一方的权利，从而使得成员方自己在该协议中设定的权利义务平衡不被扭曲、取消或侵害。

7.304 因此，解释方也必须画出某成员方引用第11.2（a）条中例外的权利，与其他成员方依据第11.1条所享有的权利之间的平衡线，以使得这两个条款之间的平衡不被扭曲。解释方在画平衡线时，应以如下要求为指导：例外措施应当是为了解决第11.2（a）条项下的"严重"短缺而"临时实施的"。

7.305 这并非说成员方决不能事先实施第11.2（a）条规定的预防措施，以"防止"发生"严重短缺"。但是，如上所述，专家组不认为第11.2（a）条允许成员方实施长期措施，以解决有限资源将不可避免地被耗尽这一问题。

（iv）对第11.2（a）条解释的初步结论

7.306 专家组在上文已做出认定，第11.2（a）条允许在有限范围内实施限制或禁止措施，以解决"必需品"的"严重短缺"问题。专家组进一步认定，当某产品对某成员方而言是"重要的"，或"必要的"，或"必不可少的"时候，该产品可以是第11.2（a）条意义上的"必需品"。这包括重要产品或属于行业"投入物"的产品。但是，确定某产品对某成员方而言是不是"必需的"时，必须考虑该成员方在实施第11.2（a）条项下限制或禁止措施之时所面临的特定情形。最后，专家组认定，第11.2（a）条中的"严重短缺"一词，应指那些可以通过临时的、非无限期的，或非永久性的措施予以缓解或防止的情况或情形。

7.307 基于上述结论，专家组接下来判断中国对耐火级矾土实施出口配额的方式是否符合第11.2（a）条的规定。

（b）中国对耐火级矾土实施的出口配额是否为防止或缓解必需品严重短缺而临时实施

7.308　中国辩称，耐火级矾土的出口配额是临时实施的，用于防止或缓解其必需品的严重短缺，因此，依据第11.2（a）条规定，其出口配额属于正当。

7.309　专家组重申，第11.2（a）条允许在有限范围内临时实施限制或禁止措施，以解决"必需品"的"严重短缺"问题。专家组认定，当某产品对某成员方而言是"重要的"或"必要的"或"必不可少的"时候，该产品可以是第11.2（a）条意义上的"必需品"。考虑到该成员方所面临的特定情形，必需品可以涵盖重要产品或行业"投入物"的产品。此外，专家组还认定，第11.2（a）条中的"严重短缺"一词应指"严重的"或"重大的"，或达到"危机"或灾难的水平，且可通过临时的、非无限期的或非永久性的措施予以缓解或防止的情形。专家组将在下文分析中国实施的耐火级矾土出口配额是否符合这些要求。

（i）各方关于第11.2（a）条是否适用于中国情形的观点

耐火级矾土是不是中国"必需"的产品

7.310　中国提出若干理由和证据，证明耐火级矾土是中国"必需"的。中国辩称，"产品的作用及其'必需性'或重要性，应取决于一系列质和量的因素，其中包括地理、技术、环境、社会、经济和政治因素"。

7.311　中国认为，美国和欧盟在重要性评估（包括对某产品"使用上的重要性或可用性"的评价，和对"用户通过使用产品获得的净利益"的审查）中提供的方法，说明了哪些方面会使得产品成为必需。例如，中国引用了美国国家研究委员会的一项研究，该研究认定，相比于其他原材料，矾土是"必需的，但不是关键的"。此外，中国还引用了欧盟的一项研究，该研究认定矾土是具有经济重要性的产品。

7.312　中国还提供了一项研究，该研究认为，耐火级矾土的相对稀缺性、中国对出口该产品实施的保护性限制措施、其他供应限制因素以及该产品对中国经济的重要性，使其成为中国的必需品，也使得该产品的短缺具有严重性。在该研究中，中国依据下列各项因素对耐火级矾土进行评估：耐火级矾土的年销售价值；中间产品（例如铁、钢和水泥等耐火级矾土对其生产有促进作用的产品）的年生产价值；基于铁、钢和水泥所开展的生产和建造活动对中国经济的增值贡献。

7.313 中国辩称，耐火级矾土对于生产钢铁和其他产品（例如玻璃、陶瓷和水泥）的必不可少性，进一步证明了该产品是必需的。中国指出，中国约70%的耐火级矾土被用于钢铁行业（作为钢铁生产过程的一部分），其钢铁生产是第二大钢铁生产国产量的3倍以上，占全球钢铁生产的1/3以上。中国认为，与其他国家相比，其对诸如耐火级矾土之类的钢铁生产原料有着"更为迫切的"需求。

7.314 中国进而辩称，由于耐火级矾土在钢铁行业中的使用有助于中国的发展，也"有助于在制造业和建筑部门创造相当规模的经济活动"，这一事实说明该产品是必需的。中国辩称，中国的有效发展要求稳定供应确保生产所需的基本原材料，其中包括耐火级矾土。其辩称，发展成果在某种程度上应归功于决定发展增值贸易、使产品和出口商品多样化以及促进具有更高附加值的国内行业这一明智决策。中国指出，中国钢铁行业目前雇用的员工超过300万人，耐火级矾土在包括产品直接销售价值在内的价值链中创造的总价值占"中国［国内生产总值］的一半"。中国还进一步强调了耐火级矾土对中国教育、医疗保健、基础设施、技术进步和科研所起的作用。

7.315 最后，中国认为，耐火级矾土具有"独特的化学和物理性质"，且目前还没有"立即可用的"具有成本效益的替代物，基于此，应视为该产品是必需的。中国引用了欧盟委员会的一项报告，其中写道："耐火级矾土不可能被替代，因为该矿物质产生的特性是其他原材料无法达到的。"此外，中国还认为，其矾土储备"主要由高质量的耐火级矾土组成"，而世界其他国家的大部分储藏均是"冶金级的"［含有"不足量的氧化铝（Al_2O_3）和过高含量的氧化铁（Fe_2O_3）"］。中国认为，这种形态的矾土不适合用于耐火级产品，因此不是替代物。中国认为，在过去的十多年间国际市场对耐火级矾土的需求十分强劲，这一事实证明了目前尚没有可行的替代物这一结论。

…………

中国耐火级矾土是否存在"严重短缺"

7.319 中国坚持认为其耐火级矾土出口配额是保护计划的组成部分，该计划旨在扩大耐火级矾土的储备，但辩称，其临时实施出口限制是为了防止和缓解产品可用性以外的其他原因所造成的严重短缺。中国称，出口配额的实施是用于缓解严重短缺，通过保留充足的供应来满足国内需求，从而避免更为明显的严重短缺。通过将配额确定为国内生产的40%左右，中国认为，其耐火级矾土的出口配额被"构建成"防止和缓解短缺。

7.320 中国认为，基于耐火级矾土的地质和物理可用性、影响其开采和加工的保护和管理措施、技术开发和使用、支付得起的代用品的可用性，以及国内和国际需求，可根据该产品用途的重要性和其未来供应情况证实存在"严重短缺"。

7.321 中国认为，重要性评估（见上文7.311段）在评估矿物的严重性或短缺时是有用的。产品的使用越是必需或重要，其供应限制程度越高，其短缺就越有可能对经济产生严重影响。中国辩称，美国国家研究委员会和欧盟在其研究中将用途的重要性和供应限制的影响与可用性和供应风险进行比较，并考虑了若干因素，其中包括地质、技术、环境、社会、经济和政治方面的可用性。中国称，其研究（见上文7.312段）基于类似因素对耐火级矾土的重要性进行了评估。

7.322 中国坚持认为，耐火级矾土是可用竭自然资源，其有限的地质可用性是一个重要的供应限制因素。中国指出，其2009年耐火级矾土储备估算值是3880万吨，但这一数量"在近几年有下降趋势"。中国称，中国2009年的耐火级矾土产量是240万吨，依据当前的储备和生产能力，中国的耐火级矾土储备年限为16年。中国认为，这种必需的、可用竭自然资源很短的剩余使用年限，会导致严重短缺或产生严重短缺的风险。

7.323 此外，中国认为，耐火级矾土无法替代。中国称，某一耐火产品被选用，"是因为其具有特定的物理、化学和热力学性质"。这包括耐火级矾土的耐高温特性以及其具有的酸性化学成分、极高的耐磨蚀性能和耐火性能。中国驳回起诉方指出的代用品，其中包括褐色熔融氧化铝、拜耳法煅烧氧化铝、白色熔融氧化铝、石墨、碳化硅和锆，因为这些产品或者与耐火级矾土相比"更昂贵"，或者是由类似的受资源限制的原材料制成。中国还称，如替换原料，则在更换供应商时会产生附带成本。

7.324 除实物上的短缺风险之外，中国还认为，其他限制因素会妨碍耐火级矾土在价值链中的流动，并与耐火级矾土存在严重短缺这一结论相关。中国提到其采取的保护措施，旨在通过可持续的方式（包括规定耐火级矾土的开采和生产上限）来管理其原材料。例如，中国称，2010年可以开采的耐火级矾土总量仅限于450万吨。

7.325 中国声称，其针对可以开采耐火级矾土的矿山以及耐火级矾土的加工行业规定了"一系列严格要求"，这已经导致了严重短缺。这些严格要求包括：许可证要求；废物和污染控制；劳动、健康与安全要求；与"规模、技术、能源保护、减少消耗与环境保护、淘汰落后生产能力"相关的准入要求；环境影响评价；采矿权使用费和矿产资源税；补偿费和排污费。中国称，其目前正在关闭不安全的或有污染的矿山，并鼓励行业合并。

7.326　中国认为，重大障碍的存在已经导致耐火级矾土的严重短缺。中国称，这些障碍包括基础设施的可用性和维护、进入矿物开采和加工领域所需的大量投资，以及地方或区域团体对采矿活动的认可。

7.327　最后，中国认为，对含铁废料的出口限制、对耐火级矾土的大量国内需求和国际需求以及中国国外缺乏具有耐火特性的且可用的耐火级矾土，造成了矾土的严重短缺。

7.328　起诉方称，中国并没有证实其存在耐火级矾土的"严重短缺"。美国称，中国没有证明其声称的供应限制因素是如何在事实上限制了耐火级矾土的供应。美国认为，证据（包括耐火材料和钢铁的生产以及这些材料出口的扩大）表明，供应限制不构成因素之一，严重短缺也不存在。

7.329　此外，对于中国认为尚没有任何东西可以代替耐火级矾土这一观点，美国提出质疑。美国认为，有很多原材料均可用作钢铁生产所需的耐火材料，例如，经过拜耳工序的冶金级矾土、非冶金级矾土、镁碳、铝碳、锆碳。美国称，这些原料与直接由耐火级矾土制造的耐火材料相比，可具有更长的使用期限，使钢铁生产成本增加 0.45%。

7.330　此外，美国还认为，中国对世界范围内耐火级矾土储备的估算"大大低于实际值"。根据 2003 年产量，美国认为实际储备量是 2.18 亿吨，而不是中国估算的 3900 万吨。美国称，中国非冶金级矾土的生产能力说明，非冶金级矾土储备占矾土总储备的比例更高，这也说明中国非冶金级矾土储备可以维持 91 年。

7.331　欧盟称，产品储备的有限使用期限这一点，不足以支持作出第 11.2（a）条意义上的"严重短缺"的认定。如上所述，欧盟认为某一自然资源的耗尽不属于临时短缺，不可能通过临时措施予以防止或缓解。

7.332　此外，欧盟还认为，中国为解决耐火级矾土储备的有限使用期限问题而实施的生产上限，不可能消除第 11.2（a）条规定的可通过临时措施予以缓解或防止的临时短缺。相反，生产上限是产品的可用尽性所导致的更大问题的组成部分。

7.333　最后，欧盟认为，中国所提及的潜在技术和社会风险，以及环境方面和其他方面的法规，并未表明中国缺乏生产耐火级矾土的技术，或因减少产品生产而存在中国声称的社会不安定。欧盟还认为，没有证据证明任何类型的短缺是由中国的矿产公司遵守中国的法律规定所造成的。

7.334 基于上述理由，起诉方认为，中国未能证明耐火级矾土存在严重短缺，因而无权依据第11.2（a）条采取相关措施。起诉方还认为，中国对美国和欧盟"重要性评估"的引用没有解决第11.2（a）条规定的特定要求问题，该评估仅"分析了某产品及其在美国和欧盟经济中所起的作用"。它们认为，中国没有提供任何证据证明这些评估针对某产品是否属于第11.2（a）条意义上的"必需品"这一问题设定了"一般标准"。

矾土出口配额的实施是不是临时的

7.335 中国称，耐火级矾土出口配额的实施是临时的。从中国商务部通过发布《出口许可目录》来确定每年的配额这一事实中可得到证实，此外还因为中国每年发布两次公告确定每批矾土的投标规则。中国认为，按年度实施出口配额可确保实施期限受到"严格限制"，并使出口成员方能够规定"使更新实施出口限制正当"的理由。

7.336 此外，中国还提交了中国商务部的一篇方法论研究文件（附件CHN-283），其中解释了关于决定实施2010年出口配额的各项因素，和该配额允许的出口数量（930000吨）。因此，中国认定，其措施是在为达到第11.2（a）条规定的目标所必需的期间而临时实施的。中国声称，美国和欧盟实施禁止和限制措施的实例支持了这一理解。

7.337 起诉方坚持认为，中国未能证明其耐火级矾土的出口配额是"临时实施的"。美国称，无任何证据证明，只要仅有防止或缓解严重短缺的必要性就可以实施出口配额。因此，起诉方认为该配额的实施时间不是适当有限的。

（ii）专家组对中国的情形的评估

7.338 中国指出了一系列质和量的因素，包括其所述的"地质、技术、环境、社会、经济和政治因素"，极力证明其耐火级矾土的出口配额是为了防止或缓解中国必需品的严重短缺而临时实施的，因此符合第11.2（a）条之规定。

7.339 专家组重申，第11.2（a）条允许在有限的范围内临时实施限制或禁止措施，以解决"必需品"的"严重短缺"问题。专家组认定，如某产品对某成员方而言是"重要的"或"必要的"或"必不可少的"，则该产品可以是第11.2（a）条意义上的"必需品"。考虑到该成员方所面临的特定情形，必需品可以包括是重要产品或行业之"投入物"的产品。此外，专家组还认定，第11.2（a）条中的"严重短缺"一词应指"具有决定重要性的"

或"重大的"或达到"危机"或灾难水平的情况或情形，且可以通过临时的、非无限期的或非永久性的措施予以缓解或防止。

7.340 基于中国提交的证据，专家组承认，耐火级矾土目前对中国而言是"必需的"，符合第 11.2（a）条对该词的定义。中国还特别提供了相关证据，证明将耐火级矾土作为中间产品用于钢铁生产（例如，用矾土制造钢铁生产过程中使用的窑炉），以及中国国内和出口市场其他重要产品生产的重要性。正如中国所述，中国是世界最大钢铁生产国，起诉方对此无争议。中国指出，其钢铁产量是第二大钢铁生产国的 3 倍以上，占世界钢铁产量的 1/3 以上，这一点也无人提出质疑。中国钢铁行业是耐火级矾土的主要使用者；事实上，起诉方承认 70% 的耐火级矾土被用于中国钢铁行业。此外，钢铁产品是制造业和建筑业，即推动中国工业发展的两大基础行业，所需的重要产品，对此同样无人提出质疑。而且，中国钢铁行业是重要的就业领域。

7.341 在做出结论之时，专家组考虑了各方关于耐火级矾土可替代性的论点。起诉方声称，中国针对耐火级矾土的必需性和是否存在"严重短缺"所做的辩解，被存在立即可用且合理可用的替代品这一事实所削弱。起诉方指出了若干替代品。在各方第二次实质性会议期间，中国在其口头陈述中回应称，因为采购所需的成本，或由于对其可用性的限制，这些材料不得被视为替代品。

7.342 起诉方对这些观点未做任何响应。但是，在附件 JE-165 中，起诉方承认了选用耐火级矾土的替代品时所产生的较高费用，尽管该费用仍比中国声称的要低。起诉方称，无论在何种情形下，替代原料价格的增加额均可以被原料使用期限或性能的增加部分抵销。

7.343 专家组认为，双方提供的资料证明了可用替代品的确定具有复杂性。双方一致认为价格是决定因素之一（包括更换替代品所产生的成本）。原料的性质及其特定用途也会影响可替代性评估。

7.344 即使假定出现某些条件，使得耐火级矾土替代品的成本下降，也不会改变专家组所做的结论，即耐火级矾土对中国而言是"必需的"。评估可替代性的内在复杂性表明，更换原料以及有潜在可能性地更换供应商，不是一个轻易的决定。不管怎样，基于证明其在不同领域之重要用途的证据，可以预见到耐火级矾土将会继续用作钢铁生产的重要中间产品，并继续作为中国经济的一个重要驱动因素。

7.345 在进行下一步的分析之前，专家组表达了如下观点，即仅标明一个产品为必需的或针对开采或加工所实施的有关保护的限制，不应与确定某产品对某成员方而言是不是"必需的"有关。成员方可以自由裁量决定是否实施对产品可用性有影响的条件。与保护相关的措施可能已经存在，因为这些措施是保护必需品所必需的；但这些措施的规定或其本身不能用来支持某产品在事实上是必需的这一结论。因此，专家组认为不应将这些因素考虑在内。此外，基于是否存在法律规定来确定"必需性"这一系统性的暗示也是有问题的，这会导致成员方在不存在"必需性"时制造出"必需性"。专家组希望在此澄清，这绝不是在暗示本案是这种情况。

7.346 专家组认为，中国实施措施的行为不是第 11.2（a）条意义上的"临时实施"，因此其实施的措施也不是该条规定的用于防止或缓解"严重短缺"的措施。

7.347 专家组重申，"短缺"是指货物数量的不足。产品用途的重要性，尽管与确定该产品是不是某成员方所"必需的"相关，并且可能预示了对该产品的未来需求，但不能说明是否存在严重短缺。中国辩称，耐火级矾土的"供应"受下列各项因素的影响：（1）耐火级矾土的剩余使用期限；（2）中国和其他国家均缺少耐火级矾土；（3）缺乏具有成本效益的耐火级矾土替代品；（4）因其他妨碍因素（包括保护、许可证、健康、安全、环境和其他法律规定）所导致的限制；（5）费税；（6）投资障碍；和（7）地方和社会团体对采矿活动的抵制。

7.348 自 2000 年以来，中国对位于税则号 2508.3000 下的矾土一直实施出口配额。中国估算的矾土储备期限是 16 年，这表明中国打算继续实施其措施，直至剩余储备耗尽（与其需要限制消费的意图相一致），或直至新技术或条件使耐火级矾土需求减少。与此相对应，中国称其耐火级矾土的出口配额是旨在扩大耐火级矾土储备之保护计划的组成部分，是为了缓解产品可用性以外的其他因素所导致的严重短缺而临时实施的。

7.349 专家组已在上文说明，如果将第 11.2（a）条解释为其允许长期实施保护措施，那么第 20（g）条将失去其意义。此外，专家组还注意到，第 20 条中关于措施应当与限制国内消费或生产的措施一同实施的要求，以及该条首部的额外要求，限制了依据第 20（g）条提出允许实施与保护相关的长期措施的可能性。相反，第 11.2（a）条不要求本国利益与其他成员方利益之间的平衡，而是施加了不同的限制因素，即在处理国内危机或重大事件时，相关措施应当是"临时"实施的。

7.350 专家组认为，中国对耐火级矾土出口的限制措施至少已经实施了 10 年，无任何迹象表明中国将在何时取消，相反，所有迹象均表明其将继续实施该措施,直至储备耗尽。因此,无论依据何种定义,均不能将之视为第11.2(a)条中规定的为解决严重短缺而"临时实施的"措施。基于此,专家组认定,中国不能依据第11.2(a)条为其出口配额进行辩解。

7.351 专家组不认为中国目前面临第11.2(a)条意义上的耐火级矾土的"严重短缺"。即使专家组认同中国关于耐火级矾土储备的剩余使用期限是16年的说法,在专家组看来,这也不能证明存在"具有决定重要性的"或"重大的"或达到"危机"水平的情形。如上所述,第11.2(a)条所指的措施,应当是为了解决"严重短缺"而"临时实施的";一项肯定会被长期实施的措施——实施16年整,直至产品不复存在——似乎说明其所要解决的不是第11.2(a)条所指的"严重短缺",而是其他情形。此外,尽管中国提交了相关证据,证明矾土对中国经济的重要性,但是,储备勘探或开采方面的技术进步是否不能改变储备的预估使用期限,或者剩余16年间的产能是否不能增加,从而不能减轻或消除中国对耐火级矾土的长期供应的担忧,专家组对此还不甚清楚。另外,起诉方还质疑中国估算的正确性,它们声称耐火级矾土的剩余使用期限是91年。中国反对起诉方估计的91年剩余使用期限。

7.352 专家组拒绝接受中国的如下观点,即在确定产品的"严重短缺"是否存在时,应当考虑中国针对产品开采或加工而实施的环境方面或与保护相关的法律规定,其中包括实行生产总量控制或许可证、健康、安全、环境或其他方面的法律规定,以及税费。如上文第7.345段针对产品必需性所作的论述,如接受这一观点,将会导致问题的发生,因为该观点可以导致成员方在事实上不存在严重短缺时却声称存在严重短缺。此外,中国也没有提供具体证据,以证明存在投资障碍,或者地方或区域团体的反对行为妨碍了耐火级矾土的供应。

7.353 基于上述理由,专家组认定,中国未能证明其实施的耐火级矾土的出口配额符合GATT 1994第11.2(a)条规定。

(c)总结

7.354 第11.2(a)条允许在有限的范围内"临时"实施限制或禁止措施,以解决"必需品"的"严重短缺"。专家组认定,如某产品对某成员方而言是"重要的"或"必要的"或"必不可少的",则该产品可以是第11.2(a)条意义上的"必需品",这可包括是重要产品或行业之"投入物"的产品。在确定某产品对某成员方而言是不是"必需的"时,必须考虑该国在寻求证明其限制或禁止措施符合第11.2(a)条规定之时所面临的特定情形。专家组认定,第11.2(a)条中"严重短缺"一词应指重大的或引发危机的,且可通过"临时的"、非无限期的或非永久性的措施予以缓解或防止的情况或情形。

7.355 基于上述结论，专家组认定，耐火级矾土是中国"必需的"。但专家组认为，中国未能证明其耐火级矾土的出口配额是第11.2（a）条含义下的为防止或缓解"严重短缺"而"临时实施的"措施。

* * *

第六节 贸易法规透明度：GATT 第 10 条

在 GATT 的起草中，各缔约方认识到，如果各国的海关法律法规缺乏透明度的话，将会给自由贸易造成很大的阻碍。为此，缔约方制定了 GATT 第10 条，要求各缔约方将对海关分类、海关估价、关税税率、国内税率和其他费用普遍适用的法律、法规、司法判决和行政裁定迅速公开，供相关人员了解和查询。这个规定同样适用于与进出口贸易有关的，如运输、保险、仓储等要求、限制和禁令。同时，条文规定，不得在普遍适用的措施正式公布之前采取这些措施。此外，条文还要求各缔约方统一、公正和合理地管理所有上述法律、法规、判决和裁定。

在"中国—原材料案"中，专家组对 GATT 第 10 条透明度规则的运用作出了以下裁决。

中国—有关多种原材料出口的措施
WT/DS394，395，398/R

7.798 欧盟主张，中国没有公布具体年份发放锌出口配额总量的信息。欧盟续称，中国没有公布利益相关企业获得锌出口配额所需满足的条件的信息。欧盟进一步主张，中国没有公布任何利益相关企业出口配额申请的要约，或获得锌出口配额的企业名单。所以，利益相关企业和其他 WTO 成员均不了解中国允许的锌出口数量、何时发放出口配额、如何以及向谁提交申请，或申请人应当满足哪些条件。

7.799 中国回应称，根据 2010 年《出口许可证管理货物目录》第 1.1条，锌矿的出口直接通过配额发放。中国解释称，中国商务部没有批准 2010 年的锌矿配额。换言之，中国称，商务部在 2010 年没有通过确定供出口的具体配额数量执行锌矿配额。因此，2010 年不能够从中国出口任何锌矿。最后，中国承认其"对未能确定 2010 年度锌矿配额数量没有提供任何抗辩"。2009 年中国似乎还对锌矿出口颁布了禁令。

7.800 我们回顾第 10.1 条相关部分的规定如下：

> 任何缔约方应当通过使各国政府和贸易商了解的方式，将其实施的有关出口产品的规定、限制或禁止的普遍适用法律、法规、司法判决以及行政裁定等规定及时予以公布……

7.801 如上所述，WTO 各成员有义务用适当的方式及时公布所有法律、法规、司法决议和行政管理法规，以使各国政府和贸易商能够了解这些内容。欧盟有义务证明中国未批准 2009 年锌矿配额属于第 10.1 条意义上已生效的措施，因此，中国应当及时公布该信息以使各国政府和贸易商得以知情。

7.802 正如上诉机构在"美国—耐腐蚀钢铁日落复审案"中认定的，"任何可归咎于 WTO 成员的作为或不作为，都可成为争端解决程序中该成员的一种措施"。专家组认为，商务部不公布锌矿配额的行为，属于 WTO 争端解决机制下的中国措施。中国《对外贸易法》授权商务部成为负责管理中国出口配额的政府机构。此外，商务部负责确定每种货物的年度出口配额总量，并于 10 月 31 日前公布上一年度每种产品的年度出口配额总量。因此，商务部对产品配额总量的确定，包括锌矿配额的确定，属于中国的作为或不作为，且该措施显然属于对出口产品的"规定、限制或禁止"。

7.803 关于属于"法律、法规、司法判决或普遍适用的行政裁定"的规定，专家组注意到该句范畴宽泛，并认定其包含各种可能影响贸易和贸易商的措施。专家组由此认定，未能确定锌矿出口配额属于第 10.1 条范围内的"法律、法规、司法判决或普遍适用的行政裁定"。

7.804 专家组进一步认定，商务部不确定出口配额的行为，属于普遍适用的"法律、法规、司法判决或普遍适用的行政裁定"。该行为影响所有期望出口锌矿配额的企业，因此，其符合"普遍适用"的标准。

7.805 关于一项措施是否已经生效的问题，专家组在"欧共体—IT 产品案"中认定，"GATT 1994 第 10.1 条项下'生效'一词也包含在实践中落实、具可操作性的措施，并且不限于正式颁布或正式'生效'的措施"。专家组认为，未能确定锌矿配额数量属于该条范畴。其属于具有可操作性的"法律、法规、司法判决以及行政裁定"，因为没有任何数量的锌得以出口。

7.806 关于及时公布相关措施的规定，本案中为未能确定锌矿配额的不作为。专家组认定，中国不否认没有公布配额，或不否认没有公布锌矿配额。此外，未公布配额产生了实际后果。利益相关出口商未能有效了解这一情况，因此无法对锌出口。专家组认定，根据中国第10.1条项下义务，中国本应通过公布"可供出口的特定配额"以使各国政府和贸易商能够了解"无有效锌出口配额的决定"。

7.807　据此，专家组认定，中国未能通过使各国政府和贸易商及时了解信息的方式，公布商务部有关不批准锌矿出口配额的决定，此举违反GATT 1994第10.1条的规定。

* * *

第七节　《进口许可程序协定》

同原产地规则一样，进口许可程序也是实施贸易政策的一种工具。由于进口许可程序本身很容易被当作一种非关税贸易壁垒使用，乌拉圭回合制定了一套详细的规则，体现在《进口许可程序协定》（Agreement on Import Licensing，ILP）中，以防止许可程序成为贸易的阻碍。该协定实际上是对20世纪70年代谈判达成的东京回合守则的修改。当时，东京守则的签署方数量有限。现在，作为《WTO协定》的一部分，该协定约束全体WTO成员。除乌拉圭回合的《进口许可程序协定》之外，有关许可程序的规定，还有一部分包含在GATT第13.3条中。

《进口许可程序协定》内容简单明了，共8条。第1条为总则，规定了协定的基本原则和要求。第2条和第3条分别是对两种许可形式——自动与非自动许可——的实体规定。其他5条为机构管理等方面的规定。

1. **基本要求**①

总则将"进口许可"定义为"用以实施进口许可制度的行政程序"。基于这个定义，协定要求许可申请的规则要中立，管理的规则要公平、平等，所有规则以及相关信息，在可能的情况下，必须于生效前21天公布，但无论如何，公布的时间不能晚于生效之日。这些规则和信息包括申请许可的资格、申请受理的部门、许可限制的产品等。任何变更，包括许可申请和延期，必须至少提前21天通知。对于那些规定了截止日期的申请，应尽量安排同一个

_____

① 《进口许可程序协定》第1条。

管理机构进行接洽，并给予 21 天或更长的反应时间。微小的单证错误不得作为拒绝申请的理由，而且，对微小的错误或遗漏不得加以不适当的处罚。如果进口产品与进口许可证中列明的价值、数量或重量有微小变化（minor variations），只要变化符合正常商业做法，这些产品就应当被接受。此外，许可证持有者与不需要许可证货物的进口商应在同样的基础上获得支付进口产品所需的外汇。

2. 自动进口许可[1]

一般而言，进口许可程序的使用出于两种目的。[2] 一种是管理配额或其他进口限制。这种情况下使用的许可程序被称为"非自动许可程序"，因为只有当进口商获得进口配额后才需要启动这个程序申请许可证。另一种是对进口产品进行追踪，通常被称为"自动许可"。

所谓自动许可，是指申请在所有情况下均能获得批准，因此，其申请程序对贸易没有限制性影响。对于这类进口许可，协定规定申请程序必须满足以下要求。（a）任何个人、企业和机构，只要其经营满足法律对从事自动进口许可管理产品的进口要求，就有资格申请和获得进口许可证。（b）许可证申请可在货物结关前任何一工作日提交。（c）以适当和完整形式提交的许可证申请，在管理上可行的限度内，应在收到后立即批准，最多不能超过 10 个工作日。

3. 非自动进口许可[3]

不能满足上述条件的许可被称为非自动许可。在对非自动许可的程序管理上，协定要求这种许可程序对贸易的限制和扭曲，只能限于程序限制本身，而不能扩大到进口产品上。为此，管理方必须公布足够的信息，以使贸易商了解许可证发放依据。同时，其他贸易利益方有权要求管理方提供许可证发放以及相关产品贸易的详细情况。

如果许可证是用来管理进口配额的，则必须公布配额的数量或价值以及申请日期。如果进口国配额是在供应国之间进行分配，则必须通知所有供应国，并向它们公布其他相关信息。如果配额是按照先来先领（first-come first-served）的原则发放，则处理申请的期限不得超过 30 天。如果所有申请予以同时考虑，则处理期限不得超过 60 天。

关于许可证的申请资格，任何满足管理方有关规定的进口商都有资格申

---

[1] 《进口许可程序协定》第 2 条。

[2] WTO 秘书处主编 *Guide to the Uruguay Round Agreements*，121，Kluwer Law International，1990。

[3] 《进口许可程序协定》第 3 条。

请，并有权询问被拒绝的原因。被拒绝者还有权提请上诉或审议。协定规定，许可证的有效期应当合理，不得妨碍远地来源的进口。

关于许可证分配，协定要求考虑申请者过去对许可证的使用是否充分等因素，必须给予新的进口商合理的机会，特别是最不发达国家和发展中国家的产品进口商。

4. 其他规定

协定包括有关通知和审议各成员许可程序的规则、机构和措施的详细规定。协定成立了"进口许可程序委员会"（Committee on Import Licensing），对所有成员开放，负责监督该协定的实施，并根据通知审议协定的实施情况。通知包括对年度问卷（annual questionnaire）的答复。协定要求任何新的进口许可程序，或对程序的任何变更，都必须在公布 60 天内通知进口许可程序委员会。如果一成员方没有将这些新的或更改过的程序进行公布，其他成员可以对这些内容进行公布。[1] 除发展中国家有 2 年时间满足自动许可的某些要求外，协定没有规定过渡期。现在，各条款已全部生效。[2]

第八节　《装运前检验协定》

与国际贸易合同中着重货物规格与质量的装船前检验条款不同，WTO 的装运前检验是指货物启运前接受政府指定的专门公司关于货物价值的检验。[3] 它与海关估价关系密切，被很多国家用来保证进出口货物的申报价格不被抬高或压低。压低货物的海关报价（under-declaration），目的是逃避关税，会减少货物申报国的关税收入。而抬高海关报价（over-declaration），则是一种传统的非法转移资本方式，通常发生在有外汇控制的出口国。为防止这些现象，一些国家将指定代理公司签发的装运前"检验结果清洁报告书"（clean report of findings）作为进出口产品的一个重要条件。但装运前检验增加进口商的成本并导致进口迟延，同时，政府要求的检验可能改变货物估价，影响贸易方的合同关系。

乌拉圭回合谈判达成的《装运前检验协定》在非歧视和透明度原则下，为政府指定的检验公司以及这些公司核实价格的工作提供了指导原则，同时

[1] 《进口许可程序协定》第4、5、7条。
[2] 《进口许可程序协定》第8条。
[3] 〔英〕霍克曼、考斯泰基：《世界贸易体制的政治经济学》，刘平等译，法律出版社，1999年，第95页。

规定了解决贸易商与检验公司之间争端的程序。

协定规定十分具体，共分 9 条。第 1 条明确了协定适用范围及相关的定义。第 2、3 条分别为用户成员和出口成员的义务，其中"用户成员义务"几乎占了整个协定的一半，规定了最重要的价格核实问题。其他几条分别为程序及管理的有关内容。

1. 协定的适用范围①

协定的适用范围为各成员领土内实施的所有装运前检验，而检验内容主要包括货物的质量、数量、价格、汇率和融资条件等。②

2. 用户成员义务

协定的核心内容是第 2 条的"用户成员义务"，而第 2 条最重要的部分是有关价格核实（price verification）的规定，主要内容是：政府指定的装运前检验公司对货物进行的估价，必须根据第 2.20 条的价格核实标准进行，否则，不能证明合同价格不真实；在进行检验时，价格比较应根据在相同或大致相同的时间内，在竞争和可比的销售条件下，符合商业惯例并来自同一出口国供出口的相同或相似货物的价格，扣除任何适用的标准折扣后进行比较。这个规定不要求对同一国家的产品价格进行比较，考虑了一些发展中国家的实际情况。在一些发展中家，国内市场销售价格相比于其他国家而言定得过高。

条文对可接受的价格比较作了详细的规定：要求比较必须根据真正可比的价格进行，同时必须考虑进口国相关的经济因素，适当考虑销售合同的条件和各种调整因素，不得任意限定最低价格；在审查运输价格时，不能对合同规定的运输形式提出疑问；禁止使用进口国国内货物的销售价格、来自另一国的出口产品价格、生产成本以及任意或虚构的价格。

条文还包含了其他一系列规定：要求用户成员政府要保证装运前检验不造成歧视，程序和标准对所有出口商平等适用，且所有检验人员按照相同的标准进行检验；检验必须符合 GATT 第 3.4 条的国民待遇要求；检验在出口国进行，但对复杂商品的检验可以在生产国进行；货物需要满足的标准是销售合同要求的标准，如果合同未做规定，使用国际标准；检验人员必须向出口商提供有关检验程序、标准、相关法律、他们对检验公司的权利、检验要求涉及的最低装运价值等全部信息；保密规则禁止检验公司询问关于专利方法、

---

① 《装运前检验协定》第 1 条。
② 《装运前检验协定》第 1.1、1.3 条。

内部成本、利润水平和出口商与供应商合同细节的问题；检验公司在检验货物时须避免不合理的延迟；在进行检验的 5 天内，应提供"检验结果清洁报告书"或不予签发报告书的书面说明；如果不予签发清洁报告书，应允许出口商提出书面意见，并尽早进行复检；应请求，检验公司必须对价格或汇率进行初步核实，除非货物与进口许可证或文件不符，核实的价格或汇率将是有效的；检验公司的检验程序必须避免利益冲突；最后，检验公司必须在设有检验办公室的城市或港口至少指定 1 名工作人员，在办公时间接受和审议出口商的上诉或意见，并对此作出决定。

3. 出口成员义务①

协定对出口成员的义务规定只有 3 条——非歧视、透明度和技术援助。条文规定，出口成员必须保证有关装运前检验的法律法规以非歧视的方式实施，并及时公布。如果提出请求，应向用户成员提供技术援助，以实现协定目标。

4. 其他规定

协定的其他主要规定，是关于快速、独立审议解决争端的规定。如果出口商和检验公司在两天内不能解决某项争端，则双方都可以将争端提交"国际检验机构联合会"（International Federation of Inspection Agencies，IFIA）和"国际商会"（International Chamber of Commerce，ICC）。②《装运前检验协定》没有设立专门委员会监督协定的实施，这在 WTO 各协定中很少见。协定的实施由货物贸易理事会直接监督，在部长级会议上每 3 年审议 1 次，并根据经验进行修正。③

---

① 《装运前检验协定》第 3 条。
② WTO 秘书处主编 *Guide to the Uruguay Round Agreements*，117，Kluwer Law International，1990。
③ 《装运前检验协定》第 4、6、8 条。

第八章

一般例外与安全例外：GATT 第20条、第21条

GATT 第 20 条，是关于 WTO 义务一般例外的规定，共 10 项。这些内容牵涉一个国家非常重要的方方面面。所采取的相应保护措施，历来被认为应当由各国政府根据本国具体情况自行决定。第 20 条的内容，除环境保护、人类健康等实体规定，导言部分要求各成员在临时启动例外措施时，必须保证"所采取的措施，在任何情况下都不构成在情形相同的国家之间任意或不合理的歧视手段，或对国际贸易的变相限制"。根据条款内容，在判定是否属于例外规定的情况时，各成员应该参照最低损害原则，即所采取的措施必须是可能实现的最低贸易限制。

题为"安全例外"的第 21 条案例不多，案件分析也往往只在 GATT 理事会有关经济限制和经济抵制的争论中被引用。第 21 条的大多数条文内容清晰明确，只有第 21 (b)（iii）条引发过一些关于适用范围的争议。

第一节　GATT 第 20 条：一般例外

一　第 20 条导言

第 20 条导言规定：

> 在遵守关于此类措施的实施加工不在情形相同的国家之间构成任意或不合理的歧视手段或构成对国际贸易的变相限制的要求前提下，本协定的任何规定不得解释为阻止任何缔约方采取或实施以下措施：

在 WTO 争端裁定中，第 20 条导言涉及的争议问题通常为"任意或不合理的歧视""变相限制"，以及由该前言规定引申出来的"最低贸易限制原则"。

1. 任意或不合理的歧视

在"美国—禁止某些虾及虾类制品进口案"审理中，上诉机构裁定，第20条导言的目的，是避免各例外规定的滥用。该案裁定，美国对虾产品的进口禁止，既任意又不合理。不合理在于，不能仅因为其他成员没有采取同样的环境保护措施就对它们进行进口限制。这样的做法，不是最低贸易限制标准。尤其在该案中，美国没有给予出口国机会解释达不到美国标准的原因；没有给予出口国机会解释它们所采取的捕捞方式不会对海龟生存造成威胁。该进口限制是任意的，因为出口国为了获得美国出口资格而必须通过的许可程序不透明，且非常难以预测。

2. 变相限制

在"美国—禁止进口加拿大金枪鱼及其产品案"中，专家组裁定，禁止法令已清楚表明了立法动机，因此，根据法令采取的措施不算是"变相"措施。

3. 最低贸易限制原则

最低贸易限制原则又称最小损伤原则。当成员有理由临时采取歧视措施时，必须采取对贸易产生最小限度扭曲作用的措施。上诉机构在 WTO 首例上诉案件"美国—新配置汽油与常规汽油标准案"中清楚表明，这个原则包含在第 20 条导言内容中，不只对那些条款中包含了"必须"一词的例外规定适用，它对所有例外措施都适用。该案中，上诉机构指出，美国本来可以选择采取其他限制性更小的措施，甚至根本不需要违背 GATT 义务。美国不但没有这样做，甚至没有尝试与出口国政府达成合作谅解。

在"泰国—香烟进口限制与国内税征收案"中，专家组裁定，泰国政府对进口香烟所采取的全面进口禁令，属于不必要的歧视性措施，违反了第 20 条的规定。泰国可以通过其他限制性较小的措施，如广告宣传、提高税率等，达到减少香烟消费的目的。

二　第 20（a）条

第 20（a）条允许成员政府为保护公共道德而采取违反 WTO 义务的措施。典型的情况，如对黄色、淫秽以及带有种族歧视倾向的出版物所采取的禁止性措施等。

三　第 20（b）条："为保护人类、动植物生命或健康所必需的措施"

WTO 体系中，与第 20（b）条内容相关的还有另外两个协定：《技术性贸易壁垒协定》（简称《TBT 协定》）和《实施卫生与植物卫生措施协定》（简称《SPS 协定》）。一般而言，只要满足这两个协定规定标准的措施，都会被认为是必要措施。

以下是关于第 20（b）条的两个案例。第一个案例是"美国—禽肉案"。以下节选部分是该案专家组关于 GATT 第 20（b）条与《SPS 协定》关系的裁定。该案涉案措施与《SPS 协定》合规性的裁定见第八章相关部分。GATT 第 20（b）条与《SPS 协定》关系的背景介绍见第九章第二节"《实施卫生与植物卫生措施协定》"。第二个案例是"中国—原材料案"，分析第 20（b）条"保护人类、动植物生命或健康"的例外规定。

1. "美国—禽肉案"

美国—影响自中国进口的禽肉产品的某些措施

WT/DS392/R

7.458　美国根据 GATT 1994 第 20（b）条提出肯定性抗辩（affirmative defense）。对美国而言，第 727 节的颁布旨在"保护人类、动物生命与健康免遭中国禽肉产品进口所带来的风险"。如若专家组裁定第 727 节违反 GATT 1994 第 1.1 条和第 11 条，美国将援引 GATT 1994 第 20（b）条作为抗辩。

7.459　在分析为"保护人类、动植物生命或健康所必需"时，GATT 1994 第 20（b）条为违反 WTO 规定的措施提供正当性。在裁定第 727 节违反 GATT 1994 第 1.1 条和第 11.1 条之后，专家组继续审查美国根据 GATT 1994 第 20（b）条提出的抗辩。

7.460　我们已明确裁定第 727 节是一项违反《SPS 协定》第 2.2 条、第 2.3 条、第 5.1 条、第 5.2 条和第 5.5 条的 SPS 措施。我们注意到，《SPS 协定》序言及该协定其他条款特意将《SPS 协定》与 GATT 1994 第 20（b）条关联起来。就此，各方在 GATT 1994 第 20（b）条的解释问题，以及《SPS 协定》如何成为解释上下文的问题上产生争议。我们认为，争议焦点在于，在该措施违反《SPS 协定》诸多条款的情况下，可否根据 GATT 1994 第 20（b）条，将第 727 节认定为"保护人类、动物生命与健康免遭中国禽肉产品进口所带来的风险"的一个必要措施。

7.461　据此，我们将通过考察 GATT 1994 第 20（b）条与《SPS 协定》之间的关系，着手分析美国第 20（b）条项下的抗辩。

7.462　关于《SPS 协定》与 GATT 1994 第 20（b）条的关系问题，美国同意，《WTO 协定》项下各适用条约互为上下文。作为适用协定之一，《SPS

协定》属于第 20（b）条上下文。但美国认为，需要注意的是，《维也纳公约》意义上的"上下文"仅在针对具体条约解释问题时需要加以考虑。根据这个观点，《SPS 协定》是第 20（b）条上下文的事实，并不意味着《SPS 协定》的任何具体要素都可以成为考虑第 20（b）条正当性的法律分析内容。在美国看来，对第 20（b）条进行解释的时候，将所有《SPS 协定》项下的义务都作为解释的相关部分是错误的。美国认为，没有任何原因使《SPS 协定》的关联性比诸如 GATS 第 14 条的更强。

7.463 被问及专家组应当在审查中把《SPS 协定》的哪些条款作为第 20（b）条上下文时，美国主张，将《SPS 协定》视为改变或扩大了第 20（b）条适用范围的做法是错误的。同样，认为该协定是理应比其他条款更为"直接"的上下文的观点也是不正确的。

7.464 中国主张，《SPS 协定》条款为解释第 20（b）条提供了相关的和直接的上下文。在中国看来，第 20（b）条与《SPS 协定》的密切关系反映在《SPS 协定》导言以及第 2.4 条所规定的一致性推定中。被问及专家组在审查中应当把《SPS 协定》的哪些条款作为第 20（b）条的上下文时，中国回应认为，专家组应当考虑《SPS 协定》第 2、3、5、6 条以及第 8 条。中国主张，这些条款与具体措施以及在遵守非歧视纪律的情况下实施这些措施的正当性有关。

7.465 由此，专家组面对的案件焦点问题在于 GATT 1994 第 20（b）条与《SPS 协定》的关系问题。……问题在于，当我们已经裁定第 727 节属于违反《SPS 协定》第 2.2、2.3、5.1、5.2 条以及第 5.5 条的 SPS 措施之后，能否根据 GATT 1994 第 20（b）条合理认定，该条款是"保护人类、动物生命与健康免遭中国禽肉产品进口带来的风险"所必需的措施。

7.466 审查第 20（b）条与《SPS 协定》的关系时，我们回顾了《维也纳公约》规定的条约解释惯例规则。同时，我们回顾了《WTO 协定》第 2.2 条的规定：条约解释必须将附件 1、2、3 中的多边贸易协定作为解释的一个整体，以一种和谐的方式赋予所有条款以含义。

7.467 我们首先查看 GATT 1994 第 20 条导言约文，以及第 20（b）条的内容。相关内容如下：

在遵守关于此类措施的实施加工不在情形相同的国家之间构成任意或不合理的歧视手段或构成对国际贸易的变相限制的要求前提下，本协定的任何规定不得解释为阻止任何缔约方采取或实施以下措施：

（b）保护人类、动植物生命或健康所必需的措施……

7.468 显然，GATT 1994 第 20（b）条约文没有明确提及《SPS 协定》，因为该约文重申 GATT 1947 的相关内容，约成时间先于《SPS 协定》。但该条的确提及"保护人类、动植物生命或健康所必需"的措施。

7.469 下面，我们转向《SPS 协定》。从《SPS 协定》序言着手，我们发现，序言在多个重要地方明确提及 GATT 1994 第 20（b）条或其措辞。序言相关部分规定如下：

> 重申不得禁止任何成员制定或实施保护人类、动植物生命或健康所必需的措施，只要这些措施的实施方式遵循不在情况相同成员之前构成任意或不合理歧视或变相限制国际贸易的规定；……
>
> 因此，期望详尽阐述有关采取卫生或植物卫生措施的 GATT 1994 条款的实施规则，尤其是第 20（b）条的规定；……

7.470 序言明确阐明，《SPS 协定》的宗旨"尤其在于详尽阐述……第 20（b）条的实施规则"，并在脚注 1 中澄清，对第 20（b）条的援引包含该条导言的内容。我们注意到，该序言在起首部分就重复了第 20（b）条以及 GATT 1994 第 20 条导言的措辞。

7.471 我们还注意到，序言使用"详尽阐述"一词描述《SPS 协定》与第 20（b）条的关系。词语"详尽阐述"的通常含义为"详细解释某物"。因此，序言所称《SPS 协定》详尽阐述第 20（b）条实施规则的含义，是指《SPS 协定》"详细解释"如何实施第 20（b）条。由于《SPS 协定》仅对 SPS 措施适用，因此，本结论对诸如第 727 节等被认定为 SPS 措施的条款适用。

7.472 上述解释得到了贯穿《SPS 协定》诸多条款措辞的进一步证实。这些条款，要么明确提及第 20（b）条，要么引用该条相关用语。

7.473 如同"欧共体—荷尔蒙案"专家组所言，《SPS 协定》第 2 条是详尽阐述第 20（b）条规则的一个范例。具体而言，《SPS 协定》第 2.4 条推定认为，遵守《SPS 协定》的 SPS 措施与 GATT 1994 第 20（b）条的规定保持一致。《SPS 协定》第 2.4 条规定如下：

> 符合本协定有关条款的卫生与植物卫生措施应当被推定为符合各成员在 GATT 1994 条款项下有关采取卫生或植物卫生措施的义务，尤其是第 20（b）条的规定。

7.474　同样，《SPS 协定》第 3.2 条大意上推定认为，符合国际标准的 SPS 措施应被视为必需的措施，并推定符合《SPS 协定》和 GATT 1994 有关条款的规定。

7.475　我们还注意到，《SPS 协定》附件 A（1）中关于 SPS 措施的定义，虽然没有直接提及 GATT 1994 第 20（b）条，却涵盖保护动植物生命、健康以及人类生命、健康的措施。我们回顾 GATT 1994 第 20（b）条项下"保护人类、动植物生命或健康所必需的"措施，显然两者属于相同的类型。尽管 GATT 1994 第 20（b）条所涵盖的措施比《SPS 协定》附件 A（1）所界定的措施要多，但附件 A（1）界定的措施类型包含在 GATT 1994 第 20（b）条所考虑的措施类型之中。

7.476　此外我们注意到，《SPS 协定》第 2.3 条和第 5.5 条提及"任意或不合理"的歧视与差别待遇。同时，这些条款提及"对国际贸易的变相限制"。这两个短语均对第 20 条导言用语做出了回应。

7.477　有关货物贸易的具体协定对 GATT 1994 条款作出详尽阐述的情形属于正常情况。WTO 各成员曾通过具体适用协定对 GATT 1994 其他条款进行过详细阐释。这种做法支持我们对此种关系的解读。例如，《海关评估协定》详细阐释了 GATT 1994 第 7 条的规定；《反倾销协定》和《补贴与反补贴措施协定》明确表示它们对 GATT 1994 第 6 条的实施和执行作出解释；《保障措施协定》澄清并加强了 GATT 1994，尤其是第 14 条的纪律。

7.478　《SPS 协定》的谈判历史同样证实了我们所作的条约解释。由货物谈判小组设立的农业谈判小组，意图强化 GATT 的规则和纪律。具体而言，第 20（b）条认识到靠科学证据认定 SPS 措施的必要。制定一套约束 SPS 规章和壁垒的原则，是强化 GATT 规则和纪律的一种实用做法。在此种意义上，《SPS 协定》的宗旨之一是完善第 20（b）条的规定，为此，协定特别规定了 SPS 措施为与第 20（b）条保持一致而必须遵守的纪律。

7.479　我们由此认定，为了 SPS 措施的实施，《SPS 协定》详细阐释从而进一步对第 20（b）条进行了详细的解释。专家组认为，这种解释以一种和谐的方式同时赋予 GATT 1994 第 20（b）条和《SPS 协定》以含义。

7.480　下一步，我们考虑上述裁定对我们所面临问题产生的影响。在已裁定第 727 节属于违反《SPS 协定》第 2.3、5.1、5.2、5.5 条的 SPS 措施之后，可否根据 GATT 1994 第 20（b）条，将其视为"保护人类、动物生命与健康免遭中国禽肉产品进口带来的风险"所必需的措施。

7.481　我们注意到，美国主张，不能仅因《SPS 协定》是第 20（b）条的上下文而解释认为第 20（b）条包含了《SPS 协定》项下所有的义务。某种程度上，我们不同意此种观点。鉴于《SPS 协定》仅对 SPS 措施适用，且我们裁定《SPS 协定》进一步详细解释第 20（b）条含义，因此，就 SPS 措施而言，《SPS 协定》详细解释第 20（b）条的规定。此情形之下，我们难以接受，一项违反《SPS 协定》诸如第 2 条与第 5 条的 SPS 措施，在《SPS 协定》第 2 条与第 5 条作为第 20（b）条释法性规定的情况下，会因此同一条 GATT 1994 条款而获得合法性。此外，我们重申，《SPS 协定》第 2.1 条规定，成员有权为保护人类、动植物生命或健康而采取必要的 SPS 措施，只要这些措施不违反《SPS 协定》条款。因此，专家组认为，违反《SPS 协定》第 2 条和第 5 条的 SPS 措施不能因 GATT 1994 第 20（b）条而获得正当性。

7.482 我们并未认定，所有第 20（b）条的分析均须结合《SPS 协定》进行。我们仅仅指出，在涉及 SPS 措施的情况下，《SPS 协定》条款是分析第 20（b）条的相关要素，且在该 SPS 措施已被认定违反诸如第 2 条和第 5 条等《SPS 协定》条款的情况下，第 20（b）条不能为这种措施提供正当性。

7.483 我们据此裁定，由于第 727 节已被认定违反《SPS 协定》第 2.2、2.3、5.1、5.2、5.5 条，美国未能证明 GATT 1994 第 20（b）条为第 727 节提供了正当性。

* * *

2. "中国—原材料案"

"中国—原材料案"是分析第 20（b）条"保护人类、动植物生命或健康"例外规定的第二个案例。该案专家组对第 20（b）条的适用作出了详细分析，提出了适用第 20（b）条的法律要素，并根据各法律要件，对中国针对多种原材料出口采取的限制措施进行法律分析，作出裁定。

中国—有关多种原材料出口的措施

WT/DS394，395，398/R

7.470 中国援引 GATT 1994 第 20（b）条的规定证明其对某些原材料实施的某些出口关税和出口配额的合理性。

…………

7.473 专家组首先讨论第 20（b）条的条约解释。其次审议上述出口限制措施，并确定其是否为保护中国人民健康所"必需"。

（a）GATT 1994 第 20（b）条条约解释

…………

（i）措施是否属于旨在保护人类、动植物生命或健康的政策范畴

7.478　一项措施要在第 20（b）条项下获得正当性，必须是"保护人类、动植物生命或健康所必需"，且必须遵循第 20 条导言的要求。

7.479　因此，专家组必须首先确定系争措施是否属于旨在保护人类、动植物生命或健康的政策范畴……诸如减轻燃烧汽油导致的空气污染、降低废轮胎累积造成的风险等一系列宽泛的政策，被视为保护人类、动植物生命或健康的措施。但是，专家组和上诉机构无权质疑各成员所选择的保护水平。WTO 各成员"有权在既定情形中确定它们认为适当的健康保护水平"。

7.480　因此，专家组必须确定一项措施是为实现所援引政策目标"必需"采取的措施。第 20（b）条要求成员采取的措施是为达到其预设目标所"必需"的。上诉机构在"韩国—对牛肉的诸项措施案"中，审查了该条项下必要性的程度，认定从连续性上来看，一项"必需"的措施，应明显接近"必不可少"一端，而非相反的、单纯是"有助于"政策目标的那一端。上诉机构进一步阐释，对必要性的评估涉及"权衡并平衡一系列要素的过程，很显然，这些要素包含合法措施对争议法律或法规的实施所起的作用，该法律或法规所保护的共同利益、价值的重要意义，以及法律或法规对进出口产品随之产生的影响"。

7.481　上诉机构近期在"巴西—翻新轮胎案"中重申其观点："为确定一项措施是否属于 GATT 1994 第 20（b）条意义上的'必需'，专家组必须考虑相关要素，特别是相关利益或价值的重要意义，对达到措施目标的有益程度，以及措施对贸易的限制性。"上诉机构认定，"在预期目标与争议措施之间存在真正的目标和手段的关系的情况下"，如果一项措施有助于"对实现其目标发挥实质性作用"，则该措施为必需。

（ii）争议利益或价值的重要意义

7.482　上诉机构意识到，政策背后所追求的"共同利益或价值愈是重要"，"被设计为执行手段的措施就愈易于被视为'必需'"。上诉机构阐述称，适用第 20（b）条，"几乎没有什么利益比保护人类免遭健康风险更为'重要'，并且保护环境也同样重要"。

7.483　专家组重申，中国援引第 20（b）条为其声称是为保护环境和保护中国人民健康所必需的措施进行辩护。申诉方对中国关于其出口限制措施

目标的主张提出质疑。对申诉方而言，这些措施，其中许多已实施多年，其真实目的在于经济：为其下游产业提供廉价原材料。

（iii）措施对预期目标的作用

7.484　"巴西—翻新轮胎案"上诉机构报告区分了两种作用类型：对其目标的实现"带来"实质性贡献的措施；以及对于预期目标"有助于产生"实质性作用的措施。在"中国—音像制品案"中，上诉机构再次强调，"一项措施对预期目标的作用愈大，它就愈易于被视为'必需'"。

7.485　同样得到认可的还有这样一种观点：即便一项措施，其作用"并非立即可见"，该措施仍可被视为"必需"。如上所述，上诉机构认为，"一些复杂的公共健康或环境问题或许只能通过包含互动措施多样性的综合政策加以解决"。如上诉机构所述，对于这种复杂的问题，上诉机构并不排除这样一种可能：一项"必需"的措施作为包含不同措施的政策体系的一部分，可能有助于第 20（b）条所保护目标之一的实现，从而使这些措施协同发挥作用。上诉机构在"巴西—翻新轮胎案"中证实，短期之内，可能难以对一项具体措施对公共健康或环境目标的作用，与属于同一个综合政策组成部分的其他措施的作用加以区分。

7.486　最后，谨记从定量和定性方面证明措施的作用同样重要：

> 此种证明显然还可以从当前或过去的证据或数据中获得，以证明系争进口禁令对保护公共健康或环境的政策目标具有实质性的作用。但这当然不是唯一可以证明此种作用存在的方法……该证明可以含有对未来的定量预估，或基于一系列经充分证据测试和支撑的定性的法律推理。

（iv）措施对贸易的限制性

7.487　在审查一项措施对贸易的限制性时，上诉机构在"韩国—对牛肉的诸项措施案"中，考虑了措施对"国际贸易"的影响。本质上，"措施限制效果越小，越可能被视为'必需'"。在措施具有很大限制性的情况下，应诉成员必须证明：

> 措施经过精心设计。在权衡和平衡有关措施"必要性"评估因素时，所需考虑的其他要素"超过"该措施的限制性影响。

7.488　这与措施必要性调查是一个整体性过程的认识一致。

（v）不违反 WTO 规定或贸易限制效果更小的替代性措施存在的可能性

7.489　最后，如果上述分析得出初步结论，认为系争措施属于必要措施，则必须将系争措施与起诉方建议的替代性措施进行比较，以确定该结论确实是正确的。"美国—赌博案"与"巴西—翻新轮胎案"报告建立了证明一项合理可行的替代措施是否存在的举证责任分配规则。正如上诉机构在"美国—赌博案"中指出的，尽管应诉成员必须证明所采取措施是必需的，但该成员不需要首先"证明不存在合理可行的替代措施以实现其目标"。

7.490　对实现系争措施预期目标发挥同等作用的替代性措施必须符合WTO 规定。然而，仅仅证明替代性措施的存在不足以证明争议措施非为"必需"。上诉机构在"巴西—翻新轮胎案"中援引了"美国—汽油案"的认定，所提议替代性措施必须保证"应诉成员有权实现预期措施拟应达到的保护水平"。此外，该替代性措施不能是"纯理论性的，譬如是应诉成员无法实施的，或措施造成不合理的负担，诸如成本过高或存在重大技术困难等"。如起诉成员提出可行的替代性措施，则应诉成员可以反证，所建议措施无法达到现有措施拟定的保护水准，因此并非一个"合理可行"的真正的替代性措施。

7.491　专家组在评估可行性替代措施时，被告成员是否有能力"实施成本尤为高昂，或需要先进技术的代偿性措施"，也是一个应当考虑的因素。

7.492　综上，我们认为，专家组不能仅因 WTO 规则的合规性，或一项限制性更小的替代性措施的存在，而否定一项环保或公共健康措施，除非该替代性措施，对采用第 20（b）条作为违反 WTO 规则措施进行抗辩的成员而言，在操作上和经济上均为可行，并对实现其预期目标具有同等效力。

7.493　审查完专家组和上诉机构对第 20（b）条条约解释的判例之后，我们接下来审理 GATT 第 20（b）条可否成为中国对"两高一资"产品采取出口限制的正当抗辩。

（b）对"两高一资"产品的出口限制

………………

（i）措施目标是否在于保护健康和环境

7.498　中国声称其对"两高一资"产品实施的出口限制措施是合理的，因为其减少受限出口产品生产所造成的污染，改善中国人民的健康状况。中国提出许多法律、法规和政策性声明文件，以证明这些出口限制措施是综合环境保护措施体系的组成部分，该体系以保护中国人民健康、节能以及向"循环经济"转变以降低污染为宗旨。

7.499　起诉方对中国声称的目标提出异议。起诉方认为，中国的出口限制并非旨在解决与环境污染相关的健康风险。起诉方反驳称，相反，中国援引环境健康顾虑完全是为了本争端而发展起来的纯粹嗣后合理化行为。起诉方认为，中国的出口限制旨在促进以涉案原材料为投入物的下游高附加值产品的生产。出口限制措施被用来降低此类投入物在中国境内的价格，由此促进下游产品的生产。起诉方认为，上述事实已被中国钢材和铝材出口的大幅增长所证实。起诉方反驳称，中国未能从环境方面证实歧视中国境外的工业使用者而偏向中国境内工业使用者的合理性。

7.500 专家组注意到，在根据第 20（b）条对某项措施进行评估时，首先应当探究中国的出口限制措施是否属于旨在保护人类、动植物的生命或健康的政策的范畴。该裁定应基于被指控措施的设计和性质。专家组转而审查规定涉案限制的措施，以及中国作为证据提交的，证明此类出口限制措施的目标是，且一直是，减少污染和保护人民健康的所有法律、法规。

7.501 首先，专家组认为，规定涉案出口限制的措施没有提及对环境和健康的关切。

7.502 在其第一次书面陈述中，中国声称，"对'两高一资'产品实施的出口关税构成中国综合环境政策不可分割的组成部分，该政策旨在降低与此类产品生产相关的健康风险"。中国随后说明，该措施在《国家环境保护"十一五"规划》（2006—2010）的实施过程中得到贯彻落实。专家组审查了该《国家环境保护"十一五"规划》（2006—2010），发现其未提及本案中被指控的措施。规划中不存在原材料出口关税和出口配额旨在减少原材料生产污染、提高中国人民健康水平的说法。该计划也未泛泛提及出口限制措施。唯一提及环境保护和资源目标的一段规定如下：

> 在资源税、消费税、进出口税改革中充分考虑环境保护要求，探索建立环境税收制度，运用税收杠杆促进资源节约型、环境友好型社会的建设。

7.503 专家组认为，被指控措施与《国家环境保护"十一五"规划》（2006—2010）似乎并无关联。专家组所掌握的证据尚不能明确表明此类措施在该规划的"实施过程中"得到贯彻。

7.504 在其第二次书面陈述中，中国补充指出，同一时期的证据（2005～2010 年通过的法律）证实，中国始终且明确将其出口限制措施与如下目标联系在一起，即控制污染，降低"两高一资"产品的生产而引发的人类、动物和植物的生命和健康风险。中国坚称，在旨在减少污染的综合环境保护措施体系下，出口措施发挥着重要作用。中国向专家组提及《两高一资产品出口控制措施的通知》①，该通知是对"两高一资"产品的大量出口造成并加剧的环境问题的解释。该通知指出：

> 高耗能、高污染、资源性商品大量出口超出了当前我国能源、资源、环境和运输等外部条件的支撑能力，影响国民经济的健康平稳运行。控制高耗能、高污染和资源性产品出口，对……减少环境污染，破解经济发展的资源约束，缓解煤电油运紧张的矛盾，都是完全必要的。

7.505   在此语境下，专家组注意到《两高一资产品出口控制措施的通知》。在第一次书面陈述中，中国表明，对焦炭和碳化硅实施的出口配额，最初是为应对美国和欧盟对上述两种产品实施的反倾销措施。中国并未反驳该事实，但辩称有必要继续对这两种产品实施出口配额，因为环境形势越来越恶劣。所引用的上述文字提到了环境，但也提到了能源、交通和经济发展。从这个角度看，该证据可以说是支持起诉方关于此类措施的目标是经济发展，而非保护环境和健康的立场。该通知未提及对涉案产品实施出口配额或出口关税的需求或计划。其次，专家组发现，该通知第1条和第2条规定，高耗能、高污染和资源性产品的出口增加环境负担，但出口措施与减少"两高一资"产品生产所致污染的目标之间并无明确关联。中国未能通过《两高一资产品出口控制措施的通知》，证实对"两高一资"产品或废碎料产品实施的出口限制措施与旨在降低此类产品生产所致污染的计划有关，或者是该计划的一部分。

7.506   中国进而辩称，对"两高一资"产品征收出口关税的2006年和2007年公告、通告，体现了出口限制措施的实施与环保目标之间存在明确联系，并在2008年公告《2009年进出口关税税则进一步调整》中得到重申。在上述公告文件中，中国阐明，此类出口关税是"针对高耗能、高污染和资源性商品"，未提及征收出口关税对降低"两高一资"产品的生产所致污染的效果。对专家组而言，实施出口限制措施与实现环保目标之间的联系远不够明确。另外，尚不清楚涉案措施如何显著限制"两高一资"产品的生产，并因此实现环境目标，且涉案出口措施如何促进保护产品也不明确。

7.507   为支持其关于出口限制措施构成综合环境保护政策的组成部分的主张，中国还提交了《国家环境保护"十一五"规划》(2006—2010)（规定"在

---

①   文件全称为国家发展和改革委员会、财政部、商务部、国土资源部等《关于做好控制高耗能、高污染、资源性产品出口有关配套措施的通知》（发改经贸〔2005〕482号）。——作者注

……出口税改革中充分考虑环境保护要求"），以及《国民经济和社会发展第十一个五年规划纲要》（规定"严格执行……环保标准……控制高耗能、高污染和资源性产品"）。该原则在《2007 年节能减排方案》、《2008 年节能减排工作安排》及《2009 年节能减排工作安排》中被再次重申。专家组不否认此类文件与上述讨论到的其他证据一样，反映了中国对"两高一资"产品所致污染的关注。但专家组仍需要有说服力的证据，来证明环境保护标准与出口限制措施之间的联系。此外，没有证据证明，出口限制措施作为综合项目的组成部分的实施或至少规定其目标是确保"环境保护"。

7.508　中国提出额外措施试图证明如下主张，即出口限制措施构成旨在减少"两高一资"产品的生产污染及由此对人类、动物和植物的生命和健康所造成的风险这一总体环境目标的综合环境保护体系的一部分。中国提出《节约能源法》和《2007 年节能减排方案》，认为这两个文件列举了中国出口措施的环保目标。专家组注意到，《节约能源法》规定，"国家运用税收等政策……控制……耗能高、污染重的产品的出口"。该文件并未阐明涉案措施的环保目标。相反，所了解到的是出口将受到控制。提及重污染时，也只是描述了受限制措施影响的产品，但未说明此类措施如何与原材料出口限制政策一起实施，从而减少原材料生产造成的污染。

7.509　中国还提出了许多其他措施，包括《水污染防治法》。专家组认为，这些其他措施并不直接涉及具体涉案出口措施对减少污染和保护中国人民健康这一目标的作用。

7.510　专家组还注意到，修改后的《焦化行业准入条件》、《循环经济促进法》、《中国应对气候变化的政策与行动》、《2008 年节能减排工作安排》、《有色金属产业调整和振兴规划》、《关于进一步加强原材料工业管理工作的指导意见》、《可再生能源法》和《2009 年节能减排工作安排》，均包含强调控制"高耗能、高污染和资源密集型产品"重要性的内容，但未规定出口控制作为综合环境保护体系的一部分，是否以及如何对降低污染发挥作用。中国进一步提出旨在鼓励能源密集行业减少污染的《高耗能机电设备目录公告》及《加强淘汰落后产能的通知》[①]。例如，第一个文件规定中国将加速淘汰落后产能和落后高耗能设备。

7.511　专家组认为，上述所有措施均是中国在管理上为保护环境作出很大努力的证据。涉及环保（及其他）方面的中国措施，其幅度之宽令人印象

---

① 文件全称为《国务院关于进一步加强淘汰落后产能工作的通知》。——作者注

深刻。尽管中国付出的努力值得标榜，但专家组未能从该一系列措施中发现旨在解决环境保护和健康问题的综合体系。更重要的是，专家组未发现证据证明，本案涉案出口措施构成任何该体系的组成部分。这并不意味着，成员方措施要成功援引第 20（b）条豁免，只能提供一项或多项文件，该文件需明确规定实施某系争措施是其为保护人类、动物或植物的生命或健康所必需，或这些文件详细规定了其实现目标的方式。但是，专家组认为，成员方不能只简单提交一系列特别提及环境保护或污染产品的相关措施。成员方必须能证明此类文件如何实现其预定目标。

7.512　因此，专家组认定，实施出口限制的措施和同时期法律法规的文本，均未体现出出口限制措施有益于实现既定环保目标的综合计划，或构成该计划的一部分。中国提交的文件，无论是单一文件本身，还是作为一个整体，均不足以表明，出口限制措施旨在减少"两高一资"产品生产所致污染。

7.513　正如专家组所提到，专家组认定，中国提出的众多措施体现了中国对促进节能需求的关注。中国提交的诸多措施再次证实，中国坚持通过实施出口限制措施来限制本案中所谓的"两高一资"产品的出口。但是，该一系列文件似乎仅仅属于一种政策目标的声明，而未说明如何落实这些环境保护目标。最后，中国并未提及具体的国内生产、保护措施，也未提及这将对实现政策目标有何影响。

7.514　起诉方提交的部分证据似乎表明，与中国的主张恰好相反，涉案出口关税与提升涉案产品在价值链上的位置这一经济目标有直接关系。例如，在回答专家组关于中国为何在环境保护上优先采用出口限制措施而非生产限制措施的问题时，中国回答：

> 出口限制措施的实施将使中国能够在今后发展其经济……这样做的原因在于，出口限制措施鼓励该初级原材料在国内经济发展中供国内使用。下游产业（如钢、铝、化工业以及钢铁、铝、化学制品的深加工产业）使用涉案初级原材料，及后续高附加值产品的再生产和出口，能促进整个中国经济更快发展，且从长远来看，促使中国经济转向更成熟的生产模式，摆脱过度依赖自然资源、劳动密集型和高污染制造产业的局面。向高科技、低污染、高附加值产业的转变，反过来又会增加中国经济的增长机遇，产生直接参与该市场的企业所获利益之外的其他的积极溢出效应。

7.515　专家组希望表达对中国在第 20（b）条中所提出主张的系统性后

果的顾虑，因为该条规定可能接着被解释为，允许以出口限制措施减少产品产量并由此以减轻污染为由，对任何污染产品采取出口限制措施。另外，如果接受中方主张，则可以将其解释为对任何原材料采取此类限制措施都是被允许的，只要该措施有利于经济增长并进而最终减轻污染。因此，第 20 条的如下要求至关重要，即只有那些对环境政策目标产生实质性作用的出口限制措施，才被认为符合 WTO 规则。

7.516　专家组由此认定，中国未能证明其主张，即其对"两高一资"产品或废碎料产品实施的出口限制措施是旨在减轻生产"两高一资"产品所致污染的综合性保护计划的组成部分。

…………

（ii）措施是否对保护中国人民健康这一目标有实质性作用

7.518　专家组认为，从"巴西—翻新轮胎案"上诉机关的裁定来看，确定对"两高一资"产品实施的出口限制是否属于保护中国人民健康的必要措施，取决于此类措施是否可能对实现中国声称的减轻生产"两高一资"产品所致污染的预定目标发挥实质作用。中国对"巴西—翻新轮胎案"上诉机关的裁定作了如下解释，裁定意味着就第 20（b）条而言，应当从当下和将来同时评估贸易限制措施的"作用"。

7.519　中国声称，目前，涉案出口限制措施对降低生产焦炭、金属锰、金属镁和碳化硅所致污染而引发的健康风险发挥实质作用。因为，在正常经济条件下，出口限制措施降低出口需求，进而减少国内生产。为支持该主张，中国援引了两项实证研究。其中一项研究采用供需模拟模型，对金属锰、金属镁出口税以及碳化硅出口配额的影响作了评估。另一项研究采用回归分析模型，对中国就焦炭实施的出口关税和出口配额的影响作了评估。模拟结果表明，取消对金属镁实施的 10% 的出口关税，将使国内产量平均提高 1.65%；取消对金属锰实施的 20% 的出口关税意味着其产量将提高 4.28%；取消对碳化硅实施的 216000 吨的出口配额将使其产量增长 3.55%。

7.520　对焦炭的回归分析表明，取消对焦炭实施的出口税，国内焦炭产量提高 2.2%。中国声称，出口关税是对焦炭出口实际"有效"的限制。在上述情形下，出口配额的影响仅在国外焦炭需求大幅增加的情况下才会限制出口。

7.521　中国进而声称，从中长期看，对"两高一资"产品的出口限制有助于实现预定健康目标。中国辩称，从中期来看，对"两高一资"产品的出口关税将通过选择效应强化国内环保法律法规，即通过将低效、小规模企业强制淘汰出市场从而有利于大规模、高效和低污染生产商。中国认为，从长期来看，出口限制措施有利于中国经济将生产从低附加值初级原材料向高附加值深加工产品转变。反过来，这又会促进更快发展。更快发展将产生更高的人均收入，反过来，这又将促进中国人民更倾向于清洁环境和要求更高水准的环保法规。这将"促进发展与环境保护的良性循环"。

7.522　但起诉方主张，中国实施有关出口限制措施的真实目标并非减轻开采"两高一资"产品所致污染，而是确保国内用户比国外用户优先使用原材料。起诉方还认为，出口关税不是实现环境目标的有效政策，并且存在对贸易扭曲更小的替代性措施。起诉方进而指出，中国对"两高一资"产品出口限制措施影响的评估不可信，中国主张的涉案措施对环境的短期、中期和长期的积极影响缺少证据支持。而且，起诉方坚持认为，中国关于"两高一资"产品（和废碎料产品）政策结构的各部分本身存在矛盾和不一致，因此，现在没有，而且将来也不会，对中国声称的减少"两高一资"产品生产所致污染的目标产生作用。因此，起诉方请求专家组裁定，中国未能完成证明"两高一资"产品的出口限制措施有助于中国声称的环保目标这一举证责任。

7.523　专家组注意到，中国承担如下举证责任：证明出口限制措施带来或可能有助于实现第20（b）条所容许的政策目标，并且"上述证明可能包含对将来的定量预测或对经充分证据测试、支持的一系列假定的定性推理"。中国已提出定量和定性观点以支持如下主张，即出口限制措施（出口关税和出口配额）可能有助于为改善中国人民健康状况而减轻由开采各种原材料所致污染这一目标。接下来，专家组考虑提交专家组的证据的定性和定量因素。

7.524　尽管专家组将继续审查中国对"两高一资"产品采取的措施，专家组指出，不能"孤立"审查中国对"两高一资"产品实施的措施。这一点，在中国的定性和定量抗辩主张中非常明确。中国主张，其拥有一个包含"两高一资"产品措施和废碎料措施的综合政策，两种措施协同且同时实施。诚然，在有关"两高一资"产品的抗辩中，中国也提及对废碎料产品实施的措施。中国辩称，使用废碎料产品（回收）比使用"两高一资"产品更节能、污染更少。原则上，各方似乎都同意该主张（事实上，中国引用了欧盟委员会关于循环产业益处的文件），但起诉方指出（如下所述），与其声明相反，中国并未认真寻求循环产业的发展。起诉方认为，中国的措施根本上不是为了减轻污染和保护健康，相反，这些措施的主要目标，是为下游钢材产业提供廉价原材料。

中国是否完成证明对"两高一资"产品实施的出口限制措施当前对既定目标发挥实质性作用的举证责任

7.525　中国依据第20（b）条提出的抗辩，其依据是对焦炭、金属锰、金属镁和碳化硅实施的出口限制措施正在对减少上述金属的初级生产所致健康风险发挥实质性作用。中国辩称，出口限制将会降低此类产品的生产水平。中国认为，生产"两高一资"产品引发严重的健康风险，降低产量可以减轻污染，从而降低相关健康风险。中国辩称，对"两高一资"产品的出口限制措施可限制该污染性"两高一资"产品的产量。

7.526　专家组认识到，中国的定量抗辩主张，依据是出口限制措施影响的标准经济理论，即对造成污染的原材料实施的出口限制措施，通过减少货物的国外需求，将货物供应转向国内市场，由此减轻产品的国内价格压力。货物国内价格的降低将减少生产，进而减轻污染。专家组还发现，各方同意以下基本原则，即在进行孤立分析（即在单一市场和单一政策措施的情形下）时，标准经济学预测出口限制措施将减少国内生产。但如下所述，专家组对孤立地分析特定行业内特定产品的出口限制措施影响的有效性持保留态度，同时考虑对其他相关产业产品采取的出口限制措施非常重要。

7.527　而且，专家组对中国的影响程度的评估，也有所顾虑。如前所述，中国采用两种可替代方法评估"两高一资"产品的出口限制措施对其产量的影响。具体而言，为确定对金属镁、金属锰和碳化硅实施的出口限制措施的影响，中国采用模拟模型，而对焦炭实施的出口限制措施，中国则采用计量统计回归模型。专家组认为，模拟模型根据涉案市场的供需模型，对关税取消后的影响做出评估，而回归法则衡量贸易政策措施（已实施一定期限）的影响。

7.528　虽然我们满意中国就其主张采用的分析方法，但专家组对中国提出的研究结论的可信赖度仍有担忧。

7.529　第一，专家组担心用来分析金属镁、金属锰和碳化硅出口限制措施影响的数据的质量。中国在对金属镁和金属锰出口关税和碳化硅出口配额的影响进行评估时，假设此类产品的国内供需弹性指数（衡量供需各自对价格变化的回应程度）与对焦炭进行评估采用的弹性指数相同。逻辑表明，不同产品的需求指数往往不同。而且专家组认为，标准经济理论规定，供需弹性指数通常具体针对相关产品，因为它们是按生产技术和原材料可被其他投入物替代的程度予以确定的。中国未证明，涉案原材料的生产技术与下游企业能以其他投入物代替此类原材料的程度在各产品之间是相同的。由此，我们不相信我们在审查其他原材料市场时也可以采用焦炭的评估指数。

7.530 专家组意识到，中国通过提供如下证据证明对其他原材料采用焦炭弹性指数的合理性，即当考虑所有来源的进口时，本案中相关原材料的平均进口需求弹性指数对不同产品而言无明显差异。但专家组注意到，关于来自中国的进口产品的进口需求弹性指数数据，似乎在各产品间变化明显——从金属锰的 -2.14 到金属镁的 -6.19 到锰废碎料的 -10.01。鉴于该证据，专家组对用焦炭弹性指数代表其他原材料弹性指数提出质疑。

7.531 由于缺少充分数据，专家组认为对"两高一资"产品出口限制措施比较影响的定量评估推测性较大。根据错误数据或不当评估程序做出的评估当然不可信。

7.532 关于以回归方式评估焦炭出口限制措施的影响，在此，专家组被一系列方法问题困扰。尤其是，专家组注意到中国的评估结果可能不准确，因为该评估结果是通过统计包含不适当控制变量的回归模型评估而获得的。专家组还觉察到，中国的评估使用了定期数据。为准确评估，使用定期数据模型要求方法具体，但中国并未考虑这些方法。专家组还对评估回归模型的具体情况表示担忧。

7.533 第二，即便假定中国提交的用以支持其关于"两高一资"产品出口限制措施目前发挥实质性作用之主张的证据可信，专家组仍无法确信中国完成了证明现行出口限制措施发挥"实质性"作用的举证责任，因为中国的分析未考虑上下游间的重要相互作用。尤其是，鉴于涉案金属行业的纵向结构，人们会期待中国对出口限制措施对污染影响的分析，会将下游产业新增生产可能造成的污染（对"两高一资"产品实施出口关税和配额后）考虑在内。专家组认为，经济分析表明，在通常条件下，对上游的出口限制措施会刺激下游生产。因此本案中，原材料的出口关税（或配额）降低关键投入物的价格，由此刺激下游产业的生产。中国的证据未考虑这一点。

7.534 中国声称，中国未计算下游污染，是因为中国认为相对于上游原材料生产造成的污染，下游相对微小。为支持上述主张，中国提交了关于"两高一资"产品的上游生产是生产流程中污染最为严重的环节、下游产业造成的污染微小的专家报告。中国还提交了有关每吨涉案原材料和钢铁生产所产生的污染程度数据。中国提交的证据支持其关于"两高一资"产品中每吨不同材料产生的污染远远高于钢铁的主张。但该信息对专家组而言仍不充分，因为专家组不清楚使用每吨特定"两高一资"产品能生产多少吨钢或铁。专家组注意到，出口限制措施不仅减少"两高一资"产品的生产，而且使国内下游产业得以消耗更多的"两高一资"产品。因此，为评估"两高一资"产品的出口限制措施是否减轻污染，专家组不仅需要关于低水平的"两高一资"产品生产所致污染减少的信息（中国在第一次书面陈述中已提供），还需要使用供国内消费的额外"两高一资"产品生产的钢铁数量所致污染增长的信息。但专家组未得到后一种信息。

7.535　中国还主张，金属镁和金属锰国内供应的增加不会增加使用二者所生产的铝和钢的产量，而只会改变其质量。因此，不能假设下游产业造成的污染会增加。但中国未提供支持该主张的证据。中国主张，因可获得更多的镁和锰，相比于其他投入物，铝、钢生产商在合金生产中将使用更多的镁和锰。但专家组认为投入物之间的替代性似乎不能排除产量增加的可能性。事实上，应预料到当某种生产投入物的价格发生变化时，（下游产业的）企业可能倾向于以较便宜的投入物替代较贵的投入物。通过这种做法，企业降低生产成本，并反过来可能增加生产，并导致更严重的污染。

7.536　专家组继续分析中国有关实质性作用的证据，专家组认为，在纵向联系较重要的产业中，如涉案的金属产业，审查对预定目标的实质性作用必须考虑可能抵消现有政策的所声称效果的其他政策。如缺少上述要求，有可能两个或多个政策的联合使得各政策对污染的影响失效，而仅有助于实现其他目标（如下游产业的发展）。本案中，中国未反驳其对镁矿（用作金属镁初级生产的投入物）实施了出口限制措施。原则上，该措施降低中国国内矿产价格，从而刺激"两高一资"金属的生产。由此，对矿产的出口限制措施有可能抵消金属（"两高一资"产品）出口限制措施的减产作用，并因此抵消所谓的对环境保护的积极作用。中国承认其分析遗漏了对上述抵消的考虑。但中国辩称中国主要是矿产进口商，而非出口商。基于上述主张，中国断定，矿产价格实际上不受矿产出口限制措施的影响，这意味着不会产生抵消作用。然而，专家组不认为这一证据足以支持该结论。

7.537　中国还辩称，在量化出口限制措施对原材料的影响时，如果考虑上下游间的联系及生产链中不同环节采取的政策，会使该影响分析更复杂。这可能属实，但如果政府关注具有重要纵向结构的产业所致污染的减轻，我们认为，需要考虑上下游的联系，以评估政策效果。另外，专家组认识到，可能无法考虑适用于每一生产环节的所有政策的影响，但在分析预定目标的实质性作用时，至少应考虑如下政策，这些政策的效果可能在某些方面抵消既定目标（如本案中对矿石征收的出口关税）。

7.538 综上，中国提交的用于支持其关于"两高一资"产品出口限制措施当前对预定目标有实质性作用之主张的证据，未能说服专家组。如上所述，专家组因分析所用数据质量和评估方法的缺陷停止分析。而且，即使假设定量分析可信，专家组认为，考虑到金属产业纵向结构的重要性，中国的经济分析应考虑出口限制措施通过上下游产业间的部门联系对污染产生的影响，以及抵消出口限制措施效果的其他措施的效果。如果有附加证据或不同证据，或许能够证明实质性作用的存在，但我们所获得的证据不足以使我们认定出口限制措施当前具有实质性作用。

中国是否已完成对"两高一资"产品实施的出口限制将来可能对预定目标产生实质性作用的举证责任

7.539 中国主张，由于"选择效应"的存在，会有额外的中期收益。据说，"选择效应"发生于下列情况：价格降低导致利润率降低，从而迫使生产者努力提高成本效益。中国认为，由于"效率较高的生产商往往是那些采用环保型生产方式（例如节能技术）的生产者"，因此一般而言，中期污染会趋于减少。为了支持上述观点，中国提交了旨在论证企业效率与产污强度之间相关性的实证研究报告。

7.540 上述有关源自"两高一资"产品出口限制措施的中期收益的观点，未能说服专家组。按照常规的经济假设，企业在所有价格水平上都会使成本最小化。相反，"选择论"则以低效率（即所谓的 X - 非效率）的存在为前提。正如起诉方观点，"这种观点并不构成有关企业行为的现代经济思想的组成部分"。

7.541 中国还提出，从长远来看，出口限制措施可能会发挥实质性作用，因为对"两高一资"产品的出口限制"将会推动中国经济增长——而这反过来又将带来相当的环境保护，从而有助于中国作为发展中国家实现其长期环境目标"。中国的观点建立在两个互相依存的假设之上：（1）对上游金属产品和原材料的出口限制将推动中国经济更快增长；及（2）国民收入提高将与环境收益密切相关。

7.542 专家组接下来考虑这些观点。

7.543 中国主张，出口限制措施与经济增长之间存在密切联系。中国认为，原材料出口限制措施有助于中国从一个原材料主导的经济体向高附加值、深加工产业主导的经济体转型，而这种转型反过来会促进中国经济增长。中国用一项研究来支持这一主张，该研究结论支持所谓的"出口高新产品的外部效应"，该证据表明："那些消费（而不是出口）原材料及初级材料，并努力生产及出口大量'深加工'货物的国家，可实现更高的经济增长。"

7.544 中国认为，原材料出口限制措施以及钢材和铝材（直接下游产业）出口限制措施使其得以充分利用推动经济增长所需的外部效应。

7.545 且不论中国作为证据提供的研究结论是否真正反映了"出口高新产品"与经济增长之间存在因果关系，专家组赞同各方的如下观点，即该研究隐含的正确政策意义在于任何政策均应旨在惠及从事创新活动的企业家，而非惠及跟风者。但是，中国对原材料的出口限制并未区分创新者与仿效者。因此，中国的出口限制措施与其所提交研究报告中论及的良好政策的类型不符，从而无法从该分析中找到佐证。

7.546 中国辩称，实施出口限制是"对'勘探'补贴一个更便利的替代性举措"，理由如下：（1）创新者和效仿者这两个词在法律上很难界定；（2）勘探补贴的开支极高，对发展中国家而言尤其如此；（3）取消出口限制比终止补贴在政治上更易做到；（4）出口限制有助于相关国家同时解决环境及消费的外部效应问题。在此背景下，中国主张，临时出口限制可对目标创新者有利，而对效仿者无益，因为在创新者进入市场之后出口限制可被取消。但是，中国的出口措施似乎并非按该方法制定。

7.547 此外，我们认为，即使出口限制可能产生所需的产品勘探的外部效应，并带动金属产业增长，该种可能性不能证明，原材料出口限制与中国经济总量增长之间存在关联，而这又是中国主张的环境保护促进理论成立的前提。尽管"出口什么才是关键"这个命题应该不会上升到一般经济学"原则"的高度，中国也同意这个观点，但公认的是，对某行业的支持将导致资源从其他行业流出；而资源转移是否增加或减少经济总量取决于各行业的增长潜力。

7.548 无论如何，从非深加工产品出口转型到高附加值产品出口促进经济增长的观点，支持向创新者提供普遍性激励措施的做法，而不是仅限于"两高一资"产业的做法。"两高一资"产品是对中国经济至关重要的关键性生产资料这一事实，既不能表明这些商品的消费必然对经济产生负面影响，也不能表明消费必然促进中国经济总量增长。

7.549 专家组的理解是，就经济理论而言，对"两高一资"产品的出口限制，将导致资源从中国其他行业转移至生产金属合金的下游行业。有一个中国没有涉及但得到普遍认可的观点是，与金属行业相比，资源产出地的行业更有可能带来资源溢出和技术转移，因此，更有可能比一个更大规模的金属行业有利于促进经济总量增长。在这种情形下，对"两高一资"产品消费的鼓励，实际上可能延缓经济总量增长。相反，在没有干预的情况下，会有更多资源流入具有较高增长潜力的行业。此外，上述其他行业可能比金属行业的污染程度低。

7.550 鉴于此，专家组认定，没有充分证据证明，中国"两高一资"产品的出口限制必然促进中国经济增长。

7.551 我们转而进行中国"两高一资"产品出口限制长期利益分析的第二步：更高增长与环境效益之间存在密切联系。中国主张，"完善的监管制度之下，经济增长与环境效益之间存在密切关联"。中国提出，"库兹涅茨环境曲线"（EKC 曲线）实验证据支持此种论点。"库兹涅茨环境曲线"是关于人均收入与环境退化关系的实验。实验表明，尽管在收入水平较低时，污染随收入增加而增加，但收入超过某一水平，污染就将降低。这种关系建立在包含如下收入驱动型变化的假定之上：（1）从自然资源密集型商品转移的生产及/或消费结构；（2）环境质量优先；（3）解决环境问题的机构发展制定适当管理措施；及/或（4）伴随污染治理技术而产生的规模经济。

7.552 各方一致认为，通常而言，EKC 曲线并不表明经济增长与环境质量之间存在因果关系。财富水平的提高可导致公众对清洁环境需求的增加。但是，除非政府通过旨在加强环境保护的政策进行应对，否则环境是不可能得到改善的。中国主张，尽管这种情况不会自动发生，但收入水平的提高使经济发展与环境保护之间的这种关系更加有可能产生；同时，中国声称已提供了某些中国涉案污染产品 EKC 曲线的证据。

7.553 对于专家组而言，尽管在统计意义上，经济增长使环境保护更加成为可能，但这并不能证明，出口限制是环境收益的必需之举。例如，如果人均收入的提高导致公民偏爱更高质量的环境，收入再分配政策可有助于环境目标的实现，这和出口限制有异曲同工之效。

7.554 最后，专家组清醒地意识到认可中国以下观点可能产生的潜在的系统性后果。中国认为，将出口限制措施作为推动深加工产品出口从而促进环境保护的途径会带来长远利益。如果这种观点可以成为豁免违反 WTO 规定的理由，则将鼓励依据第 20（b）条对任何原材料采取出口限制的措施。专家组未发现对第 20（b）条的这种解释有任何依据。

（iii）措施的贸易限制性

7.555 最后，为评估系争出口限制措施是否为第 20（b）条项下"必需"的措施，我们必须权衡系争措施对贸易的限制性，并牢记"措施限制性越低，就越有可能被认定为'必需'"。

7.556　起诉方认为，中国的出口措施"严重扭曲全球市场中的竞争状况"。

7.557　中国回应称，中方行为影响涉案产品全球价格这一推定之外，起诉方未提供支持其主张的任何证据。中国的抗辩基于以下几点。第一，起诉方认为中国控制及操纵"两高一资"产品世界市场供应及全球价格。与此观点相左，"生产'两高一资'产品所需原材料是世界储量最为丰富的一些原材料"。第二，出口限制除外，有其他因素可以解释这些产品的中国出口下降情况。其中包括起诉方对上述某些产品征收的高额反倾销税，2005~2008 年全球商品价格的普遍上涨，以及美国和欧盟对涉案"两高一资"产品的国内生产实施严格的环境监管。第三，中国对这些产品的出口限制措施要比出口禁令温和得多。第四，即使假设中国出口限制措施对价格产生影响，但长远来看，可以预见其对贸易的影响必然消失。这是因为中国出口限制措施引起全球价格升高导致全球投资流向"两高一资"产品扩大生产。最终，随着更多参与者进入市场，全球价格将会下跌。

7.558　专家组承认，已经实施的措施（出口配额和出口关税）比完全"禁止"出口的限制性要低（锌除外）。但是，专家组认为，中国的观点无法证实这些措施没有限制性。第一，出口限制措施对世界市场的影响并不取决于生产"两高一资"产品所需的原材料资源的全球渠道，而是取决于一国在"两高一资"产品市场的出口份额。在此方面，专家组获得的证据似乎表明，中国在上述某些产品上的全球出口份额相当大（焦炭占 43.5%，含镁量 ≥99.8% 的镁占 74.2%，含镁量 <99.8% 的镁占 57.9%，锰占 74.2%）。如此一来，即使中国的出口限制较为温和，也会对全球产生重大影响。

7.559　第二，中国认为，出口限制措施的影响低于美国及欧盟对上述某些产品反倾销税的影响。但是，此观点仅基于出口税率与反倾销税率之间的简单对比。

7.560　专家组认为，从经济视角考虑，该比较对限制性措施对国内价格和贸易的实际影响并无太大指导意义。在通常采用的完全竞争假设之下，对进口关税与出口配额影响的静态对比表明，首先，反倾销税针对的是具体企业，因此，其影响取决于相关企业受影响的贸易量。其次，反倾销税对国内价格的影响取决于进口国的"大小"。如果是进口大国，国内价格增幅将低于关税税率。相反，出口限制对全球出口价格的影响取决于出口国规模。只有采取限制措施国家销售的受限原材料在世界出口量中占据较大份额时，出口限制才会对世界出口价格产生影响。最后，进口限制对贸易的影响取决于进口国的国内供需状况，出口限制对贸易的影响取决于出口国的国内供需状况。

因此，对反倾销税率与出口关税税率进行简单对比，并不足以确保已采取的措施不具较高的贸易限制性。

7.561 就出口限制的长期影响而言，中国认为，长远来看，这些措施并不具有太大的贸易限制性，因为全球市场价格走高，会激励新的生产者进入市场。中国认为，在新生产者进入市场之后，全球价格将回归原始水平。

7.562 尽管理论上这种可能性存在，全球价格升高将使从事"两高一资"产品生产有利可图。但是，考虑长期影响并不会抵消短期影响非常重要。换句话说，虽然长期而言，某项措施的贸易限制性影响可能会消失，但这并不意味着，与该措施有关的短期成本不会对贸易产生较大的限制性影响。

7.563 专家组指出，除锌以外，中国并未全面禁止出口。我们进而发现，绝对意义而言，出口关税水平较低，配额也相对宽松（2009 年某些配额尚未用完）。但是，如上所述，出口限制的影响取决于出口国规模。从这个角度来看，专家组指出，第 20（b）条项下的评估是全面性的，由此专家组转向 GATT 第 20（b）条项下最后一个测试环节。

（iv）符合 WTO 规定或贸易限制性较小替代性措施的可能性

7.564 根据上诉机构在"巴西—翻新轮胎案"中的观点，如果依据第 20（b）条分析初步认定系争措施为"必要"措施，则"必须将系争措施与对拟定目标发挥同等作用但贸易限制性更小可能的替代性措施进行对比，以此确定系争措施为必要措施"。

7.565 我们尚未认定涉案出口限制是否为第 20（b）条项下的必需措施。但是，专家组认为，对于是否存在符合 WTO 规则的替代性措施这个问题，有必要审查各方提交的观点和证据。为此，我们着手辩论式审查。就违反 WTO 规则的中国出口限制措施，起诉方提交了一份符合 WTO 规定的可能的替代性措施清单。中国回应，在综合环境框架背景下，中国已采取了所有此类替代性措施。专家组将认定这些措施对中国是否可行，以及这些措施是否有助于中国将环境保护水平维持在其认为出口限制能达到的相同水平。

7.566 起诉方提出六种替代性措施。它们认为，这些措施符合 WTO 规则，且能更为有效地确保减少污染及保护中国人民的健康。起诉方提出的六种措施包括：（1）投资改善环境的技术；（2）进一步鼓励及促进消费品回收；（3）提高环境标准；（4）投资"促进废品回收所需的基础设施"；（5）在不妨碍本地供应的前提下，刺激产生更大的废弃原材料当地需求；（6）对初级生产采取生产限制或污染控制。

7.567 回应起诉方提出的替代性措施，中国称，起诉方提出的所有这些替代性措施在中国已有实施……

7.568 专家组首先指出，如果中国主张已经采取了起诉方提议的替代性措施，则意味着中国承认上述替代性措施"可行"。然而，中国实际上是在主张，如果在实施起诉方建议的（替代性）国内法规的同时维持出口限制（按照中国的说法这些法规已经得以实施），则中国将达到更高的环保水平。审查完各方关于替代性措施的观点之后，专家组会再回到这个议题。我们将以六种替代性措施作为顺序，按照各方的观点进行分析。如前所述，专家组将对"两高一资"产品和废碎料产品限制措施的替代性措施进行认定。

…………

7.583 中国所采取的环保措施，其广度及深度以及各种既定政策目标的实现潜力，给专家组留下了深刻印象。专家组认为，这恰恰支持起诉方的观点：中国已经具备了实施较高环境要求标准的监管制度（争端初期中国指出，美国和欧共体数年前就已实行该制度），是可以通过实行这些制度来避免采取出口限制措施的。对于这些措施的具体操作标准、具体程序要求和执行程序，专家组不得而知。这些措施中，一些并不涉及，或者并未明确提及涉案"两高一资"产品或废碎料产品，而另一些仅仅表示了对某些特定产品采取出口限制的意向。专家组认为，这些措施都有可能作为中国"两高一资"产品出口限制措施额外的替代性措施。最后，关于专家组收到的其他多份文件，这些文件仅仅提出了目标，而没有制定具体标准，难以作为证据证明某种政策将会因实现这些目标而制定。专家组难以认定，钢材和铝材生产者在多大程度上会受这些措施的影响，它们对减轻"两高一资"产品污染能起到何种程度的作用。此外，没有证据表明，这些标准不能用来作为出口限制措施的替代性措施。

7.584 因此，中国似乎已经有一个监管体系来实施起诉方建议的替代性措施。然而中国仍主张出口限制"同样"必需，并试图证明，同时采用出口限制与其他国内措施的合理性在于，相比于仅依赖环境监管制度，出口限制可以能带来额外的收益。换句话说，中国认为，出口限制是对起诉方提出的替代性措施的补充。

7.585 中国指出，同时实施出口限制措施与其他国内措施可以带来包括短期、中期及长期额外的积极效应。短期而言，中国指出，对"两高一资"产品采取出口限制将使污染快速减轻，这一点很重要，因为现有环境措施不能彻底解决"两高一资"产品生产所致的环境损害问题。就此，中国指出，在不采取出口限制措施的情况下，相比于其生产的社会成本，"两高一资"产品的出口价格显得非常低（因为不考虑环境成本）。由于环境监管制度本身并不足以完全消除"两高一资"产品生产引发的环境损害，出口限制因而是必要的。因此，通过提高"两高一资"产品的全球价格，中国鼓励生产者将"两高一资"产品生产产生的环境成本内部化。

7.586 中方提出的主张难以成立。这是因为，出口限制一般不会将生产"两高一资"产品的社会环境成本内化到国内经济之中。这些出口限制措施降低"两高一资"产品的国内价格，由此刺激（而不是减少）污染性"两高一资"产品的消费。专家组指出，各方一致认为，一般情况下，出口限制并非解决源自国内生产（而非进出口）环境的外部因素的一个有效政策，因为生产国内消费货物产生的污染，往往并不少于生产外销货物产生的污染。问题在于生产本身，而不在于货物贸易。

7.587 最后，专家组注意到，总体上，中国似乎认为，对"两高一资"产品来说，比起仅仅采用符合WTO规定的替代性措施（尽管中国已经实施了起诉方提出作为替代性措施的多项此类法规），采取违反WTO规定的出口限制措施可以带来额外的效果。

7.588 在专家组看来，中国对第20（b）条的解释，显著扩大了例外条款的适用范围，从而使出口数量限制措施合法化。但在本案中，各方并未要求专家组审理涉案WTO规定的正当性问题。我们的授权在于，认定中国是否已证明，其违反WTO规定的出口限制措施可作为减少污染及保障中国人民健康所必需的例外措施而得以正当实施。中国只有在证明现有符合WTO规定的替代性措施无法实现其所选择采用的措施的保护水平时，才能采取该出口限制措施。中国未能做到这一点。

7.589 最后，专家组回到起诉方的建议。起诉方建议，"既然考虑初级产品生产导致的污染是因为生命和健康的考量，中国应该对金属初级产品的生产采取更为严格的污染控制措施"。中国拒绝采取上述措施，认为"对发生在污染源的行为采取征税政策，在行政、监测及执行成本上不可行［……］"。在专家组看来，这不能作为中国不采用符合WTO规定的生产限制措施或税收政策，替代违反WTO规定的出口限制措施的合理解释。

7.590 专家组裁定，中国未能证明，起诉方提出，且中国承认存在，对贸易限制性较小、符合WTO规定的替代性措施，不能作为出口限制措施的替代性措施的合理性。这不是一个实施"更为严厉的、限制生产的环境措施"的问题。这是一个强化并实施直接影响"两高一资"产品生产所致污染的现有环境措施，并在类似措施不存在的情况下，制定新的控制"两高一资"产品生产所导致环境污染措施的问题。

7.591 基于上述法律分析，专家组认定，中国未能证明，其对"两高一资"产品实施的出口限制（特别是对金属锰、金属镁及焦炭征收的出口关税），以及对焦炭和碳化硅采取的出口配额，可依据第 20（b）条获准正当实施……

…………

7.617 鉴于第 20（g）、20（b）条项下的这些裁定，专家组认定，没有必要进一步审查出口配额和出口关税实施是否符合第 20 条序言规定的问题。因为，某项不符合 GATT 1994 第 20 条任何一项（或一款）要求的措施，不能依据 GATT 1994 第 20 条获准正当实施。

* * *

四 第 20（d）条

专家组在"中国—汽车零部件案"中分析了第 20（d）条的适用情况。

中国—影响汽车零部件进口的措施

WT/DS339，340，342/R

7.277 ……专家组裁定，根据这些措施对进口汽车零部件征收的国内费用违反 GATT 1994 第 3.2 条，且措施同时违反 GATT 1994 第 3.4 条。

7.278 中国主张，即使裁定系争措施违反 GATT 1994 一条或多条规定，这些措施整体或部分因 GATT 1994 第 20（d）条而具备实施正当性。申诉方认为，这些措施不因第 20（d）条而获得实施正当性。

7.279 援引第 20（d）条为其措施进行辩护的成员，本案为中国，承担其肯定性辩护的举证责任。因此，专家组审查中国是否已经履行了证明这些措施符合第 20（d）条规定并因此获得实施正当性的举证责任。

7.280 一项有悖于 GATT 1994 的措施欲依据第 20 条获得实施正当性，必须证明两个法律要素的存在：首先，该措施属于第 20 条所规定的一种或多种例外情形；其次，该措施符合第 20 条导言的要求。中国主张这些措施具有第 20（d）条意义上的正当性，因此，我们将从第一个法律要素着手，分析这些措施是否属于第 20（d）条的适用范围。

7.281 第 20（d）条规定：

本协定不得被解释为禁止任何缔约方采取或实施如下措施：

（d）为确保与本协定规定不相抵触的法律或法规得到遵守所必需的措施，包括与海关执法、根据第 2 条第 4 款和第 17 条实行有关垄断、保护专利权、商标和版权以及防止欺诈行为有关的措施。

7.282 上诉机构在"韩国—对牛肉的诸项措施案"中澄清，一项措施欲根据第 20（d）条获得正当性，必须证明两个法律要素：

首先，措施必须旨在确保本身不违反 GATT 1994 规定的法律或法规"得以遵守"；其次，措施必须为确保这个目标的实现所"必需"。

7.283 在着手分析系争措施是否旨在确保本身不违反 GATT 1994 规定的法律或法规"得以遵守"之前，专家组指出，最初，针对专家组可能裁定措施违反 GATT 1994 第 3 条和第 2 条这个问题，在根据第 20（d）条提出措施实施的正当性理由时，中国并没有对正当性的理由加以区分。在所提交的书面材料中，中国根据第 20（d）条，针对专家组"依据 GATT 1994 一个或多个条款"对这些措施可能作出的裁定提出一般性抗辩。中国第一次提交材料的标题为，"任何违反 GATT 1994 的措施均属第 20（d）条一般例外的适用范围"。同时，中国的第二次书面材料（第六节）标题为，"任何专家组裁定违反适用协定的措施，都可因第 20（d）条而获得实施正当性"。

7.284 但是，在第二次实质性会议后书面答复专家组的某一问题时，中国的立场发生了变化，并声称对第 20（d）条的分析，因一项措施违反的是第 3 条还是第 2 条而有所不同。中国认为，如果系争措施违反第 3 条，那么，这些措施可以根据第 20（d）条获得实施正当性，理由是，这些收费和措施是确保遵守"中国的汽车关税规定的有效解释"所必须。

....

7.287 ……作为根据第 20（d）条提出肯定性抗辩的一方，中国承担举证责任，在基于具体证据的事实和法律下，证明其措施的实施存在正当性。在专家组专门询问之前，中国不曾就可能违反 GATT 1994 某一条款（即第 3 条）和该协定另一完全不同的条款（即第 2 条）区分其第 20（d）条项下的主张。这一事实，使我们从一开始就质疑中国第 20（d）条抗辩的有效性。专家组并不适宜提出或推断争端一方所提某项主张的具体观点或分析。根据支持性论据和证据以证明肯定性主张的举证责任由提出主张一方承担。话虽如此，我们仍将继续审查，中国是否已经证明，该措施满足第 20（d）条例外规定所必需的第一个法律要素。

7.288　上诉机构在"墨西哥—软饮料案"中裁定，第 20（d）条意义上的"法律或法规"这一术语，是指构成援引该规定的 WTO 成员国内法律体系一部分的规则，包括源自国际协定且已经被纳入 WTO 成员国内法律体系，或对该 WTO 成员法律体系产生直接影响的法规。

…………（专家组继续分析中国是否已经指出本身并不违反 GATT 1994 的国内法律或法规）

7.297　认定中国未能证明其措施是为了确保不违反 GATT 1994 的法律或法规得以遵守之后，专家组无须继续审查第 20（d）条项下的其他要求。不过，仅就论证而言，如果专家组能够认定，中国的"国内税则"是该措施确保得到遵守的法律或法规，而国内税则规定的内容属于中国减让表所包含的减让范围，由于减让表本身属于《WTO 协定》不可或缺的组成部分，因此，该法律或法规"不违反"GATT 1994。有鉴于此，考虑法律分析的完整性，我们将继续审查，在该措施要确保得以遵守的法律或法规是中国国内税则的情况下，中国的措施可否因第 20（d）条而获得实施正当性。

（b）措施是否旨在确保法律或法规得以遵守

7.298　专家组忆及上诉机构在"墨西哥—软饮料征税案"中关于第 20（d）条"确保得以遵守"这一措辞的表述：

"确保得以遵守"讲的是 WTO 成员可以根据第 20（d）条提出正当性抗辩的措施类别。它们与寻求正当性抗辩的措施意图相关。如果某项措施的宗旨不是"确保"某位成员的法律或法规"得以遵守"，则无法根据第 20（d）条获得正当性。因此，"确保得以遵守"并没有将"法律或法规"的范围扩大到包括了另一 WTO 成员国际义务的范围。相反，"确保得以遵守"限制了第 20（d）条的适用范围。

7.299　专家组认为，上诉机构在上述陈述中的分析表明，审查第 20（d）条项下"确保得以遵守"的相关法律或法规可以分为两个步骤：（1）该系争措施是否"旨在"确保相关法律或法规得以遵守；（2）措施是否实际上属于"确保得以遵守"的法律或法规。就此，我们在"欧盟—关税优惠案"专家组分析中，找到了支持我们对"确保得以遵守"理解的进一步证据。该案专家组认定，审查系争措施是否旨在实现第 20（b）条的健康目标，不仅需要考虑措施的明确规定，还要考虑措施的意图、构造和结构。尽管"欧盟—关税优惠案"专家组的分析是在第 20（b）条（"保护人类、动植物生命或健康所必需的……"），而非第 20（d）条（"确保遵守所必需的……"）语境下展开的，我们认为，这样的分析也与摆在我们面前的问题相关，这个问题就是，中国措施是否旨在确保中国国内税则得以遵守。

7.300 因此，我们将首先审查本案相关措施是否"旨在"确保"不违反"GATT 1994 的法律或法规得以遵守。如果认定成立，我们继而考虑"该措施是否实际上做到了'确保'与 GATT 相一致的法律或法规得以'遵守'"。

（i）这些措施是否"旨在"确保法律或法规得以遵守

7.301 中国主张，这些措施通过防止以汽车零部件进口和组装为规避中国汽车关税规定的一种手段，实施并执行中国与"汽车"进口相关的国内税则规定（纳入中国减让表部分）。据中国所述，为保证这个目的的实现，措施通过建立一套行政程序，在海关关税申报上，确保具备整车实质性特征的汽车零部件被划归整车范围，无论这些零部件是分一次还是多次装运进口。中国提出，涉及中国汽车和汽车零部件关税管理和执行规定的 8 号令第十一章，是 125 号令和 4 号公告中海关执行程序的来源。

…………

7.305 遵循上述专家组和上诉机构采用的方法，本专家组将审查措施的明确规定及其意图、结构和构造，即 8 号令、125 号令和 4 号公告，以认定这些措施是否旨在执行中国的关税减让。关于 8 号令，这份为 125 号令和 4 号公告的制定提供法律依据的法律文件，申诉人主张，措施前言、政策目标（特别是第 3 条和第 4 条）和第 52 条均表明，该措施旨在保护和促进中国的国内汽车零部件产业。而中国却认为，8 号令第十一章，即唯一与涉案措施相关的一章，显示该措施的实施目的是执行中国的关税减让。

7.306 首先，我们注意到，标题为"汽车产业发展政策"的 8 号令，指向中国汽车产业的发展，而非中国汽车或汽车零部件关税规定的执行。此外，正如申诉人提出，8 号令的前言文句表明，制定该政策的主要目的是进一步发展中国汽车产业。8 号令的前言规定：

> 为适应不断完善社会主义市场经济体制的要求以及加入世贸组织后国内外汽车产业发展的新形势，推进汽车产业结构调整和升级，全面提高汽车产业国际竞争力，满足消费者对汽车产品日益增长的需求，促进汽车产业健康发展，特制定本政策。通过本政策的实施，使我国汽车产

业在 2010 年前发展成为国民经济的支柱产业，为实现全面建设小康社会的目标做出更大的贡献。

7.307 因此，前言并非如中国所言。它并没有提及执行中国关税税则的内容。

7.308 我们还在政策目标和政策其他规定中看到类似措辞，包括针对中国汽车零部件产业的第八章。我们进而回顾第十一章第 52 条这个为 125 号令和 4 号公告的制定提供依据、关于进口管理的章节部分，其内容提及汽车制造商和车辆制造商的发展为汽车零部件制造商技术进步提供动力。

7.309 此外，在应专家组请求解释中国 2004 年决定采取系争措施特殊情况这个问题时，中国提出，存在偷逃汽车和包括具有汽车实质性特征的零部件和组件较高关税税率的这样一个严重问题。中国认为，2001 年至 2004 年，进口零部件和组件的价值急剧升高，幅度大大超过中国汽车生产率，从而证明存在规避汽车正常海关关税的问题，而这种情况尤其发生在汽车制造商将众多新型车辆车型引进中国市场的时候。据中国称，这些数字强烈表明，中国必须对车辆和汽车零部件关税归类问题进行审查。

7.310 然而，仅凭 2001 年至 2004 年汽车零部件进口增长的特定的统计数据，并不能让我们信服，措施制定之前，已经存在逃避较高汽车关税税率这个问题。正如欧盟和加拿大所指出的，许多原因可以解释这种汽车零部件进口的增长，包括诸如国外供应、贸易管制、汇率、投资流、税收政策以及对中国产汽车需求的增加。这些因素都可能增加进口汽车零部件的需求。我们同意申诉人的意见。既然中国提交的整车进口数据显示 2003 年与 2004 年进口汽车增长缓慢，那么，该数据为何以及如何反映中国关于该数据反映了汽车制造商改变其业务操作方式以规避针对汽车的高关税税率的观点。关于这个问题，中国没能进行解释。

7.311 中国也没能解释，为什么进口汽车零部件价值的增长不能就是中国汽车零部件低关税承诺的直接后果。事实上，中国自己也承认，鼓励汽车零部件进口以代替汽车进口（因为汽车关税税率较高）是中国谈判减让表的一个内在考虑因素。

7.312 因此，作为授权本案系争执行措施（125 号令和 4 号公告）的法律依据，8 号令的措辞，以及中国关于制定这些措施各种情形的解释，令人质疑中国关于这些措施"旨在"处理中国关税减让项下较高汽车关税税率的偷逃或规避问题的主张。

7.313 尽管如此，我们注意到，8 号令第十一章的其余规定，包括第 55、56、57 条，提及与汽车零部件进口的相关问题。这同样反映在 125 号令和 4 号公告当中。另外，第十一章第 54 条还特别提到，"将严格根据进口整车和零部件的关税税率征收海关关税以防止海关关税的任何损失……"此外，依照包括第 55、56、57 条在内的规定，制定的 125 号令和 4 号公告规定了与汽车零部件进口相关的特别规则。且不考虑这些规则是否确保中国关税减让得以遵守，这是专家组接下来要解决的问题，除了 125 号令第 1 条中的一般性表述之外，125 号令和 4 号公告根本没有提到发展或促进中国汽车或汽车零部件产业。

7.314 综上，构成这些措施的要素，反映了起草人在制定这些措施宗旨方面的复杂意图。从 8 号令通篇随处可见的措辞语气来看尤其如此。尽管如此，没有充分证据可以让我们认定，这些措施本身并非旨在确保中国关税减让得以遵守，亦即防止出现中国声称的规避汽车关税规定的问题。因此，我们继而审查这些措施是否事实上确实属于第 20 (d) 条意义上的"确保"中国关税减让"得以遵守"的措施这个问题。

(ii) 该措施是否"确保"法律或法规"得以遵守"

7.315 在审查系争措施是否为第 20 (d) 条意义上的确保中国关税减让得以遵守的措施时，我们认为专家组在"韩国—对牛肉的措施案"中所采用的方法很有助益。该案专家组首先指出第 20 (d) 条意义上的法律或法规，进而明确系争措施所旨在防止的法规中的违规行为，以分析该措施是否确保该法规得以遵守。遵循同样的方法，首先，回顾上文我们关于中国措施声称确保得以遵守的法律或法规，是中国关税减让税则的裁定。据此，要证明该措施确实是为了"确保"中国关税减让得以遵守，中国必须首先证明系争措施意图实施的具体义务，或者证明，系争措施意图制止的是违反中国关税减让规制的行为。

7.316 中国认为，系争措施通过防止进口和组装汽车零部件被用于规避中国汽车关税规定的一种手段，确保中国关税减让得以遵守。具体而言，中国提出，所谓的"规避行为"，是指制造商将进口汽车零部件和组件安排多次船运，这样一来，这些零部件和组件如果一次船运进入中国将被归为汽车一类，多次单独船运却不会具备车辆的实质性特征，从而逃避较高的汽车关税税率。通过这种方式组织汽车零部件和组件进口，汽车制造商使中国损失了税收和市场准入利益。这些利益，正是中国通过谈判获得高于汽车零部件和组件约束性关税的汽车税率。由此看来，中方眼中的问题在于，通过多次船装进口零部件和组件，进口商是否可以达到逃避海关当局确定的标准这个目的。中国认为，根据 HS 编码解释性规则对中国的国内税则进行阐释的话，汽车零部件进口商的这种行为是违反中国税则规定的行为。中国提出，成员根据 HS 规则制定措施以维护其关税减让税率的能力，与 HS 规则本身的范围一样宽泛，因为任何该类措施必须与 HS 要求保持一致。

7.317　与此相反，申诉方甚至不承认"规避海关关税"这一概念的存在。申诉方认为，在本专家组程序期间，为描述中国所谓的关税"规避行为"而提出的"关税套利"、"关税偷逃"或"关税规避"等概念在《WTO 协定》中并不存在。

…………

7.321　根据上述内容，专家组的理解是，中国关于其措施意图阻止的、违反其关税减让规则的行为，是"规避"汽车关税条款的行为。中国提出被认为是"规避"中国汽车关税条款行为的例证如下：（1）在拆除车辆零部件，如轮胎和刮水片后，将其申报为汽车零部件；（2）进口具备汽车实质性特征的零部件和组件，并在申报文件中列为"分批"船运，即使它们于同一天通过同一船舶抵达同一个港口；或者（3）通过多次船运进口具备汽车实质性特征的零部件和组件时，通过进口货物船运安排，使它们于不同船舶、抵达不同港口或不会同日抵达。中国主张，如果不对上述谋划采取措施，进口商将不必再按照汽车关税税率缴纳关税。

7.322　考虑这些例证，考虑中国关于通过高于措施规定的门槛进口汽车零部件并将其在中国境内组装成汽车，不论有无规避汽车高关税税率的意图，都是一种规避行为的立场，我们认为，所谓规避中国关税减让规则的行为包括下列三类：（1）进口汽车零部件供国内装配，但没有逃避或偷逃较高车辆关税的意图；（2）进口汽车零部件供国内装配，且有逃避或偷逃较高车辆关税的意图；以及（3）进口"汽车"，但将其分散为零部件以避免报关时归类于较高汽车关税税率类别，并在申报和/或申请文件中，将其归为与进口实物不符的汽车零部件类别。

7.323　如上所述，申诉方对所谓通过上述行为"规避"中国汽车关税规定提出异议。因此，证明其主张，中国必须解释，为什么"规避"汽车关税规定违反其关税减让项下义务，并因此需要通过这些措施加以防范。

7.324　首先，根据中方观点，"规避海关关税"的概念很宽泛，因为认定存在逃避关税的行为不要求汽车零部件进口商具有逃避较高汽车关税税率的意图。中国认为，通过多次船运进口并组装汽车零部件和组件，损害了中国谈判的关税减让价值，无论汽车制造商是否有意逃避较高的汽车关税税率。

7.325 如果接受中国的逻辑，则正常业务运营过程中进口汽车零部件，并将其用于在中国组装汽车而没有任何逃避较高汽车关税税率意图的汽车制造商，仍会被视为逃避中国汽车关税规定。中国没有为这一情形提供任何法律依据。

7.326 "规避"一词可以定义为"规避某人的行动或行为"。而动词的"规避"，可以定义为："1. 及物动词。欺骗、瞒骗、以诈术取胜；寻找出路、逃避（困难）；……3. 及物动词。到处走动；围绕；兜圈子。"正如欧盟所主张的，"规避"的词典定义同时考虑到下列两种情形：一种是在行动背后存在犯罪或欺骗性的意图；另一种是并不必然存在这种意图且构成规避的行动本身并不违法。尽管并不一定要求有犯罪或欺骗性意图，"规避"的通常含义（即"寻找出路"或"到处走动"），暗示了逃避某种事物或情形所必要的意向或意图。因此，出口商规避中国所称的关税，至少需要有行为意图。鉴于此，针对没有任何规避较高汽车关税的意图而进口并组装汽车零部件的行为在其关税减让税则下属于违法行为这一主张，中国没有解释这样的行为为何以及如何违反其关税减让。

7.327 其次，假定确实有一些进口商有意对货物进口做出逃避较高汽车关税税率的安排，中国也必须解释，为什么这样的行动违反中国的关税减让税则。

…………

7.332 专家组将首先审查，与"进口商有意构架汽车零部件进口以适用某成员国内税则项下较低关税税率"的情形相关的"规避"一词，是否在《WTO协定》中有所提及。"规避"在《贸易政策术语词典》中的定义如下：

> 出口商所采取的，旨在逃避反倾销措施或反补贴税的措施。它也可以指逃避原产地规则等。规避行为包括隐瞒产品的真实原产地，有时通过制造过程进行隐瞒，这样做唯一的目的，是提供足够证据以证明满足某一协定的要求。这种行为，有时属于螺丝刀操作类别。《农业协定》旨在防止发生规避抑制出口补贴承诺的行为。纺织品贸易中的规避是指通过改变某种产品的原产国逃避配额和其他限制 [另参见反规避税]。
> 逃避出口市场中的贸易管制，通过诸如选择那些具有更优惠入关条件的国家作为转运国进行他国转运。在世界贸易组织中，"反规避税"的问题在与纺织品和服装、反倾销和农业相关的谈判和协定中经常出现。

7.333 此外，"反规避税"在《贸易政策术语词典》中的定义如下：

政府为防止规避其所实施的措施（譬如最终反倾销税）而采取的行为。有时，企业试图通过诸如在进口国或第三方组装零部件和组件，或改变制造和出口地以规避这类税赋。该术语用在 WTO 中并不指欺诈的情形。如果是欺诈，将根据相关国家正常法律程序进行处理。《农业协定》包含了一条反规避税条款。该条款规定不得利用未在协定中列出的出口补贴规避出口补贴承诺，也不得以这种方式进行非商业交易［另参见反倾销措施、旋转木马效应、倾销和螺丝刀操作］。

7.334 如上所述，"规避"一词在国际贸易语境中的定义表明，一般海关税收并不考虑"规避"与"反规避"的情况。在《WTO 协定》语境下，"规避"被视为与反倾销税、原产地规则、《农业协定》和纺织品贸易相关。此外，"反规避"这一概念只在《农业协定》中有明确阐述。《农业协定》第 10 条标题为"防止规避出口补贴承诺"。该条规定不得利用未在协定列明的出口补贴规避出口补贴承诺。同时，WTO 成员正在反倾销税背景下进行反规避税问题的谈判。

7.335 另外，诸如"偷逃"和"逃避"等概念的存在似乎与海关关税并不相关，至少没有在法律语境中出现过。比较而言，我们注意到，类似概念在国内税法中有比较完善的定义。"规避关税"被定义为"利用法律上可行的税务规划机会以使纳税责任最小化的行为"；而"偷税"被定义为"阻挠或规避关税法以非法减少纳税责任的故意；偷税应受到民事和刑事处罚，偷税又称税务欺诈"。

7.336 此外，中国为汽车和汽车零部件关税减让明确规定了不同税率。前者税率较高，平均为 25%，后者较低，平均为 10%。在这种情形下，任何进口商、汽车制造商在其业务正常运营中，在业务要求允许的范围内，都会决定用进口汽车零部件组装汽车。如前所述，中国自己也承认，刺激进口汽车零部件而非汽车（因为汽车关税税率较高）是中国减让表的内在考虑因素。

7.337 中国关于"规避"的概念，是指进口商决定进口汽车零部件供国内组装而不进口关税税率较高的整车的行为。对此，中国既没有提供证据，也没有做出令我们满意的解释，证明进口商的这种做法为何以及如何违反了中国关税税则项下义务。就此，我们并不是在说，中国必须提交具体证据证明，任何一种中国认为旨在规避其关税减让的固定进口模式都违反其关税减让规则。因为在我们看来，相对于"应对性"措施而言，没有任何规定禁止

WTO 成员采取"预防性"措施，以应对根据国内法律或法规被视为违规的行为。在我们看来，这样的证据在证明某种措施"旨在"确保相关国内法律或法规得以遵守时是有用的。不过，要证明系争措施"事实上确实是为了确保其国内税则得以遵守"而实施，中国至少必须证明，为什么其所描述的行为类型违反中国关税减让，并因此需要通过这些措施进行预防。对此，本案申诉人表示怀疑。

7.338 最后，我们转而审查，汽车制造商进口的是"汽车"，却在进口前，将它们拆散成零部件，以使其在向海关呈报时，不被征收较高的汽车关税税率，同时，在进口商品申报和文书登记时，以不实进口汽车零部件进行申报。

…………

7.342 专家组指出，欧盟和美国至少承认，进口商对商品的虚假申报或登记，在其各自国内法体系中可能被认定为违法。但是，申诉方争辩称，恰如中国所主张，这些行为属于成员根据国内税则处理的事项。

7.343 就此，中国回复专家组的提问表明，与上述申诉方国内法律体系类似，中国在其"一般海关法律"中制定了管制进口商虚假申报进口商品或提供错误信息的条文。中国表示，《中华人民共和国海关行政处罚实施条例》（简称《海关行政处罚实施条例》）定义了不同类型违反海关法律法规的行为，包括提交虚伪申报或违反海关对商品监控的行为。因此，中国主张的违反其关税减让的行为，应该根据与其关税减让规定无关的，中国《海关行政处罚实施条例》定义和规定的措施予以防范。

7.344 此外，正如《贸易政策术语词典》的阐述，在 WTO 语境下使用的"规避"这一概念并不包括欺诈的情形，相反，该情形通过各国国内相关正常法律程序进行处理。

7.345 因此，我们认定，中国没有证明进口商品的虚假申报或登记行为违反中国关税减让项下义务并因此需要通过系争措施进行预防。

（iii）结论

7.346 综上，我们认定，中国没有完成证明这些措施是为"确保"国内税则"得以遵守"的举证责任，原因在于，中国主张，"规避"汽车关税规定的行为（即进口汽车零部件并在中国组装，无论是否具备任何逃避/偷逃较高汽车关税税率的意图），违反其关税减让项下义务，并因此需要通过这些措施进行预防，但中国对此结论的论证没有达到令我们满意的程度。

（c）中国的措施是否为确保中国关税减让得以遵守所"必需"

7.347 专家组在上文裁定，这些措施并不是为确保中国关税减让得以遵守，因此，不能被视为确保中国关税减让得以遵守的"必要"措施。但是，即使可以认定这些措施是为确保中国关税减让得以遵守，基于下列原因，我们仍然认为，中国没有证明这些措施是为确保中国关税减让得以遵守所"必需"。

7.348 忆及我们关于上诉机构在"韩国—对牛肉的诸项措施案"中对属于第 20（d）条涵盖范围的措施必要性的相关陈述：

> 确定一个并非"不可或缺"但可能属于第 20（d）条涵盖的"必要"措施的过程，需要对个案一系列的因素进行权衡。这些因素主要包括在执行系争法律或法规时合规措施所起的作用，法律或法规所保护的共同利益或共同价值的重要性，以及法律或法规对进出口产生的影响。

7.349 在审查中国是否证明了系争措施属于第 20（d）条涵盖的"必要性"措施时，我们将遵循上诉机构提供的指导原则。

7.350 中国提出，预防关税规避显然属于 WTO 成员们的一个重要利益。根据上诉机构在"多米尼加共和国—烟草案"中的认定，征税（包括海关收入）是 WTO 成员，尤其是发展中国家成员的一项重要利益。中国主张，实施谈判达成的关税减让，包括它们对市场准入承诺有可能产生的效果，也是各成员，尤其是发展中国家成员的一个重要目标。

7.351 中国认为，相比之下，系争措施对国际贸易的限制性影响很小甚至没有影响，因为这些措施唯一的目的是确保应该征收的关税得以征收，除进口商必须在进口具备汽车实质性特征的各种零部件时缴纳较高关税之外，这些措施并没有实质性影响汽车或汽车零部件进口。中国认为，受其影响的只是那些使用具备汽车实质性特征的进口零部件和组件在中国进行汽车组装的汽车制造商。

7.352 中国提出，这些措施能够确保汽车关税规定的执行，毫无疑问是有利于保障中国合法权益的。中国指出，这些合法权益的保障，是通过将制造商所进口和组装的货物，按照其实际内容而非船运形式来进行关税分类。

…………

7.360 专家组承认，通过合法征收进口商品关税获取收入是 WTO 成员的一项重要利益。实际上，根据成员关税减让税率而征收的关税，其目的之一，就是为进口国政府增加收入。但我们认为，必须仔细权衡成员所追求财政利益的重要性，譬如中国在本案中的利益（税收）重要性，与该财政利益对贸易的影响，以及这些措施对实现该财政利益所起作用的程度。

7.361 就此，鉴于我们上文认定，中国未能证明哪些具体行为违反了中国的关税减让规定从而需要通过系争措施加以防范，因此，系争措施不能被视为可助其实现拟定目标的措施。退一步而言，即使我们暂时假定这些措施可以做到加强车辆关税规则的执行，譬如可以防止进口商对进口产品进行虚假申报或虚假信息登记，其适用范围仍然过于宽泛，以至于不能将其视为防止这些行动所必需。正如先前审查所揭示的，这些措施甚至涵盖汽车制造商/进口商在其正常业务经营中，在没有任何逃避较高汽车关税税率的意图，更不用说存在任何对特定进口内容进行虚假申报或虚假信息登记意图的情况下，使用进口汽车零部件进行汽车组装。在我们看来，这远远超过了执行中国汽车关税规定的必要范畴。

7.362 现存证据进一步表明，费用收取所需的某些行政程序可能长达数年。此外，我们还看到，在案可获证据表明，这些措施不一定会符合现代汽车和汽车零部件工业的商业现实。总体证据显示，汽车工业的经济现实是，汽车零部件变得更为标准化，从而可以在不同车型之间通用。尤其是在共享各种汽车车型平台、零部件以及组件的情况下，汽车制造商已经可以利用通用零部件和组件来组装更多的车型，实现规模经济。例如，一种汽车制造商广泛采用的方法是，尽可能在不同车型之间共享通用组件的平台策略。汽车行业报告同样显示，同品牌多种车型可以共用一个平台，从而使通用零部件的使用率达到60%～70%。中国提出，"汽车零部件和组件之间的通用程度非常之低"。就此，我们同意"某些汽车零部件因其特殊功能或性能致使其通用性仍然有限"的观点。不过，根据对各方所提交证据的评估，我们认定，尽管在通用性程度上有所不同，汽车零部件已经在很大程度上标准化。在此情况下，将某些汽车零部件认定为属于某特定车型将会对贸易造成不必要的限制。

7.363 此外，欧盟提出，尽管可以采取许多合理可行的方式以确保其关税减让得以遵守，中国却未考虑采取这些影响较小的方式，譬如，根据个案，调查海关法管辖的偷逃行为，而不是对所有违反这些措施所规定的门槛、用于成车组装的进口汽车零部件收费。中国辩称，当前情形下，偷逃关税的问题是一个确保进口商品正确的关税分类问题，而关税分类的一个重要目标，是保证物品无论何时进口，都能被统一进行归类。要实现归类的统一性，相同的归类，应当在所有相似情形下，产生相同的结果，而不只是在海关当局使用必要手段对具体进口报关记录进行调查的情况下才产生相同的结果。在中方看来，这正是措施不能仅限于"个别情形"的原因，因为措施的目标是要确保具备汽车实质性特征的零部件和组件在所有情形下的归类都保持一致。

7.364 然而，正如欧盟主张，在有否符合WTO规定的其他替代性措施这个问题上，中国的主张，以自行界定的违反其关税减让规定的行为为前提，却未能证明存在这样的行为。在这个层面上，我们同意，正如我们上文的假设，如果这些措施的实施，是为了在一些个别情形下，实现确保中国关税减让得以遵守的目标，那么，中国未能证明，必要时的个案调查为何不能作为这些措施的一种替代性手段。据此，在分别考虑这些措施与中国有可能采取的替代性措施对进口汽车零部件所产生的贸易限制性之后，我们认定，中国未能证明，这些措施是确保中国关税减让得以遵守所"必需"的措施。

7.365　有鉴于此，我们认定，中国未能证明，这些措施属于第 20 (d) 条项下的正当性措施。由此，专家组没有必要继续审查措施是否满足第 20 条引言部分的要求。

＊　＊　＊

五　第 20 (g) 条

专家组在"中国—原材料案"中分析了第 20 (g) 条的适用情况。

中国—有关多种原材料出口的措施

WT/DS394，395，398/R

7.356　中国对其耐火级矾土和氟石出口限制措施进行抗辩的依据是第 20 (g) 条。中国认为，耐火级矾土和氟石是可用竭自然资源，这些资源稀有且无法轻易找到替代，因此需要予以管理和保护。中国坚持认为，任何事项都不应妨碍其对这些自然资源拥有的主权。此外，中国提到发展中国家关于采取其认为适当的最佳方式利用其资源，包括对其原材料进行加工的要求。起诉方则称，中国出口制度的目标和运行无法受益于第 20 条的弹性规定。此外，中国也不能援引第 20 (g) 条为有悖中国《入世议定书》的出口关税获得正当性。

…………

7.359　违反 GATT 1994 义务的措施仍可能依据第 20 条规定获得正当性。正如上诉机构在"美国—汽油案"中所述并在"巴西—翻新轮胎案"中被确认的一样，要依据第 20 条抗辩，"……涉案措施不仅必须属于第 20 条所列具体例外中的一项——第 (a)～(j) 项，还必须满足第 20 条序言规定的各项要求。换言之，这一分析分为两个层面。首先，因措施具备分条款要求而获得临时正当性；其次，依据第 20 条序言进一步对措施进行评估"。

7.360 第 20 条各款列出了成员在寻求"正当的国家政策或利益"时可以采取的措施。第 20 (g) 条内容如下：

> 在遵守［有关不歧视和不变相限制贸易的要求的前提下］，本协定的任何规定不得解释为阻止任何缔约方采取或实施以下措施：
>
> (g) 与保护可用竭自然资源有关的措施，如此类措施与限制国内生产或消费一同实施。

7.361 因此，一项措施要依据第 20 (g) 条获得正当性，涉案措施必须：(1)"与保护可用竭自然资源有关"，且 (2)"与限制国内生产或消费一同实施"。接下来，专家组考虑第 (g) 项用语在上下文中的通常含义。

(i)"与保护可用竭的自然资源有关"

7.362 判断一项措施是否符合第 20 (g) 条规定的第一个法律基准，是该措施"与保护可用竭的自然资源有关"。

7.363 中国认为，第 20 (g) 条规定的范围包括对有生命和无生命的可用竭自然资源的保护，例如"原材料"。起诉方对此无异议。中国进一步称，"保护"一词应被解释为保持和维持某物——在本案中是指第 20 (g) 条规定的"自然资源"——的存在状态或数量。中国认为，第 20 (g) 条保护其在考虑中国社会和经济发展需求的基础上，采取全面可持续矿产保护政策的主权。

7.364 对中国而言，在解释第 20 (g) 条时，必须承认 WTO 成员"对其自然资源的主权权利"。中国声称，此种权利的行使必须考虑到成员自身的社会和经济发展，以及《WTO 协定》前言所述的可持续发展目标。中国指出，可持续发展要求通过对稀缺资源的有效管理来确保经济发展与保护并重，其中"保护"一词，是指长期管理可用竭自然资源的有限供应。中国认为，其出口限制"与保护有关"，因为出口限制措施是中国管理耐火级矾土和氟石的有限供应措施的重要组成部分，而耐火级矾土和氟石均为可用竭的自然资源。

7.365 起诉方称，中国提出的作为"保护"一词含义的"上下文"，与对第 20 (g) 条的正确解释完全无关。起诉方认为，《WTO 协定》前言不能以歧视任何其他 WTO 成员原材料用户而保护自身国内用户的目的，而豁免成员遵守第 20 (g) 条条款的义务。欧盟重申，《WTO 协定》前言提倡优化利用世界资源，并表达了 WTO 成员通过签订旨在大幅减少关税和其他贸易障碍的互利互惠协定而致力于实现 WTO 目标的愿望。

7.366 中国声称，上下文赋予"保护"一词如下含义，即成员可以为了本国社会和经济发展的利益行使自然资源主权。美国和墨西哥反对中国的这一观点。第 20（g）条不允许 WTO 成员为促进和实现与自身利益相关的经济目标而违背 WTO 规则。

7.367 起诉方进而质疑中国对自然资源主权原则的解释，声称该原则不是本案争论的问题。他们认为，第 20（g）条不涉及考虑所有 WTO 成员的这项主权权利。依据第 20（g）条，系争问题应当是，当成员实施一项违背 GATT 且影响其自然资源贸易的措施时，该成员是否满足第 20（g）条规定的条件。

7.368 最后，美国和墨西哥称，中国试图将"成员为本国社会经济发展的利益"而行使对自然资源的权利这一概念纳入"保护"一词的含义中，以期把第 20（g）条变成一个基于 WTO 成员期望为其下游加工产业创造发展机会的例外。起诉方认为，即便成员方下游产业的利益构成 GATT 1994 禁止对工业原料实施出口限制的一个例外，只要遵守特定条件即可援引第 20（i）条。然而，中国没有援引第 20（i）条作为贸易限制措施的抗辩。

7.369 简言之，专家组注意到，尽管各方均承认本争端所涉及的产品（原材料）是可用竭自然资源，但是，对于系争出口限制是否与"保护"规划"相关"，各方意见各异。专家组接下来将解释这些用语的含义。

"与保护……有关"

7.370 上诉机构在"美国—汽油案"中裁定，如果出口措施与保护之间存在实质性关联，则该措施与保护相关。"一项措施如属于第 20（g）条所规定的范围，它必须'主要目的在于'保护可用竭的自然资源。"此外，上诉机构补充认为，如果一项措施"仅仅是附带或无意地"保护资源，则该措施不符合第 20（g）条"与……有关"的要求。上诉机构指出，"主要目的在于"一词，不是"第 20（g）条包括或排除一项措施的决定因素"。在"美国—虾案"中，上诉机构承认，（g）项是指"主要目的在于"保护的措施，还将这一关系描述为"结果与手段之间密切而真实的关系"，该关系要求审查措施的总体结构和设计与该措施意欲实现的政策目标之间的关系。上诉机构阐释如下：

第 20（g）条规定，符合条款规定的措施应当与保护可用竭自然资源"有关"。在作出这一裁定时，条约解释者从根本上调查涉案措施与旨在保护可用竭自然资源的合法政策之间的关系。

7.371　因此，一方面，专家组将审查并分析 930000 吨耐火级矾土的配额，另一方面，审查分析 15% 的氟石出口税与中国声称措施所依据的目标——保护耐火级矾土和氟石——之间的关系。

"保护"

7.372　名词"保护"（conservation）的字典含义，是"为防止损害、消失、损失或浪费而采取的行动；保持……的存在状态；对环境（尤其是自然资源）的保护"。动词"保护"（conserve）被定义为"防止损害、消失或损失，尤其是着眼于未来使用；小心保持；依据保护法维持（能源等）总量不变"。名词"保持"（preservation）被定义为"为保持或保护某物而采取的行动或行为；被保持这一事实"。"保持"（preserve）是指"避免受损害或伤害；照料、保护……免于消失；维持（事物状态）"。总之，这些字典含义将"保护"（conservation）一词定义为保持和维持某物——在本案中是指涵盖于第 20 （g）条的"自然资源"。

7.373　在考虑了第 20 （g）条相关用语的通常含义之后，我们着手分析其上下文。《维也纳公约》第 31 （2）条明确规定，条约上下文应当包括条约的"连同弁言及附件在内之约文"。依据该条规定，《WTO 协定》的前言应构成第 20 （g）条上下文的一部分。将前言作为解释第 20 （g）条的相关上下文的做法，在上诉机构的"美国—虾案"中得到证实。上诉机构陈述道，前言为"《WTO 协定》所附协定（在本案中指 GATT 1994）的解释提供了背景和结构"。

7.374　前言承认，WTO 成员的贸易关系应当：

> ……应依照可持续发展的目标，考虑对世界资源的最佳利用，寻求既保护和维护环境，又以与它们各自在不同经济发展水平的需要和关注相一致的方式，加强为此采取的措施。

7.375　因此，在 GATT 1994 的上下文中对第 20 （g）条的正确解读，应当考虑以如下可持续方式使用和管理资源时所面临的挑战，即确保促进经济发展的同时维护和保护环境。正如上诉机构所述，做到这一点可能需要"一项由多种相互作用的措施组成的综合性政策"。

7.376　追求多重目标通常会涉及政策选择和优先顺序排列。其他因素之外，所选政策取决于对特定经济政策目标（例如就业、收入、税收等）、社会政策目标（例如教育、健康等）和环境政策目标（例如保护、减轻污染、废物管理、回收利用和保持生物多样性）的选择。对这些不同的政策目标不能做孤立的分析，因为它们是一个统一整体的相关方面。此外，成员所选择的"相互作用的措施"也会反映这些相关的政策目标，并将其整合为一个整体。在选择适当的保护措施时，"WTO 成员在确定自己的政策上有较大的措施自主权"，但是，成员尤其应当遵守第 20（g）条的要求。

7.377　我们认为，专家组在解释第 20（g）条时，必须考虑对 WTO 成员适用的国际法基本原则。《维也纳公约》第 31（3）（c）条规定，在解释条约时，应当同时考虑"适用于当事国间关系之任何有关国际法规则"。

7.378　国际法的基本原则之一是国家主权原则。该原则表明各国地位平等，均有权保持本国领土完整，有权制定在本国范围内适用的法律，不受其他主权国家干涉。可以针对相关事务（包括选择政治、经济和社会制度）自主决策。一国选择与其他主权国家签订国际协议时，也行使国家主权原则。

7.379　国际常设法院在"温布尔登号（1923 年）"［S. S Wimbledon（1923）］一案中初次确立了这一原则，肯定"签订国际条约的权利是国家主权的标志"。在关于"希腊与土耳其人口案（1925 年）"［Exchange of Greek and Turkish Populations（1925）］的顾问意见中，国际常设法院进一步详细阐述了该原则。在"加拉茨和布勒伊拉佣金案（1927 年）"［Commission between Galatz and Braila（1927）］中，国际常设法院在判决欧洲多瑙河管辖权时考虑了该原则。法院称"有关国家通过条约承认的对行使主权权利的限制，不能被视为对主权的侵犯"。我们认为，这对于我们的目的具有特别的指导意义。

7.380　国家主权原则的一个重要组成部分是自然资源主权原则。自然资源主权原则被视为一项国际法原则，允许国家"在其认为国家进步和经济发展需要时自由使用和开采本国自然财富与资源"。自然资源主权原则体现在若干国际协约中，包括《生物多样性公约》序言，该序言"［重申］国家对本国生物资源享有主权"。

7.381　专家组认为，与《维也纳公约》第 31（3）（c）条保持一致，我们在解释第 20（g）条时应当"考虑到"自然资源主权原则。自然资源主权原则使得成员方有机会在控制资源使用以确保可持续发展的同时，利用自然资源促进本国发展。保护与经济发展未必是互相排斥的政策目标，二者可以并行不悖。因此，这些政策目标也可以与 WTO 义务协调运行，因为成员方行使其自然资源主权必须符合 WTO 义务。专家组认为，第 20（g）条是以尊重

WTO 成员方自然资源主权的方式解释适用的。

7.382　专家组注意到，加入国际条约（例如《WTO 协定》）的能力是行使主权的一个典型实例。通过加入 WTO，中国获得了显著的商业和制度利益，其中包括与其自然资源相关的利益。中国还承诺遵守 WTO 权利和义务规定。

7.383　在遵守中国所承诺遵守的第 20（g）条要求的同时行使自然资源主权，是中国实现本国社会和经济发展的有效途径。这些考虑因素支持这样一种观点，"一套由多种相互作用的措施组成的综合性政策"是保护自然资源的恰当政策。

7.384　专家组接下来引用第 20（i）条作为第 20（g）条的直接上下文。第 20（i）条谈到可以为帮助受影响的国内行业而限制国内原料出口这一情形。即使在成员方明确保护其下游产业的情形下，第 20（i）条也确保考虑国外生产者的利益。

7.385　第 20（i）条对如下措施规定了例外：

> 在作为政府稳定计划一部分而将国内原料价格压至低于国际价格水平的时期内，为保证此类原料给予国内加工产业所必需的数量而涉及限制此种原料出口的措施；但是此类限制不得用于增加该国内产业的出口或增加对其提供的保护，也不得偏离本协定有关非歧视的规定。

7.386　第 20（i）条明确规定，国内原料出口限制的实施目的不可以是加强对国内产业的保护。因此，限制措施仍应符合 GATT 的核心原则，即非歧视原则。第 20（g）条针对"保护"规定了一个例外情形，专家组认为，对第 20（g）条的解释不得与第 20（i）条规定相矛盾，亦即，不得将该条解释为允许成员针对原材料间接实施第（i）段明确禁止的任何措施。换言之，如果出口限制措施的目的在于加强保护国内产业，则该成员不得依据第 20（g）条规定为旨在促进经济发展而制定的出口限制措施抗辩。

（ii）"如此类措施与限制国内生产或消费一同实施"

…………

平等性要求

7.402　上诉机构强调，"如此类措施与限制国内生产或消费一同实施"这句话，提出了"对可用竭自然资源的生产或消费采取限制措施时的平等性要求"：

当然，原文中没有要求同等对待国内和进口产品。实际上，当存在同等对待时——属于真实的而非仅仅形式上的同等对待——很难理解违规行为何以能够一开始就出现。另一方面，如果根本不对国产同类产品采取限制，所有限制仅仅针对进口产品，则该措施不能被视为主要或甚至实质上旨在实现自然资源保护的目标。此类措施纯粹是为保护当地产品的赤裸裸的歧视。

7.403 中国辩称，"第 36.5 条及其附注证实第 20（g）条不要求对自然资源国内外供应的限制相同"，并"承认通过发展初级产品加工业来实现发展中国家经济多样化这一目标"。中国特别指出，出口限制为支持本国经济并使其多样化所需。换言之，对外国人适当施加稍大的负担是合理的。

7.404 中国认为，条约解释者在针对不可再生资源解释和适用第 20（g）条时，可以考虑国际法上有关自然资源——在与当前案件相关的范围内——的主权原则，专家组对此表示认同。专家组还赞同，资源丰富的国家有权通过符合一般国际法和 WTO 法，且与促进国内经济可持续发展相关的保护性措施，来管理资源的供应和使用。只要对国内供应采取同等限制，第 20（g）条就不要求资源丰富型国家确保其他资源使用国的经济发展能够从其资源开采中同等受益。

7.405 专家组认为，中国发展经济的权利，以及其对本国自然资源的主权，与中国作为 WTO 成员的权利与义务并不抵触。中国在充分行使主权的基础上选择加入 WTO 的同时，也决定此后行使自然资源主权时不违反 WTO 条款——包括第 20（g）条——中的限制性规定。那时，中国知道第 20 条的规定，尤其是有关要求的内容，即只有在措施与限制国内生产或消费一同实施的情形下才可以援引第 20（g）条作为抗辩，恰如上诉机构在"美国—汽油案"和"美国—虾案"报告中所解释的那样。中国《入世议定书》中没有体现出中国或任何 WTO 成员方有过任何相反的理解。

7.406 事实上，第 20（g）条项下保护目标的本质正在于，如果 WTO 成员未采取措施管理自然资源的国内供应，则无权援引第 20（g）条对其声称有助于为后代保护资源的措施提出抗辩。

7.407 最后，专家组重申"加拿大—鲱鱼和鲑鱼案"裁定。该案涉及加拿大对未加工鲱鱼和鲑鱼的出口禁令。在"美国—汽油案"中，上诉机构引用早前的 GATT 争端，抓住了第 20 条（g）项的本质：

该禁止措施实际上属于对国外加工者和消费者购买某些未加工鱼类

的禁令，而对国内加工者和消费者购买某些未加工鱼类却没有做出相应的禁止。该禁令似乎旨在通过赋予国内加工者获得鲜鱼的独有权，同时拒绝向国外加工者提供此类原材料，来保护国内加工者。专家组认定，该出口禁止不能因第 20（g）条而获得正当性。

7.408　简言之，第 20（g）条可以使以下违反 GATT 的贸易措施获得正当性，即存在与该措施平行、旨在保护自然资源的国内限制性措施，且该措施的根本目的，在于使旨在保护自然资源的国内平行限制有效。相反，第 20（g）条不能用于如下违反 GATT 的贸易措施，即措施实施的目的或效果，是借保护之名使国内生产者免于国外竞争。

7.409　在解释第 20（g）条之后，专家组将继续审查中国耐火级矾土和氟石出口限制措施，以确定这些限制是否可以依据第 20（g）条获得正当性。

7.410　在审查相关证据以及争端方对于耐火级矾土和氟石的观点之前，专家组重申，应当由援引第 20 条的成员承担举证责任。最后，依据第 20 条审查抗辩事由时，需要专家组评估大量证据（包括专家证据），正如在本案中一样。在此背景下，作为事实的审查者，专家组在评估证据价值及其重要性时，享有广泛的自由裁量权。同时，专家组必须遵守 DSU 第 11 条规定的审查标准。

7.411　中国对耐火级矾土和氟石的出口限制的抗辩依据是，这些原材料是需要予以管理和保护的可用竭自然资源。对中国而言，耐火级矾土和氟石是可持续发展所必需的，因为它们是钢铁和铝生产的关键性投入物。考虑到中国对这些原材料的储备有限（按照 2009 年的开采速度，中国统计认为其氟石储备的使用期限为 4.5 年，耐火级矾土储备的使用期限是 16 年），为了管理耐火级矾土和氟石的供应与使用，中国已经采取了一系列措施，确保这些资源能够长期提供社会和经济效益。中国声称，对这些原材料采取的出口限制，是中国保护战略的组成部分。如果没有这些措施，中国国内使用者承担的供应限制责任过重，将有损中国的发展。

…………

［起诉方坚持认为原材料出口限制与保护目标之间"根本不存在任何关系"，同时指出，中国未能举证证明，其耐火级矾土和氟石的出口限制，与限制国内生产或消费一同实施。中国仍没有证实其满足第 20（g）条下的平等对待要求。］

7.415　为确定中国是否能够根据 GATT 第 20（g）条证明其耐火级矾土出口配额和氟石出口关税符合规定，专家组需要首先分析耐火级矾土和氟石的出口限制措施是否与"保护"可用竭的自然资源"有关"。其次，我们必须考虑中国出口措施是否"与限制国内生产或消费一同实施"。

7.416 首先，专家组必须确定，中国耐火级矾土出口配额和氟石出口关税是否"与保护有关"。因此，我们必须证实，耐火级矾土和氟石的保护目标与相关出口关税、出口配额的实施方式之间，"是否存在目的与手段之间的密切而真实的关系"。

7.417 具体而言，中国试图依据 GATT 第 20（g）条证明的出口限制是：

（a）"930000 吨铝矿砂及其精矿（HS 编码 2606.0000）"和"耐火粘土（HS 编码 2508.3000）"出口配额中，适用于耐火粘土（HS 编码 2508.3000）项下的"耐火级矾土"或"高铝粘土"的配额部分；和

（b）针对不同种类氟石征收的 15% 的临时出口关税，包括：按重量计氟化钙含量 ≤97% 的萤石，也称之为"冶金用萤石"（HS 编码 2529.2100），和按重量计氟化钙含量 >97% 的萤石，也称之为"酸性萤石"（HS 编码 2529.2200）。

7.418 为确定被指控出口限制是否与保护相关，专家组应审查措施原文、措施目的与结构以及上下文。首先，专家组注意到，征收氟石出口关税的措施没有提到保护的目的；实施耐火级矾土出口配额的措施没有提到出口配额与保护目标之间的关系。

7.419 为了证明耐火级矾土和氟石的出口限制符合第 20（g）条规定，中国在第一次书面陈述中声称已采取"与保护氟石相关的一套综合性措施"和"与保护矾土相关的一套综合性措施"。中国继而提到 2001 年的矿产资源政策。在明确提到氟石、标题为"2003 年 12 月国务院新闻办公室中国的矿产资源政策"的文件中，中国特别承诺"将按照 WTO 规则和加入 WTO 的承诺，制定统一的矿产品进出口政策"。但我们发现，该政策文件的大部分内容涉及中国通过矿产资源开采所能获得的经济增长和发展成果。在中国提供的与所谓"矿产政策"相关的证据中，专家组没有找到与保护耐火级矾土或氟石相关的措施，中国也没有指出存在这样的措施。

7.420 为支持耐火级矾土出口配额依据第 20（g）条具有正当性这一主张，中国列举了其认为与耐火级矾土保护规划相关的 13 项措施。多数情况下，这些措施同样与氟石相关。这些措施的其中 9 项制定于 2009 年之前，其余措施制定于 2010 年，即在专家组成立之后。中国声称，所有这些措施证明，耐火级矾土和氟石的出口限制措施是其保护规划的组成部分，属于第 20

（g）条意义上的保护措施。

7.421　中国针对耐火级矾土和氟石所援引的与 2009 年之前相同的措施，具体如下：

（a）1986 年《矿产资源法》；

（b）1989 年《环境保护法》；

（c）1994 年《资源税暂行条例》和 1994 年《资源税暂行条例实施细则》；

（d）1997 年《矿产资源补偿费征收管理》；

（e）1998 年《矿产资源开采登记管理办法》；

（f）2001 年《全国矿产资源规划》；

（g）2006 年《对矿产资源开发进行整合意见的通知》；

（h）《全国矿产资源规划（2008 - 2015 年）》。

7.422　《全国矿产资源规划（2008 - 2015 年）》［上文第（h）项］描述了中国在氟石等矿产品领域内的保护政策，其中提到的一种政策工具是开采限制："限制开采重晶石、萤石、石墨、菱镁矿、滑石、富磷矿等矿产。"但是，这里并没有讨论适用于氟石或耐火级矾土的具体"保护政策"。此外，尽管《全国矿产资源规划（2008 - 2015 年）》提到氟石，并明确提到限制开采此类矿产品的目标，但它只是谈及未来限制措施的纲领性文件，并没有提到当前的限制措施。该文件根本没有提到耐火级矾土。

7.423　《对矿产资源开发进行整合意见的通知》［上文第（g）项］没有明确提到耐火级矾土或氟石。它主要规定了促进采矿行业重组的指导方针，其目的在于提高资源开采效率。

7.424　《矿产资源开采登记管理办法》［上文第（e）项］规定了监督和落实矿产企业需遵守的许可证要求，但没有明确提到耐火级矾土或氟石。2001 年《全国矿产资源规划》［上文第（f）项］阐述了中国使用矿产资源的政策目标（强调高效利用资源的重要性），但同 1986 年《矿产资源法》［上文第（a）项］一样，该计划也没有提到耐火级矾土或氟石的保护项目。《环境保护法》［上文第（b）项］规定了促进环境保护和引进环境标准的指导方针。

7.425　在第一次书面陈述中，中国摘录了《2009 年进出口关税税则进一步调整》的部分内容，将其作为证明中国耐火级矾土和氟石出口限制始终与保护目标相关的证据。美国和墨西哥不同意该部分摘录，并更大范围地引用了该文件内容：

> 为有效发挥关税政策的经济杠杆作用，推进经济结构调整和发展方式转变，进一步扩大先进技术、设备、关键零部件进口，满足国内经济社会发展需要，促进资源节约和环境保护，提高人民生活水平，明年将对 670 多种商品实施较低的进口暂定税率……

7.426　上述内容的开头部分指出了经济和发展方面的考虑因素，后面部分提到了可持续发展的考虑因素。该文件还大体讨论了降低某些产品的进口税率，如煤炭、燃料油、环氧树脂、大型清障车底盘和自动络筒机等，目的在于"有效发挥关税政策的经济杠杆作用，推进经济结构调整和发展方式转变"。专家组未能看出，该文件如何证明中国耐火级矾土出口配额和氟石出口关税作为尤其与耐火级矾土和氟石相关的综合性保护计划之组成部分而实施。

7.427　中国还声称，出口限制有助于实现对涉案自然资源的既定保护目标，原因在于，通过减少该资源的国外需求，可以减少国内生产，进而减少对该资源的开采。此外，实施出口限制是必需的，因为若在限制国内生产时不抑制出口，将有损中国的可持续发展。

7.428　专家组难以赞同中国提出的观点。在我们看来，相比于仅限于限制出口的政策，限制开采的政策更加符合旨在实现保护的政策。对保护资源而言，无论资源是在国内消费还是国外消费，都无关紧要，重要的是其开采速度。

7.429　从提交给专家组的证据来看，氟石和耐火级矾土的国内消费明显有大幅增加，而出口似乎没有以相同速度增长。例如，"自 2000 年至 2009 年，中国氟石消费增幅为约 124%"。自 2007 年以来，中国耐火级矾土（矿石）和氟石的年开采量均稳定增长，从 2008 年到 2009 年，氟石开采增幅为 60%。此外，譬如"在 2008 年，尽管中国氟石作为原材料的出口量比 2000 年少得多，但因含有氟石的下游产品出口大幅增加，氟石出口总量比 2000 年多"。专家组认为，考虑到国内开采实际已经增加，这一证据不支持中国关于已有综合性保护计划来保护耐火级矾土和氟石储备的主张。

7.430　专家组还担心可能发生如下情况，即由于下游产业的需求增加，从长远来看，限制出口有可能对保护产生负面影响。对可用竭的自然资源实施的出口限制，通过降低原材料的国内价格，实际上对下游产业产生了补贴效果，从而可能导致下游产业对该原材料的需求大于没有出口限制时的需求。这可能抵消出口限制所带来的开采下降。

7.431　中国声称，已经实施的开采和生产总量限额会阻止该效果的发生。但是，考虑到该限额的设定水平高于这些原材料当前的开采和生产水平，专家组难以认可这一观点。

7.432　专家组还注意到，从关税和配额的设定方式中无法看出其与保护目标之间存在明确关联。与耐火级矾土配额相反，中国没有提供任何证据或理由来证明氟石出口关税的正当性。为了证明耐火级矾土出口配额的正当性，中国声称，配额有助于在国外需求突然增加时确保对其进行限制。然而，中国提交的证据，除证明对耐火级矾土的需求稳定增长之外，不能证明其他任何内容。中国还声称，"按照2009年的开采速度，中国剩余的［氟石］储备只能用四年半"。但是，在对专家组问题的答复中，中国没有说明15%的氟石关税将对氟石使用期限产生什么样的影响，也没有说明延长后的氟石使用期限将如何解决中国的可持续发展问题。

7.433　此外，专家组注意到，中国没有证明15%的氟石关税能以任何有效的方式延长氟石储备的使用期限。事实上，中国辩称，限制氟石供应的是开采和生产限额，出口限制只是"管理"耐火级矾土和氟石的"最终供应"。据中国称，如果仅维持开采和加工限额，而不抑制出口，中国将"被迫只能根据国外市场的需求与其分享［中国的］资源"。换言之，中国承认其不愿只采用开采和加工限额措施，还要实施出口限制措施。

7.434　专家组认为，使耐火级矾土和氟石对国外消费者成本增加而使国内使用者成本减少的措施，很难与保护耐火级矾土和氟石的目标保持一致。

7.435　基于上述内容，专家组认定，中国未能举证证明其耐火级矾土出口配额和氟石出口关税与"保护"耐火级矾土和氟石"有关"。尽管如此，专家组仍将继续审查系争措施，以确定耐火级矾土出口配额和氟石出口关税是否"与限制国内生产或消费一同实施"。

…………

7.460　起诉方声称，即使可以将中国已经实施的一项或多项国内措施视为限制（至少存在潜在的可能性）矿产生产，中国仍不能证明其有权援引第20（g）条作为抗辩，因为国内措施与出口限制不"对等"。之所以如此，起诉方认为，原因在于耐火级矾土出口配额和氟石出口关税只影响中国境外的使用者，而国内监管措施和税收对境内外使用者同时适用。由此，起诉方主张，出口关税和出口配额成为国外使用者的额外负担。具体而言，中国向国外生产者施加了一项不公平的负担，因为出口关税和出口配额不对国内耐火级矾土或氟石使用者适用。

7.461 中国认为，"公平"并非"完全相同"。同时，中国认为，应将第（g）项解释为允许中国实现经济发展目标。中国续称，"如果没有出口限制，中国国内使用者承担的供应限制负担就会过重，这有碍中国的发展"。

7.462 专家组重申上诉机构在"美国—汽油案"中所作的解释，即"该条〔第 20（g）条〕是对以保护名义，就可用竭自然资源的生产或消费实施限制时的公平性要求"。上诉机构没有明确，怎样对待国内外利益方可称得上"公平"，但明确指出，如果没有限制国内生产或消费，则不能认为出口限制是公平的。

7.463 中国特别指出，"耐火级矾土和氟石的出口以及生产限制，同时对国内消费和对外贸易产生负担"。但中国未能说服专家组事情果真如此。中国声称，假定将年度氟石生产限定为 100 单位，其中 40 单位为出口配额，则这两项政策相结合，可每年将国内消费降低到 60 单位。但是，为了理解生产限制是否有效限制国内消费，我们需要比较产品的国内需求与国内市场能够提供的产品数量。国内经济能提供的原材料取决于出口配额是否已全部用完，出口配额中未使用的部分将转向国内消费市场。

7.464 因此，只有在实施生产和出口限额限制国内市场，使得国内需求大于生产数量的情况下，国内消费才会受生产限额的限制。专家组没有看到任何信息表明中国的限额体系可以保证维持这种情况。因此，单纯的生产限制并不自动表明在出口限制与国内限制之间存在平等性。

7.465 鉴于国内生产限制对国内外资源使用者同样产生影响，专家组认为，中国未能证明，耐火级矾土和氟石制度不会对国外使用者造成不公平。尽管第 20（g）条原文没有要求同等对待，但在完全不对国内使用者或国内消费者实施类似限制，而所有限制只针对国外消费者实施的情况下，很难认定出口限制是公平的，加上这些出口限制措施的主要甚至基本目的就不是实现保护性的目标。相反，"这些措施纯粹是赤裸裸的歧视"。为了证明平等性，中国需要证明，为了平衡出口关税或出口配额对国外使用者的影响，对国内使用者和消费者也采取了某些限制措施。我们认为，中国未能完成该举证责任。

7.466 综上，专家组认为，中国未能证明 2009 年出口限制措施是，或一直是，与旨在限制当前生产或消费的国内限制一同实施的措施。此外，专家组还认为，中国未能证明，目前旨在限制生产或消费的国内措施带给国内外消费者同等公平的负担。最后，尽管我们的结论只针对 2009 年的措施，但专家组指出，2010 年的措施为实施国内消费、生产限制措施奠定了基本框架基础。然而，这些措施并未有效限制当前的消费和生产水平。尽管在制定国内生产或消费限制措施方面似乎正取得实质性进展，但该进展尚不足以满足第 20（g）条项下的要求。

＊　＊　＊

"中国—原材料案"上诉机构裁定，专家组报告中的关于 GATT 第 20（g）条"与……一同实施"（made effective in conjunction with）的裁定错误。以下是上诉机构的相关裁定。

中国—有关多种原材料出口的措施
WT/DS394，395，398/AB/R

345　专家组将第 20（g）条"与……一同实施"的短语，解释为对国内生产或消费的限制必须"与系争出口限制一同生效"，且"这些出口限制必须旨在确保国内限制的有效性"。中国主张该裁定是错误裁定。

…………

355　一项属于第 20（g）条款范畴的措施，必须"与可用竭自然资源保护有关"。"有关"一词，被定义为"与……有联系，与……相关"。既往上诉机构裁定，一项与第 20（g）条意义上的保护有关的措施，"目的和手段之间必须存在密切、真实的关系"。"保护"一词，在此意指"对环境的保护，尤其是对自然资源的保护"。

356　第 20（g）条进一步要求保护措施"与限制国内生产或消费一同实施"。法律含义上的"生效"一词，被定义为"在既定时段实施"。我们认为，当与某法律工具结合使用时，"使生效"一词描述的是已实施、已通过，或已执行的措施。"使生效"西班牙语和法语的对应用词"se apliquen"和"sont appliquées"，证实了对"使生效"的这种理解。"与……一同"一词，被定义为"（与）……一起、共同"。据此，贸易限制必须与对国内生产或消费的限制一同实施。由此，当贸易措施与对国内生产或消费的限制共同生效时，第 20（g）条准许保护可用竭自然资源的贸易措施，只要这些措施的实施目的是保护可用竭自然资源。根据条款用语，第 20（g）条不额外要求那些限制国内生产或消费的保护性措施，其基本目标在于对国内生产或消费产生限制性效果。

357　上诉机构在"美国—汽油案"中对第 20（g）条做分析时提及委内

瑞拉和巴西的观点。该观点认为，一项被视为"与限制国内生产或消费一同实施"的措施，其"根本目的"，必须在于保护可用竭自然资源，并产生对国内生产或消费的限制性效果。但是，上诉机构裁定：

> ……当"使生效"与一项措施——一个政府行为或一项法规——结合使用时，可能应该考虑"生效"的意思，是指措施的"实施"或"开始施行"。与此类似，短语"与……一同"可以被简单解释为"与……一起"或"与……共同"。综合考虑，在我们看来，第 20（g）条第二句话似乎是指政府措施如同确立基准的规则一样，与对国内生产或自然资源消耗的限制性措施一同颁布或生效。换一个稍有不同的方式，我们认为，将从句"只要该措施与限制国内生产或消费一同生效"理解为有关措施不仅对进口汽油，而且对国内汽油采取限制更为贴切。该从句是以保护的名义限制可用竭自然资源生产或消费过程中的公正性要求。

358 据此，在"美国—汽油案"中，评估系争基准确定规则是否与限制国内生产或消费"一同生效"时，上诉机构所依据的事实，是这些规则与限制自然资源的国内生产或消费"一同"颁布或生效。即便巴西和委内瑞拉辩称，基准确定规则，其宗旨必须是确保国内生产限制性措施的有效性，但上诉机构不认为有此必要。上诉机构尤其不认为，"与保护可用竭自然资源有关的"措施，要根据第 20（g）条获得正当性，其根本目的必须是产生对国内生产或消费的限制性效果。相反，上诉机构"直截了当"，将"与……一同"理解为"与……一起"或"与……共同"，且没有发现保护措施的根本目的是对国内生产或消费产生限制性效果这一额外规定。

359 如上所述，专家组在本案中的认定是，为证明一项措施在第 20（g）条意义上与限制国内生产或消费"一同生效"，必须首先证明，该措施与限制国内生产或消费共同实施；其次，必须证明系争措施的宗旨在于产生对国内生产或消费的限制性效果。具体而言，专家组对"不仅……而且……，此外"的使用，以及在该句结尾对"加拿大—鲱鱼和鲑鱼案"GATT 专家组报告的引用，表明专家组确实认为，一项被视为第 20（g）条意义上"与……一同生效"的措施必须满足两个单独的条件。

360 正如上述所阐释，不同于专家组的裁定，我们发现，在第 20（g）条文本中没有任何地方表明，除了"与限制国内生产或消费一同实施"之外，贸易限制必须旨在确保国内限制的有效性。相反，正如我们上文的裁定，一项贸易措施，只要与保护可用竭自然资源有关，并与对限制国内生产或消费一同实施，且措施实施目的在于保护可用竭自然资源，就属于第 20（g）条准许的贸易措施。

361 综上，我们裁定，专家组将 GATT 1994 第 20（g）条的"与……一同实施"，解释为要求分别证明系争措施的宗旨，在于产生对国内生产或消费的限制性效果是一个错误裁定。据此，我们推翻专家组报告中专家组的这一解释。

* * *

第二节 GATT 第 21 条：安全例外

第 21 条 安全例外

本协定的任何规定不得解释为：

（a）要求任何缔约方提供其认为如果披露则会违背其基本安全利益的任何信息；或

（b）阻止任何缔约方采取其认为对保护其基本国家安全利益所必需的任何行动；

（i）与裂变和聚变物质或衍生这些物质的物质有关的行动；

（ii）与武器、弹药和作战物资的贸易有关的行动，以及与此类贸易所运输的直接或间接供应军事机关的其他货物或物资有关的行动；

（iii）在战时或国际关系中的其他紧急情况下采取的行动；或

（c）阻止任何缔约方为履行其在《联合国宪章》项下的维护国际和平与安全的义务而采取的任何行动。

GATT 第 21 条的安全例外条款内容清晰明确，只有第 21（b）（iii）条颇有争议。该条款给人的印象似乎是一个开放式条款，允许成员在认为国家安全受到威胁的紧急时刻，无条件违背 GATT 义务。但事实上，该条款的援引必须遵照一定的客观标准——一个以国际法为基础的客观标准，以防止单方援引该条款的国家自行决定条款适用范围，将自身标准强加于其他成员。

1982 年 11 月 30 日，GATT 缔约方大会为解决欧盟与阿根廷之间爆发的富克兰岛危机（Falklands Islands Crisis），通过了"关于关贸总协定第 21 条的决定"，规定启动第 21 条的两个条件如下：

1. 为符合第 21（a）条例外条款的有关规定，在敏感信息的保密问题上，各缔约方应做到最大限度地将根据第 21 条所采取的贸易措施的全部内容通告其他缔约方。

2. 所有在根据第 21 条所采取的行动中受到影响的缔约方，保留总协定项下的全部权利。

上述决定表明，第 21 条的适用是有前提条件的。此外，从欧盟与美国针对美国《赫尔姆斯－伯顿法案》（Helms-Burton Act）产生的争端可以看出，根据第 21（b）（iii）条中的"国际关系中的其他紧急情况"而采取的贸易限制措施，必须以对方进行了违反国际法的行为为前提。

美国的《赫尔姆斯－伯顿法案》规定对与古巴进行贸易的非美国公司进行惩罚。该法案于 1996 年 3 月 12 日生效，目的是使美国自 1962 年以来采取的古巴经济封锁国际化。1996 年 11 月 20 日，欧盟提出申述，认为《赫尔姆斯－伯顿法案》违反了诸多 WTO 义务。1998 年初，双方达成协议，免除了《赫尔姆斯－伯顿法案》对欧盟公司的适用。

争议中，美国正是以 GATT 第 21（b）（iii）条作为抗辩理由，认为《赫尔姆斯－伯顿法案》不是贸易问题，而是一个政治问题——国家安全和外交政策问题，因此，不在 WTO 管辖范围。美国提出，专家组和贸易专家不能决定美国国内安全的防范标准，以及为此而采取措施的必要性。

欧盟及其他大部分成员却认为，GATT 与 WTO 的各种声明、决定（包括上述"决定"）表明，虽然"国家安全"是一个带有严重政治倾向的概念，与此相关的贸易措施也在 GATT 的适用范围内，但对安全例外的适用范围进行审查，是防止安全例外遭到滥用唯一可行的方法。无论事态多么敏感，将国家安全问题置于 WTO 管辖范围将是一个严重的错误，最终会导致对 WTO 体系的损害，反过来也会危害到美国的利益。

2019 年 4 月 5 日，WTO 公布首个关于国家安全问题的裁决。[①] WTO 这项具有里程碑意义的裁决肯定了各国以国家安全为由实施贸易限制的权利，并宣称 WTO 有权确定是否有必要因为安全威胁而实施限制性措施。

裁决认为，俄罗斯对于通过俄罗斯领土过境到哈萨克斯坦和吉尔吉斯斯坦的乌克兰货物施加贸易限制的行为并不违反国际贸易规则。裁决书称，基本上每个成员国都可以有权定义基本的安全权益，但 WTO 可以审查其提出的

① Russia — Measures Concerning Traffic in Transit, WT/DS512, April 5, 2019.

国家安全要求是否出于善意。专家组表示，俄罗斯与乌克兰的关系中存在着构成国际关系紧急状态的情况，并且俄罗斯满足了触发国际贸易规则中国家安全条款的要求。[①]

乌克兰和俄罗斯有 60 天的时间来决定是否对裁决提出上诉。

就此，WTO 总干事罗伯托·阿泽维多（Roberto Azevedo）指出，WTO 开始调解地区安全冲突是"非常危险的做法"。在墨西哥城接受采访时，阿泽维多表示："对于那些足以引起国家安全忧虑的敏感议题，WTO 的争端解决机制应该从政治角度，而不是技术角度来对待。"但阿泽维多同时表示，相关成员提起了诉讼，所以 WTO 别无选择。[②]

---

① https://www.wto.org/english/tratop_e/dispu_e/cases_e/ds512_e.htm，最后访问时间：2019 年 4 月 30 日。

② http://www.mofcom.gov.cn/article/i/jyjl/k/201904/20190402851097.shtml，最后访问时间：2019 年 4 月 30 日。

第九章

技术法规与产品标准：
《TBT 协定》和《SPS 协定》

国际贸易中，任何关税与海关费用以外，减少实际贸易额的措施均被称为"非关税壁垒"或"数量限制"。但在 WTO 体系中，"非关税壁垒"仅指三种国际贸易障碍："技术贸易壁垒"，如进口产品在进口成员方管辖区内销售时必须满足的国家标准及管制要求等；成员方为保护人类、动物或植物的生命或健康而实施的措施；以及政府实施的严重阻碍贸易的环境保护措施。

国际贸易的成本因遵从各成员制定的各异技术规定和标准、进入成员市场必需的检验，以及进入各种市场所需的产品证明等而增加。同时，复杂的进口批准程序阻碍产品的更新换代和市场推广。此外，这些规定、标准以及程序往往被各成员的保守势力利用，成为"非关税贸易壁垒"。《技术性贸易壁垒协定》（《TBT 协定》）的制定，正是为了防止和消除技术性贸易壁垒，在技术法规、标准、合格评定程序以及标签、标志制度等技术要求方面开展国际协调，遏制以带有歧视性的技术要求为主要表现形式的贸易保护主义，最大限度地减少和消除国际贸易中的技术壁垒，避免技术法规、标准以及合格评定程序给国际贸易带来不必要的障碍。

WTO 中的《实施卫生与植物卫生措施协定》（《SPS 协定》）是一个全新的法律体系，内容涉及动物、植物产品和食品的进出口检验、检疫国际规则。该协定确定了 WTO 有关此类措施的实施规则，其适用范围包括：保护动物或植物生命或健康，使其免受因疾病传入、定居或蔓延而对其产生的侵害；保护成员方领土上人类或动物的生命或健康免受食品、饮料中有害添加剂及污染的侵害。《SPS 协定》的目标是在保证各成员政府保护人类、动物和植物健康的同时，避免对国际贸易造成不必要的限制。

第一节 《技术性贸易壁垒协定》

一 《TBT 协定》的产生

随着世界范围内生活标准的不断提高，人们对健康与安全的要求日益提高，致使产品标准与技术规则的重要性日益提高。各国政府为确保人民的健康与安全，不断更新和制定新的产品标准和技术规则，并要求在产品进口甚至销售前，提供各种各样的品质和安全证书，以证明产品达到了规定的标准并符合相关规定。为出具这些证书而实施的检查、检疫，通常由进口成员方相关管理机构实施，有时，也由一些获得政府授权的公共或私人机构代表进口国实施。而这些复杂而耗时的程序，往往被保护主义势力当作技术贸易壁垒。

由于技术贸易壁垒的不断增加，东京回合谈判于 1972 年起草了被称为"标准守则"的《贸易技术壁垒协定》。该守则在东京回合获得通过，并于 1980 年 1 月 1 日正式生效，是 GATT 历史上第一个全面规范技术标准的法律文件。但是，东京回合中接受该协定的缔约方只有 47 个（已经是所有东京回合中签署方最多的协定），造成了协定适用范围上的局限性。乌拉圭回合开始后，各方决定对这个协定进行修改。1990 年 7 月，谈判小组首次提交修改草案。1992 年 6 月，乌拉圭回合复会时提出再次讨论被命名为"技术性贸易壁垒协定"的内容。1993 年 12 月 15 日，乌拉圭回合多边贸易谈判结束时该协定草案获得通过。1994 年 4 月 15 日，协定文本做了最后的修改，最终形成了现在 WTO 中的《技术性贸易壁垒协定》。

《TBT 协定》的主要目的是保证技术法规与标准不给国际贸易制造不必要的障碍。[①] 协定要求成员方在对产品实行管理时，采用对贸易产生最小限制的方式，鼓励各成员建立国际标准以及标准的合格评定体系，并规定成员方有义务以较少的政府机构合理地实施这些标准与法规。针对实验与认证机构实施产品合格评定的方式，协定特别制定了新的规定。

二 定义、适用范围及义务

《TBT 协定》将"技术法规"定义为"规定强制执行的产品特性及相关工艺和生产方法，包括适用的管理规定在内的文件。该文件还可包括或专

---

① 《TBT 协定》前言。

门关于适用于产品、工艺或生产方法的专门术语、符号、包装、标志或标签要求"。①

"标准"被定义为"经公认机构批准的、规定非强制执行的、供通用或重复使用的产品或相关工艺和生产方法的规则、指南或特性的文件。该文件还可包括或专门关于适用于产品、工艺或生产方法的专门术语、符号、包装、标志或标签要求"。②

由上述定义可见，这两个术语之间的主要区别在于技术法规具有强制性。但这个区别在现实中意义不大，因为购买者接受的标准是一致的，产品制造商是根据消费者的认知而非定义来制造产品的。

《TBT 协定》只涵盖与产品相关的技术法规和标准，不涉及与服务相关的法规和标准。③ 政府机构为生产或消费制定的采购规则不受《TBT 协定》约束。④ 卫生与植物卫生措施也不在《TBT 协定》的监管范围。根据《TBT 协定》第 1.3 条的规定，所有产品，包括工业品、农产品，都必须遵守《TBT 协定》的有关规定。此外，根据"标准"的定义，有关加工与产品生产方式的规则，只要对产品特性产生影响，就属于《TBT 协定》的规范范围。

《TBT 协定》主要规范三个方面的行为：技术法规与标准的制定、采用和实施；标准化机构制定、采用和实施标准的行为；确认并认可符合技术法规与标准的行为。协定第 2、3 条分别对 WTO 成员中央政府机构、地方政府机构和非政府机构在技术法规与标准的制定以及采用和实施中的职责作出规定。第 4 条是有关标准化机构制定、采用和实施标准的行为的规定，附件 3 是关于上述内容适用原则的规定。第 5、6 条针对中央政府，第 7、8 条针对地方政府和非政府机构，第 9 条对国际和区域体系符合技术法规和标准的行为的确认与认定作出规定。

三　国际标准的制定和质量认证

目前，世界及主要贸易国家有关的标准化、质量计量组织机构主要有：互为联盟的"国际标准化组织"（ISO）⑤ 和管理电力法规与标准的"国际电工

---

① 《TBT 协定》附件 1 第 1 条。
② 《TBT 协定》附件 1 第 2 条。
③ 《服务贸易协定》第 4.4 条。
④ 《TBT 协定》第 1.4 条。
⑤ International Organization for Standardization.

委员会"（IEC）;① 制定特定国际标准的"经济合作与发展组织"（OECD）②
和"联合国欧洲经济委员会"（UNECE）;③ 制定电讯标准的"国际电讯联
盟"（ITU）④ 等。其他相关组织还有"国际计量局"（BIPM）、"欧洲标准化
委员会"（CEN）⑤ 等。在由这些国际组织召开的研究制定行业标准的会议
中，发达国家参会频率较高，而制定的标准往往是对参会国有利的。

国际质量认证包括实验室认可（按照国际通用标准 ISO/IEC17025 进行建
设和规范）、质量体系注册/认证、产品认证和认证人员及培训机构注册/认证
等。企业质量体系一般实施 ISO9000 系列认证（已有 2008 版），部分企业根
据不同产品和不同输出国家还需获得美国 UL 认证、HACCP 注册，加拿大
CSA 认证或欧盟注册认证等。此外还有 ISO14000 环保体系认证、OHSAS 职业
安全卫生管理体系认证、TL9000 电讯通讯管理体系认证、QS9000 汽车行业管
理体系认证等。

第二节　《实施卫生与植物卫生措施协定》

一　《SPS 协定》的产生

随着关税的逐步降低，世界各国的卫生与动植物检疫制度对国际贸易的
影响越来越大，特别是某些国家为了保护本国农产品市场，经常动用非关税
贸易壁垒措施阻止国外农产品进入本国市场。其中，动植物产品、食品因涉
及动植物的安全、人类健康等问题，成为各国设置非关税贸易壁垒的主要
领域。

乌拉圭回合谈判的一个主要目标，是将农业贸易纳入 GATT 范畴。在各
成员就《农业协定》进行谈判时，许多国家担心关税化以后，禁止采用农产
品非关税措施会使不合理的使用卫生与动植物卫生措施的可能性大大增加。
现实中，类似于欧盟与美国就进口牛肉及牛肉制品激素产生的争议一直没有
得到很好的解决。为消除这种可能性，统一各国做法，逐步消除这一非关税
壁垒，各成员决定将 GATT 第 20（b）条"为保护人类、动物或植物的生命
或健康所必需的措施"进行细化，提高其可操作性，使其更明确、具体。

---

① International Electrotechnical Commission.
② Organization for Economic Co-operation and Development.
③ the UN Economic Commission for Europe.
④ International Telecommunication Union.
⑤ 目前欧盟拥有的技术标准达 10 万个之多。

在乌拉圭回合谈判期间，最初，《SPS 协定》是被当作《农业协定》的一部分进行讨论的。但最终《农业协定》在前言部分承诺"就卫生与植物卫生问题达成协议"，并在《农业协定》第 14 条"卫生与植物卫生措施"中规定"各成员同意实施《实施卫生与植物卫生措施协定》"。《农业协定》的谈判导致了《SPS 协定》的诞生，二者密切相关。

从《TBT 协定》与《SPS 协定》的内容可以看出，两者之间也是关系密切，但又相互独立。《TBT 协定》前言提出，"不应阻止任何国家在其认为适当的程度内采取必要措施，保证其出口产品的质量，或保护人类、动物或植物的生命或健康"。但是，总则第 1.5 条指出，《TBT 协定》规定不对《SPS 协定》附件 A 定义的卫生与植物卫生措施适用，明确将《SPS 协定》与《TBT 协定》区别开来。同样，《SPS 协定》在总则第 1.4 条指出，《SPS 协定》的任何规定不得影响各成员在《TBT 协定》项下的权利。

二　《SPS 协定》的目标与适用范围

《SPS 协定》序言明确了其目标：（1）不应阻止各成员为保护人类、动物或植物生命或健康而采用或实施必需的措施，但这些措施的实施方式不得构成在情形相同的成员之间进行任意或不合理歧视的手段，或构成对国际贸易的变相限制；（2）当改善各成员的人类健康、动物健康和植物卫生状况时，各成员必须在相关国际组织制定的国际标准、指南和建议的基础上，通过协调各成员卫生和植物卫生措施的方式进行；（3）将 GATT 1994 中卫生或植物卫生措施相关的规定，特别是 GATT 第 20（b）条的规定加以细化，制定出具体的规则。

《SPS 协定》规定了其适用范围：① （1）保障成员方领土内的动物或植物的生命或健康免受虫害、病害、带病有机体或致病有机体的传入、定居或传播的风险；（2）保障成员方领土内动物或植物的生命或健康免受食物、饮料或饲料中添加剂、污染物、毒素或致病有机体所产生的危害；（3）保障成员方领土内动物或植物的生命或健康免受动物、植物或动植物产品携带的病害，或虫害的传入、定居或传播所导致的风险；（4）防止或最大限度地减少成员方境内因虫害的传入、定居或传播所造成的其他损害。具体包含最终产品标准，工艺和生产方法，检查、检验、认证和批准程序，检疫处理，以及与粮食安全直接相关的包装和标签要求。所有可能直接或间接影响国际贸易的卫

---

① 《SPS 协定》附件 A 第 1 条。

生或植物卫生措施均属于《SPS 协定》管辖范畴。①

三　相关国际组织

制定 SPS 标准的国际组织包括国际食品法典委员会（CAC），② 国际兽疫局（OIE），③ 也被称为世界动物健康组织（WOAH），以及国际植物保护公约组织④等。

国际食品法典委员会是由联合国粮食及农业组织（FAO）⑤ 以及世界卫生组织（WHO）⑥ 于 1963 年建立的一个政府间机构。该机构主要负责食品安全和质量方面标准的制定，现已出版数百农产品标准和数千农药残留物最高限制标准，涵盖卫生和营养、添加剂、灭虫剂残留物和污染物、标签和说明以及分析和抽样方法。

世界动物健康组织（WOAH）成立于 1924 年，主要目标是开发和维持世界范围内牲畜报告制度以及促进国际贸易现代化，同时消除牲畜病害的风险。该组织目前有 182 个成员和 4 个专家委员会。这 4 个专家委员会分别为：陆地动物卫生标准委员会（陆地守则委员会），动物科学委员会（科学委员会），生物标准委员会（实验室委员会），水生动物卫生标准委员会（水生动物委员会）。⑦

国际植物保护公约是 1951 年联合国粮食及农业组织通过的一个多边国际协议，任务是防止植物虫害和植物产品虫害的引入和传播，同时也推广害虫控制措施。

四　《SPS 协定》内容及 SPS 措施定义

1. 《SPS 协定》内容

《SPS 协定》共 14 条 3 个附件。

协定第 1.1 条规定，协定适用范围为所有可能直接或间接影响国际贸易的卫生和植物卫生措施。1988 年"日本—影响农产品的措施案"专家组裁定，《SPS 协定》涵盖所有 SPS 措施，包括那些不具有强制性或法律强制力的

---

① 《SPS 协定》第 1.1 条。
② Codex Alimentarius Commission.
③ International Office of Epizootics.
④ Organizations of the International Plant Protection Convention.
⑤ Food and Agricultural Organization.
⑥ World Health Organization.
⑦ http://www. oie. int/about-us/wo/commissions-master/，最后访问时间：2019 年 4 月 1 日。

措施。

协定第 2 条规定基本义务：（1）允许 WTO 成员方采取为保护人类、动物或植物生命或健康所必需的卫生和植物卫生措施，只要此类措施不与《SPS协定》相抵触（第 2.1 条）；（2）要求在实施这些措施时，各成员必须确保任何 SPS 措施仅在为保护人类、动物或植物的生命或健康所需要的限度内实施，并根据科学原理，如无充分的科学证据则不得维持（第 2.2 条）；（3）要求成员方必须确保措施的实施不在情形相同或相似的成员之间构成任意或不合理歧视（第 2.3 条）。

协定第 3 条是关于制定 SPS 措施的要求：（1）WTO 成员的措施必须根据现有的国际标准、指南或建议制定（第 3.1 条）；（2）符合国际标准的措施将被视为为保护人类、动物或植物生命或健康所必需的措施，因而符合《SPS协定》规定（第 3.2 条）；（3）如果存在科学理由，或根据第 5 条规定的风险评估方式进行了适当的风险评估，则成员方可采用或维持高于国际标准保护水平的 SPS 措施（第 3.3 条）。

关于"国际标准、指南和建议"，《SPS协定》附件 A 第 3 条规定：（1）粮食安全指"食品法典委员会"制定的与食品添加剂、兽药和除虫剂残留物、污染物、分析和抽样方法有关的标准、指南和建议，以及卫生惯例的守则和指南；（2）动物健康和寄生虫病指国际兽疫局（OIE）主持制定的标准、指南和建议；（3）植物健康指在《国际植物保护公约》（IPPC）秘书处主持下与在 IPPC 范围内运作的区域组织合作制定的国际标准、指南和建议；（4）上述组织未涵盖的事项指经委员会确认的、由其成员向所有 WTO 成员开放的其他有关国际组织公布的有关标准、指南和建议。

以下是一篇关于《SPS协定》的介绍性文章。

实施卫生与植物卫生措施协定①

概要

卫生与植物卫生措施（通常被称为"SPS"）的主要作用是保护人类、动物或植物的生命或健康免受来自植物或动物的虫害或病害，或食物、饮料或饲料中的添加剂、细菌、毒素或致害物质的侵害。

《SPS协定》没有对任何具体的卫生或植物卫生措施作出规定，而是规定

① 1994 年 9 月 27 日美国国会听证会第二节，第 316 号文件，第 1 卷，第 742~763 页。

了一系列基本要求和程序，以保障使用卫生和植物卫生措施的真正目的是防范可能的风险，而不是作为变相的贸易壁垒。

《SPS 协定》明确认可一国有制定保护人类、动物或植物的生命或健康法规（包括食品安全法规）的合法需要，以及在保护生命和健康方面确定它认为合适的标准。《SPS 协定》的规定是为了维护政府（包括中央和地方政府）在这方面的权力，并且防止利用不合理的 SPS 措施来保护国内产业。协定规定了要求和程序，以区分合法措施和保护性措施。协定还能在合适的情况下协调 WTO 成员之间的措施。同时，协定保障政府保护人类、动物或植物的生命或健康的权力，包括检查进口货物以确定它们安全性的权力。

《SPS 协定》与《TBT 协定》有本质的区别。后者所调整的是产品标准、技术法规与合格评定程序。其方法是为了确定某种措施是否具有保护性，《TBT 协定》依靠的是无歧视审查，而《SPS 协定》依靠的是审查该措施是否以科学和风险评估为依据。要求《SPS 协定》适用严格的无歧视待遇是不可能的，因为一国经常会以某些产品在植物和动物虫害和病害方面存在不同的危险为理由，歧视进口货物或来自某些国家的货物。在《SPS 协定》之下，只要不是武断的和不合理的，歧视就是被允许的。

背景

在乌拉圭回合协定形成之前，虽然 SPS 措施在 GATT 管辖范畴，但从未在多边协定中有过完整和详细的规定。历史上，GATT 承认成员为保护人类、动物或植物的生命或健康而采取必要措施的权利，尽管这样的措施可能限制贸易。GATT 1947 第 20（b）条规定，只要这些措施不会对同等条件的国家造成武断和不合理的歧视，或者对国际贸易变相限制，它们可以作为 GATT 义务例外。

有关 SPS 措施的谈判在一开始就被当作细化 GATT 1947 第 20（b）条规定的尝试。然而，协定超越了对既有 GATT 条文的解释，增加了新的义务，尤其是增加了透明度要求，如对拟实施的 SPS 措施进行通知，并给予置评的机会。

政府把采取 SPS 措施作为例行公事以保护人类、动物或植物的生命或健康。例如，一国可以要求某种可能带来植物虫害或病害的植物产品在进口时进行驱虫或病害处理。举例而言，许多国家要求蔬菜在进口时必须进行烟熏处理。

然而，政府有时将 SPS 措施作为变相限制贸易的手段以保护当地产业。例如，一国可能毫无根据，以虫害或病害风险为由，禁止某种农产品进口，以保护该产品的国内产业……

经验证实，在其他诸如关税或非关税的贸易壁垒正在降低或消失的同时，SPS 正被频繁使用。美国不止一次就某种产品的关税和进口配额进行谈判，而仅仅不合理的卫生或植物卫生措施就能使之前的谈判成果付诸东流。

乌拉圭回合协定，尤其是《农业协定》，将会消除或实质地降低目前国际农业贸易中的壁垒。当《WTO 协定》生效之后，WTO 成员将遵照协定要求消除农产品非关税边境措施，如配额（一些关键例外，如 SPS 措施等除外），并将在一定年限消除农业贸易关税。

《SPS 协定》的谈判与《农业协定》的谈判相互关联，这样做是为了保证农业贸易自由化的利益不会被变相保护性贸易壁垒的 SPS 措施损害。这就是《农业协定》第 14 条强调成员同意《SPS 协定》生效的原因。

基本概念

要了解《SPS 协定》必须先了解某些基本概念，以下将做介绍。

1. 卫生或植物卫生措施

《SPS 协定》的规定只与"卫生或植物卫生措施"有关，其他措施并不受其规范。根据附件 A，一项卫生或植物卫生措施是指适用于下列任何目的的措施：保护成员领土内的动物或植物的生命或健康免受虫害、病害的传入、定居或传播所产生的风险；保护成员领土内的人类的生命或健康免受食品、饮料或饲料中的添加剂、污染物、毒素或致病有机体所产生的风险；保护成员领土内的人类的生命或健康免受动物、植物或动植物产品所携带的病害和虫害所产生的风险；防止或控制成员领土内因虫害的传入、定居或传播所产生的其他损害。

SPS 措施包括最终产品标准；工序和生产方法；检验、检查、认证或批准程序；有关统计方法；抽样程序；风险评估方法和与食品安全有直接关系的包装和标签要求；以及检疫程序，如与动物或植物运输过程中，为维持动植物生存所需物质有关的要求。

因此，一项措施是否为卫生与植物卫生措施是由其意图来确定的。如果一项措施的意图不是预防以上所列举的任何一种风险，该措施就不是卫生或植物卫生措施。

2. 适当的保护水平

政府在采取卫生或植物卫生措施时，什么样的水平是为预防特定风险进行保护的适当水平，这是一个重要问题。根据《SPS 协定》，一个政府可以自行确定"卫生或植物卫生适当的保护水平"。附件 A 把这种水平定义为"制定卫生或植物卫生措施以保护其领土内的人类、动物、植物的生命或健康的成员认为适当的保护水平"。

因此，《SPS 协定》明确肯定了政府选择保护水平的权利，包括选择"零风险"为其保护水平。政府可以采用其法律所允许的任何方式来确定保护水平。最终，适当保护水平的选择，是一个社会价值判断。协定没有规定要证明保护水平的选择是以科学为基础的，因为这样的选择本身就不是基于科学判断。

调整范围

第1.1条规定了协定的调整范围——它只适用于由政府采用的，可直接或间接影响国际贸易的 SPS 措施。如果一项措施对贸易没有影响，则《SPS 协定》不适用。

与其他《WTO 协定》的关系

第1.4条和第2.4条阐明了《SPS 协定》与其他 WTO 相关协定的关系。第1.4条规定，对不属于《SPS 协定》调整范围的措施，协定的任何规定不得影响各成员在《TBT 协定》之下的权利（根据《TBT 协定》第1.5条，该协定不适用于 SPS 措施）。

第2.4条规定，如果一项 SPS 措施符合《SPS 协定》规定，则该措施被视为符合 GATT 1994 的相关规定，特别是第20（b）条的有关规定。

基本权利义务

1. 采取 SPS 措施的权利

第2.1条明确承认政府（如上文所提及，包括中央与地方政府）采取 SPS 措施以保护人类、动物或植物的生命或健康的权利。

2. 必要性、科学原理和科学证据

第2.2条规定，所有卫生或植物卫生措施只能在保护人类、动物或植物的生命或健康所需的必要限度内实施，并且所有的 SPS 措施都必须有科学依据。没有充分科学证据支持的措施不得维持（第5.7条规定了例外）。文本并没有专门定义"科学"这个概念。因此，根据国际法的一般原则（包括《维也纳公约》的规定），对"科学"一词的解释，应当是善意的，根据其在上下文中的一般含义和协定的目的和宗旨确定。

根据字典定义，"科学"的一般含义包括："与科学有关或用于科学的"，"广泛，具有准确、客观、事实、系统或方法论的基础"，"属于或展示了科学的原理或方法，或与科学的原理或方法有关"。字典对"科学"的解释包括："对自然现象的观察、定义、描述、实验性研究和理论解释"，"任何方法论的活动、规则或研究"，以及"通过研究和实践获得的知识"。

很清楚，《SPS 协定》中关于措施必须根据科学原理，"没有充分的科学依据则不能维持"的规定，并没有授权争端解决专家组代替维持卫生或植物卫生措施的政府作出科学判断。《SPS 协定》承认科学是很难做到完全精确的，并且许多科学决定要求对不同科学观作出判断，例如它规定措施必须依据科学原理（而不是"最佳"科学原理），并且在没有足够（而不是要求审查"证据的分量"）科学证据的情况下不能维持。《SPS 协定》维护了政府做出决定的权力。

3. 无歧视待遇与变相限制

第 2.3 条重申了 GATT 1994 第 20 条"序言"部分，关于保证 SPS 措施不会对贸易造成额外障碍的要求。第 2.3 条要求每一成员保证 SPS 措施不会对条件相同或相似的其他成员，或在本国，造成武断和不合理的歧视。第 2.3 条还禁止成员以对国际贸易构成变相限制的方法适用卫生或植物卫生措施。

协调

考虑到 WTO 各成员往往适用不同的 SPS 措施，第 3 条要求成员使用相关的国际标准作为 SPS 措施的依据，除非协定中另有规定。鼓励适用国际标准的目的，是在广泛促进贸易的基础上，协调各成员的 SPS 措施。

然而，《SPS 协定》明确指出它不要求用"降低协调"来达成更宽松的 SPS 措施。协定序言特别指出，WTO 成员希望进一步实现 SPS 措施的国际统一标准而"不改变成员保护人类、动物或植物的生命或健康的合理水平"。

此外，第 3.3 条明确肯定了政府在根据科学理由，或认为保护水平的效果是适当的情况下，维持和采用比相关国际标准更严格的 SPS 措施的权力。第 3.3 条的脚注清楚地表明，如果一成员根据本协定有关规定对现有科学信息进行审查和评估，确认有关国际标准、指南或建议的标准不足以达到适当保护动植物卫生的水平，就可以算是有科学理由。

由此，第 3.3 条明确表明，政府不必接受会降低其认为合理保护水平的国际标准、指南或建议。

第 3.4 条要求 WTO 成员在力所能及的范围内参与国际组织及其附属机构，以促进在这些组织中指定和定期审议有关 SPS 措施方面的标准、建议和指南。成员的充分参与可以保证这些组织所制定的标准、指南和建议的质量。

根据第 3.2 条，如果一项卫生或植物卫生措施符合相关国际标准、指引或建议，它对保护人类、动物或植物的生命或健康就是必需的、符合协定及 GATT 1994 相关规定的。因此，通过争端解决程序控告实施措施成员的一方负有反驳这一假设的义务。相反，一项卫生或植物卫生措施不符合相关国际标准、指南或建议本身，并不导致该措施负面的推定。

等效

由于可以达到同等保护水平的 SPS 措施很多，因此众多 WTO 成员适用的，达到相同的保护水平的 SPS 措施就可能不同。措施的差异可能限制贸易，而没有对保护人类、动物或植物的生命或健康起到额外的保护作用。

因此，第4.1条要求进口国在出口国的 SPS 措施能够达到其本国措施保护水平的情况下，接受出口国的 SPS 措施水平。为证明这样的情况，协定要求出口国客观地向进口国证明其措施已达到进口国认为适当的保护水平。应要求，进口国应当为出口国提供合理的检查、检验和其他相关程序的机会，以确定措施是否等效。

第4.2条要求各成员就其他 WTO 成员的请求进行磋商，以便就具体 SPS 措施的等效性问题达成双边和多边协定。

风险评估和适当保护水平

第5.1条要求，一成员政府必须保证，其 SPS 措施是以适合相关情况的风险评估为基础来确定某种物质或产品的，包括工序和生产方法是否对人类、动物或植物的生命或健康带来风险。根据第5.1条，协定没有规定任何具体的风险评估形式或方法，只在附件 A 中对"风险评估"作了一般定义。但是，第5.2条和第5.3条列举了在相关情况下政府进行风险评估时所需考虑的因素，包括可获得的科学证据；有关工序和生产方法；相关检查、检验和抽样方法；以及相关的生态和环境条件。第5.3条中列举的因素只适用于保护动物和植物的生命或健康的 SPS 措施，而不包括人类健康。

此外，在进行风险评估科学证据不足的情况下，根据第5.7条，成员方政府仍可以根据现有信息采取临时卫生或植物卫生措施。在这种情况下，成员方政府应在合理期限内，设法获取客观风险评估所必需的其他信息。

虽然各成员可以自行确定合适保护水平，第5.4条和第5.5条仍然规定了确定保护水平的基本原则。协定鼓励成员将措施对贸易的消极影响降到最低程度，并要求成员避免在不同的情况下，武断和不合理地采用不同的保护标准，给来自其他成员的产品造成歧视待遇，或构成对国际贸易的变相限制。

考虑到协定中关于武断和不合理歧视的规定有待于具体化，第5.5条规定，SPS 委员会应当对这一条款的实际执行制定指南。

第5.5条规定，SPS 委员会在制定这些指南时，应当考虑包括人们对风险的自愿承担等在内的因素，如，对酒和烟草的消费，对熏鱼或熏肉的食用。这个规定明确了一个原则，那就是政府可以根据人们自愿承担风险和非自愿承担风险这两种不同情况来制定不同的保护标准。这说明一个成员可以根据

《SPS 协定》，对避免杀虫剂危害规定较高的保护标准，对避免吸烟危害规定较低的保护标准。

第 5.6 条规定，在处理某一情况时，在考虑技术和经济可行性的前提下，一成员应保证其 SPS 措施不超过必要的保护水平，因而不会对贸易造成不必要的限制。第 5.6 条的脚注明确指出，证明另一成员的卫生或植物卫生措施对贸易的限制超过必要的水平，必须证明存在另一种如下的措施：这种措施有技术和经济上的可行性，并且可供使用；这种措施能够达到该成员认为合理的保护水平；并且这种措施对贸易的限制明显较低。

由此，申诉方必须首先指出另一种可合理采用的措施。协定不要求成员去做它们认为不合理的事情，关于这一点，协定是明确的。与此相似，另一种可行的措施对贸易的影响必须与前一种有很大的区别——如果效果区别不大，就没有必要要求成员采取另一种措施。

最重要的是，第 5.6 条清楚表明，另一种措施必须能够达到原有措施所希望达到的保护水平。关于这一点，最通常的例子是对活动物，如牲畜，采取检疫措施而不是采取禁止出口的措施。前者对防止动物疾病的危害的作用与完全禁止进口相同，但对贸易的影响小得多。

根据第 5.8 条，如果一成员觉得另一成员适用的卫生或植物卫生措施限制其出口，且其相关措施不是根据国际标准制定，则进口国有义务要求该成员对其措施的合理性做出解释。

关于第 5.1 条 SPS 措施必须"基于适当的，对人类、动物或植物生命或健康的风险评估"的要求，这个要求与上述讨论的，关于政府所选择的适当保护水平与政府用以达到这一目的措施尤为相关。

…………

特殊待遇与差别待遇

第 10 条要求对发展中国家给予特殊与差别待遇。成员在制定和适用 SPS 措施时，应考虑发展中国家的成员情况。第 10.2 条要求进口成员方在仍能保证合适的保护水平的情况下，针对发展中国家成员有利害关系的产品实施 SPS 措施时，给予发展中国家成员更长的适应时间。第 10.3 条规定，应要求，SPS 委员会可以允许发展中国家成员就协定下义务时限给予例外规定。

争端解决

第 11.1 条规定，GATT 1994 第 22 条和第 23 条，以及 DSU 适用于本协定项下的磋商和争端解决。

第 11.2 条明确鼓励专家组在解决争端时，就科学与技术方面的问题征求健康、环境或其他专家的意见。此外，该条款规定，专家组可以成立技术专家咨询小组或与相关国际组织进行商讨。DSU 附件 4 中的规则和程序适用于该技术专家小组。

....

对国家和地方政府的适用

根据协定第 13 条，中央政府有责任保证下级政府遵守协定规定。

乌拉圭回合协定是一系列禁止性规定。只要某种措施和做法不为某个协定所禁止，成员就可以自由维持或实施。由于《SPS 协定》并不禁止［地方政府］采取比［中央政府］更严厉的措施，因此。［地方政府］有权采取更严厉的措施。

显然，《SPS 协定》不得干涉［地方政府］采取关于维护人类、动物或植物生命或健康的措施。……

而且，《SPS 协定》不要求［中央政府］对［地方政府］采取的可能被争端解决专家组判定违反贸易义务的措施采取法律行动。根据乌拉圭回合协定，专家组意见只具参考性。如果应诉方败诉，它也不必取消或改变争议的措施。它可以改变争议措施，也可以选择对争端的另一方提供贸易补偿，还可以其他方式解决争端，或干脆允许另一方中止相对的贸易减让。

在极少数情况下，［地方政府］措施被裁定不符合《SPS 协定》要求时，［中央政府］可以与［地方政府］共同寻求满意的解决方案。…… 在关于《SPS 协定》的问题上，一国有完全的自主权决定如何在其政治与法律体制下履行其贸易义务。

* * *

2. SPS 措施的定义

如何认定一项贸易措施是否属于 SPS 的管辖范围？专家组在"美国—禽肉案"中对此作出了裁定。

美国—影响自中国进口的禽肉产品的某些措施

WT/DS392/R

7.70 ……该争端中关键的问题是，第 727 节是否为一项 SPS 措施。……

....

7.80　就此,……专家组将审查争议措施,即第 727 节,是否为一项属于《SPS 协定》范围的 SPS 措施。我们将首先审查《SPS 协定》内容。该协定规定了 SPS 措施的定义以及专家组和上诉机构解释 SPS 措施的方法。随后,我们将考察第 727 节是否符合《SPS 协定》项下 SPS 措施的定义。在此过程中,我们认为应该由中国承担证明第 727 节实际上是一项 SPS 措施的举证责任。

(a)《SPS 协定》下 SPS 措施的概念

7.81　《SPS 协定》第 1 条对协定适用范围的规定如下:

1. 本协定适用于所有可能直接或间接影响国际贸易的卫生与植物卫生措施。此类措施应依照本协定的规定制定和适用。

2. 就本协定而言,适用附录 A 中规定的定义。

7.82　因此,对某一特定措施适用《SPS 协定》需要两个条件:(1)该措施必须属于《SPS 协定》附录 A 所定义的 SPS 措施;(2)该措施必须直接或者间接影响国际贸易。我们着手审查这两个条件。

(i)SPS 措施的定义

7.83　《SPS 协定》附录 A 采取如下方式定义 SPS 措施:

1. 卫生与植物卫生措施,即用于下列目的的任何措施:……

(b)保护成员领土内的人类或动物的生命或健康免受食品、饮料或饲料中的添加剂、污染物、毒素或致病有机体所产生的风险。……

卫生与植物卫生措施包括所有相关法律、法令、规则、要求和程序,特别包括:最终产品标准;工序和生产方法;检验、检查、认证和批准程序;检疫处理,包括与动物或植物运输有关的或与在运输过程中为维持植物生存所需物质有关的要求;有关统计方法、抽样程序和风险评估方法的规定;以及与粮食安全直接有关的包装和标签要求。

7.84　专家组注意到,迄今为止,已经审理完毕的涉及 SPS 问题的争端共有六起。除“欧共体—生物技术制品审批和营销案”之外的所有案例都涉及对争议措施是否属于 SPS 措施的讨论。

7.85　涉及 SPS 措施定义的本专家组深入考察的第一个案件,是“欧共体—生物技术制品审批和营销案”。此案专家组审查了欧盟的诸项行动是否属于《SPS 协定》项下的 SPS 措施。专家组尤其审查了附录 A(1)的 SPS 措施定义并解释认为：判断某措施是否为一项 SPS 措施，必须考虑诸如该措施的目的、法律形式和性质等因素。专家组指出，附录 A（1）（a）～（d）提到目的要素（"用于……的任何措施"），附录 A（1）第二段提到形式要素（"法律、法令、规则"），而附录 A（1）"要求与程序"第二段强调措施性质。因此，专家组将"包括法律、法令、规则、要求和程序"分为两个部分："法律、法令、规则"指的是措施的"形式"；"要求和程序"指的是措施的"性质"。专家组裁定，争议中的延期偿付措施，并不具备 SPS 措施的"性质"，因为它没有规定要求和程序，因此，不能被视为《SPS 协定》附录 A（1）意义上的 SPS 措施。

7.86 "美国/加拿大—停止实施贸易报复措施案"专家组在调查争议措施的目的、形式和性质但不考察"性质"含义的意义上，采纳了"欧共体—生物技术制品审批和营销案"专家组的分析方法。该专家组首先认定争议措施的目的是否属于附录 A（1）（b）的范围，随后审查该措施是否属于"法律、法令、规则、要求和程序"的范畴。之后，专家组裁定，该争议措施的宗旨在于保护人类生命免受食品污染的威胁，并采取了附录 A 第二段中规定的形式和性质，因此，根据《SPS 协定》附录 A（1）（b）的规定，涉案措施属于 SPS 措施。

（ii）直接或间接影响国际贸易

7.87 即使某措施属于《SPS 协定》附录 A（1）中 SPS 措施的定义范畴，进而符合《SPS 协定》第 1.1 条的规定，该措施仍需直接或者间接影响国际贸易，才能被认定受《SPS 协定》纪律约束。

7.88 查阅先前的 SPS 争端发现，在"澳大利亚—鲑鱼案"中，争端各方均不反对系争措施影响国际贸易。在"欧共体—荷尔蒙案"中，专家组与各方一致认为，系争措施影响国际贸易，并补充认为，进口禁止对国际贸易造成影响是毫无争议的。

7.89 专家组在"欧共体—生物技术制品审批和营销案"中表示，为了与解释 WTO 协定其他条款的专家组保持一致，"不必证明 SPS 措施对贸易具有实际影响"。同时该专家组进一步提及，《SPS 协定》第 1.1 条仅要求 SPS 措施"可能直接或者间接影响国际贸易"。因此，专家组认定，一项造成迟延，或对申请人提出信息和文档要求的措施，会影响国际贸易。

（b）第 727 节是否属于《SPS 协定》项下的 SPS 措施

7.90 据此，本专家组需要裁定：（1）第 727 节是否属于《SPS 协定》附录 A（1）的定义范围；（2）第 727 节是否直接或者间接影响国际贸易。我

们从争议措施着手,分析第 727 节是否为《SPS 协定》附录 A(1)定义范围
内的 SPS 措施,如果是,则审查其是否直接或间接影响国际贸易。

(i)争议措施

7.91　本专家组明确,第 727 节于 2009 年 3 月 11 日颁布,并于 2009 年 9
月 30 日到期。我们进一步明确,规定第 727 节的《2009 年农业拨款法》是一
项定期性拨款法案,该法案为食品安检局提供必要的资金供其履行《禽类制
品检验法》设定的各种职能。

7.92　第 727 节内容如下:

> 根据本法所提供的任何拨款,不得用于制定或执行任何允许向美国
> 进口中国产禽类制品的规则。

7.93　我们明确,与《2009 年农业拨款法》一同实施的还有《联合解释
声明》。该声明解释了美国国会用限制拨款的做法,限制那些允许中国禽类制
品进口规则的制定与实施的原因。《联合解释声明》规定:

> 对来自中国的污染食品存在持续的严重关注,因此,本法令包含了
> 禁止食品安检局利用拨款制定法令允许中国禽类制品进口美国的用语。
> 值得注意的是,中国已对其食品安全法进行修订。本委员会敦促美国农
> 业部会提交报告,分析此次修订对中国禽类制品安全性造成的影响。美
> 国农业部还需提交行动计划,以保证中国禽类制品的安全性。该计划需
> 包括对所有禽类制品检验体系进行系统审核,以及对所有中国认证出口
> 美国的禽类和屠宰场设施进行审核。该计划还须包括对实验室和其他管
> 控措施系统性的审核,包括扩大港口入境检查以及同其他完成审查、检
> 验程序后进口中国禽类制品的主要国家实行信息共享的计划。本计划一
> 经完成即应在食品安全局网站公布。

(ii)第 727 节是否符合附录 A(1)定义

7.94　由此,专家组将审查第 727 节是否属于《SPS 协定》附录 A(1)
的定义范畴。我们回顾"欧共体—生物技术制品审批和营销案"专家组的解
释,在判断某项措施是否符合《SPS 协定》附录 A(1)的定义范畴时,必须
关注该措施的目的、法律形式及性质等要素。随后的"美国/加拿大—停止实
施贸易报复措施案"专家组认同这个解释。"欧共体—生物技术制品审批和营
销案"专家组认为:附录 A(1)(a)~(d)处理目的要素("用于……的任

何措施"）；附录 A（1）第二段处理形式要素（法律、法令、规则）；附录 A
（1）第二段的"要求与程序"处理措施性质。

7.95 我们就如下问题向各方征求意见：专家组是否应当遵守"欧共
体—生物技术制品审批和营销案"专家组阐述的三步测试法。争端方意见各
异。中国希望我们不要遵守专家组在"欧共体—生物技术制品审批和营销案"
中确定的测试规则，而美国却提出相反要求。中国主张，在依据《维也纳公
约》规则阐述附录 A（1）（b）的定义时需考虑 SPS 措施的目的和法律形式，
但该定义并未提及第三个"性质"要素。美国则认为专家组仔细审查一项措
施的各个方面至关重要，包括性质、目的和形式，以确定如果某项食品安全
措施果真符合规定的话，其合理性是依据《SPS 协定》的哪一个具体条款而
来。但是，美国既没有具体阐述应该如何确定该措施的性质，也没有具体阐
述"欧共体—生物技术制品审批和营销案"专家组的法律论证如何对本案事
实适用。

7.96 因此，专家组必须确定应该遵循哪一种方法：是考察第 727 节的
目的、形式、性质，还是仅考察其目的和形式。

7.97 我们注意到，附录 A（1）的措辞未提及用语"性质"，也未提及
用语的"目的"和"形式"。这并不意味着在根据上下文，以目标和宗旨为
依据，分析附录 A（1）措辞以裁定该规定是否属于 SPS 措施时，我们将不去
考察第 727 节的目的和形式。

7.98 我们注意到，附录 A（1）（a）~（d）的第一部分将 SPS 措施称为
"用来保护……防止……的措施"。双方及专家组均同意，该句是指措施的
"目的"。

7.99 在阐述了制定 SPS 措施可能的目的之后，附录 A（1）第二部分列
示了 SPS 措施的类型，其内容为"卫生与植物卫生措施包括所有相关法律、
法令、规则、要求和程序……"。这一表述之后紧接着的，是 SPS 措施可能的
类型列示，具体如下：

> 最终产品标准；工序和生产方法；检验、检查、认证和批准程序；
> 检疫处理，包括与动物或植物运输有关的或与在运输过程中为维持植物
> 生存所需物质有关的要求；有关统计方法、抽样程序和风险评估方法的
> 规定；以及与粮食安全直接有关的包装和标签要求。

7.100 专家组仔细审查了"欧共体—生物技术制品审批和营销案"专家
组关于区分"形式"和"性质"法律基础的裁定，但难以接受其法律论证。

我们不清楚该专家组为什么将"包括法律、法令、规则、要求和程序"分为"形式"和"性质"，因为该专家组没有关于这个划分依据的详细论述。该专家组没有解释"要求和程序"如何在根本上有别于"法律、法令、规则"，也没有解释他们为什么认为所有的 SPS 措施在某种程度上均具有"要求"或者"程序"的性质。审察附录 A（1）约文内容就会发现，此类划分并不存在，且直接阅读约文让人相信，"要求和程序"也可以是对一项 SPS 措施可能的类型或"形式"的描述，而跟在"其中包括"后面的实质性描述仅仅是成员采取过的 SPS 措施类型的例证。

7.101　虽然我们不认为审查特定措施是否属于 SPS 措施是一个僵硬的采用"欧共体—生物技术制品审批和营销案"曾经采用的三步测试法的过程，但我们赞同专家组应仔细审核某项措施各个方面以确认其是否属于 SPS 措施的观点。在我们看来，措施性质是形式的内在要素。因此，将附录 A（1）第二部分作为一个整体进行审视，意味着审查某一措施是否属于附录 A（1）规定的措施类型需要对措施进行整体审查，包括对措施内容和性质的审查。

7.102　因此，我们将通过审查第 727 节是否满足附录 A（1）（a）～（d）中规定的目的，以及是否属于附录 A 第二部分所列措施类型，来确定第 727 节是否属于一项 SPS 措施。

附录 A（1）（a）～（d）

7.103　根据"欧共体—生物技术制品审批和营销案"专家组意见，附件 A（1）（a）～（d）项提及目的要素（"用于……的任何措施"）。

7.104　正如专家组在"哥伦比亚—进口港案"中的解释，国内立法应被视为"事实问题"。在客观评价国内立法时，专家组应当在适当上下文中对法律文本进行考察，并在必要时参考其他资料。这些资料可以包括有关该法律一贯适用的证据、国内法院对该法律含义的公告、法学专家意见以及知名学者著作。完成举证责任所需证据的性质和范围视个案情况而有所不同。

7.105　我们忆及，为证明争议措施违反 WTO 规则，中国应就美国相关立法的含义和范围承担举证责任。通常，这些证据将以相关立法文本或法律文件的方式提供，中国已经做到了这一点。本争端中，中国不仅提供了第 727 节的文本，还提供了解释该节宗旨的《联合解释声明》。此外，中国辩称，美国提供的证据包括美国国会的声明。该声明表明，第 727 节旨在保护人类和动物生命健康免受污染食物带来的风险。

7.106　专家组将从考察第 727 节文本着手进行分析以确定其目的。第 727 节规定：

根据本法所提供的任何拨款，不得用于制定或执行任何允许向美国进口中国产禽类制品的规则。

7.107　因此，从表面来看，第727节是一项仅涉及美国政府执行机构活动拨款的措施。具体行文并无任何涉及附录 A（1）（a）~（d）条目的的内容。

7.108　正如中国所指出，美国自己也声称，第727节的根本政策目标，是保护人类和动物生命健康免受中国进口禽类制品所带来的风险。美国进一步辩称，该政策目标反映在该措施的立法历史中。

7.109　忆及我们需要在适当的上下文中考察该法令条文内容，并在必要情况下考虑其他辅助材料，因此，我们将考察《联合解释声明》和国会报告中的相关陈述，以判断其是否有助于确定第727节的立法目的。双方一致认为，根据美国法律规定，《联合解释声明》是《2009年农业拨款法》立法历史的一部分。

7.110　正如上文……的解释，拨款法案有时与《联合解释声明》一同颁布，以解释该法案中某些条款的目的。第727节的《联合解释声明》在相关部分规定：

对来自中国的污染食品存在持续的严重关注，因此，本法令包含了禁止食品安检局利用拨款制定法令允许从中国进口禽类制品进入美国的用语。

7.111　专家组注意到，《联合解释声明》直截了当地表明，第727节的目的是禁止食品安检局采取任何国会认为有悖对中国污染食品关切或担忧的措施。

7.112　美国提请专家组注意美国国会发布的部分声明。这些声明表明，第727节旨在关注从中国进口禽类制品可能对人类和动物生命与健康带来风险这个问题。该项措施的立法历史清楚反映出美国所谓的政策目标。美国向专家组提交了《2008财年综合拨款法委员会报告》，报告提到，由于中国食品污染情况而禁止提供拨款：

鉴于最近中国饲养类肉食制品受三聚氰胺污染，以及中国时有发生的严重食品污染事件的情况，我们显然无法信任中国政府能够确保企业遵守美国的［食品］加工标准。中国薄弱的政府监管加之禽流感在该国高发，使我们无法确定，返销美国的产品，实际上是美国禽肉产品，被禽流感病毒感染的禽肉，没有被用来替换美国禽肉。尽管食品安全及检验管理局声称产品安全，因为加工过程可以杀死任何禽流感病毒，但美国检验官员无法站在中国工人的背后［随时监督他们的工作］。美国检验官员实际上每年最多到中国工厂考察一次。

7.113　美国还援引了第 727 节起草者，国会议员罗莎·迪洛尔的声明。她在这份声明中指出，第 727 节旨在解决对从中国进口禽类制品所致健康风险的关切。这份声明反映了第 727 节的立法意图。

7.114　我们注意到，中国主张，根据《联合解释声明》，第 727 节的目的是保护人类生命和健康而非动物的健康。中国指出，《联合解释声明》提到"对受污染食品的严重关切"，而没有提到任何动物疾病。美国主张，第 727 节的政策目标是保护人类、动物的生命和健康免受中国进口禽类制品带来的风险。此外，我们注意到，众议院报告也提到保护动物生命和健康。

7.115　在专家组看来，颁布第 727 节旨在保护人类和动物的生命和健康免受从中国进口的被污染禽类制品所致的风险。因此，专家组认定，第 727 节是基于附录 A（1）（b）所规定目的而实施的措施。

附录 A（1）第二部分

7.116　附录 A（1）第二部分规定，SPS 措施"包括所有相关法律、法令、规则、要求和程序……"

7.117　中国辩称，第 727 节是美国法律体系下的预算措施。专家组知道美国对此并无异议。根据中方观点显然可以得出如下结论：第 727 节是一个法律条款，因此它属于附录 A（1）中所列措施清单。

7.118　忆及我们已经认定，一项措施，其性质与作为形式的内在组成部分与判断该措施是否为一项 SPS 措施相关。本专家组注意到，第 727 节属于《2009 年农业拨款法》中的法律条款，是关于美国政府执行机构的活动拨款部分。

7.119　第 727 节涉及美国政府执行机构活动的资金拨款问题而不直接调整卫生和植物卫生问题。该事实可被视为证明第 727 节并非 SPS 措施的证据。的确，一般认为，一项影响特定政府机构活动资金拨款的法律条款看起来不大会像是一项 SPS 措施。专家组仔细审查这一主张，这是类似第 727 节的措施第一次受到《SPS 协定》项下的指控。尽管第 727 节属于拨款法案，但它是国会控制负责执行 SPS 实体法律、法规的行政机构的活动方式。因此，第 727 节属于拨款法案的事实，不能使其被排除在附录 A（1）第二部分规定的 SPS 措施范围之外。

7.120 鉴于第 727 节旨在实现附录 A（1）（b）的目标，并属于附录 A（1）第二部分所描述的措施类型，专家组认定，第 727 节是一项属于《SPS 协定》附录 A（1）的 SPS 措施。

（iii）第 727 节是否直接或间接影响国际贸易

7.121 一旦认定"第 727 节符合《SPS 协定》附录 A（1）对 SPS 措施的定义"，那么，需要考察的第二个要素，就是判断第 727 节是否为《SPS 协定》项下的 SPS 措施，亦即该措施是否直接或者间接影响国际贸易。

7.122 就此，中国称，通过禁止中国禽类制品出口至美国，第 727 节在《SPS 协定》第 1.1 条意义上直接或者间接影响国际贸易，因此，第 727 节属于《SPS 协定》下的措施。我们注意到，美国未对中国的主张提出异议。

7.123 在专家组看来，第 727 节的确影响国际贸易，因为它禁止食品安检局利用拨款制定并实施允许从中国进口禽类制品的规则。一项措施是否直接或者间接影响国际贸易取决于看待该措施的角度。专家组注意到，无论认定第 727 节是具有直接的还是间接的影响，它都在措施有效期间产生这样一个效果：中国不可能向美国出口禽类制品。因此，第 727 节直接或者间接影响禽类制品的国际贸易。专家组据此认定，第 727 节同时满足《SPS 协定》第 1 条的第二个要件。

（c）结论

7.124 认定第 727 节属于《SPS 协定》附录 A（1）定义的 SPS 措施并直接或间接影响国际贸易之后，专家组裁定，第 727 节是《SPS 协定》范畴内的一项 SPS 措施。

* * *

五 SPS 措施与适当的保护程度

《SPS 协定》第 5 条涉及风险评估和确定 SPS 的适当保护程度。风险评估的定义，是"根据可适用的卫生和植物卫生措施，评价虫害和病害在进口成员方领土内传入、定居或传播的可能性，以及评价相关潜在的生物学后果和经济后果；或评价食品、饮料或饲料中存在的添加剂、污染物、毒素或致病有机体对人类或动物的健康所产生的潜在不利影响"。[①]

---

① 《SPS 协定》附件 A 第 4 条。

1998 年"欧共体—有关肉类和肉类制品（荷尔蒙）措施案"上诉机构裁定：被评估的风险，不仅是在依据严格控制的条件操作的科学实验室里可确定的风险，而且是正常存在于人类社会的风险。上诉机构认为，要求将措施建立在风险评估的基础上，并不表明要求证明最低的可量化风险的大小。另外，风险必须超过理论上的不确定性，原因是科学不能提供一种物质安全性的绝对保障。上诉机构进一步阐明，"根据"一词指 SPS 措施与风险评估之间的客观关系。这与仅仅考虑评估且可能否决评估的义务形成对比。这种关系必须是理性的和合理的。但是，这并不意味着成员方不可以依赖诸如来自合格且可靠消息来源的相反意见。当威胁生命的风险清楚而迫近时尤其如此。解决这些问题只能依据个案情况进行。

同样在"美国—禽肉案"中，专家组对《SPS 协定》第 5 条与第 2 条的关系，第 5 条中的"风险评估"和"非歧视"要求，第 2 条"任意或不合理歧视要求"等关键问题做出了分析和裁定。

美国—影响自中国进口的禽肉产品的某些措施
WT/DS392/R

7.156　专家组注意到，中国从以下条款规定的基本义务着手提出其主张：第 2.3 条关于不在成员之间构成任意或不合理歧视的规定；第 5.5 条关于禁止导致任意或不合理差异的不同适当保护水平（ALOPs）的规定。之后，中国将注意力集中在要求依据科学证据制定 SPS 措施的《SPS 协定》第 5.1 条、第 5.2 条和第 2.2 条上。之后是第 5.6 条，该条涉及为实现适当保护水平所实施措施的范围。中国最后提出的是《SPS 协定》第 8 条中的控制、检查和批准程序的实施。

7.157　尽管《SPS 协定》并未针对条款的分析顺序给出任何指导，但本专家组更倾向于按照一个不同于中国选择的分析顺序。我们认为，在审查第 727 节如何适用之前，最好从考察第 727 节是否基于科学依据着手分析。因此，我们从《SPS 协定》第 5.1 条、第 5.2 条和第 2.2 条开始分析。任何违反第 5.1 条和第 5.2 条的措施，都必然违反第 2.2 条。因此，我们从第 5.1 条和第 5.2 条开始分析。

7.158　接下来，我们将审查第 727 节是否违反第 2.3 条"不在成员之间构成任意或不合理的歧视"的禁止性规定，以及对不同但可比的情形采用不同的适当保护水平，是否造成有悖《SPS 协定》第 5.5 条的任意不合理歧视。

上诉机构已经裁定，与分析第2.2条和第5.5条关系类似，第5.5条可以被看作独立出来，详细阐述一个与第2.3条要得出的结论一致的条款。因此，裁定违反第5.5条必然意味着同时违反第2.3条。

7.159 这些争端中上诉机构面对的情况，是适当保护水平之间的差异在成员间造成了歧视。然而，我们注意到，第5.5条并不包括"成员之间"这一短语。因此，适当保护水平之间的差异针对的有可能是来自同一成员的产品。在这种情况下，尽管能够证明存在违反第5.5条的情形，但不同成员之间不会存在歧视，因此，这并不必然违反第2.3条。

7.160 本争端中，中国为第5.5条的分析提出两种"不同的情形"。其中一种"不同情形"，是关于对来自不同成员相同禽类制品进行歧视的主张。鉴于因在成员之间实施差别待遇而违反第5.5条必然意味着也同时违反第2.3条，我们将遵循先前专家组的做法，在审查第2.3条之前，先从分析第5.5条更为具体的义务着手。

7.161 随后，我们将考虑第727节是否比《SPS协定》第5.6条所要求的贸易限制程度更高。

....

1. 第727节是否违反《SPS协定》第2.2条、第5.1条和第5.2条

(a)《SPS协定》第2.2条、第5.1条和第5.2条之间的关系——分析顺序

7.167 我们注意到，《SPS协定》第2.2条、第5.1条和第5.2条是涉及SPS措施科学依据的条款。我们注意到，上诉机构先前裁定，应当始终将《SPS协定》第2.2条和第5.1条"结合起来解读"，因为《SPS协定》第5.1条可被视为对协定第2.2条基本义务的具体适用。因此，根据上诉机构的观点，第2.2条贯穿于第5.1条，同时，定义第2.2条基本义务的要素赋予第5.1条以意义。

7.168 专家组进一步注意到，先前的专家组和上诉机构分析认为，如果SPS措施并未基于第5.1条和第5.2条的要求进行风险评估，可以在更普遍意义上推定，该措施并未以科学原则为依据或其制定缺少充分的科学依据。但是，鉴于《SPS协定》第2.2条的一般性特征，并非所有违反第2.2条的情况均属于《SPS协定》第5.1条和第5.2条的涵盖范围。

7.169 为与专家组和上诉机构先前的裁定保持一致，本专家组首先从审查两个"更为具体的"条款着手，分析中国在《SPS协定》第2.2条、第5.1条和第5.2条项下的主张。

（b）《SPS协定》第5.1条和第5.2条

7.170　我们注意到，《SPS协定》第5.1条阐明以下基本原则：SPS措施必须有风险评估依据。该条内容如下：

> 各成员应保证其卫生与植物卫生措施的制定以对人类、动物或植物的生命或健康所进行的、适合有关情况的风险评估为基础，同时考虑有关国际组织制定的风险评估技术。

7.171　《SPS协定》第5.2条进一步指导WTO成员如何进行风险评估。第5.2条特别指出：

> 在进行风险评估时，各成员应考虑可获得的科学证据：有关工序和生产方法；有关检查、抽样和检验方法；特定病害或虫害的流行；病虫害非疫区的存在；有关生态和环境条件；以及检疫或其他处理方法。

7.172　"日本—苹果案"专家组注意到，《SPS协定》第5.1条和第5.2条"直接相互渗透"，因为第2款阐释了评估第1款所预见风险时的相关要素。因此，由于第5.2条赋予第5.1条的一般义务（即措施以"风险评估"为依据）以意义，在分析第5.1条时，我们可能也会考虑第5.2条所包含的要素。

7.173　有鉴于此，基于《SPS协定》第5.1条的分析包括两个根本问题：首先，是否在考虑了相关国际组织制定的风险评估技术以及第5.2条所列要素的情况下，对风险进行了特定情形下的适当评估；其次，SPS措施是否以该风险评估为依据。

7.174　在确定某项措施是否以《SPS协定》第5.1条意义上的风险评估为依据时，需要首先确认究竟是否进行了该种评估。为此，需要根据附件A（4）的定义确定风险评估的含义。

（i）《SPS协定》附件A（4）风险评估的概念

7.175　《SPS协定》附件A（4）定义风险评估如下：

> 根据可能适用的卫生与植物卫生措施评估病虫害在进口成员领土内传入、定居或传播的可能性，并评估相关潜在的生物学和经济后果；或评估食品、饮料或饲料中的添加剂、污染物、毒素或致病有机体对人类、动物健康所产生的潜在不利影响。

7.176 因此，附件 A（4）规定了两种不同类型的风险评估。一种风险评估，是关于成员分析虫害或病害在进口成员领土内传入、定居或传播的"可能性"；另一种，是分析"食品、饮料或饲料中的添加剂、污染物、毒素或致病有机体对人类、动物健康所产生的潜在不利影响"。

7.177 正如上文……所述，第 727 节符合《SPS 协定》附件 A（1）（b）项下 SPS 措施的定义。对于附件 A（1）（a）和（c）项下的 SPS 措施，似乎需要根据附件 A（4）第一句话的要求进行风险评估，而对于符合附件 A（1）（b）项下 SPS 措施定义的措施，则需根据附件 A（4）第二句话进行风险评估。

7.178 对于《SPS 协定》附件 A（4）第二句话，"美国/加拿大—停止实施贸易报复措施案"专家组认为，风险评估要求成员：（1）明确指出食品、饮料或者饲料中的添加剂、污染物、毒素或者致病微生物（如果有的话）；（2）明确指出可能对人体或动物健康造成的不良影响；（3）评估在食物、饮料或者饲料中所认定添加剂、污染物、毒素或者致病有机体造成不利影响的可能性。

7.179 我们注意到，上诉机构已经裁定，仅对采取 SPS 措施所试图避免的疾病进行一般性的讨论，并不满足进行风险评估的要求。风险评估必须针对特定涉案风险。我们还注意到，在"日本—苹果案"中，上诉机构澄清指出，风险评估不仅应当从一般意义上提到损害，还应指出可能造成损害的具体媒介物。最近，在"美国/加拿大—停止实施贸易报复措施案"中，上诉机构也表示，风险评估不能完全脱离适当的保护水平。

（ii）一项措施怎样才算以风险评估为"依据"

7.180 "欧共体—荷尔蒙案"上诉机构解释称，在根据上下文进行解读时，第 5.1 条应当与《SPS 协定》第 2.2 条一起，且将第 2.2 条作为其指导进行解读。按此要求，风险评估结果必须充分保证，或者说，合理支持，涉案 SPS 措施。换句话说，SPS 措施及风险评估之间必须存在"合理联系"。上诉机构继续解释认为，该要求属于实质性要求。但是，上诉机构也表明，尽管第 5.1 条要求 SPS 措施以风险评估为依据，但这并不表示 SPS 措施必须"符合"风险评估的结论。

7.181 此外，风险评估不需要"一定与某一个科学结论吻合，或者 SPS 措施一定隐含这个科学结论的观点"。风险评估也不必"只体现相关科学领域的多数观点"。尽管注意到 WTO 成员在多数情况下"倾向于以'主流'科学观点作为立法、行政管理措施的依据"，但上诉机构观察认为，在一些其他情况下，同等负责任和具有代表性的政府可以根据在特定时间来自合格和受尊重信息来源的不同意见而真诚行事。上诉机构补充认为，以出自合格和受尊重的信息来源而得出不同的观点，"并不必然表明 SPS 措施与风险评估之间缺乏合理关联，特别是在所涉风险威胁生命且有可能对公共健康、公共安全构成迫在眉睫明确的威胁之时"。

7.182　最后，我们注意到，"欧共体—荷尔蒙案"上诉机构裁定，"第5.1 条并未坚持要求采取卫生措施的成员自行进行风险评估……其他成员或国际机构所实施的风险评估完全可以成为 SPS 措施的客观依据"。

（c）美国是否进行了风险评估以及第 727 节是否以该风险评估为依据

7.183　据此，专家组将审查美国是否基于风险评估而制定第 727 节。

7.184　中国认为，证据表明，第 727 节并未以任何专门针对中国禽类制品所致风险的风险评估为依据，更不用说以符合第 5.1 条和第 5.2 条要求的风险评估为依据。此外，中国认为，现有证据表明，第 727 节无法得到一个满足《SPS 协定》要求的风险评估的支持。

7.185　美国对没有实施风险评估的主张无异议。美国的确没有向专家组提供任何风险评估。美国仅对专家组的一个问题作出回应，即根据《SPS 协定》第 2.2 条的要求，第 727 节有科学依据。

7.186　但在根据 GATT 1994 第 20（b）条进行的抗辩中，美国确实就"各方对中国的健康和安全问题越来越担忧"提交了一些证据。

7.187　美国在根据 GATT 1994 第 20（b）条进行抗辩时特别指出，国际组织和政府机构的报告对中国食品安全问题的阐述长篇累牍，并成为诸如亚洲发展银行政策说明、某些联合国机构报告等的学术研究对象。据称，中国食品管制的执行过分依赖最终产品检验，而极少使用审计作为检验工具。

7.188　美国还援引了 2009 年美国农业部的一份详细阐述中国食品安全体制问题的报告。该报告列举了一些中国进口产品造成的具体安全风险。美国农业部报告表明，中国因超过 50 种不同类型食品安全违规行为而存在不成比例的进口被拒现状，其中最常见的，包括"一般性污染、不安全添加剂或化学成分、微生物污染、不当标签和缺乏适当制造商登记"。此外，美国农业部报告揭示了中国现行出口产品安全检验体制在对出口产品安全性的核实方面存在的一些问题。这样一个体制未能检查出运往美国的大批不安全产品。美国认为，《全球卫生治理》杂志发表的一项学术研究得出许多相同的结论。该研究详尽阐述了中国食品安全法在执法及腐败方面存在的一些问题。美国强调，众多众所周知的丑闻已经威胁到消费者的健康并导致对中国产品实行进口禁令。

7.189　美国提请我们注意其他一些对美国造成直接影响的中国食品安全问题的事件。这些事件包括从中国走私进口给消费者带来禽流感风险的禽肉。

7.190　美国还递交了2009年中国卫生部有关"中国食品安全形势依旧严峻，存在很大的风险和矛盾"的新闻报道。

7.191　我们忆及，上诉机构认为，风险评估无须由采取SPS措施的WTO成员实施。因此，某些研究并非由美国主管部门负责展开这一事实，并不代表这些研究的结果不属于风险评估的范围。但是，美国并未主张这些研究构成据以制定第727节的"风险评估"。由于美国并未提出任何观点或证据来证明存在风险评估，我们只能认定，无论是其主管部门还是其他机构，都没有为美国制定第727节做过风险评估。

7.192　在审查各方出具的证据之后，专家组认定：中国已初步证明，美国并未在《SPS协定》第5.1条、第5.2条和附件A（4）范畴内就第727节的制定做出风险评估。专家组进一步认定，美国并未对违规推定提出反驳，因此，专家组裁定，第727节未以风险评估为依据，并因此违反《SPS协定》第5.1条和第5.2条项下义务。

（d）第727节是否如《SPS协定》第2.2条要求以科学原理为制定依据，且基于充分科学证据而实施

…………

7.197　我们从《SPS协定》第2.2条文本着手进行分析，该条内容如下：

> 各成员应保证任何卫生与植物卫生措施仅在为保护人类、动物或植物的生命或健康所必需的限度内实施，并根据科学原理，如无充分的科学证据则不再维持，但第5.7条规定的情况除外。

7.198　我们注意到，第2.2条不仅要求这些措施以科学原则为依据，而且要求在无充分证据的情况下不得实施这些措施，除非第5.7条另有规定。上诉机构已经解释指出，第2.2条规定的义务要求SPS措施和科学证据之间存在合理、客观的联系。此外，"日本—苹果案（第21.5条—美国）"专家组指出，某项措施要得到科学依据的充分支持，我们认为符合逻辑的方法，是必须有足够的科学证据证明争议措施拟定解决的风险是存在的。

7.199　进一步忆及上诉机构解释过，第3.3条、第5.1条和第5.7条提供了解释第2.2条"在无充分科学证据的情况下不得实施一项措施"这一义

务范畴的相关上下文。第 3.3 条规定的 "科学理由" 是我们认定的相关上下文。该条脚注将该用语定义为 "根据本协定的有关规定对现有科学信息进行审查和评估"。根据上诉机构在 "欧共体—荷尔蒙案" 中的法律推理，我们认为，"科学证据" 用语本身蕴含第 5.1 条对风险进行评估的要求。第 5.7 条允许在科学证据不足的情况下采取临时措施。上诉机构认为，根据第 5.7 条的规定，"如果现有整体的科学依据，在数量或质量上均无法满足《SPS 协定》第 5.1 条和附件 A 所要求和定义的充分的风险评估" 要求，则可被视为第 5.7 条意义上科学依据 "不充分" 的情况。

7.200　鉴于上述情况，专家组认为，若美国欲采用充分的科学证据来支持第 727 节的实施，这些科学证据必须与争议措施之间存在合理关系，足以证明存在该措施所要解决的风险，且属于有必要进行风险评估的类型。

7.201　如上所述，……在一项 SPS 措施未以《SPS 协定》第 5.1 条和第 5.2 条所要求的风险评估为依据的情况下，则推定认为该措施并未以科学原理为依据且措施的实施缺乏充分科学证据。

7.202　此外，我们注意到，美国提及的证据，总体涉及中国食品安全问题，但并未专门针对中国禽类检疫体制。我们还注意到，这些证据并未提及争议措施拟定解决的风险。美国提供了大量有关禽流感、禽类制品走私和鸡饲料三聚氰胺污染的相关新闻报道和出版物。除了等效程序框架范围内的食品安检局报告之外，美国并未就中国禽肉制品所造成的风险，向专家组提供任何专门的科学证据，特别是未提供根据《SPS 协定》第 5 条及附件 A 第 4 段中的原则、纪律而实施的风险评估。我们接受美国的观点，即关于禽类制品安全的一般科学原理在制定第 727 节之前已经获得广泛认可。然而，美国提及的证据不能证明存在食用中国不安全禽类制品的风险。因此，专家组认为，从第 2.2 条意义上而言，美国提出的食品安全执行问题的证据并不 "充分"。因此，专家组认定，第 727 节的维持缺乏充分科学依据，违反《SPS 协定》第 2.2 条义务。

7.203　因此，在裁定第 727 节未以风险评估为依据违反《SPS 协定》第 5.1 条和第 5.2 条，并裁定美国实施第 727 节缺少充分科学证据之后，专家组裁定第 727 节违反《SPS 协定》第 2.2 条规定。

…………

2. 第 727 节是否违反《SPS 协定》第 5.5 条

…………

7.217　我们……被请求审查第 727 节是否违反《SPS 协定》第 5.5 条。

我们将从审查《SPS 协定》第 5.5 条文本以及先前专家组和上诉机构的解释着手。

(a)《SPS 协定》第 5.5 条

7.218 《SPS 协定》第 5.5 条规定了在适用适当保护水平方面的无歧视原则。该条内容如下：

> 为实现在防止对人类生命或健康、动物和植物的生命或健康的风险方面运用适当的卫生与植物卫生保护水平的概念的一致性，每一成员应避免其认为适当的保护水平在不同的情况下存在任意或不合理的差异，如此类差异造成对国际贸易的歧视或变相限制。

7.219 附件 A（5）进一步将适当保护水平这一概念界定为"制定卫生与植物卫生措施以保护其领土内的人类、动物或植物的生命或健康的成员所认为适当的保护水平"。

7.220 我们注意到，上诉机构解释称，各成员有确定适当保护水平的固有义务。虽然无须用定量的方式确定，但不能"以如此模糊、含糊其词以致《SPS 协定》相关规定无法得以适用的方式"来确定适当保护水平。具体而言，上诉机构已经裁定，如果成员未确定或用不够准确的措辞确定适当保护水平，［专家组］可以根据实际适用的 SPS 措施所体现的保护水平予以确定。

7.221 "欧共体—荷尔蒙案"上诉机构确定了证明违反《SPS 协定》第 5.5 条所必须满足的三个条件：（1）成员对"不同情形"确定了不同的保护水平；（2）保护水平在对待不同情形时存在"任意或不合理的差异"；（3）该任意或不合理差异导致了歧视或对国际贸易的变相限制。

7.222 另外，我们注意到，"欧共体—荷尔蒙案"专家组主张，"我们认为，为使第 5.5 条中的三要素生效并赋予该条文本和上下文以完整含义，需要对所有三个要素加以区分并单独进行分析"。我们还注意到，"澳大利亚—鲑鱼案（第 21.5 条—加拿大）"专家组认为，"申诉方承担举证责任，证明其所提出来的比较，符合第 5.5 条所有三个要素的要求"。

7.223 因此，专家组必须裁定，中国是否就违反《SPS 协定》第 5.5 条的主张完成了举证责任。我们第一步需要裁定的是中国是否提出了一个比较，证明其满足第 5.5 条三要素的要求。就此，我们注意到，中国提供了两种可比情形：（1）中国禽类制品与其他 WTO 成员禽类制品的比较；（2）中国禽类制品与中国其他食品的比较。

7.224 我们将依次决定中国提出的每一种比较，是否均满足所有三个要素的要求。

（b）中国禽类制品进口与其他 WTO 成员禽类制品进口之间的比较

（i）第 727 节是否在不同但可比情况下造成适当保护水平差异

7.225　正如前文的解释,上诉机构指出,根据《SPS 协定》第 5.5 条进行评估的第一个要素,是"采取系争措施的成员,对各种不同情况下,就有关人类生命、健康的风险确定,采取了自认适当的各种卫生保护水平"。因此,第 5.5 条第一个要素包含两个密切相关的层面:(1)存在不同的情形;(2)该不同情形下的适当保护水平不同。

7.226　"欧共体—荷尔蒙案"上诉机构指出,尽管这些情形必须"不同",但是,除非这些体现不同保护水平的情形具有可比性,否则不能对它们进行比较。也就是说,这些情形必须具有一个或多个共同要素使其具有可比性。根据上诉机构的观点,如果需要审查的情形彼此完全不同,则不能对它们进行合理的比较,而适当保护水平的差异不能被视为任意。

7.227　我们注意到,许多专家组都曾处理过什么要素属于"共同要素",或"使不同情形可比的要素"这个问题。例如,"欧共体—荷尔蒙案"专家组认为,就其处理的保护人类健康免受食品污染物威胁的争端而言,第 5.5 条意义上的"不同"但具有可比性的情形,是所涉物质相同或不利的健康影响相同的情形。

7.228　针对为保护动植物生命、健康免受虫害或疾病影响而制定的 SPS 措施,"澳大利亚—鲑鱼案"专家组认为,"共同要素"可以是相同或类似的疾病传入,或定居,或传播所产生的风险,或相同或类似,可能随之造成生态和经济后果的风险。

7.229　因此,我们将审查中国禽类制品和其他成员禽类制品是否属于具有可比性的"不同情形"。如果结论是肯定的,我们将接着审查美国对该"不同情形"中的适当保护水平是否存在差异。

是否存在不同但可比的情形

7.230　由此,我们需要确定中国的如下观点是否成立:中国禽类制品进口与其他 WTO 成员的禽类制品进口属于《SPS 协定》第 5.5 条意义上两种不同但具有可比性的情形。

　　…………

7.233　我们忆及第 727 节特别规定,"根据本法所提供的任何拨款,不得用于制定或执行任何允许向美国进口中华人民共和国产禽类制品的规则"。显然,第 727 节所规定的资金限制只对中国禽类制品适用,而并不对其他

WTO 成员禽类制品适用。因此，第 727 节的资金限制导致对中国禽类制品适用的措施（即第 727 节）与对其他 WTO 成员禽类制品适用的措施（即食品安检局程序）存在差异。因此，我们认同中国的观点，即中国禽类制品进口和其他 WTO 成员禽类制品进口属于不同的情形。

7.234　除要求存在不同情形外，我们知道上诉机构还要求这些不同的情形具有可比性。在这点上，中国指出，"不同"情形之间的共性，为禽类制品存在相同污染物的风险。中国就此提出的证据，是美国在根据 GATT 1994 第20（b）条提出的抗辩中提及的那些病原菌，特别是沙门氏菌、弯曲杆菌和李斯特菌属。根据中国对专家组问题的答复，我们的理解是，中国相信，第 727 节的目的在于保护人类健康不受附件 A（1）（b）定义的污染物的影响。

7.235　我们注意到，美国主张的核心似乎在于，第 727 节为《禽类制品检验法》的补充规定，且旨在强化其确保禽肉有益于健康、纯天然，并适合人类食用。我们还注意到，中国指出的三种病原菌不仅被美国视为中国禽类制品的隐患，而且在整体上被视为《禽类制品检验法》体系的实施基础。

7.236　因此，我们同意，中国禽类制品和其他 WTO 成员禽类制品中同时存在沙门氏菌、弯曲杆菌和李斯特菌感染的风险，使中国禽类制品进口与其他 WTO 成员禽类制品进口这个不同的情形具有《SPS 协定》第 5.5 条意义上的可比性。

7.237　据此，专家组认定，中国禽类制品进口与其他 WTO 成员禽类制品进口属于不同但可比的情形。作出此裁定之后，本专家组按照"欧共体—荷尔蒙案"上诉机构的解释，审查美国是否对两种不同但可比的情形采取了不同的适当保护水平。

是否在适当保护水平方面存在差异

7.238　《SPS 协定》第 5.5 条第一个要素的第二个方面，是指不同但可比情形下的适当保护水平各不相同。

7.239　我们注意到，上诉机构在"欧共体—荷尔蒙案"中裁定，"如果专家组要根据第 5.5 条继续进行审查，就必须要对成员认为适当的各种卫生保护水平进行比较"。上诉机构意指的正是"存在不同保护水平的情形"。最后，专家组在"澳大利亚—鲑鱼案"中分析认定，不同但可比情形下所适用的适当保护水平之间的差异，反映的正是所采取措施存在的本质性差异。

7.240　我们回顾中国曾经主张，即使中国禽类制品在科学上已被证实符合美国的适当保护水平，第 727 节所构成的"零风险"容忍，也将使中国，只有中国一个国家，丧失禽肉制品对美国出口的机会。而与此同时，只要所有其他WTO成员的检疫制度被认定与美国制度等效,食品安检局程序对这些成员禽类制品所规定的适当保护水平就会对这些产品进口可能存在的风险给予一定程度的宽容。因此,中国认定,对中国禽类制品适用的适当保护水平,与美国对进口禽类制品普遍适用的适当保护水平不同,且更加严格。中国主张,由于第727节通过限制预算的方式,阻止唯一能够评估中国禽肉制品安全性的美国政府机构进行科学审计、调查以及针对中国制定法规,因此,第727节并非确保遵守美国适当保护水平所必需的措施。

7.241 美国不同意这种观点,并认为中国混淆了适当保护水平与所实施的措施。《禽类制品检验法》设定对所有禽类制品适用的适当保护水平。禽肉的适当保护水平仅对中国而言是通过不同的机制加以实现(第727节)。美国声称,第727节没有对中国禽类制品实施"进口禁止"或阻止对中国禽类制品的等效认定。它仅仅是一个程序性措施,旨在确保在等效性认定过程中,因中国禽肉存在的高风险问题而全面考虑中国食品的安全问题。

7.242 因此我们需要评估,相比于对其他WTO成员禽类制品进口实施的适当保护水平,美国是否对中国禽类制品进口采取了不同的适当保护水平。就此,美国提出《禽类制品检验法》第466节所规定的对所有禽肉产品适用的单一适当保护水平,内容如下:

> 《禽类制品检验法》对经屠宰的禽类规定了更为具体的定义,即"任何类型的屠宰禽类或禽肉部分、禽类制品,均不得进口美国,除非它们有益于健康、卫生,适于人类食用,没有掺假,并且不含色素、化学品、防腐剂或任何导致不利健康、不卫生、掺假或不适合人类食用的成分"。

7.243 美国的规定,本质在于保证所有禽类制品必须"安全"。中国赞同美国的观点,禽肉的适当保护水平规定在属于食品安检局实施程序的《禽类制品检验法》第466节中,但中国认为,第727节只针对中国实施,因此从法律上看,与《禽类制品检验法》截然不同。

7.244 本专家组承认,美国可以自行决定其适当保护水平,并同意美国关于其禽肉的适当保护水平一般规定在《禽类制品检验法》第466节项下的主张。但是,这并不意味着我们将不会去审查,美国对中国禽类制品实际适用的适当保护水平,是否与《禽类制品检验法》规定的适当保护水平有所不同。我们注意到,上诉机构在"澳大利亚—鲑鱼案"中解释认为,专家组可以从正在实施的措施中推断出没有表述的适当保护水平。在我们看来,即使在成员已表明具体适当保护水平的情况下,专家组仍应对争议措施进行审查,以确定该适当保护水平是否争议措施所实际适用的适当保护水平。如果忽略该措施，并只以成员宣称的适当保护水平为依据，则成员可以用公布的对所有 SPS 相关事务适用的一般性适当保护水平，而轻而易举地规避第 5.5 条的规定。

7.245 美国关于"澳大利亚—鲑鱼案"专家组的结论是正确的，实施不同的措施不必然意味着实施了不同的适当保护水平。但是，美国不能指望专家组完全否认关于其措施采用了不同的适当保护水平这个认定。正如上文指出，适用于不同但可比情形的 SPS 措施之间存在的本质差异，可以证明适当保护水平存在差异。

7.246 因此，我们将评估能否从所实施措施即第 727 节和食品安检局程序中，推论出对中国禽类制品适用的适当保护水平，与对其他 WTO 成员禽类制品适用的适当保护水平有所不同这个结论。

7.247 按照《禽类制品检验法》的规定，不能证明其 SPS 措施与美国本土禽类制品的适当保护水平等效的任何 WTO 成员，即不能与《禽类制品检验法》第 446 节规定的适当保护水平等效，其禽类制品均被禁止进口美国。通过第 727 节，美国国会禁止食品安检局制定或实施允许从中国进口禽肉的法规，因为《禽类制品检验法》认定了这些禽肉不"安全"。由此可以认定，两种措施适用了同样的适当保护水平。

7.248 第 727 节和食品安检局程序两项措施限制的，是美国担心"不安全"的禽类制品的进口，而第 727 节不仅禁止所谓"不安全"禽类制品的进口，还禁止政府部门制定或实施允许从中国进口禽类制品的规则。该禁令不对任何其他 WTO 成员适用。中国认为，正是这种限制证明，对中国禽类制品适用的适当保护水平是一个不同的保护水平。就中国而言，食品安检局程序允许那些存在最小和固有污染风险的禽类制品进入美国境内。将这种容忍一定风险的规定，与第 727 节禁止中国获得食品安检局认证以便对美出口禽肉的禁令进行比较，中国认为，"即使中国的食品安全管理体制能够确保所有中国禽类制品 100% 的安全，第 727 节仍将禁止中国获得对美出口禽类制品的认证"。

7.249 我们承认，在适当保护水平的差异问题上，进口禁令所反映出来的问题，并不必然比等效制度所反映出来的问题多。因为即便是进口禁令，也不得不接受，事实上某些存在很小的和固有风险的污染禽肉是进入了美国的。但是，我们注意到，"澳大利亚—鲑鱼案"专家组裁定，对鲑鱼的进口禁令，与对观赏鱼的控制性进口措施存有很大的不同，因此反映出第 5.5 条第一个要素条件意义上适当保护水平之间存有差异。我们在本争端中看到了与"澳大利亚—鲑鱼案"专家组所审查问题的相似之处。正常的 SPS 程序仅可以在特定国家证明其 SPS 措施达到《禽类制品检验法》规定的适当保护水平之前，禁止其禽类制品的进口。然而，无论中国能否证明其 SPS 措施符合《禽类制品检验法》规定的适当保护水平，第 727 节都将限制中国的禽类制品进口。正常的 SPS 程序至少为出口成员提供了一条进入美国市场的途径，但中国禽肉制品无论如何都不可能有这个机会，因此，第 727 节的绝对的进口禁令，体现了完全不同于正常食品安检局程序下有条件的进口禁令的适当保护水平，因为正常的 SPS 程序在任何情况下均不对中国禽类制品适用。

7.250　我们同意"澳大利亚—鲑鱼案"专家组关于不能根据风险评估的绩效来确定适当保护水平的观点。但是，本专家组认为，要想证明这些存在根本性不同的措施，是为实现相同的适当保护水平所必需，美国必须证明，中国禽类制品的风险比其他 WTO 成员禽类制品要大。

7.251　美国试图通过下列事实来证明自己履行了相关义务：在等效性程序上，没有任何其他 WTO 成员在食品安全方面存在与中国相同的体制问题。因此，美国认为，对中国采取的措施，是实现《禽类制品检验法》规定的适当保护水平（即进口禽肉是"安全的"）所必需的措施。美国似乎认为，如果食品安检局计划制定或实施禽类制品规则允许另一个与中国有相同体制问题的国家的禽肉制品进口的话，美国国会一定会采取相似的方法。但专家组认为，这种主张纯属推测。

7.252　为反驳这种假设，中国指出，墨西哥具有类似的体制问题，但美国国会却未介入和要求食品安检局暂停墨西哥的等效地位，也没有在墨西哥对美出口适格国家地位所必需的定期年度等效调查问题上，拒绝为此提供资金。

7.253　在我们看来，正如"澳大利亚—鲑鱼案"专家组阐释的，所采取措施（如本案第 727 节和食品安检局标准程序）的本质差异，说明对两种不同但可比情形（即中国禽类制品进口和其他 WTO 成员禽类制品进口）采用的适当保护水平不同。因此，我们裁定，食品安检局标准程序与第 727 节存在的巨大差异足以说明，两者的适当保护水平不同。

结论

7.254　鉴于中国禽类制品的进口与其他 WTO 成员禽类制品的进口属于不同但可比的两种情形，但美国对此采用不同的适当保护水平，我们认定，《SPS 协定》第 5.5 条的第一个要素得到满足。下面，我们继续分析适当保护水平的差异是否任意或不合理。

（ii）任意或不合理的适当保护水平差异

7.255　我们忆及，第5.5条第二个要素需考虑相关适当保护水平之间是否存在"任意或不合理"的差异。

············

7.258　为此，专家组需要评估美国对中国以及其他WTO成员禽类制品适用的适当保护水平之间，是否存在任意或不合理的差别待遇。

7.259　考察"任意或不合理"，我们忆及《维也纳公约》规定的解释惯例。《维也纳公约》第31条规定，条约解释必须"依其用语按其上下文并参照条约之目的及宗旨所具有之通常意义善意解释之"。确定该用语的通常含义无疑要从字典开始。"任意"（arbitrary）的字典定义，是"基于单纯的意见或偏好，与事物的真实性质相反，反复无常，不可预测，不一致"。术语"不合理"（unjustifiable）的含义，是"没有道理、站不住脚"，其中"有道理"（justifiable）的意思，是"在合法或道德上是合乎情理的，或被证明公正、正直或无辜"，"可辩护的"以及"能够维持、维护或证明是正确的"。

7.260　上诉机构曾经阐明，对GATT 1994第20条导言"任意或不合理"通常含义的裁定与此相关，并可作为对《SPS协定》第2.3条"任意或不合理的差别待遇"进行条约解释的指南。虽然上诉机构的结论说的是与第2.3条所用措辞有关，但我们认为，这个结论同样与解释第5.5条义务相关。毕竟，第5.5条是对第2.3条基本义务更为具体的阐释。

7.261　因此我们转而考据GATT 1994第20条导言部分的法律推理并注意到，"美国—汽油案""美国—海虾案""美国—海虾案（第21.5条—马来西亚）"上诉机构报告表明，分析争议措施的实施是否导致任意或不合理差异，应重点分析造成差异的原因，或解释差异存在的推论论据。在"巴西—翻新轮胎案"中，在对第20条导言项下争议措施进行分析时，上诉机构将其分析重点放在分析第20条各项所列目标，是否为系争措施造成的歧视带来合法性或论证依据上。上诉机构进一步提出，应当根据措施的目的，以及歧视是否与所谓的措施目标存在合理联系，来评估歧视是否"任意或不合理"。因此，并非所有因措施的实施而产生的歧视都必然"任意或不合理"，只有那些任意或不合理的违规行为才是需要加以避免的。记住这一点很重要。

7.262　遵循第20条导言项下进行的分析，我们必须关注差异的正当依据以及该正当依据是否与措施目标具有合理关联。在此方面，我们赞同专家组在"澳大利亚—鲑鱼案"中的做法。该专家组在评估《SPS协定》第5.5

条第二个要素时，查看了在相关风险特殊情形中适用的措施，并主张，如果不存在卫生措施差异的正当理由以及相应的保护水平，那么就可以将该差异视为第 5.5 条第二个要素意义上的"任意或不合理"。这些裁定在后续案件中得到上诉机构的维持。

7.263　鉴于第 727 节和食品安检局程序这两个作为比较对象的措施均属 SPS 措施，且这些措施必须以科学原理为依据，并在缺少充分科学证据时不再维持，我们认为，措施所寻求实现的适当保护水平之间存在的差异有没有科学依据，与该差异在《SPS 协定》第 5.5 条项下是否为任意或不合理的分析有关。事实上，要在第 5.5 条语境下证明适当保护水平之间存在的差异并非任意或不合理，一成员必须证明可比情况之间存在不同的风险程度。我们的观点是该证明要求有科学证据。

7.264　因此，我们将审查，用于解决潜在不安全禽肉的措施——适用于中国禽肉产品的第 727 节和适用于其他 WTO 成员禽肉产品的食品安检局程序——所造成的适当保护水平之间的差异，与相应的适当保护水平之间，是否存在以科学证据为依据的正当理由。

7.265　我们再一次回顾，美国指出，中国的食品安全执行问题以及食品安全危机已经成为公认的国际组织（包括世界卫生组织）以及学者报告和文章的主题。美国主张，中国与其他 WTO 成员没有可比性，因为大多数其他成员并不向美国出口禽肉产品。美国进一步认为，已经被食品安检局认定与美国具有等效性的许多 WTO 成员持续对美出口多年而未曾出现使美国怀疑或对其产生信任危机的严重事件，包括其解决任何可能出现的问题的能力，墨西哥即是一个范例。

7.266　尽管如此，正如中国指出，食品安检局已就国外加工禽肉产品裁定，中国禽类制品检验制度与美国等效，且所作初步裁定也认为，中国屠宰禽类制品的检验制度与美国等效。为此，中国自称是获得食品安检局许可向美国出口禽类制品的 10 个 WTO 成员之一。然而，中国解释，根据第 727 节，中国禽类制品事实上被视为比原产于从未获得食品安检局等效性认定的 WTO 成员的禽类制品更加危险。

7.267　美国企图主张，由于中国食品的安全执行问题以及食品安全危机，中国禽肉产品要比其他 WTO 成员禽肉产品带来更高的风险，以借此来为第 727 节适用与《禽类制品检验法》不同的适当保护水平辩解。如上文所示，我们将审查该理由是否有科学依据并建立在科学证据之上。在此方面，忆及我们先前曾经裁定，第 727 节未以风险评估为依据违反《SPS 协定》第 5.1

条和第5.2条规定。我们进而裁定，美国未提供第727节的充分科学证据，并据此认定在缺少科学证据时维持第727节违反《SPS协定》第2.2条。

7.268 由于第727节未以风险评估为依据，且缺乏充分的科学证据支持，我们只能认定：用于防止不安全禽类制品隐患的措施，针对中国禽类制品适用第727节，针对其他WTO成员禽类制品适用食品安检局程序，两者之间适当保护水平的差异，不存在以科学原理为依据并以科学证据为基础的正当理由。

7.269 因此，我们裁定，根据《SPS协定》第5.5条的规定，对中国和其他WTO成员禽肉产品采用的适当保护水平之间存在的差异是"任意或不合理的"。我们由此认定，就中国禽类制品进口和其他WTO成员禽类制品进口而言，《SPS协定》第5.5条的第二个条件已经得到满足。

（iii）对国际贸易的歧视或变向限制

7.270 在裁定同时满足《SPS协定》第5.5条第一要素和第二要素之后，我们继续审查该条第三个要素，即在不同但具有可比性情形中的适当保护水平差异是否造成歧视或对国际贸易的变相限制。

…………

7.276 我们将审查美国差别对待中国和其他WTO成员适用的适当保护水平——二者虽不同但具有可比性，是否造成歧视或对国际贸易的变相限制。

7.277 我们注意到，"澳大利亚—鲑鱼案"专家组提出三个"警示信号"，显示在不同情形中实施的适当保护水平差异是否造成歧视或对国际贸易的变相限制。不过，专家组解释指出，所有三个要素"本身均不具有决定性"。这三个警示信号为：（1）保护水平中差异的任意和不合理特征；（2）保护水平中的"巨大实质性"差异；（3）争议SPS措施违反《SPS协定》第5.1条和第2.2条。

7.278 专家组和上诉机构在"澳大利亚—鲑鱼案"中还考虑了该案事实中的特定其他要素。该案的其中一个其他要素——中国在其提交的材料中有所提及——是在相隔仅一年时间内，进口成员政府连续发布的报告中关于解决特定情形下的风险所须采取的措施结论之间存在根本性差异。

7.279 我们认为，"澳大利亚—鲑鱼案"专家组多少有些循环论证，且像是违背了第5.5条三个要素具有累积性且必须全部得到满足这一结论。本质上，专家组是在说，其他两个要素以及违反第5.1条和第2.2条的事实本身就相当于歧视和对贸易的变相限制，从而无须做出进一步分析。

7.280 上诉机构似乎已经意识到，"澳大利亚—鲑鱼案"分析没有全面解决第 5.5 条的第三个要素。它在"欧共体—荷尔蒙案"中指出,"可被视为任意或不合理的保护水平差异,只是一成员可能正以在各成员之间造成歧视或构成对国际贸易变相限制的方式实施 SPS 措施的(直接)证据的一个要素"。

7.281　上诉机构补充道:

> 第二个要素——在不同情形中被一成员认为适当的保护水平差异的任意或不合理特征——可能实际上是一种"警示"信号,表明所实施措施在其执行中可能属于歧视性措施,或属于在保护人类生命或健康的 SPS 措施伪装下对国际贸易的限制。尽管如此,仍然需要在被证明造成歧视或变相限制国际贸易的不同保护水平的语境下,对措施本身进行审查和评估。

7.282　因此,根据上诉机构的观点,即便已经证明提出了所有三个警示信号,也并不必然支持措施造成歧视或变相限制贸易的结论。我们进一步注意到,上诉机构在"欧共体—荷尔蒙案"中指出,就《SPS 协定》第 5.5 条第三个要素而言,该分析应当以个案为依据。

7.283　尽管如此,自"澳大利亚—鲑鱼案"以来,各方通过就这些警示信号以及其他因素展开讨论从而得出一个对第 5.5 条第三个要素的一般性结论。本案程序亦是如此。据此,专家组将审查中国是否已经证明存在预警信号和其他因素,然后认定是否需要其他证据来证明存在歧视。

7.284　关于第一个预警信号是否存在,其结论取决于对第 5.5 条第二个要素的分析。忆及本专家组已经裁定适当保护水平之间存在差异,且差异任意或不合理,因此存在第一个预警信号。我们继续考察是否存在第二个预警信号。

7.285　第二个预警信号为保护水平的"根本"差异。对此,中国认为,适当保护水平中存在"显著"差异,因为一个的保护水平是要低于零,另一个则允许"等效"WTO 成员进口存在极小或固有风险的不安全禽肉。我们认为,进口禁令所反映出来的并不是适当保护水平为零,或者事实上反映了一个与监控体系设定的适当保护水平不同的水平。反之亦难以认为,单纯通过特殊监控体系无法全面保证零事故曝光率的事实,并不意味着进口成员设定的适当保护水平实际上并不为零。此外,我们不清楚是否存在"比零风险还要严格"的容忍度。

7.286　论及这些之后,我们援引《SPS 协定》第 5.5 条第一要素项下就美国对中国和其他 WTO 成员禽肉产品适用两种不同适当保护水平所作出的裁定。忆及我们仿效"澳大利亚—鲑鱼案"专家组的做法，认定第 727 节反映的适当保护水平——对中国禽肉产品采取绝对进口禁令——从根本上有别于《禽类制品检验法》程序中通过有条件的进口禁令而实现的适当保护水平——该有条件的进口禁令至少为中国以外的 WTO 成员提供了最终进入美国市场的途径。因此，第二个预警信号同样得到了满足。

7.287　我们注意到，中国就第 5.1 条和第 2.2 条项下提出的主张不包含违反该条款这两个预警信号的内容。尽管如此，鉴于我们在前述……裁定第 727 节违反这两个条款，我们认定第三个预警信号也同样存在。

7.288　认定三个预警信号均已存在之后，我们继续裁定是否需要其他证据证明歧视的存在。

7.289　在确定是否存在歧视时，我们发现"加拿大—药品专利案"专家组的措辞特别有意思。该案涉及《TRIPS 协定》。专家组指出：

> TRIPS 解决歧视问题的主要条款，如第 3 条和第 4 条的国民待遇和最惠国待遇条款，并没有使用"歧视"一词。它们使用了更为精确的用词。"歧视"一词的通常含义可能宽于这些更加具体的定义。它当然不局限于差别待遇的概念。它是一个规范性用词，带有贬义色彩，是指不合理实施有差别的不利待遇而造成的结果。歧视可能产生于明确的差别待遇，有时称"法律上的歧视"。但是它也可能产生自表面平等的待遇。该待遇由于情形的差异而造成了有差别的不利后果，有时称之为"事实上的歧视"。借以衡量差别待遇合理依据的标准，是一个极为复杂的问题。"歧视"，是一个在有更加具体标准时应当加以避免的用词，在适用的时候，应当谨慎解释，并注意不要增加多于概念所包含准确度的内容。

7.290　我们忆及，"澳大利亚—鲑鱼案"专家组和上诉机构均认为，进口成员政府在相隔仅一年的时间所发布的后续报告中，在与要求对特定情形中所认识到的风险加以解决的措施相关的结论中，实质性差异属于证明存在歧视的附加要素。在此方面，中国提到关于如何解决短时期内中国禽肉具有"实质性的不同的结论"。中国的观点强调这样一个事实：2006 年，食品安检局认定中国加工禽肉的安全性足以符合《禽类制品检验法》规定的美国适当保护水平。但 2008 年，美国国会却以一项裁定取代了该认证。国会认为，中国禽类加工品非常危险，因此，有必要阻止食品安检局继续制定并实施允许从中国进口的规则。我们同意这可以被视为"其他要素"。

7.291　此外，第 727 节仅对中国禽肉产品适用的事实本身便构成歧视。

在适当保护水平语境下对措施本身进行审查后，我们认定，尤其因为第 727 节只对中国适用，所以存在歧视。我们注意到，"加拿大—药品专利案"专家组认为，"歧视"是指"不正当地实施差别性不利待遇的后果"。因此，确定是否存在"歧视"仍然要以所实施的差别待遇是否"合理"为依据。在裁定适当保护水平差异不具有正当性之后，我们可以合理认定，适当保护水平的差异给中国带来歧视。

　　7.292　我们忆及"美国—虾案"上诉机构的裁决，"歧视不仅发生在条件相同的国家受到不同待遇的情况下，歧视也发生在系争措施的实施没有考虑到应该对这些出口国的管理项目情况进行适当的调查的情况下"。禁止食品安检局考虑中国等效性申请的禁令似乎恰恰是上诉机构所描述的这种措施。

　　7.293　由此，认定第 727 节给中国带来歧视是一个合理的认定。据此，我们裁定，美国在中国和其他 WTO 成员禽肉产品方面实施的任意或不合理的适当保护水平差异造成对中国的歧视。据此，在中国与其他 WTO 成员禽肉产品进口方面，《SPS 协定》第 5.5 条的第三个要素得到了满足。

　　（iv）结论

　　7.294　在裁定中国与其他 WTO 成员禽肉产品的进口属于不同但具有可比性的情形，以及美国正在对这些情形适用不同的适当保护水平，对中国和其他 WTO 成员的适当保护水平之间的差异"任意或不合理"，该任意或不合理的适当保护水平差异给中国带来"歧视"之后，我们认定，《SPS 协定》第 5.5 条所要求的三个要素全部存在。据此，本专家组裁定，第 727 节违反《SPS 协定》第 5.5 条的规定。

　　（c）中国禽类制品进口与中国其他食品进口的比较

　　7.295　中国所提出的第二类可比情形，是指对中国禽肉产品以及中国其他食品进口的比较。因此，我们将从审查是否存在这些不同情形来着手进行分析，若存在，它们是否具有可比性。

是否存在不同但具有可比性的情形

　　7.296　我们将从考虑中国禽肉产品与中国其他食品是否属于"不同"情形着手。由于对中国禽肉产品适用的第 727 节措施仅对中国禽肉产品适用，因此，该审查并不困难。对中国所有其他食品适用的是不同的措施，因此属于不同的情形。在回应专家组问题时中国澄清，美国食品药品管理局对所有进口食品具有管辖权，属食品安检局管辖的肉、禽肉以及鲜蛋除外。美国食品药品管理局实施程序的依据是《食品、药物和化妆品法案》。根据中方观点，美国食品药品管理局的程序与第 727 节一样同属附件 A 项下的 SPS 措施。

7.297 除了要存在不同的情形，我们回顾上诉机构还要求这些不同的情形具有可比性。因此，中国必须证明这两种情形之间存在共性。

7.298 首先，中国泛泛主张，"根据《联合解释声明》的逻辑，由于美国在其书面材料中声称，其未得以落实的食品安全法对所有中国生产食品适用，因此，理论上，中国所有的食品均有受到污染的可能性"。中国进一步声称，任何食品，包括但不限于禽类制品，都有受到污染的可能性。譬如，沙门氏菌可能污染罗勒属植物、花生酱以及动物食品；铅可能污染糖果；水银可能污染鱼类；未经批准的基因材料可能污染大米。在中国看来，两种情形的共同要素，是都有被污染物——病原菌，如沙门氏菌、弯曲杆菌、李斯特菌属、大肠杆菌以及高致病性禽流感——污染的可能性。中国声称，这些污染物属于脚注4的含义范畴，或属于附件 A（1）（b）致病有机体范围。它们并非中国特有，也不只出现在禽类制品当中。

7.299 在回答专家组问题时中国澄清，中国并非主张受相同管理体制约束的所有食品均有可能被相同污染物污染。在中国看来，正如附件 CN - 85、CN - 87 和 CN - 88 中美国食品药品管理局解释的那样，每种病原菌除影响家禽外，还会影响其他类型的食品。中国还注意到，第727节的文本和立法历史，以及食品安检局的文件资料均未有说明，或以其他方式同时提供证据证明，家禽比其他类型的食品（如罗勒属植物、动物食品）更容易遭受污染。中国提出，具有除肉类、家禽和鲜蛋以外所有进口食品管辖权的美国食品药品管理局认为，"受污染食物"包括含病原菌，如沙门氏菌、弯曲杆菌、李斯特菌属、大肠杆菌的食物。

7.300 美国回应称，中国未能证明，《禽类制品检验法》所针对的风险类型，与其他类型食品所面临的风险类型相同，也未能证明，美国对禽类制品和其他食品采用了不同的适当保护水平。此外，美国进一步澄清，食品安检局在等效管理体制下运行，而美国食品药品管理局依赖于"进口警报"以及更加严格的边境措施，因此，两种情形不具有可比性。

7.301 我们注意到，中国并未主张所有中国食品都含沙门氏菌、弯曲杆菌、李斯特菌属。当然，中国也没有主张所有中国食品都有可能是禽流感病毒的潜在来源。相反，中国最初主张，许多中国食品可能会被美国所关注的与进口禽类制品相同的病原菌感染。中国在回答专家组询问时提供了可能受病原菌污染的食品清单：

——沙门氏菌：蛋类、家禽、牛奶、果汁、奶酪、水果和蔬菜；

——李斯特菌属：奶酪、牛奶、熟食肉类和热狗；

——弯曲杆菌：家禽、牛奶；

——大肠杆菌：肉类、牛奶、果汁、水果、蔬菜和奶酪。

7.302 中国还就其各类食物被污染的可能性，提供了从联合国统计署贸易数据库获取的表格。

7.303 我们还注意到，中国只就对中国禽类制品以外的其他食品适用的 SPS 措施，以及哪种病原菌影响哪类食品提供了更为具体的信息。事实上，中国提供该信息仅仅是为了回应专家组在第二次实体会议过程中以及嗣后提出的某个问题，问题问及在从中国先前所提交材料的什么地方可以找到这些信息。

7.304 上述清单是否提供了足够的共同要素，证明所有"其他食品"与禽肉产品之间存在可比性，从而证明它们属于第 5.5 条意义上的"不同情形"这个问题值得怀疑。我们不认为第 5.5 条认可"混合然后配对"的比较方式。中国声称，美国措施采取了较低的适当保护水平，同时认为，存在与禽类产品有可能带来的风险类同的风险。我们认为，第 5.5 条要求的是中国找到这两者之间的关联。显然，专家组不适合去审查中国出口到美国的每一类其他食品，以确定哪些产品具有与禽类制品相同的污染物或产生对健康不利的影响，也不适合去审查对哪些产品适用的措施体现了与第 727 节相同的适当保护水平。

7.305 但是，鉴于专家组已经裁定第 727 节在对中国和其他 WTO 成员的禽肉产品进口方面违反第 5.5 条义务，专家组看不到继续对中国提出的第二种可比情形作出裁定会对积极解决本争端有多少更多的助益，因此，我们对中国该第 5.5 条项下的主张采用司法经济原则。

7.306 专家组忆及，司法经济原则在 WTO 法中是得到认可的。上诉机构一贯裁定，不要求专家组解决申诉方提出的所有主张。相反，只要在职权范围之内，专家组有权自由决定处理哪些主张解决各方争议。上诉机构依据的是争端解决机制所明确的目标，如 DSU 第 3.7 条规定的确保积极解决争端，或 DSU 第 3.4 条圆满解决争议的规定。上诉机构强调，在 WTO 中，争端解决的基本目标在于解决争端，而非通过澄清具体争端语境外的《WTO 协定》现有条款"造法"。

7.307 我们谨记上诉机构在"澳大利亚—鲑鱼案"中提醒专家组要避免错误适用司法经济原则，并指出，如果只能部分解决争端，则不可适用司法经济原则。专家组认为，本争端并不属于此种情形。本专家组认为，在根据《SPS 协定》第 5.5 条对适用于中国和其他 WTO 成员的适当保护水平之间的差异作出裁定时，我们已经根据第 5.5 条有效地解决了中国的主张。

3. 第 727 节是否违反《SPS 协定》第 2.3 条

…………

（a）《SPS 协定》第 2.3 条

7.316 《SPS 协定》第 2.3 条规定：

> 各成员应保证其卫生与植物卫生措施不在情形相同或相似的成员之间，包括在成员自己领土和其他成员的领土之间构成任意或不合理的歧视。卫生与植物卫生措施的实施方式不得构成对国际贸易的变相限制。

7.317 "澳大利亚—鲑鱼案（第 21.5 条—加拿大）"专家组认为，证明违反第 2.3 条第一句话需要有三个要件：（1）措施在除了实施措施成员之外的各成员之间，或在采取措施的成员和另一成员之间造成歧视；（2）该歧视是任意或不合理的；以及（3）在所比较成员领土内存在相同或相似情形。

7.318 我们进一步忆及，"澳大利亚—鲑鱼案"专家组指出，由于第 2.3 条规定"基本义务"，第 5 条是对该义务的具体阐述，因此违反第 5.5 条也必定违反第 2.3 条。上诉机构维持了专家组的这一裁定。我们同意"澳大利亚—鲑鱼案"专家组和上诉机构的法律推理并裁定，第 727 节因适当保护水平的差异在成员间造成歧视，违反《SPS 协定》第 5.5 条，并且违反协定第 2.3 条第一句话。

（b）结论

7.319 专家组裁定，第 727 节违反《SPS 协定》第 5.5 条必然意味着也同时违反《SPS 协定》第 2.3 条。因此，专家组裁定，第 727 节违反第 2.3 条第一句话。

4. 第 727 节是否违反《SPS 协定》第 5.6 条

…………

7.330 我们从考察《SPS 协定》第 5.6 条用语展开分析。第 5.6 条规定：

> 在不损害第 3.2 条的情况下，在制定或维持卫生与植物卫生措施以实现适当的卫生与植物卫生保护水平时，各成员应保证此类措施对贸易的限制不超过为达到适当的卫生与植物卫生保护水平所要求的限度，同时考虑其技术和经济可行性。

脚注 就第5.5条而言，除非存在如下情况，否则一措施对贸易的限制不超过所要求的程度：存在从技术和经济可行性角度考虑可合理获得另一措施，可实现适当的卫生与植物卫生保护水平，且对贸易的限制大大减少。

7.331 在"澳大利亚—鲑鱼案"中，就《SPS协定》第5.6条的结构而言，上诉机构同意专家组关于脚注3规定了证明违反第5.6条的三步测试法。具体而言，上诉机构认为：

第5.6条的测试的三要素指的是存在满足如下各项的SPS措施：（1）在考虑技术和经济可行性后，合理可用；（2）实现成员适当卫生或植物卫生保护水平；（3）对贸易的限制明显小于争议措施。

在确定争议措施是否违背第5.6条的意义上，这三个要素是累积性的，即必须同时满足三个要素。如果其中任何一个要素得不到满足，则争议措施属于第5.6条规定的范围。因此，如果考虑技术和经济可行性后不存在可行替代措施，或替代措施不能达到成员适当卫生或植物卫生保护水平，或其贸易限制性并非明显较小，那么，第5.6条对争议措施适用。

7.332 我们注意到，证明存在符合第5.6条所有三个要素的替代措施之举证责任在于申诉方。如上所述，中国已经提出，标准食品安检局程序是贸易限制性更小的可行替代措施，它可以替代第727节对中国适用。

7.333 我们注意到，中国认为第727节比实现《禽类制品检验法》对禽肉规定的适当保护水平所要求的贸易限制性更大。回顾我们前面的裁定，美国通过的第727节实施了不同于《禽类制品检验法》的适当保护水平。这实际上是中国在第5.5条项下极力主张的观点。我们注意到，第5.5条涉及确定成员是否在适用适当保护水平的过程中，对相同风险实施差别待遇，而这种差别待遇是任意或不合理的。我们注意到，对第5.5条的分析，与确定成员是否对相同风险适用不同的适当保护水平有关。第5.6条涉及某特定措施对贸易的限制，是否比实现成员适当保护水平所需要的措施限制更大。在我们看来，在同时依据第5.5条和第5.6条提出主张的争端中，违反第5.5条的裁定并不意味着第5.6条项下分析所采用的适当保护水平，总是必然比正在实施的适当保护水平贸易限制性小。因此，专家组裁定一成员适用了不同的适当保护水平，并不意味着专家组裁定该成员应当适用哪种适当保护水平。

违反第5.5条的裁定不会剥夺进口成员选择自己适当保护水平的权利。

7.334　中国在辩词中针对第5.6条项下的主张，是想要专家组评估对比第727节造成的贸易限制与《禽类制品检验法》中的适当保护水平所要求的贸易限制，而不是想要专家组来评估中国认为反映在第727节规定里的适当保护水平。中国这是在要求专家组判定该措施，以及中国认为美国应当对中国禽肉产品适用的适当保护水平所造成的贸易限制。我们认为，一成员应当采用何种适当保护水平来保护自身领土免受公共健康风险，不是专家组应该干涉的。具体而言，我们忆及上诉机构在"澳大利亚—鲑鱼案"通过法律推理的裁定，"'一成员制定其认为具有适当保护水平的卫生措施'是该成员而非专家组或上诉机构的特权"。

7.335　此外，我们注意到，确定争议措施对贸易的限制，必须比较对产品风险所实际适用的适当保护水平，与成员实现适当保护水平所需的限制，以确定哪一个更大。回顾我们对第5.1条、第5.2条和第2.2条的认定，美国制定第727节未以风险评估为依据，且第727节在无充分科学依据的情况下实施。在不知道中国禽类制品可能造成的风险程度的情况下，本专家组的分析就只能是假定性分析，并用这个假定的分析结果与美国的适当保护水平进行比较，方能确定第727节是否比所需要的限度具有更大的贸易限制性。在我们看来，这亦非专家组应当担当的角色，尤其是在先前的专家组已经解释过，专家组不得自行展开风险评估或将任何科学观点强加于进口成员的情况下。

7.336　鉴于上述考虑，本案专家组不适宜展开第5.6条项下的分析，因为这个分析将完全属于推测性质，且超出我们在DSU第11条项下对争端进行客观评估的职责。

* * *

第四部分

与贸易有关的知识产权规则

第十章

与贸易有关的知识产权协定

乌拉圭回合达成的《TRIPS 协定》（《与贸易有关的知识产权协定》），被公认为乌拉圭回合谈判所取得的重要成果。它与该回合达成的《服务贸易总协定》一起，被认为是 WTO 的两大创举。《与贸易有关的知识产权协定》扩大了 WTO 这个多边国际贸易体系的管辖范围，更加巩固了 WTO 在当今国际社会中的地位。

第一节　知识产权的保护历史

人类文明的发展，使人从围猎和农业种植，发展到专业分工和贸易。与此同时，各种以自身技能作为谋生手段的群体，如工匠、商人、教师等，渐渐在社会出现。在这个演变过程中，不乏基于聪明才智、实践经验等产生的发明创造。西方法制史将这些发明创造归属于发明者的"自然权"。但是，在发明者因"自然权"而拥有自己发明的同时，其他人也同样拥有对所见所闻进行模仿抄袭的"自然权"。因此，如不对发明者的这种自然权加以适当的法律保护，就很难使他们的发明产生经济利益。如此，渐渐发展出人类知识产权体系。

研究知识产权历史的普瑞戈（Prager）[1] 发现，在 11~16 世纪的欧洲，各种互助协会（guilds）主宰着商业贸易和各种技术。这些协会由一些拥有特殊技能的人组成，通过控制价格、工资、商业及贸易标准来垄断贸易。他们组织协会力量与其他协会进行贸易，以此对抗零散劳工和外来贸易者。同时，

---

[1] Frank D. Prager, "A History of Intellectual Property From 1545 to 1787", 26 *J. Pat. Off. Soc'y*, 711, 1944.

这些协会对年老和丧失劳动力的会员提供一定的经济保障，这个保障机制，是后来国家社会安全保障体系的雏形。随着时间的推移，这些协会渐渐演变成国家监督管理的代理机构。及至公元前100年的罗马帝国，公元800年的康斯坦丁王国，1300年的威尼斯和1650年的法国，国家取代这些协会，完全控制了商业贸易活动的各个环节。

正是这些由拥有特殊技能的人们建立起来，保护和推广他们的专业技术和知识的互助协会，展开了人类历史上对知识产权①最早的保护行动。根据休尔姆（Hulme）的研究，② 中世纪欧洲第一次专利授予发生在1330年。当时的英王爱德华三世基于纺织业对英国的重要性，给一些外国织布工、染工和漂洗工颁发了专利证书。

普瑞戈的研究还发现，这些协会制定并执行商业及贸易规则，其中包括了公平竞争的最低标准。这些做法成为现代反不公平竞争法的起源。为识别协会成员生产的产品和协会的生产商，以保证产品质量，区分仿造品，打击非成员竞争等，协会在其成员生产的产品上使用图片或标志。当时，由于人们大都是文盲，所以没有采用文字标记。这些实践，渐渐演变成现代商标法体系。

互助协会的这些措施在一定程度上影响了经济的发展。普瑞戈的研究发现，为鼓励工匠们披露技术，创造和引进新技术、新工具并推动总体经济的发展，威尼斯于1332年为一个叫维德（Bartolomeo Verde）的人设立了一项特权基金（privilege fund）。此人声称他可以在6个月内建成一辆风车。根据基金规则，如果维德不能在6个月内将风车建成，就必须退还特权基金里属于他支配的钱；如果建成，他可以将基金保留12年以后再归还。

15世纪的欧洲，国王、皇帝和政府通过提供资金报酬并规定一定时间的垄断专有权，鼓励新知识、新工具的发明和推广，这样的事例屡见不鲜。大约1420年或1432年，威尼斯的一项成文法中就有如下记载："任何提高纺丝速度的机器或程序的发明或改进，只要证明有效，发明者就可获得共和国总福利委员会为期10年的排他权。"这是人类历史上的第一个专利法。

之后，许多中世纪国家，包括荷兰、意大利和德国都通过了专利法。这些法律的目的明确表述在1474年威尼斯的《发明者法案》（The Inventors Act）序言中："人类利用其伟大的天赋发现和创造精巧的器具……如果我们为这些

---

① 当时，这些知识产权的表现形式仅为对商业秘密的保护。

② E. Wyndham Hulme, "The History of the Patent System Under the Prerogative and at Common Law", *Quarterly Review*, Vol. 46, 142 – 144, 1896.

发明者的杰作创立一个制度，使其他人可以了解这些器具但不能复制，更不能剥夺发明者的荣誉，更多的人就会为了我们共同的利益，利用自己的天赋，去发现和创造更多实用性的器具。"[1]

1558 年，英国出现了最早具有现代意义的专利法体系。当时挖掘机、肥皂、铝、硝石的制造方法等被授予了专利权。1565 年，一个叫阿康提奥（Giacopo Acontio）的人，因发明火炉和轮子而获得专利。[2]

专利法体系之后，1545 年，威尼斯出现了最早的版权法体系。[3] 当时，威尼斯的一个成文法中记载了如下内容："本市在此颁布法令，从此以后，未经作者及其继承人许可，不得在本市印刷任何属于他们的文字。"1710 年，英国出现了第一部现代版权法——《安娜法案》（the Statute of Anne）。该法赋予作者"21 年独有印刷的权利和自由"。此后，法国于 1793 年制定版权法，充分体现了法国资产阶级革命"天赋人权"的精神，不仅像英国法一样保护作者的经济权利，更注重对作者精神权利的保护，成为后来大陆法系国家版权法的典范。

专利和著作权法之后出现了商标法。法国是世界上最早进行商标立法的国家。

1803 年，法国制定《关于工厂、制造场和作坊的法律》，将假冒商标定为私自伪造文件罪。1804 年的《拿破仑法典》第一次确认商标权为财产权。1857 年，法国又制定了《关于以使用原则和不审查原则为内容的制造标记和商标的法律》，其被认为是世界上最为系统的商标法。此后，英国于 1862 年颁布《商品标记法》，美国于 1870 年制定《美国联邦商标条例》，德国于 1874 年颁布了《商标保护法》，日本于 1884 年颁布了《商标条例》。

现代意义上的反不正当竞争法出现于 19 世纪末。1890 年美国通过的《谢尔曼法》被认为是世界上第一部反不正当竞争法。该法成为其后欧洲各国立法的样板。

从 17 世纪到 19 世纪后期，欧洲国家率先在世界上建立了知识产权保护制度。此后，世界各国相继建立起自己的知识产权保护体系。目前，世界上大多数国家有自己的保护专利、商标和版权的法律体系。

尽管如此，当时各国的知识产权立法不仅差异极大，而且缺乏立法协调。

---

[1]　Giulio Mandich, "Venetian Patents (1450 - 1550)", 30 *J. Pat. Off. Soc'y*, 176 - 177, 1948.

[2]　Federico, "Origin and Early History of Patents", 11 *J. Pat. Off. Soc'y*, 292, 1929.

[3]　Frank D. Prager, "A History of Intellectual Property From 1545 to 1787", 26 *J. Pat. Off. Soc'y*, 711, 1944.

随着世界经济的发展及各国经济贸易交往和纠纷日益增多，协调各国知识产权制度成为一个重要的课题。19 世纪后期以来，保护知识产权的国际公约逐渐出现。1883 年，由比利时、西班牙等 11 国发起，在巴黎签订了《保护工业产权巴黎公约》。1886 年，由英国、法国、德国、意大利等 10 国发起，在瑞士首都伯尔尼签订了《保护文学艺术作品伯尔尼公约》。

经过各国政府的共同努力，现在，知识产权的各个领域都有了国际公约。这些公约有的是对程序的规定，有的则是对实质权利的规定。但是，无论程序还是实体方面的规定，这些公约只涉及知识产权的某些领域。此外，没有任何一部知识产权的国际公约将知识产权与国际贸易关联在一起。

乌拉圭回合谈判首次将知识产权问题列入贸易领域，并于 1993 年达成《与贸易有关的知识产权协定》。该协定是对近两个世纪国际知识产权制度的总结和发展，第一次把知识产权与国际贸易联系在一起，规定了贯彻执行知识产权的强制措施，是知识产权制度发展历史上的一个里程碑。

第二节　知识产权的保护理论

霍克曼将知识财产（IP）定义为"具有商业价值的信息"，将知识产权（IPs）定义为"由公共意愿给予知识财产产权地位的想法、发明和创造性表述的综合"。他认为，知识产权包括工业产权和版权，以及所谓的邻接权。工业产权保护的关键在于通过专利和商标保护发明创造，而版权主要保护文学和艺术作品。商标虽然就形式而言属于知识财产，但本质上并不是真正的知识产品。产地名称根本就不属于知识的范畴，然而也包含在《TRIPS 协定》中，原因是作为潜在的贸易保护手段，贸易中产地名称的重要性不容忽视。专利、版权和邻接权，以及工业秘密和工业设计的保护具有广泛的相似性，其目的与允许产业差异和为增加消费者信息而进行保护的商标和产地名称有本质的不同。①

关于知识产权的保护有四种论点："自然权利"②、"社会回报论"③、"激

---

① Bernard Hoekman, *The Political Economy of the World Trade Trading System*, 141 - 143, Oxfor University Press, 1995.

② Fritz Machlup, Edith Penrose, "The Patent Controversy in the Nineteenth Century", 10. *J. Econ. Hist.* 1. , 11, 1950.

③ Fritz Machlup, Edith Penrose, "The Patent Controversy in the Nineteenth Century", 10. *J. Econ. Hist.* 1. , 17, 1950.

励论"① 和"披露论"②。这些论点都受到一定的质疑。

"自然权利"的观点充分体现在法国专利法的序言之中："每个新颖想法的实现和发展，皆因创造人的构想有利于社会。如果不将工业发明当作创造人的财产，就会对其权利造成实质性侵犯。"法学实证家主张，由于工业产权不具有任何占有、控制、转让和恢复等物质权的特征，因此，只有对工业产权提供法律保护，才能使之更好地服务于社会。但是，相反的观点认为，社会为创造性活动提供了必不可少的条件和环境。没有任何发明、任何艺术和文学创作，可以不依靠社会提供的教育以及前人经验的帮助，完全源于创作者自己的智慧而得以实现。因此，发明创造者不能否认社会对其部分成果拥有可主张的权利。

"社会回报论"的观点认为，社会对知识产权的创造行为存在道义上的回报义务。但是，承认这种观点并不等于承认知识产权的垄断保护是回报的最好方式。在一些国家，包括中国，对发明人的回报可以是国家授予的荣誉称号、奖章和奖金等。还有一些国家采取发明人保证体系制度，即由国家征用发明，发明人根据发明的使用率计算收入。

"激励论"的观点认为，工业产权的保护是对发明和创新的一种激励。这种观点源于 1593 年迦俐略对威尼斯公国提出的著名的专利保护要求。迦俐略说，"我十分不满意，由我花费巨大的精力和可观的费用创造和发展的发明，作为我的财产，成为任何想要使用它们的人的共同财产……"③但是，有观点认为，这个论点没有得到证据的证实。因为发明者会因为专利保护而进行更多的专利实践，会因缺乏保护而减少这样的实践活动只是一种理论上的推断。现实中，在属发达国家的澳大利亚和加拿大，其专利保护体制并没有明显的对当地发明创造活动的激励机制，同时，这两个国家的专利权人中，外国公司的比例很大。

"披露论"的观点认为，如果没有工业产权保护，发明人就不会花代价进行研发，并将成果公之于世。但是，相反的观点认为，竞争对手"免费搭车"的可能，恰恰会挫伤发明人的积极性。仿制，由于其低成本，正是工业产权

---

① F. K. Beier, *The Significance of the Patent System for Technical*, *Economic and Social Progress*, 11 IIC, 563.

② Kenneth Arrow, "Economic Welfare and the Allocation of Resources for Invention", in: *The Rate and Direction of Inventive Activity*: *Economic and Social Factors*, 609 – 625, Princeton University Press, 1962.

③ F. K. Beier, "The Significance of the Patent System for Technical", *Economic and Social Progress*, 11 IIC, 528.

领域特有的弊病。

GATT 乌拉圭回合中，有关《TRIPS 协定》的争论，实质上是关于知识产权保护的两种不同观点的争论。两种观点中，一种是基于司法公正的考虑，另一种则是基于知识产权保护与国内和全球经济利益关系的考虑。

从司法公正的角度来看，由于"自然权利"将人看作其劳动成果的自然拥有者，未经许可而使用他人的发明往往被当作剽窃。基于这样的观点，允许个人或社会使用个人创造成果而完全不予补偿，是对人身自治权甚至是对人身完整性的攻击，其本质与奴隶制无异。两者之间唯一的区别，是发明创作者可以自由选择。

但是，纯逻辑而言，这个推理方式将税收或任何个人劳动向社会的非自愿转让视为掠夺。必须考虑到，社会有权对发明者的部分成果主张权利。正如前面在"自然权利"的论述中提到的，任何发明都不可能离开社会土壤的孕育。因此，知识产权保护的根本问题，不是是否应当根据什么理论对其进行保护的问题，而是保护是否应当有所限制的问题。如专利保护应当是 10年，20 年，或者更长。从这个角度出发，我们不难发现，产权保护的核心是如何对发明者的成果进行补偿，因此是产权持有者权利与社会公共利益的平衡问题。而补偿的方式有多种，可以是产权的方式，也可以是其他方式。

一旦我们把知识产权保护看作补偿问题，在确定适当的保护水平时，就必须考虑众多的因素。对发明的保护不够等于经济剥削；保护过多，又会使产权人利用垄断控制牟取暴利。

有关知识产权保护的经济理论简单明了。一方面，只有当发明创造的社会价值得到充分的补偿，才会使个体产生足够的动力去发明创造。否则，创造性实践虽不会完全消失（有的发明并不是基于经济利益的考虑，可能是偶然的发现也可能是个人爱好等），却会减少。此外，如果任由他人无偿占用，或付出很少就获得发明创造的部分或全部经济利益，对新发明的投资就将大大地减少，甚至没有。另一方面，保护造成的垄断，也会对经济产生负面的影响，如生产成本过高、白白丧失仿制与改进所带来的经济价值等。

举例说明。假设某国对某新型药品的专利保护为 15 年。保护期延长至 20年时，一些本来不会得到投资的衍生药品获得了投资，被发明出来。但是，保护期的延长，延缓了低成本仿制产品进入市场。因此，只有当保护期的延长给发明带来的额外动力大于延缓仿制产品进入市场的损失时，保护期的延长才有意义。不同的国家，廉价药品早日进入市场的重要性，与更多新药发明的重要性是不同的。

　　上述经济分析告诉我们，在知识产权的保护上要注意两个方面的负面影响：过度保护带来的经济浪费和过度保护造成的损失。近来，对专利保护的经济分析发现，严格的专利保护造成研发经费的浪费。由于这种保护具有"胜者为王"的特性，各大公司大量重复投入，力争成为第一个掌握专利的人。与此同时，专利垄断使消费者承担过高的成本，且过度保护给仿造业造成收入和就业机会的损失。同时，上述经济分析结果表明，一个统一的、可以使经济利益最大化的保护水平是不存在的。1985 年，联合国贸易与发展大会的一项研究对 100 家跨国公司进行了调查，结果发现，专利对促进创新的作用因产业和国家的不同而不同。

　　不同的产业中，对知识产权进行保护的价值，更多地取决于相关发明商业寿命的长短。因此，化学和医药公司是专利的主要使用者，而电信和机械工程公司则大多依赖于商业秘密的保护。① 此外，对知识产权保护的需要因国家的不同而不同。在一些发展中国家，模仿比发明更加有利于国民经济的发展。这些国家倾向于选择较为宽松的知识产权保护体制。这样的体制通过鼓励模仿他国发明使国家获得更大的经济利益，同时，自身经济又不会因此而遭受损失。由于仿制产品价廉物美，这样的体制还有利于消费者利益。因此，就这些发展中国家而言，如果研发还不是当前国家利益的需要，也不是国家将来经济发展的需要，接受《TRIPS 协定》，将知识产权的保护水平提高到发达国家水平就是一个赔本的买卖。

　　撇开眼前利益不谈，发展中国家接受《TRIPS 协定》是否至少可以指望长远利益？有观点认为，《TRIPS 协定》可以为发展中国家带来长远的经济利益。因为保护的增强同样提高发展中国家的发明创造力。其次，非发展中国家的新发明为世界带来经济利益，在经济全球化的环境下，发展中国家也将分享其中的一部分。最后，很多国家的经济发展得益于其他国家的发明创造，因此，长远地看，提高保护水平将会给发展中国家带来利益。

　　然而，经济分析结果表明，这些结论可能是错误的。发达国家在计算它们因发展中国家对知识产权保护不力而遭受的经济损失时是基于一个错误的假设，那就是，如果发展中国家对知识产权提供适当保护，原装产品的消费数量将等同于仿制产品的消费数量。事实上，即使提供适当保护，原装产品仍然会比仿制产品昂贵，因而对其需求将会下降。因此，笛耳多夫（Allan

---

① UNCTAD, Promotion and Encouragement of Technological Innovation, A Selective Review of Policies and Instruments, UNCTAD doc. TD/B/C. 6/139, 51, 1986. 8. 4.

Deardorff）认为，对知识产权的额外保护所产生的边际效益，即额外保护的诱因下发明的产品所带来的经济利益，不见得能抵消原装产品高于仿制产品价格给消费者带来的损害。如果现有的保护已经能够满足市场需要，提高保护就会导致研发产品资源的不合理配置。如果现有保护所产生的经济利益已达到效益的边际，将有限的资源用于新的发明创造，也许不如将其直接用于对现有发明的开发。

还有一种经济分析观点认为，提高知识产权保护水平使投资者的技术、工序、商业秘密和最终产品得到有效的保护，能够为发展中国家吸引到更多的投资和技术转让。但是，实践经验表明这只是理论上的推测。与此相对的观点认为，直接与投资者就具体保证进行协商才是真正有效的方式。

根据相对优势贸易理论，一国采取较强或较弱的知识产权保护体系，取决于该国的竞争优势究竟是依赖于发明，还是对其他发明的仿制改造。本质上，这是关于如何在仿制和发明之间分配国家资源的问题。严格按照贸易理论，一国应根据本国不同产业中发明与仿制的竞争优势来决定对具体产业的保护力度。譬如，在欧美最发达国家的出口产品中，本国技术含量的比例远远高于其他国家，因此，在这些国家采取高水平的知识产权保护是合理的选择。但是，大部分发展中国家的竞争优势是仿制和改造，因此较低的保护水平是这些国家合理的选择。

这个理论对所有在仿制改造上具有竞争优势的国家适用。例如 20 世纪 60～70 年代日本高速的经济增长，很大程度上是因为日本成功仿制和改造了其他国家和地区的先进技术，同时，在本国某些行业战略性地使用了知识产权保护以鼓励行业发明。

相对优势经济理论证明，贸易自由化将同时为实行贸易自由化政策的国家经济和全球经济带来经济利益。但是，知识产权的保护却不能简单适用这个结论。实践证明，至少在某些部门，提高知识产权保护水平在增加某些国家经济利益的同时减少了某些国家的经济利益。因此，必须对知识产权保护与各国国内经济和全球经济的影响进行单独、全面的经济理论分析。由此可以得出一个重要的结论，那就是不同国家，至少在准确的经济理论论证产生之前，有权在知识产权保护上采取不同的政策。产生于知识产权保护的分歧，绝非单纯国家利益竞争或冲突问题，因此不应单纯通过协调解决。

撇开共同利益增长不谈，增强知识产权保护是否一定使获益国家所得大于受损国家的损失？笛耳多夫认为，在某些国家，完全放弃知识产权保护可以使全球经济利益最大化。因为就这些国家而言，专利保护使发明人获得的边际增长效益，不足以成为他们进一步发明的动力。但是，就发展中国家而言，知识产权保护水平的提高使它们不能仿制或进口仿制品，导致直接的经济损失。此外，如果增强保护以后，建设性资源从具有竞争优势的仿制活动转移到了竞争优势较弱的发明活动，就会降低全球分配的效率。

马斯卡司（Maskus）在笛耳多夫观点的基础上发展出一个知识产权保护与全球利益的模型。运用这一模型，他对美国国际贸易委员会关于低水平知识产权保护对其他国家影响的有关数据进行了分析。在假设弹性供求关系存在的情况下，马斯卡司的分析得出结论："在信息进口国提高知识产权保护将损害全球静态经济利益。"根据他的数据分析，只有在动态假设的情况下，[①]才能得出增强保护使全球利益增加的结论。格罗斯曼（Grossman）和赫普曼（Helpman）的研究也表明，在发展中国家增强知识产权保护将减少全球利益，因为其延缓了发明产品进行廉价仿制和生产的过程。

第三节　WTO 的知识产权保护体系

一　《TRIPS 协定》的产生

根据 GATT 第 20 条，知识产权并不属于 GATT 的调整范围。《TRIPS 协定》的出现，是全球信息化社会出现的结果。1973～1979 年的 GATT 东京回合谈判不包括知识产权，而且回合谈判中将 GATT 原则扩展到新领域的提议，遭到发展中国家的强烈反对。进入 20 世纪 80 年代，知识财富本身的价值并没有特别的增长，但技术和技术资源利用的全球化使世界财富迅速增长，同时，使知识商品国际化的技术发展迅速。快速的技术革新以及知识信息在增加经济附加值上的重要作用，使控制信息和知识资源成为经济发展的重要因素。

国际上保护知识产权的国际公约已经存在了一个多世纪，但是，直至 20 世纪 70 年代初，随着"世界知识产权组织"（WIPO）的建立，对知识产权的规范才开始起步。及至 20 世纪 80 年代，WIPO 体系存在的一些问题渐渐暴露。这些问题主要体现在三个方面：第一，WIPO 只强调对知识产权的认定而缺乏世界范围内权利实施方面的规定；第二，国际社会中还有很多国家没有签署任何一个知识产权保护方面的公约；第三，世界知识产权组织无法对不

---

① 如增强保护会产生足够的诱因使发展中国家获得更多的技术转让和进行更多的研发，导致这些国家在发明方面获得更多竞争优势。但是，该假设本身存在很多问题。

遵守协定的成员进行有效的制裁。

与此同时，20 世纪 70 年代末，一些经济最发达国家，如美国、欧盟等，正面临世界，尤其是亚洲和拉丁美洲一些新兴工业化国家（NICs）出口产品的激烈竞争。这些发达国家认为，NICs 和广大发展中国家缺乏对知识产权的适当保护，致使商品假冒行为泛滥，严重影响其贸易收入。

1979 年，美国和欧共体达成"关于阻止假冒商品进口措施的协议"草案，① 并于 1980～1982 年，与加拿大、日本、瑞士通过非正式会议，达成"反假冒守则"（Anti-counterfeiting Code）修正草案。② 在 1982 年为乌拉圭回合谈判召开的部长级会议上，美国建议将"守则"草案纳入 GATT。这一提议遭到以巴西、印度为首的发展中国家的强烈反对。发展中国家认为，所有关于知识产权的争议，属于世界知识产权组织的管辖范畴。GATT 只规范与有形货物贸易有关的问题，对商标假冒行为没有管辖权。③

经过多方斡旋，1986 年 9 月 20 日发起乌拉圭回合谈判的部长级会议对有关知识产权的问题做出以下宣言："为减少国际贸易中的扭曲和阻碍，促进知识产权的有效充分保护并保证实施知识产权保护的措施和程序本身不成为合法贸易的障碍，本次谈判将澄清 GATT 条款和设计恰当新规则和纪律。"

1987 年 1 月 28 日，有关知识产权的谈判以"与贸易有关的知识产权，包括假冒商品"的标题确定下来，成为乌拉圭回合谈判三大议题之一。1992 年，GATT 发布一份题为"乌拉圭回合——向贸易、发展和现代社会挑战回应迈出的巨大一步"的通报，总结了缔结知识产权协定的四个原因：第一，发明创造是公司与公司、国家与国家之间竞争的主要财富，对知识产权的保护已成为国际竞争的一个关键因素；第二，假冒产品涉及从药品到汽车零件、奢侈品等的多种产品，销量达到令人吃惊的程度；第三，知识产权保护是促进技术进步的一个重要因素，它可以鼓励国家之间的技术转让，并促进投资和就业；第四，由于各国在知识产权保护水平上的差异，知识产权保护问题在近年已成为引发国际贸易冲突的原因之一。

在乌拉圭回合谈判中，与贸易有关的知识产权谈判争论激烈。这一点从《与贸易有关的知识产权协定》复杂而广泛的规定中可以略见端倪。谈判中，

① Agreement on Measures in Discourage the Importance of Counterfeit Goods, GATT Doc. No. L/4817, July 31, 1979.

② GATT Doc. No. L/5382, October 18, 1982.

③ Bredley, "Intellectual Property Rights, Investment and Services in the Uruguay Round: Laying the Foundations", 23 *Stanford J. Int.' L. Law*, 57, 1987.

欧美等最发达国家将重点主要放在两个问题上。

其一，许多发展中国家，包括一些新兴工业化国家，对知识产权，尤其是药物的专利保护，期限较短、定义范围较窄，导致知识产权产品的模仿品主导了这些国家的市场。由于海外市场被这些模仿品占据，在知识产权产品上投入巨额前期研发资金的欧美发达国家经济损失严重。同时，发展中国家不仅对知识产权保护不适，对诸如药品类专利产品的专利授予程序更是缺乏透明度，并缺乏法律保护的稳定性和确定性。

其二，一些发展中国家政府，对大量充斥于本国市场的非法复制、伪造、假冒产品熟视无睹，任由音像制品的非法复制，著名商标的侵权，著名商品的伪造、假冒等泛滥市场，给产权人带来严重的经济损失。

发展中国家则认为，知识产权保护是一个政策问题。相关贸易理论并不支持知识产权保护的一致性。例如，专利保护授权专利持有者对其发明实行垄断，在激励发明创造的同时，损害了消费者的利益。其次，保护抑制了竞争者对专利内容的仿造和改进，而这些仿造、改进本身含有重要的经济价值。一国知识产权的法律保护标准，往往是该国平衡社会公共政策与鼓励创新和技术进步的结果，因此存在差异是正常的。此外，如果要求发展中国家采用发达国家的知识产权保护标准，将会对发展中国家人民的福利和经济发展造成相当不利的影响。比如，药品专利的长期保护不利于人民的健康，尤其不利于贫穷人口的健康，而对农药专利的长期保护，则会大大影响粮食生产的安全和人民身体的健康。

然而，发展中国家中也存在着要求知识产权保护的利益集团，如创造和使用知识产权的产业。这些利益集团要求政府接受《TRIPS 协定》。因为知识产业的技术转让，通常是在引进外国直接投资的过程中完成的，要吸引这样的投资，往往必须以强有力的知识产权保护为前提。此外，发展中国家对不接受《TRIPS 协定》有一种担忧，担心如果没有有关知识产权的规定将使它们更容易受到来自发达国家的单边压力。于是，基于上述多种因素，加上发达国家以在农业和纺织品谈判方面做出让步为条件，《TRIPS 协定》终于与WTO 一起诞生。

二 《TRIPS 协定》内容简介

《TRIPS 协定》主要是关于每一类知识产权保护的基本原则，共 7 个部分。第一部分是义务性质和范围以及国民待遇、最惠国待遇的一般规定和基本原则。第二部分规定了每个 WTO 成员必须在其国内法律中为八大类知识产权提供的最低保护标准，它们是：版权及相关权利，商标，地理标识，工业设计，专利，集成电路布图设计（拓扑图），未披露信息，合同许可中反竞争行为的控制。第三部分是对 WTO 成员境内实施知识产权的要求。第四部分是关于知识产权的取得和维持及当事方之间的相关程序。第五部是争端的防止和解决。第六、七部分分别涉及过渡性和机构安排。

《TRIPS 协定》规定了对知识产权保护的最低标准。任何成员可以在此基础之上对知识产权提供更好的保护。协定鼓励 WTO 成员提高保护标准。以下是一篇介绍《TRIPS 协定》的文章。

与贸易有关的知识产权协定[①]

《与贸易有关的知识产权协定》为知识产权保护，以及知识产权保护在 WTO 成员中的执行制定了综合的标准。它要求各 WTO 成员适用国际上最重要的知识产权公约的实体义务，为这些公约规定的义务提供实质性的额外保护措施，并保证重要的执行程序在各 WTO 成员中的适用，以对知识产权提供保障。……

1. 遵守多边公约

协定第 2 条要求 WTO 成员遵照《保护工业产权巴黎公约》（1967）（简称《巴黎公约》）的实体义务。第 9 条要求成员遵守《伯尔尼文学艺术作品公约》（1971）（简称《伯尔尼公约》）第 1 条至第 21 条以及其附件内容。……协定没有规定《伯尔尼公约》第 6 条之二中有关"精神权利"的内容。

2. 国民待遇与最惠国待遇

第 3 条规定各 WTO 成员对知识产权保护实行广泛的国民待遇。它要求一国政府在知识产权保护上给予其他国家"国民"不低于其本国国民所享有的待遇。"国民"的含义根据四个相关国际公约（《巴黎公约》、《伯尔尼公约》、《罗马公约》和《集成电路知识产权条约》）主体获得保护的条件定义。任何获得这四个条约保护的个人或实体，都可以获得 WTO 成员以国民待遇为基础的《TRIPS 协定》项下提供的保护。

协定也为 WTO 成员规定了广泛的最惠国待遇义务。…… 第 3 条脚注明确指出，国民待遇和最惠国待遇原则总体上适用于"影响知识产权的效力、取得、范围、维持和实施事项，以及本协定专门处理的影响知识产权使用的事

---

① 美国国会听证会第二节第 1 卷，第 981～990 页，第 316 号文件，1994 年 9 月 27 日。

项"。

广泛的国民待遇和最惠国待遇有少数例外。对于表演者、录音制品制作者和广播组织，国民待遇和最惠国待遇仅限于《TRIPS 协定》所规定的权利。同时，协定允许成员继续行使某些保护知识产权国际条约规定的例外。WTO协定生效前的知识产权利益和 GATT 中的司法协助、法律执行不适用最惠国待遇原则。此外，WIPO 主持订立的多边协定中有关取得或维持知识产权的程序，如专利合作条约中的相关规定，不适用国民待遇与最惠国待遇原则。

3. 版权与相关权利

协定明确了《TRIPS 协定》与《伯尔尼公约》的关系，指出保护版权的基本原则是将保护延伸至表达方式，但不包括思想、程序、操作方法或数学概念本身。这个原则体现在美国版权法案第 102（b）节中。

协定第 10 条明确指出，所有的电脑程序属于《伯尔尼公约》中的"文字作品"，并要求各 WTO 成员依此对其进行保护。本条要求版权保护对内容进行选取或编排而产生的数据汇编或其他材料。

协定第 11 条要求成员至少就电脑程序和电影作品规定排他出租权（授权或禁止就其作品向公众进行商业性出租的权利）。关于电影作品的出租权，除非此种出租导致对该作品的广泛复制，从而损害了作者复制该作品的排他性权利，否则成员可以不必对其提供出租权保护。

协定第 12 条规定了保护版权作品的最低期限。对很多作品来说，保护期限是作者寿命加上 50 年。如果作品保护期限不以人的寿命计算，根据第 12条，保护的最低期限为 50 年（实用艺术与摄影作品除外）。

除非限制与作品的正常使用不相冲突，并且不无理损害权利人的合法利益，《伯尔尼公约》第 9.2 条禁止对复制权进行限制或规定例外。《TRIPS 协定》第 13 条将这一规定的范围扩大到版权及相关权利中的所有排他权。因此，WTO 成员只能在很小的范围内规定限制和例外……

第 14 条要求成员对录音制品制作者提供 50 年的保护期限，并允许权利人授权或禁止直接或间接对其作品进行复制，或对其作品进行商业性出租的权利。但是，1994 年 4 月 15 日（在马拉喀什签署 WTO 协定及其附件的日期）之前已就录音制品的出租实施权利人公平付酬制度的成员可以维持其制度（只有日本和瑞士满足这个要求）。

对于表演者，协定要求 WTO 成员允许他们阻止未经其授权，将其现场表演进行固定、广播或复制的行为。广播组织也享有相似的权利。但是，成员也可选择提供与《伯尔尼公约》规定同样的保护。同时，协定明确表示，《伯尔尼公约》第 18 条关于对现存作品保护的规定对录音制品适用。

4. 商标

《TRIPS 协定》第 16 条为符合第 15 条第一段定义的"商标"持有人规定了若干基本权利。例如，在相同产品或服务上使用相同标志，可推定有导致混淆的可能，因此不适当。第 16 条要求成员使用《巴黎公约》第 16 条之二关于保护驰名商标的有关规定，以及该条款确定商标是否"驰名"的标准。

协定第 18 条规定，对初次注册商标的保护期不得少于 7 年。此外，商标注册可以无限延续。

第 19 条是关于成员要求以商标使用作为维持商标注册条件的规定。根据这个规定，一个商标，至少连续 3 年不用方可被注销。但是，国家应当允许商标所有人证明，商标使用的障碍非出自本人意愿，而是由其他原因造成。第 19 条还规定了解释商标使用障碍的理由。这些理由包括对商标保护产品或服务的进口限制，以及其他的政府规定。针对商标注册，所有权人控制下的他人使用应被视为商标的使用。

为保证商标作为一种标志，表明它所代表的服务或产品来源这一功能，第 20 条禁止对商标的使用规定特殊的条件，如要求一个商标与另一商标共同使用可能危害上述功能。但是，成员可以要求使用者将货物或服务生产企业的商标，与该企业代表具体的货物或服务的商标共同使用，但不得要求使用时将二者联系起来。

5. 地理标识

第 22 条到第 24 条是对货物地理标识保护的规定。第 22 条要求成员提供措施，以便利害关系方防止对货物的说明使公众对货物的原产地产生误解，或防止构成《巴黎公约》第 10 条之二中规定的"不公平竞争"行为。此外，对于使公众对货物的原产地产生误解的商标，必须拒绝商标注册或宣布注册无效。条款还规定禁止使用文字上正确反映货物来源，标识却误导公众货物来自别国领土的地理标识。

第 23 条是葡萄酒和烈酒地理标识的附加保护规定。如果用于葡萄酒和烈酒的地理标识所代表的产品并非来自该标识标示的产地，即使已标明了货物的真实原产地，在使用和注册上，这样的地理标识都应当被禁。"同音字地理标识"，如果没有虚假地向公众表示货物原产于别国领土仍可受到保护。

第 24 条明确了第 23 条和第 24 条的有限例外。第一，识别葡萄酒或烈酒的地理标识商标在 1994 年 4 月 15 日前已在相同或有关的货物或服务上连续使用超过 10 年，或在该日期之前的使用为善意使用，则第 23 条不适用。第二，如果商标申请或注册为善意的行为，或如果早于该地理标识在其起源国获得本规定保护，或早于起源国对其进行保护，通过善意使用获得了商标权，则不得阻止这种地理标识在商品或服务或与此相关的领域连续和相似的使用。这两项规定为受影响商标产品的扩大生产提供了灵活性，避免对商标权带来损害。第三，只要在 WTO 生效之日，该葡萄品种的名字在批准继续使用的国家已经存在，成员可以继续在葡萄酒上使用这种已经存在的葡萄品种名字，无论该名字是否为其他成员领土的地理标识。只要使用不会误导公众，这个规定对自然人名字或其商业前任名字的使用同样适用。

第 23 条和第 24 条规定就本议题继续进行谈判。根据 WTO 协定第 4 条成立的 TRIPS 委员会负责监督有关多边体制葡萄酒地理标识的通知和注册谈判。成员还将对加强葡萄酒、烈酒独立地理标识进行谈判。……

6. 工业设计

协定第 25 条和第 26 条要求保护新的或原创并符合其他规定条件的独立工业设计。但是，功能设计不受保护。设计人有权阻止他人为商业目的，制造或销售受保护设计的复制品，或实质上是设计产品复制品的物品。此外，一国政府应当给予至少 10 年的保护期。第 25 条明确规定，政府应当通过工业设计法或版权法保护纺织品设计，并保证权利人获得及时和无须承担不合理费用的保护。

7. 专利

a. 授予专利的客体

第 27 条规定，各 WTO 成员必须对所有技术领域的任何发明授予专利，只要它们具备新颖性，包含创造性步骤（如非显而易见的步骤），并可供工业应用（如发明是可用的）。政府不能再因技术领域、发明地点或产品是否进口而对专利权的享有进行歧视。只有在少数严格定义的情况下，成员方可拒绝专利的授予。

WTO 成员必须对所有科技领域的发明授予专利，包括医药、微生物以及非生物和微生物生产方法。成员可以拒绝授予植物专利，但应通过专利、其他特殊制度或两者的结合来保护植物品种。…… 选择采用特殊制度保护植物品种的成员所采用的制度，应当符合《保护植物新品种国际公约》（UPOV Convention）。《TRIPS 协定》要求，在 WTO 协定生效之日起 4 年后对动物和植物的保护水平进行审查。……

尚未对医药和农用化学品提供产品专利保护的国家，WTO 的特殊规定在 WTO 生效之日起开始适用。这样的国家应当立即制定过渡体系以受理这些产品的专利申请。申请经过审查后，新颖性的确定以提交申请日期为准。如果一项产品符合过渡体系申请客体的要求，该国在产品取得销售许可之后必须赋予其 5 年的排他性销售权，或直到专利的授予或拒绝的排他性销售权。第二个期限较短。要满足独家销售条件，产品必须在另一 WTO 成员处取得专利并获批准进行销售。

b. 专利权的范围

第 28 条明确规定，专利权必须包括排除他人制造、使用、标价出售、销售或进口专利产品的权利。在满足一定条件的前提下，协定允许专利所享有的排他权利存在有限例外。……

《TRIPS 协定》对未经专利权人授权的专利使用规定了严格的条件，包括政府或经政府"强制"许可的第三人使用。这些条件（包括适用于半导体技术的特殊条件），同样适用于对保护集成电路布图设计权利的强制许可。……

c. 保护期限

第 33 条规定专利保护期为申请之日起至少 20 年。同时，专利期限可以延续超过从申请之日起算 20 年的专利期限。

d. 举证责任

专利部分最后的条款规定了专利执行程序中举证责任的分配问题。条款要求成员授权司法机关责令专利侵权被告证明所获相同产品的方法不同于已获专利的方法。这个规定可以协助专利权人证明侵权行为的存在。

8. 对集成电路布图设计的保护

协定第 35 条到第 38 条是对半导体集成电路布图设计保护的规定，保护水平与美国半导体芯片保护法案要求一致，包括对含有受保护布图设计产品的保护。条款要求非恶意侵权人在得知侵权时处理存货和订货以示诚意。第 37 条规定，第 31 条的强制许可适用于布图设计时的限制。根据规定内容，只有在公共非商业使用，或救济不公平竞争行为时才能对半导体技术进行强制许可。第 38 条规定，保护期限至少为 10 年。

9. 对未披露信息的保护

第 39 条要求成员对秘密的、具有商业价值并已采取合理步骤保持其秘密性的未披露信息（贸易信息）提供保护。协定列举了一些构成对贸易秘密非法使用的行为，并且规定，某些情况下第三人获取未披露信息构成非法使用行为。

第 39 条要求，如果医药和农业化学品的销售许可申请中包含新的化学成分，有关信息应当得到保护，以防止不正当的商业使用。

············

11. 实施程序

协定第三部分规定了详尽的要求以确保知识产权在各成员边境及领土内得到有效的保护。第 1 节要求成员制定公平、透明的实施程序，包括为产权人实施知识产权提供有效的司法程序。第 49 条规定，如果成员提供的行政程序裁定民事救济，此类司法程序应在实质上符合第 2 节所列原则。

关于司法程序，第 2 节要求各成员提供临时和最终强制性禁令、证据保全、民事赔偿以及其他知识产权救济。本节还包括保护当事方免受诉讼程序滥用损害的有关规定。

第 3 节要求成员制定有效程序，允许商标和版权持有人在一定的条件下，在口岸没收假冒和盗版货物。例如，为了保护合法的进口商，第 55 条规定，大多数情况下，应在 10 个工作日内提起扣押在口岸货物侵权与否的诉讼。适当情况下，这个期限可以延长至 20 个工作日。诉讼可以由海关或诉讼被告以外的任何一方当事人提起。对担保的要求和加强海关信息的提供是本节的重要内容。

第 4 节要求成员在一定条件下制定除商标和版权以外的知识产权的边境执行程序。例如，如果一成员就专利、集成电路、贸易秘密或工业设计实行协定中规定的边境执行程序，任何因侵权指控而被扣押在海关的产品，只要缴纳了保证金，必须在一定时间内予以放行。本节允许海关人员自行采取行动阻止侵权产品进口。

根据第 5 节的内容，WTO 成员政府必须对商业领域故意侵犯版权和假冒商标的行为给予刑事处罚。对其他知识产权侵权行为也可采用刑事处罚，尤其是商业领域的故意侵权行为。

············

13. 透明度和争端解决

第 63 条规定，成员必须公布有关知识产权的效力、范围、取得、行使以及防止滥用的法律、法规、终审判决和终局行政裁定，或至少使之可公开获得。成员还必须公布与其他 WTO 成员政府签署的任何协定。

第 64 条清楚表明，《TRIPS 协定》争端适用 WTO 争端解决谅解协定的规定。但是，自 WTO 协定生效起 5 年内，成员不能对其他 WTO 成员提起"非违法之诉"（这一阶段已于 2000 年 1 月 1 日届满）。……

14. 过渡性安排

第 65 条和第 66 条规定了成员满足《TRIPS 协定》规定义务的期限。所有成员自 WTO 协定生效起有 1 年的"宽限期"，之后必须适用《TRIPS 协定》的规定（至 1996 年 1 月 1 日）。任何发展中国家或由计划经济向市场经济转型的国家在 1 年宽限期之后，必须执行国民待遇和最惠国待遇条款。4 年后（至 2000 年 1 月 1 日），这些国家必须执行《TRIPS 协定》的其他义务条款。对于在发展中国家中没有受到保护的技术，协定给予 5 年的额外宽限期（至 2000 年 1 月 1 日）使这些国家扩大专利保护的范围。在普遍适用的 1 年宽限期后，最不发达国家也必须适用国民待遇和最惠国待遇条款，但对《TRIPS 协定》规定的其他所有义务的执行，可延迟到 10 年以后（至 2006 年 1 月 1 日）。在某些情况下，TRIPS 委员会可以批准这些国家延长宽限期。使用过渡性条款必须遵守"停顿"原则，即在相关过渡期内的任何变化不能降低协定要求的水平。

* * *

三 《TRIPS 协定》的基本原则

《TRIPS 协定》的第一部分指出了协定的一般适用范围并规定了 WTO 成员对知识产权保护的基本原则。

1. 最低标准

协定第 1.1 条指出，协定中规定的所有对知识产权的保护标准为各成员本国相关法律体系和实践的最低标准。在此基础上，只要不与协定规定相冲突，各成员方可以自行决定贯彻协定规定的方法及标准。

2. 与其他知识产权公约的关系

协定第 2 条是有关方面的概括性规定：第一，前四部分不得与《巴黎公约》、《伯尔尼公约》、《罗马公约》和《IPIC 条约》（《集成电路知识产权条约》）四个国际公约规定的义务冲突；① 第二，在履行第二、三、四部分义务时，必须同时遵守《巴黎公约》1967 年文本第 1～12 条以及第 19 条的规定。②

应当注意的是：第一，协定仅规定前四部分与四个公约不相冲突，至于

---

① 《TRIPS 协定》第 2.2 条。
② 《TRIPS 协定》第 2.1 条。《巴黎公约》第 1 条至第 11 条规定了工业产权保护的基本规范，第 12 条特别要求巴黎联盟的每个成员就专利、实用新型、工业设计和商标，设立与公众联系的具体工业产权行政部门和中央机构，第 19 条规定依《巴黎公约》成立的其他公约的有效性。

第五、六、七部分则可能与这些公约冲突；第二，协定仅指出上述四个公约及依《巴黎公约》所成立的其他工业产权的专门公约与协定之间的关系，不涉及与其他知识产权国际公约的关系。

3. 国民待遇

协定规定的国民待遇原则在其他知识产权国际公约中普遍存在。协定第3条规定，在遵守《巴黎公约》、《伯尔尼公约》、《罗马公约》或《IPIC条约》例外的前提下，WTO成员给予其他成员国民的知识产权保护"不得低于给予本国国民的待遇"。作为上述规定的补充，第1.3条将国民待遇原则扩展到一些不能明显归类为知识产权的问题，或与知识产权实施有关的问题上，如"民事和行政程序及救济"问题，[①]"与边境措施相关的特殊要求"[②] 中对侵权交易物品进行边境控制的特殊规定。[③] 与此同时，第3条扩大了现有知识产权的保护范围，规定国民待遇原则适用于表演者、录音制品者和广播组织。

虽然协定允许成员采用《巴黎公约》、《伯尔尼公约》、《罗马公约》和《IPIC条约》中的国民待遇例外，但规定，如果成员采用《伯尔尼公约》第6条例外，[④] 或《罗马条约》第16(1)(b)条"关于广播机构的特定权利"的规定，应通知TRIPS理事会。[⑤] 此外，成员可以采用司法和行政程序例外，包括在成员管辖范围内指定送达地址或委派代理人方面规定的例外，但要求采用上述例外必须是为了遵守与本协定规定不相抵触的法律和法规，且"这种做法的实施不会构成对贸易的变相限制"。[⑥]

1997年，受GATT有关国民待遇裁定的启发，专家组在"印度—药品和农用化学品的专利保护案"[⑦] 中裁定，《TRIPS协定》保护外国公司对竞争条件合理的预期以及与它们预期相同的竞争条件。

关于"国民"的定义，应理解为符合四大公约保护标准的自然人或法人。这四大公约为：保护商标、地理标识、工业设计和专利的《巴黎公约》；保护版权和相关权利的《伯尔尼公约》；保护表演、录音、广播权的《罗马公

---

① 《TRIPS协定》第三部分第2节。

② 《TRIPS协定》第三部分第3节。

③ Michael Blakeney, *Trade Related Aspect of Intellectual Property Rights: A Concise Guide to the TRIPS Agreement*, 39, Sweet & Maxwell, 1996.

④ 允许缔约方对未给予缔约方国民充分保护的非缔约方的国民给予歧视待遇。

⑤ 《TRIPS协定》第3.1条。

⑥ 《TRIPS协定》第3.2条。

⑦ India-Patent Protection for Pharmaceutical and Agricultural and Chemical Products.

约》；以及保护集成电路布图设计的《IPIC 条约》。①

4. 最惠国待遇

协定的最惠国待遇原则是知识产权法律体系的一个创新。以往的知识产权体系从未有过这样的规定。在《TRIPS 协定》中规定最惠国待遇，应当与《TRIPS 协定》是一个关于贸易的知识产权法律有关。

协定第 4 条规定，"对于知识产权保护，一成员对任何其他国家国民给予的任何利益、优惠、特权或豁免，应立即无条件地给予所有其他成员的国民"。

下列利益、优惠、特权或豁免为最惠国待遇例外：（a）非知识产权保护的一般性国际协定司法协助或法律实施；（b）《伯尔尼公约》或《罗马公约》给予他国不属国民待遇性质的；（c）本协定未规定的有关表演者、录音制品制作者以及广播组织的权利；（d）产生于 1995 年 1 月 1 日 WTO 协定生效前已生效的有关知识产权保护的国际协定，并已向 TRIPS 理事会做出通知，不对其他成员国民构成任意或不合理歧视。②

国民待遇与最惠国待遇中"保护"的含义包括："影响知识产权的效力、取得、范围、维持和实施的事项，以及本协定专门处理的，影响知识产权使用的事项。"③

GATT 与《TRIPS 协定》之间关于国民待遇和最惠国待遇的最大区别是，在《TRIPS 协定》中，相关标准是权利人的国籍而不是货物的原产地。

值得注意的是，协定规定，国民待遇和最惠国待遇不适用于"在 WIPO 主持下订立的有关取得或维持知识产权的多边协定中规定的程序"。④ 例如，《专利合作协定》规定，通过注册或申请而获得的知识产权保护，只要在任何一家国际代办机构（international processing office）办理或延期，即可在许多国家获得规定的保护。《TRIPS 协定》中的国民待遇和最惠国待遇将不适用于上述规定。

5. 权利用尽

"权利用尽"是知识产权体系中的一个重要议题，尤其是在商标权领域。在知识产权附属产品首次出售后，知识产权是否已被用尽？例如，当特定货物经产权人同意，或由产权人自己投入另一国家市场并完成销售时，该产权人是否还有权在这个国家阻止此类货物从其他国家进口？

---

① 《TRIPS 协定》第 1.3 条。
② 《TRIPS 协定》第 4 条。
③ 《TRIPS 协定》注释 3。
④ 《TRIPS 协定》第 5 条。

版权产品方面，大多数版权法规定，版权所有人可以控制受保护作品的进口。

商标产品方面，商标人当然希望能将商标产品的平行进口置于版权作品同样的地位，以便在不同的市场进行价格歧视销售。但是，权威判例裁定，商标人的权利在合法商标商品的首次销售时用尽，因此，商标人没有权利阻止商标产品的平行进口。

在乌拉圭回合谈判中，尽管国际商标协会（INTA）做了很大努力，各成员仍未能就知识产权权利用尽问题达成一致。因此，《TRIPS 协定》回避了这个重要的知识产权问题，在第 6 条规定协定"不得用于处理知识产权的权利用尽问题"。

6. 技术转让和公共利益考虑

基于公共政策目标的考虑，[①] 协定允许成员采用与协定规定一致的措施，以促进对社会经济和技术发展至关重要部门的公共利益，[②] 允许成员采取适当措施阻止"不合理地限制贸易，或对国际技术转让造成不利影响的做法"。[③] 上述规定意在承认 UNCTAD 主持制定的《技术转让守则》原则。该守则有一个禁止限制性商业行为的目录。目前，尤其在发展中国家，限制性商业行为已成为公平技术转让的障碍。

除了"社会经济和技术发展"的公共政策目标之外，考虑公共健康与营养，协定允许成员在制定或修改法律、法规时，采用必要措施保护公共健康和营养。具体针对公共健康，协定允许成员将"动物或人类的诊断、治疗和外科手术方法"排除在专利范围之外。[④] 但是，在营养方面，协定只规定成员有义务"保护植物品种"。由此可以看出，成员不得以公共营养例外为由，拒绝对植物品种提供保护。[⑤]

四　《TRIPS 协定》规定下知识产权的实施

《TRIPS 协定》的第三部分详细规定了每个 WTO 成员应向知识产权权利人提供的法律程序和补救措施。这一部分的规则，既要考虑各成员法律体系

---

① 这些内容体现在协定第 7 条："知识产权的保护和实施应有助于技术革新及技术转让和传播，有助于技术知识的创造者和使用者的相互利益，并有助于社会和经济福利及权利义务的平衡。"

② 《TRIPS 协定》第 8.1 条。

③ 《TRIPS 协定》第 8.2 条。

④ 《TRIPS 协定》第 27.3（a）条。

⑤ 《TRIPS 协定》第 27.3（b）条。

的不同，又要规定具体要求；既要达到保护的目的，又要考虑避免保护可能对合法贸易造成的障碍，同时防止法律程序和补救措施遭到滥用。因此，在知识产权保护实施程序上，这一部分不仅规定了 WTO 成员必须提供的法律程序和补救措施，而且对它们的有效程度作了规定。该部分内容包括五个方面：一般义务、民事和行政程序及补救、临时措施、边境措施和刑事程序。

1. 一般义务

第三部分第一节规定了执法程序必须满足的义务，包括基本义务[1]、程序原则[2]、形式要求[3]以及提供司法复审。[4] 基本义务包括采取措施防止侵权、阻止侵权的继续以及制止侵权，同时避免措施的应用造成合法贸易的障碍，并防止措施的滥用。程序原则为公平合理，不得过于复杂或花费过高，或包含不合理的时效或无休止的拖延。形式要求上，判决采用书面形式，说明判决理由，将判决及时送达诉讼当事各方，提供听证机会，根据证据判决。然而，协定不要求各成员建立与一般法律实施制度不同的知识产权实施制度。[5]

2. 民事和行政程序及补救

《TRIPS 协定》第二节是关于民事和行政程序及补救中程序、证据、禁令、赔偿及其他补救的规定。

（1）程序

权利人（包括联盟和协会）可以要求采用民事司法程序，包括有权获得及时和详细的书面通知，允许律师代理，不得强制当事人出庭以增加额外负担，提供措施以便识别和保护秘密信息等。[6]

（2）证据

一旦当事方出示足够证据证明其权利要求，并且指明在对方控制之下的与证实其权利请求有关的证据，则司法机关在遵守适当情况下可保证所保护机密信息条件的前提下，有权命令对方提供此证据。如当事人无正当理由在合理期限内拒绝提供必要信息，或明显妨碍有关诉讼程序，在为当事人提供陈述机会后，可以根据已有证据作出初步或最终决定。[7]

---

① 《TRIPS 协定》第 41.1 条。
② 《TRIPS 协定》第 41.2 条。
③ 《TRIPS 协定》第 41.3 条。
④ 《TRIPS 协定》第 41.4 条。
⑤ 《TRIPS 协定》第 41.5 条。
⑥ 《TRIPS 协定》第 42 条。
⑦ 《TRIPS 协定》第 43 条。

（3）禁令

保护知识产权很重要的一个民事程序是禁令救济。这个程序在新产品投入市场，而侵权行为可能损害新产品商业信誉建立的情况下尤为重要。同样，大范围的假冒注册商标产品，会破坏权利人商标的显著性，从而使商标注册无效。因此，协定规定，司法当局应责令当事人停止侵权，在海关放行之后，立即禁止含有侵犯知识产权的进口商品进入商业渠道（当事人在知道侵权之前已获得或已预购的商品除外）。但是，在强制许可的情况下，即符合第二部分规定的、政府使用或政府授权第三方使用的情况下，则可不适用禁令这一救济方法。在禁令不符合国内法时，成员应采取宣告式判决并给予适当补偿。①

协定在关于临时措施的规定中，要求司法机关责令采取迅速和有效的临时措施防止对知识产权的任何侵犯，特别是防止货物进入其管辖范围内的商业渠道，包括结关后立即进入的进口货物。② 这里所指的临时措施，包括对知识产权保护具有特殊作用的中间禁令措施，即在进行是非曲直的审理之前保持现状。尽管采取中间禁令的目的是起保护作用，但在实际操作中，中间禁令成为决定当事人权利的基础。因为中间禁令之后的程序，要么是对中间禁令进行上诉，要么是直至最后裁定结果的产生。并且，协定规定，如导致根据案件是非曲直作出裁决的程序未在一合理期限内启动（该合理期限由责令采取该措施的司法机关确定），应被告请求，采取的临时措施应予撤销；如果未确定这一期限，则不超过 20 个工作日或 31 天，以时间长者为准。③

（4）赔偿

协定规定了两种情况：已知情侵权和未知情侵权。对已知情的侵权，协定规定了实际赔偿原则，即司法当局责令侵权人向权利人支付足以弥补因侵权给权利人造成的损失和费用，以及可能的适当的律师费。对未知情的侵权，协定责令侵权人返还所得利润或支付法定赔偿额，或二者并处。④

协定专门规定了对被告的赔偿：如果原告滥用执法程序给被告带来损失，原告应承担赔偿责任，包括费用以及可能的适当的律师费。⑤

如果当事方在相同市场上没有竞争关系，评估损失就会有困难。例如，

---

① 《TRIPS 协定》第 44 条。
② 《TRIPS 协定》第 50.1 条。
③ 《TRIPS 协定》第 50.6 条。
④ 《TRIPS 协定》第 45 条。
⑤ 《TRIPS 协定》第 48.1 条。

在假冒驰名商标产品的情况下，被告是大量劣质产品的生产者。这些劣质产品被销售给与购买正品的消费者完全不同的消费群体。虽然侵权行为不可否认，但原告的消费者不会被假冒者直接抢走。然而，如果大量假冒产品损害了正品的声誉，则正品消费者就不再购买正品，致使原告失去这些消费者。在这种情况下，原告的损失计算将非常困难。

协定采取的表述语言是"所受损害的赔偿或被告的利润"，后者正是针对这种损失计算上的困难而提供的另一种选择。

（5）其他救济

为有效制止侵权，一成员司法机关有权责令销毁已被发现侵权的货物，或至少以某种方式去处置，而避免对权利持有人造成任何损害。[①]

（6）获得信息权

协定授权"司法机关有权责令侵权人将生产和分销侵权货物或服务过程中涉及的第三方身份及其分销渠道告知权利持有人，除非此点与侵权的严重程度不相称"。[②] 在这一规定中，侵权与损害的衡量十分困难。例如，大规模劣质假冒产品可能对一个高质量知名产品的经营者产生很小的影响，但从保护购买假冒商品的消费者利益角度来看，这种大规模的假冒行为对公共利益的影响可能很大。

（7）执法免责

在知识产权行政程序执法中常常会有随意和滥用权力的现象发生。为防止这种滥用，协定规定了涉及知识产权的保护或执法，当政府机构和官员是善意采取或试图采取特定救济措施时，可免除他们为采取措施而应负的过失责任。[③] 之所以作这种规定，应和本条的标题"对被告的赔偿"联系起来。它要求政府及官员们在执法过程中应尽可能地避免造成对被告不合理的侵害。

（8）行政程序

采用行政程序确认案件实体问题和决定民事救济时，应符合本节规定的原则。[④] 协定作这种规定，是因为有些国家处理知识产权案件主要依靠行政程序。协定要求在民事与行政程序中采用相同的原则，这是世界各国立法及司法实践中越来越明显的趋势。

---

① 《TRIPS 协定》第 46 条。

② 《TRIPS 协定》第 47 条。

③ 《TRIPS 协定》第 48.2 条。

④ 《TRIPS 协定》第 49 条。

3. 临时措施

协定规定，各成员的司法机关有权责令采取迅速和有效的临时措施，以阻止侵权并保存相关证据。为了防止证据被毁灭，或当迟延可能对权利人造成不可补救的损害时，司法机关可以在不对受影响各方举行听证会的情况下，只要给予了恰当的通知，并做了事后审查，采取临时措施。如果在一定合理的期限内，没有启动实体程序，则被告有权要求撤销这些措施。如果临时措施被撤销，或因申请人的任何行为或疏忽而失效，或事后发现不存在对知识产权的侵犯或侵权威胁，则根据被告的请求，司法当局应有权责令申请人就有关的临时措施给被告造成的任何损害向被告提供赔偿。①

4. 边境措施

协定规定了与边境措施相关的特别要求，以防止使用冒牌或含有盗版内容的货物的进口。冒牌和盗版在知识产权侵权中最为猖獗。海关的边境拦截能有效地打击这些非法贸易活动。尽管《TRIPS 协定》仅要求对冒牌和盗版货物的进口采取边境行动，但它暗示对侵犯其他知识产权的任何进出口货物也可以采取类似的行动。②

协定将"冒牌货物"定义为"包括包装在内的任何如下货物：未经许可而载有的商标与此类货物已有效注册的商标相同，或者基本特征不能与此类商标相区分，并因此在进口国法律项下侵犯了所涉商标所有人的权利"。③

协定将"盗版货物"定义为"任何如下货物：未经权利持有人同意或未经在生产国获得权利持有人充分授权的人同意而制造的复制品，及直接或间接由一物品制成的货物，如此种复制在进口国法律项下构成对版权或相关权利的侵犯"。④

协定规定海关可以不经过司法程序，禁止侵权货物进入自由流通渠道。权利人在怀疑有冒牌或盗版货物进口时，必须书面提出采取行动的申请，并提供侵权的初步证据和供海关辨别有关货物的充分信息。海关方面则必须通知权利人申请是否已被受理，以及海关将在何时采取行动。采取的补救措施包括处理或销毁侵权货物，以避免对权利人造成损害。协定特别指出，不允许冒牌货物在未作改变的情况下，或通过另外的海关程序重新出口。但是，对于"微量"（de minimis）进口，即个人行李中夹带的，或在小件托运中运

---

① 《TRIPS 协定》第 50 条。
② 《TRIPS 协定》第 53 条。
③ 《TRIPS 协定》注 14（a）。
④ 《TRIPS 协定》注 14（b）。

送的非商业性少量货物，允许海关不采取行动。①

与临时措施中的规定一样，在边境措施部分也有其他规定保证打击冒牌和盗版货物的措施不被滥用而妨碍合法贸易。海关行动的申请人可能需要提供保证金，并且如果未发现违法情形，他们应负责向货物所有人赔偿所造成的任何损失。受影响的一方则应迅速被告知货物已被暂停放行，并可立即要求对海关的行动进行审议。在申请提出后如果没有后续行动，那么货物将在10 个工作日或 20 个工作日之后被放行。②

在"中国—知识产权保护案"中，就侵权产品的处置问题，专家组对中国海关措施的相关规定是否违反《TRIPS 协定》的边境措施相关义务作出了以下裁决。

中国—影响知识产权保护和实施的措施

WT/DS362/R

海关措施

1. 争议措施

7.193 本节，专家组对三项中国海关措施进行裁决。《知识产权海关保护条例》（简称《海关知识产权条例》），国务院常务会议 2003 年 12 月颁布，2004 年 3 月实施。条例根据《海关法》制定，为进出口过程中侵害商标权、版权及相关权利、专利权的嫌疑货物采取保护性措施的海关提供执行程序。第 27 条规定没收被裁定侵犯知识产权的货物，第 3 款规定处置或销毁该类货物的各种选择。各方一致同意将相关文本翻译如下：

> Where the confiscated goods which infringe on intellectual property rights can be used for the social public welfare undertakings, Customs shall hand such goods over to relevant public welfare bodies for the use in social public welfare undertakings. Where the holder of the intellectual property rights intends to buy them, Customs can assign them to the holder of the intellectual property rights with compensation. Where the confiscated goods infringing on intellectual property rights cannot be used for social public welfare undertakings and the

---

① 《TRIPS 协定》第 51、59、60 条。

② 《TRIPS 协定》第 53、54、55、56 条。

holder of the intellectual property rights has no intention to buy them, Customs can, after eradicating the infringing features, auction them off according to law. Where the infringing features are impossible to eradicate, Customs shall destroy the goods.

7.194　《关于〈中华人民共和国知识产权海关保护条例〉的实施办法》（简称《实施办法》），海关总署署务会议 2004 年 4 月通过，2004 年 7 月实施。《实施办法》依据《海关法》以及其他旨在有效落实《海关知识产权条例》的法律和行政管理法规制定。各方一致同意将《实施办法》第 30 条做如下翻译：

Article 30 Customs shall dispose of infringing goods it has confiscated according to the following provisions:

（1）Where the goods concerned may be used directly for the social public welfare or the holder of the intellectual property rights wishes to purchase the goods, Customs shall 181 had the goods over to the relevant social welfare bodies182 for the use in social public welfare183 or assign them to the holder of the intellectral property rights with compensation;

（2）Where the goods concerned cannot be disposed of in accordance with ltem（1）but the infringing features can be eradicated, they shall 184 be auctioned off according to law after eradicating the infringing features. The proceeds arising from the auction shall be turned into the state treasury; and

（3）Where the goods concerned cannot be disposed of in accordance with ltems（1）and（2）, they shall be destroyed.

When Customs destroys the infringing goods, the holder of the intellectual property rights shall provide necessary assistance. In cases where relevant social welfare bodies use the infringing goods confiscated by Customs for the social public welfare, or the holder of the intellectual property rights assists Customs in destroying the infringing goods, Customs shall carry out necessary supervision.

7.195　第 16/2007 号《公告》，海关总署 2007 年 4 月公布。第 16/2007 号《公告》专门规范海关依照《海关知识产权条例》第 27 条拍卖侵权货物的工作。各方一致同意将实施条款做如下翻译：

1. Where the confiscated infringing goods are auctioned by Customs, Customs shall completely eradicate all infringing features on the goods and the packaging thereof strictly pursuant to Article 27 of the Regulations, including eradicating the featres infringing trademarks, copyright, patent and other intellectual property rights. Any goods the infringing features of which cannot be completely eradicated shall be destroyed and shall not be auctioned.

2. Customs shall solicit comments from the holder of the intellectual property rights before the infringing goods are auctioned.

7.196 上述三项措施均对海关总署具有约束力，对此各方没有异议。本报告将此三项措施统称为"海关措施"。
…………
2. 《TRIPS 协定》第 59 条项下争议
（i）介绍
7.212 本专家组注意到，申请方对海关措施规定的内容提出异议。双方对系争措施的正确解读意见各异。因此，专家组有必要在其授权的审查范围内，对这些措施相关规定的含义进行客观评估。本专家组……仅以措施是否符合中国《TRIPS 协定》项下义务为目的对这些海关措施进行审查。
（ii）边境措施
7.213 ［与边境措施相关的］主张，其依据为《TRIPS 协定》第 59 条，规定如下：

救济措施在不损害权利人可采取的其他诉讼权并在遵守被告寻求司法机关进行权利审查的前提下，主管机关有权依照第 46 条所列原则责令销毁或处理侵权货物。对于假冒商标货物，主管机关不得允许侵权货物在未作改变的状态下再出口或对其适用不同的海关程序，但例外情况下除外。

7.214 本条包含系列关键词如"权利人"、"被告"、"主管机关"，以及"侵权货物"。条款本身并未对这些词语加以界定，因此，只能将条款置于上下文整体语境下加以解读。

7.215 第 59 条属于《TRIPS 协定》第三部分第 4 节，是与边境措施相关的特别规定。第 4 节规定了海关在边境中止货物进入自由流通环节的放行程序。第 59 条规定了在对侵权货物适用时这些程序的实施步骤。因此，第 59

条是整套程序中的一个部分，其关键内容必须在上下文中加以解读。

7.216　这种解读与第 4 节的开放性条款规定相互印证。第 51 条第一句话规定如下：

> 各成员应在符合以下规定的情况下，采取程序使有正当理由怀疑假冒商标或盗版货物的进口有可能发生的权利人，能够向行政或司法主管机关提出书面申请，要求海关中止放行此类货物进入自由流通。……

7.217　这句话规定"（各成员）采取程序使……权利人……提出申请"，要求海关当局暂停放行"此类货物进入自由流通"。这些程序必须"符合以下规定"。"以下规定"指的是包含在第 4 节中的条款，其中包括第 59 条。

7.218　上述程序描述的"申请""中止"并不排除后续条款中有关该程序其他方面内容的规定，譬如第 58 条依职权采取行动的条款，或因申请和/或中止后第 59 条关于救济的有关规定。确切地说，第 4 节的程序构成需要以整体为基础加以解读。这种解读方式反映在第 51 条第二句话中（对于下文规定的其他货物而言），这句话表明"这种申请"（亦即诸如第一句话中所提到的申请）受"本节规定"约束。这就明确了第 51 条"如下规定"包括第 4 节整节的内容。

7.219　在相关章节语境下解读各条款含义是《TRIPS 协定》第三部分第 2、3、4 节的特点。有些条款明确提及前面的条款，如第 52、54、56 条，但其他一些条款如第 53.1、55、57、59 条却没有提及，对它们的解读只能依据上下文进行。这证明了必须将第 4 节各条款作为一个连贯而非孤立的程序整体加以解读。

7.220　因此，在解读第 59 条的某些用语时，专家组将参照第 4 节的其他条款内容。

（iii）"侵权货物"

7.221　第 59 条第一句话对"侵权货物"适用。这句话的含义并不仅限于侵害货物特定权利的情况。结合上下文加以解读可以看出，该条款的适用受某种程度的限制。第 51 条第一句话规定了对"进口""假冒商标或盗版货物"适用程序的最低标准。基于上文……阐述的理由，这个标准同样对第 59 条适用。

7.222　第 51 条明示各成员可以同时对其他侵权货物规定边境程序。第 51 条第二句和第三句规定如下：

各成员可以针对涉及其他知识产权侵权行为的货物提出此种申请，只要符合本节的要求。各成员还可以制定关于海关中止放行自其领土出口的侵权货物的相应程序。

7.223 这两句话均使用了"可以"一词，表明它们属于选择性条款。第二句话可以将适用范围自主扩大到"其他知识产权侵权行为"，代指侵犯商标和版权而不构成商标假冒货物或盗版货物，以及侵犯其他类型知识产权如专利权的货物两种情况。第二句话明确包含"只要符合本节的要求"这个条件，对各成员规定的其他知识产权侵权边境措施适用。第59条的规定属于本节的涵盖范围，因此，一成员对侵犯其他知识产权（如专利权）的侵权货物提出该种申请的规定，受第59条制约。

7.224 第51条第三句话规定成员可以自主选择将程序扩大到自其领土"出口的侵权货物"。第三句话没有对这种自主选择规定任何附加条件。从措辞含义上看，选择制定"相应程序"与否不是一个义务性要求。第三句话没有限制性条件的内容，与第二句话形成鲜明对比，虽然第二句话同样是关于自主选择制定涵盖范围更广的边境措施的规定。在第4节针对进口的情况下，认为第二句话规定的限制性条件同样一成不变地对第三句话适用很不恰当。那么是否应该认为，第三句话关于拟定出口侵权货物的程序规定，必须与本节规定的限制性条件保持一致，或者必须遵守本节规定的原则？情况并非如此。结合上下文解读可以看出，缺乏限制性的内容其含义十分明确。因此，专家组裁定，第59条规定的义务不对拟定出口货物适用。

7.225 专家组转向争议措施并注意到，《海关知识产权条例》第2条规定，"本条例所称知识产权海关保护，是指海关对……商标专用权、著作权和与著作权有关的权利、专利权（以下统称知识产权）实施的保护"。《海关知识产权条例》授权实施的《实施办法》和第16/2007号《公告》亦同样如此。

7.226 显然，海关措施所涵盖的知识产权侵权行为，不仅包含商标假冒货物和盗版货物，也包括其他知识产权侵权行为，如其他类型的商标侵权、版权侵权以及专利侵权产品。基于上文第7.223段阐述的理由，本专家组裁定，第59条对所有规范知识产权侵权行为的海关措施适用。

7.227 专家组注意到，《海关知识产权条例》第2条进一步规定，"本条例所称知识产权海关保护，是指海关对进出口货物……实施的保护"。《实施办法》和第16/2007号《公告》均是《海关知识产权条例》的执行措施也是不争的事实。

…………

7.232 任何涉及进口货物的主张，专家组都将对其进行评估。2005～2007 年，在依照争议措施处置或销毁的货物价值中，进口产品占到 15%。在此期间，被没收的所有侵权进口产品，或被捐给了中国红十字会（0.12%），或被销毁处理（0.02%）。转让给权利持有人或被拍卖的侵权进口产品数量为零。

7.233 尽管如此，表面上，海关措施以相同的方式同时对进口产品和出口产品适用。中国的包括出口产品具体船运在内的证据，显示了海关措施如何同时对进出口产品适用。这些包含进出口产品的数据非常庞大，因此更具有可靠性和代表性。所以，专家组认为，在仅对涉及进口产品的现有主张进行评估时，可以同时参考包含进口产品和出口产品的证据。

（iv）"有权"（shall have the authority）

7.234 第 59 条第一句话中的义务是，针对侵权货物，主管机关"有权"责令做出救济。从第 4 节上下文可以清晰看出，第 59 条对海关当局中止放行侵犯知识产权嫌疑货物进入自由流通环节的情形适用。第 59 条关于"侵权货物"的规定表明，一旦主管机关对被中止货物作出侵权裁定，第 59 条义务即行适用。第 59 条关于责令当局进行救济的规定表明，该义务持续存在，直至责令救济得以实施。该条措辞没有对义务的时间范围做出任何限制，因此，主管机关"有权"责令的义务，从裁定边境被中止货物侵权之时起，至救济命令做出为止。

7.235 美国明确指出，它并不主张，主管机关"有权"责令进行救济意味着成员必须进行救济。美国认为"相关争议焦点在于，在特殊情况下，中国法律允许海关做出何种的决定"。

7.236 专家组注意到，"权力"一词，可以被定义为"强制遵守的权威或权利；道德或法律至上；命令或做出最终决议的权利"。该义务是指"拥有"权力而非"行使"权力。《TRIPS 协定》第三部分第 2、3、4 节的整体执行义务中均采用了"有权"的表述，尤其是在第 43.1、44.1、45.1、45.2、46、48.1、50.1、50.2、50.3、50.7、53.1、56、57 条。对比《TRIPS 协定》第二部分最低保护标准的术语，如"各成员必须提供"保护，或某些物品"必须"受到保护，第 46 条关于主管机关"有权"针对具体侵权行为做出具体命令的规定，属于执行机关的自由裁量权。

7.237 这一点得到上下文的印证。《TRIPS 协定》第 41.1 条在涉及可能采取的行为方面……责成各成员确保其法律包含第三部分所阐述的实施程序，以"保证"对侵权行为采取有效行动。

7.238 鉴于上述条约解释会对《TRIPS协定》第三部分大部分内容的实施具有重大意义，专家组指出，协定谈判记录进一步印证了对条约做出此种解释的正确性。早先的《TRIPS协定》草案规定，主管机关必须"规定"（provide for）救济措施，但该表述后被改为与其他几个条款草案相同的"有权"（shall have the authority）的表述。因此，除非另有规定，否则，主管机关"有权"责令的义务，并不意味着主管机关必须以某种具体的方式行使该权力。

7.239 此外，有权责令实施救济的义务不对有权责令实施的救济范围进行限制。争端双方以及部分第三方均明确承认，主管机关"有权"责令实施救济的义务，不影响各成员自主规定其主管机关提供《TRIPS协定》第59条没有要求但属于其权力范围内的其他救济措施。

7.240 专家组赞同这种观点。第59条没有措辞表明，主管机构责令实施特定救济措施的权力是一个排他性的权利。第46条印证了上述解释。第59条包含第46条的基本原则，因此，第46条构成其上下文部分。此外，两个条款均采用了主管机关"有权"责令实施救济这样的表述。第46条第一句话规定司法机关有权责令将货物清除出商业渠道或进行销毁。第46条第四句话则是关于放行进入商业渠道的规定。这个规定不包含第一句话中提到的两种救济措施中的任何一种，表明第46条第一句话规定的救济措施不具有排他性质。第59条与此情况相同。

7.241 考虑到上述条约解释会对《TRIPS协定》第三部分的施行具有重要意义，专家组指出，本协定签订时的情形证实了上述解读的正确性，其中最为重要的一个事实，是关于执行程序方面，除了国民待遇和一些选择性条款之外，原先既存的国际知识产权协定仅规定了相对很少的几个最低标准要求。签订《TRIPS协定》的一个主要原因，是希望制定一套司法、边境和其他主管机关必须遵守的关于程序和救济体制的最低标准。这是知识产权保护的一个重大进步，体现为协定前言第二单独段落的如下内容：

　　认识到，为此目的，需要制定有关下列问题的新的规则和纪律：
　　…………
　　（c）就实施与贸易有关的知识产权规定有效和适当的手段，同时考虑各国法律制度的差异。

7.242 与此同时，谈判者似乎认为没有必要在第46条或第59条中明确规定那些已被认定侵权的货物，主管机关无权将其放行进入商业渠道。这可能是因为这样做本身就构成侵权，或者主管机关是要为这样的行为承担责任的。如果处理方式不属于商业性质，或者货物已经被改变从而不再构成侵权，那么这种处理方式就不会构成侵权。谈判者对这两种问题均有规定。在第46条第一句话中规定了清除出商业渠道（和销毁），在第四句话中针对假冒商标货物放行进入商业渠道规定了改变货物状态的最低标准。

7.243 欧共体主张，所有主管机关责令做出的补救措施——包括第59条没有要求的那些措施，都要遵守这样一个概括性的规定：措施"以避免对权利人造成任何损害的方式进行"。中国提出，尽管拍卖不符合清除出商业渠道的规定，但它依然可以在一定程度上避免对权利人造成任何损害。美国也提到这一问题。

7.244 在专家组看来，将"以避免对权利人造成任何损害的方式"解释为对所有必须采取某种救济措施的主管机关适用，是对第46条的选择性解读。第46条要求主管当局"以避免对权利人造成任何损害的方式"采取救济措施的用语，仅与清除出商业渠道这一种救济有关。它不排除其他诸如现知的放行进入商业渠道的方式同样符合要求的可能性，只要第46条或第59条有关于这些方式的规定。

7.245 对于在哪种情形下可以根据第59条认定主管机关拥有多少"权力"的问题，尤其是权力的获得在多大程度上有限制性条件的问题，双方观点各异。中国提交了其他成员海关权力限制性条件的立法实例。

7.246 专家组注意到，《TRIPS协定》第59条提及替代措施，暗示存在一个具体的限制性条件。第59条要求主管机关发出"销毁或处置"的指令。毫无疑问，只要主管机关在第59条涵盖范围的任何情况下有权（按照规定原则）发出销毁或处置的指令，就可以满足第59条第一句话规定的义务。因此，对主管机关其中一种救济方式（如销毁）的权力进行限制仍然不违反第59条的规定，只要该主管机关有权实施其他的救济方式（此处为处置的救济方式）。

7.247 专家组进一步注意到，《TRIPS协定》第三部分第2、3、4节有一个共同的特征。这几节都规定，程序的启动是权利人的义务。第42条第一句话和第51条第一句话有此规定；第50.3条和第50.5条关于"申请人"的部分，以及第46条和第48.1条关于"请求"的部分，还有第58条关于依职权采取行动的选择（而非义务），也都有此规定。在上下文中审视"有权"

的表述，它并不要求各成员在没有收到申请或请求的情况下采取任何行动。因此，只有在提出了申请或请求的情况下，有关当局才会进行回应，这是第三部分第 2、3、4 节很多部分内容的一个条件。正如《TRIPS 协定》前言第四单独段落所认识到的，这与知识产权的私权性质相吻合。实体权利和民事执行程序的获取，其程序一般必须由权利人发起而非依职权启动。

7.248　上述观点并不意味着针对主管机关不会再有文本中没有反映出来的其他类型的限制性条件。不过，就本案主张而言，专家组认为，没有必要审查第 59 条项下是否对主管当局还规定了什么其他的限制性条件。因此，专家组假定上述提及的两种限制性条件之外，第 59 条意义上的"权力"将暂且不受任何其他限制性条件的制约。

7.249　第 59 条规定的"权力"涉及两种救济类型，即"销毁或处置"。对"销毁"的含义不存在争议。对于"处置"，专家组注意到，第 59 条的英文版本没有对其做出限制，因此，根据通常含义，它既可以指清除出商业渠道，也可以指放行进入商业渠道。但是，从上下文进行解读，"处置"一词是指第 46 条规定的将"被处置"货物清除出商业渠道的指令。通过查阅文本的法文和西班牙文两种同样可信的文本，该模糊性得以消除。第 59 条的法文文本称权力为命令"la mise hors circuit"，意指主管机构责令将侵权货物做出第 46 条的"écartées des circuits commerciaux"处理。第 59 条的西班牙版本称权力为"eliminación"的命令，"eliminación"在其上下文中作为"destrucción"的替代词，显然是指责令对侵权货物做出第 46 条规定的"apartadas de los circuitos comerciales"处理。据此，对第 59 条第一句话中"处置"一词的正确解读应为"清除出商业渠道"。

7.250　为方便起见，专家组将"销毁"和"处置"统称为"处置措施"。毫无疑问，中国海关措施授权依照第 46 条规定的原则销毁侵权货物。但美国提出，海关只在"极为有限的情形"下才拥有销毁的权力。中国不否认其责令销毁的权力原则上受到某些限制，但认为中国海关有相当可观的自由裁量权以决定这些限制是否适用。数据表明，实践中，超过一半的海关扣押侵权货物被销毁。

7.251　本专家组忆及先前曾裁定，中国可以对责令销毁侵权货物的权力进行限制，只要主管机关在这种情况下有权根据第 46 条所规定的原则行事。只有在这种限制使得海关既无权按照第 46 条规定的原则责令销毁侵权货物，也无权按照第 46 条规定的原则对侵权货物进行处置的情况下，我们才会认为美国的主张与此相关。

7.252 正是在这一关联之中，美国提出，这些措施构架出一个强制性的秩序步骤。在这个步骤之下，只要措施要求主管机关做出第59条规定之外的处置方式，主管机构就无权做出其他任何一种第59条许可的处置方式。这样一来便产生了所谓"强制性/自由裁量性差异"这样一个GATT和WTO与货物贸易有关的一系列专家组报告都展开讨论过的问题。尽管按照第59条规定以外的授权方式进行处置本身并不违反WTO义务，但在任何具体情况下都授权按照第59条规定以外的方式进行处置，则有可能架空第59条规定的授权处置方式。架空此种授权处置方式则可能违反WTO规定，为此，专家组将审查海关措施是否在某些方面具有强制性。

7.253 专家组进一步注意到，第59条项下各成员主管机关"有权"做出的具体指令，可以是国内法规定该主管机关能够做出的指令，因此，主管机构责令做出什么样的处置往往是自由裁量性质的。第59条义务故而同时对强制性和自由裁量性措施适用，原则上，无论措施表面上是强制性质还是自由裁量性质，都面临是否与该义务保持一致的审查。

7.254 销毁之外，系争海关措施规定了三种其他处置方式：捐赠社会公益机构；出售给权利持有人；拍卖。美国认为，这些处置方式没有一项符合第46条所列的原则，且都架空了主管机关责令销毁的权力。中国回应称，前两种处置方式均属第46条规定的处置权范围，且美国没有证明中国海关缺乏责令销毁权。为此，专家组将按照以下顺序进行分析：第一，专家组将确定"第46条所列原则"；第二，专家组将对中国海关责令捐赠社会公益机构的处置方式进行评估，若有必要，同时评估出售给权利持有人的方式，以裁定它们是否属于第46条第一句话规定的责令处置权；第三，专家组将评估中国海关责令拍卖侵权货物（加上被认为不符合第46条第一句话所列原则的前两种处置选项中的任意一种），以裁定该授权是否强制规定特定处置方式从而架空责令销毁权。

（v）"第46条所列原则"

7.255 第59条第一句话规定，主管机关有权"依照第46条所列原则"责令销毁或处置侵权货物。这句话意指第46条所列原则对"责令销毁或处置侵权货物的授权"适用。同时，这句话要求条约解释者注意第46条这些针对授权的原则性要求。

7.256 专家组注意到，第一，第59条提到"有权"。第二，第59条包含了责令"销毁或处置"的授权所应遵循的原则。第三，与第59条有关的是责令销毁或处置"侵权货物"的授权，而非对材料和工具的处置适用的原则。

7.257 《TRIPS 协定》第 46 条规定如下：

> 其他救济为有效抑制侵权，司法机关有权在不给予任何补偿的情况下，责令将已被发现侵权的货物清除出商业渠道，以避免对权利人造成任何损害，或下令将其销毁，除非此点会违背现行宪法规定的必要条件。司法机关还有权在不给予任何补偿的情况下，责令将主要用于制造侵权货物的材料和工具清除出商业渠道，以便将产生进一步侵权的风险降到最低限度。在考虑此类请求时，应考虑侵权的严重程度与给予的救济以及第三方利益之间的均衡性。对于商标假冒货物，除特殊情况外，单纯除去非法加贴的商标并不足以允许该货物放行进入商业渠道。

7.258 第 46 条第一句话是关于责令"处置或销毁""侵权货物"的"权力"，因此，与第 59 条相关。

7.259 第 46 条第二句话是指对材料和工具的处置，所以是不相关的。的确，与在成员领土内的执法行动不同，用于制造侵权货物的材料和工具往往不会与侵权货物一同被拦截在边境之上。

7.260 尽管前面几句话没有明确提到任何请求，但第 46 条第三句话提到"此类请求"。显然，第三句话的内容与第二句话中提到的材料和工具有关，同时也与第一句话提到的侵权货物有关。在这一点上，文本对此略显模糊。这一模糊性可以通过查阅《TRIPS 协定》的谈判记录加以消除。

7.261 《TRIPS 协定》的谈判是乌拉圭回合期间在包括商标假冒货物贸易在内的与贸易有关的知识产权谈判小组（下称"TRIPS 谈判小组"）中进行的。小组主席 1990 年 7 月 23 日的文本草案包含了一条与最终通过的第 46 条文本相对应的条款。在该条款中，均衡性原则和第三方利益原则与权利持有人前一句话中的请求相关。该请求可以就侵权货物以及材料和工具实施的救济提出请求。后续草案中，关于救济的该条第一句话被拆分为单独的两句，一句有关侵权货物，另一句有关材料和工具。两句均包含"依据权利人请求"的表述。同一草案中，"考虑该请求"的表述被修改为"考虑此类请求"（复数形式）。这是在所谓"布鲁塞尔草案"中保留下来的第三句话的版本，也是《TRIPS 协定》第 46 条的最终版本。

7.262 据此，《TRIPS 协定》的谈判记录阐明，第 46 条第三句话的措辞尤其针对的是责令将侵权货物清除出商业渠道或销毁的请求。因此，第三句话也与第 59 条相关。

7.263 第四句话是指侵权货物的一种类型，即商标假冒货物。它没有明确提及有权责令销毁或清除出商业渠道的内容。但是，上下文表明，前面一句话中规定的均衡性原则对于主管机关在第一句话规定的救济以及任何替代性救济措施之间做出选择时具有指导性作用。与此类似，第 46 条第四句话规定了主管机关在对第一句话所列救济措施，与可行的情况下放行进入商业渠道的做法之间做出选择时，必须加以考虑的因素。这句话规定了主管机关在销毁或清除出商业渠道，与放行进入商业渠道之间做出选择时的权力范畴，因此，第 46 条第四句话与第 59 条相关。

7.264　第 59 条提到第 46 条所列"原则"，因此，有必要确定它具体是指第 46 条第一、三、四句话中的什么内容。"原则"一词可以被定义为"被制定或认可的作为行动指南的一般法律或法规"。第 46 条的所有这些话均包含作为主管机关行为指南的用语，并且没有强制规定具体案件中命令的具体范畴。

7.265　本专家组并不认为采用"原则"一词，旨在反映第 46 条之中存在一个只包括最一般性的概念而排除不那么一般性概念的等级。两条款在用语和宗旨上存在极强的相似性，那就是当执行程序裁定货物侵犯知识产权时，责令主管机关对这些货物进行销毁或处置。但在相关政府机关方面（第 59 条是在边境措施中责令进行救济的"主管机关"，第 46 条是"司法主管机关"）以及救济所适用的财产范围（第 59 条为"侵权货物"，第 46 条为"侵权货物和主要用于制造侵权货物的材料和工具"）方面，条款却存在差异。这些差异使得在第 59 条中照搬"第 46 条"规定的所有内容甚为不当。反过来，对"各原则"进行交叉引用则可避免大量文本内容的重复。因此，在专家组看来，引用"各原则"的目的是引用其用语，以此作为主管机关责令销毁或处置侵权货物行为指南的用语内容。

7.266　据此，就第 59 条的宗旨而言，专家组认为，第 46 条第一句话规定了如下"原则"：

　　（1）主管机关应当有权依据第一句话中"不给予任何补偿"的规定，责令处置或销毁；

　　（2）主管机关应当有权责令"以避免对权利人造成任何损害的方式清除出商业渠道"；

　　（3）主管机关应当有权责令销毁，"除非这将有违现行宪法规定"。

7.267　第三句话规定了如下原则，该原则尤其对根据第一句话责令处置或销毁侵权货物的权力适用：

（4）在考虑此类请求时，"应考虑侵权的严重程度与给予的救济以及第三方利益之间的均衡性"。

7.268 第四句话规定了如下原则，强调根据第一句话责令销毁或处置侵权货物的权力：

（5）对于冒牌货物，除特殊情况外，单纯除去非法加贴商标并不足以允许该货物放行进入商业渠道。

7.269 对所有这些原则的解释体现于第 46 条伊始所规定的共同目标——"有效抑制侵权"中。该目标本身也是责令销毁或处置侵权货物行为的指南，因此也是第 46 条所列原则之一。

7.270 在专家组看来，上述内容即为被纳入第 59 条第一句话的"第 46 条所列原则"。

7.271 中国表示异议，认为实际上第 59 条第二句属于特别法，它将第 46 条第四句话排除在第 59 条规定之外。

7.272 专家组在第 46 条第四句话和第 59 条第二句话各自的文本中发现了某些相似点。第 59 条第二句话规定如下：

对于假冒商标货物，主管机关不得允许侵权货物在未作改变的状态下再出口或对其适用不同的海关程序，但例外情况下除外。

7.273 与第 46 条的第四句话不同，该句话从"对于假冒商标货物"的措辞切入，并包括"但例外情况（circumstances）下除外"（而没有采用 cases）的用语。第 59 条第二句话对"未作改变的状态"的货物适用，而第 46 条第四句话对"单纯除去非法加贴商标"——这是改变假冒商标货物状态的一种方式——适用，因此，二者之间存在一个相似之处。两句话均规定在特定执行程序之后进行救济的条款之中。

7.274 但是，第 59 条对出口货物的边境程序适用，而第 46 条对各成员领土内的民事司法程序适用。第 59 条第二句话提到再出口或放行之后适用其他的海关程序（例如中转），这是第 4 节的执行程序所特有的规定。第 46 条提到放行进入商业渠道，它可以同时对第 2 节和第 4 节的进口和国内销售适用。第 59 条第二句话以及第 46 条第四句话对不同情形适用，且事实上彼此的规定都不那么具体。

7.275 假冒商标货物存在着进一步侵权的风险，不在这些货物边境放行进入商业渠道的时候解决这个风险，而要等到货物再出口或适用其他海关程序的时候再来解决这个问题的观点是没有道理的。正如第 59 条第二句话所言，不论货物是在一成员领土内被放行进入商业渠道，还是在各成员领土内运输或被再出口进入另一成员领土，边境截获假冒商标货物之后将其放行存在着进一步侵权的风险。

7.276　的确，在上下文语境中理解"放行"货物进入商业渠道的相关性，第 59 条比第 46 条更为清晰。第 4 节涉及对进口商"放行"货物的中止，该措辞在第 51、53.2、54、55、56、58 条中亦有出现。相比之下，第 46 条属于与民事和行政程序以及救济相关的第 2 节的组成部分，对进口商适用的"放行"的有限含义不对其适用。若在上下文中加以理解，在救济的语境下对该用语进行的解读，必须将其理解为相当于放行进入任何缔约方商业渠道这样一个更为宽泛的含义。

7.277　鉴于上述理由，专家组确认其第 7.270 段关于第 59 条包含"第 46 条所列原则"的裁定无误。

（vi）"以避免对权利人造成任何损害的方式清除出商业渠道"

7.278　各方就第 46 条第一句话所规定的"以避免对权利人造成任何损害的方式清除出商业渠道"这一原则的含义意见各异。美国就捐赠可能对权利人造成的损害，以及社会公益机构后续可能出售被捐赠货物表示担忧。

7.279　专家组注意到，按其用语，该原则涉及的是将货物"清除出"商业渠道从而不进入商业渠道的方式。各方对该原则对赠予社会公益机构以备自用或用于慈善发放的捐赠物（即赠品）适用没有异议。但是，如果社会公益机构随后将海关捐赠用于慈善分发的货物予以销售，即便是以慈善目的的募捐，货物实际上也没有被清除出商业渠道，而是进入了商业渠道。如果社会公益机构将海关赠予的货物进行慈善性分发，但货物随后又自行回到了商业渠道，则同样并未改变通常"处置意义上"于商业渠道之外对货物加以处置的事实。的确，在对商业渠道外的处置是否"以避免对权利人造成任何损害的方式"进行评估时，发放货物的后续销售是一个相关的考虑因素。因此，专家组将进一步详细考虑在这方面如何对该原则进行解释。

7.280　按其条款，该原则以被动语态的形式规定，主管机关有权责令货物"被处置"。主管机关并无义务自行处置，而可以委托另一机构进行实际的处置。对"清除出商业渠道"处置的执行，考虑到其他机构可能牵涉其中，如慈善机构，或政府的非商业性使用，该原则强调处置侵权货物的"方式"，而非实际的处置。主管机关对超出授权方式执行处置的机构行为不负责任。

此外，该原则为执行方式应当是"为了"防止损害。这个措辞是就宗旨而非结果而言的。主管机关的责任，在于确保货物清除出商业渠道的方式遵循这一原则。

7.281 这个原则，是处置方式应当"避免"损害。中国主张，这是一个"适当关注"义务。但是，专家组注意到，"避免"的通常含义可以被界定为"避开、防止；消除"。此外，该原则是：该方式应当避免对权利人造成"任何"损害，而非仅仅是"损害"或"某些损害"。因此，处置方式必须是防止对权利人造成任何损害的方式。

7.282 必须记住的是，在上下文语境下进行解读，将侵权货物清除出商业渠道，是销毁货物的一种替代措施。在专家组看来，这意味着，纯粹因为货物还没有被完全销毁而可能造成的任何固有损害风险，并不会使处置和销毁的选择变得无效，从而足以使处置的方式变得不符合要求。但是，在评估"以避免对权利人造成任何损害的方式"清除出商业渠道这一原则的相符性时，更多具体的问题涉及的是特殊处置方式对权利人所造成的损害问题。

7.283 专家组根据第46条确定这样的解读是正确的。第46条第四句话明确规定，除非特殊情况，否则，单纯除去非法加贴商标并不足以使货物能够被放行进入商业渠道。相比之下，第46条第一句话包含更为一般性的要求：主管机关应当"采取避免对权利人造成任何损害的方式"责令将货物清除出商业渠道。这在某种程度上反映了第一句话并不仅仅对假冒商标货物适用，它还表明将货物清除出商业渠道时，不能推定（或不足以推定）存在消除商标的要求。

7.284 视货物被清除出商业渠道的不同情形，非法加贴商标仍然可能造成混淆。而诸如消除商标、加贴慈善标签或控制货物的用途或分配方式等实践规定则可以避免产生这种混淆。在这方面，权利人的配合会很有价值，但该条款并未规定这样的要求。然而，将货物清除出商业渠道而不去除非法加贴商标对权利人所造成损害的问题，不论是对其声誉还是销售造成的损失，均取决于各案的情况。否则，在任何清除出商业渠道的处置中，只要人们发现一个假冒商标就可以认为对权利人造成了损害。发现假冒商标是允许对货物不进行销毁处理的一个可能附加效应，这种情况，不在第46条的考虑范围。

7.285 上述观点必须与专家组的裁定保持一致。专家组的裁定是，主管机关"有权"责令做出某些类型救济的义务，给予了成员自行规定其主管机关有权责令做出第59条未予规定的其他救济措施的权利。第59条所规定的救济措施并非详尽无遗。

（vii）捐赠社会公益机构

7.286　下面，专家组将评估海关责令捐赠社会公益机构的授权，以确定其是否属于依据《TRIPS 协定》第 46 条第一句话所规定原则责令处置侵权货物的权力，尤其是它是否属于"以避免对权利人造成任何损害的方式"清除出商业渠道的处置。

7.287　美国并不反对向慈善机构捐赠这种行为本身。它承认，经权利人同意的捐赠符合第 46 条的原则。美国主张，在转交社会公益机构可能令权利人受到损害的情况下，这些措施没有给予海关主管机关任何做出其他决定的权利。

——瑕疵产品

7.288　美国认为，如果"假冒伪劣产品"捐赠不当，尤其是如果它存在瑕疵或危险，将会损害权利人的名誉，甚至使其遭受索赔。

7.289　专家组注意到，美方观点的基础是产品捐赠法规定允许捐赠瑕疵产品。美国并未主张中国海关实际上向社会公益机构捐赠了任何不合格、瑕疵或危险的产品。事实上，偏离争议措施文本，美国仅提交了一份美国新闻报刊标题为"中国的新忧患：爆炸电话"的文章。文章报道了中国境内未通过安全测试的手机电池在某些情况下易爆这个与本案无关的内容。文章报道了权利人关于电池假冒的声明。该报道与海关和社会公益机构均不存在任何关联。因此，这份令人震惊的报道与对本案主张的评估无关，因为就产品可能存在危险的一般性观点而言，这个报道了无新意。

7.290　中国回应称，海关绝不会捐赠瑕疵或危险产品。《海关知识产权条例》第 27 条规定了捐赠条件，规定捐赠品为"被没收的侵犯知识产权货物可以用于社会公益事业的"。《实施办法》第 30 条重申该条件，将捐赠规定为"有关货物可以直接用于社会公益事业的"。

7.291　专家组看不到瑕疵或危险产品符合上述条件的任何理由。没有任何证据表明，海关会向慈善机构捐赠瑕疵或危险产品。因此，专家组裁定，没有证据表明，海关缺乏采用避免瑕疵或危险产品对权利人造成任何损害的方式向社会公益机构捐赠产品的权力。

7.292　中国进一步援引《公益事业捐赠法》第 6 条。该条规定如下：

> 捐赠应当遵守法律、法规，不得违背社会公德，不得损害公共利益和其他公民的合法权益。

7.293 专家组注意到，该条文提及的"损害公共利益"，包括那些从社会公益机构处获取瑕疵和危险产品的公民个体的安全，而这些产品是在以符合海关关于向社会公益机构捐赠产品条件的情况下捐赠的。鉴于专家组在第7.291段裁定中国已经根据争议措施条款内容对其主张进行了充分的论证，因此，本专家组无须再对此进行明确的阐述。

—名誉损害

7.294 美国主张，上述分析没有考虑假冒和侵权产品质量低劣但可以使用的情形。美国认为，这类产品极有可能损害权利人名誉。的确，《关于将没收的侵权货物用于社会公益事业的合作备忘录》第 6 条明确预见了所转交产品存在"质量问题"的可能性。

7.295 专家组回顾其如下裁定：仅货物未被完全销毁从而存在内在风险这个事实本身，不足以证明处置方式不符合要求。在评估处置方式是否符合本条原则时，是否存在处置方式对权利人造成实际损害的证据与此相关。

7.296 通常情况下，假冒和剽窃产品来源可能误导消费者，且存在质量问题的假冒产品可能损害权利人的名誉。专家组已明确提及，争议措施没有任何责令海关或社会公益机构摘除假冒商标的规定。尽管证据表明，在一个案件中，红十字会将其标志印在一批捐赠的侵权服装之上，显然是为了防止产品在发放之后被另行出售，但这并不表明，这样做是义务使然，或者是一种任何其他的方式，表明这样做与海关责令对产品加以处置的"权力"有关。

7.297 然而，海关向红十字会捐赠的产品不会在一般情况下进行分发。红十字会在商业渠道之外自行发放货物，包括其灾害救济项目。在这种情况下，不能简单推定接收人会被产品来源地所误导。接收人并非以普通消费者的方式选择货物，同样无法推定的是，接收人将会是正品潜在的消费者。红十字会的宗旨以及它使用海关捐赠货物的情形构成海关处置侵权货物"方式"法律结构的一部分。没有任何证据表明，系争措施之下，捐赠的侵权货物已经或可能对权利人名誉造成任何损害。因此，专家组裁定，没有证据表明，海关缺乏以避免低质产品对权利人造成损害的方式，对社会公益机构捐赠货物的权力。

—捐赠货物的后续出售

7.298 美国进一步主张，"不存在任何规定禁止社会公益机构出售它们在第一'项'下所获侵权货物，从而使这些货物重回商业流通"。

7.299 中国通过援引《实施办法》第 30 条做出回应，该条最后一款专门规定如下：

有关公益机构将海关没收的侵权货物用于社会公益事业以及知识产权权利人协助海关销毁侵权货物的，海关应当进行必要的监督。

7.300 中国主张，该条对海关施予保证捐赠货物只能用于社会公益目的的法律责任。中国提交 2004 年 5 月 13 日的合作备忘录，海关总署与中国红十字会签订名为"关于将没收的侵权货物用于社会公益事业的合作备忘录"（简称《海关—红十字会备忘录》），以作为海关实施其监督义务的实例。在《实施办法》刚刚通过但尚未实施之时，备忘录即得到贯彻执行。

7.301 《海关—红十字会备忘录》列举了《海关知识产权条例》及其他相关法律和行政管理法规，并规定了被没收侵权货物用于社会公益事业的执行程序。文句显示，这是一个具有法律约束力的协议。第 4 条规定了海关的权利与义务。第（4）项规定，海关必须"无偿"转交货物，因此，货物属于捐赠而非出售。第（2）项责成并授权海关实施如下行为：

（二）对转交货物的去向和用途进行监督。发现乙方（红十字会）有违反本备忘录规定的行为的，要求乙方（红十字会）予以纠正。

7.302 第 5 条规定了红十字会的权利和义务，并包含如下一项：

（四）根据甲方（海关）的要求及时通报货物的发放和使用情况。

7.303 第 7 条规定了捐赠红十字会货物的如下用途：

甲方（海关）向乙方（红十字会）转交的货物应当只限用于被救助人生活用途。乙方（红十字会）应当采取有效措施，防止货物被用于其他用途或者以任何形式进入流通渠道。

7.304 专家组发现，这些条款表面上：（1）要求红十字会限制侵权货物的用途并采取措施防止其出售；（2）责成海关监督其用途，并授权海关要求红十字会纠正对限制用途的任何违规行为或对采取措施防止出售义务的任何违规行为。这些措施文句表明，海关对货物的处置方式承担责任，并表明现有规定可以避免货物重返商业渠道。

7.305 美国认为，红十字会必须根据备忘录采取预防性措施"事实上并未证明，根据中国法律，货物不会返回商业渠道"。然而，专家组回顾第 46 条规定的原则，海关必须有权责令货物被清除出商业渠道，且主管机关的责任在于确保以避免对权利人造成任何损害的方式，制定货物被清除出商业渠道的"方法"。

7.306　中国提供了海关向红十字会捐赠侵权货物的例证。在其中一个案件中，海关向红十字会捐赠侵权货物，这些货物被分配给了受诸如台风、暴雨以及洪水侵袭地区的人们。这些货物全是侵犯商标权的货物，包括运动鞋等。在确保这些侵权货物的正确使用以及确保这些货物不会重返商业流通渠道的义务履行上，没有任何记录证据显示海关未能履行其义务。

7.307　专家组认为，《海关—红十字会备忘录》尤其与对海关通过捐赠处置侵权货物的评估相关，因为中国红十字会是绝大部分依据争议措施捐赠货物的接收者。数据表明，2005～2007年，中国红十字会接收了价值占91%的海关捐赠侵权货物。事实上，在可获得的数据期限内，争议措施项下没有任何出口货物被捐赠给了除中国红十字会之外的任何其他社会公益机构。

7.308　美国指出，其他社会公益机构并未被要求签订类似于《海关—红十字会备忘录》这样的协议。将侵权货物捐赠给其他社会公益机构可能不符合第46条规定的原则。

7.309　专家组回顾其关于第59条规定的救济并非详尽无遗的裁定，没有规定责令海关只能向另一社会公益机构，而不能向中国红十字会捐赠侵权货物。换言之，向另一个社会公益机构进行捐赠的权力与向红十字会捐赠的权力互不妨碍。海关向中国红十字会捐赠符合第46条规定的原则范畴，表明海关有权责令做出第59条所规定的处置。无论如何，其他社会公益机构还没有签订这样的捐赠协议，或者可能拒绝签订这样的协议，这些属于有待证明的问题。

7.310　美国辩称，《海关—红十字会备忘录》不证明海关"有权"责令以此种方式对货物进行处置，是因为海关必须说服慈善机构签订捐赠协议并承诺不会将货物再次出售。

7.311　专家组注意到，海关已经与红十字会签订了备忘录，且这是在海关《实施办法》通过和生效期间签订的。海关无须进一步说服红十字会与其签订该份协议。因此，这不妨碍专家组在上文第7.309段的裁定。无论如何，争议措施表明，如果社会公益机构拒绝接受捐赠，海关可以继而考虑其他的选择，包括最终销毁货物。

7.312　专家组回顾，美国的观点是：三项争议海关措施没有赋予海关"自由裁量权"，以裁定在权利人可能受损的情况下对社会公益机构转交的货物是否恰当，因此，海关不具备依据第46条原则责令处置侵权货物的权力。根据目前审查的证据，专家组认为，美国尚未证明其关于措施文句显示的那部分的主张:(1)海关决定侵权货物是否可以被用于社会公益;(2)海关有义务对经由《海关—红十字会备忘录》措施实施的该用途进行必要监督。

7.313 举证责任现在转移到由美国证明:基于该法律的构成,三项争议海关措施未赋予海关自由裁量权,以在权利人可能受损的情况下裁定,对社会公益机构转交货物是不恰当的。

7.314 美国在第一次实质性会议及其后续阶段提到《公益捐赠法》,特别是该法第 17 条准许公益机构在某种情况下出售捐赠货物。中国回应称,按照第 18 条的相关规定,依据该法第 12 条签订的捐赠协议条款,如《海关—红十字会备忘录》,优先于第 17 条适用。美国回应指出,根据该法第 17 条,出售货物并确保所得收入继续被投入捐赠协议规定的"用途",表面上看属于第 18 条的授权范围。

7.315 专家组认为这部分论点有些问题。第一,《公益捐赠法》不属于专家组的审查范围。美国指出,该法证实了它对"依据中国法律"将侵权货物转交社会公益机构无法保证货物持续处于商业渠道之外的担忧。但是,其主张只阐述了三项海关措施,而没有中国法律其他部分的内容。尽管该法与中国就《海关—红十字会备忘录》的抗辩相关,但美国实质上旨在提出一项新的主张:海关依据三项海关措施以及这部法律,将货物处置给社会公益机构的方式违反《TRIPS 协定》第 59 条的规定。在本争端中,专家组无权对该主张作出裁定。

7.316 第二,美国似乎对其关于《公益捐赠法》的解释没有完全的把握。在第一次提交书面材料时,美国还不知道这部法律的存在,声称"没有任何规定禁止公益机构变卖其所获侵权货物"。在答复专家组提出的一个问题时,美国指出,"不清楚该部法律中的这些条款是否或如何影响第 17 条的施行……"在回应中方提出的一个问题时,美国表示,截至目前,没有任何法律权威证明,第 17 条并不对该法涵盖的所有捐赠适用,美国"期待听取中国关于该问题的更多看法,包括《公益捐赠法》各条款是如何相互关联的"。在其提交的抗辩材料中,美国主张,根据第 17 条第(4)款出售捐赠货物"表面上看属于第 18 条的授权范围"。在对第二次实质性会议嗣后问题的答复进行评论时,美国表示,当出现某种迫切需要的时候,《公益捐赠法》允许商业渠道的销售。然而,除了该法律的文本(含义并不清晰)以及《合同法》的三个条款以外,美国没有提出任何证据支持其主张。……美国声称,中国没有提供关于捐赠协议条款优先于该法适用的任何法律依据。然而,作为主张争议措施和捐赠协议因该法而违反中国第 59 条项下义务的一方,美国承担举证责任。

7.317 第三，该问题涉及中国国内法有关《公益捐赠法》的法律结构是否恰当的细节问题。美国提到的第 17 条第（4）款规定如下：

> 对于不易储存、运输和超过实际需要的受赠财产，受赠人可以变卖，所取得的全部收入，应当用于捐赠目的。

7.318 同时，中国所援引的该法第 18 条规定如下：

> 受赠人与捐赠人订立了捐赠协议的，应当按照协议约定的用途使用捐赠财产，不得擅自改变捐赠财产的用途。如果确需改变用途的，应当征得捐赠人的同意。

7.319 专家组认为，该法第 12 条承认了捐赠人和受赠人签订捐赠协议的权利。第 17 条包含四款，其中至少三款规定了某种类型社会公益机构关于捐赠财产的使用情况。第 17 条限制这些机构诸多一般方式的使用。第 18 条提到根据捐赠协议所规定的特定宗旨使用捐赠财产。我们不清楚这两个条款是如何协调适用的。第 18 条可能是对第 17 条的补充，或者在第 17 条之外，规定一个允许捐赠人和受赠人达成同等性质协议的替代措施。在缺乏进一步证据的情况下，专家组无法就任何一方关于该法这些条款的主张作出任何裁定。

7.320 美国还援引《合同法》以支持其如下主张：即便已经达成了捐赠协议，《公益捐赠法》仍然允许在商业渠道的销售；且中国《合同法》表明，当合同包含违反中国法律的条款时，法律优先于合同条款适用。作为提出这些主张的一方，美国承担证明其真实性的举证责任。然而，美国未能提出其后续主张与本争端特定证据之间的关联性。美国仅仅提供了《合同法》的三个条款。第一个条款是关于合同整体无效的规定。该条款没有提供任何证据证明，《公益捐赠法》第 17 条第（4）款小范围的规定是如何使《海关—红十字会备忘录》变得整体无效的。第三个条款规定了监督和处理某些非法行为的情况，我们不清楚其相关性如何。第二个条款——第 123 条规定如下：

> 其他法律对合同另有规定的，依照其规定。

7.321 由于没有提交有关第 123 条的上下文证据，因此，我们不清楚"其他"的含义是什么。提供这一条款的目的似乎是要证明，《公益捐赠法》

第 17 条第 (4) 款"暗含"《海关—红十字会备忘录》第 7 条因《合同法》第 123 条的规定而无效的意思。然而，美国关于这两部法律的集体结构与一个具体的合同方面的主张纯属推断性质，且为此提供的在案证据完全不足以构成任何观点。

7.322　因此，根据上下文并结合《合同法》解读，《公益捐赠法》第 17 条不构成对中方观点的抗辩，也不因此影响专家组在上文第 7.312 段就海关措施和《海关—红十字会备忘录》作出的裁定。

…………

7.324　基于上述理由，专家组确认其上文第 7.312 段裁定，即美国未能就根据争议措施向社会公益机构捐赠侵权货物，证明海关不具备根据第 46 条第一句话所规定的原则责令处置侵权货物的权力。

（viii）向权利人转让

7.325　争议措施规定的第二种处置方式是向权利人转让。由于向权利人转让要求得到权利人的同意，因此转让是自愿的。如果权利人同意的话，会按照其同意的价格购买侵权货物。

7.326　《海关知识产权条例》第 27 条规定了在捐赠给社会公益机构后向权利人转让的情况。它使用的是可被译为 "can" （或 "may"）的情态动词"可以"。《实施办法》第 30 条规定了社会公益机构捐赠和作为替代措施的向权利人转让，二者没有明显的先后顺序。因此，不存在权利人是唯一的选择并可能妨碍第 59 条所规定的任何权力的情形。……基于此，专家组没有必要对这一选择进行评估以裁定海关措施是否违反《TRIPS 协定》第 59 条。

（ix）拍卖和责令销毁侵权货物的权力

7.327　接下来，专家组将考虑海关责令拍卖侵权货物的权力。拍卖是争议措施规定的第三种处置方式。拍卖并不属于销毁的一种形式，它无疑也不属于清除出商业渠道的处置方式。因此，第 59 条并未对该处置方式做出明确规定。但是，专家组回顾其裁定——第 59 条所规定的救济并非详尽无遗。因此，未对责令拍卖侵权货物的权力做出要求的事实本身并不违反第 59 条。

7.328　美国主张，由于拍卖方式具有强制性，因此它剥夺了第 59 条管辖范围内海关在某一时间点责令销毁货物的权力。美国并没有主张，在考虑拍卖的情况下，海关同时有权责令捐赠给社会公益机构（或转让给权利人）。在这些情形中，假定海关已经决定不采取其他方式。争议的焦点只在于，责令拍卖的权力是否有碍责令销毁侵权货物的权力。

7.329　争议问题在于，这些措施表面上将拍卖（以及其他处置方式）视为销毁的"强制性前提条件"，并制定了"强制性先后步骤"，这使得拍卖在某些情形下具有强制性。中国回应称，《海关知识产权条例》表达了将"优先考虑"某种处置方式，且《实施办法》证实了这一优先考虑的存在。中国认为，措施赋予海关以"充分自由裁量权"以裁定何种方式为适当，且海关有权责令做出四种处置方式中的任何一种。

7.330 专家组从表面审查措施着手分析。《海关知识产权条例》在第27条中规定了四种处置方式，其中拍卖属于第三种。对于拍卖，第27条规定如下：

> 被没收的侵犯知识产权货物无法用于社会公益事业且知识产权权利人无收购意愿的，海关可以在消除侵权特征后依法拍卖。

7.331 该条规定了侵权货物的拍卖。它以不采用前两种方式为条件，即捐赠社会公益机构和转让权利人。该条使用了可以被译为"can"（或"may"）的情态动词"可以"。这表明，即便是在没有采取前两种处置方式的情况下，《海关知识产权条例》也没有对侵权货物的拍卖施加任何义务。

7.332 上下文证实了该情态动词的选择十分重要，因为同一条款对其他处置方式使用了情态动词"应当"（"shall"）。具体而言，对转让权利人和拍卖使用的是"可以"，而对捐赠社会公益机构和销毁使用的是"应当"。

7.333 紧接着销毁规定的后一句话规定，"侵权特征无法消除的，海关应当予以销毁"。这表明，海关应当销毁货物的规定是以"侵权特征无法消除"为条件的。该条件，从表面上看不出在侵权特征无法消除的情况下货物销毁权的缺失。

7.334 从文本可以清晰看出，消除侵权特征是对拍卖方式施加的条件。实际上，第16/2007号《公告》第一个实施条款明确证实了这一点。……换言之，无法消除侵权特征将使拍卖方式无法施行。但是，这并不意味着消除侵权特征的可行性将排除销毁方式的采用，因为在《海关知识产权条例》第27条项下，拍卖方式是选择性而非强制性的。

7.335 美国主张，如果前三种选择均不可行，"海关可以继而，实际上只能选择第三项：销毁货物"。但是，在专家组看来，这是对条文的误解。条文规定，如果前三项选择不可行，海关应当销毁货物。条文没有说海关在其他情况下不得销毁货物。

7.336 简言之，《海关知识产权条例》第27条规定了四种选择，其中第二种以及第三种的拍卖是选择性的。专家组将审查《实施办法》是否改变了这种状况。

7.337　《实施办法》在第 30 条中以相同的顺序规定了相同的四种处置方式。第 30 条在同一项，即第（1）项中规定了前两种作为替代措施的选项，接着在第（2）项中规定拍卖，在第（3）项中规定销毁。第 30 条通过规定第（2）项（拍卖）适用于如下情形，从而在这些选项中确定了一个明确顺序：

有关货物不能按照第（一）项的规定处置且侵权特征能够消除的。

并规定第（3）项（销毁）适用于：

有关货物不能按照第（一）、（二）项规定处置的，应当予以销毁。

7.338　与《海关知识产权条例》第 27 条相似，有关销毁的第（3）项规定，在符合上述条件时，"应当"将货物销毁。但是，这本身并不意味着在其他处理方式可行的情况下不允许采取销毁措施。这取决于措施是否迫使海关在任何情形下都责令做出任何一种其他的处置方式。

7.339　在翻译成英文时，各方一致同意，《实施办法》第 30 条所有三项包含情态动词"应当"（shall）。但中国坚持认为，措施给予了海关充分的自由裁量权。专家组不假定《实施办法》非原版译文中使用的"应当"一词，其含义与用于 WTO 适用协定英文版本的"shall"一词包含同等的义务。专家组注意到，《实施办法》第 30 条的原版中，有关前三种处置方式的第（1）项和第（2）项均不包含情态动词，而只在有关销毁的第（3）项关于销毁的规定内容中包含情态动词。原始版本在导言句中使用了被译为"shall"的情态动词，即"对海关没收的侵权货物，海关'应当'依照下列规定处置"。相比于使用被译为"shall"的情态动词的第（3）项（正如最后一款中一样，该款使用了两次），前三种处置方式继而被阐述成海关在不同情形中"转交"、"转让"或"拍卖"的一系列步骤。这或许表明，正如中国所言，海关在《实施办法》项下拥有一定程度的自由裁量权。因此，专家组不认为，就裁定《实施办法》第 30 条迫使海关在任何时间拍卖货物而言，其文本本身已足够清晰。

7.340　为贯彻由国务院常务会议颁布的《海关知识产权条例》，海关总署署务会议制定了《实施办法》。国务院是中国行政权的最高机构。因此，《实施办法》中的任何不确定性均应当通过参照更高准则，即《海关知识产权条例》加以解决。《海关知识产权条例》第 27 条规定拍卖是选择性的。

7.341 第16/2007号《公告》是海关总署另一项具有普遍实施效力、关于拍卖侵权货物的措施。它包含单一段，内容如下：

根据《中华人民共和国知识产权海关保护条例》（以下简称《条例》）第二十七条的规定，被没收的侵犯知识产权的货物（以下简称"侵权货物"）无法用于社会公益事业且知识产权权利人无收购意愿的，海关可以在消除侵权特征后依法拍卖。为了规范海关拍卖侵权货物工作，提高海关执法的透明度，保障知识产权权利人的知情权，现就有关事项公告如下。

7.342 该单独段表明，海关总署发布《公告》，其明确目的在于规范海关拍卖侵权货物的行为，提高海关执法的透明度，并保障权利人的知情权。专家组认为，尽管第16/2007号《公告》在《海关知识产权条例》和《实施办法》之后发布，但它在描述拍卖侵权货物的权力时，仅列举了第27条的许可性用语。这似乎证明，应当参照更高准则，即《海关知识产权条例》解决《实施办法》中的任何不确定性问题。

7.343 据此，专家组裁定，美国未能证明海关措施表面上迫使海关责令拍卖侵权货物。

7.344 在案证据还包括海关卷宗文件以及表明海关事实上如何根据《实施办法》第30条行使权力以销毁而非拍卖货物的数据。谨记该主张涉及海关是否"有权"责令销毁，而非它是否实际行使该权力，专家组认为，对该证据进行审查是恰当的。

7.345 专家组认为，海关卷宗文件表明，销毁发生于《实施办法》字面没有提及的一种情形。鉴于拍卖是争议措施所确定顺序中的第三种处置方式，且销毁是第四种，也是最后一种，因此，对于任何被销毁货物而言，必然已经就拍卖做出了决议。《实施办法》表面上只规定了一个条件，即如果该条件未满足，将命令做出销毁而非拍卖货物的决议。《实施办法》第（2）项规定的该条件为"侵权特征能够消除的"。

7.346 但是，在涉及假冒汽车零部件的情形中，海关明确就不拍卖货物阐述了不同理由。它指出，侵权货物无法用于公益事业且权利人无收购意愿（《实施办法》的字面规定条件），加之"这些货物的安全无法得到保证，因此不适于拍卖"。该条件没有出现在《实施办法》字面上。没有任何内容提到侵权特征的消除。

7.347 《实施办法》字面上没有提及安全问题，美国也并未主张诸如

"依法"拍卖货物的要求在某种程度上体现了这个要求。中国主张，根据《产品质量法》的规定，海关不可以拍卖存在质量和安全瑕疵的货物，同时，还存在美方没有提及的其他规范内容。美国不质疑存在其他可适用法律的可能性，但主张即便这些法律果真适用，海关的等级体系依然具有强制性。美国承认，它"不知道"海关措施"授权"销毁货物的几种理由之外，是否还存在其他理由。

7.348　在专家组看来，如果美国主张措施"表面"是具有强制性的，那么其观点就是措施如其表述具有强制性。海关背离措施的某些事实似乎表明措施至少不像其表面所显示的那样具有"强制性"，这就引发本案系争具体处置措施到底有没有强制性这个问题。这恰好与根据《海关知识产权条例》制定的《实施办法》条款规定相吻合。《实施办法》中的拍卖方式实际上就是不具有强制性，因为它不排除销毁货物的其他选项。

7.349　中国提供数据表明，就装运而言，海关责令处置侵权货物的比例如下：（1）捐赠社会公益机构（53.5%）；（2）销毁（44.9%）；（3）拍卖（0.87%）；（4）转让权利人（0.65%）。从价值角度而言，该比例为：（1）销毁（57.5%）；（2）捐赠社会公益机构（39.5%）；（3）拍卖（2.2%）；（4）转让权利人（1%）。这些数据的真实性是没有争议的。而这些数据与专家组上文第7.336段对《海关知识产权条例》第27条的解读一致，证明了对《海关知识产权条例》中明确具有选择性的两种处置方式的采用远远低于不具有选择性的两种处置方式。

7.350　此外，如果我们将按《实施办法》第（1）项方式处置的所有货物排除在外（即通过捐赠社会公益机构或转让权利人），那么剩下的就是海关不是选择拍卖就是选择销毁货物。《实施办法》表面上规定只有在侵权特征无法消除的情况下会将这些货物销毁。数据表明，在依照《实施办法》第（2）项和第（3）项方式处置的货物中，根据货物数额和侵权货物的相对价值存在如下决议：……（图表省略）

7.351　很显然，被销毁的货物数量远超出拍卖的货物数额，并且，海关在三年中决定拍卖货物的次数仅为12次。事实表明，在可获数据期限内，从未根据系争措施对任何进口货物进行过拍卖。明显的，即便海关在选择是否对货物进行销毁处理时，即使不是毫无困难，至少难度是很小的，而这与它拥有宽泛的自由裁量权观点相一致。

7.352　专家组注意到，海关责令拍卖货物的情形很少。但是，拍卖数量稀少并不表明其原因是选择了不对货物进行销毁处理，或者海关认为其不具有销毁货物的权力。专家组重申，相关问题在于法律是否允许海关在这类情形中责令对货物进行销毁处理。美国同意，只要成员在任何情况下都拥有无条件责令销毁的权力，它就可以在其自由裁量权范围内对销毁还是拍卖进行选择。

7.353 拍卖的低发率与拍卖不具有强制性的观点相吻合。但也可以与另一种观点相吻合：若有迹象表明海关没收的货物中有大比例的货物其特征无法去除，则这种情况下拍卖方式就是一种强制性方式。但是，由于证据的缺乏，同时考虑到上述讨论涉及的其他证据，专家组无法认可这种观点。

7.354 基于此，专家组裁定，美国未能依据第46条第一句话所规定的原则证明，在海关措施项下，责令拍卖侵权货物的权力妨碍了责令销毁侵权货物的权力。

7.355 专家组回顾其裁定……并认定，美国未能证明，系争海关措施违反了将《TRIPS协定》第46条第一句话所规定的原则纳入其中的《TRIPS协定》第59条规定。

（x）拍卖与"单纯除去非法加贴商标"
—程序议题

7.356 专家组回顾其如下裁定：纳入《TRIPS协定》第59条的"第46条所规定原则"包括第46条第四句话。该规定如下：

> 对于商标假冒货物，除例外情况外，单纯除去非法加贴商标并不足以允许该货物放行进入商业渠道。

7.357 专家组没有裁定海关措施在侵权货物拍卖权方面具有强制性。但专家组不认为这对美国关于第46条第四句话的主张是致命性的。

7.358 专家组回顾其裁定……：第59条项下义务同时对强制性和自由裁量性措施适用，因为各成员主管机关"有权"做出某种具体命令的义务，强调的不仅仅是法律要求主管机构必须做出何种的命令，而且是法律允许主管机关做出何种的命令。该裁定正好对第46条第四句话适用，因为责令放行货物进入商业渠道的裁量性权力是不会妨碍第46条第一句话所规定的权力的。如果作为销毁或清除出商业渠道的替代措施，第46条第四句话中关于责令放行货物进入商业渠道的原则不对自由裁量性措施适用的话，则该规定就是一个多余的规定。因此，允许货物进入商业渠道的权力不是一种具有强制性的权力这个问题，不会妨碍专家组对这种处置方式"本身"是否与包含了第46条第四句话所规定原则的《TRIPS协定》第59条规定具有一致性做出裁定。

7.359　本案还体现了一系列的特殊情况。就系争措施的性质而言，即便不强制进行拍卖（且不妨碍责令销毁的权力），在海关选择拍卖侵权货物（如下文讨论）的所有情形中，消除侵权特征的要求也是强制性的。如果消除侵权特征单纯属于消除商标，则海关所有责令拍卖侵权货物的情况均违反第59条包含的第46条第四句话规定的原则。尽管海关从未对进口货物进行过拍卖，但这可能仅仅是因为相比起出口侵权产品而言进口侵权产品数量很少。中国不主张海关未来有可能会对进口货物进行拍卖，而只强调其关于拍卖的主张是基于对包含第46条第四句话规定原则的《TRIPS 协定》第59条的诚信解释（good faith interpretation）。的确，中国告知本专家组，无论对于出口产品还是进口产品，具体情况下的拍卖总是一种"更受欢迎的"处置方式，虽然很少采用，中国极力主张自己有采用该种方式的权利。因此，专家组关于《TRIPS 协定》第59条所包含的第46条第四句话的适用性以及中国的拍卖方式是否符合该条的规定，审查的前提将是禁止中国实施违反其适用协定项下义务的行为，而这正是审查"本身"违法之诉的目的所在。

7.360　因此，专家组继续就美国提出的关于第46条所规定其他原则的主张做出评估。

——单纯去除非法加贴商标

7.361　专家组回顾，各方对上述原则的适用意见各异。美国认为，第46条第四句话在第59条第一句话项下适用。中国认为，海关不受第46条第四句话所阐述原则的约束。本专家组裁定第46条第四句话适用，因此接下来，本专家组将对其阐述的原则进行解读。

7.362　第46条第四句话规定如下：

对于商标假冒货物，除例外情况外，单纯除去非法加贴商标并不足以允许该货物放行进入商业渠道。

7.363　《TRIPS 协定》脚注14（a）将"商标假冒货物"界定为：

就本协议而言：

（a）"商标假冒货物"指包括包装在内的任何如下货物：未经许可而载有的商标与此类货物已有效注册的商标相同，或其基本特征不能与此种商标相区分，并因此在进口国法律项下侵犯了所涉商标所有权人的权利。

7.364　着手对系争措施分析之前，专家组回顾上文第 7.225 段关于争议措施尤其对商标假冒货物适用，以及第 7.331 段及其后续段落关于措施允许对这些货物进行拍卖的裁定。对此，《海关知识产权条例》第 27 条规定如下：

> 被没收的侵犯知识产权货物无法用于社会公益事业且知识产权权利人无收购意愿的，海关可以在消除侵权特征后依法拍卖；侵权特征无法消除的，海关应当予以销毁。

7.365　从该条规定可以清楚看出，消除侵权特征是拍卖海关没收货物的前提条件。对此，我们从执行《海关知识产权条例》第 27 条的《实施办法》第 30 (2) 条，第 16/2007 号《公告》第一实施条款得到明确的证实。第 16/2007 号《公告》第一实施条款规定如下：

> 海关拍卖没收的侵权货物，应当严格按照《条例》第二十七条的规定，完全清除有关货物以及包装的侵权特征，包括清除侵权商标、侵犯著作权、侵犯专利权以及侵犯其他知识产权的特征。

7.366　在依据系争措施对没收货物进行拍卖的所有情况下，对海关首先需要消除侵权特征这一点没有争议。从措施表面可以清晰看出，"侵权特征"是指侵犯措施所涵盖的任何知识产权的特征，不仅包括商标，还包括著作权和专利权。对于假冒商标货物，这些侵权特征很显然包含假冒商标。因此，虽然措施提到"侵权特征"，但并不表明在这些情况下所有假冒商标之外的标志均同时得以清除。中国确认，"对于商标侵权货物而言，消除侵权特征是指将货物侵权商标消除"。

7.367　由此可以看出，只要是涉及假冒商标货物的情况，拍卖之前采取的唯一行动就是消除商标。问题在于，这是否属于《TRIPS 协定》第 46 条第四句话意义上的"单纯"消除商标。

7.368　中国认为，系争措施并没有规定"单纯"消除商标，因为还有商标权利人在拍卖之前有机会发表意见的规定。这个程序规定在第 16/2007 号《公告》的第二实施条款中。中国没有主张海关有义务考虑权利人的任何意见。

7.369　专家组注意到，"单纯"一词可以被定义为"没有附加任何事项；不合格；不多也不少；仅仅；完全"。消除货物商标且没有采取任何其他行动的情形属于"单纯"消除商标。因此，专家组的主要观点是，根据争议措施消除侵权特征属于第 59 条包含的第 46 条第四句话所考虑的"单纯"消除商标的概念。

7.370　在第 59 条项下行使权力的成员主管机关在将货物放行进入商业渠道时，不可避免地要采取某些程序性行动，例如，将货物转交给他方保管。问题在于，哪些其他行为会使消除非法加贴商标变得不再"单纯"？

7.371　第 46 条第四句话的上下文表明，单纯消除非法加贴商标"不足以"使货物能够进入商业渠道。用语本身并没有禁止放行进入商业渠道的规定。相反，通过专门提及假冒商标货物的情况，并说明如何界定"不足以"允许放行，该条默许放行假冒商标货物进入商业渠道的情况，不仅仅是单纯消除了商标就可以的。

7.372　消除假冒商标将确保货物不会侵犯《TRIPS 协定》第 16 条规定的专有权。但是，第 46 条第四句话规定，除非属于特殊情况，否则这不算充分。谈判者将附件规定包含在内的事实表明，该原则并非仅仅旨在终止侵权行为。

7.373　第 46 条上下文表明，第四句话是该条起首表明的几个目标之一，即"有效抑制侵权行为"。如果单纯消除非法加贴商标就将假冒商标货物放行进入商业渠道，相同的商标就可以相对容易地被再单独制造或进口，然后再次非法加贴，如此一来，货物将会再次侵权。

7.374　对假冒商标货物而言这尤其是一个问题。正如《TRIPS 协定》脚注 14（a）对"假冒商标货物"的定义，假冒商标与合法商标完全相同，或者无法实质性地与合法商标区分开来。假冒商标货物极可能在整体外观而非仅仅在加贴假冒商标方面仿效正品，因为假冒商标货物在多大可能性上会造成消费者混淆，取决于侵权或非侵权产品的全部特征在多大程度上与正品相似。在消除假冒商标的情况下，货物的最终状态可能依然与正品非常相似，以致通过重新加贴侵权商标继续侵权的高风险仍然存在。尽管这对其他非侵权货物同样如此，但是，海关没收的是假冒货物，且正准备将其放行重新进入商业渠道。显然，谈判者认为，继续侵权的高风险使得增加附加措施以有效抑制进一步的侵权行为十分必要。

7.375　从规定的目标来看，"单纯"消除商标主要是指如果不以任何其他方式改变货物的状态的话，消除商标就不能有效抑制进一步的侵权行为。如果货物没有被改变到足以抑制进一步侵权的状态，那么消除商标并不属于"单纯"。

7.376　第 59 条第二句话对专家组这一解释加以印证，该条在不同语境下对同一问题做出的规定如下：

> 对于假冒商标货物，主管机关不得允许侵权货物在未作改变的状态下再出口或对其适用不同的海关程序，但例外情况下除外。

7.377 该句要解决的，是一个与第46条第四句话所针对的同样的基本问题。这就印证了，假冒商标货物的状态是一个相关的考虑因素，尽管第59条第二句话在消除商标义务方面规定得不那么明确，仅仅表明"单纯除去商标"是改变侵权货物状态的一个手段而已，但就本案而言，适用义务规定在第59条所包含的第46条第四句话规定中。

7.378 中国主张，权利人有就侵犯其知识产权的货物获得保护的法定权利，但对于那些没有侵犯其权利的未标注货物，权利人没有获得保护的权利。

7.379 专家组注意到，就具体条款而言，第46条第四句话并不仅限于通过单纯去除商标使货物不再侵权。为遏制与这些货物有关的继续侵权行为，使货物不再侵权，第46条第四句话还规定了额外的要求。因此，仅仅去除已认定假冒货物的标记是不够的，特殊情况除外。尽管这些货物被放行进入商业渠道后可能不再侵犯《TRIPS协定》第16条的专有权，却不符合第59条包含的第46条第四句话的规定。

7.380 回到系争措施，专家组发现，权利人发表意见的程序不会对货物状态产生影响，也不存在考虑权利人意见的任何义务规定。因此，这与系争措施是否规定了"单纯除去非法加贴商标"的问题毫不相干。

7.381 中国主张，海关没收货物拍卖的起拍价，可以保证侵权人没有机会以不合理的低价购买缴获货物并重新加贴假冒标志。

7.382 专家组不赞同这一观点。正如中国自己在其抗辩材料中所阐述的那样，"商标保护最基本的原则，是商标使货物产生独特性并由此获得巨额市场溢价"。专家组指出，假冒商标旨在获取部分或全部经济溢价效益。假冒商标一经消除，货物价值随即消失，如果加贴假冒商标再次出售，其货物价值会低于其市场价值。换言之，就进口商或第三方而言，在拍卖中购买并重新加贴商标以期再次侵权，这在经济上依然可行，而这正是上述第7.374段所讨论的高风险。无论如何，没有证据表明，中国海关所采用的方式确定了足够高价格，以致购买货物并重新加贴商标在经济上是不可行的。

············

7.385 基于此，专家组裁定，针对假冒商标货物，中国海关措施规定单纯去除非法加贴商标的方式不足以使货物可以被放行进入商业渠道。

7.386 专家组的结论并非完全基于系争措施违反了第 59 条包含的第 46 条第四句话的规定，因为该句话包含"例外情况下除外"的表述。该表述在上下文中意味着在"例外情况下"，单纯除去非法加贴商标足以使货物能够被放心放行进入商业渠道。

…………

7.390 "例外"一词可以被定义为"具有例外性质或构成一种例外；不寻常，与众不同；特殊"。该定义解释不了某种情形必须以何种形式区别于其他情形可以被认定为第 46 条第四句话意义上的"例外"。此外，该种情形必须在多大程度上区别于其他情形，也同样是一个问题。

7.391 专家组认为，与第 46 条第四句话规定的其他原则相似，"除非在例外情况下"的表述必须基于该款"有效抑制侵权"的宗旨来进行解读。在将货物放行进入商业渠道之前，单纯除去商标完全有可能足够防止进一步侵权的发生。譬如，可能会有这样一种情况，受骗上当购买了一批假冒货物的进口商，既无法向出口商要求赔偿，也无办法对货物再次加贴假冒商标。但是，对这种"例外"情况必须严加把关。同时，即便是在严加把关的情况下，采用该例外的情况也必须是十分少有，以防止所谓的例外成为普遍，或者变得平常。

7.392 专家组不认为就第 46 条第四句话而言，单纯除去商标就足以构成使货物可以被放行进入商业渠道的"例外情况"，只能通过低概率发生的情形加以证明。首先，评估第 59 条包含的第 46 条第四句话意义上的"例外情况"，并不以边境查获的侵权货物比例为基础。其次，将这种方式运用到假冒商标货物上，意味着对进一步的侵权行为存在一定的容忍尺度，违反第 46 条确立一种有效抑制的目标。

7.393 因此，专家组裁定，就假冒商标货物而言，中国海关措施关于单纯除去非法加贴商标后就可以将货物放行进入商业渠道的规定，其适用范围不仅仅局限在"例外情形下"。

7.394 基于上述原因，专家组裁定，由于《TRIPS 协定》第 59 条包含了第 46 条第四句话规定的原则，海关措施违反该条义务。

* * *

5. 刑事程序

在实施保护方面，协定规定了知识产权侵权的刑事处罚。这一条虽然简短却十分重要。协定规定，至少在那些具有商业规模的故意假冒和盗版案件中适用刑事处罚。处罚包括监禁和/或具有足够威慑作用的罚金。在适当情况下，侵权货物和任何用来制造侵权货物的材料和设备，应予以剥夺、没收或销毁。①

协定还有一个对实施保护的条款提供支持的独立条款。它要求各成员在其行政部门中指定联系点（contact points），以便交换有关侵权货物贸易的信息，特别是在冒牌和盗版货物的贸易问题上推动海关之间的合作。②

五　知识产权的获得与维持

《TRIPS 协定》的第四部分关于知识产权的取得和维持以及相关的程序。协定允许各成员制定本国取得和维持商标、地理标识、工业设计、专利以及布图设计知识产权的程序与手续，但要求这类程序和手续与协定的相关规定一致。③ 例如，有关注册体系的管理应以国民待遇为基础（第 3 条），应迅速公布每一商标（第 16.5 条）等。协定要求对申请、授予和注册这些权利的程序，必须在一个合理的时间范围内完成，以避免无根据地缩短保护期。④ 同样地，协定要求有关取得或维持知识产权的程序，包括行政异议、撤销和注销程序，不应造成不正当的迟延。⑤ 最后，协定规定对最后行政裁决进行复审。⑥

六　争端的防止和解决

在《TRIPS 协定》下可能产生的争端遵照 WTO 争端解决程序进行。但任何此类争端在进入正式磋商阶段前的程序由 TRIPS 理事会负责处理。TRIPS 理事会的基本职责是保持成员有关知识产权的法律和措施的透明度，监督它们，使它们与《TRIPS 协定》保持一致，并研究和讨论可能出现的问题。

根据《TRIPS 协定》对透明度的要求，各成员必须公布所有与知识产权效力、范围、获得、实施保护以及防止滥用有关的法律、措施和决定。⑦ 同时，应另一成员的请求，必须将属于知识产权领域的某个特定的司法裁决、

---

① 《TRIPS 协定》第 61 条。
② 《TRIPS 协定》第 69 条。
③ 《TRIPS 协定》第 62.1 条。
④ 《TRIPS 协定》第 62.2 条。
⑤ 《TRIPS 协定》第 62.4 条。
⑥ 《TRIPS 协定》第 62.5 条。
⑦ 《TRIPS 协定》第 63.1 条。

行政裁决或双边协定的内容告知请求方。① 但透明度义务不要求成员国"披露会妨碍执法或违背公共利益或损害特定公私企业合法商业利益的机密信息"。②

七 过渡性安排

所有 WTO 成员在《WTO 协定》生效后都获得一个过渡期以适应《TRIPS 协定》的规则。发达国家成员的这一期限为 1 年，到 1996 年 1 月 1 日。此外，从这一天起，协定规定的国民待遇和最惠国待遇对所有成员方生效、适用。③

发展中国家成员有额外 4 年的过渡期，到 2000 年 1 月 1 日。但协定要求它们在过渡期内，不能以任何导致与《TRIPS 协定》更不一致的方式，改变其现有的知识产权法律。④

那些根据《TRIPS 协定》的要求，把产品专利保护扩大到目前尚不被视为保护对象的技术领域的发展中国家成员，将获得另外 5 年的过渡期，到 2005 年 1 月 1 日，才被要求与协定关于专利的规定一致。这一额外过渡期主要针对药品和农药。由于这两种产品的开发、试验和最终获得批准公开销售周期很长，协定要求对药品和农药推迟实施专利保护的成员应同时允许递交有关这些产品的专利申请，从而使新的发明以及产生于 1995 年至 2005 年过渡期间的发明，都可以在 2005 年 1 月起获得专利保护。此外，协定进一步规定，只要这些药品和农药在另一成员领土内获得专利保护和允许市场销售，则其他发展中国家一旦允许其在本国销售，就必须给予 5 年的专有销售权，或直至该专利申请在该发展中国家被接受或拒绝为止。⑤

转型经济国家如果仍在进行知识产权制度的结构改革并遇有特殊困难，则同样可以享有 4 年的额外过渡期，至 2000 年 1 月。

最不发达国家成员在遵守国民待遇和最惠国待遇义务的前提下，可以享有 11 年的过渡期，直至 2006 年 1 月 1 日。这一期限还可应最不发达国家成员"有根据的请求"继续延长。⑥

八 知识产权理事会

TRIPS 理事会是根据《WTO 协定》成立的，其职能除协定第 68 条的规定

---

① 《TRIPS 协定》第 63.3 条。
② 《TRIPS 协定》第 63.4 条。
③ 《TRIPS 协定》第 65.2 条。
④ 《TRIPS 协定》第 65.2、65.5 条。
⑤ 《TRIPS 协定》第 70.8、70.9 条。
⑥ 《TRIPS 协定》第 66 条。

外，还体现在《TRIPS 协定》的不同条款中。归纳起来，TRIPS 理事会的职能有四个方面：监督、服务、审议和修正。

关于监督职能，第 68 条要求理事会监督协定的运行情况，"尤其是成员方遵守本协定下的义务"的情况。该项工作由成员方履行第 63.2 条的规定，将与《TRIPS 协定》有关的法律、法规通知 TRIPS 理事会而进行。同时，该条要求理事会履行各成员所指定的其他职责。为此，协定要求理事会"为成员提供机会就与贸易有关的知识产权事项进行磋商"。

关于审议职能，协定第 71.1 条要求 TRIPS 理事会在第 65.2 条规定的发展中国家过渡期满后，审议协定的实施情况，并在此日期后 2 年内，以及此后以同样间隔进行审议。同时，第 71 条也授权理事会"按照有理由修改或修正本协定的任何新的发展情况进行审议"。此外，关于地理标识的第 24.2 条要求理事会在《WTO 协定》生效后 2 年内对地理标识的有关条款进行审议。

关于修正职能，第 71.2 条规定，经 TRIPS 理事会协商一致，根据《WTO 协定》第 10.6 条，理事会可以将那些在其他全体 WTO 成员一致接受的多边协定中有关知识产权保护更高的标准，提交部长级会议采取行动。

关于服务职能，第 68 条规定，TRIPS 理事会执行其他职责，如由各成员方指定的工作，特别是在"争端解决程序方面提供各成员要求的任何帮助"。

九 其他条款

1. 国际合作

在《TRIPS 协定》中，成员方同意相互合作，以消除侵犯知识产权的国际货物贸易。该合作将包括在政府内设立联络点并就此做出通知，准备对侵权货物的贸易进行信息交流，尤其应就假冒商标货物和盗版货物的贸易而促进海关之间的信息进行交流和合作。①

2. 安全例外

协定第 72 条指出，本协定的任何规定不得解释为要求一成员提供如披露会违背其根本安全利益的任何信息、阻止一成员采取对保护其根本安全利益所必需的任何行动，以及阻止一成员为履行《联合国宪章》项下的维护国际和平与安全的义务而采取的任何行动。

---

① 《TRIPS 协定》第 69 条。

第四节　受保护的权利

《TRIPS 协定》规定受保护的权利有 8 种：版权和相关权利、商标、地理标识、工业设计、专利、集成电路布图设计（拓扑图）、对未披露信息的保护和对协议许可中的反竞争条款的控制。

一　版权和相关权利

1. 与《伯尔尼公约》的关系

《伯尔尼公约》是国际上版权和相关权利保护的主要公约。除公约第 6 条之二规定的精神权利以外，《TRIPS 协定》沿用了《伯尔尼公约》的全部规定。排除第 6 条之二规定的精神权，是因为美国反对将其纳入《TRIPS 协定》。考虑到协定是与贸易有关的知识产权协定，保护版权中的经济权利，排除精神权利似乎合情合理。但是，研究《TRIPS 协定》的布莱克尼（Blakeney）认为，《TRIPS 协定》的"精神权利例外"对《伯尔尼公约》签字国来说可能是个问题。《TRIPS 协定》第 9 条的文字表述为："对于该公约第 6 条之二授予或派生的权利，各成员在本协定项下不享有权利或义务。"这样的表述，给《伯尔尼公约》签字国带来一个问题：保护精神权利是否仍是它们作为伯尔尼联盟成员的义务之一？[①]

协定将计算机程序视为《伯尔尼公约》（1971）项下的文字作品加以保护。[②] 这个规定可以视为对《伯尔尼公约》的修改。但是，公约本身规定，对公约的任何修改必须经过伯尔尼联盟国举行修改大会表决一致同意通过。因此，这一规定只对《TRIPS 协定》有效。第 14 条对表演者、录音制品制作者和广播组织权利保护的规定也同样如此。

2. 保护的对象

大部分保护版权和相关权利的知识产权条约所保护的对象，都是《TRIPS 协定》的保护对象。它们是《伯尔尼公约》中的"文学和艺术作品"。公约将"文学和艺术作品"定义为：包括"文学、科学和艺术领域内的一切成果，不论其表现形式或方式如何，诸如书籍、小册子和其他文字作品；讲课、演讲、讲道和其他同类性质作品；戏剧或音乐戏剧作品；舞蹈艺术作品和哑剧；

---

① Michael Blakeney, *Trade Related Aspects of Intellectual Property Rights: A Concise Guide to the TRIPS Agreement*, 52, Sweet & Maxwell, 1996.

② 《TRIPS 协定》第 10.1 条。

配词或未配词的乐曲；电影作品和以类似摄制电影的方法表现的作品；图画、油画、建筑、雕塑、雕刻和版画作品；摄影作品和以类似摄影的方法表现的作品；实用艺术作品；与地理、地形、建筑或科学有关的插图、地图、设计图、草图和立体作品"。①

公约给予"翻译、改编、乐曲改编，和对文学或艺术作品的其他变动""同原作同样的保护"，② 对"文学或艺术作品的汇编，诸如百科全书和选集，凡由于对材料的选择和编排而构成智力创作的"给予同样的保护。③

《TRIPS 协定》将版权保护延伸至表达方式，但不延伸至思想、程序、操作方法或数学概念本身。④ 这样的规定，在沿用了不可保护的思想和可保护的表达方式之间传统的版权分类的同时，将思想、程序、操作方法或数学概念本身排除在保护之外，是协定第 1 条所述基本原则的一个例外。协定第 1 条规定，成员可以在其法律中实施比《TRIPS 协定》要求更为广泛的保护。这个规定的目的在于补充《伯尔尼公约》在保护对象规定上的不足，澄清一些在版权保护对象上的模糊概念。版权的保护对象，在某些情况下可能与专利、商标保护对象重合。因此，明确版权的保护对象，不仅需要明确版权保护的对象，还要明确版权不保护的内容。这样，才能对版权的保护对象有一个完整的认识。《伯尔尼公约》只对版权的保护内容作了较为详细的规定。在版权不保护的内容方面只规定"本公约的保护不适用于日常新闻或纯属报刊消息性质的社会新闻"。⑤ 在各国的立法中，有关版权不保护的内容的规定也各不相同。因此，协定的这一规定正是对《伯尔尼公约》的补充。

协定将计算机程序，"无论是源代码还是目标代码"，当作文学作品加以保护，⑥ 并规定对数据或资料本身汇编构成的智力创作，而非这些数据或资料本身进行保护，⑦ 扩大了传统的版权保护范围。此外，协定增加了版权保护的对象，规定未经授权，不得将表演者、录音制品制作者、广播组织的表演或

---

① 《伯尔尼公约》第 2 (1) 条。
② 《伯尔尼公约》第 2 (3) 条。
③ 《伯尔尼公约》第 2 (5) 条。
④ 《TRIPS 协定》第 9.2 条。
⑤ 《伯尔尼公约》第 2 (8) 条。
⑥ 《TRIPS 协定》第 10.1 条。在协定谈判中，日本提出的草案文本建议，对计算机程序的版权保护"不应扩展至用于创作此种作品的任何程序语言、规则或算法"。GATT Doc. No. MTN. GNC/NG11/W/74, 1 (3) (i) - (ii), Main Elements of a Legal Text for TRIPS, Communication from Japan, May 15, 1990. 该条款没有规定这个例外。实践中，可能导致这些事项属于第 10.1 条保护范围的推断。
⑦ 《TRIPS 协定》第 10.2 条。

广播固定在录音（像）制品上，未经授权不得对这些录音（像）制品进行直接或间接的复制。[1]

3. 保护的权利

权利人在《TRIPS 协定》项下拥有的版权和相关权利，主要是《伯尔尼公约》中规定的权利。文学和艺术作品的作者拥有许多项排他权，如对其作品的复制、翻译、广播或其他形式的公众传播以及改编、编排或其他形式的改变。[2]

对于计算机程序和电影作品这两种出租利润较高的作品，协定第 11 条规定，成员应向作者及其继承人提供"准许或禁止向公众商业性出租其有版权作品的原件或复制品的权利"。

电影作品方面，除非有关的出租已导致对作品的广泛复制，其复制程度又严重损害了成员授予作者或作者的合法继承人的复制专有权，否则成员可免于承担授予出租权的义务。

计算机程序方面，如果有关程序本身并非出租的客体，成员的上述义务也可免除。协定将相似的出租权授予录音制品制作者。[3]

4. 保护期限

《伯尔尼公约》规定的一般保护期限为作者有生之年加上死后 50 年。[4] 如果是电影作品，则允许保护期限为作者同意将作品公之于众之后 50 年，或作品创作完成后 50 年。[5] 公约将摄影作品和实用艺术作品保护期限留给各公约同盟国立法，但要求各盟国至少规定 25 年的最低保护期限。[6]

《TRIPS 协定》第 12 条规定，摄影作品或实用艺术作品除外，如果某作品的保护期不是按自然人有生之年计算，则保护期不得少于经许可而出版之年年终起 50 年，如果作品自完成时起 50 年内未被许可出版，则保护期应不少于作品完成之年年终起 50 年。

《罗马公约》对表演者、制作者、广播组织提供的保护，[7] 大体上与《TRIPS协定》第 14.1、14.2 条的规定相似。根据《TRIPS 协定》第 14.5 条，表演者和录音支配制作者可获得的保护期限，自该固定或表演完成的日历年年底计

---

① 《TRIPS 协定》第 14 条。

② 参见《伯尔尼公约》。

③ 《TRIPS 协定》第 14.4 条。

④ 《伯尔尼公约》第 7（1）条。

⑤ 《伯尔尼公约》第 7（2）条。

⑥ 《伯尔尼公约》第 7（4）条。

⑦ 《罗马公约》第 7（1）条。

算，应至少持续至 50 年年末。对广播组织的保护期限为自广播播出的日历年年底计算，至少持续 20 年。

5. 权利的限制

权利限制，是指在特定情况下，可以不经权利人许可和不支付报酬而使用其作品。《伯尔尼公约》第 9 条和《罗马公约》都对权利限制作了具体的规定。《TRIPS 协定》分别对版权权利限制和邻接权权利限制作了规定。

对版权的权利限制，协定规定 "全体成员均应将专有权的限制或例外局限于一定特例中，该特例应不与作品的正常利用冲突，也不应不合理地损害权利持有人的合法利益"。[①] 上述规定实际上只是对权利限制的限制规定，它所强调的，并不是如何限制对版权的保护，而是规定权利的限制不得影响作品的正常利用，也不得影响权利持有人（注意指的是 "持有人" 而不仅指的是作者）的合法利益。

对邻接权的权利限制，协定转引了《罗马公约》的相关内容："任何成员均可在《罗马公约》允许的范围内，对本条 1 ~ 3 款提供的权利规定条件、限制、例外及保留。"[②] 此外，协定对《罗马公约》规定作了进一步限制，规定《伯尔尼公约》第 18 条的内容，[③] 原则上适用于表演者权及录音制品制作者权，即对表演者权和录音制品制作者权的保护适用追溯条款。[④]

6. 版权保护案例

在 "中国—知识产权保护案" 中，专家组就中国《著作权法》第 4 条第一句话关于对未批准出版或发行的作品版权及相关权利保护的规定是否违反《TRIPS 协定》相关义务作出了以下裁定。本案案情参见附录相关部分。

中国—影响知识产权保护和实施的措施

WT/DS362/R

7.1 本部分专家组的裁定涉及中国的《著作权法》。……针对《著作权

---

① 《TRIPS 协定》第 13 条。

② 《TRIPS 协定》第 14.6 条。

③ 《伯尔尼公约》第 18 条：1. 本公约适用于所有在本公约开始生效时尚未因保护期满而在其起源国进入公有领域的作品。2. 但是，如果作品因原来规定的保护期已满而在被要求给予保护的国家已进入公有领域，则该作品不再重新受保护。3. 本原则应按照本同盟成员国之间现有的或将要缔结的有关特别公约所规定的条款实行。在没有这种条款的情况下，各国分别规定实行上述原则的条件。4. 新加入本同盟时以及因实行第 7 条或放弃保留而扩大保护范围时，以上规定也同样适用。

④ 《TRIPS 协定》第 14.6 条。

法》的诉请尤其涉及其第 4 条第一句话。争议双方同意将该句做如下翻译：

Works the publication and/or dissemination of which are prohibited by law shall not be protected by this Law.

7.2　尽管该条原文并未分款，但为求简便，本报告以"第 4（1）条"指代第 4 条第一句话。

专家组裁定

…………

（ⅰ）涉案措施的构成

7.28　专家组注意到，本诉请对中国《著作权法》，尤其是第 4（1）条的指控，不是针对其在任何特定情形下的适用，而是针对措施"本身"。争端双方在第一次实质性会议后不久就一直对措施的正确翻译存在分歧。因此，专家组有义务根据其职权，对措施有关条款的含义进行客观评估。专家组意识到，客观地讲，在这种情况下，通常适宜由成员解释其法律的含义。但如果在争端中出现各方针对涉案措施的某一条款提出某种特定解释的情况，则各方应就其解释的正确性承担举证责任。专家组强调，审查这些措施仅仅是为了确定措施是否与中国《TRIPS 协定》项下义务保持一致。

…………

7.34　专家组从包含 8 个条款的《著作权法》第一章着手分析。第 1 条规定法律目的，包括保护文学、艺术和科学作品作者的著作权，以及与著作权有关的权益。

7.35　第 2 条规定了获得保护的资格条件。可以将第 1 款［专家组将以"第 2（1）条"指代］翻译为：

Chinese citizens, legal entities or other organizations shall enjoy copyright in their works in accordance with this Law, whether published or not.

7.36　可以将第 2 款［专家组将以"第 2（2）条"指代］翻译为：

The copyright enjoyed by foreigners or stateless persons in any of their works under an agreement concluded between China and the country to which the author belongs or in which the author has his habitual residence, or under an international treaty to which both countries are parties, shall be protected by this Law.

就《实施国际著作权条约的规定》而言，可以将《伯尔尼公约》（1971）视为一项"国际著作权条约"。

7.37 第 3 条就本法中的"作品"做了非穷尽的列举，其中包括以一系列作品形式创作的文学、艺术、自然科学、社会科学及工程技术作品。

7.38 第 4 条特别规定，某些"作品"不受本法保护。

7.39 第 5 条规定了本法不适用的对象（这些对象似乎属于公众领域或不具有原创性）。

7.40 第 6 条规定了某些作品由其他措施规范。

7.41 可以看到，第 2（2）条和第 4（1）条存在关联。第 2（2）条规定某些外国人在其作品中享有的著作权"受本法保护"，而第 4（1）条使用了相同的语言，只不过加了一个"不"，规定某些作品"不受本法保护"。这表明第 4（1）条否认了第 2（2）条所授予的权利。

7.42 关于第 4（1）条，该条内容在前文第 7.1 段有所论述。

7.43 前一条，即第 3 条对作品做出了定义。

7.44 双方同意，将"出版、传播"翻译为"publication and/or dissemination"是适当的。双方之前已经使用过"publication or distribution"和"publication and dissemination"的翻译方法。中国主张，将传播一词翻译为"dissemination"，与内容审查规定中经常使用的可译为"distribution"的发行一词含义不同且更为宽泛。

7.45 从表面来看，"依法禁止"一词不限于任何特定的立法，可以适用于任何禁止作品出版、传播的法律。美国主张，该词是指"其他法律法规"。无论如何，从措辞上看，该条显然适用于一类"作品"——其出版、传播在某种方式上被法律所禁止（下文第 7.72 段和第 7.82 段对这一用语做了更为详细的审查）。

7.46 被翻译为"shall not be protected by this Law"的中文原文中并没有使用"应当"（shall）一词，因为其没有使用助动词。但是，毫无疑问，《著作权法》第 4（1）条属于强制性规定。很显然，"本法"指的是《著作权法》。从表面来看，它是指《著作权法》的保护，而非其保护的任何部分。

7.47 美国解释道，这一短语否定了《著作权法》第 10 条列举的权利以及第 46 条和第 47 条规定的救济。中国同意其包含了第 10 条所列举的所有权利。

7.48 专家组注意到，《著作权法》的保护尤其体现在第二章第一节"著作权人及其权利"中。该节包括第 10 条，该条规定"著作权"包括第 1 款中的 4 种人身权和 13 种财产权。举例而言，财产权包括：（5）复制权、（11）广播权、（14）改编权以及（15）翻译权。其中所列出的每项具体权利都与"作品"有关。第 10 条的第 2 款规定，著作权人可以"授权"他人行使第（5）~（17）项规定的财产权。第二章第三节的标题是"权利的保护期"，第 21 条规定了第 10 条第 1 款第（5）~（17）项中财产权的"保护期"。

7.49　根据第 11 条、第 24 条以及其他条款，财产权似乎是专有权。第 11 条规定作品著作权属于作者，而第 24 条规定，使用他人作品应当同著作权人订立许可使用合同，例外情况除外。

7.50　专家组裁定，正如美国所主张的那样，《著作权法》表面足以清楚表明，第 4（1）条拒绝对某些作品，包括 WTO 成员国民的作品，提供第 10 条规定的保护。

7.51　这种解释符合中国最高人民法院在 1998 年某个国内诉讼——专家组称之为"《内幕》案"——中所阐述的观点。美国提交了该案最高人民法院给某省高级人民法院的信函，2000 年最高人民法院重新公布了该信函。这封出自中国最高司法机关的信函，对理解《著作权法》第 4（1）条具有指导意义。该案涉及一本书，该书的出版违反了行政管理规定，但其内容并没有违反任何法律。信函中，最高人民法院认定，一审和二审法院对涉案书籍给予《著作权法》保护是正确的，理由如下：

> 《内幕》最早发表在 1994 年第二期《炎黄春秋》杂志上，同年 5 月，经四川省委统战部对该书稿进行审查后，批准同意出版。《内幕》一书正文不存在违反任何法律的内容。因此，一、二审法院按照著作权法的规定对该作品给予保护，是正确的。

7.52　专家组认为，最高人民法院的信函证实了《著作权法》第 4（1）条拒绝给予著作权保护，并澄清第 4（1）条对作品因其内容而被禁止出版传播的情形适用。

7.53　专家组注意到，中国的书面陈述也支持这个观点。……
…………

7.59　中国尤其承认，对于请求采取行动保护未经修改的、被禁止的侵权作品著作权的，将不予保护。

7.60　根据美国提交的尤其包括《著作权法》文本在内的证据，上述所有论述均证实了专家组的如下观点：该法第 4（1）条会因作品内容而拒绝提供著作权保护。

7.61 但是，在第一次实质性会议之后，中国对其之前的陈述进行了澄清。中国主张，《著作权法》第4（1）条只是拒绝提供"著作权保护"，并不会导致对著作权的否定。中国主张，《著作权法》第4（1）条并不影响第2条著作权的授予。其核心原则是，中国法律不会对内容违法的作品提供著作权法的保护。中国解释如下：

> 在第4.1条对作品产生影响的意义上，它的适用只是拒绝提供特定形式的著作自我审查权利，不会否定著作权。因此，第4.1条并未以任何方式违反《伯尔尼公约》第5（1）条的实施：它并不破坏第2条的其他著作权。如果适用第4.1条，其后果将是对权利人自我审查权的否定——未被禁止的作品通常享有该权利。

7.62 在回答第二次实质性会议后的问题时，中国主张，第4（1）条拒绝提供"保护"后，对著作权的"享有"或"授予"这个根本性的权利仍继续存在。如前所述，美国主张这只是一种人为的区分。

7.63 专家组注意到，中国将《著作权法》第4（1）条提到的"保护"等同于著作权的执法权。但是，中国没有提供任何合理依据，表明第4（1）条，其影响仅限于《著作权法》中部分受保护的权利。中国将第4（1）条提到的"保护"与根据《著作权法》第2条"享有"的著作权进行比较。但是，第2（2）条和第4（1）条所提到的概念从表面上看完全相同。中国指出，第4（1）条并没有明文规定有的作品会"不享有著作权"。这个主张属实，但法律保护的就是著作权。

7.64 中国关于区分"著作权"和"著作权保护"的主张也比较了以下两个方面的内容：一方面是《著作权法》第2条对著作权的授予——据称其在作品完成时自动发生，不需要履行手续；另一方面是依据《著作权法》第4（1）条否定著作权的程序——只发生在法院或版权局做出裁定之后的执行程序中。

7.65 美国主张，在内容审查的主管机关或法院拒绝对著作权进行保护之前，作者可能不会收到正式的第4条的适用通知。但这个事实并不改变法律的适用方式。

7.66 专家组认为，中国的区分不恰当。在中国看来，该规定似乎具有如下后果：著作权的享有和行使不受任何程序的约束，而拒绝对著作权提供保护则受正式裁定约束。即便是认可这种表面上的区分，该区分实际上也无法解决法院或版权局根据《著作权法》第4（1）条对作品拒绝提供保护后出现的情况。当主管机关根据作品性质以及《著作权法》禁令拒绝对作品提供著作权保护后，著作权本身仍能不受干扰而继续存续的主张很难令人信服。

7.67　中国没有解释，在依据《著作权法》第4（1）条否定了著作权保护之后，在何种意义上作者的作品还能享有著作权，或著作权在何种意义上存续。例如，中国没有解释，作者将如何主张其作品著作权并对作品进行许可和转让。在这种情况下，即便第2条项下保留了任何的著作权，也不过是一种虚假的权利，权利的存在无法得到证明。因此，根据已提交的证据，专家组无法认定，对依据《著作权法》第4（1）条拒绝提供保护的作品，作者仍继续享有作品的"著作权"。

7.68　无论如何，《TRIPS协定》的设定，是使特定对象享有第二部分规定的保护权，且成员必须确保有可行程序来执行第三部分规定的保护权。如果一成员的法律规定，符合规定条件的对象将不受知识产权法的保护，这将不仅仅是一条违反第三部分、不提供执行程序的规定，而且也违反第二部分的规定。中国司法机关可以行使自由裁量权，在某些特定的情况下不提供特定的救济，同时，中国《著作权法》第4（1）条更进一步拒绝对符合规定条件的对象提供保护。

7.69　如上所述，中国提及《内幕》案中最高人民法院的信函，以及国家版权局的书面答复，以证明"著作权"和"著作权保护"之间存在差异。专家组注意到，这两个不同的机关都采用了《著作权法》第4（1）条的用语，且国家版权局将第4（1）条同著作权保护与著作权享有联系在一起。因此，专家组认为，没有理由从这一证据中得出不同于《著作权法》字面措辞的结论。

7.70　中国主张，《著作权法》第2条直接将《伯尔尼公约》（1971）赋予作者的权利落实到中国法律中，只要是《伯尔尼公约》授予的著作权，即受中国法律保护。中国并未主张，就国外作品而言，当存在任何与国际条约义务相左的情况时，国际条约优先于《著作权法》适用。相反，中国明确证实，第4（1）条是对第2条普遍原则的有限例外。因此，专家组认为不需要考虑经由被纳入《TRIPS协定》的《伯尔尼公约》（1971）特别授予的权利可能产生的直接影响。

7.71　基于上述原因，专家组认为中国没有提出任何影响上文第7.50段裁定的证据。

（ii）被禁止作品的认定标准

7.72　接下来，专家组考虑受《著作权法》第4（1）条约束的作品范围。这在很大程度上取决于第4（1）条所使用的"依法禁止出版、传播"这一表述的含义。专家组忆及上文第7.45段的裁定：这一表述字面上不限于任何特定立法。

7.73 美国提交了一份禁止出版传播的法律法规列表。在美国看来，这些法律法规是对《著作权法》第4（1）条项下著作权保护的否定。该列表是2002年TRIPS理事会审议其立法时，中国答复有关《著作权法》第4（1）条所指的法律、法规这一问题时提交的。所提及的法律法规包括《刑法》、《出版管理条例》、《广播电视管理条例》、《音像制品管理条例》、《电影管理条例》以及《电信条例》。

7.74 中国证实，所列法律、法规提及界定作品或内容被禁的法律标准。在回答专家组提出的问题时，中国承认，"依法禁止"一词含义宽泛，可能涉及该列表中一些法律、法规诸多条款所规定的标准，因此，作品含有被这些法律所禁止内容的，即属《著作权法》第4（1）条意义上的被禁作品。

7.75 专家组注意到，争端方最终就被禁作品的标准达成一致。考虑到该问题在本案讨论过程中发生的变化，专家组将对该证据进行审查。

7.76 最高人民法院在《内幕》案中的信函表明，因涉案作品的文字没有违反"任何法律"，从而《著作权法》第4（1）条不能对该案适用。信函措辞不限于任何特定法律，但包括所有决定内容合法性的法律。

7.77 在同一案件中，国家版权局给最高人民法院的书面答复被译如下：

Yet the '［w］orks the publication and dissemination of which are prohibited by law'in Article 4 of the Copyright Law refer only to works whose contents are illegal（reactionary, pornographic, or superstitious contents）.

7.78 中国在提交专家组的第一次书面陈述中对此解释如下：

作为一个法律问题，《著作权法》第4.1条不保护的仅限于内容完全违宪或不道德的作品。

7.79 在专家组看来，中国书面陈述中引述的宽泛标准，是根据有关内容审查条例而适用的标准。例如《电影管理条例》第25条、《音像制品管理条例》第3条以及《出版管理条例》第26条包含了完全相同的10种被禁电影、音像制品和出版物内容，它们是：

（1）反对宪法确定的基本原则的；

（2）危害国家统一、主权和领土完整的；

（3）泄露国家秘密、危害国家安全或者损害国家荣誉和利益的；

（4）煽动民族仇恨、民族歧视，破坏民族团结，或者侵害民族风俗、习惯的；

（5）宣扬邪教、迷信的；

（6）扰乱社会秩序，破坏社会稳定的；

（7）宣扬淫秽、赌博、暴力或者教唆犯罪的；

（8）侮辱或者诽谤他人，侵害他人合法权益的；

（9）危害社会公德或者民族优秀文化传统的；

（10）有法律、行政法规和国家规定禁止的其他内容的。

7.80　中国证实，第（1）、（2）、（7）项的内容"明显违宪"；第（5）项和第（7）项的内容从表面上看，是指"迷信"、"淫秽"或"不道德"内容。在回答专家组问题时，中国主张，"依法禁止"的"法"是指上述实体标准以及诸如《电信条例》第 57 条和《刑法》第 364 条等条款。

7.81　专家组注意到，第 7.79 段阐述的 3 个内容审查条例中的禁止性内容包括国家版权局没有提及的其他 6 类内容。但是，专家组并不认为，国家版权局的意思是，确定作品是否被《著作权法》第 4（1）条依法禁止出版、传播的标准，要比内容审查条例罗列的完整标准更严。国家版权局的书面答复列出了 3 项宽泛的标准，原文中 3 项标准之后紧跟着表示"etcetera"含义的"等"字，表明不是穷尽性列举。同时，从上下文含义理解书面答复，争议点在于，作品遭出版禁令是由于与内容无关的行政原因，这是否违反《著作权法》第 4（1）条的规定。上文第 7.74 段所提到的中方陈述肯定了这种观点。

7.82　基于上述原因，专家组认为，《著作权法》第 4（1）条禁止的作品，包含因符合上文第 7.73 段所列举法律、法规所规定的标准而被认定内容违法的作品，这些法律、法规包括内容审查条例。

（iii）认定第 4（1）条所禁作品的程序

7.83　专家组注意到，"依法禁止"的作品范围，不仅取决于内容被认定为违法的标准，还取决于根据《著作权法》第 4（1）条认定作品含有违法内容的程序。

7.84　美国主张，《著作权法》第 4（1）条适用于：（1）从未在中国提交以备内容审查的作品；（2）在中国等待内容审查结果的作品；（3）供中国境内发行未被授权的作品修订版本；（4）未能通过内容审查的作品。

7.85 在第一次书面陈述中，中国主张，内容审查程序的依据不是《著作权法》第4（1）条。被认定内容违禁后唯一的后果是出版权遭禁。该结果并不否定著作权的存在。第一次实质性会议之后，针对著作权与内容审查的关系，中国对第一次书面陈述观点进行了大幅修改。

7.86 中国仍然主张"内容审查程序作为行政管理事项独立于著作权存在"，只有法院和版权局有权根据《著作权法》第4（1）条作出决定。但是，在依据《著作权法》第4（1）条就著作权保护作出决定时，法院或版权局会"尊重"内容审查的认定。如果内容审查机关认定作品含有违禁内容，版权局或法院会因此而做出作品应被"依法禁止"的决定。中国明确承认，当作品未能通过内容审查时，中国不会保护未经修改的被禁作品的著作权，以使其免受同样未经修改的违禁侵权复制品侵害。中国也不保护未通过内容审查而进行修改作品中被删除的部分。

7.87 首先，专家组将对未通过内容审查的作品做整体审查。争端双方一致认为，这些作品为《著作权法》第4（1）条所禁止。专家组忆及，第4（1）条拒绝向被禁作品提供的是《著作权法》的保护，而非该法某一部分的保护。中国主张，未能通过内容审查的作品，在特定情况下也能获得《著作权法》的保护，即删除非法内容之后的作品。专家组注意到，如果未能通过审查的作品整体违法，则前述情况不对其适用。中国声称，如果被禁作品部分内容合法，并在未经授权的情况下作出修订，"将保护原作品中合法部分的著作权，即便该作品本身——作为一个整体——为法律所禁止"。但是，中国没有解释，这在其法律体系下将如何运作。因此，专家组认定，《著作权法》第4（1）条所禁止的作品包括未能通过内容审查的作品。

7.88 接下来，专家组审查根据要求删除非法内容后通过内容审查的作品。中国保护通过审查的版本，但承认不保护被删除的非法内容。从《著作权法》表面看不出对未修改作品的侵权复制品，第4（1）条是否以及如何提供救济的情形。专家组注意到中国在本案中的立场：

> 中国指出，对于授权修改的版本，中国保护权利人著作权。在这种情形下，无论侵权复制品针对的是修改版本还是未修改版本，著作权都将得到保护。

7.89 接下来，专家组着手审查那些从未在中国提交内容审查以及正等待内容审查结果的作品。美国没有提供有关该类作品被拒绝给予著作权保护的具体示例。就此类作品提出的诉请，美国依据的是上文 7.73 段提及的中国在 TRIPS 理事会审议其立法时作出的答复，以及美国自身对该类措施与《著作权法》关系的解读。

7.90　专家组将首先考虑内容审查条例。《电影管理条例》第 24 条的规定如下：

> 未经国务院广播电影电视行政部门的电影审查机构⋯⋯审查通过的电影片，不得发行、放映、进口、出口。

7.91　《音像制品管理条例》第 36 条（应为第 28 条——译者注）规定了音像制品批发、零售和出租前的强制性的内容审查。

7.92　毫无疑问，没有获得《电影管理条例》和《音像制品管理条例》批准的电影和音像制品，是不能够出版和/或发行的。尽管所提交证据中关于内容审查的条例没有一个明确规定拒绝提供著作权保护，但它们都明确规定了禁止电影和音像制品的出版的情况。尽管这种情况下的电影和音像制品可被视为《著作权法》第 4（1）条项下被依法禁止出版的作品，但我们不清楚，在作品被视为第 4（1）条范围内的被禁作品前，是否还需要对其作品内容作出违反条例规定的裁定。

7.93　《出版管理条例》中没有出版前政府强制性内容审查的规定。但是，第 40 条和第 44 条禁止"发行单位"和"出版物进口经营单位"发行、进口含有禁止内容的出版物。在该类作品被认定为《著作权法》第 4（1）条项下被禁作品前，似乎还须就其内容违法作出认定。

7.94　美国所列两项措施禁止某些内容，但没有规定内容审查程序。这两项措施是《电信条例》和《刑法》。因此，就这两项措施而言，适用《著作权法》第 4（1）条需要先认定作品违反了这些措施的规定。

7.95　在未进行内容审查的情况下，从这些措施的表面来看，并不清楚其如何认定作品属于《著作权法》第 4（1）条意义上的被禁作品。中国主张，没有进行过内容审查的作品，法院或版权局必须确认这些作品是否合法，而大部分书籍、期刊报纸、未在中国发行的外国作品、等待内容审查结果的作品，以及其他可能已非法避开审查程序并处于未经许可流通状态的未出版书籍与作品，通常都属于这种情况。中国进一步主张，法院或版权局可能会向内容审查主管机关征求意见。

7.96　在没有依据《著作权法》第 4（1）条作出认定的情况下，这些作品的著作权地位成为一个问题。专家组注意到，《著作权法》第 2 条字面规定，某些作品的著作权受《著作权法》保护。2002 年《著作权法实施条例》第 6 条规定，"著作权自作品创作完成之日起产生"。

7.97 虽然措施字面规定明确表明，《著作权法》第 4 (1) 条拒绝对某些作品提供著作权保护，但这并不意味着，从作品完成时起，到主管机关根据《著作权法》第 4 (1) 条作出认定时止，这个规定的适用，将优先于由《著作权法实施条例》第 6 条实施的《著作权法》第 2 条关于著作权保护的规定。因此，专家组不清楚，那些没有提交强制性内容审查的作品和等待内容审查结果的作品，是否属于《著作权法》第 4 (1) 条的管辖范围。

7.98 此外，专家组审查了中国提交的具体行政执法案例。从未进行过内容审查的作品案例包括盗版外国教科书的情况。专家组注意到，该行政处罚决定是国家版权局和两个下属版权局在 2006 年 6 月和 10 月，根据《著作权法》第 47 条，针对 3 家大学未经授权复制、发行教科书的行为发布的。但是，专家组发现这些案例不具有指导作用，因为：(1) 对于大学教科书而言，不存在强制性出版前内容审查程序；(2) 相关教科书内容涉及桥梁设计、社会福利、物理和经济等，与相关条例禁止的内容明显没有任何联系。

7.99 关于等待内容审查结果作品的案例，是对正版外国动画电影《史莱克 2》，在其得以批准上市之前对其采取"特别"行政执法行动的情况。专家组注意到，援引《著作权法》第 47 条和《著作权法实施条例》第 36 条的行政处罚文件于 2004 年 9 月公布，针对的对象是厦门一家在未经授权情况下发行《史莱克 2》DVD 复制品的音像店。

7.100 证据还包括国家版权局于 2001 年 11 月对下级版权局发布的通知，目的是根据美国电影协会的请求，对其列出的 788 部外国电影作品加强执法行动。通知第一段表明这是一次特别行动。通知包含那些修改后未经过审查以确定其是否可以通过内容审查的作品。同时，根据通知第二段，对于那些中国境外地区编码、内容包含未经修改可能不能通过内容审查的盗版 DVD，该通知同样适用。

7.101 美国回应称，对于提交法院的案件，作为行政机关的国家版权局和地方版权局无权在庭审案件中对《著作权法》进行司法解释。中国答复称，《著作权法》第 46 条和第 47 条以及《刑法》第 217 条和第 218 条规定了 3 种著作权救济形式：民事程序、行政程序和刑事程序。法院对民事和刑事问题有管辖权，国家版权局对行政问题有管辖权。

7.102 专家组注意到，国家版权局是《著作权法》中的行政主管机关，同时注意到，最高人民法院在《内幕》案中就该案所审查的问题征求国家版权局的意见。因此，专家组裁定证据可以被纳入考虑范围。但是，专家组注意到，上文第 7.99 段和第 7.100 段所讨论的两个例子都发生在特殊情况之下，且在第二个案子中看不出实际采取了任何执法行动。因此，在审查《著作权法》本身时，专家组认为这些证据的证明力极小……

7.103　基于上述理由，专家组裁定，《著作权法》第 4（1）条下被拒绝给予保护的作品，包括未能通过内容审查的作品，和为通过审查而修改的被删除部分（前提是其构成作品）。专家组认定，对于从未在中国提交内容审查的作品、在等待中国内容审查结果的作品，以及经修改获准在中国发行作品的未修改版本，美国未能提供初步证据。

（iv）被纳入《TRIPS 协定》第 9.1 条的《伯尔尼公约》（1971）第 5（1）条

7.104　本诉请的依据是《TRIPS 协定》第 9.1 条，目前该条已经将《伯尔尼公约》（1971）第 5（1）条纳入其中。《TRIPS 协定》第 9.1 条规定如下：

> 各成员应遵守《伯尔尼公约》（1971）第 1 条至第 21 条及其附录的规定。但是，对于该公约第 6 条之二授予或派生的权利，各成员在本协定项下不享有权利或义务。

7.105　美国和中国均为 WTO 成员，因此，两国均受《TRIPS 协定》，包括被纳入《TRIPS 协定》《伯尔尼公约》（1971）条款的约束。被纳入《TRIPS 协定》第 9.1 条的《伯尔尼公约》（1971）第 5（1）条规定：

> 1. 根据本公约得到保护的作品的作者，在除作品起源国外的本联盟各成员国，就其作品享受各该国法律现今给予或今后将给予其国民的权利，以及本公约特别授予的权利。

7.106　《伯尔尼公约》（1971）第 5（1）条规定，作者享有两类有所重叠的权利。它们被称作"公约授予的保护赖以存在的两大支柱"。[①] 两类权利中，首先是"各该国法律现在给予或今后将给予其国民的权利"。这是一种国民待遇义务。……

---

① 《保护文学和艺术作品的伯尔尼公约：1886 - 1986》（*The Berne Convention for the Protection of Literary and Artistic Works*：1886 - 1986），Ricketson, S., 玛丽皇后学院, 1987（"Ricketson"），第 543 页第 5.66 段。另见 Ricketson, S. 和 Ginsburg, J. C. 合著的《国际著作权和邻接权——伯尔尼公约及其之外》（*International Copyright and Neighbouring Rights-The Berne Convention and Beyond*），牛津大学出版社, 2006, 第 310 页第 6.90 段。

7.107 其次是"本公约特别授予的权利"。公约没有就该权利加以界定。但是，第5（1）条是指作者就作品享有的各项权利。第6条之二、第8条、第9条、第11条、第11条之二、第11条之三、第12条、第14条、第14条之二、第14条之三都是对该各项权利的规定。但是，包括第5条在内被纳入《TRIPS协定》的《伯尔尼公约》（1971）条款，受《TRIPS协定》第9.1条的约束。因此，纳入《TRIPS协定》第9.1条的公约第5（1）条"本公约特别授予的权利"，并不包括《伯尔尼公约》（1971）第6条之二提及的各种权利。本报告在该意义上讨论这些权利。

7.108 美国诉请将这些权利作为一个集体加以考虑……

7.109 中国提出自己已经施行了《伯尔尼公约》（1971）第5（1）条。中国在第5（1）条项下没有提出如何抗辩，其抗辩是基于《伯尔尼公约》（1971）第17条提出的。……

7.110 专家组注意到，纳入《TRIPS协定》的《伯尔尼公约》（1971）"特别授予的权利"包括譬如翻译和授权翻译作品的专有权（第8条）以及授权复制作品的专有权（第9条）这两项实体权利。

7.111 就中国对《伯尔尼公约》（1971）"特别授予的权利"的履行情况，美国提及《著作权法》第10条及该法第46条和第47条所列举的各种权利，但未针对这些条款提出如何指控。

7.112 中国承认，作者依《伯尔尼公约》要求的实体保护权以及其他权利是《著作权法》第10条授予的。中国主张，《著作权法》第10条完全满足《伯尔尼公约》的所有要求。

7.113 专家组注意到，《著作权法》第10条第1款第（5）~（17）项列举的很多权利，属于《伯尔尼公约》规定中特别授予的权利。第10条第2款规定，权利人可以授权他人行使这些财产权，且这些权利看起来属于专有权。专家组由此裁定，履行《伯尔尼公约》（1971）特别授予权利的是《著作权法》第10条。

7.114 专家组忆及其前述认定，正如美国所主张的，《著作权法》第4（1）条拒绝给予某些作品——包括WTO成员国民作品，第10条的保护。专家组注意到，双方均未主张，《著作权法》第4（1）条拒绝对著作权提供保护的规定，属于《伯尔尼公约》（1971）第9（2）条、第10条或第10条之二中针对特定具体权利的例外规定。双方也都没有主张，拒绝根据《著作权法》第4（1）条提供著作权保护属于《TRIPS协定》第13条所允许的例外条款范围。

7.115　专家组注意到，《伯尔尼公约》（1971）第 5（1）条项下的两类权利都涉及作者受公约保护的"作品"。至于作者享有的公约特别授权"作品"，其种类因授权条款的不同而不同。例如，复制权（第 9 条）和广播权（第 11 条之二）授予"文学和艺术作品"作者。该表述在《伯尔尼公约》（1971）第 2（1）条中以非穷尽式列举方式予以界定。

7.116　专家组忆及上文……裁定：《著作权法》第 4（1）条拒绝给予保护的作品包括未能通过内容审查的作品及修改后通过内容审查的作品中被删部分——如果其构成作品。专家组进而忆及……其关于《著作权法》，尤其是第 4（1）条所采用的"作品"一词的含义的裁定，双方均同意，《著作权法》特别是对第 4（1）条适用的"作品"，即使非全部，也至少涵盖《伯尔尼公约》（1971）第 2（1）条"文学和艺术作品"意义上的部分作品。毫无疑问，中国《著作权法》第 4（1）条所适用的作品，其范围比《伯尔尼公约》（1971）第 2 条及第 2 条之二拒绝或限制保护的作品范围更加宽泛。

7.117　基于上述原因，专家组裁定，《著作权法》字面用语足以令美国充分证明，《著作权法》尤其是第 4（1）条，违反纳入《TRIPS 协定》第 9.1 条的《伯尔尼公约》（1971）第 5（1）条的内容。但该裁定成立与否取决于专家组在下文对《伯尔尼公约》（1971）第 17 条进行的分析。

7.118　专家组忆及上文……裁定并确定认为，对于那些从未在中国提交内容审查的作品、等待中国内容审查结果的作品，以及经修改获准在中国发行的作品的未经修改版本，该结论不适用。但是，专家组明白，在内容审查机构未作出裁定的情况下存在的拒绝对版权进行保护的可能性意味着，在作出《著作权法》第 4（1）条认定前，存在对不符合内容审查标准作品保护的不确定性，以及这种不确定对享有上述权利所产生的影响。因此，专家组重申中国在本争端中所坚持的如下立场：

> 著作权产生于作品完成时，并且不依赖于出版。没有出版的作品受到保护，尚未在中国市场出版的外国作品受到保护，从未在中国市场出版的作品也受到保护；并且未经审查作品绝没有被"依法禁止"。

7.119　根据纳入《TRIPS 协定》第 9.1 条的《伯尔尼公约》（1971）第 5（1）条，中国有保护该类作品著作权的国际义务。

（v）纳入《TRIPS 协定》第 9.1 条的《伯尔尼公约》（1971）第 17 条

7.120　中国根据纳入《TRIPS 协定》第 9.1 条的《伯尔尼公约》（1971）第 17 条提出抗辩。中国主张，《伯尔尼公约》（1971）授予作者的所有权利都受到公约第 17 条的限制；第 17 条并非对审查权的穷尽性规定；第 17 条所采用的宽泛用语"有效地否定了 WTO 在该领域的管辖权"。

7.121 美国回应称，《伯尔尼公约》（1971）第 17 条并没有授权采用内容审查体系——该体系拒绝对没有被批准出版发行的所有作品提供著作权法律保护。

7.122 ……《伯尔尼公约》（1971）第 17 条规定如下：

> 如果有必要，本公约的条款不应以任何方式妨碍本同盟各成员国政府通过法律或条例对任何作品或制品的发行、演出、展出，行使许可、监督或禁止的权利。

7.123 第 17 条所指"本公约的条款"，包括《伯尔尼公约》（1971）第 5（1）条。

7.124 双方一致同意，第 17 条确认，政府对作品的使用享有一定的控制权。双方的分歧在于，这些权力是否包括拒绝对特定作品所有的著作权内容提供保护。

7.125 专家组注意到，第 17 条用语中有的含义宽泛，特别是"不应以任何方式妨碍"和"任何作品或制品"。"任何作品"一词的使用（尽管在法文版本中略有不同）证实第 17 条与公约其他实体条款对象相同。但是，这些短语不是单独使用的，而是指政府"许可、监督或禁止"任何作品或制品"发行、演出、展出"的权力。

7.126 政府"监督或禁止"任何作品或制品"发行、演出、展出"的权力，显然包括了为了公共秩序进行的审查。中国和美国均提及《伯尔尼公约》外交会议记录、学术著作中的观点，以及 WIPO《伯尔尼公约指南》（由中国提出），所有这些文件均解释认为第 17 条主要涉及审查权和公共秩序。

7.127 专家组同意，"发行、演出、展出"这 3 个词并不必然是对第 17 条所涵盖的作品利用形式的穷尽列举。但是，这 3 个词有一个值得注意的特点，它们与《伯尔尼公约》（1971）所授予的实体权利定义采用的措辞并不对应，尽管它们有可能属于这些实体权利的一部分，或者属于行使这些实体权利时的附带行为。公约关于授予实体权利的条款甚至没有"展出"一词。因此，不能推断第 17 条授权可以拒绝对任何作品的所有著作权提供保护。

7.128 专家组理解，中国《著作权法》第 10 条的立场有些不同。《著作权法》第 10 条在第（6）项中规定了"发行权"，第（8）项规定了"展览权"，第（10）项规定了"放映权"，这可能与《伯尔尼公约》（1971）第 17

条的"发行、演出、展出"作品相对应。《著作权法》第 10 条还在第（1）项中规定了"发表权"以及"发行权"，二者似乎与《著作权法》第 4（1）条作品因内容违法被禁出版传播直接矛盾。在纳入《TRIPS 协定》的《伯尔尼公约》（1971）特别授予的权利之外，《著作权法》第 10 条可能规定了额外或更为宽泛的权利，而《著作权法》第 4（1）条否定的可能是这样一些权利，对此，专家组不作任何判定。

7.129　专家组注意到，《著作权法》第 4 条的第二句话（并非本案诉请对象）似乎已经解决了中国针对某些权利的公共政策考虑。第 4 条第二句话规定：

> 著作权人行使著作权，不得违反宪法和法律，不得损害公共利益。

7.130　该条并未规定拒绝提供著作权保护，但如中国所承认，它要求权利人及被授权人在行使权利时遵守法律。与此相对，《著作权法》第 4 条第一句话拒绝对特定作品提供任何著作权保护。

7.131　中国提请专家组注意 WIPO《伯尔尼公约指南》。指南就《伯尔尼公约》（1971）第 17 条陈述如下：

> 它包括政府采取合理措施维持公共秩序的权力。在这一点上，成员国主权不受公约所授予权利的影响。作者只有在不与公共秩序产生冲突时才能行使其权利。前者必须让步于后者。因此，该条赋予公约成员国某种控制权。

7.132　专家组赞同这一解释。政府许可、监督或禁止发行、演出、展出作品的权力，可能影响权利人或权利人授权第三方对受保护作品某些权利的行使。但是，没有理由认为审查将会剥夺特定作品所有的权利。

7.133　对于《伯尔尼公约》（1971）授予的权利，中国无法解释《著作权法》第 4（1）条缘何完全拒绝对特定作品给予保护。在不影响《伯尔尼公约》（1971）所授予权利范围的前提下，很清楚，这些权利大都属于受保护作品对某种行为给予授权的专有权利。权利的专有授权必然包含制止他人就受保护作品采取相关行为的权利。中国无法解释审查权缘何干涉著作权人防止第三方使用被禁作品的权利。

7.134　中国主张，该著作权保护"在法律和事实上都没有生效"，因为公共禁令阻断了经济权利的实现。中国进一步主张，在这种情况下著作权保护毫无意义。中国提请专家组注意，《著作权法》第 4（1）条的适用范围极度有限，对市场的影响以及对成员利益丧失或减损的影响均可忽略不计。

7.135　专家组注意到，著作权和政府审查权解决的是不同的权利和利益问题。著作权保护私权——反映在《TRIPS 协定》前言第 4 段中，而政府审查权涉及的是公共利益。

7.136　在回应专家组的问题时中国表示，"即使是不存在未经作者授权的修改版本的情况下，也将一贯打击对修改作品的侵权行为，保护著作权"。中国没有解释其法律将如何使之成为现实。在回答专家组的另一问题时中国表示，如果一部不受保护的被禁作品之后成为合法作品，中国将保护作品在此之后享有的著作权。这可能需要法院或版权局对作品重新作出认定。但在中国看来，这不属于《伯尔尼公约》（1971）第 5（2）条的形式要求。无论如何，专家组忆及，在认定作品被禁决定作出之前，《著作权法》第 4（1）条造成商业上的不确定性。

7.137　中国主张，公共审查使得私权执法不再有必要，同时，公共审查会比著作权执法更为有效地将被禁内容排除出公共领域。专家组注意到，这些主张，即使相关，也没有得到证明。

7.138　专家组进一步忆及，根据 DSU 第 3.8 条，如果一项措施违反中国在某项适用协定下的义务，将被认定构成利益丧失或减损的初步证据。即使涉案措施迄今为止尚未对外国作品造成实际影响，它对 WTO 成员国民作品也存在潜在影响。

7.139　基于上述原因，专家组……认定，即便中国享有《伯尔尼公约》（1971）第 17 条认可的权力，《著作权法》——尤其是其第 4.1 条——仍然违反纳入《TRIPS 协定》第 9.1 条的《伯尔尼公约》（1971）第 5（1）条的规定。

* * *

二　商标

1. 可保护的商标

《TRIPS 协定》第 15.1 条规定，任何标记或标记的组合，只要能够将一企业的货物和服务区别于其他企业的货物或服务，即能够构成商标。此类标记，特别是单词，包括人名、字母、数字、图案的成分和颜色的组合以及任何此类标记的组合，均应符合注册商标的条件。如标记无固有的区别有关货物或服务的特征，则各成员可以由通过使用而获得的显著性作为注册的条件。各成员可以要求，作为注册的条件，这些标记应为视觉上可感知的。

第 15.1 条沿用了《巴黎公约》"显著性"注册检验的标准。《巴黎公约》① 允许盟国对没有任何显著性特征的商标拒绝给予注册。缺乏显著性的示例包括："商标太简单（一个单一的星、花冠或字母）、太复杂（给人产生的印象是它是所涉商品的一种装饰或装潢，或仅仅是构成建议购买或使用此种商品的一种宣传），或所涉标记已经处于一般的使用中。"②

大多数商标法将本身具有固有显著性的标记，与使用后才具有显著性的标记区分开来。《TRIPS 协定》承袭了这种区分，规定"如标记无固有的区别有关货物或服务的特征，则各成员可以由通过使用而获得的显著性作为注册的条件"。③

根据《巴黎公约》的相关规定，"固有的显著性"表示代表产品的商标随意而富于联想（arbitrary and fanciful）。如果商标只对产品进行描述，则不具有充分的显著性。因此公约不保护"完全是用在商业中表示商品种类、质量、数量、用途、价值、原产地或生产日期的符号、标记所组成的商标，以及被请求给予保护的国家的现代语言或正当商务实践中惯用的符号标记所组成的商标"。④

《TRIPS 协定》第 15.4 条规定，"商标所适用的货物或服务的性质在任何情况下不得形成对商标注册的障碍"。该规定为《巴黎公约》第 7 条的内容，旨在垄断或特许的情况下，保证商标权利的行使。

2. 可注册的标记

协定列举了有注册资格的标记："人名、字母、数字、图案的成分和颜色组合以及任何此类标记组合的单词"，同时规定"成员方可以要求，作为注册的条件，这些标记应在视觉上可感知"。"视觉上可感知"使形状、声音甚至气味注册为商标成为可能。⑤

美国在"克拉克"（Re Clarke）一案中判决香味可作为商标注册。⑥ 该案

---

① 《巴黎公约》第 B.2 节第 6 条之五。
② G. H. C. Bodenhausen, *Guide to the Application of the Paris Convention for the Protection of Industrial Property*, 115, WIPO Publication, 1969.
③ 《TRIPS 协定》第 15.1 条。
④ 《巴黎公约》第 B.2 节第 6 条之五。
⑤ 《TRIPS 协定》第 15.1 条。
⑥ 17 USDQ 2d, 1238。

中，商标申请人提出，她的刺绣纱线和线上的香味有别于其产品，并将她申请注册的香味描述成"一种强烈的对新鲜盛开的杏花花香的回味"。①

但是，协定规定，成员在拒绝商标注册时不得超出《巴黎公约》的有关规定范围。② 根据《巴黎公约》，可拒绝商标注册的标记有：与驰名商标混淆的复制、伪造或翻译品；未经授权使用的（巴黎）联盟国家徽记、旗帜、这些国家的其他象征性标记、这些国家代表控制与授权的官方印记和标志以及纹章学认定的对上述标记的仿制品；侵犯第三方在注册国也获得保护的商标的标记；"违反道德或公共秩序"和可能"欺骗公众"的标记。

3. 注册及维持

各成员可以将使用作为注册条件，但不得将商标的实际使用作为接受申请的条件，不得仅以自申请日起 3 年期满后商标未按原意使用为由拒绝申请。③ 此外，各成员应在商标注册前或在注册后迅速将其公布，同时，允许申请注销注册的合理请求，并允许对商标注册提出异议。④ 防止第三方使用已注册商标的排他权"不得影响各成员以使用为基础提供权利的可能性"。⑤

上述规定涉及一些关键含义的解释以及实际操作的问题。

（1）使用

《TRIPS 协定》和《巴黎公约》都没有定义"使用"。最初，商标的功能是表明商品和服务的原产地。虽然，之后商标作为品质担保或市场区分的辅助功能也得到了普遍的认可，但通常认为，"原产地功能"仍是商标的首要功能。因此，如果一个商品不能表明它所代表的产品或服务的原产地，则这个商标就没有被"使用"。例如，当一个商标被用来表明它所代表的产品或服务的质量时，这个商标就没有被"使用"。⑥

大多数国家将"使用"作为维持商标注册的要求。针对这种要求，协定第 19 条规定，"只有在至少连续 3 年不使用后方可注销商标注册，除非商标所有人根据对商标使用存在的障碍说明正当理由"。在此，不使用的正当理由是"出现商标所有人意志以外的情况"，比如"对受商标保护的货物或服务实

---

① A high impact, fresh floral fragrance reminiscence of plumeria blossoms.

② 《TRIPS 协定》第 15.2 条。

③ 《TRIPS 协定》第 15.3 条。

④ 《TRIPS 协定》第 15.5 条。

⑤ 《TRIPS 协定》第 16.1 条。

⑥ Michael Blakeney, "The Management and Protection of Marks", 12 *Intellectual Property in Asia and the Pacific*, 12, 1987.

施进口限制或其他政府要求"。①

目前，对构成适当"使用"的次数没有权威意见。通常，一次使用可以满足"使用"的要求。在商标的使用问题上，存在一种被称为"虚幻商标"（ghost marking）的做法。这种做法是将象征性数量的商标产品投放市场以满足"使用"的要求。这种做法引发了广泛的意见。对此，现有判例主要考虑这种做法是善意使用，还是一种"欺骗性策略"（colorable stratagem）使用。②

（2）许可

关于使用的要求，协定第19.2条规定，在商标使用"受所有权人控制"的情况下，"另一人使用一商标应被视为为维持注册而使用该商标"。授权第三方使用商标通常通过许可的方式。协定第21条允许用这种方式授权第三方使用商标。第21条的规定带来两个潜在的问题，一个是许可对消费者产生的欺骗问题，另一个是许可中的控制问题。③

如前所述，商标的基本功能是向消费者表明货物或服务的原产地。例如，当人们看到"可口可乐"商标就会认为商品产自美国。因此，授权第三人使用商标对消费者具有欺骗性。正因为如此，第19.2条规定的"所有权人控制"就显得十分重要。在这种控制之下，商标事实上在行使其第二个职能——品质担保职能。

一些国家要求，许可或转让商标必须经过一定的行政管理程序，如注册登记等，并规定由政府相关机构决定许可是否符合公共利益。通常，这些国家制定的相关行政程序要求在许可或转让协议中包含品质控制方面的内容，如成分使用、生产方法、测试和检验等。

商标许可或转让协议中的贸易限制性条款，如要求排他性交易、规定销售或转售价格、限制经销产品领域等，可能违反《TRIPS协定》的一个基本原则："防止知识产权权利持有人滥用知识产权或采取不合理限制贸易的做法"。④

关于商标使用的控制存在两个方面的问题，一个是许可安排，另一个是所谓的"特色销售"带来的问题。许可安排的方式，是为了满足"所有权人控制"的要求。这种方式一旦被发现会导致商标的注销。在源于现代社会的

① 《TRIPS协定》第19.1条。
② Imperial Group v. Philip Morris Co., Ltd., FSR 72, 1982.
③ Michael Blakeney, *Trade Related Aspects of Intellectual Property Rights: A Concise Guide to the TRIPS Agreement*, 57, Sweet & Maxwell, 1996.
④ 《TRIPS协定》第8.2条。

越来越流行的"特色销售"（character merchandising）中，商标的创始人大多是一些作家、艺术家或电影制作者。当这些人创作的商标被用于一些他们完全陌生的领域时，要求他们对商标的使用进行质量监控基本上是不可能的。

（3）强制许可

协定禁止商标的强制许可。① 一般认为，强制许可与 WTO 推进贸易自由化的目标相左，因此，《TRIPS 协定》禁止这种做法。

针对强制许可问题，UNCTAD 在其《商标在发展中国家的作用》的报告中指出，实施此类强制许可可能产生两个问题：第一，商标产品来源的多样化可能对消费者是一种欺骗；第二，这种做法可能导致质量控制方面的问题。但是，在某些情况下，为防止垄断，保持市场竞争，有的国家要求强制许可。"真柠檬"（ReaLemon）一案就是一个发生在美国的强制许可案例。该案中，被告公司生产的品牌产品占领了美国大约75%的市场份额，产品价格高出同类竞争产品价格的30%左右。美国联邦贸易委员会（FTC）裁定，被告在受竞争威胁的地区，实施地区掠夺性价格歧视策略以保住市场地位。为了保证柠檬汁加工市场的有效竞争，FTC 裁令被告将"ReaLemon"这个商标以及标签的设计许可给任何一个希望从事柠檬汁加工生产和销售的申请人。②

4. 受保护的权利

协定第16.1条规定："注册商标所有权人享有专有权，以阻止所有第三方未经该所有权人同意在贸易过程中对与已注册商标的货物或服务的相同或类似货物或服务使用相同或类似标记，如此类使用会导致混淆的可能性。在对相同货物或服务使用相同标记的情况下，应推定存在混淆的可能性。"但这种权利"不得损害任何现有的优先权，也不得影响各成员以使用为基础提供权利的可能性"。

第17条允许成员将"合理使用的描述性词语"排除在保护之外。有的交易者以自己的名字、商业场所地名或使用货物或提供服务的品质特征作为商标注册的抗辩（见以下"优先权"部分），如"马兰拉面""老干妈"等。第17条正是针对这样的抗辩规定的。在裁定这类抗辩时，关键是看抗辩人主观用意的可信度（subjectively ascertainable bona fides）。③

上述规定涉及一些实际运用中的问题。

---

① 《TRIPS 协定》第21条。

② Re Borden, Inc. FTC Docket 8978, 1967 年 8 月 19 日。

③ Michael Blakeney, *Trade Related Aspects of Intellectual Property Rights: A Concise Guide to the TRIPS Agreement*, 59, Sweet & Maxwell, 1996.

（1）相同或类似标志的使用

协定以第 16.1 条"相同货物或服务使用相同标记"，"应推定存在混淆的可能性"的规定，取代各成员法院的相关裁决。但是，类似标志的使用是否可能使消费者产生混淆，则必须根据各案的裁定而定。

（2）优先权

大多数商标立法允许对侵权指控进行《TRIPS 协定》第 16.1 条规定的"优先权"抗辩。被控方可出示证据证明，商标注册之前即已对相同货物或服务连续使用相同或易于混淆的类似标记。如果同时使用两个标记的申辩真实可信（honest concurrent use），则应允许相同或类似标志同时注册。判断"同时使用"的存在通常考虑以下因素：（a）两个商标的使用可能产生的混淆的程度；（b）商标的选择以及随后的使用的可信程度；（c）同时使用的时间长度；（d）造成混淆的证据；（e）申请人的交易是否大于抗辩人的交易。

（3）无理妨碍

协定第 20 条规定，不得设置特殊要求，使商标在贸易过程中的使用受到无理的妨碍。例如，要求与另一商标一起使用等（这样将无法区分不同企业的货物与服务）。

在外国商标的许可中存在一个潜在的风险。当被许可人将许可商标的国内市场打开以后，许可方可能终止许可。墨西哥 1976 年制定的《发明和商标法》（Law on Inventions and Trademarks）第 128 条规定，国外商标许可必须将与一墨西哥企业商标联合使用。该规定的目的，正是防止上述外国许可中可能存在的风险。但是，该规定有可能违反第 20 条关于"无理妨碍"的规定。[1]

5. 保护期限

协定第 18 条规定，商标的首次注册以及每次续展的期限不得少于 7 年，并且可以无限续展。条款没有规定保护开始的时间。现行的做法有两种，普遍的一种是自接受申请日开始，还有一种是自注册日开始[2]。

6. 驰名商标

所谓驰名商标，是指商品商标因在一特定国家的单独使用，或在别国使用和/或注册而广为人知。通常，判断驰名商标的主要因素为：公众信用、保护力度、广告频率、使用范围、保护时间和消费者偏好等。[3]

---

[1] Michael Blakeney, *Trade Related Aspects of Intellectual Property Rights: A Concise Guide to the TRIPS Agreement*, 59, Sweet & Maxwell, 1996.

[2] 美国采用这种做法。

[3] 参见《巴黎公约》和《TRIPS 协定》相关内容。

《TRIPS 协定》第 16.2 条要求在确定驰名商标时考虑"相关部门公众对该商标的了解程度，包括在该成员中因促销该商标而获得的了解程度"。

通常，驰名商标有很强的区域性，一国的驰名商标未必在其他国家得到同样的认可。因此，确定驰名商标应根据司法管辖国的情况而定。

对驰名商标的保护始于《巴黎公约》。相关内容为以下。

第 6 条之二（1）对"驰名商标"特别规定："商标注册国或使用国主管机关认为一项商标在该国已成为驰名商标，已经为有权享有本公约利益的人所有，而另一商标构成对此驰名商标的复制、仿造或翻译，用于相同或类似商品上，易于造成混乱时，本同盟各国应依职权——如本国法律允许——或应有关当事人的请求，拒绝或取消该另一商标的注册，并禁止使用。商标的主要部分抄袭驰名商标或是导致混乱的仿造者，也应适用本条规定。"

第 6 条之二（2）允许自注册日起 5 年内对驰名商标的未授权注册加以注销，但对于要求取消恶意注册或禁止使用恶意注册商标的申请，第 6 条之二（3）规定不得有时间限制。

有关驰名商标的保护涉及以下几个方面的问题。

（1）未经授权的第三方注册及使用

《TRIPS 协定》将《巴黎公约》关于驰名商标的保护范围扩展至服务及不相似的货物或服务，[1] 却没有规定采用全部《巴黎公约》关于驰名商标的规定。[2] 那么，驰名商标所有权人可否根据《TRIPS 协定》要求阻止或取消未经授权的第三方注册呢？

协定第 15.2 条要求保护的客体不背离《巴黎公约》的规定，因此驰名商标所有人应当能阻止上述未经授权的第三方注册。

那么未经授权的第三方使用如何处理？

虽然《巴黎公约》规定在特定司法管辖区内没有注册不妨碍对驰名商标的保护，《TRIPS 协定》中却没有如此的表述，只在第 16.1 条中提及"注册商标的所有权人享有专有权"。如果将此处的"注册"理解为至少在一个 WTO 成员中注册，则至少《TRIPS 协定》可被当作一个法律依据。实践中，大多数 WTO 成员中的驰名商标都已注册。因此，驰名商标的保护问题主要发生在新近向国外开放的市场，或是那些经济高速增长而对驰名商标产生吸引力的国家。

---

[1] 《TRIPS 协定》第 16.2、16.3 条。

[2] 第 9.1 条版权部分明确规定采用《伯尔尼公约》规定。

（2）驰名商标的稀释

协定第 16.3 条将《巴黎公约》的保护范围扩展到"不相似的货物或服务"的规定，正是对所谓驰名商标的"稀释"（dilution）问题的规定。根据规定，只要不相似货物或服务的商标使用涉及驰名商标所有权人，且这种使用可能损害驰名商标所有权人的利益，《巴黎公约》有关驰名商标保护的规定就对其适用。

在美国的判例法中，典型的稀释涉及未经授权的第三方将标志用于不同种类的货物或服务，从而玷污或败坏驰名商标声誉的行为。如餐馆使用"Tiffany"标志，被裁定破坏了这个驰名的珠宝商标的"显著性、独特性、有效性和显贵的内涵"。被裁定存在稀释现象的例子还有杜邦（Dupont）鞋、别克–阿司匹林（Buick-Aspirin）药片、柯达（Kodak）钢琴等。

7. 注册程序

（1）申请程序

《TRIPS 协定》第 15.5 条是唯一涉及注册程序的规定："各成员应在商标注册前或注册后迅速公布每一商标。"《巴黎公约》第 6 条规定，"商标申请和注册的条件应该由联盟的每一国家的国内立法来决定"。

通常，在收到申请后，各国主管机构有权对申请进行形式和实体两方面的审查，对现有和暂停的注册商标进行调查，以确保注册商标与申请标志不相冲突。实体审查涉及对申请标志显著性、是否误导或违反公共道德等的评估。

（2）抗辩程序

《巴黎公约》允许商标所有权人反对未经授权的第三人注册，或在注册后要求撤销这样的注册。①《TRIPS 协定》第 15.5 条建议成员允许对这样的注册提出抗辩。各国的实践通常是由主管机构在公布注册商标时标明提出异议的期限。如果发生异议且双方争执不下，则由该机构对抗辩进行裁决。抗辩可以有两个理由，一个是申请人不是申请管辖区内标志的第一使用者，另一个是《巴黎公约》授予的优先权。

《巴黎公约》第 4 条（一）（1）规定，"已在本同盟一个成员国内正式提出申请专利、实用新型、工业品外观设计或商标注册的人，或其权利合法继承人，在下列规定的期限内享有在本同盟其他成员国内提出申请的优先权"。第 4 条（三）规定，"（1）上述优先权的期限，对于专利和实用新型为 12 个

---

① 《巴黎公约》第 6 条之七。

月，对于工业品外观设计和商标为 6 个月。（2）这种期限应自第一次提出申请之日起算，提出申请的当天不计入期限之内"。

三　地理标识

《TRIPS 协定》对地理标识的保护主要以禁止性规定的形式。协定第 22 条对地理标识提供一般性保护，第 23 条对葡萄酒和烈酒提供额外保护，第 24 条规定保护例外。

一些产品标识的产地并非其实际产地，对消费者具有欺骗性。例如，在日本产绿茶上使用"西湖龙井"标记。另一些产品标识的地名由于历史或其他原因，已经与其最初产地毫无关联。对这种标识的使用，不是出于欺骗的目的。例如，日本陶瓷使用"唐三彩"标记。前者应当遭到禁止，后者应当得到承认。《TRIPS 协定》有关地理标识的规定正是为了区别上述两种情况。

在食品和饮料的标识使用上，不通过注册使用地理标识的情况十分普遍。这种做法，其目的仅仅是说明产品的类别，如使用"宣威火腿""日本绿茶"作为某些同类产品的标志，目的只是表明火腿或绿茶的制作方式。但是，将"香槟""白兰地"这样的优质葡萄酒、烈酒标志用于普通葡萄酒或烈酒上以表明这些酒的类别时，香槟和白兰地的葡萄酒、烈酒生产者就会以保护产品独特声誉为由，强烈要求禁止这样的使用。

在地理标识的保护上，WTO 成员的基本义务是为利害关系方以法律的方式，防止因地理标识的使用而在产品的地理来源上误导公众或构成不公平竞争。其中包括防止字面地理标识表述准确但实际产品来源地虚假的使用。[①]

在葡萄酒和烈酒的地理标识使用方面，协定要求成员提供更强有力的保护，保证有关葡萄酒和烈酒的地理标识不被用于其他的葡萄酒和烈酒。即使使用不产生误导，也不构成不公平竞争，协定也要求成员禁止使用葡萄酒和烈酒的地理标识。[②]

当单个地理标识已成为当地的一种普遍用语，或已有其他约定俗成的用法，协定要求 WTO 成员对此进行双边或多边谈判，以加强对某些葡萄酒和烈酒标识的保护。这是上述规定的例外规定。协定要求 TRIPS 理事会就此问题进行谈判，以确立一个多边制度，使参加方可以为其有资格受保护的葡萄酒的地理名称进行通知和注册。[③]

---

① 《TRIPS 协定》第 22.2 ~ 22.4 条。
② 《TRIPS 协定》第 23 条。
③ 《TRIPS 协定》第 23、24 条。

1. 定义①

《TRIPS 协定》第 22 条将地理标识定义为："识别一货物来源于一成员领土内或该领土内一地区或地方的标识，该货物的特定质量、声誉或其他特性主要归因于其地理来源。"该定义包含了两个概念：原产地名称（appellation of origin）和来源标识（indication of source）。

"来源标识"是指某产品因在某特定国家、地区或地方生产而获得的实质性特征。如，苏绣的品质源于其原料质量，当地独特的工艺、设计、刺绣人员技术等。因此，凡是在江苏地区生产的刺绣都可以使用"苏绣"作为来源标识。相似的产品还有"云南白药""贵州盐酸""波斯地毯""古巴雪茄"等。

"原产地名称"除具备来源标识的因素外，还必须具备因地理环境而获得的独有的或实质性的品质特征。地理环境可以是自然因素，如气候、土壤，可以是人文因素，如制造技能，也可以是上述两者的综合。我国著名的原产地名称有"茅台酒""五粮液""汾酒""龙井茶""沱茶""景德镇陶瓷"，国外的有"香槟酒"（Champagne）、"白兰地"（Burgundy）、"雪利酒"（Sherry）等。这些产品的品质大多归因于产地的自然因素。

原产地名称很容易与产品描述混为一谈，成为对产品的一般性（generic）描述，如"宣威火腿""香槟酒"等。《保护原产地名称及其国际注册的里斯本协定》（简称《里斯本协定》）规定，原产地名称一旦注册，就不表示一般性描述。《TRIPS 协定》的第 24.6 条规定，当一成员的地理标识所代表的货物或服务与对另一成员的普通称谓相同时，《TRIPS 协定》有关地理标识的条款不适用。《TRIPS 协定》第 24 条的这一例外规定，犹如《里斯本协定》缔约国之间一个额外的双边协定。

2. 保护范围

《TRIPS 协定》第 22.2 条要求，成员向利害关系方提供法律手段以防止"在一货物的标志或说明中使用任何手段标明所涉货物来源于真实产地之外的一地理区域，从而在该货物的地理来源方面使公众产生误解"。例如，在印度生产的产品上使用"长城"作为商标，使消费者误认为产品出自中国；在朝鲜生产的地毯上使用阿拉伯文字作为商标，使消费者误认为产品为波斯地毯等。第 22.2 条禁止《巴黎公约》第 10 条之二规定的不公平竞争行为：

---

① 本节内容参见 Michael Blakeney, *Trade Related Aspects of Intellectual Property Rights*: *A Concise Guide to the TRIPS Agreement*, 68 – 73, Sweet 8 Maxwell, 1996。

（1）采用任何手段对竞争对方的企业、商品或工商业活动造成混乱的一切行为；（2）在经营商业中利用谎言损害竞争对方的企业、商品或工商业活动的信誉的；（3）在经营商业中使用会使公众对商品的性质、制造方法、特点、使用目的或数量产生混乱的表示或说法。

3. 地理标识与商标保护①

商标和地理标识相互关联，体现在《TRIPS协定》第22.3条的规定中。只要立法允许，或者利害关系方请求，该条款允许成员在商标包含或由地理标识组成，而使用该地理标识的货物并不源自所指地区，且在商标中使用该标识会使公众对该货物的真实原产地产生误解的情况下，依职权"拒绝商标的注册或宣布注册无效"。

地理标识与商标有可能重叠。当这种情况发生时，大多数商标法认为，在特定地理标识区域使用该标识不应被视为侵权。此外，有的国家商标法允许具有双重含义的地理标识注册为商标。例如，"木兰"和"猴子"尽管是地名，但也同时是花名和动物名，因此可以申请商标注册。② 但是，如果商标注册申请人不能证明基于善意选择地理标识作为产品的标志，注册机构可能拒绝注册申请。例如，澳大利亚法院拒绝了推土设备以"Michigan"③ 为标志的商标注册申请。④

当地理标识本身有文字含义时，法院也可能拒绝商标注册申请。例如，米兰上诉法院裁定，不是来自苏格兰的威士忌不得注册"Tartan Design"和"Loch Ness"商标。⑤ 当地理标识本身没有文字含义时，商标注册申请应当获得批准。但是，这样的地理标识可能受消费者保护法或不公平竞争法保护，如将法文用于不产于法国的香水等。稀奇古怪的地理标识因其独特不会造成误解可能获准注册为商标，如注册的"Montblanc"为书写笔商标，⑥ 注册的"鄂尔多斯"为羊毛衫商标等。

商标和地理标识有很大区别。地理标识不能用于服务，不能许可、转让，只能涵盖特定商品。由于地理标识保护在大多数国家是一种创新，第24.4条

---

① 本节内容参见 Michael Blakeney, *Trade Related Aspects of Intellectual Property Rights: A Concise Guide to the TRIPS Agreement*, 68 - 73, Sweet & Maxwell, 1996。

② Magnolia Metal Co. 's Trade Mark, 2 Ch. , 393, 1892.

③ 密西根，美国的一个州。

④ Clark Equipment Co. v. Registrar of Trade Marks, 111 C. L. R. 511, 1964.

⑤ The Court of Appeal of Milan, 1975 年 11 月 20 日。

⑥ Michael Blakeney, *Trade Related Aspects of Intellectual Property Rights: A Concise Guide to the TRIPS Agreement*, 70, Sweet & Maxwell, 1996. Montblanc 是瑞士日内瓦一坐著名山峰的名称。

规定，当一个葡萄酒或烈酒的地理标识的连续使用在 1994 年 4 月 15 日之前已达 10 年，或使用是善意的（good faith），则这些地理标识可以继续使用。同时，协定第 24.7 条规定，只要第三方对某一地理标识的使用或注册不是出于恶意（bad faith），则禁止使用或取消商标注册的请求必须在使用广为人知的 5 年内提出。如果广为人知的使用少于 5 年而注册早于 5 年，5 年时效于注册之日起算。此外，第 24.8 条规定，任何人在贸易过程中有权利使用其姓名或其业务前任的姓名，除非该姓名的使用方式会使公众产生误解。

4. 葡萄酒、烈酒地理标识保护

一般来说，酒类商品利润极高，且商品特征、质量等与产地有密切关系，因此，地理标识对酒类商品而言具有特别重要的经济价值。为此，协议在地理标识中专门对葡萄酒和烈酒的地理标识保护作了详细的规定。

协定第 23.1 条要求各成员为利害关系方提供法律措施，以制止将识别葡萄酒的地理标识用于并非来自该标识地的葡萄酒或白酒。即使同时标出商品的真正产地、用译文使用该地理标识，或附有诸如"种类"、"类型"、"特色"、"仿制"或类似的表达方式，也均在制止之列。协定要求成员采取的法律措施，一般是指民事措施。但针对葡萄酒和烈酒的保护，协定注解规定可以不采用民事措施而采用行政程序。在我国，上述义务就是通过工商行政管理机关的行政程序来完成的。

协定第 23.2 条对葡萄酒和烈酒的商标作了规定：在成员立法允许的情况下，对某葡萄酒或烈酒的商标中包含有或组合有标示该酒的地理标识，但对于所标示的"地理标识"并非该酒之真正来源地的商标，成员应依利害关系方或依其职权驳回或撤销该商标的注册。

协议第 23.3 条进一步规定，如果诸多葡萄酒使用多音字或同形字的地理标识，成员一方面应保护每一个这种标志，另一方面，应在确保有关生产者的平等待遇、不误导消费者的前提下，确定出将有关同音字或同形字地理标识区别开来的实际条件。

此外，协议第 23.4 条还规定，为便利对葡萄酒地理标识的保护，应在 TRIPS 理事会内举行谈判，建立葡萄酒地理标识通告和注册的多边体系，以使葡萄酒地理标识能在参加这个多边体系的成员中获得保护。

四　工业设计

作为 19 世纪后半叶工业化大规模生产的结果，工业设计保护最初体现在对产品外观装饰设计的保护上，因此又有工业外观设计之称。外观设计（美学意义上的设计）是相对于功能设计（用途意义上的设计，functional design）而言的，通常的工业设计保护不包括功能设计部分，如电子终端洗衣机设计不能作为工业设计注册，因为购买者可能是依产品性能而非其装饰或形状来决定是否购买。对工业设计的保护存在三种体系：工业设计注册保护、专利保护和版权保护。在我国、日本和韩国等国，工业设计是通过专利法加以保护的。

英国对外观设计和功能设计采用两种不同的法律加以保护。对外观设计采用工业设计法的注册保护形式，保护期15年。功能设计被作为工业设计法保护的例外，由版权法进行保护，保护期为设计者有生之年及死后50年。英国的这种例外规定，对欧盟成员国和那些提供互惠保护的国家适用。

在《TRIPS协定》关于工业设计保护的谈判中，欧盟与美国产生了很大分歧。前者要求对所有的设计，包括功能设计进行保护，后者则要求排除对功能设计的保护。因此，协定第25.1条规定，各成员可自行规定对工业设计的保护不延伸到"主要出于技术或功能上的考虑而进行的设计"，同时，在第26.2条中规定"各成员可在工业设计的保护中规定有限的例外，只要此类例外不会与受保护的工业设计的正常利用发生无理抵触"，也不会无理损害所有权人的合法利益，同时考虑第三方的合法权益。

1. 工业设计的定义

《TRIPS协定》没有对工业设计的定义。根据大多数国家的法律规定，工业设计是指实用部件的装饰或美学方面的设计。[1] BIRPI[2] 在《发展中国家工业设计法律示范》（Model Law for Developing Countries on Industrial Designs）第2（1）条规定，"任何线条和颜色的组合，或任何三维外形，不论是否与线条和颜色有关，都被认为是工业设计，如果这种组合或外形使工业产品或工艺有特别的外观，而且可以作为工业产品或工艺的式样"。根据这个定义，工业设计应当是视觉可直接观察到的设计，因此该法律示范在第2（2）条中将"纯粹为技术目的"的设计排除在外。

2. 对申请保护的要求

所有的工业设计保护法律都要求工业设计具有新颖性，即是新的或原创性的。协定第25.1条也是这样规定的："各成员应对新的或原创性的独立创作的工业设计提供保护。"协定进一步对新颖性做出解释："如工业设计不能

---

[1] 我国将工业设计，即外观设计定义为：对产品的形状、图案或其结合以及产品的色彩与形状、图案或其结合所提出的适于工业运用的新设计。

[2] 国际知识产权保护联合局，成立于1893年，由《巴黎公约》和《伯尔尼公约》合并成立。

显著区别于已知的设计或已知设计特征的组合，则不属新的或原创性设计。"此外，协定允许成员不将保护延及主要出于技术或功能上的考虑而进行的设计。考虑到工业设计的历史（前面介绍的历史），协定第 25.2 条规定："各成员有权通过工业品设计法或版权法履行该项义务。"

新颖性的标准因国家而异，有的要求新颖必须是国际性的，有的只要求是本土性的。无论哪种要求，设计是否公开是衡量一个设计是否具有新颖性的关键。公开指的是在申请日之前发表或公开过。发表要求在一定程度上引起了公众的注意。可以是在文章中出现，也可以是在公开展览或销售物品中体现。工业设计立法往往规定一些不影响设计注册要求的新颖性例外，如规定在申请注册前 6 个月内的公开，在科学文献中的公开，原创者在科学实验中的公开以及基于法定义务的公开等。

第 25.1 条要求设计必须显著区别于已知的设计或已知设计特征的组合。英国的《注册设计法案》[1] 规定，"非实质性的细节变化或贸易中普遍存在的一些形状变化"可能不足以构成原创性。新颖性通常要求设计者对现有设计提供"进一步的技巧"和"工艺性质的"劳动。[2]

《TRIPS 协定》对纺织品设计作了特别规定。第 25.2 条要求成员"保证为获得对纺织品设计的保护而规定的要求，特别是有关任何费用、审查或公布的要求，不得无理损害寻求和获得此种保护的机会"，并允许用版权法保护纺织品设计。该条款表现了《TRIPS 协定》尊重发展中国家对纺织品设计的关注。

3. 权利及权利限制

协定第 26.1 条规定，受保护的工业设计所有人有权制止第三方未经许可而为商业目的生产、销售或进口带有或体现有受保护设计的复制品，或实质上是复制品的物品。协定的这一规定既有工业产权的内容，如生产权、销售权和进口权，又有类似版权的内容，如"复制品"的表述。这和协定允许以工业设计或版权法保护工业设计的规定相吻合。

《WIPO 法律示范》（the WIPO Model Law，以下称《示范》）第 7（3）条部分指出，第一个递交工业设计注册申请的人，或第一个最早主张优先权的人应被视为工业设计的创造者。委托工业设计或职务工业设计的所有权通常按照合同法规定确定。如果合同对此没有规定，《示范》第 9 部分规定所有权

① Registered Designs Act 第 6（1）条，1949 年。
② Re Calder Vale Manufacturing Co., Ltd. Design, 53 R.P.C., 125, 1934.

通常归属委托人或雇主。

此外，《示范》A（1）部分第 4 条规定，工业设计申请人享受优先权，C（1）部分规定优先权期限为自申请之日起 6 个月，D 部分规定各国可以自行规定确定优先权要求的手续，E 部分第 4 条规定，在提交实用模型作为计算优先权基准的国家，优先权的计算与工业设计权计算方式一样。

严格说来，协定没有直接规定对保护权利的限制，但允许成员对工业设计保护规定"有限例外"，只要这些例外"不会与受保护的工业设计的正常利用发生无理抵触，也不会无理损害受保护工业设计所有权人的合法权益，同时考虑第三方的合法权益"①。这些例外可能包括：（a）合法出售后的商品上的使用；（b）科学研究和实验过程中的工业设计使用；（c）无意中的使用；（d）公共利益需要由政府授权的使用；（e）以及非工业或商业用途的使用等。②

4. 注册程序

大多数国家要求注册申请人提供本人详细资料、体现工业设计的产品标本或照片以及体现该设计的产品类别说明。1968 年的《洛迦诺协定》（Locarno Agreement）规定了工业设计的国际分类为 32 类 223 小类。但截至 1995 年 1 月 1 日，只有 23 个国家加入该协定。截至 2019 年 8 月 1 日，共 57 个国家加入该协定。③

工业设计的注册程序与商标注册相似，由主管机构审查申请是否符合形式要件。在进行实质审查的国家，实质审查包括确定申请对象是否为工业设计、工业设计是否具有新颖性、设计是否违反公共秩序或道德以及申请者是否为第一个申请者。有的国家允许对实质审查进行抗辩。当注册被接受后，主管机构将公告予以公布。

五 专利

《巴黎公约》作为专利方面的主要多边协定，允许各国自行规定专利保护的对象、专利权及其派生权、权利例外、举证责任以及保护期限等。《TRIPS 协定》对所有这些有关专利保护的重要问题规定了具有约束力的标准。

作为一般原则，协定规定，任何发明，无论是产品还是方法，只要它们具有新颖性，包含发明性步骤，只要可供工业使用都可以被授予专利。该条

---

① 《TRIPS 协定》第 26.2 条。
② WIPO，"The Situation of Industrial Property in the Countries of Asia and the Pacific"，17 – 18，1974.
③ www. wipo. inties，最后访问时间：2019 年 8 月 1 日。

进一步规定，专利不因发明地点、技术领域，以及产品是进口产品而受到歧视。[①]

对产品专利，协定授予所有人排他性的制造、使用、标价出售、销售或产品进口权。[②] 对方法专利，授予所有人排他性的制造、使用、标价出售、销售或进口用该方法获得的产品权，[③] 同时规定了方法专利侵权之诉的举证条款。[④]

协定允许对专利的转让、许可以及以继承方式转移专利权，[⑤] 规定各成员可对这些方式进行限制，只要限制不会对专利的正常利用产生无理抵触，不会无理损害专利所有权人的合法权益并考虑第三方的合法权益。[⑥]

协定第 29 条是有关专利申请人条件的规定。第 32 条规定对撤销或宣布专利无效的决定可提起司法审查。

1. 专利的获得

任何技术领域的发明，无论是产品还是方法，只要具有新颖性，包含发明性步骤，并可供工业应用就应获得专利保护（协定第 27.1 条）。

关于新颖性，协定没有说明，不同成员可以自由选择新颖性的标准。WIPO《发展中国家专利法范本》建议在确定新颖性时，考虑的范围应当是世界性的和所有有形的（tangible forms）技术，而只将口头公开的发明作为公开国现有技术的一部分考虑［第 114（2）条］。

协定在注解 5 中特别指出，"发明性步骤"与"非显而易见"（non-obvious）同义。协定之所以作这个解释，主要是因为美国专利法将"发明性步骤"解释为"非显而易见"。但是，许多国家不同意这种解释。显而易见性的确定通常是以相关领域中具有常见技能和知识（ordinary skill and knowledge）的人的认知标准来衡量的。在欧洲，荷兰和瑞士的标准较为严格，英国的标准比较宽松，德国的标准较为折中。[⑦]

在 1997 年的"印度—对医药、农业和化学产品的专利保护案"中，专家组裁定，如果在产品/方法的申请之日，"该项发明并不构成先前技术的一部

---

① 《TRIPS 协定》第 27.1 条。
② 《TRIPS 协定》第 28.1（a）条。
③ 《TRIPS 协定》第 28.1（b）条。
④ 《TRIPS 协定》第 34 条。
⑤ 《TRIPS 协定》第 28.2 条。
⑥ 《TRIPS 协定》第 30 条。
⑦ Michael Blakeney, *Trade Related Aspects of Intellectual Property Rights: A Concise Guide to the TRIPS Agreement*, 84, Sweet & Maxwell, 1996.

分，同时不需要此技术的专业人员从先前技术中进行推导"，则这项发明可被视为新颖，且提供了发明步骤。

"可供工业应用"指发明必须可以转化为实践。因此，纯理论性方法不能被授予专利。这个要求与专利在专利刊物上公开的程度要求有关。不完全的公开有可能被认为不可供工业运用。[①]

新颖性和发明步骤的确定要求专利申请人将有关发明内容进行披露。专利审查机构要求申请人将尽量多的信息披露给公众以换取专利垄断权，而申请人却希望尽量减少披露专利内容以保持竞争优势。作为平衡，协定第 29 条要求，"专利申请人以足够清晰和完整的方式披露其发明，使该专业的技术人员能够实施该发明"，并希望"申请人在申请之日，或在要求优先权的情况下在申请的优先权日，指明发明人所知的实施该发明的最佳方式"。

通常，评估披露的充分性以相同领域具有普通专业知识的人员可以理解的程度为标准。英国早期的一个案件裁决则要求披露"公正、诚实和公开"（fair, honest and open）。[②]

关于微生物发明的披露是由《布达佩斯条约》（Budapest Treaty）规定的。根据该条约，向国际保存机构提存培养液满足微生物发明申请的披露要求。

对专利授予，协定规定了两个例外[③]：（a）为维护公共秩序或道德，包括为保护人类和动植物的生命或环境必须拒绝专利的授予；（b）对人类或动物的诊断、治疗和外科手术方法，除微生物以外的动植物，或者有关其繁殖的除微生物方法以外的生物方法，可拒绝授予专利。第二个例外保留了发酵方法的专利授予，因为欧洲很久以来就对发酵方法授予专利。

为保护植物的多样性，协定要求对不授予专利的植物新品种必须给予其他方式的保护。

2. 权利保护范围及限制

协定第 28 条规定了专利所有权人拥有的某些排他性权利：专利是产品时，有权阻止第三方未经授权的产品生产、利用、销售或进口；专利是方法时，有权阻止第三方未经授权而使用该方法以及未经许可，使用、销售或进口直接来自该方法的产品。

关于专利权的范围问题，协定没有规定专利权人是否有权阻止第三方未

---

① Michael Blakeney, *Trade Related Aspects of Intellectual Property Rights: A Concise Guide to the TRIPS Agreement*, 85, Sweet & Maxwell, 1996.

② Morgen v. Seaward, 1 W. P. C. 170, 1836。

③ 《TRIPS 协定》第 27.2、27.3 条。

经授权的相似产品开发。在这个问题上，有的国家认为专利权人的权利限于其权利主张和申请说明书的内容，而有的国家则将属于发明技术范围的研究成果纳入保护范围。

协定第 30 条规定了一般权利限制范围：可对所授予的专有权规定有限的例外。但这些例外必须符合以下条件：（a）顾及第三方的合法利益；（b）不得与专利的正常利用相冲突；（c）不应不合理地损害专利所有人的合法利益。

对于专利权人权利的限制还有下面将要介绍的强制许可。

3. 强制许可

对于那些注册却不加使用的专利（这种情况在发展中国家较为普遍），一个可行的法律救济是对这些专利授权强制许可或取消专利保护。

《巴黎公约》第 5 条之二规定，同盟国"有权采取立法措施规定颁发强制许可证，以防止由于行使专利所赋予的独占权而可能产生的弊端，例如不实施专利权"；第 5 条之三允许同盟国在强制许可不足以防止上述滥用时宣布专利无效，但只有在第一次授予强制许可 2 年后才能提起宣布专利无效的诉讼。

作为对强制许可的限制，公约第 5 条之四规定，"自申请专利之日起 4 年内或自核准专利权之日起 3 年内（取其到期日期最晚者），不得以不实施或未充分实施专利权为理由而申请颁发强制许可证；如果专利权所有者对其贻误能提出正当的理由，则应拒绝颁发强制许可证。这种强制许可证，除与使用该许可证的企业或牌号一起转让外，包括以颁发许可证的形式，没有独占权，且不得转让"。专利权人的合法解释包括"利用存在法律、经济或技术的障碍，或在该国还有更彻底的利用"。①

《巴黎公约》的这一条款引起了很大的争议。一方面，发达国家认为《巴黎公约》是以消除同盟国间政治经济隔阂为目的的一个协定，因此强制许可问题不应在协定考虑范围之内。另一方面，发展中国家认为，第 5 条之四规定的"正当的理由"过于宽泛，允许许可的时间规定得太长，操作程序太复杂，等等，使它们根本无法引用这个条款。② 发展中国家与工业发达国家将上述观点带到了《TRIPS 协定》的谈判中。最终，双方在限制强制许可范围（工业发达国家的愿望）和简化强制许可规定（发展中国家的愿望）之间达成一致，产生了《TRIPS 协定》第 31 条的规范体系。第 31 条允许政府或经

---

① G. H. C. Bodenhausen, *Guide to the Application of the Paris Convention for the Protection of Industrial Property*, 73, WIPO Publication, 1968.

② UNCTAD, "The Role of the Patent System in Transfer of Technology to Developing Countries", 第 327 段，1975。

政府授权的第三方对保护的专利做其他使用。这里，"其他使用"指的是第30条例外范围之外的使用。这种使用必须满足以下条件。[1]

（1）必须一事一议。

（2）被授权方必须先按合理商业条款和条件向权利人请求授权。只有要求失败时，方可强制许可。这个条件可在国家紧急或极端状态下和公共非商业性使用的情况下豁免。在国家紧急或极端状态这种情况下的使用，应尽快通知权利持有人。公共非商业性使用通常是政府和政府部门在公共健康和国家防御方面的使用。随着环境保护变得越来越重要，这也可能成为非商业强制许可的领域。公共非商业性使用的情况下，如政府和合同方未做专利检索即知道或有显而易见的理由知道一有效专利正在或将要被政府使用或为政府而使用，则应迅速告知权利持有人。

（3）强制许可的使用范围和期间必须限于它所被授予的目的。如果是半导体技术强制许可，就只能授权用于公共非商业性目的。

（4）强制许可是非独占性的。

（5）强制许可不得转让，除非与享有此种使用的那部分企业或商业一同转让。

（6）授权必须主要是为供应本国国内市场。

（7）如导致此类使用的情况已不复存在且不可能再次出现，则必须终止此类使用。在受到有根据的请求的情况下，主管机构必须审查这些情况是否继续存在。

（8）必须向权利持有人支付适当报酬，同时考虑授权的经济价值。

（9）授权决定必须经过司法审查或上一级主管机关的独立审查。

（10）提供的报酬必须经过司法审查或上一级主管机关的独立审查。

（11）如强制许可是为了补救经司法或行政程序确定的限制竞争的行为，则无须事先向权利人协商许可，也不限于国内市场的使用。

（12）当授权使用的第一专利是为了使用第二专利，且不侵害第一专利就不能使用第二专利时，必须适用下列附加条件：（a）第二专利中必须包含比第一专利重要，具有重大经济意义的技术进步；（b）第一专利的所有权人必须有权以合理的条件通过交叉许可使用第二专利具有的发明；（c）就第一专利授权的使用不得转让，除非与第二专利一同转让。

---

[1] 《TRIPS 协定》第 31 条。

4. 保护期限

《TRIPS 协定》第 33 条规定专利的保护期限至少为 20 年，从申请之日起算。一些 WTO 成员，如美国，采用发明日期而不是申请日期来确定多人同时申请同一专利时的优先顺序。协定对此类规定没有做出指示。但是，协定第 27.1 条规定，各成员在对专利提供保护时，不能因发明地点不同而有所差异。协定第 70.8 条规定，1995 年的 1 月 1 日尚未给药品和农化产品提供专利保护的成员必须为这些发明提供保护。

5. 举证责任

协定第 34 条规定在方法专利侵权的民事诉讼中举证责任倒置。第 34.1 条规定下列两种情况的任何一种，未经专利所有权人同意而生产的相同产品，如无相反的证明，则应被视为通过该专利方法获得的：（a）通过该专利方法获得的产品是新的；（b）有实质性的可能表明该相同产品是由该方法生产的，对此，专利权人经过合理努力不能确定其事实。

举证责任倒置的两个要素是"相同产品"和"新的"。这两个要素的证明与法院根据专利申请中关于专利内容的说明确定相同产品并解释新颖性有关。因此，专利所有权人在按照第 29 条要求对其发明进行披露时，详细的说明有利于确定侵权是否存在。

本条的被告可以举相反证据进行反驳。协定规定在引述这些相反证据时，"应考虑被告方在保护其制造和商业秘密方面的合法权益"。①

6. 撤销或无效

关于专利的撤销或宣布无效的决定，第 32 条规定必须提供司法审查的机会。《巴黎公约》第 5 条之一规定，专利权人将其他成员国制造的专利产品进口到专利国的行为不能作为撤销其专利权的理由。这个规定间接反映在《TRIPS 协定》第 27.1 条的内容中。第 27.1 条规定，专利权的享受不因产品的发明地和产品是进口还是当地生产而受到歧视。

六　集成电路布图设计（拓扑图）

目前，世界上对集成电路的布图设计进行保护的国际条约仅有《集成电路知识产权条约》（Treaty on Intellectual Property in Respect of Integrated Circuits, IPIC），各国也只有美国、日本等少数国家有相关的立法。IPIC 将集成电路纳入版权保护范畴。但是，对集成电路的保护不是因为它具有艺术性，

---

① 《TRIPS 协定》第 34.3 条。

而是因为它容易被复制。对集成电路的侵权主要是未经许可的复制。

《TRIPS 协定》要求 WTO 成员根据 IPIC 和该协定中另外四个条款，对集成电路布图设计（拓扑图，topographies）提供保护。这四个条款分别涉及保护期限、非故意侵权的处理、含有侵权集成电路产品的保护以及强制许可等问题。正是由于这些问题，IPIC 未能被美、日等技术先进国家所接受。

1. 集成电路布图设计与《集成电路知识产权条约》的关系

1989 年 5 月 26 日在华盛顿签订的《集成电路知识产权条约》（华盛顿条约）规定了对半导体芯片布图设计（拓扑图）（semiconductor chip layout designs or topographies）的保护。尽管由于种种原因，[①] 直至《TRIPS 协定》签署时，该条约还只有 8 个签署国，[②] 尚未能生效，《TRIPS 协定》还是采纳了它的有关规定，作为集成电路布图设计保护的基础。

《TRIPS 协定》第 35 条规定，"依照 IPIC 第 2 条至第 7 条（第 6 条第 3 款除外）及第 12 条和第 16 条第 3 款，对集成电路的布图设计（拓扑图）提供保护"，同时，增加第 36 条至第 39 条作为 IPIC 的补充。

2. 定义

IPIC 将"集成电路"定义为"一种产品，在它的最终形态或中间形态，是将多个元件，其中至少有一个是有源元件，和部分或全部互连集成在一块材料之中和/或之上，以执行某种电子功能"。[③] 澳大利亚的克里斯帝（Christie）将上述定义解释为"一个至少有一个有源元件，为执行某种电子功能的产品的最终或中间形态"。[④]

IPIC 将"布图设计（拓扑图）"定义为"集成电路中多个元件，其中至少有一个是有源元件，和其部分或全部集成电路互连的三维配置，或者是指为集成电路的制造而准备的这样的三维配置"。[⑤]

3. 保护范围及例外

IPIC 第 6 条规定了布图设计的侵权行为：（a）全部或部分复制受保护的布图设计，无论是将设计包含在集成电路还是其他形式中；（b）为商业目的

---

① 主要是因为以美国为首的集成电路布图设计技术领先国家对条约内容不满。详细介绍请参见 Michael Blakeney, *Trade Related Aspects of Intellectual Property Rights: A Concise Guide to the TRIPS Agreement*, 96, Sweet & Maxwell, 1996。

② 这 8 个国家为中国、埃及、加纳、印度、危地马拉、利比亚、南斯拉夫、赞比亚。

③ IPIC 第 2（1）条。

④ Andrew Christie, *Integreted Circuits and Their Contents: International Protection*, 40, Sweet & Maxell, 1995.

⑤ IPIC 第 2（2）条。

进口、销售或分销受保护的布图设计（拓扑图）或其中含有非法复制布图设计的集成电路的物品。

《TRIPS 协定》第 36 条对上述内容作了补充，规定"为商业目的进口、销售或分销受保护的布图设计、含有该布图设计的集成电路，或含有此种集成电路的物品，只要该集成电路仍然包含非法复制的布图设计"。

对于上述保护范围，IPIC 和《TRIPS 协定》都有例外规定。《TRIPS 协定》第 37 条将善意侵权者作为例外排除，并进一步规定在善意侵权者获悉该布图设计原系非法复制的明确通知后，仍可以进口、销售或分销事先的库存物品或预购的物品，但有责任向权利人支付报酬，支付额为自由谈判签订有关该布图设计的使用许可证合同应支付的使用费（IPIC 第 6.4 条也有相似的规定，但没有支付报酬的规定）。

同样的，IPIC 第 6.2 条规定，第三者为私人目的或单纯为评价、分析、研究或教学目的，可以使用受保护的布图设计，同时在此基础上创作出来的原创性布图设计属于创作者自己的设计。第 6.2 条的例外通常被称为"逆向工程"（reverse engineering）。此外，第 7.1 条规定，一个布图设计（拓扑图）在世界某地已单独地或作为某集成电路的组成部分进入普通商业实施以前，可不予以保护。

4. 原创性要求

IPIC 要求受保护的集成电路布图设计必须具有原创性。IPIC 将原创性定义为："（A）该布图设计（拓扑图）是其创作者自己的智力劳动成果，并且在其创作时在布图设计（拓扑图）创作者和集成电路制造者中不是常规的设计；（B）由常规的多个元件和互连组合而成的布图设计（拓扑图），只有在其组合作为一个整体符合（A）项所述的条件时，才应受到保护。"[1]

5. 保护的法律形式

IPIC 第 4 条规定，对布图设计（拓扑图）的保护可以是任何的法律形式，如专门的布图设计（拓扑图）法，版权、专利、实用新型、工业品外观设计、不正当竞争法或这些法律的综合。第 12 条规定保留《巴黎公约》和《伯尔尼公约》义务。第 5 条规定遵照国民待遇义务。

IPIC 规定的国民待遇义务与《TRIPS 协定》第 4 条规定的最惠国待遇义务，使得只有本国立法保护布图设计的 WTO 成员才能使其国民在其他国家获得同等的保护，即中国布图设计权利人的权利只有在中国立法对布图设计进

---

[1]　IPIC 第 3 条。

行保护的情况下，才能在美国获得保护。

6. 强制许可

协定第 37.2 条规定专利中有关强制许可的大部分规定，适用于布图设计的任何非自愿许可，未经授权的政府使用或为政府而使用的情况。

7. 保护期限

协定在第 38 条中对保护期规定了 3 种计算方法：第一，在要求将注册作为保护条件的成员中，布图设计的保护期不得少于从注册申请的提交日起，或从该设计在世界任何地方首次付诸商业利用起 10 年；第二，在不要求将注册作为保护条件的成员中，布图设计的保护期不得少于从该设计在世界任何地方首次付诸商业利用起 10 年；第三，布图设计创作完成起 15 年。

8. 追溯权

根据 IPIC 第 16.3 条的规定，条约不适用于 IPIC 生效时存在的布图设计（拓扑图）。

七　对未披露信息的保护

《TRIPS 协定》中的"未披露信息"，实际上是各国专利法、工业产权法或反不正当竞争法中的"商业秘密"。这从协定对其所下的定义中可以看出。[①]

《TRIPS 协定》是国际上第一个对商业秘密提供专门保护的条约。在此之前的有关规定是《巴黎公约》第 10 条之二，其要求各联盟国制止不正当竞争行为。《TRIPS 协定》第 39.1 条规定了对商业秘密的一般保护，要求各成员对第 39.2 条列出的商业秘密和第 39.3 条规定的某些数据进行保护。

在《TRIPS 协定》的谈判过程中，发达国家和发展中国家在商业秘密的保护问题上存在争议。瑞士代表团首先提出通过扩大《巴黎公约》第 10 条之二的不公平竞争规定，将商业秘密列入《TRIPS 协定》的保护范围，理由是这种"对投入时间、人力及财力创造出来的信息给予排他性商业使用保护，体现了知识产权保护的中心理念"。与此同时，美国代表团提出对政府机构持有的商业秘密进行特别保护的建议。[②] 发展中国家则反对这一提议，认为商业秘密不属于知识产权，不应被包含在《TRIPS 协定》中。[③] 最终，瑞士的提议

---

① 《TRIPS 协定》第 39.2 条。

② 参见 Meeting of Negotiation Group of 11, 12 and 14 December 1989, GATT Doc. No. MTN. GNG/NG11/17，第 17 页，1990 年 1 月 23 日。

③ 参见 Meeting of Negotiation Group of 20 July 1990, GATT Doc. No. MTN. GNG/NG11/24，第 2 页，1990 年 8 月 24 日。

被接受，形成《TRIPS 协定》第 39 条。

1. 不公平竞争与商业秘密的保护

《巴黎公约》第 10 条之二反不正当竞争的规定只涉及假冒原产地或生产者标记，以及违反诚实经营的行为，并没有商业秘密的保护内容。因而，从协定的规定可以看出，协定认为应当通过反不正当竞争的方式对商业秘密进行保护。

《TRIPS 协定》第 39.2 条规定，自然人和法人应有可能防止其合法控制的信息在未经同意的情况下以违反诚实商业行为的方式向他人披露，只要此类信息：（1）属秘密，即作为一个整体或就其各部分的精确排列和组合而言，尚不为通常处理这类信息范围内的人所普遍知晓；（2）具有商业价值；（3）信息的拥有者采取了合理的步骤对这些商业秘密进行保护。

"违反诚实商业行为"的方式包括违反合同、泄密和违约诱导以及第三方取得未披露的信息，而该第三方知道或因严重疏忽未能知道商业秘密的取得涉及此类做法。[①]

有的商业秘密，其构成要素属于公共信息，但信息组合方式是商业秘密，如专有技术（know-how）等。这些组合方式，"作为一个整体或就其各部分的精确排列和组合而言，尚不为通常处理这类信息范围内的人所普遍知晓"，也属于受保护的信息。[②] 协定第 39.2 条要求信息的合法持有人采取合理步骤保持信息的秘密性质，包括商业秘密的传播方式必须是保密的。在英国一个指导性案例中，决定传播方式是否保密的客观标准为"合理第三人在信息获得者立场下，能合理意识到信息是以机密形式传播的"。[③]

此外，最早关于商业秘密的一个英国案例裁定，保密义务不仅约束商业秘密的直接获得者，而且约束收到该信息的第三人，以及那些知道传递商业秘密的人违反了保密义务的人，[④] 这通常指那些从新雇员处获得商业秘密的雇主。

2. 未披露试验数据

《TRIPS 协定》第 39.3 条规定："各成员如要求，作为批准销售使用新型化学个体制造的药品或农业化学物质产品的条件，需提交通过巨大努力取得的、未披露的试验数据或其他数据，则应保护该数据，以防止不正当的商业

---

① 《TRIPS 协定》注释 10。
② 《TRIPS 协定》第 39.2 条。
③ Coco v. A. N. Clark（Engineering）Ltd.，R. P. C. 第 48 页，1969。
④ Prince Albert v. Strange，De G. & sm. 642，64 E. R. 第 293 页，1849。

使用。此外，各成员应保护这些数据不被披露，除非属于为保护公众所必需，或除非采取措施以保证该数据不被用在不正当的商业使用中。"

该条款包括三个内容：第一，它适用于申请药品和农业化学产品销售许可而提供的信息；第二，保护是为防止不正当的商业使用；第三，政府机构如为保护公众利益，可以使用这些信息。

这个规定主要是考虑到药品和农业化学产品的销售许可审批时间长，要求提供的信息很多属于保密信息，为产品竞争目的盗用这些信息的情况十分普遍，且信息的盗用对权利人损害较大，因此，有必要对这些信息进行保护。

八 对协议许可中的反竞争条款的控制

知识产权法赋予产权人法定的垄断权利，使他们在不受竞争的情况下，获取合理的商业报酬。但现实中，垄断保护往往令一些产权人不合理地使用他们手中的知识产权排他权。UNCTAD 关于知识产权在发展中国家技术转让作用的早期研究发现，技术转让人在许可协议中规定了大量不合理的限制性条件。[1] 为限制这种行为，1974 年 5 月联合国大会第六届特别会议开始制定国际技术转让行动守则草案。[2] 但是，由于发展中国家要求绝对禁止限制性做法，而工业化国家主张正当的限制例外，历时十余载的守则草案磋商以失败告终。

《TRIPS 协定》第 40 条的规定正是这两种意见的平衡。协定指出了许可反竞争条件的三个负面影响：限制竞争，对贸易产生负面影响，阻碍技术的转让和传播。并允许成员方采取适当措施，控制和阻止在特定情况下，可构成对知识产权的滥用并对相关市场中的竞争产生不利影响的许可活动和条件。

在对协议许可反竞争条款的控制中，"市场"的定义是一个关键。因为对市场范围界定越宽，许可中的反竞争条款对被许可人经营活动产生的负面影响就越小。目前，对"相关市场"较为权威的定义是澳大利亚"昆士兰联合制粉有限责任公司案件"中的判决："市场是企业间密集竞争的区域，……是它们之间相互对抗的领地。…… 在一个市场中，为适应价格的不断变化，一种产品取代另一种产品、一个供给来源替代另一个供给来源。因此，给予足够的价格刺激，一个市场是买卖双方对可替代产品进行实际和潜在交易的场所，

---

[1] UNCTAD, "Major Issues Arising From the Transfer of Technology to Developing Countries", 第 2 章, 1975。

[2] Michael Blakeney, "Legal Aspect of the Transfer of Technology to Developing Countries", ch. 6, 1989.

且至少在短期内，这些买方和卖方都有很大的被竞争者取代的可能性…… 此类可替代性的可行或可能性，取决于消费者的倾向、技术、距离以及成本价格刺激。"[1]

美国司法部和联邦贸易委员会在 1995 年 4 月 6 日颁布的《知识产权许可的反垄断指南》中确定了三种受知识产权许可条件影响的产品市场：商品市场、技术市场和创新市场。

1. 禁止的许可条件

第 40.2 条列举了三种禁止的许可条件：排他性返授、阻止对许可效力提出质疑和强制性一揽子许可。这三种情况之外，1985 年的联合国国际技术转让行动守则草案（the TOT Code）还列出以下"在特定情况下可构成对知识产权滥用并对相关市场中的竞争产生不利影响的许可活动或条件"：（1）排他性交易，即对被许可人许可、销售、分销或使用竞争性技术的限制性规定；（2）捆绑协议，即许可者提供一种产品或技术是以被许可者从他那里获得其他产品或产品生产线为条件；（3）价格限制，即许可者固定产品的转售价格；（4）交叉许可与联营协议，即不同产权所有人为制定联合价格或限制产量签订协议，进行权利的交叉许可和联营；（5）对人员使用施加的限制，即要求被许可者使用许可者指定的人员；（6）对改造的限制，指阻止被许可者对引进的技术进行改造以适应当地条件，或强迫被许可者采用不需要的或不必要的设计或规格变化；（7）排他性销售或代理条件，即要求技术的被许可者给予许可者或其指定者以排他性销售或代理的权利；（8）出口限制，即地域、数量限制，或规定出口审批，限制或阻碍出口，但保护供给方与需求方的合法利益的条件除外；（9）宣传的限制，包括阻止广告宣传以设置市场准入障碍的条件；（10）知识产权期满后的限制，即技术协议中要求在知识产权期满后支付款项或施加其他义务的条件；（11）其他限制性做法，包括对被许可者生产的范围、数量以及能力的限制，在商标许可中是为了保护商标而使用质量控制条款，强迫被许可者提供权益资本或以要求许可者参与被许可者的管理为提供技术的条件，许可期限持续时间不必要的长，以及对被许可的技术的传播和/或进一步使用的限制。

2. 对反竞争许可做法的强制磋商

在控制技术许可的反竞争行为中，一个现实的问题是在很多情况下，被许可方所在地对许可方没有司法管辖权。为解决这个问题，协定第 40.3 条规

---

[1]　Re Queensland Co – operative Milling Association Ltd. , 25 F. L. R. , 第 190 ~ 191 页。

定，如果任何一成员认为另一成员的国民或居民的知识产权所有人正从事违反本节规定的行为，应请求另一成员必须与之进行协商。在符合其域内法律，并达成双方满意的协定以使要求协商的成员予以保密的前提下，被要求协商的成员应对协商给予充分的、积极的考虑，并应提供与所协商问题有关的、可公开获得的非秘密信息，以及该成员能得到的其他信息，以示合作。

如果一成员的国民或居民被指控违反另一成员有涉本节内容的法律与条例，因而在另一成员境内被起诉，则前一成员应依照第 40.3 条相同的条件，应后一成员的请求，提供与之协商的机会。①

第五节　发展中国家的观点

以下是关于《TRIPS 协定》中的特殊待遇与差别待遇的一篇文章，从中我们可以了解到发展中国家对《TRIPS 协定》的一些不同看法。

《TRIPS 协定》中的特殊待遇与差别待遇②

根据行政执行官兼总干事史密斯（Eric H. Smith）的部分证词，国际知识产权联盟（IIPA）认为，对最不发达国家和发展中国家延长《TRIPS 协定》的生效期限破坏了协定的效力。发展中国家的生效期至 2000 年 1 月 1 日，而最不发达国家至 2006 年 1 月 1 日。严格来说，这样的延期等于允许这些国家继续以权利人的利益为代价侵犯知识产权。史密斯在其证词中提出了打击未来知识产权侵权的方法。

特殊待遇与差别待遇是否真如史密斯所说的太慷慨？最不发达国家与发展中国家对史密斯上述意见的回应显示了对国际知识产权保护的一种完全不同的认识。知识财产（IP）被视为人类的遗产——它是政府赋予的特权，而不是自然财产权。

因此，专利与其他知识产权是法定的权利，即由国家立法赋予的权利。将它们称为"权利"本身就是错误的。它们实际上是政府通过法律赋予的"特权"——是政府对市场进行干预的一种方式，是与税务信用和出口激励性质相同的政府补贴。

---

① 《TRIPS 协定》第 40.4 条。

② Raj Bhala, *International Trade Law: Theory and Pratice*, 1193 - 1200, Lexis Publisher, 2001.

随着社会的发展，承认科学与技术是人类天赋权利的观念得到发展，但这一观念正在受到挑战。战后几十年来，专利等被那些为自己创造了垄断权利的跨国公司（TNCs, transitional corporation）获取。专利法的初衷是激励发明，推动工业化发展，同时防止垄断的进口。然而，专利法的全球化使权利人不仅能在本土获取垄断利益，同时将其利益的获取扩大到国际层面。工业化国家实际上正努力从工业中心出口垄断，其结果是延缓了第三世界的工业化以及技术在第三世界国家的传播。……

通过将知识产权有关问题摆在乌拉圭回合谈判桌上，和通过使用"国际知识产权"这个术语，美国和其他工业国家（ICs）使用如"盗版""冒牌"等饱含经济价值的词语来形容那些不接受它们要求的国家。在媒体的帮助下，它们将这些词语变成日常用语，在扰乱公众判断能力的同时将它们的需求合法化，并将反对它们的国家描绘成正在进行不道德行为或近乎犯罪作为的"人"。……

在国际贸易中，"专利"与"商标"对贸易的作用不仅不是促进作用，实际应当是贸易壁垒作用，因为权利人被授予了垄断进口的特权（Raghavan, p. 116 – 17, 121 – 22）。

上述观点否定了《TRIPS 协定》第 27.2 条关于专利权授予的公共利益例外原则，认为广泛的公共利益应当优先于个体利用某项技术垄断获取的利益。

"作为一项法律赋予的权利，在对知识产权进行保护时要考虑的一个最重要的问题是公共利益——通过考虑知识产权所有人对赋予他们权利的国家所负有的义务来平衡国家所赋予他们的权利，如考虑当地的生产，以及没有当地生产时强制许可等。现在，处于控制地位的工业国也许有理由出于自身利益，在考虑利益平衡时更多地考虑公司私利而非公共利益，但这不能作为否认第三世界国家在维护这种平衡的同时，保证公共利益和公共福利的理由。"（Raghavan, p. 134）

实事求是地说，知识财产应当用于改善最不发达国家和发展中国家中广大贫苦人民的生活，而不是增加美国、日本和西欧大公司保险柜里的财富。从这个角度来看，《TRIPS 协定》是有利于发达国家的私人权利的。但注意这个结论的假设是，在不久的将来，最不发达国家与发展中国家只是知识财产的纯消费者，而非生产者。

从经济角度分析上述观点发现，知识产权保护的关键之一是保障发明家、艺术家、作家以及其他知识财产创造者的垄断利益。这种保障是有道理的。如果没有这种保障，知识产权产品将会更加昂贵。此外，保障还为发明创造提供了动力。然而，垄断权利意味着财富从消费者转向知识财产的生产者。而且，如同大多数垄断一样，生产数量和消费的关系永远处于次佳状况（sub-optimal）。这种垄断造成的损失是沉重的，由此得出一个结论，那就是要求世界上每一个国家提供知识产权保护是没有效率的。例如，就专利而言：

> 随着专利在世界上受到保护的范围越来越大，扩大保护范围的边际效益进一步减少而边际成本不断上升。因此，如果在专利保护上能使二者相等，则将会是一个最佳状况。
>
> 从这个角度看待边际效益与成本，再来考虑将专利保护扩展到具有一定规模的新市场，则在新市场上产生的利润完全取决于新市场中可以产生利润的新发明。这些新发明在已受保护的市场中已不可能获得利润。因此，受保护市场范围越大，已经存在的发明就越多，对新市场的期望就越小，边际效益将递减。
>
> 同样，把专利保护扩展到新市场的一个成本在于这项发明在该市场造成消费者剩余，而这些消费者本可以被其他专利市场消化。消费者剩余产生的成本，是消费者因承担垄断价格而减少的数量转换成消费数量与货物获得的垄断利润之差。因此，这部分损失对世界经济整体是一个重大损失。损失的大小取决于市场对发明产品需求的弹性，因而与垄断弥补的尺度有关。但无论如何，系统性市场扩张不可能使这部分损失减少。因此，保护的范围越大，出现的发明就越多。这些发明都成为垄断弥补的一部分，使新市场造成的损失增加。
>
> 所有这些说明，专利保护应当有一个理想的地理范围，而不必在全世界进行。（Deardroff, pp. 443 - 444）

如果，扩大知识产权保护范围确实不符合边际成本 - 利润分析理论，那么，哪些国家在专利保护方面应当得到豁免？也许是发展中国家，因为：（1）一个国家从贫穷到富裕的进程使收入不均现象加剧，因而是不公平的；（2）由于发达国家资源比发展中国家更为丰富，专利保护在前者将能激励更多的发明，从而拉大了贫穷国家与富裕国家之间的技术差距；（3）发达国家的政治架构支持知识产权保护，而发展中国家反对这样的保护。

坦桑尼亚高等法院的顾问雨果（Frederick S. Ringo），描述了撒哈拉以南的非洲国家（SSA 国家），包括中等收入的安哥拉、博茨瓦纳、喀麦隆、刚果、加蓬、象牙海岸、莱索托、利比亚、毛里塔尼亚、尼日利亚、赞比亚和津巴布韦，和低收入的贝南、布基纳法索、布隆迪、中非共和国、乍得、埃塞俄比亚、加纳、几内亚、肯雅、马达加斯加、马拉维、马里、莫桑比克、尼日、卢旺达、塞内加尔、塞拉利昂、索马里、苏丹、坦桑尼亚、多哥、乌干达以及扎伊尔，所面临的困境。他认为，《TRIPS 协定》第 3 条的最惠国待遇，要求每一个 WTO 成员在其知识产权法中规定最惠国待遇条款，以保证给予一个成员的优惠待遇可以无条件地给予所有其他成员的规定，是"前宗主国对其殖民地的霸权扩张"，目的是使其他国家的权利所有人可以在 SSA 国家和其他发展中国家"主张殖民权利"。史密斯等人所批评的过渡期，实际上是为 SSA 国家建立自己的技术基础提供的一个"喘息空间"。雨果的论点是：

> 当今时代被称为信息时代，知识是竞争者之间的力量来源并构成他们之间的竞争边际。因此，保证知识不扩散代表着技术权利人的利益，为此，这些权利人极力要求制定《TRIPS 协定》这个知识壁垒，并将其作为控制知识的方法之一。……

> 发展中国家看到这样一个极具讽刺意味的现实，那就是，相对宽松的国际知识产权体系存在了超过 150 年并一直作为技术传播、复制、学习和转化的基本途径。正是这样一个体系，使现在的工业国家（不单是日本，包括早期的美国、法国、德国等）赶上了技术领先国家，并且获得了同样的技术成就。但这一制度正变得越来越严格，使后来者进入这一领域的成本和难度越来越大。这个现象促使我们对 GATT 工业国家的真实动机产生怀疑。而且，这个做法与 1974 年 5 月联合国关于建立新国际经济秩序的行动计划［联合国大会决议第 3202 号（S - VI）］所规定的国际公认的技术转让原则背道而驰。《TRIPS 协定》这种一面倒的形式，在坚持卖方权利的同时，没有同等对待发展中的非洲国家权利，使这些本可以采取《TRIPS 协定》要求的法律措施的国家对该协定的可接受性提出质疑。(Ringo, pp. 122 - 123)

雨果论点的说服力是否因争议产品的不同而变化？也许，像耐克（Nike）和国家足球联盟（National Football League）这类的商标保护会被 SSA 国家接受，因为运动鞋和标志服饰不是经济发展的核心产品。至于药品专利和与药品销售有关的商标，那就很难说了。雨果认为：

> 医药和化工产业技术，无论产品还是生产方法都极需专利保护和销售过程中的商标保护。发展中国家，如 SSA 国家，道德上和商业上的做法在这些领域一直受到严密的关注和批评。药物在许多发展中国家属于

基本需求，成本却高得出奇。这使许多非洲国家和一些工业国家不给予这些生产方式专利保护。它们宁愿使用仿制产品而不是品牌商标产品。事实上，一些工业国家在保证了国内产业的发展之后，才在最近给予药品和化学产品专利保护。发展中国家将它们作为反对《TRIPS 协定》严格规则的例子。这些半是政治半是经济的手段，保证了所需药物可以通过合理的价格获得。（Ringo, pp. 123 – 124）

证明知识长期保护应当根据产品的种类来确定至少会遇到两个难题。第一，描述产品对经济的重要性必然会引起争议。从一个极端看，任何增值产品或总体上增加国内生产总值的产品都可以被认为是重要产品。因此，运动鞋与标志服饰也应当包括在内。从另一个极端看，只有那些为人体提供营养的产品才能被认为是经济发展的关键性产品，如食物（尤其是谷类食物）和药品，但不包括衣物和教科书（更不用说法律图书！）。对于食物的专利保护，雨果认为：

> 食品产业中那些受专利保护的植物品种，给某些地区的食物安全带来严重问题，并导致抗旱、抗病毒品种的消失。跨国公司的跨国农业产业应为这些不幸事件承担重大的责任。……

对于以农业为经济基础的 SSA 国家，生物技术犹如一把双刃剑，而 WTO 与非洲国家政府在关于《TRIPS 协定》方面有几个问题需要面对。第一，在非洲的工业国家和其他发展中国家越来越大的压力下，加大了保护力度的知识产权如何保证，将地区经济需求的研究与农业研究结果的商业化联系起来？第二，大部分的 SSA 国家被迫执行世界银行/国际货币基金组织的结构调整计划（SAPS），以实现市场经济。这些计划严重影响了这些国家人民的购买力。如果加强知识产权保护导致价格上涨，使产品的可接受性降低，那么生物技术（尤其在种子、动物和健康的部分）将如何能够有效地得到应用？第三，众所周知，知识产权保护的理论指出，保护将会制约竞争，这与国际公认的原则以及 SAPS 的目的不相吻合。WTO 如何在技术上协助 SSA 国家平衡这些措施对它们的经济造成的负面影响？第四，WTO 在这个领域所面临的最严峻挑战，是消除 GATT 是"富人的论坛"这一形象，保证《TRIPS 协定》不会被其赞助人，如跨国公司及其母国滥用以损害 SSA 国家的利益。这些滥用包括利用知识产权创造垄断性条件，破坏生物多样性以及损害发展中国家的农业部门和环境。（Deardorff, pp. 431 – 432）

有趣的是，《TRIPS 协定》第 27.3 条（b）项允许 WTO 成员不对微生物以外的动物和植物授予专利，以及不对除非生物和微生物外的生产动物和植物的主要生物方法授予专利。但要求成员必须通过专利，或一项特殊制度，或两者的结合，保护植物的多样性。

在医药和化工产业上可以提出类似的要求。事实上，在《TRIPS 协定》生效之前，阿根廷、巴西、埃及、加纳、印度、墨西哥、韩国、中国台湾和泰国并没有对药物给予专利保护（有趣的是，并非只有新兴工业国家和发展中国家这样做，澳大利亚、芬兰、新西兰和挪威同样没有这样的保护）。化学品在巴西、哥伦比亚、印度、墨西哥和委内瑞拉不能获得专利（同样，并非只有新兴工业国家和发展中国家这样做，日本和瑞士也没有这样的保护）。这些事实导致了上文引述的"印度—专利案"。

《TRIPS 协定》第 27.2 条对可授予专利的客体规定了广泛的潜在例外。这个规定非常重要："各成员可拒绝对某些发明授予专利权，如在其领土内阻止对这些发明的商业利用是维护公共秩序或道德，包括保护人类、动物或植物的生命或健康或避免对环境造成严重损害所必需的，只要此种拒绝授予并非仅因为此种利用为其法律所禁止。"

牵涉公众健康时，成员能否拒绝对某个药厂生产某种药物的程序授予专利？成员能否拒绝对某种杀虫剂授予专利，因为它能保护该国的粮食供应？由于公共利益是一个模糊的概念，因此，成员可以对其进行广泛解释，因此，可能对以上两个问题得出肯定答案。

然而，即使有些同情新兴工业国家和发展中国家境况的学者也质疑"核心"部门的知识产权保护。

有人认为，在世界范围内保证制药过程和药物产品的权利，对于鼓励新药的发明研究是必不可少的。但是，专利似乎已经不能实现它们最初的目的，即发明对社会有用的事物并传播知识。在医药领域，专利以及其所结合的过多的秘密，正在减少发明和科学研究，而且对生产治疗影响人类（尤其是穷人）疾病的新药没有起到帮助作用。

经济学家的一篇文章指出："销量最高的五十种药物中，有三分之二是对旧配方的翻新。药物研究曾经是一件简单的事。……现在，生物技术使得聪明才智再次成为关键。然而，学术文化和药业文化对此反应出奇平淡。那些希望在医药产业功成名就的科学家很快便感到失望。而产业研究人员几乎不能从他们的发现中获得丝毫的利益。"

而且，许多产品的状况介于上述两种极端之间。例如，雨果认为，电脑与配套产品是 SSA 国家经济发展的关键产品。但电脑技术的权利人，"只有在知识产权保护能使他们最大限度地利用他们的技术权利时"，才愿意转让技术。为自身利益，SSA 国家不会建立这样的制度（Ringo，p. 125）。因此，雨果认为把《伯尔尼公约》对"文字和艺术作品"的保护扩展到电脑程序，结果令人担忧。

把任何知识产权保护与产品种类联系起来的第二个难题，将是第三世界国家经济发展的活力的性质问题。在一个国家的发展过程中，国内产品的混合性也在变化。在 1945 年，谁能想到日本将在国内大规模生产消费电子产品，并随后将生产转移到马来西亚、印度尼西亚、泰国和越南。更普遍一点，雨果的论辩隐含的假设是，第三世界国家的经济发展将永远依赖外国技术，而且永远是外国技术的消费者。然而，印度在班加罗尔有自己的"硅谷"，马来西亚在槟城有令人印象深刻的硬件和软件研究中心。因此，将来需要知识产权保护的国家，很有可能在为美国、日本和西欧的同时，来自新兴工业国和发展中国家。

《TRIPS 协定》有一个很有意思的遗漏，即冒牌货物出口前的检查程序。乌拉圭回合的《装运前检验协定》也没有处理这个问题。其中一个原因可能是，对含有盗版成分的货物在出口前进行检验是一项耗费巨大的程序。没有发达国家在财政和后勤上的支持，新兴工业国家和发展中国家未必愿意花这笔钱。

* * *

第五部分

服务贸易规则

第十一章

服务贸易规则

乌拉圭回合产生的《服务贸易总协定》（GATS），被认为是自 1948 年的 GATT 生效以来，多边贸易体制在单一领域内所取得的最重要进展。[1] 协定第一次将国际公认的类似 GATT 的规则和承诺，扩展到一个规模巨大、发展迅速的国际贸易领域，使服务贸易成为全球经济中一个新的重要部分。此外，由于服务贸易大部分发生在国内经济活动中，对其进行规范一开始就必然牵涉各成员的国内法律、法规和各种规章制度。与此相比，类似的影响在货物贸易领域是近几年才发生的事。

WTO 之前的 GATT 体系，仅涵盖货物贸易，不包括服务贸易。这事实上反映了一个传统的贸易思想，即服务是无法进行交易的。[2] 但是，20 世纪末的国际贸易，服务贸易占到了总量的 25%，[3] 并在许多发达国家占到 GDP 的 60% 以上。[4] 例如，20 世纪 90 年代中期，服务行业在 GDP 中所占的份额，在乌干达达到 40%，在赞比亚达到 50%，在韩国和巴西均达到 60% 以上，在美国则达到了 80%。[5]

随着制造业的相对优势渐渐从发达国家向新兴工业化国家转移，随着服务贸易在国际贸易和国民经济中的比重越来越大，那些在传统制造业面临新兴工业化国家激烈竞争的发达国家，开始将关注的重点从货物贸易转向服务贸易这个新兴的贸易领域，尤其是金融、保险、电讯、运输、计算机，以及

---

[1] WTO Secretariat, "Guide to the Uruguay Round Agreements", 161, 1999.

[2] Robert Howse, "The Regulation of International Trade", 270, 2001.

[3] WTO Secretariat, "Guide to the Uruguay Round Agreements", 161, 1999.

[4] K. Sauvant, "The Uruguay Round: Services in the World Economy" (The Tradability of Services), 117, 1990.

[5] Hans van Houtte, "The Law of International Trade", 3.81, 2002.

教育、建筑、律师等专业服务领域。

此时，原先困扰服务贸易国际流通的障碍，在科学技术的迅猛发展下有了解决的方法。通信技术的发展，打破了服务供应商与消费者之间的物理障碍。例如，提供金融服务的银行可以通过电子传输方式服务于远在他国的公司和人群，保险公司也可以以同样的方式为世界各地的人群提供服务。另外，进入 20 世纪七八十年代，越来越多的国家接受了自由市场的经济政策，放松了自二战以后实行的国家垄断经营政策，使原先处于国家垄断经营下的许多服务行业，如电讯、运输、金融等，进入国际市场。① 国际竞争使这些服务的成本大大降低。例如，随着一些国家放松电讯管制，② 因特网服务大大降低了通信成本。此外，随着经济的发展，一些服务因素被从传统的货物贸易乃至制造业中分离出来，如运输、工程设计等。这些分离出来的服务，产生了一个颇具规模的服务贸易市场。随着这些原先束缚国际服务贸易障碍的一一消除，发达国家正式在 80 年代末的乌拉圭回合提出将服务贸易纳入国际贸易体系。

本章讨论的《服务贸易总协定》在很大程度上直接以 GATT 为范本，并且许多原则与 GATT 相同，它也被称为 GATT 的 "服务版本"。

第一节　服务贸易的经济分析③

一　服务在经济中的作用

尽管世界各国经济发展水平、地理位置以及资源禀赋等，造成各国经济部门与生产模式方面的诸多差异，经济学家总结的经济特征与发展趋势告诉我们，随着收入的增长，服务作为经济活动的一部分，正发挥着越来越重要的作用。服务部门作用的增加，是需求和供给两个方面共同变化的结果。一方面，市场对众多类型的服务需求价格弹性大。④ 当国民收入越来越高时，人们在旅游、教育、健康等服务方面的消费迅速增长，超过人们对工业和农业产品的需求。另一方面，许多服务部门，如餐馆、旅馆及公共运输等，生产

---

① Robert Howse, J. R. S. Prichard and M. J. Trebilcock, "Smaller and Smarter Government", 40 *University of Toronto Law Journal*, 498, 1990.

② OECD, "Regulatory Reform: Privatization and Competition Policy", 1992.

③ 本节内容改写自 WTO 秘书处 "Guide to the GATS", 2001。

④ 即这些服务的需求与收入的变化联系紧密，收入多时，需求旺盛，反之，需求萎缩；或者服务费用低时，需求旺盛，服务费用高时，需求萎缩。

力的增长速度比工业和现代农业慢，反映出服务行业资本替代劳力的难度更大。这种难度反过来导致许多传统的服务行业价格增长比货物价格的增长速度要快。

一定程度上，服务 GDP 份额的不断增加，反映出经济结构的变化。从效率的角度分析，如今，制造行业越来越倾向于用外来服务解决行业内的某些服务问题，如设计、融资或运输等。这些服务，原先都是由企业内部自行解决，而今，大多由专业供应商向企业提供。但从份额上看，虽然国际贸易中的服务贸易份额不断增加，但国际贸易的主流仍然是货物贸易。例如，尽管美国服务部门生产总值约占国内生产总值的 4/5，美国的服务进口却只占总进口的 1/6，出口总出口的 1/4。而根据国际收支平衡统计数据，服务在整个世界贸易额中仅占 1/5。就绝对数值而言，1995 年的世界服务贸易总值约为 1.2 万亿美元，大约相当于整个办公机械和电信设备世界贸易总值的 2 倍。[①]

二　市场经济状况下的服务贸易

从经济角度来看，生产与服务本质上少有差异。两者都具有相似的目的和动机，并受类似的限制。无论生产型还是服务型，一个企业真正的经济义务，包括安排和协调资本、劳动力和技术生产要素，是满足国内外潜在消费者的需求。企业的获利能力，也就是企业的生存和发展潜力，取决于它对未来经济发展的预测，以及对供给需求因素，如工资、成本、原材料价格以及市场条件等的应变能力。

市场经济条件下，企业对盈利的考虑，是决定企业、部门以及国家之间生产资源配置的推动力。一个开放的市场，应该做到不断提高产品质量、鼓励产品更新和工艺革新、减少浪费和缩小寻租的范围、限制任何个体行业的经济力量，并保证货物与服务的消费者能不断获得所需的货物与服务。同时，基于市场经济的结构性调整，有助于达到以消费者为主体的产品质量、种类以及价格等的最佳平衡。此外，替代供给资源的存在，将大大减小经济动荡和经济混乱的可能性。

三　政策的意义

市场经济政策，是形成和改善企业决策的制度框架。从这一点来看，政策的重点应放在保证生产要素和产品市场的竞争条件上，提高透明度，消除

---

① WTO Secretariat, "Guide to the GATS", 2, 2001.

准入壁垒和价格扭曲，并避免企业与社会在效率问题上的分歧。因此，政策应针对各部门和各国的实际情况，包括以下适当的引导因素：促进竞争的政策引导，以消除传统的排他性权利和准入壁垒等；开放外部市场，使国内行业了解最佳国际操作惯例；要求信息披露，并在敏感领域采取谨慎政策，以保护公共利益；进行制度性改革，制定独立监管规则；采取措施时考虑社会成本，即考虑生产和投资决策对环境的影响及其他外部性影响所产生的社会成本。

尽管上述政策引导可能对所有经济领域都大有裨益，但也可能因过于严格而招致非议。此外，这些引导可能在给一些主要服务行业带来保障的同时也给它们带来挑战。

关于服务部门制度性改革的必要性和潜在利益，可以从以下几个方面加以考虑。第一，许多传统服务领域的行政管理法规与控制，是为了保证服务者的可信赖程度和所提供服务的稳定性，这些法规与控制与当今技术和经济的飞速发展不相适应。像电信业这样的现代服务行业，所需的投资数量以及对落后基础的改进所需的技术知识，已经超出政府机关的普遍管辖范围。同时，实际情况证明，尽早在这些行业实行经济自由化，能从地理位置上增强一个国家对现代服务行业新投资的吸引力。

第二，大的服务行业一直普遍受到严格监管，使加强自由化可以产生很好经济效益的可能性得不到保障。在许多国家，自由化和放松监管（deregulation）的措施从未在像基础电信、保险、零售、银行、铁路运输等服务部门实施过。这反映了服务领域长期的公共垄断经营理念，也反映了服务行业缺乏可运输性和可贸易性传统观念的影响。正如本章开篇介绍的，这种观点已不再是新经济观点，管理和技术的进步，如卫星通信和电子银行的出现，已消除了国际服务贸易中的大部分障碍。

第三，即使缺乏市场改革的动力，许多服务部门在自身的发展过程中，也将逐渐扩展政府监管和控制范围。需求和供给之间所发生的变化，有利于如金融、电信、航空运输等部门的发展。如果现存体制不随之发生变化，这些发展也将拓展生产和就业的监管和控制范围。

第四，如果许多服务部门含有基础设施成分，这些部门的效率改革，包括监管和制度改革，很可能促进与此相关的许多下游经济行业部门的竞争，从而全面提高经济效率。从这个角度来说，不应将服务自由化看作进入他国市场的途径，而应将它看作促进国内经济发展的一个前提条件。乌拉圭回合将服务纳入多边贸易体系，促使各国政府将经济效率改革锁定在国际层面上，这样就避免了国内改革措施的转移甚至倒退现象。

许多情况下，国际和国内自由化之间的区别只是一种假象。从贸易政策角度看来，外部和内部市场的开放应当共同进行。只有这样，才可能确保自由准入所创造的潜在利益不被国内壁垒抵消。①

四　调整的相关成本和收益

调整是市场体系的核心，它是有成本的。通过基础设施的改善、国内税收和关税改革以及谨慎的宏观经济管理等手段，经济政策可以改善投资和发展条件。但谁也无法保证这些政策只带来正面影响而不会产生负面的影响。因此，行业往往总是向政府提出许多保护的要求，尤其是一些大型、管理良好的行业部门在受到压力时，更是理所当然地要求得到政府的保护。

从社会政策角度考虑，市场调整最明显的成本来自劳动力转移、技术落后、职业再教育以及地区性行业再分配等。尽管上述调整中，有的明显需要政府资助，但这样忽视市场规律，以减慢甚至停止结构调整为代价的调整是否适当是一个值得怀疑的问题。首先，调整是一个暂时的过程，并需要对比因此而产生的损失与由此产生的收益。其次，从广义的经济角度考虑，应将此类损失与不进行调整的后果，以及调整给纳税人、消费者、用户行业所带来的成本进行比较。此外，如果某个部门可以忽视市场规律，就会成为其他部门的先例。事实证明，行业性保护极易影响到其他部门。

有一种观点认为，服务部门调整给采矿、制造、农业所造成的负面影响，要比这些调整产生的社会效益大得多。这种观点是有一定道理的，但须考虑下列情况。第一，服务业调整，如银行、保险、电信业调整，通常发生在业务繁荣的部门。这些部门扩展的业务，会迅速为因此而萎缩的领域中的雇员提供就业机会。第二，服务部门的雇员普遍比采矿或农业从业人员的流动性大。第三，一些传统保护性服务领域，如航空运输、法律服务等，从业人员一般不属于低收入阶层，因此比制造业从业人员的就业范围广。此外，考虑到许多现代服务行业所具有的基础设施功能，这些部门的自由化调整可以对总体的经济效益产生额外的影响。传统的淘汰性行业会发现，在一个充满动态经济效益的新兴行业创业，比努力推进一个陈旧的行业更容易。

但是，不要忘记，电信、银行以及现代经济中的其他服务行业发挥主要作用往往也蕴藏着巨大的风险。这些行业所发生的技术或金融混乱，会对整

---

① 这个观点体现在 GATS 第 16 条的内容中。

个社会经济产生严重的影响。例如，即便是远离现代经济的小生产者，也将不难感受到某大银行的破产而带来的经济动荡。同样，交通运输和电信的中断，可能在短时间内使所有经济活动停止。正是这类风险的严重性，才促成了现代的监管控制体系，对银行资本储备、行业资产质量要求、电信技术标准等进行监控，以保证主要技术和商业服务的持续性。

第二节 服务贸易的产生

一 服务贸易的产生

服务贸易被提上乌拉圭回合的谈判议程，很大程度上是美国不懈努力的结果。美国最初的提议，在其他 GATT 缔约方，尤其是发展中国家引起了巨大的争论和分歧。产生分歧的主要原因有两个：美国倡议的动因，以及美国在服务贸易方面所主张的"市场准入"方式。这两个原因事实上相互关联。[1]

美国之所以极力主张将服务贸易纳入 GATT（之后的 WTO）体系，是由于它的初级制成品国内市场以及本国这些产品的国际市场因新兴工业化国家强有力的竞争而不断减小，但在服务贸易方面仍保持世界领先地位，尤其是知识和技术密集型的金融和电讯服务行业。这个倡议一方面得到了服务行业虽不如美国发达，但在世界上仍处于领先地位的一些发达国家的拥护，另一方面遭到了一些发展中国家的坚决反对。

对比发达国家在服务贸易方面的优势，发展中国家认为，服务贸易自由化很有可能使其国内服务业在与美国公司，以及其他发达国家公司的竞争中惨遭淘汰。此外，大部分发展中国家还没有能力通过进入其他国家服务业市场获得经济利益。这些发展中国家认为，发达国家在服务贸易方面的竞争优势源于其总体更高的经济和技术发展水平。如果在这样的条件下进行服务贸易自由化，发展中国家的服务业尚未获得竞争优势就已失去了国内服务市场。

但是，以美国经济学家哈格瓦地（Jagdish Bhagwati）为代表的一些经济学家对发展中国家在服务方面没有竞争优势的观点表示反对。[2] 他们认为，某些发展中国家，如印度，拥有数量可观的工程师、会计师这样高水平的专业人士，服务收费却比发达工业国家同等专业人士低得多。某些服务行业，如建筑业，是劳动密集型行业，具有充足熟练与半熟练劳动力的发展中国家在

---

① Robert Howse, "The Regulation of International Trade", 278, 2001.

② Robert Howse, "The Regulation of International Trade", 278, 2001.

这些行业中具有潜在的优势。而对于那些新兴的工业化国家，它们已经具备生产中等科技和某些高科技产品的能力，在相关产品，如计算机软件的出口方面具有很大潜力。

第二个许多国家关心的重要问题，是美国提出的服务贸易"市场准入"方式。这个方式不仅要求将国民待遇义务扩展到服务贸易领域，还要求谈判改变各国任何阻碍外国服务进入本国服务行业的管理体制。

美国认为，许多服务贸易壁垒是国家管理工具选择的结果。美国的这个要求，无疑将敏感的国家主权问题放到了乌拉圭回合的谈判桌上，引起了极大的争议。针对国家主权，美国认为，服务贸易的国内利益和国际利益不相冲突。为满足国际服务贸易的市场准入条件将同样使改变管理体制的国家受益。美国指出，在全球自由经济的发展趋势下，很多国家事实上已经在自行开展国有产业的私有化运动，并渐渐解除政府对经济的控制。GATT体系的服务贸易市场准入，会在帮助这些国家调整服务贸易行业政策的同时，加速它们国内自由市场经济的发展进程。

然而，主权问题牵涉的不仅仅是经济问题。虽然所有国家都明白，本质上，任何国际义务或多或少都包含着国家主权的让步，但任何接受这些国际义务的国家，都会权衡主权与利益的得失。美国倡导的服务贸易市场准入，不仅牵涉国家经济，还牵涉其他复杂的国内政治改革问题。即使有可能克服国内政治上的阻力，贸易自由化带来的经济利益是否大于它带来的义务成本加上国内管理制度改变的代价并不确定，更不用说解除管制和私有化还伴随着复杂的过渡性问题以及制度设计方面难以克服的障碍等等。上述种种原因，使美国的提议招来一片反对之声。

随着谈判的进展，眼见苛刻的市场准入难以通行，美国又提议在非最惠国待遇基础上谈判服务贸易。在解释为什么对服务贸易领域的态度与它在其他贸易领域一贯支持最惠国待遇的态度截然相反时，美国提出，其他国家还没有准备好向美国开放它们的服务贸易市场，因此，美国当然无法单独将自己的市场贡献出来。[①]

两种意见不断交锋之后，最终各方达成部分一致。其一，同意服务贸易的谈判，但谈判最后结果将独立于GATT，单独形成一个服务贸易总协定（GATS）。另外，同意将GATS放在WTO框架内进行管理。同意把某些部门，如航运服务，完全排除在GATS框架之外，并同意将就这些部门的行业准入而

---

① Robert Howse, "The Regulation of International Trade", 280, 2001.

进行的谈判结果排除在最惠国待遇的适用范围之外。

在乌拉圭回合关于服务贸易的最后谈判结果中，由于美国对服务的定义，谈判范围主要集中在美国和其他发达国家存在大量出口利益的服务部门，如电讯、金融服务部门。发展中国家具有竞争优势的服务部门，如船员、建筑工人等，却被排除在 GATS 的框架之外。

二 服务的定义

传统的经济学家曾尝试通过对比货物与服务的特征来定义服务。[①] 这样的定义，注重服务"不可视"与"无形"这两个特征，[②] 很容易出现漏洞。例如，计算机程序软件设计服务的产品既可视又有形。可以说，所有定义服务的经济学尝试都面临一个难题，那就是服务不同于货物的特征将如何影响动态相对优势理论在服务贸易中的适用。

逻辑上，相对优势对货物贸易和服务贸易的适用不应有任何差别。但细究两者的相对优势要素发现，货物贸易的相对优势要素与服务贸易的相对优势要素，对各自相对优势形成的作用存在很大差异。例如，服务贸易中的知识和技能等要素对服务贸易相对优势形成的贡献，要远远大于货物贸易中的土地、矿产等要素对货物贸易相对优势形成的贡献。基于这些原因，贸易经济学家从未就服务的定义达成一致。

在关于服务的定义中，有一种观点认为，掺杂在交易货物中的服务因素不应被视为可交换的服务。"真正意义上的服务贸易，发生在包含各种服务因素的货物跨越国界一刻。"[③] 根据这个定义，建筑工人、海运船员等，就只能被视为货物中的服务因素，而只有金融、保险这样的服务，才算得上真正的非因素性服务（non-factor service）。

这种观点被美国采纳。在乌拉圭回合谈判中，美国主张服务贸易的主体必须本身已经是完整的商品，因此，因素性服务主体不能包含在 GATS 中。在这样的定义下，服务贸易的商品多是美国拥有相对优势的高科技产品，而难以涵盖欠发达国家的劳动密集型服务产品。

最后，GATS 没有给服务下定义，只在第 1 条定义了服务贸易。该定义考

---

① Robert Howse, "The Regulation of International Trade", 272, 2001.

② 通常，对"货物"的定义为：可移动、可指认的有形物体（movable and identifiable existing things）。见美国《统一商法典》［Uniform Commercial Code（1998），UCC］，第 2 ~ 105（1）、(1) 条。

③ Robert Howse, "The Regulation of International Trade", 272, 2001.

虑了服务贸易中存在的几种障碍,① 反映了美国关于服务的定义。

第三节　GATS 协定内容

GATS 是一个极为复杂的协定。② 它包含了与 GATT 相似的一些基本原则,如非歧视最惠国原则、国民待遇原则以及影响服务贸易的国家法规的透明度原则等。但是,两个文本之间存在着很大的不同。

与 GATT 一样,GATS 的目标,是通过最惠国待遇与国民待遇原则,逐步实现世界服务贸易自由化。③ 然而,由于种种原因,④ 乌拉圭回合谈判形成了这样一个比 GATT 保守得多的 GATS 协定。⑤ 因此,可以说乌拉圭回合的 GATS,仅仅是贸易自由化的一个开端。GATS 的规则不仅不够完善,而且很大程度上都还未经实践的检验。加之服务贸易减让表远比货物贸易减让表复杂,要准确评估 WTO 成员在服务贸易领域享有的权利和承担的义务也非常困难。弥补这些不足,就需要进行更多回合的谈判。正如 WTO 秘书处承认的那样,"今后的经验肯定将表明,有必要对现有的一些规则再进行修改"。⑥ GATS 也承诺继续通过今后的回合谈判,不断推进全球服务贸易自由化的进程。

一　基本原则

1. 最惠国待遇原则⑦

GATS 规定,"关于本协定所涵盖的任何措施,每一成员对于任何其他成员的服务和服务提供者,应立即和无条件地给予不低于其给予任何其他国家

---

① 根据 WTO 秘书处主编的 *Guide to the Uruguay Round Agreements* 对承诺的限制一节 (189～193,1999),以及 GATS 的服务贸易定义,服务贸易中主要存在以下五种障碍:(1) 服务提供的边境限制;(2) 对提供服务的外国公司具体的设立限制或某些不合理的规定;(3) 对服务成分的限制,如当地服务含量规定等;(4) 具体的商业交易限制或某些不合理的规定,如禁止向特定消费者提供服务的规定等;(5) 给予外国服务提供者的待遇低于国内服务提供者的待遇等。

② Robert Howse, "The Regulation of International Trade", 280, 2001.

③ GATS 前言。

④ 如上面陈述中提及的商品特征的不同、贸易方式的不同,尤其各成员基于自身利益不同的考虑等原因。

⑤ 如 GATS 中规定的 MFN 与 NT 例外等。

⑥ WTO Secretariat, "Guide to the Uruguay Round Agreements", 161, 1999.

⑦ GATS 第 2 条。

同类服务和服务提供者的待遇"。① GATS 的 MFN 有一个非常重要的例外，即任何列入《关于第 2 条豁免的附件》豁免清单的服务项目，只要符合该附件规定的条件，可免除 MFN 义务。② 这一例外，使超过 70 个 WTO 成员方的服务承诺减让表部分内容获得 MFN 义务豁免。

2. 国民待遇原则③

GATS 中的国民待遇规定与 GATT 不同。GATT 中的国民待遇义务是一个一般原则，适用于所有成员的所有国际贸易货物。而 GATS 中的国民待遇义务仅限于成员在其减让表中的具体承诺。规定内容如下："对于列入减让表的部门，在遵守其中所列任何条件和资格的前提下，每一成员在影响服务提供的所有措施方面给予任何其他成员的服务和服务提供者的待遇，不得低于其给予本国同类服务和服务提供者的待遇。"④

3. 市场准入原则⑤

GATS 规定，"每一成员对任何其他成员的服务和服务提供者给予的待遇，不得低于其在具体承诺减让表中同意和列明的条款、限制和条件"。⑥ 这个规定与 GATT 关税减让义务要求相似。协定还进一步规定了六种成员 "不得维持或采纳" 的行为⑦：（a）限制服务提供者的数量；（b）限制服务交易或资产总值；（c）限制服务业务总数或服务产出总量；（d）限制特定服务部门或服务提供者可雇佣的自然人的总数；（e）限制或要求服务提供者通过特定类型法律实体或合营企业提供服务的措施；（f）以限制外国股权的比例或限制外国投资总额的方式限制外国资本的参与。

4. 透明度原则⑧

协定规定，"每一成员应迅速公布有关或影响本协定运用的所有普遍适用的措施，最迟应在此类措施生效之时"。⑨ 同时，成员应设立 "一个或多个咨询点"，在其他成员要求时提供具体的相关信息。⑩

---

① GATS 第 2.1 条。
② GATS 第 2.2 条。
③ GATS 第 17 条。
④ GATS 第 17.1 条。
⑤ GATS 第 16 条。
⑥ GATS 第 16.1 条。
⑦ GATS 第 16.2 条。
⑧ GATS 第 3 条。
⑨ GATS 第 3.1 条。
⑩ GATS 第 3.4 条。

二　协定内容

GATS 共有 29 个条款，3 个"之二"（bis）条款，篇幅相当于 GATT 的一半。协定分为 6 个部分，8 个附件。第一部分明确协定管辖范围和服务贸易的定义。第二部分是一般义务和纪律的规定，包括最惠国待遇、商业惯例以及政府采购，以及一般例外和安全例外。第三部分包括市场准入规则与有条件的国民待遇规则。只要列入减让表中的服务部门符合表中所列的条件和资格，就必须给予国民待遇。第四部分是关于减让表的有关规定，以及今后的自由化进程谈判。第五、六部分是机构条款和最后条款，其中包括磋商和争端解决，以及建立服务贸易理事会的规则。第五部分还包括对一些重要术语，如"商业存在"和"服务部门"等的定义。

GATS 的最后一个部分是包括在第 29 条项下的 8 个附件。这 8 个附件，规定了 MFN 原则例外、协定规定内容下提供服务的自然人流动、空运服务、金融服务、海运服务和电信问题。

1. 定义

GATS 将服务贸易定义为：（a）自一成员领土向任何其他成员领土提供服务（"跨境提供"，如电信服务等）；（b）自一成员领土向任何其他成员消费者提供服务（"境外消费"，如旅游服务等）；（c）一成员的服务提供者通过任何其他成员领土内的商业存在提供服务（"商业存在"，如在另一国建立银行分支机构和保险公司提供服务等）；（d）一成员的服务提供者通过任何其他成员领土内的自然人存在提供服务（"自然人存在"，如律师、会计在其国从事的服务）。[①]

属于这些类型的服务都应当遵守 GATS 的规则。这 4 种服务提供方式，是根据服务提供者与消费者在服务提供时的地理位置或来源划分的。某种特定交易可能有不止一种服务提供方式。得到或使用服务的个人或实体为"服务消费者"。[②] 任何提供服务的人为"服务提供者"。[③] 任何提供服务的机构，如代表处或公司分支机构，有权要求 GATS 给予与提供者相同的待遇。[④]

与货物贸易紧密关联的服务同时受 GATT 与 GATS 规定约束。其中，GATT 着重审查国内措施对相关货物的影响，GATS 着重审查措施对服务或货物提供

---

① GATS 第 1.2 条。

② GATS 第 28（i）条。

③ GATS 第 28（g）条。

④ GATS 第 28（j）条。

者的影响。根据上诉机构在"欧共体—香蕉进口、销售和分销体制案"中的裁决，分销商被看作货物进口与购买过程中提供"分销贸易服务"的一个内在组成部分。

GATS 的服务提供者可以是自然人，也可以是法人。① "其他成员方自然人"指居住在某成员领土内，但按照另一成员方的法律规定，属于该另一成员方的国民，或在该另一成员方领土内拥有永久居住权的人。② "法人"是指任何根据适当法律正当组建的法人实体，不论是否以营利为目的，无论私营还是政府所有，包括法人协会、合资企业、基金、合伙企业、公司或独资企业。③

"另一成员方法人"是指：（1）根据另一成员方的法律组建或组织，并在另一成员方领土内从事实质性业务活动的法人；或（2）对于通过商业存在提供服务的情况，由该成员的自然人拥有或控制的法人或由前项确认的该另一成员方的法人拥有或控制的法人。④

2. 服务贸易承诺的范围⑤

原则上，乌拉圭回合谈判包括所有服务部门。但事实上，像视听服务、邮政、速递和基础电信服务及运输服务等部门并没有包含在协定内容之中。⑥

从承诺的数量上看。在 149 种具体服务项目中，发达国家成员的承诺占到 64%，排除视听服务、邮政、速递和基础电信服务及运输服务，则为82%。相比之下，发达国家成员在健康（人类健康）服务，教育服务，娱乐、文化和体育服务及商务服务项下一些具体服务项目⑦中做出的承诺大不如其他项目。

转型经济国家成员所做的承诺占比为 52%，视听服务，邮政、速递和基础电信服务及运输服务除外，承诺占比则达到 66%。这些国家成员承诺的主要差距在于商务服务下的一些具体服务项目⑧：与渔业、采矿业、制造业、能

---

① GATS 第 28（j）条。

② GATS 第 28（k）条。

③ GATS 第 28（l）条。

④ GATS 第 28（m）条。

⑤ 内容引自 WTO 秘书处主编的 *Guide to the Uruguay Round Agreements*，186～188，1999；世界贸易组织秘书处编《乌拉圭回合协议导读》，索必成、胡盈之译，法律出版社，2000，第 258～259 页。

⑥ 见 GATS 附件内容。

⑦ 如研究和开发服务、与能源和制造业有关的服务、相关的科学和技术咨询服务、医疗和牙科服务及助产士、护士、理疗医师和护理员提供的服务等。

⑧ 如研究和开发服务、房地产、无人租赁服务等。

源有关的服务，人员提供与安排服务，调查与保安服务，以及健康服务，娱乐、文化和体育服务。

77 个发展中国家成员（77 国成员）中，有 69 个做出了某些承诺，承诺内容仅占所有 149 种服务项目的 16%，绝大部分分布在与旅游相关的饭店和餐饮服务中。

从承诺的项目上看。有一半发展中国家成员就保险服务做了承诺。1/3 的发展中国家成员就银行和其他金融服务做了承诺。1/4 的发展中国家成员就计算机及相关服务和建筑服务做了承诺。电信服务中，做出增值电信服务承诺的发展中国家成员占 1/5。

从承诺的水平上看。转型经济国家成员之间与发达国家成员之间的承诺水平差别较小，发展中国家成员之间则差别很大。一些发展中国家成员，如韩国、泰国、土耳其，承诺约束的具体服务项目的比例很高。但一半以上的其他发展中国家成员，主要是非洲和加勒比地区国家，承诺的具体服务项目数量仅为 1 ~ 20 种。[①]

按 1992 年的 GDP 加权平均计算，发展中国家成员的承诺覆盖比例与未加权平均计算所得的比例 16% 相比，上升到 30%。但是，它们在具体服务项目上的承诺数量与它们的人均收入水平之比却很低。这个低系数表明，是否接受服务贸易自由化，与人们对这种改革将带来的预期利益是否采取前瞻性态度有着紧密的联系。[②]

GATS 规范的服务范围十分广泛，包括生产、分销、营销、销售以及交付过程中所提供的服务。服务涵盖除政府服务以外的所有部门。政府服务是指没有根据商业条件且不在竞争市场中提供的服务。

GATS 适用于所有"成员影响服务贸易的措施"。这里的"措施"被定义为包括法律、法规、规则、程序、决定、行政行为以及任何其他形式的措施。[③] 而"成员方影响服务贸易的措施"，则包括影响以下内容的任何措施[④]：服务的购买、支付或使用；各成员要求向公众普遍提供的服务的获得和使用；一成员的个人为在另一成员领土内提供服务的存在。

在 GATS 中，任何类型的商业或专业机构均被认为是"商业存在"，包括

---

① 作为一个 WTO 成员，一般要求最少需要就一种具体服务项目做出承诺。
② 以上数据见 WTO 秘书处主编 *Guide to the Uruguay Round Agreements*，186 ~ 189，1999。
③ GATS 第 28（a）条。
④ GATS 第 28（c）条。

为提供服务而在另一成员方领土内成立的法人、分支机构或代表处。①

3. 一般义务和纪律

GATS 第二部分是"一般义务和纪律"。它们对所有 WTO 成员适用，而且其中绝大部分也适用于所有服务部门。GATT 中的许多主要条款几乎都可以在这一部分找到对应的内容。

（1）最惠国待遇

如前介绍，协定要求"对于任何其他成员的服务和服务提供者，应立即和无条件地给予"，但规定对列入豁免清单并符合附件规定条件的服务豁免最惠国待遇义务。这个规定，是美国与其他成员相互妥协的结果。协定内容谈判中，美国坚持至少在某些关键部门不须向没有准备提供同等市场准入的国家开放市场，而其他成员则不希望看到 GATS 在纠缠不清的单边谈判之下变成一套零碎的贸易管理体系。

协定还规定了另一种最惠国待遇豁免情况，即"对相邻国家授予或给予优惠，以便利仅限于毗连边境地区当地生产和消费的服务的交换"。

（2）经济一体化②

和 GATT 中的规定一样，GATS 允许经济一体化协定成员相互给予优惠待遇，只要满足以下两个条件，成员间就可以自由签署经济一体化协定：（1）协定涵盖众多服务部门；（2）在协定范围内取消和禁止新的歧视性措施。

对协定中的发展中国家成员，应根据该成员各行业、部门以及总体的经济发展水平，给予更大的灵活性。在协定只涉及发展中国家的情况下，对此类协定参加方的自然人所拥有或控制的法人仍可给予更优惠的待遇。

（3）劳动力市场一体化协定③

通知服务贸易理事会以后，成员可以参加在参加方之间实现劳动力市场完全一体化的协定，只要此类协定免除参加方公民有关居留和工作许可的要求。这些一体化协定通常为参加方公民提供自由进入各参加方就业市场的权利，并包括有关工资条件及其他就业和社会福利条件的措施。

（4）国内法规④

GATS 也努力避免因国内法规的实施而产生的服务贸易壁垒，要求各成员在已做出具体承诺的服务部门，保证所有影响服务贸易的普遍适用措施以合

---

① GATS 第 28（d）条。

② GATS 第 5 条。

③ GATS 第 5 条之二。

④ GATS 第 6 条。

理、客观和公正的方式实施。同时，协定还要求各成员维持或尽快设立司法、仲裁、行政庭或程序，在受影响的服务提供者要求下，对影响服务贸易的行政决定迅速进行客观和公正的审查。另外，各成员有关资格要求和程序的措施应遵守理事会制定的"必要的纪律"，以确保所有技术标准和许可要求：（a）依客观的和透明的标准，例如提供服务的能力和资格；（b）不得比为保证服务质量所必需的限度更难以负担；（c）如为许可程序，则这些程序本身不成为对服务提供的限制。

此外，在已就专业服务做出具体承诺的部门，各成员应规定适当程序，以核验任何其他成员方专业人员的能力。

关于建立服务贸易技术壁垒监察机制的框架性规定，是第二部分最重要的内容。[①]

（5）承认[②]

服务和服务资格的证明，以及成员间对它们的相互承认十分困难。协定规定，对服务提供者的授权、证书或服务提供商颁发的资格证书的承认，成员可自行决定承认标准，也可依据有关国家的协定或安排决定。无论哪种方式，协定要求给予其他成员机会，以证明所获教育、经历、许可或证明以及满足的要求应得到承认。同时，协定规定承认的方式不得构成歧视的手段，或构成对服务贸易的变相限制。协定要求各成员通过政府与非政府组织的参与，在适当的情况下，采用多边协定的方式，制定关于承认以及职业和贸易实务的国际标准。

1997 年 5 月 29 日，服务贸易理事会通过关于会计职业部门相互承认协定的准则。这些准则对各成员没有强制约束力，只用于相关的标准制定谈判中。

（6）垄断和专营服务提供者[③]

为避免 GATS 规定的成员义务太过具体而在电信和交通运输业等垄断行业产生漏洞，协定要求各成员保证其垄断和专营服务提供者，不以违反最惠国待遇或减让表承诺的方式提供服务。同时，协定要求各成员保证这些服务提供者不滥用其垄断地位在其他不享有垄断权利的领域与其他服务提供者竞争。例如，本地电讯公司利用其长途通信垄断经营权与其他公司在短途经营业务上竞争。

任何成员如果发现未遵守这些要求的证据，可以请求理事会审查这些违规的做法。如成员对具体承诺涵盖的服务提供给予垄断权，则该成员应在给

---

① GATS 第 6.4、6.5 条。
② GATS 第 7 条。
③ GATS 第 8 条。

予垄断权之前至少 3 个月通知服务贸易理事会。

(7) 商业惯例①

垄断方式除外，某些服务提供者的商业惯例也会损害竞争并限制贸易。发生这种情况时，GATS 要求成员方共同磋商，并提供所有相关非机密信息和进行其他方面的合作，消除这些惯例的影响。

(8) 紧急保障措施与补贴②

有关紧急保障措施和补贴的条款提醒人们，乌拉圭回合的服务贸易谈判是在紧迫的时间和巨大的压力下完成的。③ 关于保障措施，第 10 条规定，应当根据非歧视原则就紧急保障措施问题展开多边谈判，并于 WTO 协定生效之日起 3 年之内达成谈判结果，即 1998 年 1 月 1 日完成。1995 年 3 月 30 日，服务贸易理事会规定，在 GATS 规则工作组框架内对该问题展开谈判。此后，第 10.1 条规定的最终期限被延长了 5 次。最后一次延期的规定见于 2004 年 3 月 15 日服务贸易理事会通过的《关于紧急保障措施的第五次决议》。决议没有规定具体的截止日期。

关于补贴，GATS 第 15 条规定，对影响服务贸易中的补贴以及可能的反补贴措施进行谈判，但没有明确谈判的时限，之后定于 1996 年开始。④ 截至 2012 年 11 月 29 日，关于补贴问题的谈判仍在进行中。

(9) 保障国际收支⑤

协定规定了保障国际收支义务例外，允许有严重国际收支困难的成员，或者受此困难威胁的成员，对其已做出承诺的服务贸易采取限制措施。发展中国家成员或者转型经济国家成员，可以采取这样的限制措施来保持一定的储备水平，以满足其发展和经济转型的需要。但是，这些限制不能在不同成员之间造成歧视，不能对其他成员的利益造成不必要的损害，也不能比在当时情况下所必要的程度更为严格。这些限制还必须是暂时的，一旦情况好转，就应该逐步取消。

(10) 政府采购⑥

除商业转售或销售以外，市场准入、国民待遇以及最惠国待遇义务豁免

---

① GATS 第 9 条。

② GATS 第 10、15 条。

③ WTO 秘书处主编 *Guide to the Uruguay Round Agreements*，170，1999。

④ 参见 "Decision on the Council for Trade in Services"，November 26，1997，WTO Document S/L/43。

⑤ GATS 第 12 条。

⑥ GATS 第 13 条。

也适用于提供给政府管理机构的服务。GATS 规则工作组自 1999 年开始对该问题进行审查。协定还规定有关服务贸易政府采购的谈判应于 1996 年底前开始，并且，截至 2012 年 11 月 29 日谈判仍在持续。

（11）一般和安全例外①

GATS 的这部分规定与 GATT 内容极其相似。不同之处在于 GATS 在一般例外中规定了一些专门适用于服务贸易的例外，包括防止虚假和欺诈行为、在处理个人信息时保护个人隐私、平等有效地征税，并在脚注中详细说明了一国税收在区别对待本国公民和外国公民时可以采用的各种做法。而安全例外与 GATT 规则完全相同。

4. 具体承诺

根据 GATS 第三部分，每一成员应在其具体承诺减让表中列入有关国民待遇、市场准入以及附加承诺的规定。

（1）市场准入②

GATS 确立了市场准入的最低义务，规定各成员给予任何其他成员服务和服务提供者的待遇，不得低于该成员具体承诺减让表中列明的规定、限制和条件。有关市场准入的分析，见基本原则部分。

（2）国民待遇③

GATS 项下国民待遇义务的确切含义仍存在不确定性。部分原因是 GATS 的相关规定与承诺表结构之间存在差异，从而很难确定义务的范围。有学者认为这有可能破坏设立可预见贸易环境的目的。

在 1997 年的"欧盟—香蕉案"中，上诉机构裁定，服务贸易国民待遇原则包括事实和法律上的歧视。上诉机构同时裁定，措施的目标和后果无关紧要。

（3）附加承诺④

协定规定，各成员可就影响服务贸易，但根据国民待遇和市场准入规定不须列入减让表的措施，包括有关资格、标准或许可事项措施谈判服务贸易承诺。

5. 逐步自由化

GATS 第四部分是服务贸易自由化的实践性条款，包含两个技术性条款——

---

① GATS 第 14 条和第 14 条之二。

② GATS 第 16 条。

③ GATS 第 17 条。

④ GATS 第 18 条。

具体承诺的谈判和减让表内容，以及 1 个减让表修改条款。

（1）具体承诺的谈判①

GATS 第四部分中最重要的内容，是关于具体承诺的谈判规定。规定要求 WTO 成员应不迟于 2000 年 1 月，开始连续回合的谈判，以逐步提高服务贸易自由化水平。这样的规定，除《农业协议》外，在其他乌拉圭回合协议中还没有。协定要求谈判考虑不同成员的发展水平和各成员政策目标，要求相对发达国家在产业和贸易种类上实行更大程度的自由化，而发展中国家可以对外资进入本国市场设立限制条件并逐步实行自由化。服务贸易委员会将制定每一轮谈判的准则和程序。在制定这些准则和程序时，考虑便利发展中国家更多参与自由贸易的因素，对服务贸易进行整体和逐部门评估。

（2）具体承诺减让表②

具体承诺减让表是 GATS 及其附件不可分割的一部分。WTO 秘书处根据联合国核心货物分类表（UN Central Product Classification）列出每个部门的承诺必须包含的内容：（a）市场准入的条款、限制和条件；（b）国民待遇的条件和资格；（c）与附加承诺有关的承诺；（d）在适当时，实施减让表的时间框架；（e）此类承诺生效的日期。

（3）减让表的修改③

GATS 减让表的修改程序与 GATT 不同。只要提前 3 个月通知服务贸易理事会，成员就可以在减让表中任何承诺生效之日起 3 年后修改或撤销该承诺。补偿性调整应在最惠国待遇基础上做出。在 GATS 项下的利益可能受到修改或撤销影响的其他成员可以提出进行谈判的请求，以期就任何必要的补偿性调整达成协议。此类协议中，有关成员应努力维持互利承诺的总体水平，使其不低于在此类谈判之前具体承诺减让表中规定的对贸易的有利水平。如未能达成协议，受影响成员有权提交仲裁。仲裁的目的在于决定做出修改的成员对其他受影响成员的补偿程度，而并不是设立报复的准则。"实质相等的利益"由受影响的成员来进行估算。

6. 机构条款

协定第五、六部分的内容与乌拉圭回合一揽子结果中其他协定的机构条款和最后条款相差无几。WTO 的争端解决机制适用于任何 GATS 引起的争端，

---

① GATS 第 19 条。

② GATS 第 20 条。

③ GATS 第 21 条。

成员间为避免双重征税达成的国际协定除外。[①] 其他的机构条款基本上是重复 WTO 其他协定内容。

（1）服务贸易理事会[②]

服务贸易理事会的职能，是促进 GATS 目标的实现，并使 GATS 得到合理有效的执行。该理事会及其任何可能成立的附属机构对所有成员开放，主席由各成员选举产生。目前，服务贸易理事会已建立了金融服务委员会、具体承诺委员会、国内法规工作组、GATS 规则工作组等附属机构。

（2）原产地规则

协定第六部分对服务的原产地规则做了一些基本的尝试。第 27 条规定，当一成员确定某服务的提供是在一非成员领土内、来自一非成员领土，或服务提供者不适用 WTO 规则时，它可以拒绝给予 GATS 协定项下的利益。但是，"领土"的概念，在跨国提供服务的情况下是很难确定的。例如，一家美国的跨国律师事务所就一项牵涉俄罗斯的商业交易向中国国民提供服务。其中一些工作是在该事务所的莫斯科办事处完成，但许多合同和谈判是在美国领土内进行的。这种情况下，如何确定相关的服务来自俄罗斯领土？确定的方法应当是根据事务所的国籍。当服务是由没有明确国籍的跨国公司提供时，确定国籍会是一个很困难的问题。

三　乌拉圭回合 GATS 评价[③]

人们普遍认为，GATS 谈判最大的成就是将服务贸易自由化纳入了多边贸易体制的管辖范围。[④] 而对现有承诺，也主要强调承诺的行业覆盖不够全面，即使在承诺覆盖的行业，针对外来服务提供者的壁垒仍然存在。虽然说将 GATS 比作"半杯水"（glass half-empty），有助于政策制定者从服务贸易自由化的长远目标来正确认识乌拉圭回合谈判结果，但这样描述谈判的成就以及未来的挑战并不全面，因为谈判的目的并不是要服务贸易在一开始就实现完全的自由。[⑤] 乌拉圭回合之后的第一步，是开始新的服务贸易谈判，以进一步推进服务贸易自由化的进程。

[①]　GATS 第 22 条。

[②]　GATS 第 24 条。

[③]　本部分改写自 WTO 秘书处主编 *Guide to the Uruguay Round Agreements*，197 - 198，1999；世界贸易组织秘书处编《乌拉圭回合协议导读》，索必成、胡盈之译，法律出版社，2000，第 270 ~ 272 页。

[④]　Hoekman（1995 年）的著作。

[⑤]　Sauve（1995 年）的著作。

前面分析得出一个结论，那就是许多 WTO 成员对乌拉圭回合谈判的服务行业中相当大的一部分已经做出了承诺，尤其是发达国家成员和转型经济国家成员，甚至一部分发展中国家成员。在这些成员做出承诺的服务行业，主要的市场准入壁垒是影响自然人流动的措施，主要的国民待遇限制是补贴的提供仅限于本国企业。

然而，从乌拉圭回合承诺来看，大多数发展中国家成员并没有致力于服务贸易自由化的进程。它们的承诺所覆盖的服务行业较少，且承诺中对商业存在和自然人流动所采取的措施具有限制性。发展中国家成员很少能够像发达国家成员和转型经济国家成员那样，在其承诺的服务行业，不对投资环境加以额外的限制。这个事实，使发达国家成员和发展中国家成员对外国投资的吸引力差距越来越大。要想扩大发展中国家成员承诺的服务行业范围，增加这些国家承诺的服务的提供方式，并减少这些国家对商业存在和自然人流动提供服务的限制，还需要通过更多的努力，以使这些国家相信，服务行业自由化将为它们带来更多的益处。①

分析得出的另一个结论是，最惠国待遇豁免对 1994 年最后确定了具体承诺的服务项目影响并不明显。在继续进行的 GATS 金融服务、基础电信中的计算机预定系统等谈判中，最惠国待遇豁免主要被用来作为谈判的筹码。

1994 年至 1997 年完成的个别服务行业谈判进一步巩固和扩大了乌拉圭回合取得的成果。不过，对市场准入和国民待遇限制的约束和取消，并没有解决各成员的国内法规对外来服务提供构成贸易壁垒的问题。尽管现在受影响的外国服务提供者可以要求对影响服务贸易的行政决定进行复议，但要真正取消这些贸易壁垒，仍任重而道远。为此，在 GATS 框架内确定了一个工作方案，以制定各成员国内法规所应遵循的原则。基于非歧视原则的相互承认也是一个有望解决这个问题的途径。此外，如同 GATT 一样，GATS 也将遇到补贴以及政府采购中"购买国货"（buy national）的做法而导致的贸易扭曲问题。

上述分析没有回答一个普遍受到关注的问题：乌拉圭回合是否带来了新的服务贸易自由化？大多数情况下，乌拉圭回合的主要结果所达到的目的是约束了现行政策。如果从这个角度来看待这个问题，且答案是肯定的话，那么乌拉圭回合对促进更具竞争的服务贸易具有重大的意义。因为，服务贸易管理体制不稳定是外来服务提供者提供服务的一个主要障碍，尤其是涉及商

---

① 参见联合国贸易和发展会议（UNCTAD）和世界银行 1994 年的有关讨论。

业存在。一旦各成员政府准备稳定为自由化贸易而采取的政策，无异于发出了不会倒退的信号，这将大大增加这些成员国内进一步改革的机会。但是，无论怎样，有一点十分清楚，那就是 WTO 未来的议程将会是全面的。

2000 年，以进一步推进自由化进程为目标的新一轮服务贸易谈判开始，并于 2001 年 11 月被纳入多哈回合议程。2005 年 12 月 18 日，《香港部长级会议宣言》重申了 GATS 的目标与宗旨，并敦促所有成员积极参与新一轮的服务贸易谈判。但是，随着多哈回合谈判陷入僵局，目前，新的服务贸易谈判陷于停顿。

四 GATS 相关案例

在"中国—出版物案"中，专家组对 GATS 市场准入、国民待遇及"具体承诺减让表"的规则和运用分别作出了分析和裁决。本案案情参见附录相关部分。

1. 市场准入

以下是专家组在"中国—出版物案"中关于 GATS 第 16 条市场准入的分析与裁决。

中国—影响某些出版物和视听娱乐产品贸易权和分销服务的措施
WT/DS363/R

系争措施是否违反第 16 条中国的市场准入承诺

7.1350 美国在"市场准入承诺"这个诉求下指控四项措施。根据美国的观点，每项措施均限制外国资本参与从事家庭娱乐音像制品分销的合作经营企业，违反 GATS 第 16.2 （f）条规定。具体而言，美国提及的措施条款有：《中外合作音像制品分销企业管理办法》第 8 条、《外商投资产业指导目录》的限制目录六 - 3、《指导外商投资方向规定》第 8 条和《关于文化领域引进外资的若干意见》第 1 条。

7.1351 中国否认美国的指控，主张美国对涉案措施有关条款的翻译和解释错误。根据中国的观点，这些条款涉及合作经营企业中、外合作方的利润和亏损分配，而非外国资本的参与。中国辩称，对利润和亏损分配的规定不属于 GATS 第 16 条项下的六种市场准入措施，因此涉案措施不违反第 16 条规定。

（1）第 16.2 （f）条要求

7.1352 专家组注意到，中国就涉案服务作出的市场准入承诺受 GATS 第

16 条约束，该条相关部分规定：

> 1. 对于通过第 1 条确定的服务提供方式实现的市场准入，每一成员对任何其他成员的服务和服务提供者给予的待遇，不得低于其在具体承诺减让表中同意和列明的条款、限制和条件。
>
> 2. 在作出市场准入承诺的部门，除非在其减让表中另有列明，否则一成员不得在其一地区或在其全部领土内维持或采取如下定义的措施：
> …………
>
> （f）以限制外国股权最高百分比或限制单个或总体外国投资总额的方式限制外国资本的参与。

7.1353 第 16 条第 1 款规定了一个普遍原则，即成员必须给予其他成员服务和服务提供者不低于其减让表"条款、限制和条件"的待遇。第 2 款更加具体，它在该款第（f）项中，界定了成员在作出具体部门承诺后不得制定或维持的措施，"除非在其减让表中另有列明"。正如第 2 款前言措辞所表明的（"如下定义的措施"），这六种措施构成一个封闭的穷尽性清单。根据第 16 条规定，成员需履行最低待遇标准，因此有权制定比减让表限制更低的市场准入机制。第 1 款规定"不得低于"的待遇标准对此予以确认。在第 16.2 条所列的六种措施中，美国仅援引了限制外国资本参与的第（f）项，该项是唯一与本案主张相关的款项。

7.1354 根据第 16 条辞措，专家组必须审查中国减让表的具体条款，以确定涉案服务是否属于"中国减让表"市场准入承诺的范围；如果有，就这些承诺所签订的"条款、限制和条件"是什么。接下来，专家组着手进行审查。

中国涉案服务所做市场准入承诺的范围

7.1355 专家组注意到，在视听服务（2D部分）的市场准入栏下，中国规定了下列限制：

> 自加入时起，在不损害中国审查音像制品内容的权利的情况下，允许外国服务提供者与中国合资伙伴设立合作企业，从事除电影外的音像制品的分销（见脚注1）。

7.1356 该规定允许外国服务供应商从事音像制品分销，但仅限于合作企业。在专家组看来，这个限制属于第 16.2（e）条范畴，指的是"限制或要求服务提供者通过特定类型法律实体或合营企业提供服务的措施"。中国市场准入限制脚注涉及中国减让表水平承诺部门中的另一个脚注。该水平承诺部门和所援引的脚注，共同细述所允许合作企业的特点，这正是我们所要审查的内容。

7.1357 中国在模式 3 下的市场准入水平承诺，描述了三种允许外商投资的企业形式——外资企业（也称作外国独资企业）、中外合资经营企业、中外合作经营企业。对于合作经营企业——与本诉求相关，中国水平承诺脚注 1 规定：

> 依照中国法律、法规及其他措施订立的设立"契约式合资企业"的合同条款，规定诸如该合资企业经营方式和管理方法以及合资方的投资或其他参与方式等事项。契约式合资企业的参与方式根据合资企业的合同决定，并不要求所有参与方均进行资金投入。

7.1358 中国水平承诺的脚注 1 明确规定，"契约式合资企业的参与方式根据合资企业的合同决定，并不要求所有参与方均进行资金投入"。显然，中国的这个条目项下，在合作经营企业中外股权参股方面，既没有规定任何要求，也没有设定任何限制，而是留待合作经营企业各方进行商谈。

7.1359 专家组注意到，就商业存在，中国在市场准入和国民待遇方面做出了其他的水平承诺。这些承诺涉及分支机构、代表处、现有协议和许可、土地使用以及既存子公司。关于这些其他方面的水平承诺，双方均未涉及，我们认为它们与本案诉求无关。

7.1360 专家组发现，中国针对视听服务中通过商业存在形式做出的市场准入承诺，包括相关水平承诺，表明，在第 16.2（f）条意义上不存在明确的"外国股权参与限制"。专家组回顾第 16.2（f）条规定，任何该限制必须采取"以限制外国股权最高百分比或限制单个或总体外国投资总额的方式"。因此，第 16.2（f）条意义上的限制体现为两种形式：（1）外国投资者可以持有的最大资本百分比；或（2）外商投资总额——不论由一个投资者还是多个外商投资者进行整体投资。因此，中国承诺允许外国服务提供者设立合作经营企业经营家庭娱乐音像制品分销业务，但没有在其减让表中——无论在视听服务项下还是水平部门——对这些合作经营企业中外国股权参与水平做出任何形式的限制性规定。

（2）涉案措施

7.1361 接下来，专家组将审查所有四个涉案措施，以确定它们是否在合作经营企业通过商业存在形式经营家庭娱乐音像制品分销业务的情况下，属于 GATS 第 16.2（f）条意义上 "限制外国资本的参与" 情况。

《中外合作音像制品分销企业管理办法》（第 8.4 条）

7.1362　美国主张，《中外合作音像制品分销企业管理办法》第 8 条第 4 款违反中国在 GATS 第 16.2（f）条项下的市场准入义务，因为它含有中国减让表规定之外对外国股权参与的限制。美国将该款翻译如下：

The Chinese co-operator shall hold no less than 51% equity in the contractual joint venture. 中国合作方在合资经营企业不得持有少于 51% 的股权（equity）。

7.1363　中国辩称，美国翻译不准确，该款应当翻译为：

The Chinese co-operator shall hold no less than 51% rights and interests in the contractual joint venture.

中国合作方所拥有的权益（rights and interets）不得低于 51%。

7.1364　中国主张，根据 2000 年《中外合作经营企业法》，合作经营企业的利润分配和亏损分担并非取决于股权比例，而是由各方根据合资合同确定。中国指出，服务减让表脚注 1 没有对合作经营企业进行股权要求。根据中国的观点，合作经营企业提到的 "权益" 指的不是股权，而是利润和亏损份额。因此，中国坚持认为，《中外合作音像制品分销企业管理办法》第 8 条第 4 款指的是利润和亏损分配，并不违反 GATS 第 16 条规定。

7.1365　美国回应称，《中外合作音像制品分销企业管理办法》第 8 条第 4 款中没有关于 "利润和亏损" 的任何文本依据。针对中国依据 2000 年《中外合作经营企业法》的主张，美国认为，该法无法消除美国提出的问题措施中，在从事家庭娱乐音像制品分销合作经营时，对外资参与进行限制的规定。至于中国所依据的减让表脚注 1，美国指出，它并没有主张在股权参与方面存在限制性规定，而是主张在外国合作商针对合作企业进行投资时，将面临股权参与方面的限制。美国认为，"权益" 这个词的含义非常宽泛，对这个词进行的限制，意味着对合资企业中包括股权、持股和总投资在内的外企参与的全面限制，而不只是针对利润进行的限制。美国坚持认为，中国关于合作经营企业参与方只受利润和亏损比例方面限制的主张，得不到中国译文的支持。

7.1366　专家组注意到，双方最初对《中外合作音像制品分销企业管理办法》第8条第4款中文原文"权益"（Quan Yi）一词的翻译意见各异。美国主张应将其译为"股权"（equity）。中国则主张应将其译为"权利和利益"（rights and interests）。尽管如此，专家组注意到，双方对"权益"一词的字面翻译并无异议。双方一致同意，"权益"可以被译为"权利和利益"，因为"权"意味着"权利"，而"益"意味着"利益"。这一字面翻译得到专家组自身译员的确认。双方最根本的分歧在于该词在《中外合作音像制品分销企业管理办法》第8条第4款语境下的适当解释，而这将决定该条款是否违反GATS第16条的规定。

7.1367 专家组认为，针对这个问题的举证责任，对某项措施提出具体法律解释的一方承担证明其解释正确的举证责任。这个要求符合惯例。不论是申诉方还是应诉方，提出一项肯定性主张或抗辩的一方承担举证责任。

7.1368 在解释《中外合作音像制品分销企业管理办法》第8条第4款措辞的过程中，双方均提及2000年《中外合作经营企业法》的规定。《中外合作音像制品分销企业管理办法》相关部分以2000年《中外合作经营企业法》为依据制定，并对在华设立从事音像制品分销的中外合作经营企业适用。

7.1369 专家组回顾，合作经营企业形式是在中国境内得到允许的两种企业经营方式之一，另一种是合资经营企业形式。专家组注意到，合资经营企业必须采取有限责任公司形式，各方依据注册资本中出资比例分享和承担利润、风险、亏损。合作经营企业却不存在这类法律规定。专家组注意到，合作经营企业不必依中国法律取得法人地位。2000年《中外合作经营企业法》第2条规定：

中外合作者举办合作企业，应当依照本法的规定，在合作企业合同中约定投资或者合作条件、收益或者产品的分配、风险和亏损的分担、经营管理的方式和合作企业终止时财产的归属等事项。

7.1370 这与中国减让表脚注1一致，脚注1规定：

依照中国法律、法规及其他措施订立的设立"契约式合资企业"的合同条款，规定诸如该合资企业经营方式和管理方法以及合资方的投资或其他参与方式等事项。契约式合资企业的参与方式根据合资企业的合同决定，并不要求所有参与方均进行资金投入。

7.1371 根据这一证据，我们的理解是，各方在设立合作经营企业的合同中规定包括利润分配在内的投资及其他条件。在答复专家组问题时，中国称，根据 2000 年《中外合作经营企业法》第 2 条，收益、风险、亏损的分担，不要求按照各方在注册资本中的出资比例进行，而是可以协商并规定于合作经营企业合同中。在专家组看来，该阐述简单易懂。但是，中国随后辩称，2000 年《中外合作经营企业法》第 2 条和中国减让表脚注 1 表明，《中外合作音像制品分销企业管理办法》第 8 条第 4 款中的"权益"是指收益。专家组询问中国，根据中国自己的译法，何以能够将第 8 条第 4 款理解为指代合作经营企业收益和亏损的分配，中国解释如下：

> 对合作经营企业股权参与不做要求。在提到合作经营企业的权益时，通常指的不是股权参与，而是如 2000 年《中外合作经营企业法》第 2 条所规定的收益、风险和亏损的分担。

7.1372 我们注意到，中国似乎认为，通常情况下，对"权利和利益"的限制，针对的是股权参与或收益分配。但是，由于股权参与不是对合作经营企业的法律要求，因此，合作经营企业的"权利和利益"必然是指收益的分配。专家组无法认同这一观点。

7.1373 我们的观点是，"权利和利益"的含义十分宽泛，它可以指企业投资者的股权、总投资、收益以及其他权利和利益。正如 2000 年《中外合作经营企业法》第 2 条和中国减让表脚注 1 所表明的，合作经营企业各方在合作经营企业合同中规定投资额和其他合作条件，包括收益分配事宜。换句话说，合作经营企业的各方在合同中确定其各种"权利和利益"。专家组理解，中国减让表中"对合作经营企业各方的股权参与不作要求"的含义是，各方股权参与不是强制性的，而非合作经营企业合同的各方不能规定股权参与。因此，专家组看不出，中国何以能得出，对合作经营企业来说，对"权利和利益"的限制不可能是指股权参与，而仅指收益分配这样一个结论。

7.1374 我们注意到，在主张不能将《中外合资音像制品分销企业管理办法》第 8 条第 4 款理解为对股权参与的限制时，中国提及 2000 年《中外合作经营企业法》。中国似乎主张，2000 年《中外合作经营企业法》排除了其他措施对股权参与进行限制的可能性，因为它规定，股权参与由合作经营企业合同确定。对这个缺乏文本依据的观点，专家组无法信服。专家组注意到，与股权参与一样，合作经营企业的收益分配同样由合作经营企业依照 2000 年《中外合作经营企业法》确定。中国没有解释，《中外合作音像制品分销企业管理办法》第 8 条第 4 款如何在限制收益分配的同时，不会对股权的参与产生限制。专家组还注意到，《中外合作音像制品分销企业管理办法》第8条第1款规定，从事音像制品分销的中外合作经营企业必须具备法人资格。但是，如上所述，2000年《中外合作经营企业法》不要求合作经营企业具备法人资格。合作经营企业的各方可以根据其意愿选择是否设立法人企业。如果具备法人资格的要求不与2000年《中外合资经营企业法》相冲突，专家组认为，没有理由认为在同一措施之下，《中外合作音像制品分销企业管理办法》第8条第4款不是对股权参与的限制。

7.1375 专家组进一步认为，"权利和利益"抽象且不能量化，因此会习惯性地将51%这个限制与这一专门概念联系起来。同时，正如专家组自身译员证实，某种意义上，可以将《中外合作音像制品分销企业管理办法》第8条第4款采用的"权益"一词译为"股权"。如美国所言，"权益"是中国会计系统中使用的一个复合词，意思是"股权"。例如，《企业会计制度》第79条规定："所有者权益，是指所有者在企业资产中享有的经济利益，其金额为资产减去负债后的余额。"《企业会计准则—基本准则》第26条规定："所有者权益是指企业资产扣除负债后由所有者享有的剩余权益。"

7.1376 根据前述分析，专家组裁定，中国未能成功驳回美国关于《中外合作音像制品分销企业管理办法》第8条第4款规定，在从事音像制品分销的合作经营企业中，中国合作方所持股份不得少于51%的解读。鉴于对中国措施的这一解读，专家组裁定，美国已经证明，《中外合作音像制品分销企业管理办法》第8条第4款包含了GATS第16.2（f）条项下"以限制外国股权最高百分比……的方式限制外国资本的参与"的内容，有悖中国在其减让表中对涉案服务做出的承诺。

《外商投资产业指导目录》限制目录（六-3）和《指导外商投资方向规定》（第8条）

7.1377 美国进一步主张，《外商投资产业指导目录》限制目录六-3和《指导外商投资方向规定》第8条违反GATS第16条规定。按照美国的观点，在第16.2（f）条意义上，这两项措施限制其他成员服务提供者外国股权的参与，有悖中国在减让表中的承诺。美国指出，《外商投资产业指导目录》限制目录六-3规定：

音像制品（除电影外）的分销（限于合作、中方控股）。

Sub-distribution of audiovisual products (excluding motion pictures) limited to contractual joint ventures where the Chinese partner holds majority share.

7.1378　根据美国的观点，《指导外商投资方向规定》第 8 条对该条做出了界定。第 8 条规定，《外商投资产业指导目录》提的"中方控股，是指中方投资者在外商投资项目中的投资比例之和为 51% 以上"。

7.1379　中国辩称，美国对上述条款的解读有误。根据中国的观点，《外商投资产业指导目录》的限制目录六－3 应译为：

> 音像制品（除电影外）的分销（限于合作、中方控股）。
>
> Distribution of audiovisual products（excluding motion pictures）（limited to contractual joint ventures where the Chinese partner holds controlling interest）.

7.1380　中国进一步主张，《指导外商投资方向规定》第 8 条应该译为：

> Have the Chinese party hold majority share/interest means the total proportion of investment of the Chinese investor in the foreign-invested projects is 51% and above.
>
> 中方控股，是指中方投资者在外商投资项目中的投资比例之和为 51% 及以上。

7.1381　中国再次提及 2000 年《中外合作经营企业法》第 2 条和中国减让表脚注 1，并坚持认为：

> "多数股权"一词用于合资经营企业时，它指的是股权利益，即注册资本出资的大多数。"多数股权"一词用于合作经营企业时，它指的是收益、风险、亏损分担比例的大多数。

7.1382　美国反驳中方观点，主张《指导外商投资方向规定》第 8 条的规定限定了《外商投资产业指导目录》限制目录六－3 的译法且支持美方译法。美国指出，《指导外商投资方向规定》第 8 条表明，中国投资者在外商投资项目中的投资比例之和为 51% 及以上。

7.1383　本专家组注意到，双方对《外商投资产业指导目录》限制目录六－3 中的中文"控股"（Kong Gu）一词的正确译法与解释意见各异。美国认为，应该将其译为"持有大多数股份"，而中国则主张准确的译法是"把持控制性利益"。专家组自身译员则从字面出发，认为中文"控股"一词，指的是"持有控制性股份数量"，同时，没有证据表明控制必须要求是大多数。根据中国的观点，股份用于合作股份公司，这些公司的股权分为定量的股份。中国称，"股份"这一概念不适用于合作经营企业，因为对合作经营企业的股权不作要求。

7.1384　我们注意到，美国主张，《外商投资产业指导目录》限制目录六－3限制合作经营企业的外国股权参与，而中国则主张，该条款限制收益和亏损分配。中国再次提及2000年《中外合作经营企业法》第2条及其减让表脚注1以支持其立场。

7.1385　但是，中方观点不能说服专家组。按照其对《外商投资产业指导目录》限制目录六－3的译法，中国未能证明，该款是指对收益和亏损分配的限制。如上文专家组在讨论"权利和利益"时指出的，"利益"的含义非常宽泛，可能包括投资、持股、收益以及其他利益。同时，正如先前已经作出的解释，专家组不认为，2000年《中外合作经营企业法》禁止其他措施对合作经营企业的股权参与进行限制。此外，中国关于"股份"只用于股份合作公司的观点也不能说服本专家组。

7.1386　我们忆及前文观点：《指导外商投资方向规定》涵盖《外商投资产业指导目录》并赋予其法律效力。因此，对《外商投资产业指导目录》限制目录六－3的解释，应当与《指导外商投资方向规定》中的相关条款——第8条——相一致。专家组注意到，双方对第8条译文的正确性不存在根本分歧，该条规定：

> 《外商投资产业指导目录》可以对外商投资项目规定"限于合资、合作企业"、"中方控股"或者"中方相对控股"。
>
> 限于合资、合作企业，是指仅允许中外合资经营、中外合作经营；中方控股，是指中方投资者在外商投资项目中的投资比例之和为51%及以上；中方相对控股，是指中方投资者在外商投资项目中的投资比例之和大于任何一方外国投资者的投资比例。

7.1387　我们注意到，根据该条款，"中方控股"（中国的译文："have the Chinese party hold majority share/interest"）意味着，中方投资者在外国投资项目中的投资比例之和为51%及以上。由于这一定义没有上下文的限制，所以它既适用于合资经营企业，也适用于合作经营企业。专家组注意到，对于美国有关《指导外商投资方向规定》第8条为解释《外商投资产业指导目录》限制目录六－3提供指导的主张，中国并无异议。

7.1388　我们认为，在根据《指导外商投资方向规定》第8条解读《外商投资产业指导目录》限制目录六 - 3 时，可以将限制目录六 - 3 理解为音像制品（电影除外）仅限于中外合作企业，这意味着中方必须持有至少 51% 的投资额。因此，专家组裁定，《外商投资产业指导目录》限制目录六 - 3 连同《指导外商投资方向规定》第 8 条，违反中国在 GATS 第 16.2（f）条项下承诺，因为这些条款集体构成该条款意义上"以限制外国股权最高百分比……的方式限制外国资本的参与"。

《关于文化领域引进外资的若干意见》第 1 条

7.1389　美国主张，《关于文化领域引进外资的若干意见》第 1 条违反 GATS 第 16 条义务，因为它只允许外商投资企业通过中外合作经营企业（前提是中国占大多数股份）的形式，从事音像制品（电影除外）分销业务。美国指出《关于文化领域引进外资的若干意见》第 1 条，根据美国的译法，规定：

> Under the condition where the right of our country to examine the content of audiovisual products is not harmed, foreign investors are permitted to set up enterprises for the sub-distribution of audiovisual products, with the exception of motion pictures, in the form of Chinese-foreign contractual joint ventures where the Chinese partner holds the dominant position.

7.1390　中国未就美国主张做出具体回应。在专家组要求下，中国提交其对《关于文化领域引进外资的若干意见》第 1 条的翻译，如下：

> Under the condition where the right of our country to examine the content of audiovisual products is not harmed, foreign investors are permitted to set up enterprises for the distribution of audiovisual products, excluding motion pictures, in the form of Chinese-foreign contractual joint ventures where the Chinese partner holds a dominant position.

7.1391　就本诉求而言，我们认为，双方在译文上不存在明显差异。美国称，《关于文化领域引进外资的若干意见》第 1 条确定，《外商投资产业指导目录》限制目录六 - 3 和《指导外商投资方向规定》第 8 条的目的，在于中方必须在从事音像制品分销合作经营企业中持有大多数股份。美国似乎是指，在公司里有"主导地位"意味着持有公司的大多数股份。在解决这个解释性问题的过程中，专家组注意到，美国承担证明其对《关于文化领域引进外资的若干意见》第1条解释正确的举证责任。如上诉机构在"美国—碳钢案"中的陈述：

> 国内法违反相关条约义务的一方有义务就该法的范围和含义证明其主张。

7.1392　在评估该解释性问题的过程中，我们注意到，"占主导地位"表明，一方在某实体中处于"控制"地位，而"控股"意味着一方必须持有超过50%的股份。这两个含义并不相同。在股份由不同人持有的实体中，某个股东可能因所有权的分散而占据"主导地位"，却持有不到50%的股份。因此，"占主导地位"不必然意味着在某一实体中"控股"。

7.1393　在这方面，我们注意到，在另一个成员的服务提供者原产地规则中，GATS对实体所有权和控制权作出过类似的区分。根据第28（n）条，如果一成员的个人持有超过50%的公司股权，则该法人由该成员的个人所"拥有"；如果个人拥有任命大多数董事或以其他方式合法指导其活动的权力，则该法人由一成员的个人所"控制"。

7.1394　因此，我们认为，美国没有提供足够的证据，证明《关于文化领域引进外资的若干意见》第1条规定的"占主导地位"是指"控股"。美国未能证明，该条构成GATS第16.2（f）条规定的，以"外国股权最高百分比"或"单个或总体外国投资总额"的形式，"限制外国资本的参与"。美国未能完成举证责任，以证明《关于文化领域引进外资的若干意见》第1条以GATS第16.2（f）条规定的方式进行限制，从而违反中国针对涉案服务做出的承诺。

（3）结论

7.1395　我们前述已经裁定……中国没有在服务减让表中，针对从事家庭娱乐音像制品分销合作经营企业的外国股权参与作出任何限制。鉴于专家组认定《中外合作音像制品分销企业管理办法》第8条第4款对从事家庭娱乐音像制品分销合作经营企业外国资本参与进行限制，属于GATS第16.2（f）条的规范范畴，因此，我们裁定，该条款违反中国GATS第16条项下市场准入承诺。

7.1396　我们进一步认定，《外商投资产业指导目录》限制目录六－3与《指导外商投资方向规定》第8条一同对从事家庭娱乐音像制品分销合作经营企业中外资本参与的限制，同属GATS第16.2（f）条规范范畴。因此，我们裁定，《外商投资产业指导目录》限制目录六－3和《指导外商投资方向规定》第 8 条同属 GATS 第 16.2（f）条管辖范畴，它们共同违反中国在 GATS 第 16 条项下的市场准入承诺。

7.1397 我们无法裁定《关于文化领域引进外资的若干意见》第 1 条违反 GATS 第 16 条，因为美国未能证明该条规定了属于第 16.2（f）条管辖范围的限制。

* * *

2. 国民待遇

以下是"中国—出版物案"专家组关于 GATS 国民待遇规则的相关裁决。

中国—影响某些出版物和视听娱乐产品贸易权和分销服务的措施
WT/DS363/R

涉案措施是否违反 GATS 第 17 条中国国民待遇项下承诺

7.956 接下来，专家组审查美国关于禁止外商投资企业从事进口读物批发业务的措施违反中国 GATS 第 17 条项下国民待遇承诺的主张。为此，根据 GATS 第 17 条的规定，我们下一步需要确定涉案措施是否影响了相关服务，以及相比于国内同类服务提供者，这些措施是否给予了其他成员的服务提供者更为不利的待遇。

7.957 专家组注意到，美国的诉求涉及两种类型的进口读物，每种进口读物都只通过自身渠道进行分销（distribute）。第一，订购渠道涵盖的是只能通过订购方式进行分销的读物，其中包括所有进口报纸、期刊以及"限定发行范围"的进口图书和电子出版物。第二，"市场销售"渠道包含了通过市场进行销售的读物，即"非限定发行范围"的进口图书和电子出版物。根据分销渠道，专家组将涉案措施划分在两个标题之下。

措施禁止外商投资企业从事只能通过订购方式（进口报纸、期刊以及某些进口图书和电子出版物）分销的进口读物批发业务

7.958 美国主张，根据《出版管理条例》第 42 条和《订户订购进口出版物管理办法》第 4 条，中国禁止外商投资企业从事所有进口报纸、期刊以及"限定发行范围"的进口图书和电子出版物批发业务。美国坚持认为，《出版管理条例》第 42 条规定，只有中国国有独资企业允许进口所有类型的读物，且《订户订购进口出版物管理办法》第 4 条授予部分获得批准的此类国

有独资企业专有权，通过订阅方式分销此类特定读物。美国指出，中国将"分销"定义为包括批发和零售。因此，美国主张，外商投资企业被禁止从事只能通过订购进行分销的进口读物批发业务，致使外商投资企业所获待遇低于同类国内批发商。

7.959　专家组注意到，《订户订购进口出版物管理办法》第 3 条对需要订购的读物界定如下：

> 国家对进口出版物的发行实行分类管理，对进口报纸、期刊和限定发行范围的进口图书、电子出版物等实行订户订购、分类供应的发行方式。

7.960　《订户订购进口出版物管理办法》第 4 条规定，订购限定发行范围的读物必须通过"出版物进口单位"办理：

> 订户订购限定发行范围的进口图书、电子出版物的业务，须由新闻出版总署指定的出版物进口经营单位按照批准的业务范围经营。

7.961　最后，《出版管理条例》第 42 条规定，"出版物进口单位"必须是国有独资企业：

> 设立出版物进口经营单位，应当具备下列条件：
> …………
> （二）是国有独资企业并有符合国务院出版行政部门认定的主办单位及其主管机关。

7.962　专家组发现，将这些措施结合起来解读与美国的观点吻合：（1）订购是进口报纸、期刊和限定发行范围内进口图书、电子出版物的唯一分销渠道；（2）在华外商投资企业被禁从事进口读物分销，因为只有指定出版物进口单位（中国国有独资企业）被允许从事订购业务。专家组注意到，中国对此种解释没有提出异议。

7.963　既然这些措施提到的服务行为是订购，因此，专家组必须首先确定中国有关"批发服务"（4B 部分）的承诺是否包含这项行为，以便确定这些措施是否违反 GATS 第 17 条。此后，专家组需要确定这些措施是否给予其他成员的服务提供者"不利待遇"，从而影响了涉案服务的提供。

7.964　转至中国减让表，专家组忆及［前述］裁定中国减让表有列明批发服务。中国减让表附件 2 界定分销的概念及其服务的部分表明，分销服务

（包括批发）的核心特征是"转售商品"。附件2专门将批发界定为"对零售商和工业、商业、机构或其他专业商业用户或其他批发商的货物/商品的销售及相关附属服务"。在审查该定义用语时，专家组了解到，"专业商业用户"一词是指单位或个人。专家组还注意到，附件2将零售服务定义为"由固定地点（如商店、小货摊等）或无固定地点，对供个人或家庭消费使用的货物/商品的销售及相关附属服务组成"。因此，附件2中所定义的批发不仅包括对机构用户的销售，也包括对专业业务用户个体的销售。

7.965 专家组进一步注意到，《订户订购进口出版物管理办法》提到的"订购"一词，是指订户向出版物进口单位订购进口出版物，以满足单位或个人的阅读需要。这表明订户既可以是单位，也可以是个人，且订购通过出版物进口单位进行。但是，该措施并没有专门界定"订购"一词。专家组注意到，在图书贸易的语境中，"订购"的词典含义是"一本书的出版方式。出版商或作者承诺通过这种方式，并按一定的费用，向出版前同意接受图书的订户提供该图书"。这个定义表明，订购是销售出版物的一种常见形式，即根据具体订单进行销售的方式。由于涉案措施没有专门界定"订购"一词，因此该用语的通常含义在此适用。

7.966 专家组注意到美国证据中关于新闻出版总署官员对《订户订购进口出版物管理办法》的解释。根据新闻出版总署官员的解释，订购是分销那些不允许进入零售市场的进口出版物——包括进口报纸、期刊以及限定发行范围内的进口图书、电子出版物——的一种方式。新闻出版总署官员进一步解释称，这种订购体系：

> 旨在确保国有出版物进口经营单位在出版物进口到中国境内以后，对所有进口出版物的分销与销售进行管理，从而防止其他国内外公司干涉这项业务。

7.967 上述解释可以理解为，涉案措施之下，指定出版物进口单位向特定消费者——已知订户——销售它们进口的出版物。因此，该涉案服务行为——订购——包含转售，且订户既可以是单位也可以是个人。我们还注意到，中国没有对美国就该主张提出的证据表示异议。

7.968 因此，当订户是单位，即商业、工业、机构用户，或其他专业商户（包括非因个人或家庭消费而购买的个人）时，这种通过"订购"模式对读物进行分销的行为符合中国附件2批发服务的定义，因为该定义包含了将货物"转售"给"工业、商业、机构或其他专业商业用户"的内容。就此，我们忆及上诉机构在"美国—赌博案"中阐述的原则:除非另有规定,某服务部门中的一项承诺对包括分部门在内的该部门的所有服务适用。

7.969 我们由此认定,当订户为"工业、商业、机构或其他专业商业用户"时,中国关于"批发服务"(中国减让表4B部分)的承诺涵盖《订户订购进口出版物管理办法》中提及的订购活动。

7.970 关于争端措施是否"影响"涉案服务的提供,我们忆及上诉机构在"欧盟—香蕉案(三)"中的观点:

> "影响"一词,反映了起草者意图赋予GATS广泛的适用范围。"影响"的通常含义是指一项措施"对……有影响",表明其适用的广泛性。先前专家组关于"影响"一词在GATT 1994第3条语境下,其范围比"管理"或"约束"等词宽泛这一结论,使上述解释得到进一步强化。

7.971 专家组注意到,争议双方对涉案措施管理或约束进口读物分销这一点并无异议。既然"影响"的范围比"管理"或"约束"宽泛,那么,我们认为,就GATS第17条而言,这些措施对读物分销服务的提供产生"影响"。

7.972 我们接下来审查美国关于在GATS第17条意义上,这些措施给予外资批发商的待遇低于国内批发商的主张。为此,我们需要确定,根据这些措施,禁止从事涉案进口读物批发的外商投资企业与允许从事该服务的中国企业是否"相似"。

7.973 我们必须首先确定,涉案措施下作为批发企业设立的外商投资企业是不是GATS第17条意义上的"另一成员的服务提供者"。采用GATS第28条规定的定义,专家组认为,通过商业存在的形式提供某种服务的另一成员的服务提供者,可以是由另一成员个人"拥有"或"控制"的任何实体。[①]

---

① GATS第28(g)条对"服务提供者"的定义是"提供服务的任何人"。第28(j)条给"人"的定义是"自然人或法人"。第28(m)条对"另一成员方法人"的定义是:"(i)依该另一成员方的法律成立或以其他方式组织,并在该另一成员方或任何其他成员方境内从事实质性业务活动;或者(ii)在通过商业存在提供服务的情况下,由该另一成员方的自然人拥有或控制;或由(i)项所述的该另一成员方的法人所有或控制。"GATS第28(l)条规定:"法人是指根据适用法律适当组建或组织的任何法人实体,无论是否以盈利为目的,无论属私营所有还是政府所有,包括任何公司、基金、合伙企业、合资企业、独资企业或协会。"第28(n)条进一步规定,法人:(i)由一成员的个人所"拥有",如该成员的人实际拥有的股本超过50%;(ii)由一成员的个人所"控制",如此类人任命其大多数董事或以其他方式合法指导其活动的权力;(iii)与另一成员具有"附属"关系,如该法人控制该另一人,或为该另一人所控制,或该法人和该另一人为同一人所控制。

专家组注意到，中国已在其服务减让表的水平承诺中表明，对于通过商业存在形式提供的服务，中国境内允许三种类型的企业：外商独资企业、中外合资经营企业、中外合作经营企业。在缺乏任何相反证据的前提下，专家组可以依据 GATS 相关定义认定，中国境内存在或可能存在由另一成员个人所有或由其控制的外商投资企业，该企业应被视为"另一成员的服务提供者"。

7.974　我们还注意到，GATS 第 17 条对"影响服务供应的所有措施"适用，包括影响"另一成员服务提供者"建立商业存在的那些措施。GATS 第 28（d）条将"商业存在"定义为"任何类型的商业或专业机构，包括为提供服务而在一成员领土内：（i）组建、收购或维持某一法人，或（ii）创建或维持某一分支机构或代表处"。因此，就 GATS 第 17 条而言，根据涉案措施，通过商业存在形式提供服务的"另一成员服务提供者"，包含已经或拟在东道主成员设立商业存在的实体。

7.975　专家组注意到，美国声称，涉案措施（下文将详细介绍）禁止外商投资企业从事进口读物批发，却允许中国国有独资企业在获得批准后提供该服务。涉案措施对可获准从事进口读物批发的提供者与禁止从事进口读物批发的提供者加以区分，而区分的唯一标准是提供者来源地。将来源地作为给予国内和外国服务提供者差别待遇的唯一衡量标准时，只要措施项下出现或将出现除来源地不同之外，其他所有重要方面都相同的国内外提供者，"同类服务提供者"的要求就得到满足。我们注意到，先前的专家组也曾得出过类似的结论。我们认为，在差别待遇不完全与来源地相关，也与其他因素相关的情况下，可能需要更为详细的分析，以确定所划分的两种服务提供者是不是"同类"。

7.976　因此，涉案措施项下，如果不被禁止也将从事进口读物批发的外商投资企业，与得到许可提供此类服务的中国全资企业，两者之间的差别待遇，完全是因为服务提供者的来源地，那么，只要措施项下出现或将出现除来源地不同之外，其他所有重要方面都相同的国内外提供者，第 17 条项下"同类"服务提供者的要求就得到满足。在我们看来，涉案措施项下无疑会出现或将出现被禁止从事进口读物批发事宜的外商投资企业，除来源地外，它们在所有重要方面都与获准提供该服务的中国独资企业相同。我们还注意到，争端双方对涉案措施项下服务提供者的相似性并无异议。因此，我们裁定，涉案措施符合 GATS 第 17 条"同类"服务提供者的要求。

7.977　如上文所述，根据《订户订购进口出版物管理办法》第 4 条和《出版管理条例》第 42 条，只有中国独资企业方可获准分销那些只能通过订购方式进行分销的进口读物。其结果是，外商投资企业被禁止从事这类读物的批发业务。接下来，我们必须审查，禁止外国服务提供者提供某类国内提供者可以从事的服务是否构成 GATS 第 17 条的"更为不利的"待遇。

7.978　对这种待遇的评估将在同类服务和服务提供者间的"竞争条件"层面进行，正如 GATS 第 17.3 条的规定：

> 如形式上相同或不同的待遇改变竞争条件，与任何其他成员的同类服务或服务提供者相比，有利于该成员的服务或服务提供者，则此类待遇应被视为较为不利的待遇。

7.979　在我们看来，如果一项措施禁止外国服务提供者提供的服务，却可以由满足某种条件的同类国内提供者提供，则该措施不能属于提供"不低于"待遇的措施，因为它剥夺了外国服务提供者与国内同类服务提供者进行竞争的任何机会。在第 17.3 条的意义上，这种待遇通过消除争议服务中所有来自国外服务供应者的竞争这种最为激进的方式改变竞争条件。

7.980　中国就商业存在形式下的批发所作的国民待遇承诺仅受其减让表市场准入一栏所列限制内容的约束。我们注意到，中国减让表没有列明任何内容，可以使禁止外商投资企业，包括其他成员合格的服务提供者，从事进口读物批发的措施正当化。

7.981　因此，我们认定，《订户订购进口出版物管理办法》第 4 条和《出版管理条例》第 42 条共同违反了 GATS 第 17 条项下中国的国民待遇承诺。

措施禁止外商投资企业从事"通过市场销售"进行分销
（某些进口图书和电子出版物）的进口读物的批发业务

7.982　接下来，我们分析美国关于"非限定发行范围"进口图书和电子出版物的主张。根据《订户订购进口出版物管理办法》第 3 条，这些读物"通过市场销售"方式进行分销。

7.983　美国主张，中国同时禁止外商投资企业从事通过市场进行销售的进口读物批发业务，由此给予外商投资批发商低于中国独资批发企业的待遇。根据美国的观点，由于《外商投资图书、报纸、期刊分销企业管理办法》是唯一依据《出版管理条例》第 39 条和《出版物市场管理规定》第 16 条，对在华从事图书、报纸、期刊分销业务的外商投资企业进行管制的规定，因此，《外商投资图书、报纸、期刊分销企业管理办法》尤其是其第 2 条，通过将外商投资企业限制在仅可从事在华出版图书、报纸和期刊分销业务的方式，禁止外商投资企业从事任何进口图书、报纸和期刊的批发业务。

7.984 我们从《外商投资图书、报纸、期刊分销企业管理办法》第 2 条着手审查，该条规定：

> 本办法适用于在中华人民共和国境内设立的外商投资图书、报纸、期刊分销企业。
>
> 本办法所称图书、报纸、期刊是指经国务院出版行政部门批准的出版单位出版的图书、报纸、期刊。
>
> 本办法所称分销业务，是指图书、报纸、期刊的批发和零售。

7.985 我们注意到，与美国的主张相反，《外商投资图书、报纸、期刊分销企业管理办法》第 2 条本身并不禁止外商投资企业从事任何进口图书、报纸、期刊的批发业务。第 2 条只是确定了《外商投资图书、报纸、期刊分销企业管理办法》的范围，明确指出本规定对在中华人民共和国境内从事图书、报纸、期刊分销的外商投资企业适用。该办法没有规定外商投资企业可否从事进口图书、报纸、期刊批发业务。因此，我们认为，第 2 条本身并不违反 WTO 义务。

7.986 我们注意到，《出版管理条例》第 39 条允许设立从事图书、报纸、期刊分销的外商投资企业。该条进一步规定：

> 具体实施办法和步骤由国务院出版行政部门会同国务院对外经济贸易主管部门按照有关规定规定。

7.987 我们进一步注意到，根据《出版管理条例》起草的《出版物市场管理规定》第 16 条规定：

> 设立从事图书、报纸、期刊分销业务的中外合资经营企业、中外合作经营企业和外资企业，按照新闻出版总署和对外经济贸易合作部制定的《外商投资图书、报纸、期刊分销企业管理办法》办理。

7.988 《外商投资图书、报纸、期刊分销企业管理办法》是根据《出版物市场管理规定》颁布的。设立读物批发与零售外商投资企业的要求规定在《外商投资图书、报纸、期刊分销企业管理办法》第 7 条和第 8 条。

7.989 我们注意到，美国主张，《外商投资图书、报纸、期刊分销企业管理办法》之外，没有任何其他中国法规授权外商投资企业从事读物的分销业务。我们还注意到，中国对美国的这一主张并无异议，记录在案的证据也未表明存在其他不同情况。

7.990 因此，《外商投资图书、报纸、期刊分销企业管理办法》似乎是为管理读物分销外商投资企业而制定的唯一的法规。由于它仅对在华出版图书、报纸、期刊适用，因此，从《出版物市场管理规定》第16条看，外商投资企业不可能从事任何进口图书、报纸、期刊的批发业务。我们注意到，中国对此并无异议。我们还注意到，在答复专家组问题时，中国证实，根据《外商投资图书、报纸、期刊分销企业管理办法》第2条，外商投资企业被禁止从事进口读物的批发业务。

7.991 我们注意到，美国在第一次书面陈述中主张，分销所有进口读物的大门对外商投资企业关闭，却对同类中国独资竞争对手开放。我们还注意到，中国对美国这后一个主张并无异议。

7.992 我们进一步注意到，《出版物市场管理规定》第8条规定了有关设立读物批发企业的要求。《出版物市场管理规定》第16条表明，这些规定仅对中国独资批发企业的设立适用。《出版物市场管理规定》第2条表明，中国独资企业可以批发的出版物包括图书、报纸、期刊和电子出版物，不论这些出版物是国内出版还是进口。因此，《出版物市场管理规定》允许中国独资企业批发进口读物。

7.993 因此，对于无须通过订购进行分销的进口读物而言，《外商投资图书、报纸、期刊分销企业管理办法》（特别是第2条）与《出版物市场管理规定》第16条，具有禁止外商投资企业提供某类产品批发服务（而中国独资企业却获准提供该类批发服务）的效果。

7.994 如上文所述，关于批发服务的中国国民待遇承诺，意味着对该部门所包含的所有服务的承诺，包括进口读物批发，唯一的例外是盐和烟草批发。另外，只要一家外商投资企业由另一成员的个人所有或控制，那么，该企业即属于"另一成员服务提供者"。此外，如上所述，只要措施项下出现或将出现除来源地不同之外，其他所有实质性方面都相同的国内外提供者，只要来源地是国内服务提供者和外国服务提供者差别待遇的唯一因素，GATS第17条"同类"服务提供者的要求就得到满足。在我们看来，涉案措施下无疑会出现或将会出现除来源地之外，其他所有实质性方面都与被许可提供该项服务的中国独资企业相同的外商投资企业。我们还注意到，双方对涉案措施下服务提供者的相似性并无异议。因此，我们认定，就涉案措施而言，GATS第17条"同类"服务提供者的要求得到满足。

7.995　对于涉案措施而言，这些措施无疑管理或约束进口读物的分销。因此，我们认定，就 GATS 第 17 条而言，这些措施"影响"涉案服务的供应。

7.996　既然涉案措施具有禁止外国服务提供者而准许中国同类提供者批发进口读物的效果，那么，这些措施明显使竞争条件不利于外国服务提供者，由此构成 GATS 第 17 条意义上的"更为不利"的待遇。

7.997　我们据此认定，《外商投资图书、报纸、期刊分销企业管理办法》，尤其是其第 2 条，与《出版物市场管理规定》第 16 条共同违反了中国 GATS 第 17 条项下的国民待遇承诺。

结论

7.998　本专家组裁定，《订户订购进口出版物管理办法》第 4 条和《出版管理条例》第 42 条共同违反了中国 GATS 第 17 条项下的国民待遇承诺，因为它们禁止外商投资企业，包括其他成员的服务提供者，从事订购进口读物的批发业务，而国内同类服务提供者却没有被禁止。

7.999　本专家组进一步裁定，《订户订购进口出版物管理办法》第 2 条和《出版管理条例》第 16 条共同违反了中国 GATS 第 17 条项下的国民待遇承诺，因为它们禁止外商投资企业，包括其他成员的服务提供者，从事通过市场销售的进口读物批发业务，而国内同类服务提供者却没有被禁止。

＊　＊　＊

第四节　GATS 附件及有关部长级会议决定

GATS 内容包括 8 个附件①、8 项部长级会议决定②，以及单独附于《乌拉圭回合多边贸易谈判结果最后文件》之后的 1 项谅解③。这些文件中，5 个长期适用附件是乌拉圭回合服务贸易一揽子协议的重要组成部分，它们是《关

---

① 《关于第 2 条豁免的附件》、《关于本协定下提供服务的自然人流动的附件》、《关于空运服务的附件》、《关于金融服务的附件》、《关于金融服务的第二附件》、《关于电信服务的附件》、《关于海运服务谈判的附件》和《关于基础电信谈判的附件》。

② 关于《服务贸易总协定》机构安排的决定、关于《服务贸易总协定》部分争端解决程序的决定、关于服务贸易与环境的决定、关于自然人流动问题谈判的决定、关于金融服务的决定、关于海运服务谈判的决定、关于基础电信谈判的决定、关于专业服务的决定。

③ GATS《关于金融服务承诺的谅解》。

于第 2 条豁免的附件》、《关于本协定下提供服务的自然人流动的附件》、《关于金融服务的附件》、《关于电信服务的附件》和《关于空运服务的附件》。5个附件中的前两个附件已在前面的内容中讨论过，这里我们将讨论后面 3 个附件的内容。

一　金融服务

1. 背景介绍

金融服务包括两大类：保险及相关服务，银行及其他金融服务。[①] 保险及相关服务包括寿险、非寿险、再保险和转分保、保险中介（如经纪和代理）以及保险附属服务（如咨询、精算、风险评估、理赔）。[②]

银行及其他金融服务中，银行服务包括所有银行提供的传统服务，如接受存款、各种类型的贷款，以及所有支付和货币转移服务。其他金融服务包括下列交易服务：外汇、衍生金融产品和各种类型的证券、证券承销、货币经纪、资产管理、结算和清算、提供和传送金融信息以及咨询和其他附属金融服务。[③]

乌拉圭回合谈判在金融服务方面形成以下文件：《GATS 减让表》；《关于金融服务的决定》；《关于金融服务的第二附件》；《第二议定书》；《第五议定书》；《关于金融服务的附件》；《关于金融服务承诺的谅解》。

不少国家的 GATS 减让承诺，不仅内容十分有限，承诺的有效期也很短。《关于金融服务的决定》虽然规定金融减让承诺于 1995 年 1 月 1 日，在最惠国待遇的基础上与 WTO 的其他协定一起生效，但这些承诺的有效期只到 1995 年 6 月 30 日。之后，成员可以重新审议减让承诺内容并提出最惠国待遇豁免内容。因此，这个决议事实上自动将减让谈判延续。《关于金融服务的第二附件》起到的作用同样如此，规定成员方可以在一个给定的期限内修改它们的金融减让表内容。

1995 年的谈判于 1995 年 7 月 28 日结束，比预期的 6 月 30 日晚。由于各方对谈判结果不满意，谈判只达成一个"过渡协议"（interim agreement）。但是，谈判还是取得不少进展。29 个成员（欧盟算为一个）或进一步做出减让，或缩小了最惠国待遇豁免范围。但也有国家决定采取广泛的最惠国待遇豁免，将减让改为互惠的形式。这些成果被当作第二附件的内容附在《关于

---

① GATS《关于金融服务的附件》第 5 条：定义。
② GATS《关于金融服务的附件》第 5 条：定义。
③ GATS《关于金融服务的附件》第 5 条：定义。

金融服务的附件》中。

随着谈判不断进行，加上新成员的加入，乌拉圭回合谈判时对金融服务做出减让的国家为76个，到1997年中已增至97个（欧盟算作15个）。1997年4月，谈判重新开始。成员方再次修改金融服务减让承诺和最惠国待遇豁免范围。同年12月，新减让产生，70个WTO成员方就56项金融服务项目达成减让协议，列为《第五议定书》内容。当《第五议定书》于1999年3月1日生效时，金融服务减让承诺的WTO成员总数达到了102个。

《第五议定书》的达成极大推进了金融服务的全球自由化进程。WTO成员承诺通过消除以下限制，开放对外金融服务的本国市场：（1）消除对当地金融机构的国外所有权限制；（2）消除对有关商业存在法律形式的限制（分支、下属、代理、代表处等）；（3）消除对有关现存经营扩展的限制。

《关于金融服务的附件》包含保险、银行和其他金融服务的定义，并尽力将GATS的基本原则融入附件的特殊规则之中。

《关于金融服务的附件》第1（b）条将GATS例外的"行使政府职权时提供的服务"定义为：（1）中央银行或货币管理机关或任何其他公共实体为推行货币或汇率政策而从事的活动；（2）构成社会保障法定制度或公共退休计划组成部分的活动；以及（3）公共实体代表政府或由政府担保或使用政府的财政资源而从事的其他活动。

《关于金融服务的附件》第2条是所谓的"审慎例外"（prudential carve-out）规定："尽管有本协定的任何其他规定，但是不得阻止一个成员为审慎原因而采取措施，包括为保护投资人、存款人、保单持有人或金融服务提供者对其负有信托责任的人而采取的措施。"审慎例外的规定，是为了保护金融系统的完整和稳定。但由于豁免范围界定含糊，很容易引起解释上的争议。

2. 金融服务在GATS中的地位

1997年9月15日，WTO秘书处发表一篇题为"金融服务的市场开放与GATS的作用"①的研究文章。文章讨论了发展中国家和发达国家金融服务贸易自由化的利益和挑战，强调在银行、证券和保险市场上国际竞争的重要性，并承认以谨慎的态度采取金融政策保障投资者和消费者利益的做法。研究认为，金融行业自由化将会：（1）增强竞争，提高行业效率，最终降低金融服务成本，提高服务质量和提供更多的服务选择；（2）通过改进资源跨部门、跨国家和跨时间配置，以及通过改进管理风险和减少波动的方法，增加金融

---

① Open Market in Financial Services and the Role of the GATS。

中介和投资机会；（3）促使政府提高宏观经济管理水平、信贷市场国内政策的干预水平以及金融部门规章和监管的实施水平。

研究指出，金融服务自由化将对收入和经济增长产生积极的影响。开放金融行业的发达国家和发展中国家，通常比不开放金融市场的国家经济增长速度快。中国香港和新加坡的经济发展，很大程度上得益于开放的金融服务。很多发展中国家，如阿根廷、巴西、加纳、匈牙利、印度尼西亚和巴基斯坦，也正逐渐融入国际金融市场。

研究证实，近年来，金融服务扩展迅速。自 1970 年以来，一些工业化国家金融服务业的就业增长为 25% ~ 50%，占据就业总量的 3% ~ 5%。而金融服务增值部分，在中国香港、新加坡、瑞士以及美国占据了 GDP 的 7% ~ 13%。金融服务的扩展，还体现在金融服务行业的增加上。自 1980 年后期以来，放贷和证券交易以及金融衍生品市场快速发展。1998 年后期的美国、阿根廷和智利，银行资产的外国所有权已接近 20%。1985 年到 1995 年，金融服务跨境贸易增长了 3 倍多。

研究同时指出，"宏观经济的稳定、结构性调整政策以及审慎的规章和监管"是保障金融自由化利益必不可少的条件。此外，保持金融服务体系的稳定和安全十分重要。为此，GATS 允许各成员采用审慎措施保护投资者利益和成员国内金融系统的完整性和稳定性，允许为保持收支平衡而使用暂时的、非歧视性限制措施，以及出现严重收支平衡问题和外部金融困难时的转移。

研究最后指出，全面评估金融自由化所带来的利益与挑战得出一个结论："任何成员在市场准入和国民待遇的基础上，为分享金融自由化利益而积极参与 GATS 多边谈判，将不会影响本国或本地区宏观经济的发展和规范政策的效果。"而实践中，已有事例证明，"开放政策可能促进宏观经济的发展并增强规范政策的效果"。

3. 《关于金融服务承诺的谅解》

附件包含了一个十分独特的文件——《关于金融服务承诺的谅解》（简称《谅解》）。文件的独特之处在于其用一种开放程度"从高到低"的减让列表方式，取代了 GATS 第三部分所采纳的"单个国家、单一部门、特定减让"的列表方式，建立了一个高度自由化的标准承诺清单。但是，由于《谅解》不是 GATS 的一部分，DSU 对其没有管辖权。它仅对 OECD 国家有约束力。①

《谅解》还包括其他一些重要的内容：接受《谅解》的成员承诺不采用

---

① OECD 国家将其作为减让承诺的一部分。

与《谅解》规定的市场准入和国民待遇不相一致的限制措施。《谅解》的内容还包括垄断权、公共实体购买的金融服务、跨境贸易、商业存在、新金融服务以及人员的暂时进入等详细规则。

(1) 一般义务

《谅解》要求参与成员除 GATS 第 8 条规定的政府采购以外，必须将现存垄断权列入减让表，并尽可能限制或消除这些垄断权力。[①] 除政府采购以外，参与成员必须确保境内任何其他成员的金融服务提供者，在对公共实体提供金融服务时，享受最惠国待遇和国民待遇。[②]

所有参与者，必须根据国民待遇原则，允许所有非居民金融服务提供者直接或间接从事以下业务。(a) 和下列内容有关的风险保险：(i) 海运、商业航空、空间发射及搭载（包括卫星），包括运输的货物、运输工具和因此而产生的责任；以及 (ii) 国际过境运输的货物。(b) 再保险和转分保，以及附属保险服务（如风险评估、理赔、咨询和精算服务等）。(c) 金融信息和金融数据加工的提供和转移；银行和其他金融服务咨询及其他附属服务，但不包括中介服务。[③]

参与成员应允许其领土内的其他成员服务提供者建立或扩展其商业存在，包括收购现有企业。针对此类建立或扩展行为而设置的条款、条件和程序，必须与 GATS 总体义务保持一致。[④] 同时，参与成员境内已经建立起来的金融服务机构有权提供新的金融服务。这种所谓"新的金融服务"是指已在其他成员境内存在的新的服务内容，包括新的交付方式、全新的产品以及现存产品新的形式。[⑤]

参与成员有权保护私人数据、个人隐私以及个人记录和账户的机密信息。但保护必须遵守《谅解》的所有规定，并不得阻止金融服务提供者正常业务的开展，如信息传送（包括电子传送）、金融信息处理或设备转移等，也不得阻止遵守国际协定的进口规定的设备转移。[⑥]

(2) 人员问题[⑦]

《谅解》要求参与成员允许下列在其境内从事，或正在建立商业存在的金

---

① 《关于金融服务承诺的谅解》B. 第 1 条　垄断权。
② 《关于金融服务承诺的谅解》B. 第 2 条　公共实体购买的金融服务。
③ 《关于金融服务承诺的谅解》B. 第 3 条　跨境贸易。
④ 《关于金融服务承诺的谅解》B. 第 5、6 条　商业存在。
⑤ 《关于金融服务承诺的谅解》B. 第 7 条　新的金融服务。
⑥ 《关于金融服务承诺的谅解》B. 第 8 条　信息传送和信息处理。
⑦ 《关于金融服务承诺的谅解》B. 第 9 条　人员进入。

融服务提供者暂时进入其领土：（i）拥有建立、控制和经营所设服务必需的专有信息的高级管理人员；（ii）金融服务提供者经营方面的专家。此外，参与成员还应允许下列获得当地资格的人员进入：（i）计算机服务、电信服务和金融服务提供者账目方面的专家；（ii）法律和精算专家。

（3）市场准入①

《谅解》希望在不对本土金融服务提供者造成不公平歧视的情况下，通过要求参与成员消除或限制以下措施对金融服务提供者的负面影响，来促进金融服务的自由化进程：（a）阻止服务提供者在其境内提供所有许可的金融服务的非歧视性措施；（b）限制服务提供者将活动扩展到全部领土范围的非歧视性措施；（c）当外来服务提供者的服务集中在证券服务时实施的，同时适用于银行和证券服务的措施；（d）对外来服务提供者的市场进入、竞争或运营能力产生负面影响的其他措施，无论这些措施是否与 GATS 规定一致。

在消除上述提及的（a）类和（b）类非歧视性措施时，只要不对本土服务提供者造成不公平歧视，《谅解》要求参与成员不限制和限定现有的市场机会，以及外来服务提供者已享有的整体利益。

（4）国民待遇②

《谅解》的国民待遇义务要求参与成员必须准予境内任何其他成员的服务提供者使用由公共实体经营的支付和清算系统，并使它们在普通的正常业务中获得官方筹资和再融资的便利。但上述规定不包括授权使用成员贷方的最后贷款便利。

此外，成员必须确保在下列情形下，给予清算代理、证券期货交易所、证券期货市场、自律实体以及任何获得本土金融服务授权的组织或联合会成员完全的国民待遇：（a）当会员资格、参与或加入是获得本土同行相同从业条件的前提条件；（b）当上述自律组织、证券期货交易所、证券期货市场、清算机构或其他组织或协会获得某种特权或优惠时。

4．"中国—电子支付案"

在"中国—电子支付案"中，专家组对涉及金融服务市场准入、国民待遇和具体承诺减让表等的内容做出了分析和裁决。在下面的裁定中，专家组阐释了中国金融服务承诺减让表的具体内容。该案案情介绍请参见附录相关部分。

---

① 《关于金融服务承诺的谅解》B. 第 10、11 条　非歧视措施。
② 《关于金融服务承诺的谅解》C. 国民待遇。

中国—影响电子支付服务的某些措施
WT/DS413/R

中国与争议服务相关的具体承诺

7.63 美国声称，在 GATS 减让表第 7. B 节的"银行及其他金融服务"中，① 中国就分部门（d）做出了市场准入和国民待遇承诺。分部门（d）的内容为"所有支付和汇划服务，包括信用卡、赊账卡、贷记卡、旅行支票和银行汇票（包括进出口结算）"［分部门（d）］。根据美国的观点，分部门（d）包括连同"信用卡、赊账卡和贷记卡"以及其他支付卡交易一起提供的电子支付服务。

…………

7.66 正如美国所主张的，专家组必须确定中国是否在具体承诺减让表（中国减让表）分部门（d）下就涉案服务做出了具体承诺。因此，我们需要对中国减让表和 GATS 相关规定之间的关系进行解释。

7.67 GATS 第 20.1 条规定，"每一成员应在减让表中列出其根据本协定第三部分做出的具体承诺"，具体指的是市场准入和国民待遇。根据第 20.3 条的规定，减让表构成 GATS 的"组成部分"，并由此成为《WTO 协定》的一部分。因此，必须根据《维也纳公约》第 31 条和第 32 条涵盖的"国际公法解释惯例"对 GATS 减让表进行解释。

…………

2. 中国减让表分部门（d）的条约解释

7.73 各方对分部门（d）的范围各执己见。美国认为分部门（d）包含涉案服务。中国不同意这一观点，并主张该子部门包含发卡和收单服务，而这些服务并不包含在涉案服务范围之内。

7.74 ……我们将根据解释惯例对中国减让表分部门（d）进行解释。因此，我们将首先确定分部门（d）关于所含服务相关条款的通常意义。之后，我们将分析上下文含义，尤其是中国减让表所包括的其他要素、GATS 本身、关于金融服务的 GATS 附件以及其他 WTO 成员的减让表内容。最后，我们将考虑 GATS 和《WTO 协定》的目的与宗旨。……根据《维也纳公约》第 32 条的规定，在恰当的时候，我们可以采取补充解释的方法。

---

① 《中国加入世界贸易组织法律文件》，对外贸易经济合作部世界贸易组织司译，法律出版社，2002，第 733 页。——作者注

（a）通常含义

7.75 专家组回顾中国减让表分部门（d）的内容如下：

> 所有支付和汇划服务，包括信用卡、赊账卡、贷记卡、旅行支票和银行汇票（包括进出口结算）。

7.76 我们从审查"支付"（payment）、"资金"（money）①、"汇划"（transmission）着手对"所有支付和汇划服务"（all payment and money transmission services）展开文义分析。之后，我们将分析"所有"和"服务"。

…………

（i）"支付""资金""汇划"的通常含义

词典和词汇表

7.80 专家组认为，确定分部门（d）中用语的通常含义，从用语词典定义着手很有助益。然而，这些词典定义并不总是足够充分。上诉机构曾经解释：

> 为确定通常意义，专家组可以从需要解释的术语词典定义着手。但是，词典本身不必然能够解决复杂的解释问题，因为词典定义通常旨在对词语的所有含义进行分类，无论这些释义常见或罕见、普遍或特殊。

7.81 我们首先考虑分部门（d）的"支付"一词。简版牛津英语词典将"支付"（payment）定义为"支付的行为（act）、活动或过程"。相对的，动词"支付"（pay）被定义为"对所收到的产品、所做的服务或发生的债务而欠付的债务（向某人）付款等；报酬。又作，为某物而移交或转让（钱款等）"。"支付"（payment）的通常含义与美国提出的特定词汇表和专业词典中的定义一致：（i）"双方之间任何形式的资金转移"；或（ii）"经双方同意而由一方对另一方的资金转移"。我们从上述定义总结出支付的三个主要要素：（i）有转移行为；（ii）所转移的是资金；（iii）转移的钱款是产品、服务或发生的债务所欠付。接下来，专家组考虑术语"资金"。简版牛津英语词典提供了如下一般定义：

---

① 对外贸易经济合作部世界贸易组织司译的 2002 年 1 月第 1 版的《中国加入世界贸易组织法律文件》将本处原文的"money"翻译为"汇"，将"money transmission"翻译为"汇划"。本案中，考虑到日常经济活动习俗与惯例，除条约原文翻译引用外，将"money"翻译为"资金"。——作者注

……硬币或（现行）纸币形式的当前交易介质；硬币和纸币统称。……与硬币作用相同的任何事物。……被视为可兑换为硬币、纸币或可以用这种方式表示的财产、财富、财物、资源等。

7.82 在词汇表与专业词典中，"资金"（money）的定义如下：(i)"履行债务或产品、服务交易中快速且被普遍接受的任何事物"；(ii)"通常被视为纸币、硬币和银行存款的便于产品和服务交易和金融财富积累的手段"；(iii)"被普遍视为清偿（settling）债务手段的任何事物。资金有三种主要功能，即价值保存、交易方式、债务清偿的手段（参见法定货币）"。

7.83 正如所料，专业词典和词汇表中的定义比简版牛津英语词典中的一般性定义更具技术性，但两处的定义相互一致。这些定义表明"资金"具有如下特点：(i)一种被普遍认可的交易手段；(ii)代表财富；(iii)被普遍视为一种支付手段。

7.84 最后，专家组考虑"汇划"（transmission）一词。简版牛津英语词典将该词定义为"从一人到另一人或从一处到另一处的转移或转让；通过个人接触、存储信息或基因遗传等从一人到另一人，从一个有机体到另一个有机体，从一代人到另一代人等传递的行为或过程"。该定义表明"汇划"的两个主要要素为：(i)转移；(ii)从一人到另一人或从一处到另一处。

7.85 总结我们对词典和词汇表定义的分析，"支付"、"资金"和"汇划"这些词结合起来使用时是指被普遍接受的兑换方式从一人到另一人或从一处到另一处。转移的资金可能是因所接受产品或服务而欠付，或用以清偿（settling）债务。我们通过审查行业信息继续考虑分部门（d）所用术语的通常含义。

行业信息

....

7.89 除词典外，专家组通过审查行业信息以确定 GATS 减让表用语的通常含义。我们承认中国对行业信息有时会因自身利益而以"带有偏见或夹带私利"的方式对某一词语进行定义。仅在此种意义上，我们认为中国关于依赖这种信息来源的顾虑是有道理的。尽管如此，我们认为没有理由将可能成为潜在证据的行业信息中特定术语的行业通常含义完全唾弃不用。事实上，我们认为，专家组关于任何术语通常含义的审查，没有理由总是局限于常规词典。专家组对条约进行解释的第一个任务，是确定约文的通常含义。在特定争端中，如果行业信息有助于这个任务的完成，我们认为专家组没有理由不参考这些行业信息。但是，对词典定义的考虑，专家组必须意识到，行业信息中可能出现诸如夹带私利这样的局限性，并带着这样的意识进行条约的解释工作。

7.90 考虑这些基本的问题，我们现在审查争端方为解释对分部门（d）术语的适用而引用的行业信息中所出现词语的相关性。我们注意到，双方均提及行业信息，且有时候非常相似，却从中得出不同的结论。美国认为，行业信息描述其自身服务的方式证实，电子支付服务是分部门（d）"所有""支付和汇划服务"中的一种支付服务。中国没有依据行业信息来解释"所有支付……"的含义。中国认为，"通读美国引作证据的各种企业材料和其他'行业信息'，给人留下印象的并不是所提及的数量有限的关于'支付行业'或'支付系统'的内容，而是这些公司大量关于自己提供的电信、数据处理、清算和结算服务的内容"。

7.91 专家组注意到，本争端所引用的行业信息是指支付交易、电子支付和中国减让表分部门（d）中专门提到的各种类型的卡。我们还注意到，这些词在行业信息中的用法和我们在前一节所审查的一般词典与更为专业的词汇表中找到的定义一致。但是，我们发现行业信息对我们理解分部门（d）的范围帮助不大。

"支付和汇划服务"的表述

7.92 考虑过"支付"、"资金"和"汇划"的通常含义之后，专家组注意到对这三个要素的审查必须结合它们所修饰的"服务"进行。我们的理解是，"支付和汇划服务"一词分别是指"支付服务"和"资金汇划服务"。在本争端中，争端方和第三方的理解相同。因此，本争端的问题在于"支付服务"和"资金汇划服务"的范围。

…………

7.95 专家组认为，尽管GATS界定了诸如服务的"提供"和服务"提供商"等相关概念，但它并没有规定"服务"一词的概念。有关金融服务的GATS附件第5（a）条将"金融服务"定义为"由WTO成员金融服务提供商提供的任何带有金融性质的服务"，并在子部门（viii）下给出了包含"所有支付和汇划服务，包括……"的金融服务列表。

7.96 很显然，"支付服务"的提供不同于对产品或服务的付款行为。由此，购买人用自己的账户资金向商家支付所获产品和服务的行为并不是向这些商家提供"支付服务"的行为。这种情况下的支付是购买人反过来对所获得的产品或服务进行支付，而不是商家获得了一次服务。因此，我们认为，

"支付服务"是由付款人或收款人之外的人或实体提供的。通常情况下，如果使用现金以外的支付工具，为了便于"支付行为"或使其成为可能，第三方会介入付款人和收款人中间。"资金汇划服务"也是如此，因为"转移资金"通常涉及中间人的参与以确保资金从一方转移到另一方。

7.97　因此，我们认为，不管由谁提供"支付服务"，他并不实际"支付"，而是通过诸如处理包含信用卡、贷记卡或其他此类工具在内的支付交易，在付款人和收款人之间提供支付服务。同样，对于"汇划服务"，服务供应者介入汇出方和接受方（付款人和收款人）之间以确保资金的转移。我们认为，在其他情况下，"汇划服务"包括［服务］提供者从付款人账户向收款人账户转移资金（如在三方模式中一样）或连接支付交易中的各方，并确保支付指令的执行以及资金根据交易要求转移（如在四方模式中一样）。因此，"支付和汇划服务"的提供者是在提供促进和实现支付和资金汇划的"服务"。出于这个原因，我们同意美国的观点："支付和汇划服务"包括"管理"、"促进"或"实现"支付或转移资金行为的服务。

"所有"的通常意义

7.98　如前所述，分部门（d）以"所有"二字开头。这是中国减让表金融服务章节唯一如此表述的子部门。根据中国的观点，中国减让表的分部门（d）所依据的关于金融服务的 GATS 附件的子部门（viii）也以"所有"二字开头。

7.99　与有效条约解释原则一致，我们认为必须赋予"支付和汇划服务"之前的"所有"二字以含义和意义。我们认为，"所有"一词表明全面涵盖"支付和汇划服务"范围的意图。这个词尤其意图向我们表明，它包括支付和资金汇划必需的所有服务、支付和资金汇划的所有方式（如纸币、卡和其他方式）和所有相关业务模式（如四方模式、三方模式及其任何变体）的所有服务。

关于"所有支付和汇划服务"通常含义的裁定概要

7.100　我们对相关文本通常含义的分析表明，"支付和汇划服务"包括"管理"、"促进"或"实现"支付或转移资金行为的服务。最后，我们认定，"所有"一词的使用，体现了全面涵盖支付和汇划服务整个范围的意图。

7.101　在确定完这些术语的通常含义之后，我们现在讨论"所有支付和汇划服务"一词的语境要素。

（b）上下文语境

7.102　根据《维也纳公约》第 31（2）条的规定，解读条约条款"上下文"尤其应当把条款文本本身包括在内，同时还应包括文本的序言和附件。为了解释成员的 GATS 减让表，上诉机构在"美国—赌博案"中裁定，上下文包括：（i）其余成员的减让表；（ii）GATS 实质性条款；（iii）GATS 以外的适用协定的条款；（iv）其他世界贸易组织成员的 GATS 减让表。

7.103　在以成员减让表剩余部分作为上下文进行分析时，专家组和上诉机构的考虑是多方面的。例如，在"美国—赌博案"中，上诉机构审查了减让表结构。在"中国—出版物和视听产品案"中，上诉机构考虑了相关章节标题的上下文相关性，相关子部门项下的市场准入、国民待遇和其他承诺，与相关服务毗邻的子部门，以及其他相关章节下做出的承诺。

7.104　因此，本案中，正如各方观点，我们认为考虑上下文包括以下要素：（i）分部门（d）的其余部分；（ii）相关章节标题；（iii）相关章节中的市场准入、国民待遇和其他承诺；（iv）GATS 的结构；（v）GATS 关于金融服务的附件；（vi）其他世界贸易组织成员的减让表。我们次审查这些不同上下文语境。

（i）分部门（d）的其余部分

7.105　中国减让表分部门（d）的内容如下：

> 所有支付和汇划服务，包括信用卡、赊账卡、贷记卡、旅行支票和银行汇票（包括进出口结算）。

7.106　中国减让表分部门（d）中的措辞"支付和汇划服务"后面紧跟短语"包括信用卡、赊账卡、贷记卡、旅行支票和银行汇票（包括进出口结算）"。我们认为，该句与金融服务附件子部门（viii）的措辞类似。根据中方观点，分部门（d）正是以此为基础，唯一的区别是分部门（d）中增加了括号里面的内容"包括进出口结算"。我们将首先审查"包括信用卡、赊账卡和贷记卡、旅行支票和银行汇票"，然后审查括号中增加的内容。

"包括信用卡、赊账卡、贷记卡、旅行支票和银行汇票"

…………

7.109　首先，专家组认为"包括信用卡、赊账卡、贷记卡、旅行支票和银行汇票"这句话，是指支付和资金汇划工具而非服务。我们认为，该句规定了各种类型支付和汇划服务得以有效进行的支付和汇划工具。我们还注意到这些工具前的"包括"一词。正如专家组在"中国—出版物和视听产品案"中的解释，"'包括'一词的通常用法表明，后面紧跟的内容并非对所涵盖所有项目的穷尽性列举，而只是其中的一部分"。同样，我们认为，分部门

（d）中的"包括信用卡、赊账卡、贷记卡、旅行支票和银行汇票"，是对支付和汇划服务相关工具的非穷尽性列举。专家组认为，中国减让表分部门（d）中明确提及信用卡、赊账卡和贷记卡，有助于我们理解中国减让表中"支付和汇划服务"一词所涵盖的服务类型。这尤其表明该句涵盖对使用列举工具来说必不可少的支付和汇划服务。

7.110　词典将"信用卡"定义为"由银行、企业等发行的授信购买产品和服务的卡"。"赊账卡"为"信用卡，尤其用于特定商店或连锁店，或在收到账单后进行全额清算的账户"。"贷记卡"被定义为"在购买等过程中为将资金转移到另一账户而为持卡人（通过计算机终端）提供一个账户的接入方式"。更为专业的词汇表，如国际清算银行在支付和清算系统中使用的术语表，与这些一般性定义相互印证。此外，"信用卡、赊账卡、贷记卡"通常与品牌持有人和为品牌颁发许可的电子支付服务提供商有关。最后，我们注意到，"旅行支票"和"银行汇票"也可以被理解为涉及资金转移的支付和资金汇划。

7.111　因此，我们裁定，"包括信用卡、赊账卡、贷记卡、旅行支票和银行汇票"是关于支付和资金汇划工具的列举，指代"所有支付和汇划服务"所涵盖的各种服务类型。词典将这些工具界定为使持卡人得以进行非现金交易和将资金从一人到另一人或从一处到另一处转移的工具。因此，列表证实"所有支付和汇划服务"指代处理和完成支付卡交易必不可少的服务。专家组认为，此类交易不仅包括诸如涉及为购买产品或服务而在 POS 终端机使用信用卡的交易，同时包括涉及为从自动提款机提取现金而使用信用卡、贷记卡或自动提款卡的交易。专家组认为，后者属于资金汇划服务的一种方式。

"包括进出口结算"的指代含义
…………

7.114　专家组注意到，……括号中"包括进出口结算"的内容，没有在附件子部门（viii）中出现。中国在其减让表中增加了此项内容。根据条约有效解释原则，必须赋予这些用语以含义。

7.115　在我们看来，"进出口"表明了括号中的内容指代所提供的支付服务与国际贸易相关。中国的观点与此类同。中国认为，该句话指代银行为进口和出口交易作为支付中介而提供的服务。我们认为，括号中的内容尤其指代"银行汇票"这个通常为银行开具的汇票。银行汇票为国际贸易中用于进口商与出口商之间的支付工具。如分部门（d）所罗列的其他支付工具一样，银行汇票必须清算完毕交易才能得以完成。我们认为，句尾的"结算"一词是指交易的完成。因此，括号内容旨在确认通过银行汇票进行支付的进出口商交易的支付服务，属于中国减让表分部门（d）的涵盖范围。

7.116　我们注意到，中国认为，分部门（d）未使用单词"清算"（clearing）这一事实应被赋予条约解释含义。专家组认为，括号内容未提及"清算"一词，并不意味着在使用银行汇票的情况下不涉及清算。与其他任何类型的支票一样，银行汇票通常要在结算之前进行清算。我们还注意到，各种资料来源表明，清算通常是结算前的一个步骤。"清算"一词被定义为"从一个银行到另一个银行的到期支付结算系统"，或"金融机构之间通过净额结算进行的相互请求权的交换"。结算标志着通过银行汇票完成的进口/出口交易中的最后一个阶段。因此，在我们看来，银行汇票的"清算"隐含于括号内容之中。

7.117　我们理解，中国主张括号内容主要针对信用证适用。我们同意信用证是国际贸易中使用的支付工具。通过信用证完成交易的支付服务无疑可以划归分部门（d）。因此，"包括进出口结算"的表述有可能也与信用证有关。但是，我们注意到，分部门（d）的列举清单没有提及信用证。此外，括号通常是一种被用来连接括号里面和括号前面内容的语法手段。此处，括号里面的内容紧随在不包含信用证的列举清单之后。我们认为，认定括号内容主要与信用证相关很不合理，因为该支付工具甚至并未被包含在括号内容前的列举清单中。

7.118　因此，专家组认定，中国减让表增加的括号内容"包括进出口结算"，证实分部门（d）包含结算，同时，在诸如进出口商之间使用银行汇票作为交易支付工具的情况下，暗含清算。我们认为，如果认定分部门（d）包括了使用银行汇票交易的结算，并适时包括清算，却认定它不包括列举清单列明的其他支付工具交易的结算和清算，这样的推定缺少合理依据。在我们看来，括号中的短语仅仅是为了明确表达"所有支付和汇划服务……"这个涵盖范围宽泛的短语，与该短语已经涵盖的一种特定交易类型，两者之间的关系。

关于"包括信用卡、赊账卡、贷记卡、旅行支票和银行汇票（包括进出口结算）"的裁定概述

7.119　审查分部门（d）在"所有支付和汇划服务"前面，作为其条约解释直接上下文的"包括信用卡、赊账卡、贷记卡、旅行支票和银行汇票"这个短语，我们得出如下结论：该表述是一个列举清单，证实"所有支付和

汇划服务"包括处理和完成使用支付卡进行交易必不可少的服务。同时，括号中增加的内容"包括进出口结算"证实，当银行汇票被用作进出口商交易的支付工具时，分部门（d）包括结算，暗含清算。括号中增加的内容进一步表明，使用分部门（d）列举的其他支付工具进行交易时，其结算与清算同样可归为该子部门涵盖的内容。

7.120　我们接下来审查其他上下文部分是否支持上述结论。

（ii）中国减让表其他要素

中国减让表章节栏中的副标题"银行服务如下所列"

…………

7.124　专家组注意到，中国减让表中的标题"B. 银行和其他金融服务……"包括四大类，即"银行服务如下所列""非银行金融机构从事汽车消费信贷""其他金融服务如下""证券服务"。分部门（d）被列于副标题"银行服务如下所列"之下。这四个类别为中国减让表所特有。关于金融服务的 GATS 附件和其他世界贸易组织成员 GATS 减让表中均没有这四种分类。

7.125　首先分析"银行"的通常含义。该词被定义为：（i）"向个人、公司和政府提供支付服务、信贷和资本。……"；（ii）"银行业务"；（iii）"同可能包括投资、贸易和咨询在内的存取款、贷款发放和其他金融服务相关的金融领域"。我们认为，这些定义并不表明"银行"必然是"银行服务"的专有提供者。

7.126　我们进一步认为，争议副标题下子部门（a）至（f）中所列的所有服务通常均由银行提供，但是，这些服务非银行金融服务提供者也可以提供。例如，通过邮局可以进行存取款业务［子部门（a）］；邮局和金融公司可以进行贷款业务［子部门（b）］；租赁公司可提供租赁服务［子部门（c）］；邮局或其他专业提供商可提供资金转移服务［分部门（d）］；金融公司可提供担保服务［子部门（e）］；专业外汇交易商和经纪商可进行外汇交易［子部门（f）］。实际上，不同类型的实体均可提供子部门（a）至（f）罗列的服务。

7.127　此外，市场准入一栏包含的承诺提到作为非银行实体的"金融公司"。该部分内容是解释争议副标题的相关上下文。最后，副标题"银行服务……"下的其他承诺栏提及同属非银行实体的"金融租赁公司"。考虑到这些因素，显然，出现在争议副标题中的"银行服务"包括由银行和非银行提供的服务。

7.128　中国认为，"同该通常含义（即根据中国的观点，银行服务的通常含义是指'由银行提供的服务')一致,标题'银行服务'下的所有服务通常是由银行、金融公司和其他类型的金融机构提供的服务"。换句话说,中国的意思是,"银行提供的服务"为"银行和非银行机构提供的服务"。

7.129 另外,正如美国所指出的,中国希望仅就特定类型提供者做出承诺的,均已做出明确的规定,例如在子部门"非银行金融机构从事汽车消费信贷"中。

7.130 此外,专家组认为,如同中美双方观点所证明,银行和电子支付服务提供者之间存在密切的历史关联。双方均提及这样一个事实:直到2006年,也就是中国2001年加入世界贸易组织之后很久,美国某些电子支付服务提供者依然作为银行的关联机构运营。如果如中国所述,提供者的身份是划分服务类别的相关因素,那么,直到2006年变更公司形式之前,这些电子支付服务提供者无疑一直在提供中国认为的"银行服务"。专家组已经表示过不赞同中国对"银行服务"的狭义解释。鉴于此,专家组同意美国的观点,服务分类不应仅仅因为服务提供者改变其所有权结构或法律形式而改变。对服务分类进行如此的解释有损GATS具体承诺的可预测性、安全性和明确性。

7.131 我们进一步裁定,中国就此所提交的证据(这在我们关于系争服务提供的是否为整体服务的裁定中有所提及)属于相关要素。该证据表明,例如在法国,支付卡交易的授权系统是由一个叫CB的银行关联机构运营的。此外,零售支付交易包括支付卡交易在内的清算和结算,由STET跨行支付服务运营,这个机构由法国五家银行创立并拥有。我们认为,这是银行和电子支付服务之间存在持续性关联的进一步证据。

7.132 最后,如上所述,标题"B. 银行和其他金融服务……"包括四个副标题:"银行服务如下所列""非银行金融机构从事汽车消费信资""其他金融服务如下""证券服务"。副标题"银行服务如下所列"和"其他金融服务如下"分别包括6个和2个子部门。我们注意到,这四个副标题项下的市场准入和国民待遇模式各不相同。因此,我们认为,标题"银行服务如下所列"可能还有一个实用性功能,那就是将对从(a)至(f)以同样方式适用的中国承诺,与那些仅对特定类型服务适用(非银行金融机构从事汽车消费信资)或仅对中国减让表中罗列的其他服务适用(即其他金融服务……和证券服务)的承诺区别开来。如前所述,中国在四个涉案副标题下做出了不同的市场准入和国民待遇承诺。

7.133 综上,根据对副标题"银行服务如下所列"的相关分析我们裁定,该副标题并无意将子部门从(a)至(f)项下的承诺限定为对某类服务提供者，即银行，适用。相反，该副标题表明，涉案服务通常由银行提供，或过去通常由银行提供。然而，这并不影响该类服务可以由其他类型的金融实体提供的事实。事实上它们也在提供这样的服务。此外，从更实际的观点来看，该副标题有助于将子部门从（a）至（f）项下所做承诺，与中国减让表其他部门项下做出的不同的承诺区别开来。

7.134 我们由此认定，将分部门（d）放在标题为"银行服务如下所列"项下与我们上文的解释并不矛盾，即分部门（d）包含处理和完成采用支付卡进行的交易必不可少的服务。

模式1[①] 项下市场准入承诺

7.135 仅就中国在模式1项下所承担的市场准入承诺范围问题的讨论而言，美国主张，中国模式1项下市场准入承诺中"不做承诺"一词前有"除下列内容外"的限制性表述，该表述在分部门（d）项下中国模式1承诺中有关服务的表述中得到进一步的阐释：

> ——提供和转让金融信息、金融数据处理以及其他金融服务的提供者提供有关的软件；
>
> ——就（a）至（k）项所列所有活动进行咨询、中介和其他附属服务，包括资信调查和分析、投资和证券的研究和建议、关于收购的建议和关于公司重组和战略制定的建议。

7.136 对美国而言，理解中国的模式1承诺必须承认一点，那就是"支付和资金划汇"服务包括"提供和转让金融信息"与"咨询、中介和其他附属服务"两种，在这个程度上，这些服务属于核心服务的组成部分，它们构成服务最恰当的分类，是"支付和资金划汇"服务，而不是中国减让表子部门（k）或者（l）部分的服务。

7.137 中国回应称，将所有涉案服务"归为"中国就分部门（d）未做承诺的模式1例外以后，美国认为，涉案服务的所有五个"组成部分"与子部门（k）和（l）的描述吻合。借此，美国去除分部门（d）的一揽子内容，结果是，该子部门一无所剩。

7.138 专家组认为，模式1下的市场准入条款构成解释分部门（d）涵

---

① 《中国加入世界贸易组织法律文件》对外贸易经济合作部世界贸易组织司2002年1月第1版译本将"modes of supply"译为"服务提供方式"，但通常学术交流将其简称为"服务提供模式"，而四种方式被分别称为"模式1""模式2""模式3""模式4"。本案沿用学术交流的简称方式。——作者注

盖范围的相关上下文。专家组在下文第 7.F.1（a）节详细讨论中国模式 1 下的市场准入承诺。那里，专家组裁定，市场准入条款应当被理解为中国就子部门（k）和（l）做出的模式 1 市场准入承诺。因此，模式 1 下市场准入相关上下文对应的解释，与当前审查的其他上下文对应的解释没有什么不同。换句话说，模式 1 下的市场准入承诺，与我们关于分部门（d）包括了对处理和完成使用支付卡进行的交易必不可少的服务这一结论并不矛盾。

（iii）GATS 关于金融服务的附件

附件第（xiv）项的范围

7.139　GATS 第 29 条（附件）规定，"本协定的附件是本协定不可分割的一部分"。根据该条，关于金融服务的 GATS 附件属于条约文本。而且，就作为 GATS 不可分割的一部分的中国减让表而言，该附件是其条约解释的上下文。关于金融服务的附件第 5 条（定义）包含世界贸易组织成员在做出金融服务减让承诺时可能会用到的一些定义和金融服务分类。事实上，许多成员确实用到了该条内容。忆及中国曾表示其金融服务减让承诺参考了附件规定的金融服务定义，因此，我们将该附件作为解释中国减让表的相关上下文加以审查。

7.140　该附件第 5（a）条第（xiv）项位于"银行和其他金融服务（保险除外）"的标题之下，内容为：

> 金融资产的结算和清算，包括证券、衍生产品及其他可转让工具……

> …………

7.144　专家组注意到，各方对支付卡交易必须进行清算和结算并无异议。各方对支付卡交易的清算和结算应如何归类意见各异。忆及我们对分部门（d）的解释得出的观点：该子部门包括处理和完成使用支付卡进行交易必不可少的服务。我们在上文第 7.118 段裁定，括号内增加的内容"包括进出口结算"证实分部门（d）包括结算并暗含清算。与此观点相同，支付卡交易的清算和结算应归于分部门（d）项下，因为它们是完成支付卡交易所必需的服务。我们同时提出，尽管我们决定从中国减让表分部门（d）着手进行分析，但在得出关于分部门（d）涵盖范围的最终结论之前，我们将审查附件第（xiv）项的规定内容。

7.145　从审查"清算"、"结算"和"金融资产"的通常含义着手，专家组注意到以下定义：

清算："结算前资金转移、核对和某些情况下确认支付单或证券转移指令的过程，可能包括指令联络和结算最终位置的确定"或（a）支付工具或付款人和收款人的金融机构间相关支付信息的交换；（b）债务结算的计算。

结算："履行双方或多方之间资金、证券转移义务的行为"或"为完成一笔或更多受制于最终结算的优先交易而进行的资金转移。结算是满足主要请求和义务的界点。"

金融资产："不同于诸如土地、建筑或设备等实体资产的资金或产权。金融资产包括资金、构成收款权的证券，例如票据、债券以及享有公司实体资产间接所有权的股份。金融资产请求权包括国内外个人、公司和政府的义务。金融资产包括金融机构的股份和衍生物，例如期权。"其他定义将"金融资产"描述为"表现为现金、收取现金的合同权利、按照潜在优惠条件和另一实体交换金融工具的权利或另一实体的股权工具"，或者"不同于有形实体资产的股票、债券、认股权、证书、银行结存等形式的资产……"。

金融："收入、钱款事项或与此相关的事项。"

7.146 对词典定义和其他专业词汇表的审查表明，词语"清算"和"结算"的通常含义是与零售支付工具和证券有关的活动。"金融资产"一词通常几乎包括所有的金融工具。我们也认为，第（xiv）项所用用语的定义可能与分部门（d）中用语的定义重合，譬如"结算"和"支付"基本同义。所以，仅根据这些章节用语的通常意义，很难弄清中国减让表分部门（d）的涵盖范围和附件第（xiv）项的涵盖范围。我们回顾上诉机构曾提醒不要以机械的方式使用词典定义。

7.147 因此，虽然我们同意中国关于必须从用语通常含义着手对"金融资产"进行解释的观点，但我们的解释不能到此为止。根据《维也纳公约》第31（1）条的规定，对"金融资产"通常含义的解释"应依其用语按其上下文并参照条约之目的及宗旨所具有之通常意义，善意解释之"。考虑到这一点，我们转而审查紧随第（xiv）项"金融资产的结算和清算"之后，构成其直接上下文的"包括证券、衍生产品和其他可转让票据"这句话的含义。

7.148 美国认为，列举清单应该不仅仅是一个非完全性列举。这个清单应当还表明各款的涵盖范围以及各列举示例的含义。审查第（xiv）项列举清单中的列举项目可以看出，诸如支付卡支付请求这样的零售收据，不属于任何一类列举清单所列金融资产类型（"证券"、"衍生产品"和"其他可转让票据"）。根据美国的观点，第（xiv）项金融资产列举清单表明，列举清单将金融资产范围仅限于可交易投资工具类型。这个结论与第（xiv）项下"金融资产"一词用于此处的目的仅在于将列举清单限定在此类金融工具类型上的结论相同。

7.149　中国主张，列举清单所列举的三个示例不构成第（xiv）项意义上的"金融资产"的全部类型。此外，根据中国的观点，美国试图通过这些示例倒推"金融资产"的通常含义，以将其限定在所谓"可交易金融工具"或"可交易投资工具"的范围。在中国看来，第（xiv）项中提及的"可转让票据"明确包括诸如支票和旅行支票等零售支付工具。如同证券和衍生产品，这些都属于"金融资产"通常含义的涵盖范围，因为这些工具都衍生出支付请求。此外，中国主张，附件第（viii）项规定了诸如"支付服务"类型的可转让票据示例，表明起草人了解，第（xiv）项下这些工具的清算和结算有别于第（viii）项下这些工具的发行和受理。

7.150　本专家组认为，第（xiv）项下列表阐释了该子部门所包含清算和结算的服务类型。就此，我们回顾专家组在"中国—出版物和视听产品案"中关于"'包含'一词的通常用法，表明其后的内容并非对所涵盖项目的穷尽性列示，而只是所涵盖项目的一部分内容"的观点。我们认为，这样的表述用在第（xiv）项特定上下文中同样正确。因此，与各方观点相同，我们认为该清单是列举性的。由此，我们认定，该列举清单并没有列举所有的"金融资产"类别，其清算和结算被划分到分部门（xiv）项下。

7.151　我们看到，尽管各方似乎一致同意第（xiv）项下的列举清单体现的是应当如何理解"金融资产"，但各方对这个用语的含义和范围的结论各异。在美国看来，列举清单"可能有助于说明所列具体条款的整体涵盖范围以及该列举条款用语的含义"。对中国而言，第（xiv）项列举清单提及"可转让票据"，"体现的是应当如何去理解'金融资产'的含义"。

7.152　我们现在从审查其通常含义着手，审查第（xiv）项列举清单中罗列的特定金融工具，即证券、衍生产品和其他可转让票据：

　　　证券："贷方持有的作为他或她支付权利保证的文件；证明股票、股份等所有权的证书；此类文件所代表的金融资产。同样（在美国），该文件被发布给投资人以资助企业"；或者"在未能偿还贷款时所提供的金融或实体财产的抵押品。货币或资本市场上的任何投资介质，例如货币市场工具、债券、股票。仅用于指代不同于货币市场资产的债券和股票的词语"。

衍生产品："其价值从基础资产的价值衍生并依赖于基础资产的价值的协约或工具，例如期货、选择买卖的特权或担保"；或"其价值取决于一个或多个基础参考资产、利率或指数价值的金融合约。为了方便分析，所有衍生产品合约都可以分为期货合同的基本构架部分、期权及其组合"。

7.153 通用词典和专业词典中的定义表明，"证券"：（i）是一种投资介质；（ii）证明所有权；（iii）带来金融回报。衍生产品本质上具有相同的特性。

7.154 我们接下来考虑"可转让票据"的通常含义。"可转让"一词的定义如下："票据、汇票，支票等：在商业过程中仅通过交付方式可从一人转移或转让到另一人。""可转让票据"为"可自由转让的文件……"或"无条件要求或承诺支付一定量钱款，可由一人轻松转移到另一人"。正如专业词典的解释，"可转让票据"的特征为：（i）可从一人轻松转移到另一人；（ii）可自由转让。

7.155 在我们看来，提及"证券、衍生产品和其他可转让票据"表明，该分部门涉及同样具有"可转让"特点的金融资产。许多类型的金融工具可转让。中国减让表分部门（d）所罗列的部分零售支付工具，例如旅行支票和银行汇票也可以转让。相比之下，我们认为，且各方似乎也一致同意，塑料支付卡和因支付卡交易而签署的售货单为不可转让票据，因为它们既不可转让，也不能在市场上交易。基于此，我们认为，支付卡和销售单不属于第（xiv）项列举清单列明的"其他可转让票据"。

7.156 然而，中国主张，支付卡与银行汇票、旅行支票均在收单银行和发卡银行之间产生跨行支付请求。在这个意义上，支付卡与银行汇票、旅行支票具有"共同特点"。中国结论认为，"既然第（xiv）项无可争议地包含了可转让票据的清算和结算，那么，认定某种类型的零售支付票据，其清算和结算服务属于第（xiv）项的涵盖范围，而其他类型的零售支付票据的清算和结算服务却属于第（viii）项的涵盖范围，这样的结论未免武断且不合逻辑"。

7.157 美国主张，可转让票据类型多种多样，其中，一些用于支付（如支票），而其他则被用作投资工具（如商业票据）。第（xiv）项提及的"可转让票据"并不包含所有的这些票据。美国认为，第（xiv）项仅表明有些可转让票据的结算和清算与证券、衍生产品的相同。但我们不能将第（xiv）项解读为所有可转让票据都像证券和衍生产品那样结算和清算。因此，美国认为，第（viii）项下的可转让票据是不同于第（xiv）项下的可转让票据。

7.158　专家组认为，根据中国的观点，第（xiv）项包含支付卡交易的清算和结算，因为支付卡具有分部门（d）所罗列的其他支付工具（如银行汇票和旅游支票）的"共同特点"，根据中国的观点，这些"共同特点"是："（1）每一票据都是银行发行的一种支付工具；（2）所有这些工具均产生收单银行和发卡银行之间跨行支付的请求权，这些请求权需要清算和结算。"换言之，中国的解释将诸如支付卡这样的不可转让支付工具的清算和结算归为第（xiv）项范畴。中国认为，最重要的是，无论是否可以转让，所有金融工具的清算和结算服务均应被归在同一分部门之下。

7.159　但是，我们不明白上述解释方法如何能够与第（xiv）项的用语协调一致。首先，我们注意到，第（xiv）项没有提及"所有的清算和结算服务"，相反，它提到分部门（d）中的"所有支付和汇划服务"。此外，该列举清单包含了两个特定术语——"证券和衍生产品"——和更为宽泛的其余类型——"其他可转让票据"。形容词"其他"将"可转让票据"与"证券"、"衍生产品"联系起来并由此确立了这三种工具类别之间的联系。解读"其他可转让票据"时考虑前面的"证券"和"衍生产品"可以得出这样一个结论："可转让票据"不包含任何的和所有的"可转让"工具。在这个层面上，我们注意到，列举清单并没有使用"任何其他可转让票据"或"任何类型的其他可转让票据"的表述。因此，我们认为，在上下文中解读，"其他可转让票据"仅涵盖具有和证券及衍生产品相同特性的票据。

7.160　关于"证券"一词，我们在上文指出，该用语被定义为证明所有权并带来金融回报的投资方式。我们还指出，衍生产品本质上也具有这些特征。在我们看来，分部门（d）中所列的支付卡和其他支付工具不具有这些特征。尤其是支付工具不是一种投资方式，没有授予所有权，也不产生金融回报。因此，我们同意美国的观点：尽管分部门（d）所列诸如旅行支票等票据可能能够转让，却并不属于第（xiv）项意义上的可转让票据。

7.161　此外，我们认为，美国提交的论据和事实证据具有说服力，第（xiv）项涉及的投资票据清算和结算系统，与分部门（d）提及的支付票据清算和结算系统之间存在许多实际差异。这些差异涉及如下内容：（1）相关的金融票据与普通交易的价值；（2）交易和相关流程的市场参与者；（3）安全高效流程所需的基础设施；（4）金融系统的监管和金融的系统性风险。支付系统和证券基础设施作为市场基础设施不同的组成部分，它们之间存在差异在很多国家，包括中国，都是一个普遍现象。

7.162 中国对支付工具的清算和结算与证券、衍生产品的清算和结算之间存在差异并无异议。但是，中国主张，这些差异与对"金融资产"一词的解释无关，且不改变术语"可转让票据"的通常含义。对此我们并不赞同。在我们看来，服务的分类不是抽象的，分类应慎重考虑市场和监管的实际情况。反映并符合这些实际情况的分类方法有助于清晰反映 GATS 的具体承诺，从而有助于安全性和可预见性的实现。我们对附件第（xiv）项和中国减让表分部门（d）涵盖范围的解读与这些考虑因素保持一致，因为我们的解读慎重考虑了：（1）正常支付系统的组织和监管方法；（2）支付票据和证券及其他可转让票据在清算和结算之间存在的根本区别。

7.163 综上，我们认为，第（xiv）项将与证券、衍生产品和其他可转让票据具有相同特征的金融工具的清算和结算包含在内。具体而言，我们认为，第（xiv）项涵盖具有投资属性、授予所有权并带来金融回报的金融工具的清算和结算。我们的结论同样基于证券等金融资产的清算和结算与支付交易的清算和结算之间在现实操作中存在重大差异的事实。因此，我们认为，中国减让表分部门（d）所罗列的零售支付工具，并非附件第（xiv）项意义上的"金融资产"，分部门（d）所列包括支付卡在内的基于支付工具的交易，其清算和结算不属于第（xiv）项的涵盖范围。

附件第（x）项

7.164 关于金融服务附件第 5（a）条第（x）项的内容如下：

（x）交易市场、公开市场或场外交易市场的自行交易或代客交易：
    （A）货币市场工具（包括支票、汇票、存单）；
    （B）外汇；
    （C）衍生产品，包括但不仅限于期货及期权；
    （D）汇率和利率工具，包括换汇、远期利率协议等产品；
    （E）可转让证券；
    （F）其他可转让票据和金融资产，包括金银条块。

⋯⋯⋯⋯

7.167 本专家组注意到，附件第（x）项包含"自行交易或代客交易⋯⋯"的票据清单。本专家组已经注意到，支票属于可转让的零售支付票据。我们认为，第（x）项列表印证这一观点。但是，我们并不认为附件第（x）项将"支票"列为可交易票据的事实，支持支票和其他支付票据的清算和结算属于第（xiv）项涵盖范畴的观点。只有当推定任何类型可转让票据的清算和结算都属于第（xiv）项涵盖范畴时，这个观点才有可能成立，而我们已经否认了这个假设的成立。最后，我们注意到，第（x）项没有提及支付卡，这一点支持我们前面关于支付卡不属于可转让工具的结论。

7.168　我们结论认为，附件第（x）项提及支票属于可交易票据一事，并不影响我们对中国减让表分部门（d）涵盖范围的裁定。

金融服务 GATS 附件裁定综述

7.169　在审查第（xiv）项的过程中，我们裁定，中国减让表分部门（d）所列支付工具，如支付卡，并非附件第（xiv）项意义上的"金融资产"。因此，我们认为，使用中国减让表分部门（d）所列支付工具的交易，其清算和结算，不包含在附件第（xiv）项之中。我们认为，考虑广义的"所有支付和汇划服务"，使用支付卡的交易，其清算和结算服务，应归为分部门（d）的范畴。针对附件第（x）项，我们裁定，该项提及支票属于可交易票据一事，不影响我们关于中国减让表分部门（d）涵盖范围的结论。

7.170　因此，我们关于金融服务 GATS 附件上下文的分析，与我们关于中国减让表分部门（d）涵盖处理和完成使用支付卡进行的交易所必需的服务这一裁定并不矛盾。

（iv）GATS 的结构

7.171　我们接下来考虑 GATS 的结构。美国主张，电子支付服务作为"所有"此类服务中的一种，属于"支付和汇划服务"通常含义的范畴。电子支付服务是所有支付交易的核心，没有这些服务，交易不可能发生。根据美国的观点，电子支付服务包括处理涉及支付卡交易的服务、管理和促进交易参与机构之间资金转移的服务。此外，电子支付服务与信用卡、赊账卡、贷记卡和其他基于支付卡的电子支付交易的处理不可分割，没有这些服务，支付卡交易无法进行。

…………

7.175　专家组认为，各方的辩论产生三个问题：（1）分部门（d）涉及的电子支付服务的范围问题；（2）电子支付服务不同组成部分由不同提供商提供的事实，是否意味着必须单独划分这些不同组成部分；（3）2001 年减让表指南与分部门（d）的关联性问题。我们将依次审查这三个问题。

7.176　关于与电子支付服务相关的分部门（d）的涵盖范围，我们忆及中国关于"美国将分部门（d）解释为包含了与支付卡使用相关的'所有服务'""过于宽泛且有违《具体承诺减让表》公认原则"的观点。

7.177　在解决这一问题时，专家组必须首先审查 GATS 中"部门"（sector）的概念。专家组忆及"美国—博彩案"中，上诉机构提及的第 28（e）条项下"服务部门"的定义并解释道：

> ……GATS 的结构必然意味着两件事情。首先，由于 GATS 涵盖除行使政府职权所提供服务之外的所有服务，因此，一成员可以就任何服务做出具体减让承诺。其次，由于成员关于特定服务的义务取决于成员就该部门或分部门所做的具体承诺，一项具体服务不可能属于两个不同的部门或分部门。换句话说，成员减让表中的部门和分部门必须是相互排斥的。

7.178　我们进而忆及"中国—出版物和视听产品案"专家组关于 GATS 第 28（e）（ii）条的裁定：

> GATS 减让表某一服务部门的描述无须列举该服务范围所包含的所有活动，也不必然要这样做。因此，GATS 减让表中某一服务部门或分部门不仅包括其中特别指明的所有服务活动，也包括属于该部门或分部门在减让表中所提及定义范畴的所有服务活动。

7.179　因此，GATS 中"某一服务部门"的定义，与专家组在"中国—出版物和视听产品案"中的裁定证实，一个"部门"，可能包括"属于该部门的定义范畴的所有服务活动"，而不论这些活动是否明确列于部门或分部门定义之中。

7.180　本专家组认为，当持卡人使用信用卡支付某产品或服务以及商家接受该支付形式时，持卡人和商家自然都希望该支付卡交易得以完成。支付卡交易的完成至少包括所谓的"前端流程"（提供鉴定和授权交易服务）和"后端流程"（必然包括交易的清算和结算）两个部分。在我们看来，如果没有完成支付，且资金没有从客户账户转移到商家账户，就不可能存在任何的"支付服务"和"资金汇划"。在这个意义上，同时考虑上述裁定，尽管没有明确列于分部门（d），但这些活动必然包含于该分部门的定义范围之内，因为它们在所提供的支付和资金汇划中必须同时进行。如同专家组在"中国—出版物和视听产品案"中所表明的，它们没有被列于涉案分部门一事并不重要。因此，我们同意美国关于分部门（d）包括"任何'支付和资金汇划'所必需的服务"的观点。本专家组认为，被提供和被消费的某种服务，当它由各类不同的服务组合而成从而构成一个特定的服务时，则单一条目下对这个由各类不同的服务组合而成的服务进行分类，这样的做法与相互排斥原则不相冲突。

7.181　最后，与中国的观点相反，我们认为，美国在提到"电子支付服务"时将复数转换为单数一事对服务的分类无关紧要。我们认为，正常分级分类计划（如1991年联合国暂定中心产品分类或金融服务附件）完全可以将包含不同服务的某项服务描述为"服务"或复数形式的"服务"。在后一种情况下，"服务"是指通过"服务"所划分的不同服务的总和。

7.182　我们现在审查电子支付服务不同组成部分可以由不同提供商提供一事，是否意味着必须对这些不同组成部分单独进行分类。我们忆及美国关于"支付卡交易的电子支付服务是一项单一的综合服务，该服务即被提供有被消费"的观点。中国主张，涉案服务的不同"要素"或"组成部分"通常由不同的服务提供商把它们当作不同的服务内容来提供，尤其是涉案服务的网络和授权服务部分通常是由同一交易中提供清算和结算服务的实体之外的另一家实体提供。中国由此认为，美国关于涉案服务"是作为一项综合服务被提供和被消费"的观点错误。

7.183　本专家组认为，诸如涉案服务这样的综合服务，其组织方式取决于一系列因素，包括具体公司采用的业务模式、相关国家的监管框架、支付服务的直接用户（例如发行和受理机构）如何在具体的管辖权范围内组织服务的供应等。一些公司可以提供涉案服务的多个构成部分，从而为直接用户以及这些服务的最终受益人（即持卡人、发行方、收单方和商家）提供"一揽子"最终产品。但是，也可能存在不同组成部分由不同提供商提供服务的情形。例如，中国提交的证据表明，在法国，授权程序和清算、结算服务是由两个不同的实体提供的。

7.184　因此，摆在我们面前的证据表明，实践中，完成支付卡交易所必需的服务可能由一个或多个服务提供商提供。如前所述，一些提供商以综合统一的方式提供该服务的所有组成部分，而其他提供商可能只专注于该服务的一部分。在我们看来，各组成部分的服务会由不同的提供商来提供这件事，不是将每项或某些该类服务划分为不同分部门的一个充分理由。事实上，如同美国所指出的，"正是这种组合使支付卡交易成为可能"。因此，单独的服务提供商提供某一特定服务组成部分的事实本身，并不意味着该组成部分应当被划分为不同的服务，或该组成部分不属于综合服务的一个部分。我们认为，与综合服务相关的，并非该服务由一个或多个提供商提供，而是这些各组成部分合起来是否产生了一个新的或不同的服务，也就是该综合服务。

7.185　我们注意到，中国似乎也同意，尽管某些服务由不同提供商提供，但仍可将其划分为相同的分部门。事实上，借用中国的说法，可以将发卡和受理服务视为两个"不同且可独立识别的服务"。如同各方的辩论所证明的，发卡和受理是不同的活动。此外，对任何既定支付卡交易来说，发卡和收单机构并不必然是同一个实体；四方模式之下，它们通常是不同的实体。尽管如此，中国并不建议将发卡和受理服务分别划分为两个不同的分部门，相反，中国主张，这两个服务同属于分部门（d）的范畴。

7.186　我们现在讨论各方提出的第三个问题，即涉案服务是否为分部门（d）项下某服务的组成部分。我们忆及中国关于2001年减让表指南明确承认一项具体承诺并不延及根据相关分类方法可独立分类的组成部分的观点。在中国看来，涉案服务至多是发卡和受理服务的"组成部分"（inputs）。根据中国的观点，这些服务可被划分到减让表分部门（d）中。

7.187　根据中国的观点，2001年减让表指南属于《维也纳公约》第32条意义上的辅助性解释内容。因此，我们明白，中国不希望我们在根据《维也纳公约》第31条对分部门（d）进行分析时，将2001年减让表指南作为我们分析的上下文。然而，无论2001年减让表指南是否可以被视为解释的上下文，或被视为补充性解释的内容，我们都无法接受中国的观点。中国没有提供任何证据来支持其关于电子支付服务为发卡和受理服务"组成部分"的主张。中国也没有在辩论中对此作出解释。中国所做的，仅仅是指出了一个关于"组成部分"服务的一般性规则。例如，相比于所提出的其他方式，我们并不清楚是否可以认定发卡和受理服务是电子支付服务的"组成部分"。在缺少有关证据或解释支持电子支付服务属于服务组成部分观点的情况下，我们不能接受中国这方面的抗辩。

7.188　总结我们将GATS作为上下文而对分部门（d）所做的解释，我们裁定，被提供和被消费的某种服务，当它由各类不同的服务组合而成从而构成一个特定的服务时，则单一条目下对这个由各类不同的服务组合而成的服务进行分类，这样的做法与相互排斥原则不相冲突。此外，独立提供商提供某特定服务组成部分一事本身，并不意味着该组成部分应被划分为不同的服务，或该组成部分不属于综合服务的一个部分。在我们看来，与综合服务相关的，并非该服务由一个或多个提供商提供，而是这些各组成部分合起来是否产生了一个新的或不同的服务，也就是该综合服务。上述结论证实了我们关于分部门（d）涵盖处理和完成支付卡交易所必需的服务的观点。

（v）其他世界贸易组织成员减让表

…………

7.191 本专家组忆及"美国—赌博案"和"中国—出版物和视听产品案"专家组和上诉机构将其他世界贸易组织成员的 GATS 减让表作为解释成员减让表上下文的做法。正如上诉机构所指出的，"这是 GATS 第20.3条合乎逻辑的结果。该条规定世界贸易组织成员减让表为 GATS'不可分割的组成部分'"。同时，上诉机构承认，将世界贸易组织其他成员的减让表作为解释的上下文时必须承认，"每一减让表都有其内在的逻辑性"，因此，其他世界贸易组织成员的减让表"在阐明需解释条目的含义时作用有限"。到目前为止，在分析争议条款时，它们仍不被视为核心要素。

7.192 我们注意到，中国引用的其他世界贸易组织成员减让表对其分部门（d）项下提供服务的实体使用不同的名称，其中包括"银行"、"商业银行"、"金融机构"、"专业金融公司"和"信贷机构"。关于中国和其他世界贸易组织成员减让表中这些称谓不同的实体其具体性质如何，中国没有提交相关证据，也没有提出相关主张。由于这个原因，我们不清楚，中国引用其他世界贸易组织成员的减让表是否就是为了表明，"所有支付和汇划服务"只能由中国语境意义上的"银行或其他类型的金融机构"提供。的确，如上所述，每个减让表都有其内在逻辑，我们的身份不适合对中国提到的减让表中的实体，是否正好就是中国语境下的"银行或其他类型的金融机构"进行认定。此外，如同我们在下文的阐释（参见第 VII.F.1 节），我们认为，中国分部门（a）至（f）中的承诺对所有外国金融机构适用，且中国减让表中使用的"外国金融机构"一词包括电子支付服务提供商。

7.193 由此，解释中将其他世界贸易组织成员的减让表作为上下文，其结果与前述以其他因素作为上下文进行的解释并没有什么不同。

…………

（c）目标与宗旨

7.196 本专家组在着手考虑 GATS 和《WTO 协定》的目标与宗旨时尤其强调 GATS 序言所列的一个关键目标："建立一个服务贸易原则和规则的多边框架，以期在透明和逐步自由化的条件下扩大此类贸易，并以此为手段促进所有贸易伙伴的经济增长和发展中国家的发展。"我们注意到，在"美国—赌博案"中，上诉机构裁定 GATS 序言中的透明度目标支持 GATS 减让承诺精确化和清晰化的需求，并强调减让表能够使所有其他世界贸易组织成员以及服务提供商和消费者易于理解的重要性。该争端中，上诉机构继而忆及：

……"旨在达成互惠互利安排，实质性降低关税和其他贸易壁垒"的安全性和可预测性是世界贸易组织协定的一个目标和宗旨……这证实了成员具体承诺的安全性和可预测性的重要性，这些承诺同样是 GATS 的目标和宗旨。

7.197 我们继而忆及，在审查作为 GATS 目标和宗旨的逐步自由化原则时，上诉机构认为该原则"……不会支持那种可能对世界贸易组织成员已经作出的承诺并由此受到约束的具体承诺的涵盖范围产生限制性效果的解释"。我们注意到，在"美国—赌博案"和"中国—出版物和视听产品案"中，上诉机构认为，GATS 的目标并没有为有关条款的正确解释提供具体的指导。

7.198 我们认定，本专家组对中国分部门（d）所做承诺涵盖范围的解释符合透明度的目标，因为我们的解释将组合起来就会形成一种全新的综合服务的各项服务划分在同一个单一分部门之下。该综合服务本身既被提供也被消费。此外，我们的解释协调电子支付服务分类和这些服务的商业实践，强化了 GATS 具体承诺的可预测性、安全性和清晰度。出于同样的原因，我们的解释也符合 GATS 序言逐步自由化的目标。

7.199 由此，我们关于中国减让表分部门（d）包含电子支付服务的结论，也符合 GATS 和《世界贸易组织协定》的目标与宗旨。

（d）结论

7.200 本专家组根据《维也纳公约》第 31 条的解释规则，对中国 GATS 减让表分部门（d）中"所有支付和汇划服务，包括信用卡、赊账卡、贷记卡、旅游支票和银行汇票（包括进出口结算）"的涵盖范围进行了分析。

7.201 我们分析认定，"支付"、"资金"和"汇划"同时采用时其通常含义是指资金从一人到另一人或从一处到另一处的转移。汇划资金可能用来支付产品或服务，或解决债务。在审查"支付服务"和"资金汇划服务"的表述时，我们裁定，"支付和汇划服务"可以具有"管理"、"促进"或"实现"支付或资金汇划服务的特点。最后，我们认为，采用用语"所有"（all），是为了表明分部门（d）中"支付和汇划服务"的所有服务都被涵盖在内。对于分部门（d）中"包括信用卡、赊账卡、贷记卡、旅游支票和银行汇票"的表述，我们认定，该表述是一个列举清单，证实"所有支付和汇划服务"是指处理和完成使用支付卡进行的交易所必需的服务。此外，当银行汇票被用作支付工具时，括号中增加的内容"包括进出口结算"证实，分部门（d）包括结算，并暗含清算。在我们看来，这表明可将涉及使用其他支付工具——

如分部门（d）中所列支付工具——的交易的结算和清算划分到分部门（d）项下。

7.202　在审查中国减让表其他部分时我们裁定，"银行服务如下所列"和模式 1 承诺下的标题都没有提及对分部门（d）范围有不同的解释。同时，我们关于 GATS 金融服务附件的分析得出如下结论：该附件第（xiv）项不包含中国减让表分部门（d）所列支付卡票据的清算和结算。此外，我们根据 GATS 的结构对分部门（d）的用语进行解释之后认定，被提供和被消费的某种服务，当它由各类不同的服务组合而成从而构成一个特定的服务时，单一条目下对这个由各类不同的服务组合而成的服务进行分类的做法与相互排斥原则不相冲突。此外，独立提供商提供某特定服务组成部分一事本身，并不意味着该组成部分应被划分为不同的服务，或该组成部分不属于综合服务的一个部分。此外，解释中将其他世界贸易组织成员的减让表作为上下文，其结果与前述以其他因素作为上下文进行的解释并没有什么不同。最后，我们裁定，我们对分部门（d）项下中国承诺的解释符合 GATS 和《世界贸易组织协定》的目标与宗旨。

7.203　忆及本案专家组请求，将涉案服务界定如下：

"电子支付服务"包含通过这种服务处理支付卡交易和管理、促进交易参与机构间资金转移的服务。

7.204　在对中国减让表分部门（d）的涵盖范围进行审查之后，本专家组裁定，涉案服务属于该分部门的涵盖范围。

＊　＊　＊

二　电信服务

乌拉圭回合的电信业谈判，是为了在 GATS 框架下建立一整套有关电信业的减让承诺。该回合电信服务方面有下列相关文件：减让表；《关于电信服务的附件》；《关于基础电信谈判的决定》；《关于基础电信谈判的附件》；《基础电信协定》；参考文本。

1. 减让表

GATS 电信服务减让表的主要内容是增值电信服务（value-addedtelecom-munications），如在线数据库存储和修改、电子邮件以及声讯邮件等。这一部分电信服务仅占全球电信服务的一小部分，并被基础电信服务（basic telecom-munications），如电传和传真等控制，尤其是公共声讯电话服务部门。其他基础电信服务如电传和传真等。

2.《关于电信服务的附件》

由于电信是其他经济活动，如银行业的基本传输工具，为保证在其他服务行业达成的承诺不会因进入电信网络的条件而受到阻碍，GATS《关于电信服务的附件》制定了一些关于影响进入和使用公共电信传输网络与服务的措施的规定。①

该附件独立于电信服务的具体减让承诺，重点在于保证各成员使用公共电信传输网络及服务的权利。因此，附件要求所有WTO成员允许根据减让表中的相关承诺提供服务的人员，"以合理和非歧视的条件"接入和使用公共基础电信传输网络。"非歧视"在此被定义为外来服务提供者不仅应当获得最惠国待遇和国民待遇，而且在使用电信网络及服务时，还应享受类似情况下其他用户在所在地享受的同样优惠的条件。②

附件规定的权利适用于所有现有公共电信服务，如电话、电报、电传和数据传输，但不适用于广播和电视节目的传输服务。该附件还详细说明了有关接入和使用公共电信网络的基本权利的含义。这些权利包括：（a）购买或租赁连接公共电信网络所需设备的权利；（b）将私人线路与公共系统或其他线路连接的权利；（c）使用公共网络传输信息，包括计算机数据库中信息的权利。

这些传输可以是在境内，也可以来自或传往任何其他WTO成员。

该附件允许发展中国家成员为加强电信能力而对电信网络及服务的接入和使用采取限制。但是任何这样的限制必须在其服务贸易减让表中详细列明。③

附件的其他条款要求与发展中国家成员开展技术合作，支持促进电信网络兼容的国际标准，以及公布有关接入和使用公共网络及服务的条件。

国际电信联盟（ITU）和国际标准化组织（ISO）一直致力于促进电信网络和服务的全球兼容和国际互操作性标准的建立。成员方承认这些组织的重要性并同意促进这些组织的发展和完善。④

---

① 《关于电信服务的附件》第1条。
② 《关于电信服务的附件》第5（a）条。
③ 《关于电信服务的附件》第5（b）（i）、（ii）、（v）条。
④ 《关于电信服务的附件》第7条。

3. 关于基础电信谈判的决定和附件

乌拉圭回合就电信服务达成的文件中，有一个《关于基础电信谈判的决定》和一个《关于基础电信谈判的附件》。

在乌拉圭回合的电信服务谈判中，许多成员承诺允许外来服务提供者提供增值电信服务，即利用电信网络提供增值服务，如电子邮件、在线数据处理等。但是，这些成员并没有就提供基础电信服务，即可传输电话信息和其他电信业务的网络及服务做出承诺。1994 年 4 月乌拉圭回合谈判结束时，谈判尚未取得圆满的结果。为了使《关于电信服务的附件》在 1995 年 1 月 1 日与其他 WTO 协定一同生效，1994 年 4 月 15 日的部长级会议通过《关于基础电信谈判的决定》，将有关基础电信的谈判延迟到 WTO 成立以后。决定要求 1996 年 4 月 30 日之前结束相关谈判。

开放基础电信的谈判在乌拉圭回合后继续进行。谈判中形成了《关于基础电信谈判的附件》，目的是将申请基础电信的最惠国待遇豁免期限推迟到谈判结束以后。

4.《基础电信协定》

1997 年 2 月，69 个 WTO 成员签订了《基础电信协定》。[①] 这个协定由一系列承诺组成，规定成员服务提供者在另一成员境内提供电信服务时有权不受到歧视待遇。这些承诺包括在 1998 年 2 月正式生效的 GATS《第四议定书》减让表内。原则上，这些承诺通过 MFN 延伸至所有 WTO 成员。但是，每个 WTO 成员可以各自决定是否对影响基础电信服务贸易的措施提出 MFN 豁免。以下是一些成员的豁免内容：

  ——阿根廷：地球同步卫星提供固定卫星服务的豁免；
  ——孟加拉国、印度、巴基斯坦、斯里兰卡、土耳其：允许政府或政府控制的经营者采取与多边协定其他成员经营者不同的措施的豁免；
  ——美国：单向卫星传输 DTH、DBS 电视服务与数码音频服务的豁免。

5. 参考文本

在《第四议定书》之外，大部分参与成员同意进一步就电信行业规范原则达成协议，写入各成员减让表中。这些原则被纳入所谓的"参考文本"文件中。

到目前为止，大多数国家的电信运营仍处于垄断状态。只要这些垄断者

[①] WTO 秘书处主编 *Guide to the Uruguay Round Agreements*，第 187 页，注 461。

或主要"提供者"的业务网络还存在，并已在从前的经营中建立了牢固的客户基础，即使开放市场，它们在竞争中仍将处于优势地位。参考文本所包含的核心原则，正是在于防止这些前垄断者利用竞争优势损害新入场者的利益。本质上，这是一种反不当竞争行为。参考文本列举了三种不当竞争行为：交叉补贴；使用从竞争对手处获得的信息；保留技术和商业信息。

三 空运服务

《关于空运服务的附件》涵盖了所有定期和非定期的空运和附属服务。各成员在 1995 年 WTO 协定生效前的多边或双边协定义务不受该附件义务的约束。

影响下列事项的措施受附件约束[①]：（a）航空器的修理和保养，不包括日常维修；（b）空运服务的销售和营销，包括市场调查、广告和分销，但不包括服务定价和服务适用条件；（c）计算机预定系统服务（computer reservation service），包括承运人时刻表、票价和定价规则等计算机信息系统服务。

附件不适用于交通权利，即开展定期和非定期的运营或运送乘客、货物和邮件服务的权利，也不适用于有关行使这些权利的服务。[②]

附件规定了特别争端解决程序，但规定只有在成员不履行其承诺和义务，并且所有可能达成协议的努力都已失败的情况下方能适用。[③]

附件要求服务贸易委员会至少每 5 年一次，审议空运行业的发展情况和附件运用情况，并决定是否可能进一步扩展附件的适用范围。[④]

[①] 《关于空运服务的附件》第 3（a）、（b）、（c）条和第 6（a）、（b）、（c）条。
[②] 《关于空运服务的附件》第 2 条和第 6（d）条。
[③] 《关于空运服务的附件》第 4 条。
[④] 《关于空运服务的附件》第 5 条。

附 录

中国—汽车零部件案

WT/DS339，340，342，12 Jan. 2009

一　程序

2006 年 3 月 30 日，欧共体和美国将中国影响汽车零部件进口的若干措施诉诸 WTO 争端解决机制，案件编号分别为 WT/DS339 和 WT/DS340。4 月 13 日，加拿大也将此案诉诸 WTO 争端解决机制，案件编号为 WT/DS342。美、欧、加三方磋商申请内容基本相同，只是美、加的申请比欧共体多了一项中方违反中国《入世工作组报告》第 93 段承诺的主张。

2006 年 10 月 26 日，DSB 设立单一专家组，以考虑欧共体、美国和加拿大的申诉。阿根廷、澳大利亚、巴西、台澎金马单独关税区、日本、墨西哥及泰国作为本案第三方参与了专家组程序。2008 年 7 月 18 日，DSB 散发专家组报告。2008 年 9 月 15 日，中国提出上诉。2009 年 1 月 12 日，DSB 通过上诉机构及修改后的专家组报告。

2009 年 8 月 15 日，工业和信息化部、国家发展和改革委员会发布第 10 号令，停止执行《汽车产业发展政策》第 52、53、55、56 及 57 条的规定；停止执行第 60 条中"对进口整车、零部件的具体管理办法由海关总署会同有关部门制定，报国务院批准后实施"的规定。

2009 年 8 月 28 日，海关总署、国家发展和改革委员会、财政部及商务部发布第 185 号令，废止《构成整车特征的汽车零部件进口管理办法》；海关总署发布第 58 号公告，废止《进口汽车零部件构成整车特征核定规则》。

二 争端

本案涉及中国以下三项影响进口汽车零部件的政策措施：（1）《汽车产业发展政策》（国家发改委令第 8 号）（简称 "8 号令"），2004 年 5 月 21 日生效；（2）《构成整车特征的汽车零部件进口管理办法》（海关总署、国家发改委、财政部、商务部令第 125 号）（简称 "125 号令"），2005 年 4 月 1 日生效；以及（3）《进口汽车零部件构成整车特征核定规则》（海关总署公告 2005 年第 4 号）（简称 "4 号公告"），2005 年 4 月 1 日生效。

根据这些措施中规定的具体标准，如果中国汽车生产中使用的进口汽车零部件具备 "整车特征"，则需对这些进口零部件征收 25% 的关税。该税率与《中国加入世贸组织议定书》附件 8 第 I 部分 "货物减让表和承诺"（简称 "减让表"）中适用于汽车整车的平均关税率相当，而高于适用于汽车零部件的平均关税率。

根据以上规定，中国境内的汽车制造商要想开始生产一种使用进口零部件的新车型，并在中国国内市场上销售该车型，首先必须在开始生产前进行 "自测"，确定该车型将要使用的进口汽车零部件是否具有整车的 "基本特征"，以及是否因此而构成整车。① 如果汽车制造商 "自测" 结果为构成整车特征，即用于该车型的进口零部件符合核定标准，则下一步就要向国家发改委申请将该车型列入《道路机动车辆生产企业及产品公告》（简称《公告》）。汽车制造商若要在中国制造和销售汽车，必须进行此项申请，而且还要为用于该车型的进口零部件向商务部申请进口许可证。

如果汽车制造商的自测结果为不构成整车特征，国家整车特征专业核定中心将进行简单复审或现场复审，确定用于某一车型的进口汽车零部件是否符合涉案措施规定的核定标准。在此情况下，为了将车型列入《公告》，汽车制造商必须上报其自测结果以及核定中心出具的不构成整车特征的复审意见。

---

① 125 号令第 21 条和第 22 条中规定了相关标准，该标准用于确定某一特定车型的进口零部件是否必须被认为具有整车 "基本特征" 并因而须缴纳 25% 的费用。这些标准表达为进口汽车零部件特定组合或配置，或用于特定车型生产的进口零部件的价值。某一车型生产中如果使用上述指明的进口 "关键零部件" "总成" 组合，就要将该车型使用的全部进口零部件都判定为构成整车特征。多种总成组合情形都将符合这些标准，例如，车身（含驾驶室）总成加发动机总成；或者车身（含驾驶室）以外五个或以上总成加发动机总成。如果某一车型使用的进口零部件价格总合达到该车型整车总价格的 60% 及以上，也要将该车型使用的全部进口零部件判定为构成整车特征。进口全散件（CKD）和半散件（SKD）套件组装汽车也被判定为构成整车特征。自测结果必须上报国家发改委和商务部。

之后，汽车制造商还必须履行以下多个程序。

车型列入《公告》以后，汽车制造商必须向海关总署申请对该车型进行备案。海关总署将申请分送给相关政府部门，包括汽车制造商所在地直属海关；如果备案申请材料齐备，汽车制造商所在地直属海关将对汽车制造商及其车型备案。在这一阶段，汽车制造商必须向其所在地直属海关缴纳税款担保。税款担保的担保数额按照每月预计进口的汽车零部件数量和价值计算；在实践中，担保数额与进口商每月预计进口的汽车零部件所应当缴纳的关税额相当，关税额依据汽车零部件所适用税率（平均为 10%）计算。

汽车制造商随后可以开始进口用于生产该新车型的进口零部件。用于某一已备案车型的构成整车特征的汽车零部件进口到中国时，必须以标注有"整车特征"字样的进口许可证为凭，还必须单独向当地直属海关申报，并提交其他相关文件。汽车零部件进口时须"有担保"，这意味着须缴纳保证金（税款担保），而且进口这些零部件的制造商还必须遵照跟踪和上报要求。然而，这些汽车零部件本身并未受到任何现存的物理限制，或海关有关其在国内市场上使用的任何其他限制。

有关车型的生产开始以后，在这些车型"第一批"生产完毕 10 日之内，汽车制造商必须向海关总署提交核定申请。海关总署随后指示核定中心进行核定并出具核定报告。核定工作由 3 名或 5 名汽车行业专家组成的"专项核定小组"开展，内容包括对已生产的汽车和证明文件进行核查。核定中心应在接到海关总署指示后一个月内完成核定工作并出具核定报告，但实际上这一过程可能需要 30 日至几年不等。汽车制造商在等待核定报告期间，可以生产和销售有关车型。

核定报告出具当月的 10 个工作日以内，汽车制造商必须进行纳税申报，并向当地直属海关提交有关从该车型开始生产，到核定报告出具当月月末组装的所有相关整车的其他必要证明文件。当地海关随后将汽车零部件归类为整车，并向组装这些整车使用的所有进口汽车零部件征收"关税"和进口环节增值税。正是这种"关税"，构成了涉案措施规定的"费用"。此后，汽车制造商必须在每月的第 10 个工作日前作"纳税"申报，并提交其在前一月组装的有关车型整车的相关证明文件，而当地海关将把生产这些整车使用的所有零部件归类为"整车"，并征收"关税"。这一过程每月均须进行，除非汽车制造商请求进行重新核定。

如果用于生产某一车型的进口零部件符合涉案措施规定的核定标准，那么，组装该车型用的全部进口零部件将依据这些措施被征收 25% 的费用，并适用有关要求。"构成整车特征"的汽车零部件是多批装运——来自不同供应商和/或不同国家，在不同时间通过多批装运——还是单批装运进口并不重要。汽车制造商是自己进口零部件，还是通过汽车零部件制造商或其他汽车零部件供应商等第三方供应商在国内市场上获得进口零部件，同样也不重要。然而，如果汽车制造商从上述独立第三方供应商处购买进口零部件，则可以从上述应缴纳的 25% 费用中，扣除该第三方供应商进口这些零部件时已缴纳的任何关税数额，条件是该汽车制造商能够提供进口纳税证明。如果进口的选装零部件安装在某一车型上，则制造商必须向核定中心报告，并在这些选装零部件实际安装之时进行申报，并为其缴纳 25% 的费用。

上述涉案措施在实际操作过程中存在的条件符合问题和例外情况包括四个方面。（1）如果用于生产某一车型的进口零部件的配置或组合变化可能造成该车型在是否符合 125 号令第 21、22 条规定的"基本特征"标准方面发生变化，汽车制造商可以申请对该车型进行重新核定，核定中心将出具复核报告。如果复核表明不再符合核定标准，则将不再按照涉案措施对该车型及其生产所用的所有进口零部件进行管理。如果复核表明符合核定标准，则进口零部件及该车型将按照上述措施实施方法进行管理，唯一不同的是，汽车组装完毕进行"纳税"申报时，必须向海关提交复核报告。（2）如果进口时申报为整车的进口汽车零部件在一年之内未用于生产有关车型，汽车制造商必须在一年届满之日起 30 日内作纳税申报，海关将对这些进口汽车零部件征收 10% 的关税。（3）国内汽车制造商或汽车零部件制造商对进口汽车零部件（不包括总成和分总成）"进行实质性加工"，所生产的汽车零部件按照国产汽车零部件对待，因此不计入核定标准，也不征收费用。（4）根据 125 号令第 2（2）条，汽车制造商进口全散件（CKD）和半散件（SKD）套件的，可在进口时向其所在地海关办理报关手续并缴纳税款。

欧共体、美国和加拿大认为，中国对汽车零部件实施的上述措施，不符合 GATT 1994、《TRIMS 协定》、《SCM 协定》、《中国加入世贸组织议定书》以及中国《入世工作组报告》的相关规定。

三　裁定

专家组裁定，所涉费用属于 GATT 第 3.2 条意义上的"国内费用"（internalcharges），而非 GATT 第 2.1（b）条意义上的"普通关税"（ordinarycustomsduties）。由于对国内产品不征收这笔费用，因此，专门针对进口产品征收的费用，违反国民待遇规则及中国相关承诺。2008 年 12 月 15 日散发的上诉机构报告推翻了专家组关于涉案争议措施违反中国承诺的专家组裁定。

1. 专家组具体裁定

（1）由于争议措施对进口汽车零部件征收的国内费用高于国内相似汽车零部件，从而属于第 3 条范围内的国内措施，并且违反 GATT 第 3.2 条第一句话；由于它们给予进口汽车零部件的待遇低于国内相似汽车零部件，因此违反 GATT 第 3.4 条。

（2）假使这些措施属于 GATT 第 2.1（b）条第一句话的范围，那么，其征税超过了《中国减让表》中的有关约束关税，并因此违反了 GATT 1994 第 2.1（a）条和第 2.1（b）条。

（3）争议措施无法根据 GATT 1994 第 20（d）条获得合理性。

（4）CKD 和 SKD 配件措施不违反 GATT 1994 第 2.1（b）条，但是违反中国在中国《入世工作组报告》第 93 段中的义务。

（5）对《TRIMS 协定》、GATT 1994 第 3.5 条以及《SCM 协定》第 3.1（b）条和第 3.2 条项下的申诉，专家组适用了司法经济原则。

2. 上诉机构具体裁定

（1）维持专家组关于争议措施所征费用是 GATT 1994 第 3.2 条意义上的国内费用而非普通关税的裁定。

（2）维持专家组关于争议措施在进口汽车零部件方面违反 GATT 1994 第 3.2 条第一句话的裁定，因为措施对进口零部件征收并不适用于国内相似汽车零部件的国内费用。

（3）维持专家组关于争议措施在进口汽车零部件方面违反 GATT 1994 第 3.4 条的裁定，因为措施给予进口汽车零部件的待遇低于国内相似汽车零部件。

（4）认定没有必要对专家组就进口汽车零部件做出的争议措施违反 GATT 1994 第 2.1（a）条和第 2.1（b）条的"其他"裁定做出处理。

（5）裁定专家组错误地将争议措施解释为对 CKD 和 SKD 配件征收的费用，并推翻专家组关于 CKD 和 SKD 配件争议措施违反中国《入世工作组报告》第 93 段承诺的裁定。

四 涉案 WTO 规则

（一）GATT 1994

第 2.1（b）条　与任何缔约方相关的减让表第一部分中所述的、属其他缔约方领土的产品，在进口至与该减让表相关的领土时，在遵守该减让表中所列条款、条件或限制的前提下，应免征超过其中所列的普通关税的部分。此类产品还应免征超过本协定订立之日征收的或超过该日期在该进口领土内已实施的法律直接或强制要求在随后对进口和有关进口征收的任何种类的所有其他税费的部分。

第3.2条　任何缔约方领土的产品进口至任何其他缔约方领土时，不得对其直接或间接征收超过对同类国产品直接或间接征收的任何种类的国内税或其他国内费用。此外，缔约方不得以违反第1款所列原则的方式，对进口产品或国内产品实施国内税和其他国内费用。

第3.4条　任何缔约方领土的产品进口至任何其他缔约方领土时，在有关影响其国内销售、标价出售、购买、运输、分销或使用的所有法律、法规和规定方面，所享受的待遇不得低于同类国产品所享受的待遇。本款的规定不得阻止国内差别运输费的实施，此类运输费仅根据运输工具的经济营运，而不根据产品的国别。

第20条　在遵守关于此类措施的实施不在情形相同的国家之间构成任意或不合理歧视的手段或构成对国际贸易的变相限制的要求前提下，本协定的任何规定不得解释为阻止任何缔约方采取或实施以下措施：

（d）为保证与本协定规定不相抵触的法律或法规得到遵守所必需的措施，包括与海关执法、根据第2条第4款和第17条实行有关垄断、保护专利权、商标和版权以及防止欺诈行为有关的措施。

（二）中国《入世工作组报告》

第93段　某些工作组成员对汽车部门的关税待遇表示特别关注。对于有关汽车零件关税待遇的问题，中国代表确认未对汽车的成套散件和半成套散件设立关税税号。如中国设立此类税号，则关税将不超过10%。工作组注意到这一承诺。

中国—知识产权保护案
WT/DS362，20 Mar. 2009

一　程序

2007年4月10日，美国要求就我国与知识产权保护及实施有关的某些措施与中国进行磋商。2007年6月7~8日，中、美双方在日内瓦进行了磋商，解决了美国关于复制发行的问题，但未能解决其他问题。2007年9月25日，

DSB 应美国请求设立专家组，案件编号为 WT/DS362。阿根廷、澳大利亚、巴西、加拿大、欧盟、印度、日本、韩国、墨西哥、中国台北、泰国和土耳其为本案第三方。2009 年 3 月 20 日争端解决机构通过专家组报告。中美双方均未提起上诉。

2010 年 2 月 26 日，第十一届全国人民代表大会常务委员会第十三次会议通过《全国人民代表大会常务委员会关于修改〈中华人民共和国著作权法〉的决定》，自 2010 年 4 月 1 日生效。新《著作权法》删除了原第 4 条第 1 款，在原第 2 款中增加"国家对作品的出版、传播依法进行监督管理"。2010 年 3 月 17 日，国务院第 103 次常务会议通过《国务院关于修改〈中华人民共和国知识产权海关保护条例〉的决定》，自 2010 年 4 月 1 日起施行，修改了与该案裁定不符合 WTO 义务相关的部分。2010 年 3 月 19 日，中国在 DSB 会议上宣布完成该案的执行。

二 争端

2007 年，美国提出要求中国解决知识产权问题的清单。经多次磋商未果，美国将部分问题提交 WTO 争端解决机制，包括知识产权犯罪的刑事门槛、海关处置侵权产品的措施、依法禁止出版传播作品的著作权保护，以及复制发行 4 个问题。这些问题涉及《刑法》、《最高人民法院、最高人民检察院关于办理侵犯知识产权刑事案件具体应用法律若干问题的解释》（简称《解释》）、《最高人民法院、最高人民检察院关于办理侵犯知识产权刑事案件具体应用法律若干问题的解释（二）》（简称《解释二》）、《知识产权海关保护条例》、《中华人民共和国海关关于〈中华人民共和国知识产权海关保护条例〉的实施办法》（简称《海关实施办法》）、《海关总署公告 2007 年第 16 号》（简称《公告》），以及《著作权法》的相关规定，及其他一些法律和行政法规。4 个问题中，复制发行问题在双方磋商中得以解决。

1. 知识产权犯罪的刑事程序和责任门槛

中国《刑法》规定了"假冒注册商标罪"（第 213 条），"销售假冒注册商标的商品罪"（第 214 条），"非法制造、销售非法制造的注册商标标识罪"（第 215 条），"侵犯著作权罪"（第 217 条），"销售侵权复制品罪"（第 218 条）及单位侵犯知识产权罪的处罚（第 220 条）等。

根据这些条款，侵犯商标和著作权的行为，只有达到"情节严重"、"销售金额数额较大"、"违法所得数额较大"、"违法所得数额巨大"或"有其他严重情节"时，才会被追究刑事责任。例如，《刑法》第 217 条规定，"以营利为目的，有下列侵犯著作权情形之一，违法所得数额较大或者有其他严重情节的，处三年以下有期徒刑或拘役，并处或单处罚金……"。而《解释》和《解释二》进一步明确和量化了量刑门槛。《解释》第 5 条规定："以营利为目的的，实施刑法第二百一十七条所列侵犯著作权行为之一，违法所得数额在三万元以上的，属于'违法所得数额较大'……"《解释二》第 1 条规定，"以营利为目的，未经著作权人许可，复制发行其文字作品、音乐、电影、电视、录像作品、计算机软件及其他作品，复制品数量合计在五百张（份）以上的，属于刑法第二百一十七条规定的'有其他严重情节'……"

根据《TRIPS 协定》第 61 条，WTO 成员应至少对具有商业规模故意的商标仿冒和盗版案件规定刑事程序和处罚，可使用的补救措施应包括足以起到威慑作用的监禁和/或罚金，并应与适用于同等严重犯罪所受的处罚一致。《TRIPS 协定》第 41.1 条规定，各成员应保证其国内法中包括关于本部分规定的实施程序，以便对任何侵犯本协定所涵盖知识产权的行为采取有效行动，包括防止侵权的迅速救济措施和制止进一步侵权的救济措施。

美国认为，中国在法律中设定了"一刀切"的金额或数量门槛（3 万元和 500 张），并忽视了其他足以衡量侵权规模的指标，为那些构成"商业规模的蓄意假冒商标或盗版"，但低于数量和金额门槛的案件提供了"安全港"，不符合《TRIPS 协定》第 61 条和第 41.1 条的规定。

2. 海关对知识产权侵权货物的处置方式

中国《知识产权海关保护条例》第 27 条和《海关实施办法》第 30 条规定海关处置知识产权侵权货物方法如下：（1）有关货物可以直接用于社会公益事业或者知识产权权利人有收购意愿的，将货物转交给有关公益机构用于社会公益事业或者有偿转让给知识产权权利人；（2）被没收的侵犯知识产权货物无法用于公益事业且知识产权权利人无收购意愿的，海关可以在消除侵权特征后依法拍卖有关货物，拍卖货物所得款项上交国库；（3）有关货物不能按照（1）、（2）项规定处置的，应当予以销毁。海关销毁侵权货物，知识产权权利人应当提供必要的协助。有关公益机构将海关没收的侵权货物用于社会公益事业以及知识产权权利人协助海关销毁侵权货物的，海关应当进行必要的监督。《公告》进一步明确，完全清除有关货物以及包装的侵权特征，包括清除侵犯商标权、侵犯著作权、侵犯专利权以及侵犯其他知识产权的特征。对不能完全清除侵权特征的货物，应当予以销毁，一律不得拍卖。海关拍卖侵权货物前应当征求有关知识产权权利人的意见。

《TRIPS 协定》第 59 条规定："在不损害权利可采取的其他诉讼权并在遵

守被告寻求司法机关进行审查权利的前提下，主管机关有权依照第46条所列原则责令销毁或处理侵权货物。对假冒商标货物，主管机关不得允许侵权货物在未做改变的状态下再出口或对其适用不同的海关程序，但例外情况下除外。"第46条规定："为有效防止侵权，司法机关有权在不进行任何补偿的情况下，责令将已被发现的侵权货物清除出商业渠道，以避免对权利持有人造成任何损害，或下令将其销毁，除非此点会违背现行宪法规定的必要条件。司法机关还有权在不给予任何补偿的情况下，责令将主要用于制作侵权货物的原料和工具清除出商业渠道，以便将产生进一步侵权的危险减小到最低限度。在考虑此类请求时，应考虑侵权的严重程度与给予的救济以及第三方利益的均衡。对于冒牌货，除例外情况外，仅除去非法加贴的商标并不足以允许该货物放行进入商业渠道。"

美国认为，《TRIPS协定》第59条要求根据第46条的原则处理侵权货物，因此，主管机关自侵权认定之时起，就有权选择任何合法的处置方式。然而，中国海关对处置侵权货物规定了一个强制顺序，造成海关不能直接处置侵权货物，从而违反了《TRIPS协定》将"侵权货物清除出商业渠道""或下令将其销毁"的规定。同时，中国海关关于捐赠和转让给权利人的做法违反"避免对权利人造成任何损害"的原则；拍卖导致侵权货物重新进入商业渠道，违反将"侵权货物清除出商业渠道"的规定。

3. 禁止出版、传播作品的著作权保护

中国《著作权法》第4条规定："依法禁止出版、传播的作品，不受本法保护。著作权人行使著作权，不得违反宪法和法律，不得损害公共利益。"

《TRIPS协定》第9.1条规定，WTO各成员必须遵守《伯尔尼公约》(1971)第1～21条及其附录的规定。《伯尔尼公约》第5.1条规定，"根据本公约得到保护的作品的作者，在除作品起源国外的本联盟各成员国，就其作品享受各国法律现今给予或今后将给予其国民的权利，以及本公约特别授予的权利"。第5.2条规定，"享有或行使这些权利不需要履行任何手续，也不论作品起源国是否存在保护。因此，除本公约条款外，保护的程度以及为保护作者权利而向其提供的补救方法完全由被要求给予保护的国家的法律规定"。美国认为，中国《著作权法》第4(1)条拒绝对那些被包括《刑法》、《出版管理条例》、《广播电视管理条例》、《音像制品管理条例》、《电影管理条例》以及《电信条例》等禁止的作品提供自动保护，使这些作品的作者不享有《伯尔尼公约》"特别授予"的最低限度权利，违反了《伯尔尼公约》第5.1条，从而违反了《TRIPS协定》第9.1条的规定。这些"依法禁止出版、传播的作品"既包括经审查认定含有法律禁止出版、传播内容的作品，也有未经或正在接受此种审查的作品。这种拒绝提供的保护，包括拒绝对作品作者提供《著作权法》第 10 条列举的广泛的权利，而这些权利很大程度上属于《伯尔尼公约》涵盖的权利。被拒绝保护的作者，也无法从中国《著作权法》第 46、47 条规定的救济中获益。

三 裁 定

2009 年 3 月 20 日争端解决机构通过的专家组报告裁定如下。

1. 禁止出版、传播作品的著作权保护

中国《著作权法》第 4 条第 1 款违反中国了《TRIPS 协定》第 9.1 条、第 41.1 条项下的义务。

2. 海关对知识产权侵权货物的处置方式

《TRIPS 协定》第 59 条不适用于对运输出口的货物适用的措施；美国没有证明中国涉案海关措施违反了《TRIPS 协定》第 59 条义务，因为该条包含《TRIPS 协定》第 46 条第一句话所规定的原则，但涉案海关措施违反了《TRIPS 协定》第 59 条的义务，因为它包含《TRIPS 协定》第 46 条第四句话所规定的原则。

3. 知识产权犯罪的刑事程序和责任门槛

美国没有证明相关刑事门槛的规定违反中国在《TRIPS 协定》第 61 条第一句话中的义务。

四 涉案 WTO 规则

1.《TRIPS 协定》

第 9.1 条 缔约方应遵守《伯尔尼公约》（1971）第 1～21 条及其附录。但是，缔约方按照本协议对于该公约第 6 条之二所规定的权利或者由此而导致的权利将不负有权利和义务。

第 41.1 条 缔约方应保证其国内法律能够提供如本部分所规定的施行程序，以便对侵犯本协议所述知识产权的任何行为采取有效的制止措施，包括制止侵权的及时法律救济和防止进一步侵权的法律救济。这些程序的应用方式应不至于构成对合法贸易的障碍，并且能为防止滥用提供保障。

第 46 条 为了对侵权行为产生有效的威慑作用，司法部门应有权责令将其发现的没有提供任何种类赔偿的侵权商品排除出商业渠道，以避免对权利所有者的任何损害，或者在不违反现有宪法规定的情况下销毁这样的商品。

司法部门也应有权责令将没有提供任何种类赔偿的其主要是用于生产侵权商品的材料和物品排除出商业渠道，以便尽可能地减小产生进一步侵权的风险。在审查这样的请求时，应考虑侵权的严重程度和所采取的法律救济之间的比例协调关系以及第三方的利益。对于假冒商品来说，除了在例外的情况下，为了让这样的商品进入商业渠道，仅仅将非法贴在商品上的商标去掉还是不够的。

第 59 条　在不损害权利所有者所享有的其他权利，并且保证被告具有要求由司法部门进行复核的权利的条件下，主管部门应有权根据上述第 46 条所规定的原则责令销毁或处置侵权商品。对于假冒商品来说，除非在例外的情况下，该主管部门应不允许该侵权商品以原样不动的形式再次出口，或者让该商品适用不同的海关程序。

第 61 条　缔约方应规定，至少在以商业规模蓄意地假冒商标或剽窃著作权的案件中适用刑事诉讼程序和刑事处罚。适用的法律补救措施应包括足以起到威慑作用的监禁和/或罚款，其处罚程度应与对具有相应严重性的罪行的法律补救措施的处罚程度相一致。在适当的案件中，可采用的措施还应包括充公、没收或销毁侵权物品以及任何其主要是用来进行上述犯罪行为的材料和设备。缔约方可以规定将刑事诉讼法程序和刑事处罚应用于其他侵犯知识产权的案件，特别是当侵权行为是蓄意的和以商业规模来进行时。

五　涉案中国规则

1.《刑法》

第 213 条　未经注册商标所有人许可，在同一种商品上使用与其注册商标相同的商标，情节严重的，处三年以下有期徒刑或者拘役，并处或者单处罚金；情节特别严重的，处三年以上七年以下有期徒刑，并处罚金。

第 214 条　销售明知是假冒注册商标的商品，销售金额数额较大的，处三年以下有期徒刑或者拘役，并处或者单处罚金；销售金额数额巨大的，处三年以上七年以下有期徒刑，并处罚金。

第 215 条　伪造、擅自制造他人注册商标标识或者销售伪造、擅自制造的注册商标标识，情节严重的，处三年以下有期徒刑、拘役或者管制，并处或者单处罚金；情节特别严重的，处三年以上七年以下有期徒刑，并处罚金。

第 217 条　以营利为目的，有下列侵犯著作权情形之一，违法所得数额较大或者有其他严重情节的，处三年以下有期徒刑或者拘役，并处或者单处罚金；违法所得数额巨大或者有其他特别严重情节的，处三年以上七年以下有期徒刑，并处罚金：

（一）未经著作权人许可，复制发行其文字作品、音乐、电影、电视、录像作品、计算机软件及其他作品的；

（二）出版他人享有专有出版权的图书的；

（三）未经录音录像制作者许可，复制发行其制作的录音录像的；

（四）制作、出售假冒他人署名的美术作品的。

第 218 条　以营利为目的，销售明知是本法第二百一十七条规定的侵权复制品，违法所得数额巨大的，处三年以下有期徒刑或者拘役，并处或者单处罚金。

第 220 条　单位犯本节第二百一十三条至第二百一十九条规定之罪的，对单位判处罚金，并对其直接负责的主管人员和其他直接责任人员，依照本节各该条的规定处罚。

2. 《海关总署公告 2007 年第 16 号》（2007 年 4 月 2 日）相关规定

（1）海关拍卖没收的侵权货物，应当严格按照《条例》第 27 条的规定，完全清除有关货物以及包装的侵权特征，包括清除侵权商标、侵犯著作权、侵犯专利权以及侵犯其他知识产权的特征。对不能完全清除侵权特征的货物，应当予以销毁，一律不得拍卖。（2）海关拍卖侵权货物前应当征求有关知识产权权利人的意见。

3. 《著作权法》

第 4 条　依法禁止出版、传播的作品，不受本法保护。著作权人行使著作权，不得违反宪法和法律，不得损害公共利益。

中国—出版物案

WT/DS363，19 January 2010

一　程序

2007 年 4 月 10 日，美国将中国出版物、影像制品和电影进口权及分销服务的某些措施诉诸 WTO 争端解决机构。案件编号为 WT/DS363。2007 年 7 月 10 日，美国提出补充磋商申请内容，将中国进口电影发行和网络音乐某些措施纳入本案。中、美双方于同年 6～7 月在日内瓦举行了两轮磋商谈判，但未能解决争议。2007 年 10 月 10 日，美国申请成立专家组。2007 年 11 月 27 日专家组成立。欧盟、澳大利亚、日本、韩国、台澎金马单独关税区为本案第三方。2009 年 8 月 12 日，DSB 散发专家组报告。2009 年 9 月 22 日和 10 月 5 日，中、美双方先后提出上诉。2009 年 12 月 21 日，DSB 散发上诉机构报告。2010 年 1 月 19 日，上诉机构报告及专家组报告正式生效。2010 年 7 月，中美双方就本案合理执行期限达成协议。执行期为 14 个月，从 2010 年 1 月 19 日到 2011 年 3 月 19 日。

二　争　端

本争端涉及的产品分为四类：读物（reading materials，如书、报纸、期刊、电子出版物）；家庭视听娱乐产品（audiovisual home entertainment products，"AVHE"，如录像带、VCD 和 DVD）；录音制品（sound recordings，如录音带）；以及供影院放映的电影（films for theatrical release）。美国认为，涉案措施影响了这些产品向中国的进口、在中国境内的分销以及其服务和服务提供者。

1. 贸易权

美国认为，中国禁止所有中国企业、外国企业及个人进口影院放映的电影、出版物、家庭视听娱乐产品、录音制品的措施违反《中国加入议定书》第 5.1、5.2 条项下义务，中国《入世工作组报告》第 83、84 段承诺，以及 GATT 第 11.1 条项下义务。涉案措施为：《电影管理条例》《电影企业经营资格准入暂行规定》《出版管理条例》《音像制品管理条例》《外商投资产业指导目录》《关于文化领域引进外资的若干意见》《音像制品进口管理办法》《中外合作音像制品分销企业管理办法》《电子出版物管理规定》以及出版物进口经营单位审批的相关要求等。

2. 出版物、家庭视听娱乐产品和录音制品的分销服务

美国认为，中国服务贸易具体承诺表包含"分销服务"和"视听服务"的市场准入和国民待遇，但涉案措施违反 GATS 第 16 条市场准入和第 17 条国民待遇义务，GATT 第 3.4 条国民待遇义务，《中国加入世贸组织议定书》第 5.1 条贸易权义务，以及中国《入世工作组报告》第 22 段国民待遇承诺。具体而言，涉案措施：禁止外资企业从事出版物总批发，电子出版物总批发及批发，进口读物分销；被允许进行次级读物分销（sub. distribution）的外资企业，其在注册资本、经营期限、设立前守法情况、审查及批准程序和决策标准等方面，比全资中资分销商的要求更高；家庭视听娱乐产品分销的商业存在仅限于中方控股的合作企业；对家庭视听娱乐产品的次级分销，在经营期限、设立前守法情况、审查及批准程序和决策标准等方面，对合作企业的要

求高于全资中资企业；禁止外资企业音像制品的电子分销，即通过互联网和移动通信网络分销；对于某些不需订阅而分销的进口读物，分销仅限于全资中资企业，而同类国内读物则可以由包括外资企业在内的其他企业分销。

涉案措施包括：《出版管理条例》《音像制品管理条例》《指导外商投资方向规定》《外商投资产业指导目录》《关于文化领域引进外资的若干意见》《外商投资图书、报纸、期刊分销企业管理办法》《出版物市场管理规定》《电子出版物管理规定》《订户订购进口出版物管理办法》《中外合作音像制品分销企业管理办法》《互联网文化管理暂行规定》《文化部关于实施〈互联网文化管理暂行规定〉有关问题的通知》《文化部关于网络音乐发展和管理的若干意见》等。

3. 录音制品的分销及供影院放映电影的发行

美国认为，对于以物理形态进口中国的录音制品，中国提供的分销机会低于同类国产录音制品。同时，中国提供给供影院放映的进口电影发行机会低于同类国产电影。上述行为违反 GATT 第 3.4 条国民待遇义务，《中国加入世贸组织议定书》第 5.1 条贸易权义务，以及中国《入世工作组报告》第 22 段国民待遇承诺。具体而言，涉案措施限制某些进口读物的分销渠道，规定必须通过完全国有企业订阅，且订户要经政府审查批准，但同类国内读物却无须如此；对用于电子分销的进口音像制品，内容审查制度比同类国内产品更为严格；对进口供影院放映的电影，分销仅限于两家国有企业，而同类国内产品的分销则可以由任何在中国经营的分销商从事。

供影院放映电影的发行所涉措施包括：《电影管理条例》、《电影企业经营资格准入暂行规定》及《关于改革电影发行放映机制的实施细则（试行）》。

录音制品分销涉案措施包括：《互联网文化管理暂行规定》、《文化部关于实施〈互联网文化管理暂行规定〉有关问题的通知》、《外商投资产业指导目录》、《关于文化领域引进外资的若干意见》以及《文化部关于网络音乐发展和管理的若干意见》等。

三 裁定

1. 专家组裁决

（1）出版物贸易权

在出版物和影像制品贸易权方面，涉案措施仅允许经批准或指定的国有企业从事相关进口，违反中国入世关于贸易权的承诺。由于存在对贸易影响更小的替代措施（如由政府实施内容审查），涉案措施非保护公共道德所必需，不能根据 GATT 第 20（a）条得以豁免。

（2）电影贸易权

在电影和用于出版影像制品贸易权方面，涉案措施虽然主要是规范服务，但会对货物（电影拷贝和音像母带）的进口产生影响，故违反中国关于贸易权的承诺。

（3）出版物和音像制品分销权

涉案措施在以下几个方面违反中国入世承诺和 WTO 规则：不允许外资企业从事出版物总发行及进口出版物分销，违反中国分销服务市场准入义务；不允许外资企业在中外合作音像制品分销企业中控股，违反中国分销服务市场准入义务；对外资分销企业在注册资本、经营期限等方面设定与内资企业不同的要求，违反中国分销服务国民待遇义务；对进口报刊进行与国内报刊不同的订户订购管理，违反 GATT 第 3.4 条国民待遇义务。

（4）网络音乐外资准入

中国就录音制品分销服务所作承诺包括电子化分销服务，因此涉案措施不允许外资从事网络音乐服务违反中国服务减让承诺和相关 WTO 规则。

（5）美国没有证明供影院放映电影的发行和录音制品的电子分销措施违反中国 GATT 1994 第 3.4 条项下义务。

2. 上诉机构裁定

（1）GATT 第 20 条的适用，中国可以在本案中援引 GATT 第 20 条一般例外为出版物贸易权辩护。

（2）维持专家组以下裁定

关于出版物贸易权，中国对进口权的限制并非保护公共道德所必需，且存在对贸易影响更小且符合世贸组织规则的替代措施，因此不能根据一般例外获得豁免。

关于电影贸易权，电影内容以物理介质为载体，中国涉案措施对进口权的限制并非保护公共道德所必需，且存在对贸易影响更小且符合世贸组织规则的替代措施，因此不能根据一般例外获得豁免。

关于网络音乐的外资准入，专家组适用条约解释方法正确，中国就录音制品分销服务所做的承诺包括录音制品电子化分销服务（如网络音乐），涉案措施不允许外资从事网络音乐服务违反中国相关承诺和世贸组织规则。

（3）推翻一项专家组中间裁决

上诉机构推翻了专家组有关"审批设立出版物进口经营单位应当符合国家总量、结构、布局的规划"是保护公共道德的必要措施这一中间裁决，理由是中国没有提供相关的"国家规划"，专家组的这一裁决缺乏事实依据。

四 涉案 WTO 规定

1. GATT 1994

第 3.4 条 任何缔约方领土的产品进口至任何其他缔约方领土时，在有关影响其国内销售、标价出售、购买、运输、分销或使用的所有法律、法规和规定方面，所享受的待遇不得低于同类国产品所享受的待遇。本款的规定不得阻止国内差别运输费的实施，此类运输费仅根据运输工具的经济营运，而不根据产品的国别。

第 20 条 在遵守关于此类措施的实施不在情形相同的国家之间构成任意或不合理歧视的手段或构成对国际贸易的变相限制的要求前提下，本协定的任何规定不得解释为阻止任何缔约方采取或实施以下措施：

（a）为保护公共道德所必需的措施；

…………

2. GATS

第 16 条 市场准入

1. 在第 1 条所确定的服务提供方式的市场准入方面，每个成员给予其他任何成员的服务和服务提供者的待遇，不得低于其承诺表中所同意和明确的规定、限制和条件。

2. 在承担市场准入承诺的部门中，一成员除非在其承诺表中明确规定，既不得在某一区域内，也不得在其全境内维持或采取以下措施：

（a）限制服务提供者的数量，不论是以数量配额、垄断、专营服务提供者的方式，还是以要求经济需求测试的方式；

（b）以数量配额或要求经济需求测试的方式，限制服务交易或资产的总金额；

（c）以数量配额或要求经济需求测试的方式，限制服务业务的总量或以指定数量单位表示的服务产出总量；

（d）以数量配额或要求经济需求测试的方式，限制某一特定服务部门可雇佣的或一服务提供者可雇佣的、对一具体服务的提供所必需或直接有关的自然人的总数；

（e）限制或要求一服务提供者通过特定类型的法律实体或合营企业提供服务的措施；

（f）通过对外国持股的最高比例或单个或总体外国投资总额的限制来限制

外国资本的参与。

第 17 条　国民待遇

1. 在列入其承诺表的部门中，在遵照其中所列条件和资格的前提下，每个成员在所有影响服务提供的措施方面，给予任何其他成员的服务和服务提供者的待遇不得低于其给予该国相同服务和服务提供者的待遇。

2. 一成员给予其他任何成员的服务或服务提供者的待遇，与给予该国相同服务或服务提供者的待遇不论在形式上相同或形式上不同，都可满足第 1 款的要求。

3. 形式上相同或形式上不同的待遇，如果改变了竞争条件从而使该成员的服务或服务提供者与任何其他成员的相同服务或服务提供者相比处于有利地位，这种待遇应被认为是较低的待遇。

五　涉案中国规定

1.《电影管理条例》第 30 条　电影进口业务由国务院广播电影电视行政部门指定电影进口经营单位经营；未经指定，任何单位或者个人不得经营电影进口业务。

2.《电影企业经营资格准入暂行规定》第 16 条　电影进口经营业务由广电总局批准的电影进口经营企业专营。进口影片全国发行业务由广电总局批准的具有进口影片全国发行权的发行公司发行。

3. 2001 年《音像制品管理条例》第 5 条　国家对出版、制作、复制、进口、批发、零售、出租音像制品，实行许可制度；未经许可，任何单位和个人不得从事音像制品的出版、制作、复制、进口、批发、零售、出租等活动。

依照本条例发放的许可证和批准文件，不得出租、出借、出售或者以其他任何形式转让。

4.《音像制品进口管理办法》第 7 条　国家对音像制品进口实行许可制度。

5.《出版管理条例》第 42 条　设立出版物进口经营单位，应当具备下列条件：（一）有出版物进口经营单位的名称、章程；（二）是国有独资企业并符合国务院出版行政部门认定的主办单位及其主管机关；（三）有确定的业务范围；（四）有与出版物进口业务相适应的组织机构和符合国家规定的资格条件的专业人员；（五）有与出版物进口业务相适应的资金；（六）有固定的经营场所；（七）法律、行政法规和国家规定的其他条件。

美国—禽肉案

WT/DS392，25 Oct. 2010

一　程序

2009 年 4 月 17 日，中国要求与美国就其《2009 年综合拨款法案》（简称 "AAA 法案"）"727" 节影响中国禽肉产品的进口进行磋商。案件编号 WT/DS392。5 月 15 日，中、美双方以视频会议方式进行了磋商，但未能形成解决方案。6 月 23 日，中国申请成立专家组。2009 年 7 月 31 日，应中国请求，DSB 设立了专家组。2010 年 9 月 29 日，专家组报告散发至各成员。本案双方均未上诉。2010 年 10 月 25 日，DSB 通过专家组报告。目前，美国已废止该法案条款。

二　争端

本案争议措施涉及美国 2009 年 AAA 法案第 727 节。1957 年 8 月 28 日，美国国会通过《禽肉产品检验法案》（PPIA）。法案构建了从各方面管理进口和国内禽肉产品交易的法律框架。由于禽肉安全归美国农业部（USDA）管理，[①] 国会因此授权农业部长制定有关禽肉以及禽肉产品检验的详细规章制度。农业部长颁布的规章规定，禽肉产品只有依据规章确定的条件才能进口美国。

农业部长对进口禽肉获准进入美国制定了以 "等效性" 为基准的体系。USDA 负责执行有关禽肉进口的规章的食品安全和检验署（FSIS）逐国批准其禽肉产品的进口。所有欲向美国出口禽肉的国家必须首先申请由 FSIS 实施的资格认定。之后，FSIS 将确定申请国的禽肉检验体系是否与美国等效，从而决定是否准许其禽肉产品进口美国。若 FSIS 认定申请国禽肉检验体系与美国等效，则在《联邦公报》公布允许该国禽肉产品进口的规则。进行初步认定之后，FSIS 还要进行年度审查，以确定被批准国家的禽肉安全标准是否保持与美国等效。同时，FSIS 也对进口产品进行重新检验以确保其符合美国的禽肉安全标准。

---

① 美国农业部负责国内肉、禽、蛋食品安全管理，其他食品则由美国卫生部下属的食品药品监督管理局（FDA）监管。美国农业部下属食品安全和检验署具体负责禽类及其制品的检验检疫工作。

2004 年 4 月 20 日，中国向美国提出等效性认定申请。在对中国禽肉产品的认证过程中，美国《2008 年综合拨款法案》于 2007 年 12 月 26 日生效。该法案包含 2008 年 AAA 法案（《农业、农村发展、食品与药物管理以及相关机构拨款法案》）。2008 年 AAA 法案禁止使用拨款制定或实施任何允许从中国进口禽肉产品的规则。2009 年 2 月 28 日，美国国会颁布了《2009 年综合拨款法案》。2009 年 AAA 法案作为该法案的组成部分与其同时生效。2009 年 AAA 法案第 727 节的措辞与第 733 条款相同。它规定"不得将本法案所提供的任何拨款，用于制定或执行允许从中国进口禽肉产品的规则"，此即为本争端中中国质疑的第 727 节。这条规定是专门针对中国的，而法案对其他国家并没有类似规定。这条规定限制了美国农业部及其下属的食品安全检疫局使用资金，从事与进口中国禽肉相关的工作，进而影响了中国鸡肉等禽肉产品输美。

2009 年 10 月 21 日生效的 2010 年 AAA 法案在第 743 节中规定，如果农业部长遵循该条所规定的某些条款，则允许恢复使用制定或实施允许从中国进口禽肉产品规则的拨款。因此，中国在本争端中未就第 743 节提出申诉。

三 裁定

（1）对中国在《SPS 协定》项下的申诉，裁定第 727 节属于《SPS 协定》范围内的 SPS 措施；第 727 条款违反《SPS 协定》第 5.1 条、第 5.2 条、第 2.2 条、第 5.5 条、第 2.3 条、第 8 条；驳回中国有关第 727 条款违反《SPS 协定》第 5.6 条的申诉。

（2）对中国在 GATT 1994 项下的申诉，裁定第 727 节违反 GATT 1994 第 1.1 条、第 11.1 条，并且不能根据 GATT 1994 第 20（b）条获得合理性。

（3）对中国在《农业协定》第 4.2 条项下的申诉，专家组适用司法经济原则。

四 涉案 WTO 规定

（一）《SPS 协定》
第 2 条　基本权利和义务
2. 各成员应保证任何卫生与植物卫生措施仅在为保护人类、动物或植物的生命或健康所必需的限度内实施，并根据科学原理，如无充分的科学证据则不再维持，但第 5 条第 7 款规定的情况除外。

3. 各成员应保证其卫生与植物卫生措施不在情形相同或相似的成员之间，

包括在成员自己领土和其他成员的领土之间构成任意或不合理的歧视。卫生与植物卫生措施的实施方式不得构成对国际贸易的变相限制。

第 5 条　风险评估和适当的卫生植物卫生保护水平的确定

1. 各成员应保证其卫生与植物卫生措施的制定以对人类、动物或植物的生命或健康所进行的、适合有关情况的风险评估为基础，同时考虑有关国际组织制定的风险评估技术。

2. 在进行风险评估时，各成员应考虑可获得的科学证据；有关工序和生产方法；有关检查、抽样和检验方法；特定病害或虫害的流行；病虫害非疫区的存在；有关生态和环境条件；以及检疫或其他处理方法。

…………

5. 为实现在防止对人类生命或健康、动物和植物的生命或健康的风险方面运用适当的卫生与植物卫生保护水平的概念的一致性，每一成员应避免其认为适当的保护水平在不同的情况下存在任意或不合理的差异，如此类差异造成对国际贸易的歧视或变相限制。各成员应在委员会中进行合作，依照第 12 条第 1 款、第 2 款和第 3 款制定指南，以推动本规定的实际实施。委员会在制定指南时应考虑所有有关因素，包括人们自愿承受人身健康风险的例外特性。

6. 在不损害第 3 条第 2 款的情况下，在制定或维持卫生与植物卫生措施以实现适当的卫生与植物卫生保护水平时，各成员应保证此类措施对贸易的限制不超过为达到适当的卫生与植物卫生保护水平所要求的限度，同时考虑其技术和经济可行性。

第 8 条　控制、检验和批准程序

各成员在实施控制、检查和批准程序时，包括关于批准食品、饮料或饲料中使用添加剂或确定污染物允许量的国家制度，应遵守附件 C 的规定，并在其他方面保证其程序与本协定规定不相抵触。

（二）GATT 1994

第 1.1 条　在对进口或出口、有关进口或出口或对进口或出口产品的国际支付转移所征收的关税和费用方面，在征收此类关税和费用的方法方面，在有关进口和出口的全部规章手续方面，以及在第 3 条第 2 款和第 4 款所指的所有事项方面，任何缔约方给予来自或运往任何其他国家任何产品的利益、优惠、特权或豁免应立即无条件地给予来自或运往所有其他缔约方领土的同类产品。

第 11.1 条　任何缔约方不得对任何其他缔约方领土产品的进口或向任何

其他缔约方领土出口或销售供出口的产品设立或维持除关税、国内税或其他费用外的禁止或限制，无论此类禁止或限制通过配额、进出口许可证或其他措施实施。

第 20 条　在遵守关于此类措施的实施加工不在情形相同的国家之间构成任意或不合理歧视的手段或构成对国际贸易的变相限制的要求前提下，本协定的任何规定不得解释为阻止任何缔约方采取或实施以下措施：

……………

（b）为保护人类、动物或植物的生命或健康所必需的措施。

五　涉案美国规定

2009 年 AAA 法案第 727 节规定如下：

依据本法案获得的任何款项均不得被用于判定或实施允许中华人民共和国禽肉产品进口到美国的法规。

中国—原材料案
WT/DS394，395，398，28 Jan. 2013

一　程序

2009 年 6 月 23 日，美国和欧盟就中国对矾土、焦炭、氟石、镁、锰、碳化硅、金属硅、黄磷、锌 9 种原材料（"原材料"）的出口限制措施提出磋商请求。8 月 21 日，墨西哥就相同事项向中国提出磋商请求。虽然起诉措施相同，但三方诉讼请求略有差异。按照 DSB 案件统计规则，美国、欧盟、墨西哥的起诉被算作 3 个独立的案件，编号分别为 WT/DS394、WT/DS395、WT/DS398。2009 年 12 月 21 日，DSB 设立单一专家组审理此 3 个案件。加拿大等 13 个国家为本案第三方。

2009 年 7 月 30 日，三方在日内瓦进行磋商。9 月 1~2 日，三方在日内瓦再次进行磋商，但未能就争议措施达成一致。2009 年 12 月 21 日，DSB 设立单一专家组审理此案。2011 年 7 月 5 日，DSB 向各成员散发专家组报告。2011 年 8 月 31 日，中国提出上诉。2011 年 9 月 6 日，美国、欧盟和墨西哥分别提出上诉。2012 年 1 月 30 日，DSB 向各成员散发上诉机构报告。2012 年 2 月 22 日，DSB 通过上诉机构报告和经修改后的专家组报告。

二 争端

美国和欧盟对中国原材料出口政策关注已久。2007 年的美国第 18 届和 2008 年的美国第 19 届中美商贸联委会期间，美国均表达了对中国原材料出口的关注。而欧盟则早在 2005 年就提出要将中国焦炭出口配额管理制度诉诸 WTO，并自 2008 年以来，多次就中国黄磷出口问题与中国交涉。

本争端中，三国均表示，作为重要原材料的主要生产国和出口国，中国对 9 种"原材料"采取了 4 种出口限制措施，拉高了其全球价格，扭曲了钢铁、铝和化工等下游产业竞争，使三方相关企业在竞争中处于不利地位，违反了《中国加入世贸组织议定书》第 1.2、5.1、5.2、8.2、11.3 条，中国《入世工作组报告》第 83、84、162、165、342 段，以及 GATT 1994 第 8.1（a）、8.4、10.1、11.1 条项下的义务。4 种限制措施为：（1）出口关税；（2）出口配额；（3）出口许可证；（4）最低出口价格要求。具体而言，中国：（1）对矾土、焦炭、氟石、碳化硅、锌 5 种产品实施出口限制措施；（2）对矾土、焦炭、氟石、镁、锰、金属硅、黄磷、锌 8 种产品征收出口关税；（3）对 9 种原材料的出口施加额外的要求和程序，包括限制出口权，实施最低出口价格和审查出口合同和价格等。与这些措施相关的法律、法规共 32 个。①

三 裁定

1. 专家组裁定

（1）中国对矾土、焦炭、氟石、镁、锰、金属硅、黄磷、锌 8 种原材料征收出口关税违反《中国加入世贸组织议定书》第 11.3 条义务。8 种原材料，除黄磷之外，其他 7 种均列入附件 6，中国必须对其承担取消出口关税义务。对黄磷的出口关税已于专家组设立之前取消，故不对其作出裁定。

（2）中国不能援引 GATT 1994 第 20（b）条和第 20（g）条例外规定作为违反《中国加入世贸组织议定书》和中国《入世工作组报告》义务的抗辩。GATT 第 20 条例外仅对违反 GATT 1994 的措施适用，除非 GATT 外的条款或法律文件有专门规定。即使中国对《中国加入世贸组织议定书》第 11.3 条义务的违反可以援引第 20（b）、20（g）条例外作为抗辩，争议原材料也不符合例外条款的相关规定。

（3）对矾土、焦炭、氟石、碳化硅和锌 5 种原材料采取的出口配额措施

---

① 32 种法律、法规见李成刚主编《世贸组织规则博弈》，商务印书馆，2011。

违反 GATT 第 11.1 条义务，且非为"防止或缓解严重短缺"而对耐火级矾土"临时适用"出口配额，不符合 GATT 第 11.2（a）条的例外规定。此外，中国未能证明对耐火级矾土、焦炭和碳化硅实施的出口配额满足 GATT 1994 第 20（b）、20（g）条的例外规定。

（4）中国对出口配额分配实施的出口实绩和最低注册资本要求违反中国《中国加入世贸组织议定书》和中国《入世工作组报告》第 5 条有关"贸易权"的义务；通过"生产能力"标准分配出口配额的规定违反 GATT 1994 第 10.3（a）条义务；未及时公布锌出口配额分配总额和程序违反 GATT 1994 第 10.1 条。驳回美国和墨西哥关于中国五矿化工进出口商会（CCCMC）参与出口配额的实施违反 GATT 1994 第 10.3（a）条义务，以及中国通过配额竞标程序分配矾土、氟石以及碳化硅的出口配额违反 GATT 1994 第 8.1（a）条和《中国加入世贸组织议定书》第 11.3 条的主张。

（5）中国对矾土、焦炭、氟石、锰、碳化硅和锌实施的出口许可证体系本身不违反中国 GATT 1994 第 11.1 条项下义务，但中国的出口许可主管部门有权要求申请许可证的企业提交"其他"文件或材料而造成的不稳定性属于第 11.1 条禁止的出口限制；中国要求以协调性最低价格（MEP）出口矾土、焦炭、氟石、镁、碳化硅、黄磷和锌的措施属于第 11.1 条禁止的出口限制；中国没有及时公布其据以执行 MEP 要求的措施违反 GATT 1994 第 10.1 条项下义务。拒绝就中国对黄磷实施的 MEP 要求是否违反 GATT 1994 第 10.3（a）条作出裁定，拒绝对有关中国出口许可证体系的其他申诉作出裁定。

2. 上诉机构裁定

（1）专家组对有关出口配额管理和分配、出口许可证要求、最低出口价格要求以及与出口有关的费用和程序等申诉的裁定因其不可能性而不具有法律效力。

（2）专家组建议中国修改措施以遵守其世贸组织义务并不存在错误。

（3）专家组关于《中国加入世贸组织议定书》第 11.3 条没有关于该条可以适用 GATT 第 20 条规定的裁定正确，从而维持专家组关于中国对氟石、镁、锰和锌征收的出口关税不能以 GATT 1994 第 20（g）、20（b）条作为抗辩的裁定。

（4）维持专家组关于中国未能证明其对耐火级矾土的出口配额是为了防止或缓解"严重短缺"而"临时适用"的结论；中国没有证明专家组违反其 DSU 第 11 条项下对问题进行客观评估的义务。

（5）推翻专家组报告关于 GATT 1994 第 20（g）条"共同实施"一词的

错误解释。

四　涉案 WTO 规定

（一）GATT 1994

第 8.1（a）条　各缔约方对进出口或有关进出口征收的任何性质的所有规费和费用（进出口关税和属第 3 条范围的国内税除外），应限制在等于提供服务所需的近似成本以内，且不得成为对国内产品的一种间接保护或为财政目的而对进出口产品征收的一种税。

第 10.1 条　任何缔约方实施的关于下列内容的普遍适用的法律、法规、司法判决和行政裁定应迅速公布，使各国政府和贸易商能够知晓：产品的海关归类或海关估价；关税税率、国内税税率和其他费用；有关进出口产品或其支付转账，或影响其销售、分销、运输、保险、仓储检验、展览、加工、混合或其他用途的要求、限制或禁止。任何缔约方政府或政府机构与另一缔约方政府或政府机构之间实施的影响国际贸易政策的协定也应予以公布。本款的规定不得要求任何缔约方披露会妨碍执法或违背其公共利益或损害特定公私企业合法商业利益的机密信息。

第 10.3（a）条　每一缔约方应以统一、公正和合理的方式管理本条第 1 款所述的所有法律、法规、判决和裁定。

第 11.1 条　任何缔约方不得对任何其他缔约方领土产品的进口或向任何其他缔约方领土出口或销售供出口的产品设立或维持除关税、国内税或其他费用外的禁止或限制，无论此类禁止或限制通过配额、进出口许可证或其他措施实施。

第 11.2（a）条　本条第 1 款的规定不得适用于下列措施：

（a）为防止或缓解出口缔约方的粮食或其他必需品的严重短缺而临时实施的出口禁止或限制。

第 20 条　在遵守关于此类措施的实施加工不在情形相同的国家之间构成任意或不合理歧视的手段或构成对国际贸易的变相限制的要求前提下，本协定的任何规定不得解释为阻止任何缔约方采取或实施以下措施：

（b）为保护人类、动物或植物的生命或健康所必需的措施；

（g）与保护可用尽的自然资源有关的措施，如此类措施与限制国内生产或消费一同实施。

（二）《中国加入世贸组织议定书》

第 11.3 条　中国应取消适用于出口产品的全部税费，除非本议定书附件

6 中有明确规定或按照 GATT 1994 第 8 条的规定适用。

欧盟—鞋案

WT/DS405，22 Feb. 2012

一　程序

2005 年 5 月 30 日，欧盟委员会（简称"欧委会"）收到欧洲鞋业联合会（CEC）申请，要求对来自中国的皮鞋采取反倾销措施。7 月 5 日，欧委会正式启动调查程序。2006 年 10 月，欧委会裁定对中国皮鞋采取 2 年的反倾销措施。2008 年 6 月 30 日，CEC 申请复审，要求继续延长反倾销措施。2009 年 12 月 22 日，欧委会决定将反倾销措施延长 15 个月，至 2011 年 3 月 31 日。

2010 年 2 月 4 日，中国请求与欧盟进行磋商。该案案件号为 WT/DS405。2010 年 3 月 31 日，中欧通过视频会议展开磋商，但磋商未果。2010 年 4 月 8 日中国请求设立专家组。5 月 18 日，专家组成立。2011 年 3 月 31 日，欧盟宣布终止对中国皮鞋的反倾销措施。

2011 年 10 月 28 日，DSB 向各成员散发专家组报告。2012 年 2 月 22 日，DSB 通过了专家组报告。

二　争端

本争端涉及欧盟所实施的三项措施。（1）《欧盟理事会第 384/96 号关于保护欧盟产业免受非欧盟成员国进口产品倾销的条例》第 9.5 条及其修订案，该条例后被 2009 年 11 月 30 日《欧盟理事会第 1225/2009 号条例》（简称《反倾销基本条例》）替代。（2）2009 年 12 月 22 日《欧盟理事会第 1294/2009 号条例》，欧盟依据该条例对某些原产于中国的皮质鞋面鞋类征收最终反倾销税，且征税产品包括自澳门特别行政区转运甚至原产自澳门的部分。欧盟后续依据第（1）项中的法规展开终期复审，并决定继续对中国的皮质鞋面鞋类征收反倾销税。（3）2006 年 10 月 5 日《欧盟理事会第 1472/2006 号条例》对原产于中国的皮质鞋面鞋类征收最终反倾销税并最终征收临时反倾销税。

中国认为，《反倾销基本条例》第 9（5）条本身及其实施的程序等诸多方面违反 WTO 相关规则。

三 裁定

（1）《反倾销基本条例》第9（5）条规定违反《反倾销协定》和《WTO协定》多项义务；在鞋类初步调查中，第9（5）条的实施违反《反倾销协定》第6.10条和第9.2条义务。

（2）欧盟在初步调查中确定SG&A数额以及一家出口生产商利润方面，在初始调查和终期审查中对某些信息的保密待遇、非保密陈述方面，违反《反倾销协定》多项规定。

（3）由于《反倾销协定》第17.6（i）条没有对调查机关在反倾销调查过程中规定任何义务，因此，专家组驳回中国关于欧盟违反第17.6（i）条的所有申诉。

（4）专家组对中国有关全部三项措施的部分申诉适用司法经济原则。

中国—电子支付案

WT/DS413，31 Aug. 2012

一 程序

2010年9月15日，美国就中国制定的一系列电子支付服务法律、法规，请求与中国进行磋商，案件编号为WT/DS413。2011年3月25日，DSB设立专家组。2012年7月16日，DSB向各成员散发专家组报告。双方均未上诉。2012年8月31日，DSB通过专家组报告。

二 争端

本争端涉及中国制定的一系列电子支付服务法律、法规。在专家组程序中，美国质疑的中国法律规定包括：（1）强制使用中国银联（CUP）和/或将CUP确定为所有以人民币计价并支付的国内交易的唯一电子支付服务供应商的规定；（2）要求在中国发行的支付卡带有CUP标志的规定；（3）要求中国境内的所有自动取款机（ATM）、商业银行卡处理装置以及POS终端兼容CUP银行卡的规定；（4）要求受让机构标记CUP标志并能够兼容带有该标志的所有银行卡的规定；（5）广泛禁止在跨区域或行际交易中使用非银联卡的规定；（6）与香港或澳门境内的银行卡电子交易有关的规定。

美国提出，"电子支付服务"是指处理涉及支付卡的交易及处理并促进交易参与机构之间的资金转让的服务。电子支付服务提供者直接或间接提供通常包括下列内容的系统：（1）处理设备、网络以及促进、处理和实现交易信息和支付款项流动并提供系统完整、稳定和金融风险降低的规则和程序；（2）批准或拒绝某项交易的流程和协调，核准后通常都会允许完成某项购买或现金的支付或兑换；（3）在参与机构间传递交易信息；（4）计算、测定并报告相关机构所有被授权交易的净资金头寸；（5）促进、处理和/或其他参与交易机构间的净支付款项转让。

"支付卡"包括信用卡、赊账卡、借记卡、支票卡、自动柜员机（ATM）卡、预付卡以及其他类似卡或支付或资金转移产品或接入设备，以及该卡或产品或接入设备所特有的账号。

美国认为，中国加入 WTO 时，就"电子支付服务"做出了市场准入和国民待遇承诺，但中国却通过采取一系列措施，限制了市场准入，并且没有提供国民待遇。具体而言，美国认为，在《中国加入世贸组织议定书》《中华人民共和国加入世界贸易组织服务贸易具体承诺减让表》（"减让表"）金融服务部门下，中方在 GATS 第 16 条和第 17 条项下对下列内容做出了承诺：（1）"银行服务列表如下：……所有支付和汇划服务，包括信用卡、赊账卡和借记卡、旅行支票和银行汇票（包括进出口结算）"；（2）"其他金融服务如下：……提供和传送金融信息、金融数据处理以及其他金融服务提供者有关的软件"；（3）"就（a）至（k）① 项所列所有活动进行咨询、中介和其他附属服务，包括资信调查和分析、投资和证券研究和建议、关于收购的建议和关于公司重组和战略的建议"。

美国主张，尽管做出了上述承诺，中国对其他成员中试图向中方提供电子支付服务的提供者加设了市场准入限制和要求。通过这些及其他相关强化性要求和限制，中国给予其他成员电子支付服务提供者的待遇低于其给予中国此类服务提供者的待遇。

具体而言，中国银联（简称"银联"）是一家中国实体，是中方允许在

---

① 《中华人民共和国加入世界贸易组织服务贸易具体承诺减让表》，7B："银行及其他金融服务"：银行服务如下所列：a. 接收公众存款和其他应付公众资金；b. 所有类型的贷款，包括消费信贷、抵押信贷、商业交易的代理和融资；c. 金融租赁；d. 所有支付和汇划服务，包括信用卡、赊账卡、贷记卡、旅行支票和银行汇票（包括进出口结算）；e. 担保和承诺；f. 自行或代客外汇交易。其他金融服务如下：k. 由其他金融服务提供者提供和转让金融信息、金融数据处理以及有关软件；l. 就（a）至（k）项所列所有活动进行咨询、中介和其他附属服务，包括资信调查和分析、投资和证券研究和建议、关于收购的建议和关于公司重组和战略的建议。

其境内，为以人民币计价并以人民币支付的支付卡交易提供电子支付服务的唯一实体。中国规定由银联来处理所有中国大陆发行的支付卡发生在澳门或香港的人民币交易，以及任何发生于中国大陆且使用中国香港或中国澳门发行的人民币支付卡的人民币交易。这些措施违反 GATS 第 16.1 条关于对任何其他成员服务和服务提供者应给予不低于中国减让表规定待遇的义务，以及 GATS 第 17 条关于对任何其他成员服务和服务提供者给予不低于本国同类服务和服务提供者待遇的义务。

中国要求境内所有商户的支付卡处理设备、所有自动柜员机（ATM）及所有销售点终端（POS）与中国银联系统相兼容并且能够受理银联支付卡。中国要求所有收单机构①标注银联标识并能受理所有带银联标识的支付卡。中方进一步要求，所有在中国境内发行，以人民币计价并支付的支付卡（包括"双币种"卡）标注银联标识。这意味着发卡行必须接入银联系统，且必须为此向银联支付费用。这些措施并没有对非银联支付卡或使用非银联支付卡进行的交易做出相似的要求。这些措施违反 GATS 第 16.1 条及 GATS 第 17 条项下义务。

中国要求所有涉及支付卡的跨行或行内交易应通过银联进行，禁止使用非银联支付卡进行异地、跨行或行内交易。这些措施违反 GATS 第 16.1 条及 GATS 第 17 条项下义务。

在减让表中，中国的确做出了一些承诺。但这些承诺是否属于美国意义上的"电子支付服务"？中国对电子支付的一系列规定是否属于美国所界定的措施？就此，中国是否就"电子支付服务"做出了承诺，以及中国是否采取了美国主张的措施？这些成为本案的先决问题。关于这些问题，中美双方产生了很大的争议，专家组对其做出了详细的分析。通过使用条件解释的方法，专家组认定，中国就"电子支付服务"做出了承诺，但对于所谓中国所采取的措施，专家组则做出了分别认定，即美国证明了一些措施，但另外一些措施美国则没有证明。这样，专家组所审查的是否违反市场准入和国民待遇承诺的措施，仅仅是那些美国所证明的措施。

三 裁定

（1）只要供应商符合关于本地货币业务的某些资格条件，中国就要承担

---

① "收单机构"向商户提供销售点终端（POS）以使之能够处理支付卡，管理商户的账户，处理与商户有关的事务，并保证支付能被适当地划拨给商户。

允许外国 EPS 供应商在中国境内通过商业存在的形式提供服务的市场准入承诺；中国减让表包含对 EPS 的跨境供应（模式 1）的全面国民待遇承诺，以及对符合关于本地货币业务某些资格条件的模式 3 的国民待遇承诺。

（2）驳回美国根据不充分证据提出的申诉——中国指定 CUP 为从事所有国内人民币支付卡交易的全面垄断供应商，因此驳回美国此方面的全部市场准入和国民待遇申诉。

（3）中国授权 CUP 为某些类型人民币支付卡交易清算的垄断供应商，违反其在 GATS 第 16.2（a）条模式 3 中做出的市场准入承诺；认定中国未违反国民待遇承诺。

（4）中国要求在中国境内发行的所有支付卡必须带有"银联"标志并能够与该网络通用、所有终端装置必须能够兼容标有"银联"标志的银行卡，并要求受让机构标记"银联"标志并能够兼容所有标有"银联"标志的银行卡，专家组裁定，中国通过这些规定使竞争条件有利于 CUP，并因此未给予其他成员 EPS 供应商国民待遇，从而违反中国在 GATS 第 17 条项下的模式 1 和模式 3 的国民待遇义务。

四　涉案 WTO 规定

（一）GATS 第 16 条

2. 在承担市场准入承诺的部门中，除非在其减让表中另有列明，否则一成员不得在其某一地区或全部领土内维持或采取按如下定义的措施：

（a）限制服务提供者的数量，不论是以数量配额、垄断、专营服务提供者的方式，还是以要求经济需求测试的方式。

（二）GATS 第 17 条

1. 对于列入减让表的部门，在遵守其中所列任何条件和资格的前提下，每一成员在影响服务提供的所有措施方面，给予任何其他成员的服务和服务提供者的待遇不得低于其给予本国同类服务和服务提供者的待遇。

2. 一成员给予其他任何成员的服务或服务提供者的待遇，与给予该国相同服务或服务提供者的待遇不论在形式上相同或形式上不同，都可满足第 1 款的要求。

3. 如形式上相同或不同的待遇改变了竞争条件，与任何其他成员的同类服务或服务提供者相比，有利于该成员的服务或服务提供者，则此类待遇应被视为较为不利的待遇。

五 涉案中国规定

1. 中国人民银行公告〔2004〕第 8 号；中国人民银行公告〔2003〕第 16 号。

2. 《银行卡业务管理办法》（银发〔1999〕17 号）第 5 条、第 7～10 条以及第 64 条。

3. 《2001 年银行卡联网联合工作实施意见》（银发〔2001〕37 号）如下规定。

2. 今年年底前，各商业银行要按银行卡统一标准和规范完成本行银行卡处理系统的改造，做好受理"银联"标识卡的各项技术准备。

二 推广使用全国统一的"银联"标识

（一）实施目标

1. 各商业银行发行的在国内跨行通用的银行卡必须在卡正面指定位置印刷统一的"银联"标识，限国内通用的人民币贷记卡还应同时在指定位置加贴"银联"专用防伪标志。但仅限一定区域或特定用途的专用卡，不得使用"银联"标识。

2. 加入全国银行卡跨行交换网络的 ATM、POS 等终端机具，必须能够受理带有"银联"标识的各类银行卡，加贴"银联"标识。

3. 凡印有"银联"标识的银行卡必须严格执行统一的技术标准，发卡银行必须按照统一业务规范的要求，提供相应的跨地区、跨银行通用服务。

（二）进度要求

1. 各商业银行要从今年开始，统筹安排各种不符合统一标准和"银联"标识使用要求的银行卡的更换工作，并于 2003 年年底前基本完成。2004 年起，各行发行的各类没有"银联"标识的银行卡不能用于异地或跨行使用。

三 基本实现全国银行卡跨行联网通用

（一）实施目标

1. 在我国境内开办银行卡业务的商业银行必须加入全国银行卡跨行交换网络，实现本行银行卡业务处理系统与全国银行卡跨行信息交换系统的联网运行。

2. 加入全国银行卡跨行交换网络的商业银行，必须按《银行卡联网联合业务规范》的要求全面开放各项必备功能。

3. 加入全国银行卡跨行交换网络的商业银行和城市中心的 ATM、POS 等终端受理机具，必须向所有其他入网银行开放。

（二）进度要求

1. 已经实现与总中心联网的商业银行，要进一步扩大联网范围、联网卡种，把全面开放发卡和受理业务作为今年的工作重点。4 月底以前，全面放开各直辖市、省会（首府）城市和深圳、大连、厦门、青岛、宁波等城市的发卡行业务，并积极创造条件，分批开放受理行业务，年底前全面开放这些城市的受理行业务，实现主要银行卡种的联网通用；同时要加强本行网络系统的运行管理，提高系统运行效率。

2. 尚未实现与总中心联网的股份制商业银行和邮政储蓄机构，要抓紧落实各项准备工作，年底前一并完成联网并开放各直辖市、省会（首府）城市和深圳、大连、厦门、青岛、宁波等城市的发卡行和受理行的各项基本业务。

3. 已开办银行卡业务的城市商业银行和农村信用合作机构，可以通过所在地城市中心或通过委托全国性商业银行代理方式加入全国银行卡跨行交换网络。暂不组织这些机构另建行业交换网络系统。

后 记

　　中国入世 10 年之际，我们几个从事 WTO 研究和实务的好友聚到一起，由时任商务部条法司副司长的杨国华牵头，采访了共 13 位在中国入世过程中，以及中国入世后起重要作用，或者在 WTO 领域具有重大影响力的中外官员、学者，分别是：

　　—GATT/WTO 之父美国乔治城大学约翰·杰克逊教授

　　—前美国贸易代表、中国入世美国首席谈判代表巴尔舍夫斯基大使

　　—WTO 上诉机构首任大法官、前主席詹姆斯·巴克斯

　　—中国驻 WTO 代表团大使张向晨

　　—WTO 争端解决机构专家组成员、前中国商务部条法司司长张玉卿

　　—WTO 首位中国大法官张玉姣

　　—欧洲反倾销之父、WTO 专家组成员让·弗朗索瓦·百利斯

　　—多边体制的虔信者、中国美国商会主席夏尊恩

　　—负责中国事务的要员、美国国际战略研究中心中国研究中心主任傅瑞伟

　　—从贸发到 WTO 的国际官员、WTO 市场准入司司长唐晓兵

　　—WTO 前总干事顾问、WTO 市场准入司高级参赞王晓东

　　—中国复关先行者王磊

　　—WTO 政治经济学专家张汉林

　　采访成果于 2011 年 12 月出版，定名《入世十年、法治中国》，忠实记录了以上 13 位关于国际贸易、国际贸易法以及 WTO 的所思、所想、所历。

　　彼时正值 WTO 的辉煌岁月。

　　转眼 10 年过去，实难预料，25 岁的 WTO 会以如此意外的方式，从彼时的辉煌，陷入当下的绝境。

2019 年 12 月 10 日，WTO 皇冠上最为耀眼的明珠——WTO 上诉机构停摆，标志着 WTO 争端解决功能陷入瘫痪。

这一天，应当作为每一个参与国际贸易政治与法律的人，再思考国际贸易政治与法律的拐点。

本书在这个拐点完成并付梓，是一件具有纪念意义的事情。

对于众多从事 WTO 事务的政治家与法律人来说，WTO 上诉机构 2019 年 12 月 10 日的事件很难不带来挫败与沮丧。值得欣慰的是，WTO 专家组与上诉机构留下的丰富案例，成为国际贸易法教学一笔永远的财富。倘若万分不幸，从此以往，WTO 上诉机构只能是我们珍贵的记忆，那么，愿本书摘选的案例，成为我们对 WTO 曾经的国际法治最好的纪念。

本书案例翻译历时 5 年有余。在此期间，忠实于原文，还是忠实于中文语言的法律逻辑，对这个问题的追问从未停止。最终，本人决定选择后者。毕竟，这是一本旨在传授法律逻辑思维的专业教科书。

我的学生王鸿儒，毕业后潜心历练于法律天地，如今已无愧于法律专家的称号。5 年多来，繁忙之余，鸿儒与我，为本书几十万字的翻译，进行了数不清的讨论与斟酌，费时费心，其对本书贡献极大，本人深表感谢！

本书中国复关及加入世界贸易组织史料部分，为清华大学法学院杨国华教授慷慨提供，对此，本人表示深深的感谢！

最后，我要说，即使国际法治只能是一个人类的乌托邦，愿法律人依旧砥砺前行，做出自己的努力。

黄东黎

河北经贸大学法学院

2019 年 12 月 10 日

图书在版编目（CIP）数据

国际经济贸易制度与法律：中国案例／黄东黎著
. -- 北京：社会科学文献出版社，2020.8
ISBN 978 - 7 - 5201 - 4898 - 6

Ⅰ.①国… Ⅱ.①黄… Ⅲ.①国际贸易 - 贸易法 - 案
例 - 中国 Ⅳ.①D996.1

中国版本图书馆 CIP 数据核字（2019）第 099370 号

国际经济贸易制度与法律：中国案例

著　　者／黄东黎

出 版 人／谢寿光
组稿编辑／刘骁军
责任编辑／姚　敏
文稿编辑／张　娇

出　　版／社会科学文献出版社·集刊分社 （010）59367161
　　　　　地址：北京市北三环中路甲 29 号院华龙大厦　邮编：100029
　　　　　网址：www. ssap. com. cn
发　　行／市场营销中心 （010）59367081　59367083
印　　装／三河市尚艺印装有限公司

规　　格／开 本：787mm × 1092mm　1/16
　　　　　印 张：39.25　字 数：697 千字
版　　次／2020 年 8 月第 1 版　2020 年 8 月第 1 次印刷
书　　号／ISBN 978 - 7 - 5201 - 4898 - 6
定　　价／198.00 元

本书如有印装质量问题，请与读者服务中心（010 - 59367028）联系